003rg Foto: tk

Tanja Köhler, Norbert Wank
Ruhrgebiet – Kulturhauptstadt 2010

„Das Ruhrgebiet atmet nicht mehr Staub, sondern Zukunft."

Adolf Muschg, Schweizer Schriftsteller

Impressum

Tanja Köhler, Norbert Wank
Ruhrgebiet – Kulturhauptstadt 2010

erschienen im
REISE KNOW-HOW Verlag Peter Rump GmbH
Osnabrücker Str. 79
33649 Bielefeld

© Peter Rump 2005, 2007
3., neu bearbeitete und komplett aktualisierte Auflage 2010

Alle Rechte vorbehalten.

Gestaltung
Umschlag: G. Pawlak, P. Rump (Layout);
    Justine Haida (Realisierung)
Inhalt: Günter Pawlak (Layout)
    Andrea Hesse (Realisierung)
Fotos: die Autoren (tk, nw), weitere Fotos s. Bildnachweis S. 383
Titelfoto: © RUHR.2001 (Schacht Franz Haniel 2, Bottrop)
Karten: Catherine Raisin, der Verlag
Bildbearbeitung: Klaus Werner

Lektorat: Andrea Hesse
Lektorat (Aktualisierung): Justine Haida
Druck und Bindung: Media Print, Paderborn

ISBN 978-3-8317-1892-4
PRINTED IN GERMANY

Dieses Buch ist erhältlich in jeder
Buchhandlung Deutschlands, der Schweiz,
Österreichs, Belgiens und der Niederlande.
Bitte informieren Sie Ihren Buchhändler
über folgende Bezugsadressen:
Deutschland
    Prolit GmbH, Postfach 9,
    D-35461 Fernwald (Annerod)
    sowie alle Barsortimente
Schweiz
    AVA-buch 2000
    Postfach, CH-8910 Affoltern
Österreich
    Mohr-Morawa Buchvertrieb GmbH
    Sulzengasse 2, A-1230 Wien
Niederlande, Belgien
    Willems Adventure
    Postbus 403, NL-3140 AK Maassluis

Wer im Buchhandel trotzdem kein Glück hat,
bekommt unsere Bücher auch über
unseren **Büchershop im Internet:**
www.reise-know-how.de

*Wir freuen uns über Kritik, Kommentare
und Verbesserungsvorschläge,
gern per E-Mail an info@reise-know-how.de.*

*Alle Informationen in diesem Buch sind von den
Autoren mit größter Sorgfalt gesammelt
und vom Lektorat des Verlages gewissenhaft
bearbeitet und überprüft worden.*

*Da inhaltliche und sachliche Fehler nicht aus-
geschlossen werden können, erklärt der Verlag,
dass alle Angaben im Sinne der Produkthaftung
ohne Garantie erfolgen und dass Verlag
wie Autoren keinerlei Verantwortung und
Haftung für inhaltliche und sachliche Fehler
übernehmen.*

*Die Nennung von Firmen und ihren Produkten
und ihre Reihenfolge sind als Beispiel ohne Wertung
gegenüber anderen anzusehen.
Qualitäts- und Quantitätsangaben sind rein subjek-
tive Einschätzungen der Autoren und dienen keinesfalls der Bewerbung von Firmen oder Produkten.*

028rg Foto: km

Tanja Köhler, Norbert Wank

Ruhrgebiet –
Kulturhauptstadt 2010

Für Elisabeth und Horst Venus

REISE KNOW-HOW im Internet

Vorwort

Es gibt typische Reiseregionen und solche, die es erst noch werden. Das Ruhrgebiet gehört zu Letzteren. Hat man die Gegend zwischen Xanten und Hamm, Duisburg und Hagen entdeckt und erlebt, dann erscheint es unverständlich, dass dieses Gebiet touristisch meist auf schier groteske Weise unterschätzt wird. Wohl keine Region Deutschlands hat sich in den letzten zwanzig Jahren so umfassend gewandelt – zum Positiven. Längst ist aus dem Ruhrgebiet ein „Tourgebiet" geworden, auch wenn das noch nicht jeder weiß. Und im Jahr 2010 sind Essen und das Ruhrgebiet sogar Kulturhauptstadt Europas!

Einst waren Industrie und Fußball die einzigen weit verbreiteten Revier-Assoziationen; noch heute ist Duisburg eine der bedeutendsten Stahlstädte in der Welt, und der Heimspielkalender von *Schalke* und *Borussia Dortmund* gibt den Takt an im Privatleben vieler Menschen. Aber abseits von Eisen und Elfmeter, da gestalten *Rem Kolhaas* und *Sir Norman Foster,* da wirken *Katharina Thalbach* und *Otto Sander,* da harren Ruhrtalburgen, Fachwerkidyllen und Landmarkenkunst der Entdeckung.

Auf der fünffachen Fläche Berlins versammelt die Metropole Ruhrgebiet Gegensätze wie die Spuren der Römer in Xanten und Haltern, die Essener Sakralbauten des Mittelalters und eine gigantische Club- und Kneipenszene, wie man sie in Deutschland nur selten findet. Einkaufen im Oberhausener CentrO, sich treiben lassen im Bochumer „Bermudadreieck", flanieren am Duisburger Innenhafen, wandern im Muttental – das Ruhrgebiet ist eine Region für Reisende. Der Charakter dieser grenzenlosen Stadtlandschaft erschließt sich am besten, wenn man unterwegs ist, denn Verkehrswege haben sie geprägt: zuerst die Ruhr- und Rheinschifffahrt, dann die Eisenbahn und schließlich eines der dichtesten Straßennetze Europas.

Aufbrechen und Dinge aus einer anderen Perspektive betrachten: In den Wäldern und den riesigen Stadtparks lassen sich die alten Klischees vom grauen Pott einschmelzen; eine unüberschaubare Vielzahl an Museen lockt zur Erweiterung von Kenntnissen und Horizonten, sei es auf dem Gebiet vorindustriellen Handwerks oder moderner Skulptur. Auf den Routen zur Industriekultur und Industrienatur verschränken sich Geschichte und Gegenwart des Ruhrgebiets auf zugleich nostalgische und lehrreiche Weise.

Typische Reiseregionen sind auf den ersten Blick „schön". Die romantischen Reize des Ruhrgebiets dagegen liegen bisweilen versteckt. Manchmal eröffnen sie sich in kleinen Momenten an einer Pommesbude oder in einem liebevoll gestalteten Bergarbeitermuseum. Die Heimat eines offenen und warmherzigen Menschenschlags empfängt ihre Besucher mit vielen großen und kleinen Überraschungen.

Wir wünschen viel Spaß im Ruhrgebiet – der Kulturhauptstadt 2010!

Tanja Köhler und Norbert Wank

Inhalt

Exkurse

Kartenverzeichnis

Atlas nach Seite 384

Die Highlights des Ruhrgebiets

- **Landmarkenkunst:** Moderne Skulpturen und Architektur mit meist spektakulärem Panorama findet man entlang der Route Industriekultur im ganzen Ruhrgebiet.

- **ExtraSchicht – Nacht der Industriekultur:** Eine Juli-Nacht der Extraklasse, in der Museen, Galerien und Industrieareale geöffnet sind und mit besonderen Events locken.

- **Schifffahrt in Duisburg:** Die westlichste Metropole des Ruhrgebiets ist eine Stadt des Wassers und bietet vom Uferflanieren bis zu großen Hafenrundfahrten jede Menge maritimes Vergnügen.

- **Kirchen und Klöster in Essen:** Die mittelalterlichen Wurzeln des Reviers lassen sich am besten im Raum Essen mit all seiner sakralen Pracht erspüren.

- **Burgen im Ruhrtal:** Entlang der Ruhr zeigt das Revier seine romantische Seite und verbindet eindrucksvolle Baukunst mit idyllischen Naturimpressionen.

- **Zoom-Erlebniswelt Gelsenkirchen:** In der berühmten Fußballstadt kann man den Zoo des 21. Jahrhunderts erleben.

- **Fachwerkhäuser in Hattingen:** Das intakteste und schönste Stadtbild mit verwinkelten Gässchen und uralten Bauten.

- **Die Dortmunder Parks:** Ob Westfalen-, Romberg- oder Fredenbaumpark: Die grüne Seite Dortmunds biete ideale Abwechslung nach Ausflügen in die Welt von Eisen und Stahl.

- **Cranger Kirmes:** Eines der größten deutschen Volksfeste findet in Herne-Crange statt.

- **Veltins-Arena und Signal Iduna Park:** Die Fußballkathedralen von Gelsenkirchen und Dortmund gehören zu den eindrucksvollsten in ganz Europa.

- **Schauspielhaus Bochum:** Eine Legende unter den Theatern im deutschsprachigen Raum.

Eine beeindruckende Konstruktion: das Sonnenrad an der Kokerei Zollverein in Essen

Hinweise zur Benutzung

Das Ruhrgebiet ist ein ganz besonderes Reiseziel: Als Ballungsraum, in dem zahlreiche große und kleine Städte nah beieinander liegen, lässt es ganz verschiedene „Annäherungsweisen" zu. Vielleicht möchte man gezielt eine bestimmte Stadt mit all ihren Sehenswürdigkeiten besuchen, vielleicht hat man aber auch ein besonderes Interesse an den alten Arbeitersiedlungen, die sich im gesamten Ruhrgebiet finden. Womöglich packt einen aber auch einfach der Heißhunger auf japanisches Essen, und man will wissen, wo es im Revier das beste Sushi gibt. Der vorliegende Reiseführer versucht, all diesen Interessen Rechnung zu tragen: Informationen finden sich an mehreren Stellen im Buch. Im Kapitel **„Reisetipps A–Z"** sind Sehenswürdigkeiten, Museen, Restaurants, Geschäfte, Discos etc. thematisch oder nach Städten aufgelistet, so dass man sich schnell einen Überblick über das Angebot im gesamten Revier verschaffen kann. Am Ende jedes Ortskapitels finden sich diese Informationen noch einmal kompakt für diese Stadt zusammengefasst unter dem Stichwort **„Praktische Tipps"**.

Atlas

Das gesamte Ruhrgebiet ist am Ende des Buches in einem Kartenatlas im Maßstab 1:100.000 dargestellt. In den Ortskapiteln wird mit einem **Pfeil** ⤤ auf den Atlas verwiesen, damit sich die entsprechende Seite schnell finden lässt, z.B. XI/A3. Die römische Ziffer verweist hierbei auf die Atlasseite, Buchstaben und arabischen Zahlen geben das Planquadrat an.

Ebenfalls im Atlas eingezeichnet sind **Sehenswürdigkeiten, Hotels, Restaurants** etc., die in den Stadtplänen nicht berücksichtigt werden konnten, da sie außerhalb des Innenstadtbereiches liegen. Für die **Karten XII und XIV,** auf denen besonders viele Punkte eingezeichnet sind, finden sich **Legenden** in der hinteren Umschlagklappe.

Legendensymbole

Eine Liste der in den Legenden verwendeten Symbole findet sich ebenfalls in der hinteren Umschlagklappe.

Neue Rechtschreibung

Dieser Reiseführer ist nach den Regeln der neuen Rechtschreibung verfasst. Bei Eigen- und Straßennamen wurde jedoch die alte Schreibweise beibehalten (z.B. Schloßstraße).

Reisetipps von A–Z

007rg Foto: nw

112ru Foto: jh

Große und kleine Besucher
haben im Ruhrgebiet gut lachen

Rollschuh-Jubel beim
Bochumer „Starlight Express"

Romantische Idylle an dem Fluss,
der dem Gebiet seinen Namen gab

Anreise

Mit dem Auto

Das Ruhrgebiet ist durchzogen von **Autobahnen,** die sich kreuz und quer durchs Revier schlängeln und die Städte miteinander verbinden. Je nachdem, aus welcher Richtung man sich der Metropole nähert und welche Stadt man ansteuert, kommen verschiedene Autobahnen für die Anreise infrage.

A 40 und A 42

Den **westlichen** und **östlichen** Teil des Reviers verbinden die Autobahnen A 40 (Ruhrschnellweg) und A 42 (Emscherschnellweg). Die A 40 führt an Duisburg, Essen und Bochum vorbei, während sich die A 42 von Oberhausen über Gelsenkirchen bis nach Dortmund zieht.

A 43 und A 1

Wer sich dem Ruhrgebiet aus **nördlicher** Richtung nähert (Niedersachsen, Bremen, Hamburg, Schleswig-Holstein), reist über die A 43 bzw. die A 1 an. Die A 43 führt vorbei an Recklinghausen, Herne und Bochum und bietet Anschluss an die A 2 (s.u.), die A 42 und die A 40.

A 3

Die wichtigste Achse, um aus Richtung **Süden** (Bayern, Baden-Württemberg, Hessen, Rheinland-Pfalz) ins Ruhrgebiet zu reisen, ist die A 3. Sie führt direkt nach Duisburg und kreuzt dort die A 40 und die A 42, die man ansteuern kann, wenn die gewünschte Richtung Oberhausen oder Gelsenkirchen und Herne ist.

A 2

Wer aus Richtung **Osten** herreist (Niedersachsen, Berlin, neue Bundesländer), nähert sich dem Revier auf der A 2. Sie führt direkt nach Hamm und Dortmund und bietet Anschluss an die A 43, die an den nördlichen Rand des Reviers (Recklinghausen, Haltern) oder vorbei an Bochum in die südlichen Gefilde (Hattingen) führt.

Mit der Bahn

Bahnhöfe

Alle **ICE-, Fern- und Nachtzüge** stoppen in den großen Ruhrgebietsstädten Essen, Bochum, Dortmund, Duisburg und Oberhausen. Da die Entfernungen hier nicht allzu groß sind und der Zug relativ schnell den nächsten Bahnhof erreicht, sollte man darauf achten, nicht versehentlich seinen Zielbahnhof zu verpassen.

Von den jeweiligen Hauptbahnhöfen der großen Revierstädte kann man problemlos mit **Regionalzügen** bzw. per U-Bahn, S-Bahn oder mit dem Bus weiterfahren – egal, ob man nun einen bestimmten Stadtteil oder eine kleinere Stadt in der Nähe ansteuert.

● **Deutsche Bahn,** Fahrplanauskünfte gibt es unter Tel. 11861, automatische Fahrplanauskünfte unter Tel. 0800-1507090 (kostenlos) bzw. 01805-221100 mit dem Handy, oder im Internet unter www.bahn.de.
● **Verkehrsverbund Rhein-Ruhr (VRR),** Tel. 01803-504030, www.vrr.de.
● **DB NachtZug,** Tel. 01805-141514, www.nachtzugreise.de.

Mit dem Flugzeug

Flughafen

Der Flughafen **Dortmund** ist zwar ein relativ kleiner Airport, er verbindet die Stadt aber mit vielen nationalen und internationalen Zentren. Durch seine Lage am östlichen Rand des Ruhrgebiets liegt er verkehrsgünstig und ist aus allen Richtungen schnell und bequem über die Autobahnen A 40, A 44 und A 2 zu erreichen

● **Flughafen Dortmund,** Flughafenplatz 11, 44319 Dortmund, Tel. 0231-921301, www. flughafen-dortmund.de.

Für Auto-Fetischisten ein Traumgebiet mit unvergleichlicher Straßendichte

In die City

Vom Flughafen aus fährt ein **Pendelbus** in der Zeit zwischen 5 und 23 Uhr regelmäßig zum Bahnhof Holzwickede. Ab hier verkehren dann Regionalzüge achtmal in der Stunde direkt zu den ICE- und Fernverkehrsknoten Dortmund und Hamm. Neben dem Pendelbus kann am Flughafen auch die **Buslinie 440** bis zur Haltestelle „Aplerbeck" bestiegen werden. Von dort fährt die **Stadtbahnlinie U 47** direkt bis zum Dortmunder Hauptbahnhof, von wo aus man dann bequem in andere Städte des Reviers weiterreisen kann.

● **Fahrplanauskünfte** erhält man unter Tel. 01803-504030 oder im Internet unter www. dsw.de.

Arbeitersiedlungen

Zu Beginn der Industrialisierung war das Ruhrgebiet spärlich besiedelt und wies nur wenige Dörfer auf. Der Wohnraum für die Menschen, die durch die Montanindustrie aus anderen Regionen und Ländern ins Revier gezogen wurden, war entsprechend knapp. Um sich einen festen und sesshaften Belegschaftsstamm heranzubilden und für neue Arbeitskräfte attraktiv zu werden, begannen die Zechen und Industrieunternehmen ab 1844 mit dem so genannten **Werkswohnungsbau.** Den Anfang machte die Gutehoffnungshütte, die in Oberhausen mit der **Kolonie Eisenheim** die erste Arbeitersiedlung des Reviers baute; sie zählt heute zu den ältesten noch erhaltenen ihrer Art in Deutschland und zu den schönsten im Revier (⟋ Oberhausen).

Tipp

Wer sich nicht nur für die Arbeitersiedlungen interessiert, sondern generell wissen möchte, wie die Menschen im Revier leben, der kann sich auf die **Route der Wohnkultur** begeben. Das **Projekt der Kulturhauptstadt RUHR.2010** öffnet im Kulturhauptstadtjahr ausgewählte, bewohnte Wohnungen des Ruhrgebietes – von der Fabrikantenvilla zur Gartenlaube, vom Gründerzeitviertel zum gemeinschaftlichen Wohnprojekt, von der Hochhaussiedlung der 1970er Jahre zum Fachwerkhaus im alten Dorfkern. So werden unterschiedlichste Lebenswelten und Wohnkulturen erlebbar.

Infos und Buchungen über die fünf ⟋ Besucherzentren („Kulturhauptstadt.2010") oder über die Hotline: 0180-5152010.

Charakteristisch für die **Bergarbeiter-Kolonien** sind die frei stehenden Häuser, in denen zwei oder mehr Familien Platz fanden und die mit einem meist großen Garten und einem zusätzlichen kleinen Gebäude hinter dem Haus ausgestattet waren. Der Garten bot genug Platz für den eigenen Obst- und Gemüseanbau, der die Familien zusätzlich versorgte, während das kleine Gebäude mit Toilette und Ställen für Kaninchen und Ziegen, die so genannten „Bergmannskühe", ausgestattet war. Typisch für die Wohnungen sind zudem die zwei separaten Eingänge zur Straße und zum Stall bzw. zur Toilette hin.

Die alten Arbeitersiedlungen sind zum Teil bis heute erhalten geblieben. Liebevoll restauriert und renoviert, haben sie zum Glück nichts von ihrer ursprünglichen und unverwechselbaren Ausstrahlung verloren. Sie bieten deshalb einen tollen Einblick in die **Geschichte** dieser Industrieregion und das Leben und Arbeiten ihrer Bewohner. Eine kleine Auswahl der schönsten und urigsten Siedlungen haben wir im Folgenden zusammengestellt. **Ausführlichere Beschreibungen** finden sich in den jeweiligen **Ortskapiteln.**

Bochum

● **Dahlhauser Heide,** Hordeler Heide, 44793 Bochum.

Die von *Robert Schmohl* in den Jahren 1906 bis 1915 als Gartenstadt konzipierte Arbeitersiedlung wurde von der Firma *Krupp* für die Bergleute ihrer Zechen Hannover und Hannibal gebaut. Die Bauweise der Häuser erinnert stark an westfälische Bauernhäuser. Weil in den Gemüsegärten hinter den Gebäuden bevorzugt Kohl (= Kappes) angebaut wurde, wird die Siedlung bis heute noch „Kapp(e)skolonie" genannt.

Bottrop

● **Gartenstadt Welheim,** Welheimer Straße/ Flöttestraße, 46238 Bottrop.

Zwischen 1913 und 1923 gebaut, wurde diese bezaubernde Bergarbeitersiedlung in den 1990er Jahren im Rahmen der Internationalen Bauausstellung liebevoll renoviert. Die verschiedenen Häusertypen bestechen durch ihre einheitliche weiße Außenfassade.

Dortmund

● **Alte Kolonie Eving,** Friesenstraße/Körnerstraße/Nollendorfplatz, 44339 Dortmund-Eving.

Zwischen 1898 und 1900 entstand diese Siedlung für die Bergleute der Zeche Minister Stein. Wie bei vielen anderen Siedlungen dieser Art, konnte der in den 1970er Jahren drohende Abriss durch eine Bürgerinitiative verhindert werden. Die Zechensiedlung, die nach dem Ersten Weltkrieg durch einfachere Häuser erweitert wurde, besteht aus individuell gestalteten Gebäuden, umgeben von Gärten. Mittelpunkt der Anlage ist das prächtige Wohlfahrtsgebäude am Nollendorfplatz: Hier befanden sich früher diverse Einrichtungen der betrieblichen Sozialpolitik, die für die Belange der Bergarbeiter und ihrer Familien zuständig waren. Heute wird das Gebäude für kulturelle Veranstaltungen genutzt.

Duisburg

● **Siedlung Rheinpreußen,** Südstraße/Breite Straße, 47198 Duisburg-Homberg.

Wunderschöne alte Arbeitersiedlung, die ab 1903 für die Arbeiter der Gewerkschaft Rheinpreußen angelegt wurde. Alter Ziegelstein und urige Fensterläden versetzen die Besucher in vergangene Zeiten.

Essen

● **Gartenstadtsiedlung Margarethenhöhe,** Steile Straße (Hauptzugang)/Kleiner Markt, 45149 Essen, Tel. 0201-712455 (Besichtigung der Musterwohnung), www.essen-margare thenhoehe.de.

008rg Foto: hv

Die heute unter Denkmalschutz stehende Kolonie entstand nach Plänen des Architekten *Georg Metzendorf*. Wunderschön sind die geschwungenen Giebel und Laubengänge der Häuser am Kleinen Markt, an denen zum Teil Wein rankt, und die tollen Erker und Holzfensterläden. Einen Einblick ins Innere dieser heimeligen Architektur erlaubt eine Museumswohnung in der Stensstraße. Benannt wurde die Siedlung nach ihrer Stifterin, *Margarethe Krupp.*

Gelsenkirchen

● **Siedlung Schüngelberg,** Schüngelbergstraße/Holthauser Straße, 45897 Gelsenkirchen-Buer.

Eine der schönsten denkmalgeschützten Zechensiedlungen im Revier, die im Zuge der Internationalen Bauausstellung Emscherpark (IBA) denkmalgerecht saniert wurde.

Früher selbstverständlich, heute eher selten: Obst- und Gemüseanbau im eigenen Garten

Tipp

Die **Route der Industriekultur** beinhaltet auch unterschiedliche **Themenrouten.** Eine davon ist ausschließlich den Arbeitersiedlungen im Revier gewidmet. Eine Broschüre dazu gibt's beim Regionalverband Ruhrgebiet (RVR) (⌐„Reisetipps A–Z, Informationsstellen) oder im Besucherzentrum der Zeche Zollverein (⌐ Ortskapitel Essen). Weitere Themenrouten ⌐„Ausflüge und Touren".

●**Flöz Dickebank,** Virchowstraße/Flöz Sonnenschein, 45886 Gelsenkirchen-Ückendorf.

Die Erhaltung dieser um 1870 angelegten Siedlung ist dem Kampf der Bewohner zu verdanken. Heute kann man hier den frühen Zechensiedlungsbau nachvollziehen.

Herne

●**Siedlung Teutoburgia,** Baarestraße/Schadeburgstraße, 44627 Herne-Börnig.

Mit der Inbetriebnahme der Zeche Teutoburgia wurde 1909 auch mit dem Bau der Zechensiedlung begonnen, der 1923 abgeschlossen war. Rund 136 Gebäude mit 459 Wohnungen zieren die Siedlung. Anhand der unterschiedlichen Größe und Gestaltung der Gebäudetypen konnte man früher auf die soziale Hierarchie der Bewohner schließen. Die ältesten Häuser finden sich an der Baare- und Laubenstraße, die Beamten- und Steigerhäuser sind an der Schadeburgstraße zu sehen. Nach Stilllegung der Zeche hat der Förderverein Teutoburgia auf der Zechenbrache einen Waldpark gestaltet, der Kunst, Natur und die Geschichte des Ortes verbindet.

Oberhausen

●**Siedlung Eisenheim,** Werrastraße, 46117 Oberhausen.

1846 in mehreren Bauphasen errichtet, ist diese Gartenstadt die älteste Arbeitersiedlung im Ruhrgebiet und zugleich eine der ältesten noch erhaltenen in ganz Deutschland. Neben den 39 denkmalgeschützten Doppelhäusern ist an der Antoniastraße in Osterfeld auch das ehemalige Kontor- und Wohnhaus des Hüttenleiters erhalten, das nun zum Rheinischen Industriemuseum gehört und besichtigt werden kann.

Museum Eisenheim, Berliner Straße 10a, 46117 Oberhausen, Tel. 0208-8579281. Geöffnet April bis Oktober So und an Feiertagen 10–17 Uhr (nach telefonischer Anmeldung auch außerhalb der Öffnungszeiten).

Beachclubs

Sonne, Strandfeeling und Urlaubsatmosphäre – das gibt es auch im Ruhrgebiet.

Bochum

●**StrandDeck Kemnade,** Blumenau 7a (Hafen Heveney), 44801 Bochum, www.stranddeck.de. Geöffnet: Mo–Do 11–23 Uhr, Fr–Sa 11–1 Uhr, So 10–23 Uhr (im Winter geschlossen).

Auf rund 1.000 Quadratmeter Sandstrand lässt man es sich im StandDeck gut gehen. An den Wochenenden sorgen DJs für die dazugehörige akustische Stimmung. Und wer den Tag nicht einfach im Liegestuhl mit einem Cocktail in der Hand verbringen will, kann sich beim Beachvolleyball oder Beachsoccer austoben.

Essen

●**Seaside Beach**, Freiherr-vom-Stein-Str. 384, 45133 Essen, www.seaside-beach-baldeney.de. Geöffnet: tgl. ab 10 Uhr (im Winter geschlossen). Eintritt: 3 €.

Die Fakten sprechen für sich: 250 Meter langer und 35 Meter breiter Traumstrand mit mehr als 100 echten Palmen, drei Südsee-Bars sowie eine Cocktailbar, die in ein gestrandetes Segelboot integriert ist. Für die Passiven stehen Loungebetten und Hängematten bereit, die Aktiven können sich zwischen Beachvolleyball, Surfen oder Klettern entscheiden.

Dortmund

●**New Solendo**, Speicherstr. 12, 44147 Dortmund, www.new-solendo.de.

Den Blick auf die kultige Kulisse des Dortmunder Hafens gerichtet, im Strandkorb sitzend und die Füße in den feinen Sand gegraben – so lässt es sich aushalten. Die Strandbar versorgt die Gäste mit einem reichhaltigen Speisen- und Getränkeangebot und Fußballfans können alle BVB Spiele in Live-Übertragung mitverfolgen. Im Winter genießt man den Strand nicht mehr unter freiem Himmel, sondern unterm Zeltdach. Dafür ist die Location ganzjährig geöffnet.

Mühlheim an der Ruhr

● **Beachside,** Friesenstr. 101, 45476 Mülheim an der Ruhr, www.beachside.tv. Geöffnet: Mitte Mai bis Ende September tgl. ab 10 Uhr.

1000 Tonnen feinster Karibikstrand sorgen für echtes Urlaubsfeeling. Das Beachside ist eingebettet in das Naturfreibad Mülheim Styrum und lädt dort mit Liegestühlen, Cocktails und Chill-out-Musik zum relaxen und chillen ein.

Oberhausen

● **The Beach @centro,** auf dem Gelände des CentrO Oberhausen, www.beach-centro.de. Geöffnet: Mo–Do ab 12 Uhr, Fr–So ab 11 Uhr (im Winter geschlossen).

Nach dem Shoppen im CentrO geht's zum Chillen an den Beach, wo dem Shopping-Victim 270 Tonnen Sand, Sonnenstuhl-Areas mit 200 Stühlen, Chill-out-Zonen mit Hängematten und ein Party-House zur Verfügung stehen, in dem DJs für die entsprechende musikalische Untermalung sorgen.

Burgen und Schlösser

Bevor das Montangewerbe das Ruhrgebiet in die heutige industrielle Stadtlandschaft verwandelte, war die Region ein eher spärlich besiedelter Landstrich, in dem Bauern ihr Land bestellten und der geprägt war von Fachwerkstädten, **Herrenhäusern, Wasserschlössern** und **Burgen.** An diese Vorgeschichte der Industrialisierung erinnern heute noch einige prächtige Schlösser und Burgen, die das Ruhrgebiet quasi zu einem riesigen **Freilichtmuseum** machen. Manche von ihnen sind in ihrer ganzen Pracht erhalten, andere wurden liebevoll restauriert, und von manch anderen sind nur noch Fragmente geblieben.

Ausführlichere Beschreibungen sind in den jeweiligen Ortskapiteln nachzulesen.

Bottrop

● **Wasserschloss Beck,** Am Dornbusch 39, 46244 Bottrop-Kirchhellen.

Das Wasserschloss Beck, entworfen vom deutschen Barockbaumeister *Johann Conrad Schlaun,* zählt zu den schönsten Spätbarockbauten Westfalens.

Dorsten

● **Wasserschloss Lembeck,** Wulfener Straße, 46286 Dorsten, www.schlosslembeck.de.

Das Wasserschloss Lembeck zählt zu den schönsten Anlagen ihrer Art im Revier. Die größte frühbarocke Schlossanlage Westfalens geht auf ein im 12. Jahrhundert errichtetes Haus zurück, das im 17. Jahrhundert zum heutigen Wasserschloss ausgebaut wurde. Das Schloss ist von einem herrlichen Park umgeben, der auch über einen großen Kinderspielplatz verfügt. Im Inneren findet sich ein kunst- und kulturhistorisches Museum, in dem man sich ein Bild von der Wohn- und Lebenswelt des Adels aus der Zeit der Renaissance, des Barock, des Rokoko und des Biedermeier machen kann. Für das leibliche Wohl sorgt das Hotelrestaurant *Schloss Lembeck,* in dem stilvoll und in gehobener Preisklasse gespeist werden kann.

Dortmund

● **Steinburg Hohensyburg,** Hohensyburgstraße 200, 44265 Dortmund.

Die hochmittelalterliche Steinburg befindet sich inmitten einer Wallbefestigung oberhalb der Ruhr und wurde wahrscheinlich zu Beginn des 12. Jahrhunderts erbaut. Die Ruine vermittelt den Eindruck einer Ritterburg und bietet als Aussichtspunkt einen herrlichen Panoramablick über Ruhr und Lenne.

● **Schloß Bodelschwingh,** Schloßstraße 75, 44357 Dortmund.

Das Schloss zählt zu den besterhaltenen Wasserburgen im Revier und gilt als die größte Anlage ihrer Art in Dortmund. Das Haus wurde ca. 1300 errichtet und im 16./17. Jahrhundert im Stil der Renaissance umgebaut. Da es sich Privatbesitz befindet, kann es nicht besichtigt werden. Trotzdem: ein herrlicher Anblick.

Essen

● **Schloß Borbeck,** Schloßstraße 101, 45355 Essen, www.schloss-borbeck.essen.de.

Das schöne Wasserschloss Borbeck, dessen barockes Äußeres von 1744 weitgehend erhalten blieb, ist umgeben von einem weitläufigen Naturpark. Das Schloss wird heute vor allem für kulturelle Veranstaltungen sowie für Tagungen und Seminare genutzt. In der ersten Etage präsentiert eine Dauerausstellung die Geschichte des Schlosses vom Frühmittelalter bis zur Industrialisierung.

● **Burg Altendorf,** Burgstraße 2, 45289 Essen.

Der noch erhaltene Wohnturm der Burg Altendorf, die schätzungsweise aus dem 12. Jahrhundert stammt, ist einer der größten romanischen Wohntürme zwischen Rhein und Weser; er kann bestiegen werden. Der Rest der Burg ist leider zerstört worden bzw. zerfallen; an den Mauerresten lässt sich der Umriss der alten Burg aber noch gut erkennen.

Gelsenkirchen

● **Schloss Horst,** Turfstraße 21, 45899 Gelsenkirchen.

Das bedeutende Renaissanceschloss ist leider nur in Teilen erhalten geblieben: An die ehemalige Anlage erinnert heute fast nur noch der Eingangsflügel, an dem der wertvolle Bau- und Fassadenschmuck bewahrt werden konnte. Im Inneren des Schlosses findet sich heute die Verwaltung der Stadt Gelsenkirchen und ein Kulturzentrum sowie im Gewölbekeller das Schlossrestaurant. Das Schloss kann werktags von 8 bis 17 Uhr besichtigt werden.

● **Wasserschloss Berge,** Adenauerallee 103, 45894 Gelsenkirchen.

Das Wasserschloss Berge besticht durch seine spätbarocke Gestalt und gehört mit seiner großen Gartenanlage zu den beliebtesten Ausflugszielen Gelsenkirchens.

● **Wasserburg Lüttinghof,** Lüttinghofallee 3–5, 45896 Gelsenkirchen.

Das Schloss wurde im 14. Jahrhundert zunächst als Wehrburg errichtet und im 17. Jahrhundert zum Wasserschloss umgebaut. Es ist damit das älteste Baudenkmal Gelsenkirchens.

Hagen

● **Schloss Hohenlimburg,** Alter Schlossweg 30, 58119 Hagen, Tel. 02334-2771, www.schloss-hohenlimburg.de.

Die um 1230 errichtete Burg wurde im 18. Jahrhundert zum Residenzschloss ausgebaut. In vielen Teilen ist die alte Burganlage dennoch erhalten und in ihrem ursprünglichen Grundriss erkennbar geblieben.

● **Wasserschloss Werdringen,** Werdringen 1, 58089 Hagen, Tel. 02331-30800, www.schloss-werdringen.de.

Dieses schöne Schloss weist eine fast 800-jährige Geschichte auf: Es wurde als Rittergut erbaut, brannte im 14. Jahrhundert nieder, und schließlich gestaltete man das Haus im 19. Jahrhundert im neugotischen Stil zum Schloss um.

Hamm

● **Wasserschloss Oberwerries,** Dolberger Straße 256, 59073 Hamm.

Das unter Denkmalschutz stehende Wasserschloss wurde im 17. Jahrhundert erbaut und zählt heute zu den kulturhistorisch wertvollsten Gebäuden der Stadt Hamm. Die groß angelegte Schlossanlage in den Lippe-Auen umfasst mehrere Gebäude, die über einen Zeitraum von mehreren Jahrhunderten errichtet wurden. Der älteste Teil des Wasserschlosses ist das Torhaus, an dessen eisernen Mauerankern noch die Jahreszahl 1667 zu erkennen ist. Die wirklich imposante Anlage wird heute von der Stadt Hamm als Gästehaus sowie als Bildungs- und Begegnungsstätte genutzt.

●**Schloß Heessen,** Schloßstraße, 59073 Hamm.

Ein dreiflügeliger imposanter Backsteinbau mit einem mächtigen Turm. Der Grundstein für das Haus wurde wahrscheinlich von *Dietrich von der Recke* im 15. Jahrhundert gelegt.

Hattingen

●**Burg Blankenstein,** Burgstraße 1, 45527 Hattingen.

Eine mächtige mittelalterliche Burganlage aus dem Jahr 1226, die in den 1860er Jahren restauriert wurde. Von hier hat man einen ausgezeichneten Panoramablick über die umliegende Landschaft.

●**Wasserschloss Haus Kemnade,** An der Kemnade 10, 45527 Hattingen.

Vollständig erhaltenes Wasserschloss aus dem 16./17. Jahrhundert, dessen Geschichte bis in das Mittelalter zurückgeht. In den Sommermonaten sitzt es sich im Biergarten im Innenhof der Wasserburg besonders schön.

●**Burg Isenberg,** Am Isenberg 2, 45529 Hattingen, www.burg-isenberg.de.

Die vermutlich aus dem Jahr 1200 stammende Burganlage wurde Ende des 20. Jahrhunderts wieder freigelegt und steht heute unter Denkmalschutz. Sie bietet einen wunderschönen Ausblick über das Ruhrtal.

Herne

●**Wasserschloss Strünkede,** Karl-Brandt-Weg 5, 44629 Herne.

Die Geschichte Schlosses geht bis ins Mittelalter zurück, wo es sich im Besitz der Strünkeder Ritter befand. Im 17. Jahrhundert baute *Gottfried von Strünkede* die mittelalterliche Burg in ein Wasserschloss im Renaissance-Stil um. Heute findet sich hier die kulturgeschichtliche Sammlung des Emschertalmuseums, das u.a. einen Einblick in die die Regional-, Stadt- und Schlossgeschichte gibt. Das Schloss ist von einem Park umgeben, in dem sich auch ein Spielplatz befindet.

Herten

●**Wasserschloss Herten,** Im Schlosspark, 45699 Herten.

Die Schlossanlage zählt zu den schönsten Baudenkmälern in ganz Nordrhein-Westfalen. Ihren heutigen Charakter erhielt die ehemals kleine Burganlage erst nach mehrmaligen Aus- und Umbauarbeiten. Heute vereint das prächtige Wasserschloss Merkmale der Spätgotik und Renaissance sowie des Barock.

Lünen

●**Schloß Schwansbell,** Schwansbeller Weg 32, 44532 Lünen.

Das Schloss, an das ein herrliches Gesindehaus grenzt, stammt aus dem späten 19. Jahrhundert.

Mülheim an der Ruhr

●**Schloß Broich,** Am Schloß Broich 28, 45479 Mülheim an der Ruhr.

Schloss Broich ist die älteste erhaltene Burganlage im nördlichen Rheinland, sie stammt noch aus der spätkarolingischen Zeit. Von der wechselvollen Geschichte des Schlosses und der Stadt Mülheim erzählt das historische Museum im Inneren des Gebäudes. Samstags und sonntags zwischen 11 und 17 Uhr können Ausgrabungsstücke, dreidimensionale Modelle aus Mülheims Vergangenheit, Stammbäume früherer Burgherren und vieles mehr bestaunt werden. Im Broicher Schlosskeller lässt es sich in rustikalgemütlicher Atmosphäre gut speisen und trinken, während im Sommer der tolle Biergarten lockt.

●**Schloß Styrum,** Moritzstraße, 45476 Mülheim an der Ruhr.

Die Geschichte des Schlosses Styrum reicht zurück bis ins Mittelalter. Die ersten schriftlichen Zeugnisse seiner Geschichte datieren bereits aus dem 11. Jahrhundert. Heute beherbergt das Schloss ein Künstleratelier, eine Altentagesstätte sowie ein italienisches Restaurant, das auch über einen herrlichen Biergarten verfügt.

Oberhausen

●**Burg Vondern,** Arminstraße 65, 46117 Oberhausen.

Ein bedeutender spätgotischer Profanbau, mit Torgebäude und einer Wehrmauer mit Schießscharten. Die Bauten stammen aus verschiedenen Jahrhunderten.

113rg Foto: so

Discos und Clubs

Die Clubszene ist im Ruhrgebiet sehr ausgeprägt und ausgesprochen **vielfältig.** Letztlich finden sich in jeder Revierstadt Discos und Clubs mit unterschiedlichsten Musikrichtungen und entsprechendem Publikum. Besonders groß ist das Angebot in den Großstädten, etwa in Bochum, Dortmund, Duisburg, Essen und Oberhausen: An den Wochenenden reisen deshalb Kolonnen von Tanzbegeisterten auch von außerhalb an.

Was allerdings auf die gesamte Clubszene unabhängig von der musikalischen Ausrichtung zutrifft: Im Revier beginnt die Nacht erst relativ spät. Üblicherweise macht man sich hier erst **zwischen 22 und 23 Uhr** auf den Weg und feiert dann entsprechend länger, meist bis in die Morgenstunden. Die Clubs öffnen bisweilen zwar etwas früher, wer allerdings vor 21 Uhr auf die Tanzfläche strebt, läuft Gefahr, mit dem Personal allein auf weiter Flur zu stehen.

Bochum

●**Bahnhof Langendreer,** Wallbaumweg 108, 44894 Bochum, Tel. 0234-6871610, www.bahnhof-langendreer.de. Geöffnet: Fr 23–4 Uhr, Sa ab 22 Uhr.
Alternatives Kulturzentrum im ehemaligen Bahnhof, das neben der Disco auch ein mul-

Einst Kraftwerk, heute brodelnde Disco: die Turbinenhalle Oberhausen

tikulturelles Programm aus Musik, Kabarett, Theater und anspruchsvollem Kinoprogramm bietet. Disco ist jeden Freitag und Samstag mit unterschiedlichem Programm.

● **Matrix,** Hauptstraße 200, 44892 Bochum, Tel. 0234-61068-00, www.matrix-bochum.de. Geöffnet: Fr, Sa ab 22 Uhr.

In vier unterschiedlichen Bereichen wird von Crossover über EBM und Industrial bis hin zu Pop und Wave fast alles gespielt. Unter der Woche finden in der *Matrix* auch Konzerte statt.

● **Riff – Die Bermudahalle,** Konrad-Adenauer-Platz 3, 44787 Bochum, Tel. 0234-64218, www.riff-club.de. Geöffnet: Mi ab 20 Uhr, Fr, Sa ab 22 Uhr.

Das *Riff* rückt in unterschiedlichen Nächten immer andere Musikrichtungen in den Mittelpunkt: Abende mit aktuellen und vergangenen Charts gehören genauso zum vielseitigen Programm wie die lateinamerikanischen Fiesta-Latina-Nächte. Besonders beliebt sind die New-York-Nights am Mittwoch, wenn *Pamela Falcon* mit ihren Gastmusikern Live-Musik vom Feinsten spielt.

● **Zeche,** Prinz-Regent-Straße 50–60, 44795 Bochum, Tel. 0234-29879572, www.zeche.com. Geöffnet: Do–Sa ab 22 Uhr.

Ob Alternative, Crossover, Charts oder Pop und Wave – in der *Zeche* wird auf zwei Ebenen alles gespielt. Wer eine Auszeit braucht, kann das angrenzende Restaurant besuchen.

● **Zwischenfall,** Alte Bahnhofstraße 214, 44892 Bochum, Tel. 0234-287650, www.zfall.de. Geöffnet: Fr, Sa ab 22 Uhr.

Eine Institution für Gothic, Wave und Musik der 1980er Jahre, die die schwarze Szene auch von außerhalb anlockt.

Dortmund

● **FZW,** Ritterstr. 20, 44137 Dortmund, Tel. 0231-177820, www.fzw.de. Geöffnet: Do ab 23 Uhr, Fr, Sa ab 22 Uhr (unterschiedliche Öffnungszeiten je nach Anlass).

Im Freizeitzentrum West, kurz *FZW*, finden regelmäßig Konzerte und Clubnächte statt. Die Musik variiert von Charts bis zum Hardcore-, Grind- und Trash Metal. Jeden Donnerstag ist Studentenparty angesagt und dann gibt's das Flaschenbier für 1,50 €.

● **Im Keller,** Geschwister-Scholl-Straße 24, 44135 Dortmund, Tel. 0231-8280233, www.im-keller.com. Geöffnet: Do–Sa ab 22 Uhr.

„Wer nicht lieb ist, kommt in' Keller" ist der Slogan des kleinen unterirdischen Clubs. Für Kellerkinder wird donnerstags Funky Sound, Rock, Elektro und Dancehall, freitags Alternative und samstags Gitarrenmusik gespielt.

● **Jazzclub domicil,** Hansastr. 7–11, 44137 Dortmund, Tel. 0231-8629030, www.domicil-dortmund.de. Geöffnet (Bar): Mo–Do 18–1 Uhr, Fr 18–3 Uhr, Sa 11–3 Uhr, So 11–1 Uhr.

Das *domicil* ist eine Institution in Dortmund und weit darüber hinaus. Schon 1969 gegründet, wuchs das *domicil* schnell zu *der* Jazz-Location in NRW heran. Seither wurden im *domicil* Tausende von Veranstaltungen und Konzerten gefeiert, mit internationalen Stars wie *Chet Baker*, *Joyce* oder *John Scofield*. 2005 ist der Club in die ehemaligen Räume des Kinos an der Hansastraße gezogen, wo der kleine Club und der große Konzertsaal für Konzerte und Tanz zur Verfügung stehen. Im Eingangsbereich wurde die **caffelounge** eingerichtet, die neben ausgewählten Kaffeespezialitäten, köstlichen Cocktails und Longdrinks auch noch gute Musik zu bieten hat.

● **Spirit,** Helle 9, 44135 Dortmund, Tel. 0231-527225. Geöffnet: Mo–Do ab 21 Uhr, Fr, Sa ab 20 Uhr.

Der Kult-Absackerclub in Dortmund. Wenn die anderen schon feucht durchgewischt haben, fängt hier die Party erst richtig an. Montags ist Biertag, dann kostet das 0,2-Liter-Glas nur 50 Cent!

● **SissiKingKong,** Landwehrstraße 17, 44147 Dortmund, Tel. 0231-7282578.

Das *SissiKingKong* ist eigentlich eine kultige Bar im 1970er-Jahre-Design mit reduzierter Deko und gemütlichen Sesseln. An den Wochenenden wird allerdings die Tanzfläche im Keller geöffnet, und dann wird zu Funk, Soul, Pop, Rock oder Elektroclash getanzt.

Duisburg

● **Kultkeller Duisburg,** Steinsche Gasse 48, 47051 Duisburg, Tel. 0177-6529345, www.kultkeller.com. Geöffnet: Do, Fr, Sa ab 22 Uhr.

Das ehemalige *Old Daddy* heißt nun *Kult-keller*, aber getanzt wird immer noch in den kultigen Katakomben. Das Programm und die Musik ist vielseitig: donnerstags tanzt man im *Kultkeller* zu Elektro, Gothic, Rock und Alternative, jeden 1. Freitag im Monat zu Charts und Rock, jeden 2., 3. und 4. Freitag im Monat zu Alternative, Wave, Hardrock und Metal und jeden Samstag zu Gothic, Electro, EBM, Noise, Wave, Industrial.

● **Pulp,** Wanheimer Straße 231 a, 47053 Duisburg, Tel. 0203-3637900, www.pulp-duisburg.de. Geöffnet: Do 21–5 Uhr, Fr, Sa 22–5 Uhr.

Das *Pulp* kann man nicht beschreiben, man muss es gesehen haben: Den ehemaligen Bahnhof hat der Besitzer in Eigenarbeit in eine Art Schloss verwandelt, in dem das Skurrile und Morbide Programm ist. Alternative, Gitarrenrock und 1980er-Jahre-Musik werden gespielt, die beiden Tanzflächen sind oft ziemlich voll.

Essen

● **Zeche Carl,** Wilhelm-Nieswandt-Allee 100, 45326 Essen-Altenessen, Tel. 0201-8344410, www.zechecarl.de. Geöffnet: Fr, Sa ab 22 Uhr.

Die 1970 stillgelegte denkmalgeschützte *Zeche Carl* ist heute ein Mittelpunkt der alternativen Kulturszene in Essen. Sie gehört zu Deutschlands ältesten und größten soziokulturellen Zentren. Das Veranstaltungsangebot reicht von Rock-, Blues-, Pop- und Punkkonzerten über Satire- und Comedyvorstellungen bis zu Kunstausstellungen und Sportkursen.

● **turock,** Viehofer Platz 3, 45127 Essen, Tel. 0201-4903780, www.turock.de. Geöffnet: Fr, Sa 22–6 Uhr, zu Konzerten oder Sonderveranstaltungen auch an anderen Tagen.

Das *turock* ist offiziell ein Raucherclub, will heißen: im Club darf weiterhin gepafft werden. Ansonsten wird natürlich vorrangig getanzt: freitags legt der DJ Alternativ, Rock, Cross-over, New Rock, New Metal und Indie Rock auf, am Samstag kommt Death, Trash, Metalcore, Hardcore, Hardrock und Heavy Metal auf den Plattenteller.

Oberhausen

● **Turbinenhalle,** Im Lipperfeld, 46047 Oberhausen, Tel. 0208-25050, www.turbinenhalle.de. Geöffnet: Do 22–5 Uhr, Fr, Sa und vor Feiertagen 21–6 Uhr.

Das ehemalige Kraftwerk wurde Anfang der 1990er Jahre zu einer der größten Discotheken im Revier umfunktioniert. Bis zu 10.000 Besucher tanzen hier an den Wochenenden zu House, EBM, Alternative oder Crossover. Außerdem wird die spektakuläre Halle für Konzerte, Techno-Events oder Theater-Veranstaltungen genutzt.

● **Saint,** Mülheimer Straße 24, 46047 Oberhausen, www.saint-oberhausen.de. Geöffnet: Fr, Sa ab 22 Uhr, So 19–1 Uhr.

Inmitten sakralen Interieurs wird hier zu Rock, Hardcore, Independent, Ska oder EBM getanzt.

● **Zentrum Altenberg,** Hansastraße 20, 46049 Oberhausen, Tel. 0208-859780, www.zentrumaltenberg.de. Geöffnet: Disco Do, Fr ab 21 Uhr, Sa ab 22 Uhr.

In den Hallen der ehemaligen Zinkfabrik trifft sich die alternative Kulturszene. Theater, Konzerte und diverse Veranstaltungen wie Ü25-Partys finden hier statt.

Einkaufen

Allerlei Geschäfte mit Artikeln der üblichen bekannten Hersteller findet man in den **Fußgängerzonen** jeder Revierstadt, außergewöhnliche Mode, ausgefallene Accessoires und eine große Auswahl hingegen nur in den Einkaufsstädten; hier sind etwa die Essener Innenstadt oder die Fußgängerzonen in Dortmund und Bochum zu nennen.

Paradiese für Shopping-Fans sind außerdem die **Einkaufszentren,** die meist überdacht und auf mehreren Ebenen eine Ansammlung diverser Geschäfte bieten und oft auch mit umfangreichen Freizeitangeboten aufwarten. Das wohl bekannteste Einkaufszentrum mit einem angegliederten Freizeitpark und einer Kneipenmeile ist das CentrO in Oberhausen, das mit rund 200 nationalen und internationalen Geschäften zu den größten Europas zählt (⌐ Oberhausen).

Wer es lieber nostalgisch mag und gern durch urige Gassen zwischen Fachwerk schlendert, der sollte die Hattinger Altstadt oder Essen-Werden ansteuern: Hier finden sich zahlreiche kleine Geschäfte in liebevoll hergerichteten Fachwerkhäusern.

Einkaufszentren

● **CentrO Oberhausen,** Centroallee 1000, 46047 Oberhausen, Tel. 0208-8282055, www.centro.de. Geöffnet: Mo–Mi 10–20 Uhr, Do. 10–21 Uhr, Fr, Sa 10-20 Uhr.

200 Geschäfte, ein riesiger Fast-Food-Bereich und 10.500 kostenlose Parkplätze.

● **Ruhr-Park Bochum,** Am Einkaufszentrum, 44791 Bochum, Tel. 0234-6870880, www.ruhrpark.de. Geöffnet: Mo–Sa 10–20 Uhr.

Auf einer Größe, die nahezu 60 Fußballfeldern entspricht, befinden sich 119 Geschäfte und 7500 kostenlose Parkplätze.

● **Forum Duisburg,** Königstraße 48, 47051 Duisburg, www.forumduisburg.de. Geöffnet Läden: Mo-Sa 9.30–20 Uhr, begehbar auch sonntags 11–18 Uhr.

Dieses 2009 eingeweihte Einkaufszentrum ist das neue Shopping-Paradies in der Duisburger Innenstadt. Auf 57.000 qm sind hier 80 Geschäfte versammelt von Saturn, H&M über Apple bis zu New Yorker und der Mayerschen Buchhandlung. Parkgelegenheiten befinden sich direkt unter dem Forum.

● **Limbecker Platz,** Limbecker Platz 1a, 45127 Essen, Tel. 0201-1778960, www.limbecker-platz.de. Geöffnet Läden: Mo–Sa 10–20 Uhr, Gastronomie: Mo–Sa 10–20 Uhr, So 13–18 Uhr.

Man wird lange suchen nach einem ähnlich riesigen Shopping Center in einer deutschen Innenstadt – und keines finden. Das Einkaufsareal am Limbecker Platz erstreckt sich über mehr als 70.000 qm, beherbergt über 200 Geschäfte und empfängt seine Besucher mit rund 2400 Parkplätzen. Erst im Oktober 2009 eröffnet, ist hier alles neu, modern und perfekt auf die Shopping-Bedürfnisse des heutigen Einkaufs-Bummlers zugeschnitten.

● **Rhein Ruhr Zentrum Mülheim,** Humboldtring 13, 45472 Mülheim an der Ruhr, Tel. 0208-495020, www.rheinruhrzentrum.de. Geöffnet: Mo-Sa 10–20 Uhr.

Shoppingparadies mit rund 200 Geschäften, Cafés, Kneipen und Restaurants und 5000 kostenfreien Parkplätzen.

Einkaufstipps

Mode

● **Cinderella,** Grabenstraße 38, 44787 Bochum, Tel. 0234-6408990. Geöffnet: Mo–Fr 10–19 Uhr, Sa 10–18 Uhr.

Individuelle und ausgefallene Schuhe und romantische Mode.

● **Mango,** Limbeckerstraße 30, 45127 Essen, Tel. 0201-2485222. Geöffnet: Mo–Fr 10–20 Uhr, Sa 10–18 Uhr.

Hier findet man die geradlinigen Schnitte und perfekt aufeinander abgestimmten Farben des spanischen Labels.

● **Hype Gallery,** Rechenstr. 2a, 44787 Bochum, Tel. 0234-9117338, www.hypegallery.net. Geöffnet: Mo–Fr 10.30–19 Uhr, Sa 10.30–18 Uhr.

Hippe Klamotten und coole Schuhe gibt es in der Hype Gallery zur genüge: wer auf bedruckte T-Shirts und Turnschuhe, Paul Frank oder Acics steht, ist hier genau richtig.

● **Heimatdesign,** Hoher Wall 15, 44137 Dortmund, Tel. 0231-9500328, www.heimatdesign.de. Geöffnet: Di-Sa 11–18 Uhr.

Massenware sucht man in diesem Shop vergeblich. Selbermachen ist Programm. Deshalb gibt es hier kultiges, junges Design aus der Region: T-Shirts, Jacken, Schuhe, Taschen, Accessoires, Möbel – alles Marke Eigenbau.

● **Trash Store,** Limbecker Platz 7 (Ecke Kibbelstraße), 45127 Essen, Tel. 0201-238227, www.trash-store.de. Geöffnet: Mo–Fr 16.30–19.30 Uhr, Sa 13–19.30 Uhr.

Wer auf Nieten, Lack und Leder steht, ist hier genau richtig: ob Punk-, Gothic-, New-Wave- oder Rock – im Trash Store gibt's für jeden Individualisten das passende Outfit und die dazugehörenden Accessoires.

Secondhand

●**Jungle,** Brüderstraße 6, 44787 Bochum, Tel. 0234-6406146. Geöffnet: Mo–Fr 12–20 Uhr, Sa 12–16 Uhr.

Klein, aber fein: Auch wenn der Laden nicht der größte ist, hat er doch einiges zu bieten. Mode aus den 1950er, 60er und 70er Jahren hängt hier neben Future-, Fashion- und Mass-Design. Und das alles zu moderaten Preisen.

●**Misfits,** Brückstraße 12–14, 44787 Bochum, Tel. 0234-15413. Geöffnet: Mo–Fr 11–14 und 15–18 Uhr, Sa 11–15 Uhr.

Von altem Schmuck über Secondhand-Mode längst vergessener Zeiten bis zu Ballettartikeln ist hier alles auf kleinstem Raum zu haben.

●**Del Sol,** Universitätsstr. 91, 44798 Bochum, www.70ershop.de. Geöffnet: Di–Fr 14–20 Uhr, Sa 12–18 Uhr.

Secondhand, Party-Mode, 1970er Jahre und jede Menge kultiger Accessoires.

●**Exklusiv Secondhand,** Hufergasse 5, 45239 Essen, Tel. 0201-4901588. Geöffnet: Mo–Fr 10–13 Uhr, 15–17.30 Uhr, Sa. 10–14 Uhr.

Gebrauchte Designer-Mode zu günstigen Preisen.

Schmuck und Design

●**Klunker,** Hohe Luft/Brückstr. 26, 44135 Dortmund, Tel. 0231-579532, www.klunker-do.de. Geöffnet: Mo–Fr 13–19 Uhr, Sa 11–17 Uhr.

Der kleine, bezaubernde Laden ist vollgestopft mit ausgefallenem Schmuck, Lampen, Schlüsselanhängern, Bildern und allerlei Krimskrams. Auch Kreative aus dem Umland beliefern den Laden mit Eigenkreationen. Er ist ein Miniatur-Shopping-Paradies für all diejenigen ist, die es gerne individuell mögen.

●**galerie silberschön,** Hellweg 20, Bochum, Tel. 0234-8901646, Geöffnet: Mo–Fr 11–14 u. 15–19 Uhr, Sa. 10–16 Uhr. In der liebevoll eingerichteten Galerie werden die Schmuckstücke und Accessoires in gläsernen Kuben

präsentiert, die an den Wänden hängen. In jedem Kubus wird ein anderer Designer ausgestellt, so dass sich für jeden Geschmack der passende gläserne Würfel findet.

●**stueckgut,** Königsallee 12, 44789 Bochum, Tel. 0234-5305580, www.stueckgut-bochum.de. Geöffnet: Mo–Fr 11–19, Sa 11–16 Uhr.

Von Frühstücksbrettchen und Bademmatten über gehäkeltes und gestricktes Kinderspielzeug bis hin zu Taschen, T-Shirts und kleinen Möbeln: auf engstem Raum erlebt man bei stueckgut eine schier endlose Produktpalette. Am Ende wundert man sich, wie lange man in einem so winzigen Shop stöbern und schauen kann.

●**Das Wohnhaus,** Martin-Luther-Straße 35–39, 59065 Hamm, Tel. 02381-436868. Geöffnet: Mo–Fr 10–18.30 Uhr, Sa 10–16 Uhr.

Vielfältige Deko-, Möbel- und Kunstgewerbeauswahl zu sehr erfreulichen Preisen.

●**Manufactum,** Hiberniastraße 5, 45731 Waltrop, Tel. 02309-939142, www.manufactum.de. Geöffnet: Mo–Fr 11–19 Uhr, Sa 10–18 Uhr.

In der ehemaligen Kaue der alten Zeche Waltrop präsentiert das Versandunternehmen seine edle und außergewöhnliche Produktpalette.

Bücher

●**Janssen Bücher,** Brüderstraße 3, 44787 Bochum, Tel. 0234-13001, www.janssen-buecher.de. Geöffnet: Mo–Fr 10–19 Uhr, Sa 10–18 Uhr.

Gut sortierte Buchhandlung mitten im „Bermudadreieck".

●**Mayersche,** Westenhellweg 37–41, 44137 Dortmund, Tel. 0231-809050, www.mayersche.de. Geöffnet: Mo–Sa 9.30–20 Uhr.

Seit ihrer Gründung 1817 durch *Jacob Anton Mayer* in Aachen ist die Buchhandlung in Familienbesitz. Reichhaltiges Sortiment; zum Entspannen gibt's das Café in der dritten Etage.

●**Thalia,** Kettwiger Straße 35, 45127 Essen, Tel. 0201-20680, www.thalia.de. Geöffnet: Mo–Sa 10–20 Uhr.

Die Thalia-Buchhandlung in Essen befindet sich in einem geschichtsträchtigen Haus, in dem über 200 Jahre lang die Großbuchhandlung Baedeker beheimatet war. Lesehungrige finden hier auf mehreren Etagen nicht nur 100.000 Buchtitel für den Kopf, sondern auch ein Literaturcafé mit Snacks und Getränken für den Magen.

● **Schmitz junior,** Heckstraße 60, 45239 Essen-Werden, Tel. 0201-8496164. www.schmitzjunior.de. Geöffnet: Mo–Fr 9–18.30 Uhr, Sa 9–14 Uhr.

Eine liebevoll und herrlich kindgerecht eingerichtete Buchhandlung für Kinder- und Jugendliteratur. Auf zwei Etagen bleibt hier kein Kinder-Wunsch unerfüllt.

● **Buchhandlung am Rathaus,** Rathausstraße 12, 58095 Hagen, Tel. 02331-32689, www.rathaus-buchhandlung.com. Geöffnet: Mo–Fr 9–19 Uhr, Sa 9–16 Uhr.

Eine kleine Schmökerbuchhandlung, in der man u.a. viel Literatur über Hagen und das Sauerland findet.

● **Antiquariat am Mitteltor,** Klever Straße 4, 46509 Xanten, Tel. 02801-1704. Geöffnet: Mo–Fr 9–12 und 14–18 Uhr, Sa 9–13 Uhr.

Freunde von Büchern des 16. bis 20. Jahrhunderts kommen hier voll auf ihre Kosten.

Musik

● **Discover,** Untere Markstraße 1 (Eingang Bleichstr.), 44787 Bochum, Tel. 0234-65533. Geöffnet: Mo–Fr 11–19 Uhr, Sa 11–16 Uhr.

Seit vielen Jahren eine Institution im Ruhrgebiet. Das Angebot reicht von Rock über Dance bis zum Hip-Hop und Rare Groove.

● **Aktivissimo,** Brückstraße 21, 44135 Dortmund, Tel. 0231-9508687. Geöffnet: Mo–Fr 10–18.30 Uhr, Sa 11–15 Uhr, an Konzertabenden bis 20 Uhr.

Der Musikladen im Dortmunder Konzerthaus bietet eine ausgezeichnete Auswahl an klassischer Musik. Der Unentschlossene kann an der Hörbar in diverse Klassiker reinhorchen.

Souvenirs

● **Schalke-Fanshop,** Ernst-Kuzorra-Weg 1, 45891 Gelsenkirchen, Tel. 0209-3618120. Geöffnet: Mo–Fr 9–18 Uhr, Sa 9–14 Uhr und bei Heimspielen bis zum Spielanfang und noch mal eine Stunde nach Abpfiff.

Der Fußballclub ist eine Institution mit einer riesigen Fangemeinde. Und genau die kommt hier auf ihre Kosten.

● **Kokerei Zollverein,** Shop am Infopunkt, Ahrendahls Wiese, Tor 3, 45141 Essen, Tel. 0201-8301275. Geöffnet: April bis Oktober Di–So 10–18 Uhr, November bis März Di–So 12–18 Uhr.

Alles aus'm Pott: Von Grubenhemden über Bergmannsseife bis hin zu Kohlesäckchen wartet der Shop mit allerlei Andenken aus dem Ruhrgebiets- und Bergbaubereich auf.

Essen und Trinken

Spezialitäten aus dem Ruhrgebiet

Eine traditionelle Ruhrgebiets-Küche, die sich bis in die Restaurants durchgesetzt hätte, gibt es im Revier eigentlich nicht. Allerdings findet man vereinzelt Restaurants, die die einheimische Küche und mit ihr die Bergarbeiter- und Revierromantik zelebrieren.

Relativ typisch für das Ruhrgebiet ist der **Eintopf,** der einst meist eher aus Sachzwängen als aus kulinarischem Kalkül heraus zubereitet wurde: Weil früher nur eine einzige Feuerstelle zur Verfügung stand, musste alles in einem Topf gekocht werden, in den letztlich alles hineingeschnibbelt wurde, was man zur Verfügung hatte und der eigene Gemüsegarten abwarf.

Da die Ruhrgebietsküche zudem noch körperlich hart arbeitende Menschen zu versorgen hatte, wurde **relativ fett** und mit **viel Fleisch** gekocht. Typische Beilage, die zu keinem Gericht fehlen durfte, waren **Kartoffeln,** die in allen nur erdenklichen Variationen und Zubereitungsarten gereicht werden: gekocht, gestampft, gerieben oder gebraten.

Absoluter Kult im Revier ist und bleibt die **Currywurst mit Pommes rot-weiß** (Mayo und Ketchup). Ihr kann man nicht entgehen (↗ auch Exkurs „Einmal Pommes rot-weiß mit Currywurst").

www.fotolia.de © Lena Scholz

Speisen

● **Pommes Currywurst:** Kein Ruhrpott ohne dieses fettige Vergnügen, wobei die Pommes in der Regel mit Ketchup und Mayo gereicht werden – bestellt wird Letzteres als „Pommes Schranke" oder „Pommes rot-weiß".
● **Panhas:** Eine aus Blut- und Leberwurst bestehende Frikadelle, die mit Salz, Pfeffer und Nelken gewürzt ist. Traditionell wird sie mit Kartoffelspeisen serviert: vom Püree bis zu Bratkartoffeln.
● **Potthucke:** Kartoffelgericht mit Schinken und Schwarzbrot.
● **Ätzesupp:** Kräftige Erbsensuppe.

Getränke

● **Bier:** Nahezu ein Grundnahrungsmittel im Revier, das auch als Mischgetränk in unterschiedlichen Mixturen angeboten wird.
● **Krefelder:** Altbier mit einem Schuss Cola.
● **Alster:** Pils mit einem Schuss *Fanta*.
● **Radler:** Pils mit einem Schuss *Sprite*.
● **Gedeck:** Ein Glas Pils und dazu ein klarer Schnaps.

Lokalitäten

Angesichts des Klassikers Pommes/Currywurst verfügt das Revier über ein reichhaltiges Angebot an **Pommes-Buden,** die beinahe ein Markenzeichen der Region sind. Sie sind fast an jeder Ecke zu finden und prägen das Bild aller Revierstädte. Überhaupt ist Fast Food im Revier stark ausgeprägt, weshalb es neben den Pommes-Buden auch zahlreiche **türkische, griechische oder italienische Imbisse** gibt.

Die vielen unterschiedlichen Imbiss-Buden sind auch ein Zeichen für die kulturelle Vielfalt des Potts. Denn angelockt durch die Montanindustrie, haben sich Menschen aus anderen Regionen und Ländern im Ruhrgebiet angesiedelt und das Revier (auch kulinarisch) geprägt. Deshalb überrascht das Ruhrgebiet trotz Fast-Food- und Imbiss-Kultur als Region, in der es sich hervorragend und außergewöhnlich speisen lässt. Es gibt eine große Auswahl an Restaurants unterschiedlicher Nationalität, von denen wir im Folgenden einige vorstellen möchten.

Weitere kulinarische Tipps finden sich in den jeweiligen Ortskapiteln.

Bei Pommes rot-weiß darf man wählerisch sein, das Angebot ist riesig

Ägyptisch

● **Fata Morgana,** Mühlenberg 12, 4549 Mülheim an der Ruhr, Tel. 0208-4376261. Geöffnet: Di–Sa ab 17 Uhr, So 12–14.30 Uhr und ab 17 Uhr.

In orientalischem Ambiente wird hier ägyptische Küche serviert.

Arabisch

● **Karawane,** Rellinghauser Straße 157, 45128 Essen, Tel. 0201-235497. Geöffnet: Mo–Sa ab 18 Uhr, Sa ab 17 Uhr.

Orientalisches Essen zwischen Wasserpfeifen und altdeutschem Kneipenambiente.

Deutsch, Regional

● **Mutter Wittig,** Bongardstraße 35, 44787 Bochum, Tel. 0234-12141. Geöffnet: Mo–Sa 11–23 Uhr, So, feiertags 11–22 Uhr.

Seit vier Generationen wird hier Gutbürgerliches serviert. Nicht nur das Essen, auch die Ausstattung erinnert stark an Muttis Wohnzimmer.

● **Der Thüringer,** Markt 13, 44137 Dortmund, Tel. 0231-5330568, www.der-thueringer.de. Geöffnet: tgl. ab 10 Uhr.

Der Name ist Programm: denn hier werden die guten alten Thüringer „Rostbratwürscht" nach den Original-Rezepten auf dem Grill gebraten. Ansonsten werden regionale Küche und Pfannengerichte serviert. Im Sommer kann man sich in dem teilweise überdachten Biergarten niederlassen.

● **Hövels,** Hoher Wall 5–7, 44137 Dortmund, Tel. 0231-9145470, www.hoevels-hausbrauerei.de. Geöffnet: So–Do 11–24 Uhr, Fr, Sa 11–1 Uhr.

In der westfälischen Gaststätte wird das köstliche Hövels-Bier frisch gezapft serviert. Im Sommer kann man das Bitterbier am besten im schönen Biergarten genießen.

● **Brauhaus Schacht 4/8,** Düsseldorfer Straße 21, 47051 Duisburg, Tel. 0203-281000, www.brauhaus-schacht-4-8.de. Geöffnet: tgl. Mo–Do 11–0.30 Uhr, Fr, Sa 11–2 Uhr, So 10–22 Uhr.

Hier wird noch Bergarbeiter- und Revierromantik zelebriert: Von den Bierdeckeln grüßt der kleine Bergmann. Zum Panhas mit Kartoffelpüree ein kühles *Grubengold* bestellen!

● **Brauhaus Hibernia,** Bahnhofsvorplatz 2, 45879 Gelsenkirchen, Tel. 0209-208531, www.brauhaus-hibernia.de. Geöffnet: Mo–Do 9–24 Uhr, Fr, Sa und vor Feiertagen 9–1 Uhr.

Das urige Gasthaus, das den Namen der ehemaligen benachbarten Zeche Hibernia trägt, serviert gutbürgerliche Küche und schenkt die Hausmarke *Grubengold* aus.

● **Gaststätte Alt Hamm,** Nordstraße 16, 59065 Hamm, Tel. 02381-430527. Geöffnet: Di–Fr ab 16 Uhr, Sa ab 16.30 Uhr, So 10–13 Uhr und ab 16.30 Uhr.

Auf das Jahr 1739 geht dieses Gasthaus zurück. Liebhaber der westfälischen Küche sind hier genau richtig.

● **Brauhof Wilshaus,** Baumstraße 46, 59071 Hamm, Tel. 02385-8855, www.brauhof-wilshaus.de. Geöffnet: im Sommer: Mi–Sa ab 16 Uhr, So ab 11 Uhr, im Winter (1. Nov.–31. März) Fr–Sa ab 17 Uhr, So ab 11 Uhr.

Mitten im Grünen, südlich von Hamm-Werries, liegt dieser zünftige Brauhof. Naturtrübes Landbier und regelmäßige Bierbrau-Seminare präsentieren den Gerstensaft als Kulturgut. Dazu werden nahrhafte Speisen mit westfälischem Einschlag gereicht.

● **Mausefalle,** Bogenstraße 8, 45468 Mülheim an der Ruhr, Tel. 0208-3059860, www.mausefalle-muelheim.de. Geöffnet: Mo–Sa ab 17 Uhr, So ab 11.30 Uhr.

In einem der ältesten Fachwerkhäuser Mülheims wird deftige Hausmannskost gekocht und eine einmalige Bierauswahl geboten.

● **Brauhaus Zeche Jacobi,** Promenade 30, 46047 Oberhausen, Tel. 0208-802200, www.brauhaus-zeche-jacobi.de. Geöffnet: tgl. 10–0.30 Uhr, Fr, Sa, vor Feiert. 10–2 Uhr

Deftige Bergmannskost und hausgebrautes *Grubengold* oder *Ruhr-Pott-Pils* erinnern an alte Revierzeiten.

● **Uerige Treff,** Friedensplatz 13, 46045 Oberhausen, Tel. 0208-808143, www.uerige.de. Geöffnet: Mo–Do 11–24 Uhr, Fr, Sa 11–2 Uhr, So 12–22 Uhr.

Die Küche ist deftig und gutbürgerlich. Das Altbier stammt aus der Düsseldorfer Hausbrauerei *Uerige*.

● **Hausbrauerei Boente,** Augustinessenstr. 4, 45657 Recklinghausen, Tel. 02361-17609, www.hausbrauerei-boente.de. Geöffnet: Mo–Fr ab 17 Uhr, Sa ab 11 Uhr, So ab 12 Uhr.

Hier kann man nicht nur das hausgebraute *Boente-Bier* trinken, sondern im Restaurant auch gepflegt essen. Im Sommer sitzt es sich in dem 300 Plätze großen Biergarten besonders schön.

●**Burbaum,** Kirchplatz 4, 45731 Waltrop, Tel. 02309-2214, www.burbaums-restaurant.de. Geöffnet: Mi–So 10–15 Uhr, 17–24 Uhr.

Das 1660 erbaute Fachwerkhaus beherbergte bereits 1764 eine Schankwirtschaft. Noch heute lässt es sich hier gut essen: Das Restaurant bietet eine ansprechende Auswahl regionaler und überregionaler Küche.

Griechisch

●**Avli,** Luisenstraße 14 (im Luisenhof), 44787 Bochum, Tel. 0234-6404778. Geöffnet: Mo–So 12–14.30 Uhr und 17–24 Uhr.

Der Grieche, gelegen in einem urigen Hinterhof, versprüht südländisches Flair. Die Gerichte sind großartig, die Preise moderat.

Indisch

●**Thaj Mahal,** Kortumstraße 9, 44787 Bochum, Tel. 0234-683714. Geöffnet: tgl. 11.30–15 Uhr und 17–24 Uhr.

Mitten im „Bermudadreieck" (↗ Bochum) genießt man köstliche indische Spezialitäten.

Italienisch

●**Raffaello,** Max-Greve-Straße 32–34, 44791 Bochum, Tel. 0234-9507567. Geöffnet: tgl. 12–14.30 Uhr und 17.30–24 Uhr.

Exzellentes italienisches Edel-Restaurant mit Toskana-Flair. Für viele eines der schönsten Restaurants in der Region.

●**L'Artista,** Märkische Straße 220, 44141 Dortmund, Tel. 0231-411752. Geöffnet: Mo–So 16.30–23 Uhr.

Ein gemütlicher und stilvoller Italiener. Geheimtipp in Dortmund.

●**Incontro,** Kleppingstraße 22, 44135 Dortmund, Tel. 0231-5330200. Geöffnet: Mo–So 11–2 Uhr.

Einer der besten „Italiener" im Ruhrgebiet, der sich durch erstklassige Küche und ein elegantes Ambiente auszeichnet und vor allem durch das sympathische Personal.

●**Pizzeria da Rocco,** Roggenmarkt 9, 44532 Lünen, Tel. 02306-18242, www.da-rocco-

luenen.de. Geöffnet: Mo, Mi–So 11.30–14.30 Uhr, ab 17.30 Uhr.

Das Restaurant liegt an einem verträumten Altstadtplatz unter einer mächtigen Kastanie.

●**Schloß Styrum,** Ristorante, Trattoria, Café, Moritzstraße 102, 45476 Mülheim an der Ruhr, Tel. 0208-7402571, www.schloss-styrum. com. Geöffnet: Mo–Do 12–14.30 Uhr und 17.30–23 Uhr, Fr, Sa 12–14.30 Uhr und 17.30–24 Uhr, So durchgehend geöffnet.

Im Schlossambiente wird italienische Küche zu moderaten Preisen serviert.

●**Pasta – viva la mamma!** Victoriastr. 66–70, 44787 Bochum, Tel. 0234-60491171, www. pasta-bochum.de. Geöffnet: Di–Do 17–23 Uhr, Fr, Sa 17–24 Uhr, So 17–23 Uhr.

Mitten im „Bermudadreieck" gibt's Pasta in allen Variationen und Formen.

Japanisch

●**Sticks,** Viktoriastraße 59, 44787 Bochum, Tel. 0234-684406. Geöffnet: Di–So 12–15 Uhr, 18–23 Uhr.

Japanisches Ambiente mit Blick auf eine viel befahrene Straße. Egal: Das Sushi ist super!

●**BAN-DO,** Bissenkamp 1b, 44135 Dortmund, Tel. 0231-9508881. Geöffnet: Mo–Sa 11–23 Uhr.

Der Japaner bietet erstklassiges Sushi. Außerdem gibt's auch was für's Auge: Das Essen segelt in kleinen Schiffen an der Bar vorbei.

●**Kyoto,** Rosenthal 9, 44135 Dortmund, Tel. 0231-5898400, www.kyoto-dortmund. de. Geöffnet: Mo–Do 12–15 und 17.30–23 Uhr, Fr 12–15 und 17.30–24 Uhr, Sa 12–24 Uhr.

In puristischem fernöstlichen Design lässt man sich hier köstliches Sushi und andere japanische Spezialitäten schmecken.

Mongolisch

●**Mongo's,** Altendorfer Straße 3, 45127 Essen, Tel. 0201-1095986. Geöffnet: Mo–Do ab 17 Uhr, Fr, Sa ab 16 Uhr, So ab 12 Uhr.

Das Restaurant ist meist über Wochen ausgebucht – ohne Vorbestellen geht hier nichts!

Spanisch

●**Coco Loco,** Hans-Böckler-Straße 21, 44787 Bochum, Tel. 0234-3389200. Geöffnet: Di–Sa 12–15 Uhr und ab 18 Uhr.

In Rathausnähe gibt es eine reichhaltige Auswahl an Tapas.

● **Don Camillo,** Fuldastraße 20, Duisburg, Tel. 0203-330330. Geöffnet: Mo–Do 18–22 Uhr, Fr, Sa 18–23 Uhr.

Gemütlich eingerichtetes spanisches Restaurant, in dem der Koch sehr großzügig mit Knoblauch experimentiert.

● **El Patio,** Hauptstraße 50, 45875 Gelsenkirchen, Tel. 0209-812911. Geöffnet: tgl. 17.30–24 Uhr.

Exzellentes spanisches Restaurant in der Fußgängerzone Gelsenkirchens.

Türkisch

● **Dalaman,** Bachstraße 8, 45468 Mülheim an der Ruhr, Tel. 0208-380200. Geöffnet: Mo–Fr 12–15 Uhr, 17–1 Uhr, Sa, So, Fei 12–1 Uhr.

Wer möchte, kann hier ganz orientalisch auf Kissen Platz nehmen und an niedrigen Tischen genießen.

Weitere Lokale

Vegetarisch

● **Zodiac,** Witteringstraße 41, 45130 Essen, Tel. 0201-770012. Geöffnet: Mo–Sa 12–22 Uhr, So 17–22 Uhr.

Ein Klassiker unter den vegetarischen Restaurants, bei dem es astrologisch zugeht, denn jeder Tisch steht unter einem anderen Tierkreiszeichen. Das Essen selbst steht im Zeichen der Pflanzen: Alle Zutaten sind aus Bio-Anbau.

Kult

● **Freibad,** Clemensstraße 2, 44789 Bochum, Tel. 0234-312135. Geöffnet: So–Do 19–1 Uhr, Fr, Sa 19–3 Uhr.

In Plüsch-Sesseln kann man hier gepflegt eine aromatisierte Wasserpfeife rauchen. Die kultige Kneipe wartet mit großer Cocktailauswahl und breit gefächerter Speiseauswahl zu moderaten Preisen auf.

● **Casino Zollverein,** Gelsenkirchener Straße 181, 45309 Essen, Tel. 0201-830240, www. casino-zollverein.de. Geöffnet: Di–So 11.30–24 Uhr.

Die ehemalige Kompressorhalle der Zeche Zollverein hat sich in ein außergewöhnliches, stilvolles Restaurant verwandelt. Die Küche ist international ausgerichtet, fühlt sich aber auch der alten Bergmannskost verpflichtet.

Cafés

● **Café Zacher,** Brüderstraße 6, 44787 Bochum, Tel. 0234-15838. Geöffnet: Mo–Fr ab 14 Uhr, Sa, So ab 10 Uhr.

Mitten im „Bermudadreieck" (⤢ Bochum): Kleines, gemütliches Café, mit einmaligen selbstgebackenen Kuchen, riesiger Teeauswahl und köstlichen Milchshakes.

● **Café Tucholsky,** Viktoriastraße 73, 44787 Bochum, Tel. 0234-964360, www.cafe-tucholsky.de. Geöffnet: Mo–Do 7–1 Uhr, Fr und vor Fei 7–3 Uhr, Sa 8–3 Uhr, So, Fei 8–1 Uhr.

Das *Tucholsky* ist eine Institution im „Bermudadreieck" (⤢ Bochum). Dunkle Edelholztische inmitten klassischem Art-Déco-Ambiente. Frühstück gibt's täglich bis 18 Uhr – weshalb das Café vor allem Studenten und Künstler lockt. Zum Publikum gehören auch die Akteure des nahe gelegenen Schauspielhauses.

● **Café Max,** Kuckelke 14, 44135 Dortmund, Tel. 0231-523538. Geöffnet: Mo–Fr 9–1, Sa, So und an Feiertagen 10–2 Uhr.

Das Café besticht durch sein studentisches Flair. Die Küche serviert köstliche internationale Gerichte zu moderaten Preisen.

● **Esquina Central,** Kreuzstraße 69, 44139 Dortmund, Tel. 0231-134058, www.esquina.de. Geöffnet: Mo–Sa 9–24 Uhr, So und an Feiertagen 10–24 Uhr.

Schnuckeliges Café mit kleinem Biergarten im Sommer. Köstliche und reichhaltige Auswahl an Speisen, das Frühstück wird studentenfreundlich bis 14 Uhr serviert.

● **Spanish Blue,** Essener Straße 12, 44139 Dortmund, Tel. 0231-121112. Geöffnet: Mo–Fr, So ab 10 Uhr, Sa ab 9 Uhr.

Süßes Cafe, das im Sommer auch Sitzmöglichkeiten im Freien bietet. Leckere Kuchen und Mittagstisch werden serviert und ab 16 Uhr gibt's leckere Tapas.

● **Café Solo,** Kettwiger Straße 36, 45127 Essen, Tel. 0201-7476666, www.solocation.de. Geöffnet: Mo–Do 8–1 Uhr, Fr, Sa 8–2 Uhr, So 10–1 Uhr.

Direkt in der Essener Fußgängerzone, mit großem Angebot an Snacks und Getränken.

●**Caféhaus,** Behrensstraße 4, 44623 Herne, Tel. 02323-917765, www.cafehaus-herne.de. Geöffnet: Mo–Sa 8.30–1 Uhr, So 10–1 Uhr, an Feiertagen 9–1 Uhr.

Schnuckeliges Café in einem Gebäude aus dem späten 19. Jahrhundert. Für alle Kuchen und Waffelfans: das süße Zeugs gibt es täglich von 15–18 Uhr.

●**Café del Sol,** Holsterhauser Straße 190, 44625 Herne, Tel. 02325-586192, www. cafedelsol.de. Geöffnet: Mo–Do, So 9–1 Uhr, Fr, Sa 9–2 Uhr.

Wie ein Karibik-Kurztrip: Farben, starke Drinks, Musik und eine tolle Speisekarte.

●**Café Lüntec,** Heinrichstraße 51, 44536 Lünen, Tel. 0231-9860235. Geöffnet: Mo–Fr 8–17 Uhr, So, Fei 8–17 Uhr.

Das Café befindet sich im liebevoll hergerichteten alten Pförtnerhaus der Zeche Minister Aschenbach. Große Tortenauswahl.

●**Tante Emma Café,** Münsterstraße 12, Recklinghausen, Tel. 02361-25327. Geöffnet Mo–Fr 9–19 Uhr, Sa 9–18 Uhr, So 10–19 Uhr.

Dieses urige Café bietet seit fast 21 Jahren vorzüglichen hausgemachten Kuchen an, aber auch Frühstück und kleine Snacks.

●**Café Waffelstübchen,** Güldener Trog 5, 59423 Unna, Tel. 02303-952698. Geöffnet: tgl. 10–19 Uhr.

Gemütliches Café in einem alten Fachwerkhaus mit Waffeln in allen Variationen.

Imbisse

●**Profi-Grill,** Bochumer Straße 96, 44866 Bochum, Tel. 02327-82361, www.profi-grill. de. Geöffnet: Mo–So 11–22 Uhr.

Die vielleicht einzige Sterne-Pommesbude der Welt: Hier adelt der ehemalige Drei-Sterne-Koch *Raimund Ostendorp* seine Pommes und Currywurst mit selbst kreierter Sauce.

●**Dönninghaus,** Kortumstraße 18, 44787 Bochum, www.bratwursthaus.com. Geöffnet: So–Do 10–24 Uhr, Fr, Sa und vor Feiertagen 10–3 Uhr.

Seit über 35 Jahren versorgt *Dönninghaus* mitten im „Bermudadreieck" (↗ Bochum) die Hungrigen mit der wohl besten Currywurst im Ruhrgebiet.

●**Curry,** Girardetstraße 2–38, 45131 Essen, Tel. 0201-3166035. Geöffnet: Mo–Do, So 11–22 Uhr, Fr, Sa 11–23 Uhr.

Schicker Edel-Imbiss. Hier stammt die Wurst aus artgerechter Tierhaltung!

●**Drago Imbisserie,** Rüttenscheider Straße 130, 45131 Essen, Tel. 0201-95979999. Geöffnet: Mo–Do 12–22.30 Uhr, Fr, Sa 12–24 Uhr, So 12–21 Uhr.

Neben Currywurst und Pommes zieren noch allerlei andere kleine Gerichte die Speisekarte. Und Prosecco wird auch serviert.

Fahrrad

Radfahrer kommen im Ruhrgebiet besonders auf ihre Kosten. Ein über 700 Kilometer langes Radwegesystem, die **Route Industriekultur,** führt auf überwiegend flachen und verkehrsarmen Strecken zu den Höhepunkten der industriellen Kulturlandschaft (↗„Ausflüge und Touren"). Vorbei an monumentalen Industriedenkmälern und nostalgisch anmutenden alten Zechensiedlungen oder durch grüne Auenlandschaften und malerische Flussidyllen – per Rad erlebt man die Region auf spannende und abwechslungsreiche Art und Weise.

Wegen des weit angelegten Radwegesystems eignet sich das Ruhrgebiet auch für ein- oder mehrtägige **Touren.** Einen kompletten Überblick über das große Radwegenetz sowie Vorschläge für Radtouren und -ausflüge bieten der Regionalverband Ruhrgebiet und die Ruhrgebiet Tourismus GmbH (s.u.) mit ihren unterschiedlichen Broschüren.

Ein Klassiker unter den Radtouren ist die **Römerroute,** die auf einem rund 280 Kilometer langen Radwanderweg den Spuren der Römer folgt.

Die überwiegend ebene Strecke beginnt in Xanten und folgt dem Lauf der Lippe bis in den Teutoburger Wald. Höhepunkt der Tour, die größtenteils abseits der Hauptverkehrsstraßen verläuft, sind sicherlich die Städte Xanten und Haltern, in denen die Römer die deutlichsten Spuren ihrer Zivilisation hinterließen. Die Strecke ist in beiden Richtungen sehr gut ausgeschildert und weist Radfahrern mit dem Symbol eines Römerhelmes den Weg. Zur Römerroute gibt es eine gleichnamige **Radwanderkarte,** die im örtlichen Buchhandel und bei den städtischen Touristeninformationsstellen erhältlich ist (Infos: www. roemerroute.de).

● **Regionalverband Ruhrgebiet,** Kronprinzenstraße 35, 45128 Essen, Tel. 0201-20690, Fax 2069500, www.rvr-online.de.

● **Ruhr Tourismus GmbH,** Centroallee 261, 46047 Oberhausen, Tel. 0208-89959-0, Service Center: 01805-181630 (Verkauf von Reiseführern, Radwander- und Freizeitkarten uvm.) oder 01805-181620 (Kostenfreies Informationsmaterial zur Metropole Ruhr), www.ruhr-tourismus.de.

Fahrradverleih

Wer Lust hat, das Revier auf zwei Rädern zu entdecken, benötigt dazu nicht einmal ein eigenes Rad. An unterschiedlichen **RevierRad-Stationen,** die sich über das ganze Ruhrgebiet erstrecken, können Cityräder, Trailerbikes, Kinderräder oder Tandems gemietet werden. Der Clou: Wer will, kann das RevierRad an einer Station ausleihen und an einer anderen wieder abgeben. Darüber hinaus bieten die RevierRad-Stationen noch weitere **Serviceleistungen** an: vom Gepäck-

transfer über den Verleih von Anhängerrädern, Kindersitzen, Helmen und Regencapes bis hin zum GPS-Guide, einem Navigationssystem fürs Rad. Dieser kleine Fahrrad-Computer wird an das Lenkrad montiert und lotst den Fahrer problemlos mit Pfeil und Signalton durchs Revier.

Die Räder können an jeder RevierRad-Station oder direkt über die RevierRad-Zentrale in Mülheim **gebucht** werden. Die Leihgebühr pro Rad beträgt 8 € pro Tag, für Kinderräder 5 €. Wer das Rad an einer Station leihen und an einer anderen wieder abgeben will, zahlt einen Aufpreis von 3 €.

Das **Netz** der RevierRad-Stationen wird kontinuierlich ausgebaut. Erkundigen Sie sich deshalb, ob schon neue Stationen hinzugekommen sind.

Familien und **Gruppen** können auch größere Kontingente buchen und an den jeweils gewünschten Standort der Radtour transportieren lassen. Gruppenkontingente und Sondertransporte sollten über die Zentrale gebucht werden. **Menschen mit Handicap** können sich ein ihren Bedürfnissen entsprechendes Rad ausleihen: Dreiräder mit Hand- und Fußantrieb sowie Tandems und weitere Sondermodelle stehen zur Verfügung. Neben verschiedenen Spezialrädern können auch geführte Radtouren gebucht werden. Dafür sind allerdings Voranmeldungen über die RevierRad-Zentrale erforderlich.

● **RevierRad-Zentrale,** Hauptbahnhof, Dieter-aus-dem-Siepen-Platz 3, 45468 Mülheim an der Ruhr, Tel. 0208-8485720, zentrale@revierrad.de. Geöffnet: Mo–Fr 5.30–22.30

Uhr, Sa, So und feiertags 8–18.30 Uhr. Auch Informationen, zentrale Buchung für alle Stationen sowie Näheres zum GPS-Guide.

Weitere RevierRad-Stationen

● **Bochum:** Bochum Zentrum im Haus TRI-MOBIL GbR, Schwerpunktstation Handicap-Bikes, Herner Straße 86, 44791 Bochum (Nähe Deutsches Bergbau-Museum). Geöffnet: Mo–Fr 10–13 Uhr, 14–17 Uhr, Sa 10–13 Uhr, So auf Anfrage.

● **Bönen:** Bönen Bahnhof, Am Bahnhof 2, 59199 Bönen. Geöffnet: Mo–Fr 5.15–20.30 Uhr, Sa 9–15.30 Uhr, So nach Vereinbarung.

● **Bottrop:** Hauptbahnhof, 46242 Bottrop, Tel. 02041-7659958. Geöffnet: Mo–Fr 6–22 Uhr, Sa, So 8–20 Uhr.

● **Dortmund-Huckarde:** Kokerei Hansa, Emscherallee 11, 44369 Dortmund-Huckarde, Tel. 0231-93112233. Geöffnet: 1. April bis 31. Oktober Di–So 10–18 Uhr, 1. November bis 31. März Di–Fr 10–16 Uhr, Sa 13–16 Uhr, So und Feiertage 10.30–13.30 Uhr und nach Vereinbarung.

● **Duisburg:**
Landschaftspark Duisburg-Nord, Emscherstr. 71, 45137 Duisburg, Tel. 0203-4291942. Geöffnet: Mo–Do 10–17 Uhr, Fr–So 10–21 Uhr.

Hauptbahnhof, Ostausgang, Kammerstr. 3, 47057 Duisburg. Geöffnet: Mo–Do 5.30–22.30 Uhr, Fr 5.30–24 Uhr, Sa 8–24 Uhr, So 8.30–18.30 Uhr.

● **Essen:**
Zeche Zollverein XII, Gelsenkirchener Str. 181, 45309 Essen. Geöffnet: 1. April bis 31. Oktober und nach Vereinbarung Mo–So 10–18 Uhr.

Alte Lohnhalle Zeche Bonifacius, Rotthauser Str. 40, 45309 Essen. Geöffnet: Mo–So 8–21 Uhr und nach Vereinbarung.

● **Gelsenkirchen:** Hotel MARITIM, Am Stadtgarten 1, 45879 Gelsenkirchen, Mo–So 8–21 Uhr.

Vor allem für Radfahrer prächtige Ausflugsziele: die Burgen und Schlösser des Ruhrgebiets

●**Hamm:**
Hauptbahnhof, Tel. 02381-927191. Geöffnet: Mo–Fr 5.30–22.30 Uhr, Sa, So und an Feiertagen 8–18.30 Uhr.
Maximilianpark Hamm, Alter Grenzweg 2, 59071 Hamm, Tel. 02381-9821032. Geöffnet: Mo–Fr 5.30–22.30 Uhr, Sa, So und an Feiertagen 8–18.30 Uhr.

●**Herten:** Hybike Station, Ewaldstr. 222, 45699 Herten. Geöffnet: Mo–So 9–19 Uhr.

●**Kamen:** Kamen Bahnhof, Am Bahnhof 1, 59174 Kamen. Geöffnet: Mo–Fr 4.30–21.30 Uhr, Sa 8–18 Uhr, So nach Vereinbarung.

●**Lünen:**
Radstation Brambauer, Zum Verkehrshof 7, 44536 Lünen. Geöffnet: Mo–Fr 8–20 Uhr, Sa 8.30–15 Uhr, So nach Vereinbarung.
Lünen Hbf/Lünen Markt, Bahnhofsvorplatz, 44532 Lünen. Geöffnet: Mo–Fr 5.30–21.30 Uhr, Sa 8–18 Uhr, So nach Vereinbarung.

●**Mülheim an der Ruhr:**
Bahnhof Styrum, Hauskampstraße 14, 45476 Mülheim an der Ruhr, Tel. 0208-402 000. Geöffnet: Mo–Fr 5.30–22.30 Uhr, Sa, So und an Feiertagen 8–18.30 Uhr.
Aquarius Wassermuseum, Burgstraße 70 (Buchung über RevierRad-Zentrale), 45476 Mülheim an der Ruhr. Geöffnet: Di–So 10–18 Uhr.
Europa Pavillon, Im MÜGA Gelände. Am Schloß 34, 45479 Mülheim an der Ruhr. Geöffnet: Di–So 11–20 Uhr.

●**Oberhausen:**
Hauptbahnhof, Tel. 0208-855174. Geöffnet: Mo–Fr 7–21 Uhr, Sa 9–17 Uhr.
Haus Ripshorst (Informationszentrum Emscher Landschaftspark), Ripshorster Straße 306, 46117 Oberhausen, Tel. 0208-8833483. Geöffnet: 1. März bis 31. Oktober Di–So, an Feiertagen 10–18 Uhr, 1. November bis 28. Februar Di–So, an Feiertagen 10–17 Uhr und nach Vereinbarung unter hausripshorst@rvr-online.de

●**Rheinberg:** Rheinfähre Orsoy, Egerstraße 9a, 47495 Rheinberg, Tel. 02844-1373. Geöffnet: Mo, Mi–Fr 10–13 Uhr, 15–18 Uhr, Sa 10–13 Uhr und nach bedarf. Vereinbarung.

●**Selm:** Beifang Bahnhof, Beifanger Weg 84, 59379 Selm. Geöffnet: Mo–Fr 5.30–21.30 Uhr, Sa 7–19 Uhr, So nach Vereinbarung.

●**Unna:** Unna Bahnhof, Bahnhofsvorplatz, 59425 Unna. Geöffnet: Mo–Fr 6–20.30 Uhr, Sa 9–15.30 Uhr, So nach Vereinbarung.

●**Waltrop:** Zeche Waltrop, Hiberniastraße 2, 45731 Waltrop. Geöffnet: Mo–Sa 11–16 Uhr, So nach Vereinbarung.

●**Wanne-Eickel:** Hauptbahnhof, Heinz-Rühmann-Platz 1, 44653 Wanne-Eickel, Tel. 02325-569050. Geöffnet: Mo–Fr 5.30–22.30 Uhr, Sa, So und an Feiertagen 8–18.30 Uhr.

●**Witten:** Hauptbahnhof, Bergerstraße 35, 58452 Witten, Tel. 02302-399000. Geöffnet: Mo–Fr 5.30–20 Uhr, So auf Anfrage.

Festivals und Events

Ob Film- oder Musikfestival, Theater- oder Comedy-Event – im Revier hat man die Qual der Wahl. Jedes Jahr werden rund 250 Veranstaltungen aufgeführt. Vor allem in den wärmeren Monaten von Mai bis Oktober jagt hier eine Attraktion die nächste. Jede Stadt hat ihr eigenes Festival und ihre eigenen Events. Die größten und besten seien an dieser Stelle vorgestellt.

Einen guten Überblick über die genauen Termine sowie über neue oder kleinere Veranstaltungen bieten die kostenlosen Stadtillustrierten (⌀„Reisetipps A–Z, Medien"), die in fast jeder Kneipe und auch in vielen Restaurants ausliegen, oder die entsprechenden Tageszeitungen.

Neben den kleineren Events besticht das Revier durch einige hochkarätige **Festivals,** die bis weit über die Stadtgrenzen hinaus bekannt sind: Zu den wichtigsten zählen sicherlich die Ruhr-Triennale (ab August), das Klavier-Festival Ruhr (ab Juni) und die Ruhrfestspiele Recklinghausen (ab Mai). Termine zu den besonderen Veranstaltungen, die im Kulturhauptstadtjahr aufgeführt werden, finden sich im Kapitel „Kulturhauptstadt".

Januar

●**Essen on Ice:** Der Kennedyplatz verwandelt sich von Januar bis Februar in eine Open-Air-Eisbahn. Schlittschuhfahrer kommen hier täglich von 10 bis 22 Uhr auf ihre Kosten. Infos: www.essen-on-ice.de.

●**Orgel PLUS,** Bottrop: Festivalwoche mit außergewöhnlichen Veranstaltungsorten. In verschiedenen Bottroper Kirchen ertönen die Orgeln in Kombination mit anderen Instrumenten oder Stimmen; nicht selten werden die Veranstaltungen dabei zu Jazz- oder Gospelkonzerten. Infos: Tel. 02041-703308.

April

●**Internationale Kurzfilmtage Oberhausen:** Das älteste Kurzfilmfestival der Welt ist jährlich Treffpunkt für renommierte Regisseure und solche, die es werden wollen. Infos: www.kurzfilmtage.de.

●**Internationales Filmfestival Dortmund:** Seit 1987 findet das Festival alle zwei Jahre statt. Vor dem Hintergrund einer thematischen Ausrichtung zeigt das Festival anspruchsvolle Regiearbeiten von Frauen. Infos: www.femmetotale.de.

Mai

●**Ruhrfestspiele Recklinghausen:** Seit 1946 beginnen jährlich ab dem 1. Mai die Ruhrfestspiele – die wohl größte Veranstaltung im Revier mit internationalem Spitzentheater. Dazu gibt es zahlreiche zusätzliche Veranstaltungen wie Konzerte, Ausstellungen oder Volksfeste. Infos: www.ruhrfestspiele.de.

●**Kunstmarkt Herten:** Jedes Jahr zu Pfingsten (So, Mo 11–19 Uhr) treffen sich Künstler aus ganz Deutschland, um rund um das Wasserschloss Herten ihre Kunst zu verkaufen. An gut 120 Ständen hat man die Auswahl zwischen Malerei, Bildhauerei, Schmuck, Keramik, Bekleidung und Arbeiten aus Ton, Leder, Holz, Glas und Metall. Gastronomiestände und ein ganztägiges Kultur- und Kinderprogramm gibt es obendrauf.

●**Mülheimer Theatertage:** Bis zu acht Theaterdramen der Gegenwart konkurrieren alljährlich um den begehrten und mit 15.000 Euro dotierten Dramatikerpreis. Infos: www.stuecke.de.

Juni

●**Klavier Festival Ruhr:** Das bedeutende Festival besticht nicht nur durch die bekannten Pianisten, sondern auch durch das Programm, das neben klassischen Aufführungen auch experimentelle Konzerte vorsieht. Infos: Tel. 0180-5353700, www.klavierfestival.de.

●**Internationales New Jazz Festival Moers:** Das Festival im Schlosshof Moers ist eine Institution für hochkarätigen Jazz und Weltmusik. Infos: www.moers.de.

●**Open-Air Werden,** Essen: Pfingsten ist in Essen-Werden reserviert für das Musikfestival im Löwental. Auf mehreren Bühnen wird von Punk über Rock bis Reggae so gut wie alles gespielt – und das bei freiem Eintritt! Infos: www.openair-werden.de.

●**Rock-Hard-Festival,** Gelsenkirchen: Unter dem weißen Zeltdach der Kanalbühne im Nordsternpark wird drei Tage lang gerockt. Infos: www.rockhard.de.

●**Mülheimer Castle Rock:** Im Schloß Broich geht es düster-mittelalterlich zu: Musik von New Wave über Gothic bis Industrial, dazu einige Stände mit entsprechender Kleidung und den dazu passenden Accessoires. Infos: www.muelheim-ruhr.de.

Juli

●**ExtraSchicht:** Einmal im Jahr findet im Revier die „Lange Nacht der Industriekultur" statt. Bis weit nach Mitternacht wird an unterschiedlichen Orten ein faszinierendes kulturelles Programm geboten. Eine europaweit einzigartige Veranstaltung, die man nicht verpassen sollte. Infos: www.extraschicht.de.

●**Bochum Total:** Legendäres und mittlerweile zweitgrößtes Open-Air-Event in NRW, zu dem selbst Leute von außerhalb des Reviers anreisen. Vier Tage volles Programm auf mehreren Bühnen rund um das „Bermudadreieck" der Bochumer Innenstadt. Infos: www.bochumtotal.de.

●**Traumzeitfestival,** Duisburg: Gejazzt wird auf diesem mehrtägigen internationalen Musikfestival vor den imposanten Hochöfen im Landschaftspark Duisburg-Nord. Infos: www.duisburg.de/traumzeit.

● **Juicy Beats,** Dortmund: Laut Veranstalter das größte Festival für elektronische und artverwandte Musik im Westen. Auf mehreren Bühnen spielen im Dortmunder Westfalenpark Live-Acts, DJs, VJs bis spät in die Nacht. Infos: www.westfalenpark.de.

August

● **RuhrTriennale:** Das europäische Festival wartet mit hochkarätigen und spartenübergreifenden Theater- und Musikproduktionen auf, die an Orten wie der Jahrhunderthalle Bochum, dem Landschaftspark Duisburg-Nord oder der Zeche Zollverein in Essen dargeboten werden. Infos: Tel. 0700-20023456, www.ruhrtriennale.de.

● **Cranger Kirmes,** Herne: Das Highlight des Jahres. Seit über 560 Jahren verwandelt sich der Stadtteil Herne-Crange zu einem riesigen Rummelplatz. Über 500 Aussteller bieten u.a. die neuesten und tollkühnsten Fahrattraktionen. Infos: www.herne.de.

● **Internationales Comedy Arts Festival,** Moers: Das seit 1976 stattfindende Festival steht für progressive Performance, Musik und Akrobatik. Infos: www.comedyarts.de.

September

● **Essen Original:** Drei Tage lang säumen vier Bühnen die Kettwiger Straße bis zum Bahnhof und weiter bis zum Kennedyplatz. Das größte Open-Air-Festival des Ruhrgebietes hat von Rock und Pop über Hip-Hop und Jazz bis hin zu Klassik und Chanson für jeden Musikbegeisterten etwas zu bieten. Infos: www.essen-original.de.

● **Kleinkunstwochen,** Schwerte: Von Kabarett über Comedy bis Figurentheater wird hier alles geboten. Infos: www.schwerte.de.

November

● **Kinofest,** Lünen: Breit angelegtes Kinofest mit Begleitprogramm: Neben Premieren, Kurz- und Kinderfilmen werden auch Seminare und Workshops angeboten. Infos: Tel. 02306-25286.

● **Blicke,** Bochum: Filmfestival, das ausschließlich Filme oder Videos aufführt, die das Revier thematisieren. Bahnhof Langendreer, Infos: Tel. 0234-26616.

● **Filmwoche,** Duisburg: Das kleine Festival ist auf die deutschsprachigen Dokumentarfilm spezialisiert. Infos: www.duisburg.de.

● **Jazz-Light-Festival,** Lünen: Hier wird jede Stilrichtung gespielt, die der Jazz zu bieten hat, und das von international bekannten Künstlern wie von lokalen Größen. Infos: Tel. 02306-25286.

Dezember

● **Weihnachtsmärkte:** Sie sind in allen kleineren und größeren Städten des Reviers zu finden. Einer der schönsten Märkte mit rund 260 Ständen aus aller Welt ist der Internationale Weihnachtsmarkt in Essen, der sich über die ganze Innenstadt erstreckt. Auf dem Dortmunder Markt steht jedes Jahr der mit satten 45 Metern Höhe weltgrößte Weihnachtsbaum, an dem rund 13.000 Lichter funkeln. Viele Weihnachtsmärkte sind auch im Internet zu finden.

www.weihnachtsmarkt.essen.de
www.centro-weihnachtsmarkt.de
www.weihnachtsmarkt-dortmund.de
www.duisburger-weihnachtsmarkt.de
www.bochumer-weihnacht.de

Floh- und Wochenmärkte

Das Ruhrgebiet besitzt eine ausgeprägte Flohmarkt-Kultur: Besonders in den Monaten von April bis September findet an den Wochenenden in fast allen Städten irgendwo ein Flohmarkt statt. Aber auch der Winter hält die Hartgesottenen nicht vom Ausverkauf ihrer Habseligkeiten ab, so dass auch dann noch hier und da Schnäppchen zu finden sind. Für die besten Stücke gilt allerdings: Wer zuerst kommt, mahlt zuerst. Die Profis unter den Schnäppchenjägern feilschen meist schon vor Sonnenaufgang am Tapeziertisch um den Preis! Neben den

Flohmärkten gibt es auch interessante Kunst-, Antik- und Wochenmärkte, die mit reichlich Ausgefallenem locken.

Bochum

● **Ruhr-Uni-Flohmarkt:** Universitätsstraße 150, 44801 Bochum. Sa 6–14 Uhr und jeden ersten Sonntag im Monat 11–18 Uhr.
● **Rathausplatz:** Willy-Brandt-Platz, 44787 Bochum. Jeden dritten Samstag im Monat (von April bis September) 8–15 Uhr.

Dortmund

● **Flohmarkt an der Uni:** Parkplatz Emil-Figge-Straße, 44227 Dortmund. Sa 6–14 Uhr.

Duisburg

● **Marina-Markt,** Marina am Innenhafen, Duisburg. Jeden zweiten Sonntag im Monat (April–Oktober), 11–18 Uhr. Bummeln und schlemmen ist das Motto des Marktes: Denn neben einem Kunsthandwerkermarkt stehen Gastronomieangebote aus unterschiedlichsten Herkunftsländern zu Verfügung.
● **Flohmarkt Rhein-Ruhr-Halle:** Walter-Rathenau-Str. 1, 47116 Duisburg. Di 6–14 Uhr.

Essen

● **Autokino-Flohmarkt:** Sulterkamp 70, 45356 Essen. Do 8–14 Uhr.
● **Flohmarkt an den Titanhallen:** Pferdebahnstraße 51, 45141 Essen. Sa 7–15 Uhr.
● **Flohmarkt an der Uni:** Parkplatz, Reckhammerweg, 45141 Essen. Sa 7–14 Uhr.

Gelsenkirchen

● **Flohmarkt am Parkstadion:** Parkplatz, Schweidnitzer Straße, 45891 Gelsenkirchen. Di und Sa 7–14 Uhr.
● **Flohmarkt an der Trabrennbahn:** Parkplatz, Nienhausenstraße 42, 45883 Gelsenkirchen. Mo, Mi, Fr, Sa 6–14 Uhr.

Hamm

● **Flohmarkt am Öko-Zentrum:** Parkdeck, Sachsenweg 8, 59073 Hamm. Sa ab 6 Uhr.
● **Zentralhallen-Flohmarkt:** Peitzmeier Platz 2–4, 59063 Hamm. Jeden letzten Sonntag im Monat, 11–17 Uhr, Eintritt 2 €.

Mülheim an der Ruhr

● **Antikmarkt am RRZ:** Rhein-Ruhr-Zentrum, Humboldtring 13, 45472 Mülheim. Am ersten Sonntag im Monat 11–18 Uhr.

Recklinghausen

● **Flohmarkt Vestlandhalle:** Hernerstraße, 45658 Recklinghausen. Mi und Sa 6–14 Uhr.

Fußball

Fußball ist im Revier nicht irgendein Sport, sondern ein **Mythos.** Zu kaum einer anderen Sportart pflegen die Menschen im Ruhrgebiet ein derart enges Verhältnis, und wohl kaum eine andere Sportart ist derart eng mit dem Ruhgebiet verbunden. Die Dimensionen der Fußballbegeisterung und der Enthusiasmus der Fans werden einem am besten bei **Heimspielen** deutlich, die alle zwei Wochen ganze Städte in die Stadien pilgern lassen. Wer in den zum Teil hochmodernen Arenen ein Spiel mitverfolgen konnte, bekommt eine Vorstellung davon, warum die Stadien bisweilen mit Tempeln verglichen werden.

Absolute Highlights bei den Heimspielen sind die **Revier-Derbys,** bei denen die Bundesligisten aus Bochum, Dortmund oder Gelsenkirchen gegeneinander antreten. Entgegengefiebert wird natürlich auch stets dem Spiel *Schalke 04* gegen *Bayern München,* einem der Top-Spiele in der Gelsenkirchener Arena.

Außerhalb von Fußballspielen lohnt sich die Anreise vor allem zu den **Stadien** in Dortmund und Gelsenkirchen, den beiden größten und modernsten

Arenen in Europa, die auch Austragungsorte der WM 2006 waren.

Ruhrstadion Bochum

Das 1979 eingeweihte Stadion des Bundesligisten **VfL Bochum** kann zwar in Größe und Komfort nicht mit den benachbarten Stadien in Dortmund und Gelsenkirchen mithalten, die Atmosphäre ist dennoch speziell: Vor Anpfiff stimmt hier *Herbert Grönemeyers* Hymne „Bochum" die Zuschauer auf das Spiel ein – Gänsehaut garantiert! Das Stadion bietet 32.645 überdachte Plätze, knapp die Hälfte davon fanfreundliche Stehplätze. Die Besucher des Ruhrstadions sitzen zudem sehr nah an ihren Idolen, da bei der Planung des Stadions auf eine Laufbahn verzichtet wurde.

● **Ruhrstadion,** Castroper Straße 145, 44791 Bochum, Tel. 0234-951848 oder 951848 (Ticket-Service), E-Mail: info@vfl-bochum.de, Internet: www.vfl-bochum.de.

Signal Iduna Park

Der Signal Iduna Park, vielen besser bekannt unter dem weitaus sympathischeren Namen Westfalenstadion, Heimat von **Borussia Dortmund,** dem Deutschen Meister der Jahre 1956, 1957, 1963, 1995, 1996 und 2002, ist ein Stadion der Superlative: Der Fußballtempel ist mit 83.000 Plätzen **Deutschlands größtes Stadion** und nach den Stadien in Madrid, Barcelona und Mailand sogar die viertgrößte Arena in Europa. Allein 25.000 Zuschauer drängeln sich auf der Süd-

tribüne, der größten Stehplatztribüne der Welt. Hinzu kommen ein Kinderhort, eine Polizeistation und ein Gefängnis mit zwei Zellen für je 80 Fans: eine Zelle für die Borussia-Anhänger und eine für die Gäste. Auf 700 Zapfhähne kommen 600 Kellner, die dafür sorgen, dass die Zuschauer an den Spieltagen ihre trockenen Kehlen mit Bier benetzen können.

Das Signal Iduna Park Stadion war Austragungsort der Fußballweltmeisterschaft 2006 und wurde 2009 von der englischen „Times" zum besten und schönsten Fußballstadion der Welt gekürt. Zur Begründung hieß es auf der Homepage der angesehenen Zeitschrift u.a.: „Borussia Dortmunds Stadion ist der Klassiker. Gewaltige Ränge, die die Geräusche mit einer ohrenbetäubenden Intensität auf den Rasen zurückwerfen. Dieser Platz wurde für den Fußball und für die Fans erbaut. Jedes Endspiel des European Cup sollte in Dortmund veranstaltet werden. Die beste Atmosphäre auf dem Kontinent."

● **Signal Iduna Park,** Strobelallee 50, 44139 Dortmund, Tel. 0231-90200, Tickets: 01805-309000, E-Mail: verein@borussia-dortmund.de, www.borussia-dortmund.de.

Veltins-Arena

Mit exakt 61.266 Zuschauerplätzen ist das Stadion von **Schalke 04** zwar nicht das größte Stadion in Deutschland, zweifellos gehört es aber zu den **modernsten Fußballstadien** der Welt. Hierfür sorgen ein herausfahrbarer Rasen, ein schließbares Dach sowie der riesige, in einem Fußballstadion welt-

weit erste Video-Würfel, der anstelle einer althergebrachten Anzeigetafel den Spielstand angibt. Hinzu kommt eine Kapelle in den Katakomben der Arena, in der sich Paare das Jawort geben können.

In die Planung der Arena wurden zudem die Fans bewusst integriert. Ihnen ist es zu verdanken, dass auf Zäune verzichtet, viele Stehplätze beibehalten und mehr Nähe zum Spielfeld geschaffen wurde.

Die Atmosphäre bei einem Fußballspiel auf Schalke ist einzigartig und unvergleichlich, an **Tickets** zu kommen

allerdings äußerst schwierig. Wer sich die kühne Architektur dennoch nicht entgehen lassen möchte, kann an der ca. 75 Minuten dauernden **Besichtigungstour** teilnehmen, die durch die Promenaden, die Tribünen, den Presseraum, die Kapelle, die Spielerkabine, den Business-Bereich und über das Rasenspielfeld führt.

Die Arena war Austragungsort der Fußballweltmeisterschaft 2006.

● **Veltins-Arena,** Ernst-Kuzorra-Weg 1, 45891 Gelsenkirchen, Tel. 01805-150810, Tickets: 389 2500, E-Mail: post@schalke04.de, Internet: www.schalke04.de, www.veltins-arena.de.

● **Arena-Touren,** Anmeldungen Tel. 0209-3892900, E-Mail: tour@veltins-arena.de. Führungen: Di–So im Zeitraum von 10–17 Uhr. Eintritt: 9 €, ermäßigt 5 €.

Hier dauert der „Gottesdienst"
90 Minuten: die Kathedrale von Schalke 04

Informationsstellen

Über eine eigene Touristik-Information verfügt so gut wie jede große und kleine Stadt im Ruhrgebiet. Die Informationsstellen bieten vielfältiges und umfangreiches Material über die **touristischen Besonderheiten** und Sehenswürdigkeiten der eigenen Region und kümmern sich auch um Übernachtungsmöglichkeiten oder Stadtrundfahrten. Die Adressen dieser Stellen sind in den jeweiligen Ortsbeschreibungen unter „Praktische Tipps" aufgeführt.

Eine der ersten Anlaufstellen, wenn es um Informationen rund um das Revier geht, ist die **Ruhr Tourismus GmbH.** Neben hochwertigen Broschüren, Flyern und ganzen Infopaketen, die die Stelle anbietet, kann man hier auch Tickets für Veranstaltungen oder Hotelübernachtungen buchen. Weiterhin werden Tagestrips organisiert, und auch individuelle Reisewünsche finden hier Berücksichtigung.

● **Ruhr Tourismus GmbH,** Centroallee 261, 46047 Oberhausen, Tel. 0208-89959-0, Service Center: 01805-1816-20 (kostenfreies Informationsmaterial zur Metropole Ruhr), 01805-1816-50 (Tickets für Veranstaltungen von Klassik bis zu Rock, Pop, Musicals und Kulturevents), 01805-1816-10 (Vermittlung von Unterkünften, Reiseangeboten und Pauschalarrangements), 01805-1816-30 (Verkauf von Reiseführern, Radwander- und Freizeitkarten uvm.), www.ruhr-tourismus.de.

Kulturhauptstadt 2010

Im Kulturhauptstadtjahr stehen an fünf zentralen Orten Besucherzentren zur Verfügung, die als Eingangsportale in die Metropole Ruhr und als Informationszentren fungieren sollen. Sie liegen im Mittelpunkt der Städte, in denen bzw. in deren Nähe sich die Ereignisse, Projekte und kulturellen Angebote im Kulturhauptstadtjahr ballen. Die fünf Zentren sind deshalb auch als zentrale Ausgangspunkte für Entdeckungsreisen ins Revier geeignet.

Info-Hotline RUHR.2010: 01805-452010, www.ruhr2010.de.

● **Besucherzentrum Bochum:** Deutsches Bergbau-Museum, Am Bergbaumuseum 28, 44791 Bochum.
● **Besucherzentrum Dortmund:** Dortmunder U, Brinkhoffstr. 4, 44137 Dortmund.
● **Besucherzentrum Duisburg:** CityPalais, Landfermannstr./Königstr., 47051 Duisburg.
● **Besucherzentrum Essen:** Zeche Zollverein, Kohlenwäsche, Gelsenkirchener Str. 181, 45309 Essen.
● **Besucherzentrum Oberhausen:** CentrO/ Neue Mitte.

Weitere Informationsstellen

● **Regionalverband Ruhrgebiet,** Kronprinzenstraße 35, 45128 Essen, Tel. 0201-20690, Fax 2069500, www.rvr-online.de.
Infos und Broschüren rund ums Revier.
● **Besucherzentrum Route Industriekultur,** Gelsenkirchener Straße 181, 45309 Essen, Tel. 01804-000086 oder 0201-24498932, Fax 0201-3719126, E-Mail: info@route-industrie kultur.de, Internet: www.route-industriekul tur.de.
Infos und Broschüren rund um die Route der Industriekultur (⟋ auch „Ausflüge und Touren").

Internet

Wer sich gerne zu Hause, unterwegs am Laptop oder im Revier in einem der zahlreichen Internet-Cafés über das Ruhrgebiet informieren möchte, findet im Internet ein riesiges Angebot an guten Websites. Beinahe jede Revier-Stadt ist mittlerweile im Internet mit einer eigenen Site vertreten und unter ihrem Ortsnamen im Netz zu finden. Außerdem gibt es zahlreiche Sites, die sich speziellen Angeboten widmen.

- **www.rvr-online.de**
  Offizielle Homepage des Regionalverbands Ruhrgebiet mit aktuellen Hinweisen und vielen Infos über Sehenswürdigkeiten im Revier.
- **www.ruhr-guide.de**
  Online-Magazin für das Ruhrgebiet mit vielen Links, Tipps und Artikeln über die Region.
- **www.ruhrlink.de**
  Jede Menge Tipps für das Ruhrgebiet: Vom Nightlife über Ausflugsziele bis hin zu zahlreichen Links.
- **www.route-industriekultur.de**
  Hier wird die Industriekultur zelebriert. Jede Menge Infos, Tipps und Termine.
- **www.extraschicht.de**
  Website über die Nacht der Industriekultur: mit Terminen, Programmhinweisen, Reiseangeboten und vielem mehr.
- **www.sportplatz-ruhrgebiet.de**
  Umfassende Übersicht über Sportarten, Sportveranstaltungen und Sportstätten. Dazu gibt's jede Menge Termine und aktuelle Hinweise auf Top-Sportereignisse im Revier.
- **www.ruhrtriennale.de**
  Vom aktuellen Programm über die Spielstätten bis hin zu den Ticketpreisen: Hier findet sich alles rund um das kulturelle Großereignis.
- **www.vrr.de**
  Alles über den Verkehrsverbund Rhein-Ruhr, inklusive elektronischer und mehrsprachiger Fahrplanauskunft.
- **www.idruhr.de**
  Alle wichtigen Neuigkeiten und Veranstaltungstipps vom tagesaktuellen Nachrichtendienst des Regionalverbandes Ruhr.
- **www.bermuda3eck.de**
  Aktuelle Liste der wichtigsten Kneipen und Restaurants sowie Infos und Veranstaltungstipps rund um das Bochumer Kneipenviertel (↗ Ortskapitel Bochum).

Karten

Empfehlungen für **Radwanderkarten** und Karten zu speziellen Themen und Gebieten finden sich im Abschnitt „Fahrrad" bzw. in den jeweiligen Ortskapiteln.

Kinder

Das Ruhrgebiet ist eine sehr kinderfreundliche Region, in der auch die Jüngsten auf ihre Kosten kommen. An vielen Orten werden die Interessen von Kindern berücksichtigt. Es gibt aber auch Angebote, die sich explizit an Kinder richten – an denen Erwachsene aber genauso viel Spaß haben!

Bochum

- **Zeche Knirps,** Günnigfelder Straße 251, 44793 Bochum, Tel. 0231-6100874, www.zeche-hannover.de, www.zeche-knirps.de. Geöffnet: April–Okt. Sa 14–18 Uhr, So 11–18 Uhr. Eintritt: frei.
  Eine wirklich gelungene Attraktion für Kinder ist das Kinderbergwerk Zeche Knirps, das sich direkt neben dem Malakowturm der Zeche Hannover befindet. In der authentischen Nachbildung eines Bergwerks „erarbeiten" sich die kleinen Bergarbeiter, was ein Bergmann unter Tage alles zu tun hatte. Mit hölzernem Malakowturm, Schacht, Stollen, einer Lorehängebahn und Fördermaschinen können die Kleinen mit Helm und typischer Bergmannskluft wie anno 1877 Sand und Kies anstelle von Kohle abbauen.
- **Spielfabrik,** Bessemerstraße 85, 44793 Bochum, Tel. 0234-9128834, www.spielfabrik-bochum.de. Geöffnet: Mo–So 10–20 Uhr. Eintritt: Kinder 1–3 Jahre 3,90 €, ab 4 Jahre 5,90 €, Erwachsene frei.
  Gigantischer Indoor- und Outdoor-Spielplatz. Die Halle bietet auf 3000 Quadratmetern alles, was das Kinderherz begehrt: von Kletternetzen über Rutschen bis zu Bälle-Bädern, Bullenreiten und Bungee-Trampolin.

Bottrop

● **junges museum,** Kulturzentrum August Everding, Blumenstraße 12–14, 46236 Bottrop, Tel. 02041-703721, www.bottrop.de. Geöffnet Di–Fr, So 14–17 Uhr. Eintritt frei.

Weil es von Kindern als Kunst- und Spielraum begriffen werden soll, setzt das 1997 eröffnete Kinder- und Jugendmuseum in der Ausstellungskonzeption auf Erleben und Erfahren: Die Kunstobjekte dürfen in die Hand genommen, angefasst und betastet werden.

● **Movie Park Germany,** Warner Allee 1, 46244 Bottrop-Kirchhellen, Tel. 02045-8990, www.moviepark.de. Geöffnet: April–Anfang Juli 10–18 Uhr, Mitte Juli–Mitte August 10–20 Uhr, Ende August–Oktober 10–18, im Oktober Do, Fr, Sa auch bis 22 Uhr. Eintritt: 31 €, Kinder (4–11 Jahre) 27 €.

Auch für den Bergarbeiter-nachwuchs ist der „Pott" ein Abenteuer

Ein Film- und Erlebnispark für die ganze Familie, mit zahlreichen tollen Fahrgeschäften wie der Wasserbahn „Ice Age Adventure", unterschiedlichen Achterbahntypen oder einem „4-D-Kino".

● **Freizeitpark Schloß Beck,** Am Dornbusch 39, 46244 Bottrop-Kirchhellen, Tel. 02045-5134, www.schloss-beck.de. Geöffnet: Mitte März bis Ende Oktober 9–18 Uhr. Bei ungünstiger Witterung kann der Park geschlossen sein. Eintritt: 8 €, ermäßigt 7 €.

Beliebter Freizeitpark inmitten eines prächtigen Wasserschlosses. Viele Attraktionen für kleine und große Besucher wie Achterbahn, Kletterparadies und Riesenrad.

Dortmund

● **Big Tipi,** Lindenhorster Str. 6, 44147 Dortmund, www.bigtipi.dortmund.de. Geöffnet: Mo–So 10–18 Uhr.

Im Fredenbaumpark findet sich mit dem Big Tipi das größte Indianerzelt der Welt, das eine in Dortmund erdachte Attraktion der

EXPO 2000 in Hannover war. Das Big Tipi ist mit fast 35 m Höhe, einem Durchmesser von ca. 25 m und einer Grundfläche von über 360 qm überspanntem Raum eine Erlebniswelt für Kinder und Jugendliche. Im Inneren findet sich ein Kletterseilgarten in 6 und 18 m Höhe und Angebote wie ein Tierbereich, ein Waldareal und ein kleines Tipi-Dorf.

● **KidzzWorld,** Kleyer Weg 50, 44149 Dortmund, Tel. 0231-9698424. Geöffnet tgl. 10–19 Uhr. Eintritt: Kinder ab 2 Jahren 2 €, ab 3 Jahren 5 €, Erwachsene 1 €.

In diesem großen Indoor-Spielplatz können die Kleinen sich hüpfend, rutschend und kletternd austoben.

Duisburg

● **Legoland Discovery Center,** Philosophenweg 23–25, 47051 Duisburg, Tel. 0203/5708880, www.LEGOLANDDiscoveryCentre. de. Geöffnet: Mo–So 10–18 Uhr, an den Wochenenden und in den Ferien bis 19 Uhr. Der letzte Einlass ist täglich um 17.00 Uhr. Eintritt: 14,95 €, Kinder (3–11 Jahre) 10,95 €, Familienkarte: 39,90 €.

In diesem Center dreht sich alles rund um die berühmten kleinen Steckbausteine: Hier locken eine Dschungel-Expedition, eine Geisterbahn und ein lustiges 4D-Kino, bei dem es sogar nass und windig im Kinosaal wird. Dass die Jüngsten auch selbst Hand anlegen können, versteht sich von selbst. Besonders eindrucksvoll auch für die Älteren sind die Nachbauten von Sehenswürdigkeiten der Metropole Ruhr wie etwa der Duisburger Innenhafen oder die Essener Villa Hügel mit zigtausenden von Legosteinen.

Haltern

● **Ketteler Hof,** Rekener Straße 234, 45721 Haltern-Lavesum, Tel. 02364-3409, www. kettelerhof.de. Geöffnet: Ende März bis Ende Oktober tgl. 9–18 Uhr. Eintritt: 10 €.

Mitten im Naherholungsgebiet Hohe Mark liegt dieser Spiel- und Mitmach-Park. In der weitläufigen Anlage können die Kleinen mit der Sommerrodelbahn den Berg herunterflitzen, auf Ponys den Park durchqueren oder sich auf den Spielplätzen austoben. Für kleine Snacks zwischendurch stehen Grill- und Picknickplätze zur Verfügung.

Kinos

Kinos gibt es in fast jeder Revierstadt. Neben den modernen **Multiplex-Filmhallen,** die überwiegend die großen Blockbuster spielen, existiert im Ruhrgebiet eine hervorragende und außergewöhnliche Szene an **Filmkunsttheatern** und **Programmkinos.** Vor allem Essen hat in dieser Hinsicht einiges zu bieten.

In den Sommermonaten (Juli und August) verwandelt sich das Ruhrgebiet darüber hinaus in ein großes **Freilichtkino.** Die Dichte an Open-Air-Kinos ist hier so groß wie in keiner anderen Region. Einmalig ist das Open-Air-Kino im Landschaftspark Duisburg-Nord: In der Gießhalle des stillgelegten Hochofens ist die Kulisse des Kinos beinahe spektakulärer als die Spielfilme unterm Sternendach.

Bochum

● **UCI Kinowelt,** Ruhr Park, Am Einkaufszentrum 22, 44791 Bochum, Programmauskunft Tel. 0234-2390222, www.uci-kinowelt.de.

Großes Multiplex-Kino im Einkaufszentrum.

● **Union Kino Center,** Kortumstraße 16, 44787 Bochum, Tel. 0234-3389103.

Mitten im „Bermudadreieck" (↗ Bochum): Mainstreamkino mit mehreren Sälen.

● **endstation.kino,** Wallbaumweg 108, 44894 Bochum, Tel. 0234-6871620, www. endstation-kino.de.

Das kleine Programmkino mit 89 Sitzen wird regelmäßig mit Filmprogrammpreisen auf Landes- und Bundesebene geadelt. Ausgezeichnet ist auch das außergewöhnliche Dokumentarfilm- und Kinderprogramm.

● **Fiege Kino Open Air,** Scharnhorststraße 21–25 (im Innenhof der Privatbrauerei *Fiege*), 44787 Bochum, www.fiegekino.de, www.

cooltour.com. Beginn der Vorstellung nach Einbruch der Dunkelheit.

Auf dem Gelände der Brauerei wird im Sommer tolles Open-Air-Kino geboten.

● **Filmkunsttheater Metropolis,** Kurt-Schumacher-Platz (im Hbf), 44787 Bochum, Tel. 0234-12263, Programmansage (24 Stunden): 0234-15919.

Kleines Programmkino im Hauptbahnhof Bochum.

Dortmund

● **CineStar,** Steinstraße 44, 44147 Dortmund, Tel. 0231-8405401, Ticket-Hotline: 01805-118811, www.cinestar.de.

Das Kino liegt direkt hinter dem Hauptbahnhof und gehört mit 14 Kinosälen zu den größten Multiplex-Kinos im Revier. Das Besondere sind aber die tollen Schnubbelsitze, in denen sich Paare aneinander kuscheln können.

● **Roxy,** Münsterstraße 95, 44145 Dortmund, Tel. 0231-816379, Programmansage: 0231-8822787, www.roxykino-do.de.

Die Kultadresse für Programmkino.

● **Camera,** Mallinckrodtstraße 209, 44147 Dortmund, Tel. 0231-822738.

Die Camera kooperiert mit dem Roxy und gilt in Dortmund ebenfalls als eine der ersten Adressen für bestes Programmkino.

● **Lichtspiel- und Kunsttheater Schauburg,** Brückstraße 66, 44135 Dortmund, Tel. 0231-9565606, www.schauburg-kino.com.

Bereits seit 1912 ist das Kunsttheater in der Innenstadt von Dortmund ansässig. Ausgestattet mit zeitgemäßer Technik und Dekor, hat sich die Schauburg heute auf Programm- und Mainstreamkino spezialisiert, hinzu kommen Sonderveranstaltungen wie Varieté, Musiktheater, Kammerkonzerte, Lehr- und Kinderfilmtheater.

Duisburg

● **UCI Kinowelt,** Neudorfer Straße 36–40, 47057 Duisburg, Programmauskunft und Kartenreservierung: 0203-3019191.

Großes Multiplex-Kino.

● **Stadtwerke Sommerkino,** Im Landschaftspark Duisburg-Nord, Emscherstraße 71, 47137 Duisburg-Meiderich, www.stadtwerke-sommerkino.de. Beginn der Vorstllg. ca. 21.15 Uhr.

Deutschlands erstes Open-Air-Kino mit schließbarem Dach. Und das ist längst nicht alles, vor der gigantischen Kulisse im Landschaftspark gibt's neben Kino auch Live-Musik und einen Biergarten.

Essen

● **Cinemaxx,** Berliner Platz 4/5, 45127 Essen, Kartenreservierung: 01805-24636299, Programmansage: 0201-8203040, www.cinemaxx.de.

Deutschlands größte Multiplex-Anlage: In den 16 Kinosälen finden 5300 Besucher Platz.

● **Lichtburg,** Kettwiger Straße 36, 45127 Essen, Tickethotline: 0201-231023 (tgl. ab 14 Uhr), www.lichtburg-essen.de.

Ein einmaliges Kinoerlebnis: Die Lichtburg ist schon seit den 1920er Jahren Deutschlands größter Filmpalast mit 1250 plüschroten Plätzen und einer 150 Quadratmeter großen Leinwand. Neben Kinofilmen werden auch Theater- und Musikveranstaltungen geboten.

● **Eulenspiegel,** Steeler Straße 208–212, 45138 Essen, Tel. 0201-275555, www.essener-filmkunsttheater.de.

Das unter Denkmalschutz stehende Filmkunsttheater verfügt über 400 Plätze und ein außergewöhnliches Programm. Neben Erstaufführungen gibt es auch ein tolles Kinderprogramm und Stummfilmvorführungen. Kultig ist die echte Wurlitzer-Stummfilmorgel. Mehrfach ausgezeichnet für ein herausragendes Jahresfilmprogramm.

● **Galerie Cinema,** Julienstraße 73, 45130 Essen, Tel. 0201-778494, www.essener-filmkunsttheater.de. Mo Kinotag: 6 €.

Kleines Programmkino mit garantierter Wohnzimmeratmosphäre und absolutem Kultprogramm: Seit 1976 wird hier jeden Sonntag um 17 Uhr „Harold and Maude" in der Originalfassung gespielt.

● **Astra Theater,** Teichstraße 2, 45127 Essen, Tel. 0201-275555.

Das mit 432 Plätzen ausgestattete Filmkunsttheater ist ein original erhaltenes 1950er-Jahre-Kino, das 1996 für sein herausragendes Jahresprogramm ausgezeichnet wurde.

Gelsenkirchen

● **Schauburg Filmpalast,** Horster Straße 6, 45897 Gelsenkirchen, Tel. 0209-35976997, www.schauburg-gelsenkirchen.de.

Das 1929 erbaute Lichtspielhaus ist einer der letzten klassischen Kinopaläste Deutschlands. Die an das klassische Theater angelehnte Architektur mit ihren geschwungenen Wandelgängen und dem ausladenden Treppenaufgang ist zum Glück erhalten geblieben. Das teilweise unter Denkmalschutz stehende Filmtheater verfügt über drei Kinosäle.

● **Open-Air Kino Amphitheater,** im Nordsternpark, Grothusstraße 210, 45833 Gelsenkirchen, Tel. 0209-5083405, www.amphitheater-gelsenkirchen. de. Beginn der Vorstellung nach Einbruch der Dunkelheit.

Tolle Atmosphäre verspricht das Open-Air-Kino im Amphitheater.

Mülheim an der Ruhr

● **Cinemaxx,** Humboldtring Parkplatz 4 (im RheinRuhrZentrum), 45472 Mülheim an der Ruhr, Kartenreservierung Tel. 01805-24636 299, Programmansage Tel. 0208-7807780.

Multiplexkino im Rhein-Ruhr-Zentrum.

● **Rio,** Synagogenplatz 3, 45468 Mülheim an der Ruhr, Tel. 0201-275555, www.essener-filmkunsttheater.de.

Am 4. Oktober 2009 feierte das *Rio* seine Wiedereröffnung im neu errichteten Medien-Haus. Die Location hat sich damit geändert und mit ihr auch das Platzangebot, denn nun stehen den Cineasten rund 90 Sitzplätze zur Verfügung. Geblieben ist aber das anspruchsvolle Programm – das *Rio* ist und bleibt ein ausgezeichnetes Erstaufführungskino und Filmkunsttheater, mit diversen Sonderveranstaltungen: von Filmreihen über Kinderkino bis hin zu Veranstaltungen des Filmbüros NRW.

Oberhausen

● **Lichtburg-Filmpalast,** Elsässer Straße 26, 46045 Oberhausen, Ticket-Hotline: 0208-82429-0 bis -15, Film-Info: Tel. 0208-824 2920, www.lichtburg-ob.de.

Die Lichtburg ist einmal im Jahr für eine Woche lang das Festivalkino der Internatio-

nalen Kurzfilmtage in Oberhausen. Aber auch in der restlichen Zeit bietet das Kino hervorragendes Programm.

● **Village Cinema,** Luise-Albertz-Platz 1 (Neue Mitte), 46047 Oberhausen, Kartenreservierungen: 0208-8823200.

Direkt neben dem CentrO: Multiplexkino mit neun Sälen.

Recklinghausen

● **CineWorld Kino,** Kemnastraße 3, 45657 Recklinghausen, Kartenreservierungen: 02361-931320, Programmansage: 02361-9323231, www.cineworld-recklinghausen.de.

Multiplexkino mit sieben Kinosälen.

Kulturhauptstadt 2010

Ruhr.2010 nennt sich die Kulturhauptstadt Europas in der Metropole Ruhr. Damit präsentieren sich 53 Städte mit rund 5 Millionen Einwohnern mehr denn je als **kulturelle und touristische Einheit** mit einer städteübergreifenden Identität. An zentralen Orten in Duisburg, Oberhausen, Essen, Bochum und Dortmund werden Gäste in Besucherzentren begrüßt, die vielfältige Programminformationen, Buchungs- und Übernachtungsmöglichkeiten sowie Tipps zu Wegen und Routen bereit halten (⬈ „Informationsstellen"). Für ein ganzes Jahr verwandelt sich die Region in eine riesige Bühne, auf der Theater und Musik gespielt, Feste und Events gefeiert, Ausstellungen, Lesungen und Happenings inszeniert werden. Mit nationalen und internationalen Planern, Künstlern und Architekten startet man durch in ein Zeitalter **mit neuen Kultorten,** die das Gesicht der Region nachhaltig verändern sollen. Dabei versteht man sich als eine Metropole der Möglichkeiten, eine, die es so noch nicht gibt. Schon jetzt ist klar, dass anlässlich der Kulturhauptstadt 2010 knapp **300 Projekte** und rund **2500 Veranstaltungen** durchgeführt werden. Haben Sie mal ein Jahr lang Zeit? Wenn nicht, haben wir für Sie eine **Auswahl der Höhepunkte** des Kulturhauptstadtjahres 2010 zusammengestellt. Eine detaillierte Übersicht über alle Veranstaltungen im Kulturhauptstadtjahr 2010 findet sich im Internet unter www.ruhr2010.de.

Februar 2010

● **12.2.–13.6. Ausstellung „Das große Spiel. Archäologie und Politik zur Zeit des Kolonialismus"**, Ruhr Museum, Essen

Im überdimensionalen Ambiente der Zeche Zollverein empfängt das neu eröffnete Ruhr Museum seine Besucher mit einer Sonderausstellung, die große Entdecker und Politiker wie *Sven Hedin* und *Lawrence von Arabien* zum Leben erweckt.

● **27.2./28.2. Theatererlebnis „Odyssee Europa"**, Schauspielhaus Bochum, Schauspiel Dortmund, Schauspiel Essen, Schloßtheater Moers, Theater an der Ruhr Mülheim, Theater Oberhausen; weitere Termine 6./7.3., 13./14.3., 2./3.4., 22./23.5.

Sechs Schauspielhäuser der Metropole Ruhr haben sich zusammen geschlossen, um *Homers* legendäre Geschichte in neuem Gewand und moderner Interpretation auf die Bühne zu bringen.

● **27.2.–28.11. Ausstellung „AufRuhr 1225! Ritter, Burgen und Intrigen"**, LWL-Museum für Archäologie, Herne

Lange bevor die Region von Kohle und Stahl geprägt wurde, herrschten Erzbischöfe und Adlige am Rhein und Ruhr. Die Ausstellung entführt den Besucher in ein aufregendes Zeitalter des Burgenbau-Booms und der politischen Intrigen.

März 2010

● **10.–13.3. Konzerte „Fazil Say"**, Konzerthaus Dortmund

Unter dem Titel „Zeitinsel" lädt das Konzerthaus Dortmund zu Darbietungen des türkischen Komponisten, Pianisten und Jazzers *Fazil Say*.

● **12.3.–31.10. Ausstellung „Helden. Von der Sehnsucht nach dem Besonderen"**, LWL-Industriemuseum Henrichshütte, Hattingen

Über eineinhalb Jahrhunderte wurde in der Henrichshütte Eisen geschmolzen, heute lädt diese historische Industriestätte zur Begegnung mit einer wahren Armada von Helden – von *Herkules* bis *Schimanski*.

● **20.3.–25.7. Ausstellung „Das schönste Museum der Welt. Museum Folkwang bis 1933"**, Museum Folkwang, Essen

Es ist die erste Sonderausstellung im neuen Museum Folkwang und sie präsentiert den Werkkanon, mit dem sich das Haus am Beginn des 20. Jahrhunderts seinen Weltruf errang. *Beckmann*, *Munch* und *Marc*, *Kirchner*, *Kandinsky* und *Matisse* erwarten die Besucher.

● **20.3.–Ende September: Eröffnung „KulturKanal"**, Rhein-Herne-Kanal

Mit einer spektakulären Wasserinszenierung am neu gestalteten Stadthafen Recklinghausen beginnt das Ereignis KulturKanal. Alle Anrainerstädte des Rhein-Herne-Kanals von Duisburg bis Datteln haben sich zu diesem bunten Projekt zusammen geschlossen, um entlang der Wasserstraße ein Netz aus Kunst und Kultur zu knüpfen. Gestaltete Picknickareale, ein Kulturschiff, Lichtinstallationen am Ufer, OpenAir-Kino und vieles mehr sind geplant.

● **28.3.–27.5. Biennale für Internationale Lichtkunst,** Privatwohnungen in Lünen, Bergkamen, Unna, Fröndenberg, Bönen und Hamm.

Kunst im privaten Raum oder „open light in private spaces" zeigt die weltweit erste Biennale für Internationale Lichtkunst in verschiedenen Städten der Metropole Ruhr. Besucher können dabei nicht nur spannende Lichtinstallationen sehen, sondern gleichzeitig die Bewohner der Region kennen lernen.

April 2010

- Voraussichtlich **April: Eröffnung „Alte Synagoge"**, Essen.

  Nach dem aufwendigen Umbau zu einem Haus jüdischer Kultur öffnet die Alte Synagoge wieder ihre Pforten für Besucher. Eines der wichtigsten jüdischen Kulturdenkmäler Deutschlands avanciert noch stärker als bisher zum Lern- und Begegnungsort, an dem jüdische Vergangenheit, Gegenwart und Zukunft in den Blick genommen werden.

Mai 2010

- **Eröffnung „Ruhr-Atoll"** (bis Ende Oktober), Baldeneysee/Essen

  Auf dem Baldeneysee werden Kunstinseln entstehen, ein Archipel der Künste und Wissenschaften, das mit Tretboot zu erkunden ist.
- **Eröffnung „Dortmunder U"**, Zentrum für Kunst und Kreativität

  Das legendäre 70 Meter hohe Denkmal in Dortmund wird zum Mittelpunkt eines 80.000 Quadratmeter großen kreativen Quartiers der Metropole Ruhr. Das „Museum am Ostwall" findet hier sein neues Domizil und präsentiert Kunst des 20. und 21. Jahrhunderts.
- Voraussichtlich **Mai: Eröffnung Ausstellung „Emscher-Kunst"**, 12 Standorte auf der Emscher-Insel (bis Oktober)

  24 internationale Künstler laden im Sommer zur Verwandlung der Emscher-Insel in einen Kunstort.
- **22.5.–30.5. Schachtzeichen**, Metropole Ruhr

  Wo einst Bergbau betrieben wurde, da leuchten in dieser Woche gelbe Ballons. Über ehemaligen Schächten und Zechen künden damit sogenannte „Schachtzeichen"

Tipp

Einige Museen gewähren freien oder ermäßigten Eintritt bei Vorlage der **Ruhr TOPCard** (⌖„Unterwegs im Ruhrgebiet").

von den Orten, an denen jahrzehntelang malocht wurde und die heute vielfach zur Unsichtbarkeit verdammt worden sind. Diese Installation macht sie wieder sichtbar.
- **27.5.–5.6. Musikfestival „Klangvokal"**, Dortmunder U

  Dieses internationale Musikfestival lockt mit der ganzen Vielfalt der Volksmusik aus aller Welt.

Juni 2010

- **5.6. Konzert „!Sing-Day of Song"**, VELTINS-Arena, Gelsenkirchen

  An diesem Tag wird in der Metropole Ruhr gesungen. Die Kirchturmglocken werden mittags das Signal geben und nach dem Zwölf-Uhr-Läuten singen Menschen und Chöre gemeinsam dasselbe Lied. Geplant sind u.a. ein singender Schiffskorso, auf dem Rhein-Herne-Kanal, Karaoke-Busse, die die Städte verbinden und ein Mega-Chor mit 65.000 Stimmen rund um Weltstar *Bobby McFerrin* in der VELTINS-Arena Gelsenkirchen.
- **19.6. Kulturfest „Extraschicht"**, Metropole Ruhr

  Längst ist sie Tradition an der Ruhr – die „Extraschicht", ein Kulturfest, bei dem viele alte Industrieorte und Brachflächen in Szene gesetzt werden. Alles zu sehen, ist unmöglich, denn in dieser Nacht rockt die Kulturhauptstadt gleichzeitig an 40 Orten.
- **30.6.–17.7. Theater der Welt**, Mülheim an der Ruhr/Essen

  Es gilt als eines der bedeutendsten internationalen Festivals der darstellenden Künste in Deutschland: Das „Theater der Welt". Theater, Tanz, Film und Performance, Medienkunst und Bildende Kunst werden durch innovative Positionen und Interpretationen garantiert für Aufsehen sorgen.

Juli 2010

- **2.7.–10.10. Ausstellung „A Star is born. Fotografie und Rock seit Elvis Presley"**, Museum Folkwang, Essen

  Weltberühmte Musiker im Blick legendärer Fotografen.
- **18.7. Autobahnfest Ruhrschnellweg A40/B1**

An diesem Tag verwandelt sich die zentrale Verkehrsachse der Metropole Ruhr in eine Partyzone. Aus dem „Ruhrschnellweg" wird ein Ort der Bühnen und Imbiss-Stände, Blasorchester und Picknick-Inseln. Eine 60 km lange Tafel bestehend aus rund 25.000 Tischen empfängt die Gäste.

August 2010

● **August–Oktober: Konzerte „Das Henze-Projekt"**, Metropole Ruhr
Fürs Kulturhauptstadtjahr schließen sich zahlreiche namhafte Musikinstitutionen zusammen, um das Lebenswerk des großen modernen Komponisten *Hans Werner Henze* zu würdigen und zu präsentieren.

● **20.8.–29.8. Medienkunstfestival „ISEA 2010"**, Dortmunder U
Ausstellungen, Performances und Künstlerpräsentationen bietet dieses spektakuläre Festival.

September 2010

● **September/Oktober: Theaterquartier Ruhr,** verschiedene Orte in Dortmund
In dieser temporären Produktionsstätte finden Künstler der Off-Szene aus NRW und Europa eine Plattform für ihre Arbeiten. Die entstehenden Stücke werden beim Festival „favoriten" in Dortmund gezeigt.

● **12.9. Konzert „!Sing-Sinfonie der Tausend", Gustav Mahlers 8. Sinfonie,** Landschaftspark Duisburg-Nord
Hundert Jahre nach der Uraufführung wird im Rahmen der Ruhrtriennale das gigantische Werk *Gustav Mahlers* im gigantischen Ambiente des Landschaftsparks dargeboten.

● **Voraussichtlich 17.9.–26.9. Twilights/Ruhrlights,** entlang der Ruhr
Lichtskulpturen, Performances und Projektionen rücken bei diesem Event die Ruhr in ein ganz besonderes Licht. Partnerstädte dieser Veranstaltung sind Mülheim an der Ruhr, Oberhausen und Duisburg.

Oktober 2010

● **2.10.–30.1.2011 Ausstellung „Bilder einer Metropole. Die Impressionisten in Paris",** Museum Folkwang, Essen

Metropole Ruhr trifft auf Metropole Paris: *Manet* und *Pissaro, Monet und Degas* – diese Schau präsentiert die französische Hauptstadt aus der Perspektive der großen Impressionisten.

November 2010

● **10.–13.11. Dichterwettstreit „National Poetry Slam",** Jahrhunderthalle Bochum
Schlagfertige deutschsprachige Autoren treten gegeneinander an.

Medien

Das Ruhrgebiet gehört neben München, Hamburg, Berlin, Düsseldorf und Köln zu den sechs bedeutendsten Medienstandorten Deutschlands und vergibt zudem einen der ältesten und renommiertesten Fernsehpreise: den **Adolf-Grimme-Preis.**

Was die Medienlandschaft betrifft, sticht im **Print-Bereich** vor allem die WAZ-Gruppe in Essen hervor, die unter anderem die größte Regionalzeitung Deutschlands herausgibt, die „Westdeutsche Allgemeine", eine Tageszeitung für das Ruhrgebiet. Aus dem gleichen Verlagshaus stammen auch die „Neue Ruhr Zeitung/Neue Rhein Zeitung" (NRZ) und die „Westfälische Rundschau". Das Zeitungshaus *Bauer* in Marl gibt zudem die „Buersche Zeitung", die „Hertener Allgemeine" und die „Recklinghäuser Zeitung" heraus. Weiterhin erscheinen in einzelnen Städten des Reviers die „Ruhr-Nachrichten".

Die Zeitungen der traditionsreichen Presseverlage erscheinen in der Regel als **Lokalausgaben** – wer sich also über das Geschehen in Bochum informieren will, der sollte seine Zeitung nicht in Essen kaufen.

Neben den zahlreichen Lokalzeitungen berichten auch diverse Lokalradios sowie die Regionalstationen einzelner **Fernsehsender** täglich über die besonderen Ereignisse und Veranstaltungen im Revier; so sendet etwa der WDR aus seinen Landesstudios in Essen, Duisburg und Dortmund. Der Klassiker unter den **Lokalradios** ist zweifellos „Radio Duisburg", das seit 1990 auf Sendung ist. In Dortmund berichtet „Radio 91,2" über die neuesten Stadtereignisse, während aus Bochum „Lokalradio 98,5" oder aus Mülheim „Antenne Ruhr" senden. In Oberhausen produziert zudem „radio nrw", Deutschlands Marktführer unter den privaten Radiostationen, Rahmenprogramme für die einzelnen Lokalradios und erreicht damit täglich knapp 4,2 Millionen Hörer.

Zeitschriften

Im Revier sind zahllose große und kleine **Szene-Magazine** erhältlich, die einen detaillierten Einblick in das breit gefächerte kulturelle Leben des Ruhrgebiets geben und ihre Leser mit aktuellen Terminen und **Veranstaltungstipps** versorgen. Sie sind weit ausführlicher als die Veranstaltungskalender in den lokalen Tageszeitungen. Die meisten dieser Magazine liegen kostenlos in Kneipen, Restaurants und einigen Läden aus.

Das bekannteste Magazin ist der monatlich erscheinende, kostenlose **„Coolibri"**, der einen umfassenden Überblick über die aktuellen Termine im Revier gibt. Weiterhin informiert das monatlich erscheinende Magazin **„Prinz"** (1,50 €) über das komplette Spektrum der Revier-Events, unter anderem auch auf dessen Websites (s.u.).

Internet

Aktuelle Tipps und umfassende Terminübersichten stehen auch im Internet. Grundsätzlich bieten die **Websites der einzelnen Städte** einen eigenen Veranstaltungskalender (✆ „Reisetipps A–Z, Internet"). Neben diesen gibt es auch zahlreiche andere Seiten, die Events ankündigen. Eine kleine Auswahl:

- www.prinz-ruhrgebiet.de
- www.waz.de
- www.scenario4u.de
- www.idruhr.de

Museen

Ruhrgebiet ist Kulturgebiet: Mit rund **zweihundert Museen** ist das Revier eine der dichtesten und attraktivsten Museumslandschaften Europas. Neben der schieren Anzahl beeindruckt auch die immense Vielfalt an Museumstypen: Von klassischen Kunstmuseen über Naturkunde-, Heimat-, Technik-, Freilicht- oder Industriemuseen bis hin zu Spezialmuseen oder Raritätenkabinetten – im Revier gibt es (fast) nichts, was es nicht gibt, und das bei hervorragender Qualität der Sammlungen und Ausstellungen. Wir haben eine Auswahl der schönsten und interessantesten Museen zusammengestellt.

Viele von ihnen werden in den Ortskapiteln noch ausführlicher vorgestellt.

Ein Highlight stellt in den einzelnen Städten die **„Lange Nacht der Museen"** dar, die sich mittlerweile in den größeren Städten fest etabliert hat: An einem Abend öffnen die Museen und Kunstgalerien der jeweils ausrichtenden Stadt bis Mitternacht (oder noch länger) ihre Türen. Mit einem speziellen Ticket können die Besucher alle teilnehmenden Kultureinrichtungen besuchen und haben in der Regel in dieser Zeit auch freie Fahrt mit den öffentlichen Verkehrsmitteln. Die Termine können in den jeweiligen Touristen-Informationsstellen erfragt werden.

Bochum

●**LWL-Industriemuseum, Zeche Hannover,** Günnigfelder Str. 251, 44793 Bochum, Tel. 0234-6100874, www.zeche-hannover.de. Geöffnet: April bis Oktober Mi–Sa 14–18 Uhr, So, Fei 11–18 Uhr, Zeche Knirps April–Okt. Sa 14–18 Uhr, So 11–18 Uhr.

Das Museum widmet sich der Industrialisierung und der Entwicklung des Ruhrbergbaus im Zeitraum von 1850 bis 1900.
●**Museum Bochum/Kunstsammlung,** Kortumstr. 147, 44777 Bochum, Tel. 0234-9104230, www.bochum.de/museum. Geöffnet: Di, Do, Fr, Sa, So 10–17 Uhr, Mi 10–20 Uhr. Eintritt: 3 €, ermäßigt 1,50 €.

Die internationale Kunst nach 1945, aber auch die klassische Moderne sowie mittel- und osteuropäische zeitgenössische Kunst sind mit bedeutenden Werken repräsentiert.
●**Deutsches Bergbau-Museum,** Am Bergbaumuseum 28, 44791 Bochum, Infoline: 0180-5877234, Tel. 0234-58770, www.bergbaumuseum.de. Geöffnet: Di–Fr 8.30–17 Uhr, Sa, So und an Feiertagen 10–17 Uhr. Eintritt: 6,50 €, ermäßigt 3 €.

Weltgrößtes Fachmuseum des Bergbaus, mit einem Anschauungsbergwerk unter dem Gebäude. Vom Förderturm aus hat man einen tollen Blick über Bochum.
●**Kunstsammlung der Ruhr-Universität Bochum,** Universitätsstr. 150, 44780 Bochum, Tel. 0234-3224738, www.kgi.ruhr-uni-bochum.de/institut/kusa. Geöffnet: Di–Fr 11–17 Uhr, Sa, So 11–18 Uhr. Eintritt frei.

Der Kunst der klassischen Antike wird die des 20. Jahrhunderts gegenübergestellt.
●**Eisenbahnmuseum Bochum-Dahlhausen,** Dr.-C.-Otto-Str. 191, 44879 Bochum, Tel. 0234-492516, www.eisenbahnmuseum-bochum.de. Geöffnet: 1. März bis 18. Nov. Di–Fr 10–17 Uhr, So, Fei 10–17 Uhr. Eintritt: 6 €, erm. 3 €.

Präsentiert werden historische Eisenbahnzüge und ergänzende Exponate aus der Eisenbahngeschichte. Highlight: Der Museumszug fährt durchs idyllische Ruhrtal.
●**Medizinhistorisches Museum,** Markstr. 258 a, 44799 Bochum, Tel. 0234-3223394. Geöffnet: Mi 9–12 Uhr und nach Vereinbarung. Bei Sonderveranstaltungen auch Mi, Sa 14–18 Uhr, So 11–18 Uhr. Eintritt: 2 €, ermäßigt 1 €.

Die Geschichte der Medizin wird in einem der schönsten Fördertürme des Ruhrgebiets präsentiert.

Bottrop

●**Museum Quadrat,** Im Stadtgarten 20, 46236 Bottrop, Tel. 02041-29716, www.quadrat-bottrop.de. Geöffnet: Di–Sa 11–17 Uhr, So, Fei 10–17 Uhr. Eintritt frei (Dauerausstellungen).

Das Zentrum setzt sich aus vier einzelnen Museen zusammen: dem Josef-Albers-Museum, der Modernen Galerie (zeitgenössische Kunst), der Studio Galerie (historische/zeitgenössische Fotografie) und dem Museum für Ur- und Ortsgeschichte (mit Schwerpunkt Eiszeit).
●**Malakowturm Prosper II,** Knappenstr., 46236 Bottrop, Tel. 02041-102449, www.bottrop.de. Geöffnet: Di 9–12 und Do 14–17 Uhr. Eintritt frei.

Der wohl außergewöhnlichste noch erhaltene Förderturm seiner Art im Ruhrgebiet. Im Inneren wird die Geschichte und der Gegenwart des Bergbaus thematisiert.

Dortmund

● **Museum am Ostwall** (im Dortmunder U), Dortmund, Tel. 0231-5023247, www.museendortmund.de/museumamostwall. Geöffnet: Di, Mi, Fr, So 10–17 Uhr, Do 10–20 Uhr, Sa 12–17 Uhr. Eintritt: 3 €, ermäßigt 1,50 €.

Das Museum, auf Kunst des 20. und 21. Jahrhunderts spezialisiert, besitzt eine bedeutende Sammlung expressionistischer Werke.

● **Museum für Kunst und Kulturgeschichte,** Hansastr. 3, 44137 Dortmund, Tel. 0231-5025522, www.museendortmund.de/mkk. Geöffnet: Di, Mi, Fr, So 10–17 Uhr, Do 10–20 Uhr, Sa geschlossen. Eintritt: 3 €, erm. 1,50 €.

Ein Kunst- und Geschichtsmuseum: Neben archäologischen Funden aus spätrömischer Zeit werden eine Kunstsammlung mit Ausstellungsstücken vom Mittelalter bis ca. 1900 sowie Exponate zum Design des 20. Jahrhunderts präsentiert.

● **Deutsche Arbeitsschutzausstellung (DASA),** Friedrich-Henkel-Weg 1–25, 44149 Dortmund, Tel. 0231-90712479, www.dasa-dortmund.de. Geöffnet: Di–Sa 9–17 Uhr, So 10–17 Uhr, an Feiertagen Sonderregelungen. Eintritt: 3 €, ermäßigt 2 €.

Die Ausstellung informiert auf einmalige Weise über zahlreiche Aspekte des Arbeitslebens. Hier werden alle Sinne angesprochen.

● **Zeche Zollern II/IV,** Grubenweg 5, 44388 Dortmund, Tel. 0231-6961111, www.zeche-zollern. de. Geöffnet: Di–So 10–18 Uhr. Eintritt: 3,50 €, ermäßigt 2 €.

Das Museum widmet sich der Sozial- und Kulturgeschichte des Ruhrbergbaus vor einmaliger Industriekulisse.

● **Hoesch-Museum,** Eberhardtstraße 12, 44145 Dortmund, Tel. 0231-8445856, www.hoeschmuseum.dortmund.de. Geöffnet: Di und Mi 13–17 Uhr, Do 9–17 Uhr, So 10–17 Uhr. Eintritt: 1,50 €, ermäßigt 0,75 €. Führungen jeden Sonntag um 14.30 Uhr.

Das Hoesch-Museum bewahrt die Erinnerung an das erfolgreiche Stahlzeitalter in Dortmund. Die umfangreiche Dauerausstellung widmet sich dabei nicht nur dem ehemaligen Hoesch-Konzern, sondern der Rolle von Erz und Stahl für die Region im Allgemeinen. Industriegeschichtlicher Wandel ist im Hoesch-Museum mit Händen zu greifen.

● **Museum für Naturkunde,** Münsterstr. 271, 44145 Dortmund, Tel. 0231-5024856, www.museendortmund.de/naturkundemuseum. Geöffnet: Di–So 10–17 Uhr. Eintritt: 3 €, ermäßigt 1,50 €.

Ein riesiger Sammlungsbestand von Insekten, Mineralien und Gesteinen. Aufsehen erregend für Kinder sind sicherlich die Saurierhalle und die lebensgroßen Nachbildungen von Dinosauriern und ihrer Fußspuren.

● **Museum Adlerturm,** Ostwall 51a, 44137 Dortmund, Tel. 0231-5026028, www.museendortmund.de/adlerturm. Geöffnet: Di, Mi, Fr 10–13 Uhr, Sa 12–17 Uhr, Do, So 10–17 Uhr.

Der Adlerturm, der nach einer Vorlage aus dem Jahr 1610 im Jahr 1990 neu errichtet wurde, beherbergt ein Museum, das sich mit dem Wiederaufbau des Turms, der Dortmunder Stadtgeschichte und mit der mittelalterlichen Bautechnik auseinandersetzt.

● **Deutsches Kochbuchmuseum,** An der Buschmühle, 44139 Dortmund, Tel. 0231-5025741. Geöffnet: 1. November bis 31. März Mi 10–14 Uhr, So 10–17 Uhr, 1. April bis 31. Oktober Di–So 10–17 Uhr. Eintritt: frei.

Die Sammlung wird in einer urigen Buschmühle im Westfalenpark präsentiert und beschäftigt sich mit dem Frauenbild und der Küchentechnik im 19. und 20. Jahrhundert.

Duisburg

● **Museum Küppersmühle für Moderne Kunst (MKM),** Philosophenweg 55, 47051 Duisburg, Tel. 0203-30194811, www.museum-kueppersmuehle.de. Geöffnet: Mi 14–18 Uhr, Do, Sa, So, Fei 11–18 Uhr, Fr auf Anfrage. Eintritt: 6 €, ermäßigt 4 €.

Wer sich für deutsche Nachkriegskunst begeistert, der ist in der Sammlung des MKM gut aufgehoben: *Georg Baselitz, Jörg Immendorf, Markus Lüpertz, Gotthard Graubner, Joseph Beuys* und *Anselm Kiefer* sind nur einige Künstler, deren Werke hier zu bewundern sind. Neben der beeindruckenden festen Sammlung lockt die Küppersmühle auch regelmäßig mit Wechselausstellungen.

● **Wilhelm-Lehmbruck-Museum,** Friedrich-Wilhelm-Str. 40, 47051 Duisburg, Tel. 0203-2832630, www.lehmbruckmuseum.de. Ge-

118rg Foto: rd

klassische und zeitgenössische Fotografie präsentiert.

●**Kultur- und Stadthistorisches Museum,** Johannes-Corputius-Platz 1, 47051 Duisburg, Tel. 0203-2832640, www.stadtmuseum-duisburg.de. Geöffnet: Di–Do, Sa 10–17 Uhr, Fr 10–14 Uhr, Sa 10-17 Uhr, So 10–18 Uhr, an Feiertagen Sonderregelungen. Eintritt: 3 €, ermäßigt 2 €.

Im ehemaligen Getreidespeicher am Innenhafen widmet sich die Ausstellung der Stadtgeschichte von der Spätantike bis in die Gegenwart. Sehenswert ist auch die Mercator-Schatzkammer, die Leben und Werk des berühmten Kartografen näher bringen.

●**Rheinhauser Bergbausammlung,** Hochstr. 114, 47228 Duisburg, Tel. 0203-57586, www.bergbausammlung.de. Geöffnet: Do 9–16 Uhr, So 14-16 Uhr. Eintritt frei.

Die lange Bergbautradition des Stadtteils Rheinhausen wird hier gewürdigt und ihre Geschichte anhand von 800 Exponaten nachgezeichnet.

öffnet: Di–Sa 11–17 Uhr, So 10–18 Uhr. Eintritt: 6 €, ermäßigt 3 €.

Bedeutende Sammlung von Werken *Lehmbrucks* sowie internationaler Skulpturen der Moderne.

●**Museum der Deutschen Binnenschifffahrt,** Apostelstr. 84, 47119 Duisburg, Tel. 0203-8088940, www.binnenschifffahrtsmuseum.de. Geöffnet: Di–So 10–17 Uhr. Eintritt: 3 €, ermäßigt 2 €.

Auf drei Etagen präsentiert die beeindruckende Ausstellung die Schifffahrtsgeschichte von der Steinzeit bis zur Gegenwart.

●**Museum DKM,** Güntherstr. 13–15, 47051 Duisburg, Tel. 0203-93555470, www.stiftungdkm.de. Geöffnet: Mo, Fr–So, Fei 12–18 Uhr, Di–Do nur nach Vereinbarung. Eintritt: 10 €, ermäßigt 5 €.

In 51 Räumen vereint die Sammlung ein unglaubliches Kunstspektrum: neben zeitgenössischer Kunst seit den 60er Jahren des 20. Jh. werden auch über 2000 Jahre alte sowie aktuelle Kunst aus Südostasien, Kunst aus Alt-Ägypten und Gefäße aus 5000 Jahren Kulturgeschichte bis in die Gegenwart sowie

Essen

●**Museum Folkwang,** Goethestr. 41, 45128 Essen, Tel. 0201-8845444, www.museumfolkwang.de. Geöffnet: Di–So 10–20 Uhr, Fr 10–24 Uhr. Eintritt: 5 €, ermäßigt 3,50 €.

Eines der wichtigsten Museen der klassischen Moderne in Europa. Von der Romantik bis zur Gegenwartskunst sind alle richtungsweisenden Epochen vertreten. Ein weiteres Highlight ist das im Gebäude integrierte **Deutsche Plakatmuseum.**

●**red dot design museum,** Gelsenkirchener Str. 181, 45309 Essen, Tel. 0201-301040, www.red-dot.de. Geöffnet: Di–Do 11–18 Uhr, Fr–So und an Feiertagen 11–20 Uhr. Eintritt: 5 €, ermäßigt 3 €.

Allein das vom Stararchitekten *Sir Norman Foster* umgebaute Kesselhaus der Zeche Zollverein, in dem das Museum seinen Sitz hat, lohnt einen Besuch. Die Exponate geben einen Einblick in zeitgenössisches Design höchster Qualität.

Im Essener red dot design museum traut man seinen Augen nicht

●**Erfahrungsfeld zur Entfaltung der Sinne,** Am Handwerkerpark 8–10, 45309 Essen, Tel. 0201-301030, www.erfahrungsfeld.de. Geöffnet Mo–Fr 9–18 Uhr, Sa, So, Fei 10–18 Uhr. Eintritt: 7 €, ermäßigt 3–6 €.

In diesem Museum werden alle Sinne angesprochen. Mitmachen und ausprobieren ist an den rund 80 Versuchsstationen ausdrücklich erlaubt, um Phänomene des Lichts, Klangs oder der Bewegung zu erzeugen und zu beobachten.

●**Alte Synagoge,** Steeler Str. 29, 45127 Essen, Tel. 0201-8845218. Geöffnet: Di–So 10–18 Uhr. Eintritt frei. (Wegen Umbaumaßnahmen bis ca. März 2010 geschlossen.)

Die Essener Synagoge widmet sich mit einer umfangreichen Sammlung der Geschichte und Kultur des Judentums.

●**Kokerei Zollverein,** Arendahls Wiese, 45141 Essen, Tel. 0201-8301275, www.kokereizollverein.de. Geöffnet: April bis Oktober Di–Fr 10–18 Uhr, Sa, So 10–18 Uhr; November bis März Di–So 12–16 Uhr. Eintritt: 4,50 €, Kinder/Ermäßigungsberechtigte frei.

Im Ausstellungsgebäude auf dem Gelände der Zeche Zollverein finden jedes Jahr Wechselausstellungen statt. Das „Sonnenrad", eine Art Riesenrad, ermöglicht eine Untertage- und Übertagefahrt und gibt so einen Einblick in das Innenleben der Koksofenbatterie und einen tollen Ausblick auf die Zeche und das Ruhrgebiet.

●**Ruhr Museum,** Gelsenkirchener Str. 181, Standort: Schacht XII, Halle 12, 45309 Essen, Tel. 0201-8543411.

Am 1. April 2007 verließ das Ruhrlandmuseum seinen langjährigen Ausstellungsort im Museum Folkwang, um als Ruhr Museum auf dem Gelände der Zeche Zollverein spektakulär neu zu beginnen.

●**Villa Hügel,** Hügel 15, 45133 Essen, Tel. 0201-616290, www.villahuegel.de. Geöffnet: Di–So 10–18 Uhr. Eintritt: 3 €.

Der ehemalige Wohnsitz der Familie *Krupp* dient vielbeachteten Wechselausstellungen als Präsentationsort. Die Villa liegt unweit des Baldeneysees in einer herrlichen Park- und Waldanlage, die zum Relaxen und Spazieren einlädt.

Gelsenkirchen

●**Schalke-Museum,** Ernst-Kuzorra-Weg 1, 45891 Gelsenkirchen, Tel. 0209-3892900, www.schalke04.de. Geöffnet: Di–Fr 10–19 Uhr, Sa, So und an Feiertagen 10–17 Uhr. Eintritt: 5 €, ermäßigt 3 €.

Direkt neben der gigantischen Veltins-Arena wird die Vereinsgeschichte zelebriert. Viele hundert Exponate aus der Geschichte der „Königsblauen" wurden zusammengetragen. Nehmen Sie außerdem Platz in der Nachbildung eines Schalker Fan-Wohnzimmers.

●**Städtisches Museum, Kunstsammlung,** Horster Str. 5–7, 45897 Gelsenkirchen, Tel. 0209-1694361. Geöffnet: Di–So 11–18 Uhr. Eintritt frei.

Die deutschlandweit größte Sammlung kinetischer Kunst, Werke *Anton Stankowskis* und Kunst des 19. Jahrhunderts bis in die Gegenwart lohnen einen Besuch.

●**Das kleine Museum,** Eschweiler Str. 47, 45897 Gelsenkirchen-Buer, Tel. 0172-2773 431, www.zeche-hugo.com. Geöffnet: nach Vereinbarung. Eintritt: frei. Spenden sind willkommen.

Das Museum widmet sich dem Andenken der über hundertjährige Gelsenkirchener Bergbaugeschichte und dem Schicksal der Bergarbeiterfamilien der Zeche Hugo.

Hagen

●**Kunstquartier Hagen,** Museumsplatz 1, 58095 Hagen, Tel. 02331-2073138, www.kunstquartier-hagen.de. Geöffnet: Di–So 11–18 Uhr, Do 11–20 Uhr. Eintritt: 3 €, ermäßigt 1,50 €.

Das Kunstquartier vereint zwei Museen unter einem Dach: Das **Emil Schumacher Museum** und das **Osthaus Museum.** Während sich das Schumacher Museum umfas-

Der Eingang zum Ruhr Museum wirkt wie ein Förderband, auf dem flüssiger Stahl transportiert wird

send dem Hagener Künstler widmet, liegen die Schwerpunkte des Osthaus Museums beim deutschen Expressionismus und bei den Bildern von *Christian Rohlfs*. Beeindruckend ist nicht zuletzt die Jugendstilarchitektur *Henry van de Veldes*.

● **LWL-Freilichtmuseum Hagen,** Mäckingerbach, 58091 Hagen, Tel. 02331-78070, www.freilichtmuseum-hagen.de. Geöffnet: April bis Oktober Di–So und an Feiertagen 9–18 Uhr (Einlass bis 17 Uhr). Eintritt: 5 €, ermäßigt 2 €.

Das Museum widmet sich der städtischen und ländlichen Handwerksgeschichte. In den Handwerksbetrieben, die sich in den Fachwerkhäusern befinden, kann der Besucher den kompletten Fertigungsprozess mitverfolgen. Das Museum bietet außerdem einen tollen Blick ins Mäckingerbachtal.

● **Hohenhof,** Museum des „Hagener Impulses", Stirnband 10, 58093 Hagen, Tel. 02331-55990, www.keom.de. Geöffnet: Sa, So 11–18 Uhr. Eintritt: 3 €, ermäßigt 2 €.

Das Gebäude gilt als eines der wenigen erhaltenen Gesamtkunstwerke des Jugendstils. Ein Muss für Architektur-Fans.

● **Burgmuseum Schloss Hohenlimburg,** Alter Schlossweg 30, 58119 Hagen, Tel. 02334-2771, www.schloss-hohenlimburg.de.

Das Burgmuseum präsentiert Möbel und andere Utensilien aus der Empirezeit.

Haltern

● **LWL-Römermuseum,** Weseler Str. 100, 45721 Haltern, Tel. 02364-93760, www.lwl-roemermuseum-haltern.de. Geöffnet: Di–Fr 9–17 Uhr, Sa, So und an Feiertagen 10–18 Uhr. Eintritt: 3 €, ermäßigt 1,50 €.

Vor rund 2000 Jahren kamen die Römer über die Lippe nach Haltern und gründeten hier mehrere Militärlager. Auf den Überresten eines dieser Lager wurde das Museum gebaut. Die Sammlung präsentiert einen eindrucksvollen Einblick in die Lebenswelt der Legionäre an der Lippe.

Hamm

●**Gustav-Lübcke-Museum,** Neue Bahnhofstr. 9, 59065 Hamm, Tel. 02381-175701, www.hamm.de/gustav-luebcke-museum. Geöffnet: Di-Sa 11-18 Uhr, So 10-18 Uhr. Eintritt: 2,50 €, ermäßigt 1,30 €.

Die umfangreiche ägyptische Sammlung wird durch römische und griechische Werke ergänzt. Einen weiteren Schwerpunkt stellt die Kunst des 20. Jahrhunderts dar.

Hattingen

●**LWL-Industriemuseum, Henrichshütte Hattingen,** Werkstr. 31-33, 45527 Hattingen, Tel. 02324-92470, www.henrichshuette.de. Geöffnet: Di-So 10-18 Uhr, Fr 10-21.30 Uhr. Eintritt: 2,40 €, ermäßigt 1,50 €.

Eine einzigartige Kulisse: In der riesigen Hochofenanlage wird das Eisenhüttenwesen im 19. Jahrhundert dargestellt. In der einzigen Schaugießerei des Reviers kann man die Arbeit mit flüssigem Metall beobachten.

●**Bügeleisenhaus,** Heimatverein Hattingen-Ruhr, Haldenplatz 1, Hattingen, Tel. 0177-5674384. Geöffnet: April bis Dezember So 14-18 Uhr. Eintritt: 1,50 €, ermäßigt 0,50 €.

In dem urigen Fachwerkgebäude stellt das heimatkundliche Museum Fundstücke aus der mittelalterlichen Burg Isenberg aus und widmet sich dem Hattinger Bergmann, Arbeiterdichter und Maler *Otto Wohlgemuth.*

●**Stadtmuseum Hattingen,** Marktplatz 1-3, 45527 Hattingen, Tel. 02324-681610, www.stadtmuseum.hattingen.de. Geöffnet: Di, Mi 11-18 Uhr, Do 15-20 Uhr, Fr-So 11-18 Uhr. Eintritt: 2 €, ermäßigt 1 €.

Das Museum gibt einen Einblick in die Entwicklungsgeschichte der Stadt Hattingen.

●**Museum Burg Isenberg,** Am Isenberg 2, 45529 Hattingen, Tel. 02324-24239, 28516, www.burg-isenberg.de. Geöffnet: November bis März So und an Feiertagen 14-16 Uhr, April bis Oktober So und an Feiertagen 15-17 Uhr. Eintritt: frei.

Die Ausstellung informiert über die Geschichte der Burg Isenberg.

Herne

●**LWL-Museum für Archäologie,** Europaplatz 1, 44623 Herne, Tel. 02323-946280, www.landesmuseum-herne.de. Geöffnet: Di, Mi, Fr 9-17 Uhr, Do 9-19 Uhr, Sa, So und an Feiertagen 11-18 Uhr. Eintritt: 3,50 €, ermäßigt 2 €.

Eines der modernsten archäologischen Museen in Europa. Neben Exponaten aus der klassischen archäologischen Epoche werden auch Funde der Mittelalterarchäologie, der Industriearchäologie und Ausgrabungsstücke aus dem Zweiten Weltkrieg gezeigt.

●**Museum Schloß Strünkede,** Karl-Brandt-Weg 5, 44629 Herne, Tel. 02323-162611, Galerie Tel. 02322-162660, www.herne.de. Geöffnet: Di-Fr, So 10-13 Uhr und 14-17 Uhr, Sa 14-17 Uhr. Eintritt: 1 € (geschlossen bis voraussichtlich Mai 2010).

In der kultur- und stadtgeschichtlichen Sammlung kann man sich über die Entwicklung von Glas und Keramik von der Antike bis zur Gegenwart und über die vorindustrielle Regionalgeschichte Hernes informieren.

●**Heimat- und Naturkundemuseum Wanne-Eickel,** Unser-Fritz-Str. 108, 44653 Herne, Tel. 02325-75255, www2.herne.de/kultur/heimat.html. Geöffnet: Di-Fr, So 10-13 Uhr und 14-17 Uhr, Sa 14-17 Uhr. Eintritt: frei.

Das Museum gibt einen Einblick in die Natur-, Wirtschafts-, Sozial- und Verkehrsgeschichte des Emscherraums.

Kamp-Lintfort

●**Ordensmuseum Abtei Kamp,** Abteiplatz 24, 47475 Kamp-Lintfort, Tel. 02842-4062, www.kloster-kamp.de. Geöffnet: Di-Sa 14-18 Uhr, So und an Feiertagen 11-18 Uhr. Eintritt: 2 €, Kinder bis 12 Jahre frei.

Die Ausstellung in der ehemaligen Zisterzienserabtei zeigt das Leben und Wirken der Mönche in ihrer 900-jährigen Geschichte. Sehenswert sind der barocke Terrassengarten des Klosters und der hübsch angelegte Kräutergarten.

Lünen

●**Bergarbeiter-Wohnmuseum,** Rudolfstr. 10, 44536 Lünen; Tel. 0231-876502, Fax 0231-98707755. Geöffnet: Di 15-17 Uhr, Do 17-19 Uhr, So 15-17 Uhr. Gruppen können auch außerhalb der Öffnungszeiten nach vorheriger telefonischer Vereinbarung das

Museum besichtigen. Eintritt: 1,50 €, ermäßigt 0,50 €, Führung: 2 €.

Inmitten einer intakten Zechenkolonie präsentiert dieses außergewöhnliche Museum die Lebensweise von Bergarbeiterfamilien im ersten Drittel des vergangenen Jahrhunderts.

● **Museum der Stadt Lünen,** Schwansbeller Weg 32, 44532 Lünen, Tel. 02306-1041649. Geöffnet: Oktober bis März Di–Fr 14–17 Uhr, Sa, So 13–17 Uhr, April bis September Di–Fr 14–18 Uhr, Sa, So 13–18 Uhr. Eintritt: 1 €.

In dem schönen Gesindehaus des Schlosses Schwansbell gibt das Museum einen interessanten Einblick in die Lebenskultur des Ruhrgebiets und Westfalens.

Marl

● **Skulpturenmuseum Glaskasten,** Creiler Platz, Rathaus, 45768 Marl, Tel. 02365-992 257, www.marl.de. Geöffnet: Di–So 10–18 Uhr. Eintritt frei.

Den Schwerpunkt der Sammlung bilden Groß- und Kleinskulpturen des 20. Jahrhunderts, mit Werken u.a. von *Max Ernst, Richard Serra* oder *Jean (Hans) Arp.*

Mülheim an der Ruhr

● **Aquarius Wassermuseum,** Burgstr. 70, 45476 Mülheim an der Ruhr, Tel. 0208-443 3390, www.aquarius-wassermuseum.de. Geöffnet: Di–So 10–18 Uhr. Eintritt: 3 €, ermäßigt 2 €.

In diesem prämierten, originellen Museum erfährt der Besucher mittels unterschiedlicher Präsentationstechniken alles rund um das Thema Wasser. Sehenswert ist auch die tolle Architektur.

● **Kunstmuseum in der Alten Post,** Viktoriaplatz 1, 45468 Mülheim an der Ruhr, Tel. 0208-4554138, www.kunstmuseum-mh.de. Geöffnet: Di, Mi, Fr 11–17 Uhr, Do 11–21 Uhr, Sa, So, Fei 10–17 Uhr. Eintritt: 3 €, ermäßigt 1,50 €.

Das Museum besitzt die größte Zille-Sammlung außerhalb Berlins und zeigt in großer Anzahl Werke des deutschen Expressionismus.

● **Büromuseum,** Friedrich-Ebert-Str. 43, 45468 Mülheim an der Ruhr, Tel. 0208-455 4137. Geöffnet: Di, Do 14–16 Uhr. Eintritt: 1 €, ermäßigt 0,50 €.

In der zehnten Etage des Rathausturms können sich Besucher über die technischen Entwicklungen des Büroalltags informieren und den Panoramablick über die Stadt genießen.

● **Heimatmuseum Tersteegenhaus,** Teinerstr. 1, 45468 Mülheim an der Ruhr, Tel. 0208-380430. Geöffnet: Di 15–17 Uhr, So 10–12 Uhr. Eintritt: frei.

Das kleine Museum präsentiert eine beschauliche volkskundliche Sammlung aus dem 16. bis 18. Jahrhundert und eine stadtgeschichtliche Kollektion ab dem 18. Jahrhundert.

Oberhausen

● **Gasometer,** Arenastr. 11, Tel. 0208-850 3733 und 8503730, www.gasometer.de. Geöffnet: Di–So 10–18 Uhr. In den NRW-Ferien auch montags geöffnet. Eintritt: 7 €, ermäßigt 5 € (bei Ausstellungen erhöhte Eintrittspreise). Offene Führungen: Sa, So und Fei 14 und 15 Uhr, Kosten: 2 €.

Der Gasometer wird ausschließlich für Wechselausstellungen genutzt – aber allein der spektakuläre Ausstellungsort lohnt bereits die Anreise. Auf der Aussichtsplattform hat man einen faszinierenden Blick über das gesamte Ruhrgebiet.

● **Ludwig Galerie Schloss Oberhausen,** Konrad-Adenauer Allee 46, 46049 Oberhausen, Tel. 0208-4124928, www.ludwiggalerie.de. Geöffnet: Di–So 11–18 Uhr. Eintritt: 6,50 €, ermäßigt 3,50 €, Familien 10,50 €.

Im Mittelpunkt steht die Sammlung Ludwig: Teile dieser erstklassigen Kollektion mit Meisterwerken alter und moderner Kunst werden in der Galerie in thematischen Wechselausstellungen zusammengeführt.

● **LVR-Industriemuseum,** Hansastr. 20, 46049 Oberhausen, Tel. 02234-9921-555, www.industriemuseum..de. Geöffnet: Di–So 10–17 Uhr. Eintritt: 4 €, Kinder und Jugendliche frei.

In einer ehemaligen Walzhalle präsentiert das Museum der Schwerindustrie seine facettenreiche Dauerausstellung „Schwer.Indus-

119rg Foto: SR

trie": Sie zeichnet eindrucksvoll die über 150-jährige Geschichte der Eisen- und Stahlindustrie an Rhein und Ruhr nach.

● **Museum Eisenheim,** Berliner Str. 10 a, 46117 Oberhausen, Tel. 0208-8579281. Geöffnet: April bis Oktober, So und an Feiertagen 10–17 Uhr (nach telefonischer Anmeldung auch außerhalb der Öffnungszeiten). Eintritt: frei.

In dem ehemaligen Kontor- und Wohnhaus des Hüttenleiters informiert das LVR-Industriemuseum über die Entstehung und Entwicklung der wohl schönsten und heimeligsten Arbeitersiedlung des Reviers, Eisenheim.

Recklinghausen

● **Ikonen-Museum,** Kirchplatz 2a, 45657 Recklinghausen, Tel. 02361-501941, www.kunst-in-recklinghausen.de. Geöffnet: Di–So und an Feiertagen 11–18 Uhr. Eintritt: 5 €, ermäßigt 2,50 €.

Bedeutendstes Museum ostkirchlicher Kunst außerhalb der orthodoxen Länder, mit ca. 800 Exponaten.

● **Vestisches Museum,** Hohenzollernstr. 12, 45659 Recklinghausen, Tel. 02361-501946, www.kunst-in-recklinghausen.de. Geöffnet: Fr–So 11–18 Uhr. Eintritt: 1,50 €, erm. 0,75 €.

Heimatkundliche Sammlung von der Frühgeschichte bis zur Jugendkultur des 20. Jahrhunderts. Highlight ist die Sammlung Naiver Kunst, mit den Werken *Erich Bödekers.*

● **Umspannwerk Recklinghausen,** Uferstr. 2–4, 45663 Recklinghausen, Tel. 02361-382 216, www.umspannwerk-recklinghausen.de. Geöffnet: Di–So 10–17 Uhr (in den Sommermonaten Juni–August ist das Museum auch montags von 10–17 Uhr geöffnet). Eintritt: 3 €, ermäßigt 2 €.

In dem noch aktiven Umspannwerk präsentiert das Museum Strom und Leben die Geschichte der Stromerzeugung, -verteilung und -nutzung. Elektrizität wird in dieser spannenden Ausstellung „greifbar"; ein Besuch ist für die ganze Familie lohnenswert.

Unna

● **Zentrum für Internationale Lichtkunst,** Lindenplatz 1, 59423 Unna, Tel. 02303-103770, www.lichtkunst-unna.de. Besuche sind nur im Rahmen von Führungen möglich: Di, Mi, Fr 14, 15.30 und 17 Uhr, Do 14, 15.30, 17 und 18.30 Uhr, Sa 13, 14, 15, 16 und 17 Uhr, So, Fei 13, 14, 15, 16 und 17 Uhr. Eintritt: 6 €, ermäßigt 4 €.

Umwerfend: Das weltweit einzige Museum, das sich ausschließlich der Lichtkunst widmet und auf ca. 2400 Quadratmetern Beleuchtung zum Kunstgegenstand erhebt.

Waltrop

● **Altes Schiffshebewerk Henrichenburg,** Am Hebewerk 2, 45731 Waltrop, Tel. 02363-97070, www.schiffshebewerk-henrichenburg.de. Geöffnet: Di–So 10–18 Uhr. Eintritt: 3,50 €, ermäßigt 2,10 €.

Das Museum informiert über die 100-jährige Tradition der Binnenschifffahrt. Besonders beeindruckend ist das Schiffshebewerk mit seiner einmaligen Architektur.

Xanten

● **Archäologischer Park Xanten,** Wardter Str., 46509 Xanten, Tel. 02801-7120, www. apx.de. Geöffnet: März bis Oktober tgl. 9–18 Uhr, November 9–17 Uhr, Dezember bis Februar 10–16 Uhr. Eintritt: 6,50 €, erm. 2,50 €.

Die ehemalige römische Kolonie aus dem 2. Jahrhundert n. Chr. wurde teilweise rekonstruiert, so dass der Park eine sehr gute Vorstellung vom Leben und Arbeiten in der Römerstadt vermittelt.

● **LVR-RömerMuseum,** Siegfriedstr. 39, 46509 Xanten, Tel. 02801-9889213, www.apx.de/roe mermuseum. Geöffnet: März–Okt. tgl. 9–18 Uhr, Nov. tgl. 9–17 Uhr, Dez.–Feb. tgl. 10–16 Uhr, Eintritt: Archäologischer Park u. Römer-Museum 9 €, ermäßigt 6 €.

Der Neubau des RömerMuseums gibt dem Besucher einen Eindruck von den Ausmaßen der einstigen römischen Basilica Thermarum.

Das Gebäude hat wie seine römischen Vorgänger keine durchgehenden Geschosse, sondern präsentiert seine mächtige Höhe in voller Pracht, ein außergewöhnliches Raum- und Museumserlebnis. Gemäß einem modernen Museum zeigt man nicht nur kostbare historische Fundstücke, sondern bietet Exponate zum Anfassen und Ausprobieren. Medienstationen, Zitattafeln, Hörspiele und viele andere Elemente machen das Römer-Museum auch für junge Besucher attraktiv.

Notrufe

● **Polizei:** Tel. 110
● **Feuerwehr:** Tel. 112
● **Rettungsdienst:** Tel. 112
● **Ärztlicher Notdienst:** Tel. 19292
● **ADAC-Pannenhilfe:** Tel. 01802-222222 im Festnetz und Tel. 222222 über Handy
● **Geldkartensperrung:**

In Deutschland gibt es die **einheitliche Notrufnummer 116116** zum Sperren von Kredit- und Maestro-(EC-)Karten, Handys, Krankenkassenkarten etc. Nähere Infos im Internet unter www.sperr-ev.de.

Für **österreichische** und **schweizerische** Geldkarten gelten folgende Rufnummern:

Maestro-(EC-)Karte: Österreich Tel. 0043-12048800; Schweiz Tel. 0041-12712230; UBS 0041-8488-88601; *Credit Suisse* 0041-8008-00488.

MasterCard und VISA: Österreich Tel. 0043-1717014500 (Euro/MasterCard) bzw. Tel. 0043-171111770 (VISA); Schweiz Tel. 0041-442008383 für alle Banken außer *Credit Suisse, Corner Bank Lugano* und UBS.

American Express: Österreich Tel. 0049-6997971000; Schweiz Tel. 0041-16596666.

Diners Club, Österreich Tel. 0043-1501350; Schweiz Tel. 0041-1-8354545.

● **Information für Schweizer:** Wurde der Pass oder Ausweis gestohlen, sollte man dies bei der Polizei zur Anzeige bringen und sich an das Generalkonsulat in Düsseldorf wenden, damit einem ein **Ersatz-Reiseausweis** ausgestellt wird (Ernst-Gnoss-Straße 25, Tel. 0211-4588700, Mo–Fr 9–12 Uhr).

Revierparks

Auch wenn es wegen seiner Rußschwärze einst liebevoll als „Kohlenpott" bezeichnet wurde, ist die heute vorherrschende Farbe des Reviers das satte Grün zahlloser Gärten, Parks und Wälder, die sich über rund zwei Drittel der Region erstrecken. Ob idyllische Schlossparks, innerstädtische Parkanlagen oder botanische Gärten – mit nahezu **4200 Park- und Grünanlagen** bietet das Revier ein mannigfaltiges Angebot an Freizeitmöglichkeiten und Liegewiesen. Besonders attraktiv sind die Gelände der ehemaligen Bundes- und Landesgartenschauen, die neben weitläufigen Wiesenbereichen häufig auch zahlreiche Angebote zur Freizeitgestaltung bieten und teilweise als Ankerpunkte der Route Industriekultur fungieren. Die schönsten von ihnen finden sich in Dortmund, Essen, Gelsenkirchen und Hamm (ausführliche Infos hierzu finden sich in den jeweiligen Ortskapiteln).

Eine besondere Erfindung des Ruhrgebiets sind die so genannten Revierparks, die in ihrer Art wohl einmalig in Deutschland sind. Mit dem Ziel, die Lebensqualität im Revier zu steigern, wurden sie Anfang der 1970er Jahre in verschiedenen Städten angelegt und sukzessive erweitert. Neben ausgedehnten Parklandschaften und Liegewiesen gibt es in den einzelnen Revierparks eine riesige Fülle an Spiel- und Sportmöglichkeiten, Freizeitbädern und Wellnessangeboten, Grillplätzen, Biergärten und Restaurants sowie ein breit gefächertes Veranstaltungsprogramm für die großen und kleinen Besucher.

Insgesamt gibt es fünf Revierparks, die das ganze Jahr über geöffnet sind. Die frei zugänglichen Parkanlagen kosten keinen Eintritt, aber manche Sportangebote und der Besuch der tollen Wellness- und Freizeitbäder sind natürlich kostenpflichtig.

Dortmund

● **Revierpark Wischlingen,** Höfkerstraße 12, 44149 Dortmund, Tel. 0231-9179710, www. revierpark.de.

Der riesige Revierpark mit seinen weiten Wald- und Wiesenflächen und einem NaturSee liegt mitten in Dortmund. Das Freizeitangebot reicht von Tennis und Minigolf über Bootfahren bis hin zum Eislaufen. Das angegliederte Solebad Wischlingen bietet eine hervorragende Saunalandschaft mit großem Außenbereich. Toll: Hier gibt es eine Salzstollensauna, die wie ein kleiner Bergwerksstollen angelegt ist; dort steht sogar ein Kohleförderwagen.

Duisburg

● **Revierpark Mattlerbusch,** Wehofer Straße, 47169 Duisburg, www.duisburg.de.

In dem großzügigen Park finden sich eine imposante Salinenanlage, ein großer Wasserfall und Feuchtbiotope sowie mehrere Spielplätze. Außerdem gibt es einen Reiterhof mit zwei Reitplätzen, der Planwagenfahrten und Ponyreiten anbietet. Eingebettet in den Park ist die Niederrhein-Therme, eine großzügige Sole- und Saunalandschaft mit insgesamt 14 Saunen, in der man die Seele so richtig baumeln lassen kann.

Gelsenkirchen

● **Revierpark Nienhausen,** Feldmarkstraße 201, 45883 Gelsenkirchen, Tel. 0209-941 310, www.revierpark-nienhausen.de.

Der Revierpark bietet zahlreiche aufwendig gestaltete Spielplätze, ein vielseitiges Sportangebot (etwa Basketball, Volleyball, Tennis, Minigolf und Boule) und viele andere

Attraktionen. Das „Activarium", eine tolle Schwimm- und Saunalandschaft, lädt zum Entspannen ein.

Herne

● **Gysenbergpark,** Am Revierpark 40, 44627 Herne, Tel. 02323-9690, www.gysenberg.de.
Neben den weitläufigen Liegewiesen und der großen Parklandschaft bietet der Revierpark vielseitige Freizeitmöglichkeiten für die ganze Familie, vom Squash über Eislaufen bis hin zu kulturellen und gastronomischen Angeboten. Zentrum der Anlage ist das *Lago*, ein Freizeitbad mit 112 Meter langer Riesenrutsche, Wellenbad und einer Saunalandschaft mit riesigem Garten. Aufguss-, Block-, Erd- und römische Dampfsaunen lassen keinen Wellnesswunsch offen.

Oberhausen

● **Revierpark Vonderort,** Bottroper Straße 322, 46117 Oberhausen, Tel. 0208-999680, www.revierpark.com.
Der Revierpark bietet ein vielfältiges Spiel-, Sport- und Erholungsangebot: Spiel- und Wasserspielplätze, Minigolf, Tennis, Tischtennis, Spielfelder für Fußball, Handball, Volleyball und Basketball, und auf den Teichen des Parks kann man mit Ruder- und Tretbooten fahren. Wie in den anderen Revierparks auch, ist in den Park das Solebad *Vonderort* integriert, das mit einer außergewöhnlichen Sole- und Saunalandschaft lockt.

Schiffstouren

Durch seine diversen Häfen, Flüsse, Kanäle und Stauseen ist das Ruhrgebiet hervorragend geeignet, um es auch vom Wasser aus zu erkunden. Das Angebot hierfür ist riesig, und es stehen unterschiedliche Schiffstouren zur Auswahl: Egal, ob man nun mit dem Schiff die Ruhr, den Rhein oder gar den Kanal entlang schippern, den Duisburger Hafen von Bord aus erkunden oder die diversen Stauseen umrunden will – jede Tour bietet einzigartige Höhepunkte für Groß und Klein.

Wer lieber selbst das Paddel in die Hand nimmt, findet im Kapitel „Sport und Erholung" Anlaufstellen für Kanutouren.

Ein Highlight des Kulturhauptstadtjahrs ist sicherlich die **Verwandlung des Rhein-Herne-Kanals** in einen KulturKanal: Das Projekt **„KulturKanal"** will den Kanal als kulturellen Spielort nutzen und ihn als öffentlichen Raum ins Bewusstsein rücken und aufwerten. Das Ereignis beginnt am **20. März mit einer spektakulären Wasserinszenierung** am neu gestalteten Stadthafen Recklinghausen. Alle Anrainerstädte des Rhein-Herne-Kanals, Duisburg, Oberhausen, Essen, Bottrop, Gelsenkirchen, Herne, Recklinghausen, Castrop-Rauxel, Waltrop und Datteln haben sich zu diesem bunten Projekt zusammen geschlossen, um entlang der Wasserstraße ein Netz aus Kunst und Kultur zu knüpfen. Gestaltete Picknickareale, ein Kulturschiff, Strandbars, Lichtinstallationen am Ufer, Open-Air-Kino und vieles mehr sind geplant.

Durchs Ruhrtal

Vor 100 Jahren war die Ruhr einer der meistbefahrenen Flüsse Europas; auf ihr transportierten die Schiffe ihre unterschiedlichen Frachten. Heute fahren nur noch Fahrgastschiffe im mittleren Ruhrtal; diese bieten einen ganz besonderen Blickwinkel auf das Ruhrgebiet.

Weiße Flotte, Mülheim an der Ruhr

Mit den Passagierschiffen der „Weißen Flotte" kann man die Ruhr von Mülheim bis nach Essen-Kettwig befahren. Die Fahrt entlang des grünen Ruhrufers ist wirklich eine kleine Attraktion, die an zahlreichen Sehenswürdigkeiten vorbeiführt.

Die Schiffe starten am Wasserbahnhof in Mülheim und bieten mehrere feste Haltestellen. Die gesamte Fahrt dauert gut 60 Minuten.

Die „Weiße Flotte" fährt täglich nach einem festen Fahrplan von Ende April bis Anfang Oktober jeweils Mo–Do 11, 13, 15 und 17 Uhr, Fr, Sa 11–19 Uhr (stündlich), So und an Feiertagen 10–17 Uhr (stündlich).

● **Weiße Flotte,** Alte Schleuse 1, 45468 Mülheim an der Ruhr, Tel. 0208-9609996, E-Mail: weisseflotte@mhvg.de, Internet: www. muelheim-ruhr.de/weisse_flotte.html. Preise: einfache Fahrt 2 €, ermäßigt 0,50 €.

MS Schwalbe II

Die „MS Schwalbe II" verkehrt auf der Ruhr über die Schleuse Herbede zwischen Witten-Bommern und dem Hafen Heveney.

Das Schiff startet an der Uferstraße in Witten, die gesamte Fahrt dauert gut 60 Minuten.

Auch die „MS Schwalbe II" fährt April bis Oktober Di–So, freitags finden allerdings Charterfahrten statt, Mo Ruhetag.

● **MS Schwalbe II,** Tel. 02302-9173600, E-Mail: info@stadtwerke-witten.de, Internet: www.stadtwerke-witten.de. Preise: einfache Fahrt 3,80 €, ermäßigt 1,80 €.

Auf dem Rhein

River Lady, Wesel

Ein ganz besonderes Erlebnis: Mit der „River Lady" kann man auf einem originalgetreuen **Schaufelraddampfer** den Rhein entlang fahren. Das Schiff, das nach den Plänen eines Mississippi-Dampfers umgebaut wurde, legt von Wesel und Xanten aus zu unterschiedlichen Tagestouren und Rundfahrten ab. Eine besonders eindrucksvolle Tour führt in den größten Binnenhafen der Welt nach Duisburg und beinhaltet auch eine Hafenrundfahrt.

● **River Lady,** Rheinpromende, 46485 Wesel, Tel. 0281-82422, www.river-lady.de.

Auf den Stauseen

Das Ruhrgebiet weist eine Vielzahl an Stauseen auf, die ein reichhaltiges Freizeitangebot besitzen und deshalb zu den viel besuchten Naherholungs- und Wassersportgebieten zählen. Es lohnt sich, die diversen Seen auch von Bord aus zu erkunden.

Kemnader See, Bochum

Auf dem Kemnader See im Bochumer Süden dreht die „MS Kemnade" ihre Runden. In der Zeit von April bis Oktober kann man hier zu einstündigen Fahrten in See stechen.

Montags bis sonntags ist das Schiff stündlich von 14 bis 18 Uhr unterwegs, an Sonn- und Feiertagen beginnen die Fahrten schon um 10 Uhr.

● **MS Kemnade,** Querenburger Straße, 58455 Witten, Tel. 02330-802047, www.personen schifffahrt-meyer.de, www.kemnader-see.de. Preise: einfache Fahrt 2,50 €, ermäßigt 1,50 €.

Baldeneysee, Essen

Auf dem wohl **schönsten See des Ruhrgebiets,** gelegen im Essener Süden, sind die fünf Schiffe der „Weißen Flotte Baldeney" stationiert, die neben den Seerundfahrten auch Ruhrfahrten und Ruhrtalfahrten sowie spannende Schleusenfahrten anbieten.

Zu den Seefahrten kann man von Anfang April bis Anfang Oktober starten. Die gesamte Fahrt dauert gut zwei Stunden und führt vorbei an beeindruckenden **Sehenswürdigkeiten:** vom Vogelschutzgebiet Heisinger Aue mit seinen vielen seltenen Vogelarten über die Villa Hügel bis zu Essen-Werden, dem ältesten Essener Stadtteil.

● **Weiße Flotte Baldeney,** Hardenbergufer 379, 45239 Essen, Tel. 0201-8404360, www.flotte-essen.de.

Hafenfahrten

Weiße Flotte, Duisburger Hafen

Die „Weiße Flotte" fährt nach einem festen Fahrplan von März bis Ende Oktober zu zweistündigen Hafenrundfahrten oder zu einstündigen Hafenfahrten. Letztere beginnen am Schwanentor und enden an der Anlegestelle Schifferbörse in Duisburg-Ruhrort. Karten kauft man an der Verkaufsstelle (s.u.) oder an Bord; hier kann man auch nach Sonderfahrten fragen. Wenn möglich, sollte man die Fahrt werktags machen, weil man dann das Entladen der Container- und Tankschiffe sieht.

● **Weiße Flotte** (Verkaufsstelle): **DHG Weiße Flotte Duisburg GmbH,** Münzstraße 56, 47051 Duisburg, Tel. 0203-7139667, E-Mail: info@wf-duisburg.de, Internet: www.wf-duisburg.de. Preise: ab 8,50 €, erm. 5 €.

Kanalfahrten

Ausflugsschiff Henrichenburg

Mit dem Ausflugsdampfer „Henrichenburg" kann man eine einstündige Schiffstour auf dem Dortmund-Ems-Kanal in Richtung Münsterland unternehmen. Das Schiff startet vom alten Schiffshebewerk in Waltrop aus und bietet damit schon beim Einsteigen die erste Sehenswürdigkeit – die nicht die letzte auf dieser Fahrt sein wird: Die kleine Tour führt vorbei an der alten Schleuse, dem Neuen Hebewerk, der neuen Großschleuse sowie an der Dattelner Industriekulisse.

Das Schiff fährt von Mitte April bis Ende Oktober Di–Sa stündlich von 11.30–15.30 Uhr und So stündlich von 12.30 bis 15.30 Uhr. In den Wintermonaten (November bis März) fährt die „Henrichenburg" nur nach Vereinbarung (ab zehn Personen).

● **Ausflugsschiff Henrichenburg,** Am Hebewerk 2, 45731 Waltrop, Tel. 02363-970710. www.fgs-henrichenburg.de.
● **Preise:** Erwachsene: 6 €, Kinder: 4 € (zuzüglich zum Museumseintritt Schiffshebewerk).

Sport und Erholung

Die Sportregion Ruhrgebiet ist eine der Superlative: von der längsten Indoor-Skipiste der Welt über die größte kommerzielle Indoor-Beach-Anlage Europas bis hin zum größten Tauchtrainingszentrum des Kontinents. Was das Sportangebot betrifft, gibt es im Ruhrgebiet nichts, was es nicht gibt. Nirgends ist die Vielfalt an Sportarten derart groß, und in kaum einer anderen Region kann man sie an so spektakulären und ungewöhnlichen Locations ausüben.

Baden

Das Revier verfügt über ein umfangreiches Angebot an modernen Freizeit- und Schwimmbädern. Neben der hier aufgeführten kleinen Auswahl sind im Kapitel „Revierparks" (↗ „Reisetipps A–Z") zusätzliche Hinweise zu den einzigartigen Freizeit- und Wellnessbädern zu finden, die diesen Revierparks angegliedert sind. Preisangaben finden sich auf den Websites der jeweiligen Bäder.

● **Medi-Therme,** Am Ruhrpark, Kohlleppelsweg 45, 44791 Bochum, Tel. 0234-516570, www.meditherme-bochum.de. Geöffnet: Mo–Sa 11–23 Uhr, So und an Feiertagen 11–21 Uhr.

Eine einzigartige Saunalandschaft, eingebettet in mediterranes Ambiente, bietet Erholung und Entspannung pur. Allerdings haben Kinder erst ab 14 Jahren, und auch dann nur in Begleitung Erwachsener, Zutritt.

● **Sportparadies,** Adenauerallee 118, 45891 Gelsenkirchen, Tel. 0209-9543110, www.sportparadies.de. Geöffnet: Mo–Fr 6.30–22 Uhr, Sa, So Fei 9–22 Uhr.

Tipp

Einen guten Überblick über die vielfältigen Sportarten, -veranstaltungen und -stätten im gesamten Ruhrgebiet bietet die Website **www.sportplatz-ruhrgebiet.de.** Hier finden aktive Sportler und begeisterte Zuschauer jede Menge Termine und aktuelle Hinweise auf Top-Ereignisse sowie auf die größten Sportstätten.

Hier ist Spaß garantiert: Im Freibad findet sich ein zehn Meter hoher Springturm, und im Innenbereich gibt's eine 58 Meter lange Rutsche.

● **Maximare,** Jürgen-Graef-Allee 2, 59065 Hamm, Tel. 02381-8780, www.maximare. com. Aquawelt geöffnet: Mo–Fr 8–22 Uhr, Sa, So 9–22 Uhr, Sportbad Mo–Fr 6–22 Uhr, Sa, So, Fei 9–22 Uhr.

Die Erlebnistherme in Hamm zählt zu den größten Anlagen ihrer Art in Deutschland und bietet ein reichhaltiges Spaß-, Sport- und Wellnessangebot. Von Sole- und Wellenbecken über Reifenrutschen und Wildwasserbach bis hin zu einer einzigartigen Saunawelt ist hier für jeden etwas dabei.

● **Copa Ca Backum,** Über den Knöchel/ Teichstraße, 45699 Herten, Tel. 02366-307 310, www.copacabackum.de. Geöffnet: Mo 10–22 Uhr, Di–Fr 8–22 Uhr, Sa, So 8–21 Uhr.

Etliche Saunen, diverse Becken, u.a. mit Wasserfall, Massage und Sprudeldüsen, und ein Wasserspielgarten für die Kleinen machen das Spaßbad zu einem Erlebnis für die ganze Familie.

● **Maritimo,** Am Stimbergpark 80, 45739 Oer-Erkenschwick, Tel. 02368-6980, www. maritimo.info. Geöffnet: Sport- und Freizeitbad: tgl. 10–19 Uhr, Sauna- und Wellnessparadies: Mo–Do 9–23 Uhr, Fr, Sa 9–24 Uhr, So, Fei 9–21 Uhr.

Das erstklassige Freizeit- und Erlebnisbad, das im Jahr 2004 eröffnet wurde, besticht durch seine umfangreiche Mischung aus Wasser- und Wellnessangeboten. Hervorzuheben sind das riesige Freibad sowie der preisgekrönte Saunabereich.

Beachvolleyball

● **Strandbad Wedau,** Bertaallee 10, 47055 Duisburg, Tel. 0203-726457, www.strandbad-wedau.de. Geöffnet: Hauptsaison 11. Mai bis 6. Sept. tgl. ab 13 Uhr.

Wer keine Lust hat zu schwimmen, kann sich auf den zwei Beachvolleyballplätzen mit extra feinem Silbersand austoben.

● **blue:beach,** Luhnsmühle 2, 58455 Witten, Tel. 02302-580400, www. beach-sport.de. Geöffnet: Mo–Fr 9–24 Uhr, Sa, So, Fei 9.30–22 Uhr.

In der größten kommerziellen Indoor-Beach-Anlage Europas bekommt keiner kalte Füße: Die sieben Plätze der 2100 Quadratmeter großen Halle sind mit fußbodenbeheiztem Sand belegt. Außer beim Beachvolleyball kann man sich auch beim Beachsoccer, Beachbadminton, Beachhandball oder Beachaerobic austoben. Bei schönem Wetter geht's raus auf die Outdoor-Anlage.

Golf

● **Golfclub Castrop-Rauxel,** Dortmunder Straße 383, 44577 Castrop-Rauxel, Tel. 02305-62027, www.gc-castrop-rauxel.de.
Inmitten von Wiesentälern und grünen Höhenrücken befindet sich der erste 27-Loch-Turniergolfplatz im Revier, der sogar als Bundessieger mit dem Umweltpreis des Deutschen Golfverbandes ausgezeichnet wurde. Hier kommen Anfänger wie Fortgeschrittene auf ihre Kosten.

Indoor-Fußball

Fußball gehört zum Revier wie Fördertürme und Zechensiedlungen. Und weil man in der Winterpause nicht darauf verzichten will, pöhlt man einfach in der Halle weiter.

● **Soccer-Halle,** Schmitzbauerstraße 1a, 45473 Mülheim an der Ruhr, Tel. 0208-302 4737, www.soccer-halle.de. Geöffnet: Mo–Fr 13–24 Uhr, Sa, So 10–24 Uhr.
Auf fünf unterschiedlich großen Spielfeldern kann hier gepöhlt werden. Der grüne Kunstrasen aus Quarzsand und Gummigranulat sorgt für bestes Laufgefühl und ein geringes Verletzungsrisiko.

Indoor-Skydiving

● **alpincenter,** Prosperstr. 299–301, 46238 Bottrop, Tel. 02041-7095149. Geöffnet: Mi–Fr 11–23 Uhr, Sa 9–23 Uhr, So 9–21 Uhr.
Der Traum vom Fliegen wird in Europas modernstem und höchstem Indoor-Windtunnel wahr: Rein in die Flugkammer, Wind an und abheben. Die Windgeschwindigkeit beträgt bis zu 270 km/h, da hält es niemanden auf den Beinen – Flugspaß für Jedermann.

Kanu

Mit den ausgedehnten Flussregionen des Niederrheins, der Ruhr und der Lippe bietet das Ruhrgebiet reichlich Möglichkeiten, seine reizvollen Landschaften auch vom Kanu aus zu erkunden.

● **Essener Kanuschule,** Fleherweg 87, 45279 Essen, Tel. 0201-89060102, www.kanuschule.de.
Die Kanuschule bietet ein breit gefächertes Programm, das neben geführten Kanutouren auf der Ruhr auch Kajakkurse und Wildwasserreisen beinhaltet.
● **Lenne-Ruhr-Kanu-Tour,** Ruhrstr. 18, 58239 Schwerte, Tel. 02304-61699, www.ruhrkanu.de.
Mit dem Kanu vorbei an den idyllischen Auen- und Tallandschaften der Ruhr – das reinste Wasservergnügen. Möglich sind Touren unterschiedlicher Länge, geführt oder völlig unabhängig, im Canadier oder Kajak.

Klettern

Auch wenn das Ruhrgebiet nicht unbedingt mit steilen Berglandschaften in Verbindung gebracht wird, lässt es sich hier sehr gut klettern, ob drinnen oder draußen.

● **alpincenter,** Prosperstr. 299–301, 46238 Bottrop, www.alpincenter.com, Tel. 02041-7095149. Geöffnet: Mo–Fr 14–20 Uhr, Sa, So 11–20 Uhr.
Auf einer zehn Meter hohen Stahlkonstruktion klettert man von einer Plattform zur nächsten und überwindet dabei schwingende Balken, Seillandschaften und Hängebrücken. Der Hochseilklettergarten bietet unterschiedliche Schwierigkeitsgrade und so kommt beinahe jeder Kletterfreak auf seine Kosten. Wer nicht schwindelfrei ist, setzt sich einfach in den benachbarten Biergarten und schaut den anderen beim Balancieren zu.
● **Kletter-Max,** Hermannstraße 75, 44263 Dortmund, Tel. 0231-4270257, www.klettermax.de. Geöffnet: Mo 10–18 Uhr, Di 10–16

Uhr nur auf Voranmeldung, Di 16–22 Uhr normal geöffnet, Mi–Fr 10–22 Uhr, Sa, So, Fei 10–19 Uhr.

Außergewöhnliche Indoor- und Outdoor-Anlage mit insgesamt 82 Kletterrouten, die in Höhen von bis zu 21 Metern führen. Der Outdoor-Bereich bietet zusätzlich zwei große Klettertürme, eine Klettersäule und Riesenleiter, einen Hochseilgarten mit drei Seilbrücken und natürlich einen Biergarten. Ein Eldorado für Kletterfreaks.

● **Landschaftspark Duisburg-Nord,** Emscherstraße 71, 47137 Duisburg, Tel. 0203-428120, www.landschaftspark.de.

Klettern vor spektakulärer Kulisse: Im Schatten der Hochöfen des stillgelegten *Thyssen*-Stahlwerks können die Steilwände in den ehemaligen Erzbunkern bezwungen werden. Wer lieber im Indoorbereich klettert, hat auch dazu die Möglichkeit: im ehemaligen Hüttenwerk balanciert man über Eisen und Stahlkonstruktionen, wankende Brücken und Seilkonstruktionen. Infos unter www.power-ruhrgebiet.de oder Tel. 0203-9868091.

● **Zeche Helene,** Twendmannstraße 125, 45326 Essen, Tel. 0201-381562, www.dav-essen.de/kletterpuett.de. Geöffnet: tgl. 10–23 Uhr.

120rg Foto: sd

Das ehemalige Zechengelände ist für Profis wie Anfänger das reinste Klettervergnügen: Indoor-Kletterwand und Freeclimbing mit den Schwierigkeitsgraden 2 bis 9.

Mountainbiking

Das Ruhrgebiet ist eine wahre Mountainbikeregion, die für Anfänger und Könner spannende und abwechslungsreiche Touren bietet. Während in der Elfringhauser Schweiz mehr als tausend Höhenmeter „erfahren" werden können, laden die schier endlosen Wälder in der Haard mit ihren zum Teil hügeligen Wegstrecken zu ausgiebigen Touren ein (⤢„Ausflüge und Touren"). Wem die Berge und Wälder zu langweilig sind, der fährt einfach auf eine der über 60 Halden: Denn im Ruhrgebiet wird aus dem ehemaligen Mountainbiking trendiges Haldenbiking.

● **Berg Rad Touren,** Am Bleckmannshof 38, 44799 Bochum, Tel. 0234-76724, www.tourenrad-erlebnisreisen.de.

Ob Mountainbike oder Tourenrad, Anfänger oder Fortgeschrittener: Hier findet sich für jeden die passende Fahrradtour durchs Revier. Die Agentur bietet dabei Allround-Service – von der Planung über die Organisation bis hin zur Durchführung.

Zum Klettern muss man gar nicht in die Berge ...

● **bikeride Mountainbikeschule,** Auf Steinhausen 28, 58452 Witten, Tel. 02302-941848, www.bikeride.de.

Downhill in Witten: Die Berge bieten ein optimales Revier für alle Mountainbiker. Mit Kursen für Anfänger und Profis und geführten Touren in vier verschiedenen Leistungsklassen hat die größte Mountainbikeschule Deutschlands für jeden etwas zu bieten.

Reiten

Auch Reiten gehört zu den Reviersportarten; ein breit angelegtes Reitwegenetz durchzieht die Wälder des Ruhrgebiets. Beim Regionalverband Ruhrgebiet (↗ „Reisetipps A–Z, Informationsstellen") ist eine Karte zu beziehen, die 180 Kilometer Reitwege ausweist und darüber hinaus zahlreiche Infos, z.B. zu Reiterhöfen, Tierärzten, Reitartikelfachgeschäften oder Rastmöglichkeiten, bietet und Tourenvorschläge gibt.

● **Reiterhof Schwalbental,** Rekener Straße 224, 45721 Haltern am See, Tel. 02364-7099, www.reitstall-schwalbental.de. Geöffnet: Anfang März bis Ende November Mo, Di, Fr 13–18.30 Uhr, Sa, So, Fei 9–18 Uhr. In den Ferien tgl. 9–18 Uhr.

Hier darf sich jeder in den Sattel schwingen und einen kleinen Ritt durch die Hohe Mark wagen.

● **Döring Quarter Horses,** Herner Weg 46–48, 45772 Marl, Tel. 02364-106464, www.doeringqh.de.

Pferdebegeisterte werden hier in die Westernreitweise eingeführt.

● **Ponyhof Mutter Wehner,** Haardstraße 196, 45739 Oer-Erkenschwick, Tel. 0172-282 6272, www.freizeitreiten-planwagenfahrten.de. Geöffnet: März bis Oktober Di–Fr 14–18 Uhr (NRW-Ferien: 11–18 Uhr), Sa, So und an Feiertagen 10–18 Uhr, November bis Februar Sa, So (nur bei trockenem Wetter) von 11 bis ca. 16.30 Uhr. Montags Ruhetag. Preise: Kleine Ponys 9 €/Std., Große Ponys und Haflinger 11 €/Std., Großpferde 13 €/

Std., Kutsche für vier Personen 40 €/Std., Planwagen für zehn Personen 50 €/Std.

Vom Ponyhof *Mutter Wehner* aus kann man auf dem Pferderücken (Pony oder Pferd) die schönen Reitwege der Haard (↗ „Ausflüge und Touren") durchqueren. Wahlweise steht auch eine Kutsche oder ein Planwagen zur Verfügung (vorher anmelden!).

Segeln und Surfen

Die vielen Seen im Ruhrgebiet bieten hervorragende Möglichkeiten für Wassersport jeglicher Art. Der Baldeneysee in Essen ist ein besonders beliebtes Wassersportrevier, das auch Austragungsort nationaler und internationaler Ruder- und Kanuwettkämpfe ist.

● **Yachtschule Nautico,** Forsthausstr. 8, 45134 Essen, Tel. 0201-4555365, www. nautico.de.

Essens erste Segel- und Motorbootschule liegt am Baldeneysee und vermittelt alle nur erdenklichen Kenntnisse übers Segeln und Motorbootfahren, Führerscheinprüfungen inklusive.

● **Yachtschule Harkortsee,** Feithstr. 55, 58095 Hagen (Büroadresse), Tel. 02331-590 059, www. yachtschule-harkortsee.de.

Ob Schnupper-Segeln für Anfänger oder Führerscheinprüfungen für alle Arten von Wasserfahrzeugen – hier kann man seine Seetauglichkeit testen.

● **Wassersportschule Kemnade,** Querenburger Straße 29, 58455 Witten, Tel. 02302-20120, www.kemnader-see.de.

Die einzige Wassersportschule am Kemnader See hat zahllose Segel-, Surf- und Motorbootkurse im Programm. Kompaktkurse am Wochenende vermitteln die ersten Basiskenntnisse.

Skaten

● **Funbox Amalie,** Helenenstraße 110, 45143 Essen, Tel. 0201-8609198, www.funbox-amalie.de. Geöffnet: So, Mo, Mi 15–20 Uhr, Do, Fr, Sa 15–22 Uhr.

In der ehemaligen Zechenanlage tummeln sich nun Inline-Skater, Skateboarder und BMX-Fahrer, die ihre Runden auf Miniramps,

Banks, Curbs und einem großen Street-Parcours drehen. Ein großer Outdoorbereich bietet zusätzlichen Platz zum grinden und jumpen. Inliner und Schutzausrüstung können in der Halle auch ausgeliehen werden, es ist aber ratsam, sich vorab zu erkundigen, ob die gewünschte Größe vorrätig ist.

121/g Foto: ab

Skifahren und Eislaufen

● **alpincenter,** Prosperstraße 299–301, 46328 Bottrop, Tel. 02041-70950, www.alpincenter.com. Geöffnet: tgl. 9.30–24 Uhr.

Die längste Indoor-Skipiste der Welt bietet das ganze Jahr über absoluten Skigenuss. Abwärts geht es rund einen halben Kilometer mit einem Gefälle bis zu 24 Prozent. Kurse und Materialverleih werden ebenfalls angeboten. Und nach der Schussfahrt geht's zum Après-Ski in die verschiedenen Gastronomiebereiche. Im Sommer lockt vor allem der große Biergarten, von dem man eine fantastische Aussicht genießen kann.

● **Eislaufhalle Revierpark,** Höfkerstraße 12, 44149 Dortmund, Tel. 0231-9170710, www.wischlingen.de.

Hier wird das Eislaufen mit Lichtanlagen, Nebel und Schwarzlicht als Partyvergnügen zelebriert. Für die Wagemutigen gibt es Auf- und Abfahrtsrampen.

● **Eisbahn Kokerei Zollverein,** Arendahls Wiese, 45141 Essen, Tel. 0201-8301272, www.eisbahnzollverein.de. Geöffnet: Dezember bis Januar Mo–Do, So 10–20 Uhr, Fr, Sa 10–22 Uhr.

Die wohl spektakulärste Eiskunstbahn der Welt: 150 Meter kurvt man unter freiem Himmel und unter den denkmalgeschützten Koksöfen der Kokerei Zollverein. Ein Schlittschuhverleih steht ebenfalls zur Verfügung.

Sommerrodelbahn

● **alpincenter,** Prosperstr. 299–301, 46238 Bottrop, Tel. 02041-70950, www.alpincenter.com. Geöffnet: tgl. 10–22 Uhr.

... zum Skifahren und Snowboarden auch nicht

Die bislang erste und einzige Sommerrodelbahn im Ruhrgebiet ist das neue Highlight am alpincenter Bottrop. Auf einer Länge von 1000 Metern schlängelt sich die Bahn die Halde hinunter und erreicht dabei eine Geschwindigkeit von bis zu 42 km/h. Selbst Rodellegende *Georg Hackl* geriet nach einer Testfahrt ins Schwärmen und lobte neben der Bahn auch die spektakuläre Aussicht.

Tauchen

● **TauchRevier Gasometer,** Emscherstr. 71, 47137 Duisburg, Tel. 0203-4105353, www.tauchrevier-gasometer.de. Geöffnet: Mo, Mi–Fr 12–20 Uhr, Sa, So, Feiertage 9–18 Uhr.

Abtauchen in die künstliche Unterwasserwelt eines ehemaligen Nassgasometers. Ein elf Meter langes Schiffswrack, zwei Autowracks, ein künstliches Riff u.v.m. machen den Tauchgang im größten Tauchtrainingszentrum Europas zum einmaligen Erlebnis.

● **Aquarius Dive Center,** Hansastraße 40, 47058 Duisburg, Tel. 0203-338935, www.aquarius-duisburg.de. Geöffnet: Mo–Fr 10–13 und 15–18.30 Uhr, Sa 10–14 Uhr.

Ob Schnuppertauchen, Anfängerkurse, Scuba- oder Open-Water-Diver-Kurs – hier kommt jeder auf seine Kosten.

Wasserski und Wakeboarding

● **Strandbad Wedau,** Bertaallee 10, 47055 Duisburg, Tel. 0203-726457, www.strandbad-wedau.de. Geöffnet: Hauptsaison 11. Mai bis 6. Sept. tgl. ab 13 Uhr.

Auf Skiern oder Wakeboards zieht die Wasserski-Seilbahn Anfänger und Profis mit 30 bzw. 60 km/h übers Nass.

●**Wasserskiseilbahn,** Strohweg 2, 46509 Xanten, Tel. 02801-715656, www.f-z-x.de. Geöffnet: 28. März bis 8. Mai, 14. Sept. bis 25. Okt. Fr 15–19 Uhr, Sa, So, Fei 12–19 Uhr, 9. Mai bis 13. Sept. Mo–Do 15–21 Uhr, Fr 15–21 Uhr, Sa, So, Fei 12–21 Uhr.

Mit 30 bis 60 km/h rast man hier übers Wasser. Eine Fünf-Mast-Seilbahn zieht sogar bis zu zehn Personen gleichzeitig.

Theater und Konzerthäuser

Die Theater-Szene im Ruhrgebiet und das Angebot an Konzerthallen ist überwältigend groß. Neben den über-regional **bedeutenden Bühnen** und Konzerthäusern wie dem Schauspiel-haus in Bochum, der Philharmonie für Westfalen in Dortmund oder der Phil-harmonie in Essen existiert im Revier eine unglaublich breite und vielfältige Szene an **Kleinkunsttheatern, freien Theaterhäusern** und **Kulturzentren.** Das Programm bietet vom Schauspiel und von der Improvisation über Komödie, Boulevard, Oper und Ope-rette bis hin zum Ballett, Musik- oder Kinder-Puppentheater für jeden Ge-schmack die richtige Veranstaltung.

Neben dem facettenreichen Ange-bot sind es vor allem die oft **spekta-kulären Veranstaltungsorte** auf ehe-maligen Zechengeländen, in ausge-dienten Bahnhöfen oder alten Fabrik-hallen, die das Kulturangebot im Re-vier so einzigartig machen.

Viele der hier genannten Häuser werden in den jeweiligen Ortskapiteln ausführlicher vorgestellt.

Bochum

●**Schauspielhaus Bochum,** Königsallee 15, 44789 Bochum, Tel. 0234-3333-0, Theater-kasse: 0234-3333-5555, www.schauspiel hausbochum.de.

Das legendäre und traditionsreiche Haus zählt zu den bedeutendsten deutschen Sprechbühnen.

●**Prinz-Regent-Theater,** Prinz-Regent-Straße 50–60, 44795 Bochum, Tel. 0234-771117, www.prinzregenttheater.de.

Bühne für freies und experimentelles Thea-ter, die von der Stadt Bochum und dem Land NRW gefördert wird. Es gilt als Treffpunkt der alternativen Kulturszene Bochums.

●**Kulturhaus Thealozzi,** Pestalozzistraße 21, 44793 Bochum, Tel. 0234-17590, www.thea lozzi.de.

Das Kulturhaus ist Treffpunkt der alternati-ven Kulturszene. Auf der Bühne werden selbstgeschriebene Stücke ebenso aufgeführt wie Kinder- und Improvisationstheater.

●**Theater Thespis,** Baaker Mulde 3, 44879 Bochum, Tel. 0234-473173.

Von der Komödie über Kabarett bis hin zu sozialkritischen und avantgardistischen Insze-nierungen bietet der Spielplan ein reichhalti-ges und abwechslungsreiches Angebot.

●**Comödie Bochum,** Ostring 25, 44787 Bo-chum, Tickethotline: Tel. 0234-961000, www. comoedie-bochum.de.

Die Theaterinstitution im Revier bietet erst-klassiges Komödien- und Boulevardtheater.

●**Jahrhunderthalle Bochum,** An der Jahr-hunderthalle 1, 44793 Bochum, Tel. 0234-36930, Tickethotline: 01805-234400, www. jahrhunderthalle-bochum.de.

Einmaliger Blickfang und Hörgenuss: Die beeindruckende ehemalige Gebläsehalle mit ihrer filigranen Stahlkonstruktion wird heute als kultureller Veranstaltungsort genutzt und ist seit 2003 zentrales Festspielhaus des Mu-sik- und Theaterfestivals RuhrTriennale.

Dortmund

●**Theater Dortmund/Opernhaus,** Kuh-straße 12, 44137 Dortmund, Tickethotline 0231-5027222, www.theaterdo.de.

Das Haus gehört zu den größten Vier-Sparten-Theatern Deutschlands und zu den besten Theatern im Ruhrgebiet. Schauspiel, Oper, Ballett und Philharmonie bieten ein erstklassiges Programm mit hervorragenden Produktionen.

● **Theater im Depot,** Immermannstraße 39, 44147 Dortmund, Tel. 0231-982120, www.depotdortmund.de.

In einer ehemaligen Straßenbahnhauptwerkstatt gelegen, stellt das *Depot* ein Zentrum für Kunst, Handwerk und Medien dar und gehört mittlerweile zu den größten und schönsten freien Theaterhäusern in NRW. Auf der Bühne werden vor allem Eigenproduktionen und Koproduktionen im Bereich Schauspiel aufgeführt.

● **Theater Fletch Bizzel,** Humboldtstraße 45, 44137 Dortmund, Tel. 0231-142525, www.fletch-bizzel.de.

Im *Fletch Bizzel,* einem der ältesten freien Theaterhäuser, wird neben vielen Eigenproduktionen u.a. auch Kinder-Musik-Theater, Kinder-Puppentheater oder Improvisationstheater angeboten.

● **Konzerthaus Dortmund, Philharmonie für Westfalen,** Brückstr. 21, 44135 Dortmund, Tickethotline: 0231-22696200, www.konzerthaus-dortmund.de.

Das im Jahr 2002 eröffnete Konzerthaus Dortmund bietet ein einmaliges Musikangebot von internationalem Rang. Neben den Konzerten des Philharmonischen Orchesters Dortmund kann man hier auch Meisterkonzerten sowie der Mozart-Gesellschaft oder dem Klavier Festival Ruhr lauschen.

Duisburg

● **Theater Duisburg,** Neckarstraße 1, 47051 Duisburg, Tel. 0203-3009100, www. theater-duisburg.de.

Schauspiel und Philharmonie warten mit erstklassigem Programm auf. Vom klassischen Standardrepertoire bis zu modernen Inszenierungen wird beste Unterhaltung geboten.

● **Theater am Marientor,** Plessingstraße 20, 47051 Duisburg, Tel. 0203-28250, www. theater-am-marientor.de.

Das Theater am Marientor kann als Gastspielhaus bezeichnet werden. Veranstaltungen von Oper und Operette über Konzerte

und Schauspiel bis hin zu Kabarett und Comedy stehen auf dem Programm. Auch die Konzertreihen der Duisburger Philharmoniker werden hier aufgeführt.

Essen

● **Grillo-Theater,** Theaterplatz 11, 45127 Essen, Tel. 0201-8122200, www.theater-essen.de.

Das Repertoire des Theaters umfasst klassische Dramentexte ebenso wie Werke moderner Klassiker und Gegenwartsautoren.

● **Aalto-Musiktheater,** Opernplatz 10, 45128 Essen, Programm- und Kartenbestellung Tel. 0201-8122200, www.aalto-theater.de.

Das vom finnischen Architekten *Alvar Aalto* entworfene Theater bietet Opern, Konzertabende und Tanztheater vom Feinsten.

● **Theater Courage,** Goethestraße 67, 45130 Essen, Tel. 0201-791466, www.theatercourage.de.

Das Theater spielt neben komödiantischen Eigenproduktionen auch ernste und kritische Stücke.

● **Theater im Rathaus,** Porscheplatz 1, 45121 Essen, Tel. 0201-88-0, www.theater-im-rathaus.de.

Das Programm ist äußerst vielseitig und beinhaltet Boulevard, Schauspiel, Operette, Komödie und Musical. Auf der Bühne geben sich aus Film und Fernsehen bekannte Schauspieler die Klinke in die Hand.

● **Philharmonie,** Huyssenallee 53, 45128 Essen, Tel. 0201-8122810, Tickethotline: 0201-8122200, www.philharmonie-essen.de.

International bedeutende Künstler treten auf dieser modernen Bühne ebenso auf wie der künstlerische Nachwuchs.

Gelsenkirchen

● **Musiktheater im Revier,** Kennedyplatz, 45881 Gelsenkirchen, Tel. 0209-4097200, www.musiktheater-im-revier.de.

Neben Oper und Musiktheater werden hier auch hochkarätige Ballettaufführungen geboten.

● **Consol Theater,** Bismarckstraße 240, 45889 Gelsenkirchen, Tel. 0209-9882282, www.consoltheater.de.

In der einstigen Lüftermaschinenhalle der Zeche Consolidation steht die Verbindung von Schauspiel, Tanz und Musik im Mittelpunkt des Programms. Schwerpunkt ist zwar das Kinder- und Jugendtheater, aber auch Eigenproduktionen oder musikalische Improvisationsabende werden geboten.

● **Kaue,** Wilhelminenstraße. 174, 45881 Gelsenkirchen, Tickethotline: 0209-1477999, www.emschertainment.de.

Auf dem Gelände der ehemaligen Zeche Wilhelmine Victoria ist ein moderner kultureller Veranstaltungsort mit Zechenflair entstanden, die so genannte Kaue. Auf der Bühne wird vor allem Kleinkunst, Kabarett und Comedy geboten.

Hagen

● **theaterhagen,** Elberfelderstr. 65, 58095 Hagen, Tel. 02331-207 3209, Fax 02331-207 2446, Theaterkasse: 02331-207 3218, www.theater.hagen.de.

1911 gegründet, ist das **theater**hagen aus Hagens Kulturleben nicht mehr wegzudenken. Mit dem **ballett**hagen, dem **orchester**hagen und dem Kinder- und Jugendtheater **lutz**hagen deckt das Theater verschiedene Sparten ab, die zudem theaterpädagogisch betreut werden.

Seit 2007 hat sich das **theater**hagen insbesondere auf dem Gebiet der amerikanischen Oper, der Operette, des Musicals und des Tanztheaters einen Namen gemacht.

Hamm

● **Helios Theater,** Willy-Brandt-Platz 3, 59065 Hamm, Tel. 02381-926837, www.helios-theater.de.

Ein Kinder- und Jugendtheater, in dem auch Erwachsene ihre Freude haben: Hier wirken nicht nur Schauspieler, sondern auch Puppenspieler, Musiker und Tänzer.

Herne

● **Mondpalast,** Wilhelmstraße 26, 44649 Herne, Tel. 02325-588999, www.mondpalast.com.

Der *Mondpalast* ist ein Komödientheater, in dem vor allem regional ausgerichtete Stücke gespielt werden.

Marl

● **Theater der Stadt,** Am Theater 1, 45768 Marl, Tel. 02365-994310, www.marl.de.

Die Bühne bietet ein breit gefächertes Theater- und Konzertprogramm und ist Spielstätte der Ruhrfestspiele Recklinghausen. Alljährlich wird hier auch der Adolf-Grimme-Preis verliehen.

Moers

● **Moerser Schlosstheater,** Schloss, Kastell 9, 47441 Moers, Tel. 02841-8834110, Kartenvorverkauf: Studio, Kastell 6, Di–Fr 10–13 Uhr und 14–17 Uhr, Sa 11–14 Uhr und an der Abendkasse ab eine Stunde vor Aufführung, www.schlosstheater-moers.de.

Das Schlosstheater in Moers zählt zu den renommierten und überregional beachteten Bühnen der Metropole Ruhr. Das durch den ersten Intendanten *Holk Freytag* geprägte Haus machte von Beginn an durch innovative Inszenierungen moderner wie klassischer Stücke auf sich aufmerksam.

Mülheim an der Ruhr

● **Theater an der Ruhr,** Akazienallee 61, 45478 Mülheim an der Ruhr, Tickethotline Tel. 0208-5990188, www.theater-an-der-ruhr.de.

Von Klassikern bis zu modernen Gegenwartsstücken wird auf dieser mehrfach ausgezeichneten Sprechbühne alles aufgeführt.

● **Ringlokschuppen,** Am Schloss Broich 38, 45479 Mülheim an der Ruhr, Tel. 0208-99316-0, www.ringlokschuppen.de.

Der Ringlokschuppen, dessen Gebäude ursprünglich der Unterstellung von Dampflokomotiven diente, ist heute ein facettenreicher Veranstaltungsort, in dem Theater, Tanztheater, Kabarett, Lesungen und Konzerte stattfinden und Theaterfestivals aufgeführt werden.

Oberhausen

● **Theater Oberhausen,** Will-Quadflieg-Platz 1, 46045 Oberhausen, Theaterkasse: Tel. 0208-8578-184, www.theater-oberhausen.de.

Das mehrfach als „bestes Theater der Saison" prämierte Theater Oberhausen wird seit Beginn der Spielzeit 2008/09 von *Peter Carp* als Intendant geleitet. Er setzt vor allem auf neue Formen des musikalischen Theaters, die von internationalen Regisseuren inszeniert werden.

● **Metronom Theater,** Musikweg 1, 46047 Oberhausen, 0208-8822-0, www.stage-entertainment.de.

Im Metronom Theater werden vor allem familienfreundliche Musicals aufgeführt. Ab März 2010 wird die Geschichte zweier Hexen und ihrer Liebe zum gleichen Mann erzählt, in dem Musical „Wicked – Die Hexen von Oz".

Recklinghausen

● **Ruhrfestspielhaus,** Otto-Burrmeister-Allee 1, 45657 Recklinghausen, Tel. 02361-9180, www.ruhrfestspiele.de.

Im Ruhrfestspielhaus finden Gastspiele renommierter Bühnen statt. Das Programm reicht von Schauspiel über Oper und Operette bis hin zu Musical und Tanz. Bekannt ist das Haus vor allem als zentrale Spielstätte der Ruhrfestspiele, dessen Festivalprogramm alle Genres des deutschen und internationalen Theaters umfasst. Die Spielzeit der Ruhrfestspiele Recklinghausen beginnt im Mai und endet im Juni.

Unterkunft

Egal ob Hotels, Pensionen, Ferienwohnungen, Jugendherbergen oder Campingplätze – das Angebot an Übernachtungsmöglichkeiten ist im Ruhrgebiet so riesig wie vielfältig, und es bietet für jeden Geldbeutel das passende Bett.

Wollte man eine komplette Übersicht über alle Übernachtungsangebote im Revier geben, könnte man ein eigenes Buch damit füllen. Deswegen sei an dieser Stelle auf die lokalen **Touristik-Informationsstellen** der einzelnen Städte und die Ruhr Tourismus GmbH verwiesen (⚐ „Reisetipps A–Z, Informationsstellen"). Die Anlaufstellen verfügen über umfassende aktuelle Adressen und können bei individuellen Wünschen bestens weiterhelfen.

Ob man nun mitten im Trubel der pulsierenden Ruhrstadt übernachten möchte, in einer ehemaligen Bergarbeitersiedlung Familienanschluss sucht oder lieber ein ruhiges und romantisches Zimmer in grüner Auenlandschaft vorzieht – im Revier hat man die Qual der Wahl.

Die in diesem Buch empfohlenen Hotels sind unter den jeweiligen **Ortsbeschreibungen** im Abschnitt „Praktische Tipps" zu finden. Sie geben einen kleinen Überblick über das reichhaltige Angebot und machen auf besonders reizvolle, urige und außergewöhnliche Schlafmöglichkeiten aufmerksam.

Hotels, Pensionen und Ferienwohnungen

Hotels, Pensionen und Ferienwohnungen findet man im Ruhrgebiet in fast jeder Stadt. Selbst die kleineren Städte verfügen oft über ein reichhaltiges Angebot. Einen umfassenden Überblick geben die Ruhrgebiet Tourismus GmbH (Info- und Buchungshotline s.u.) oder die Touristik-Informationsstellen der jeweiligen Orte.

● **Info- und Buchungshotline:** 01805-181610.

Jugendherbergen

Das Deutsche Jugendherbergswerk hat in den letzten Jahren der steigenden Anzahl von Touristen im Revier Rechnung getragen und viel Zeit und Geld in die Eröffnung neuer Jugendherbergen investiert. Die Investition hat sich gelohnt: Entstanden sind Herbergen in denkmalgeschützten Gebäuden und in außergewöhnlichem Ambiente, mitten in den Innenstädten oder in ruhigen Parkanlagen. Entgegen dem landläufigen Vorurteil bieten sie zudem oft viel Komfort und stellen so eine wirklich preisgünstige Übernachtungsalternative im Revier dar.

Ausführliche Informationen zu den Herbergen, zur Mitgliedschaft im Jugendherbergswerk etc. gibt es beim Deutschen Jugendherbergsverband:

●**Deutscher Jugendherbergsverband,** Service, Bismarckstraße 8, 32756 Detmold, Tel. 05231-74010, E-Mail: service@djh.de, Internet: www.jugendherberge.de. Mitgliedschaft: 12,50–21 €.

Den Jugendherbergsausweis kann man auch als **Familie** beantragen. **Österreicher** und **Schweizer** müssen den Jugendherbergsausweis im eigenen Land erwerben.

●**Österreichischer Jugendherbergsverband,** Schottenring 28, 1010 Wien, Tel. 01-53353 30, www.oejhv.or.at, Mitgliedschaft: 10–20 €.
●**Schweizer Jugendherbergen,** Schaffhauserstrasse 14, 8042 Zürich, Tel. 01-3601414, www.youthhostel.ch, Mitgliedschaft: 22–55 SFr.

Jugendherbergen im Ruhrgebiet

●**Jugendherberge Bochum,** Humboldtstraße 59–63, 44787 Bochum, Tel. 0234-417579 90, www.djh-wl.de/bochum. Preis pro Person ab 26,20 €.

Zentraler kann man in Bochum nicht wohnen. Nur einen Steinwurf vom Bermuda-Dreieck entfernt liegt die Herberge, die erst im Januar 2009 eröffnet wurde. Wer nicht in Mehrbettzimmern übernachten möchte, dem stehen auch Komfortzimmer zur Verfügung.
●**Jugendherberge Dorsten,** Im Schöning 83, 46286 Dorsten, Tel. 02369-8722, Internet: www.djh-wl.de/jh/dorsten. Preis pro Person ab 14,50 €.

Unschlagbar: im Grünen gelegen, 102 Betten aufgeteilt in Mehr- oder Einzelbettzimmer.
●**Jugendherberge Dortmund,** Silberstraße 24–26, 44137 Dortmund, Tel. 0231-140074, Internet: www.djh-wl.de/jh/dortmund. Preis pro Person ab 23 €.

Optimaler Ausgangspunkt für die Erkundung Dortmunds: Die Herberge liegt direkt im Zentrum der City.
●**Jugendherberge Duisburg-Nord,** Lösorterstraße 133, 47137 Duisburg, Tel. 0203-417 900, Internet: www.duisburg-meiderich. jugendherberge.de. Preis pro Person ab 23,70 €.

Die im Jahr 2001 eröffnete Jugendherberge liegt direkt im Landschaftspark Duisburg-Nord und ist in dem ehemaligen Verwaltungsgebäude des Thyssen-Hüttenwerkes untergebracht. Die Herberge bietet viel Komfort und durch das historische Gebäude auch ein außergewöhnliches Ambiente.
●**Jugendherberge Duisburg-Wedau,** Kalkweg 148, 47279 Duisburg, Tel. 0203-724164, Internet: www.duisburg-wedau.jugendherberge.de. Preis pro Person ab 17,90 €.

Die Jugendherberge in Duisburg-Nord ist nur eine von vielen schmucken Unterkünften im Ruhrgebiet

Die Herberge liegt am südöstlichen Stadtrand Duisburgs und in unmittelbarer Schlagdistanz zum Landschaftspark Nord sowie zum Duisburger Zoo.

● **Jugendherberge Essen-Werden,** Pastoratsberg 2, 45239 Essen, Tel. 0201-491163, Internet: www.essen.jugendherberge.de. Preis pro Person ab 23,70 €.

Die Herberge liegt idyllisch auf den Ruhrhöhen in Essens ältestem Stadtteil.

● **Jugendherberge Hagen,** Eppenhauser Straße 65a, 58093 Hagen, Tel. 02331-50254, Internet: www.djh-wl.de/hagen. Preise: Mehr- und Doppelbettzimmer ab 18 €.

Herberge mit urigem Charme; auf Wunsch gibt's vegetarische Kost.

● **Jugendherberge Haltern am See,** Stockwieser Damm 255, 45721 Haltern am See, Tel. 02364-2258, Internet: ww.djh.de/jh/haltern. Preis pro Person ab 14,50 €.

Hier schlägt man sein Lager mitten in einem Waldgebiet auf, zwischen dem Halterner und Hullerner Stausee.

● **Jugendherberge Cappenberger See, Lünen,** Richard-Schirmann-Weg 7, 44534 Lünen, Tel. 02306-53546,Internet: www.djh-wl.de/cappenberger.see. Preis pro Person ab 15,50 €.

Die Herberge liegt direkt am Nordufer des Naherholungsgebiets Cappenberger See.

● **Jugendherberge Mülheim-Ruhr,** Mendener Straße 3, 45470 Mülheim an der Ruhr, Tel. 0208-382191, Internet: www.jugendherberge.stadt-mh.de. Preis pro Person ab 17 €.

Absolut idyllisch schläft es sich in der Herberge, die direkt im Park an der Ruhr liegt, gegenüber der Ruhraue.

● **Jugendherberge Velbert,** Am Buschberg 17, 42549 Velbert, Tel. 02051-84317, www.djh-velbert.de. Preis pro Person ab 13,90 €.

Das Herberge liegt am nördlichen Rand von Velbert-Mitte, in einem waldreichen Erholungsgebiet.

● **Jugendherberge Xanten,** Bankscher Weg 4, 46509 Xanten, Tel. 02801-98500, Internet: www.xanten.jugendherberge.de. Preis pro Person ab 20,90 €.

Das 2004 eröffnete Haus liegt direkt an der Xantener „Südsee" und ist daher besonders für Wassersportbegeisterte ideal.

Bed & Breakfast

Wer nicht anonym in einem Hotel wohnen möchte, sondern den Kontakt zu Familien im Ruhrgebiet bevorzugt, der sollte sich ein Zimmer über die Bed & Breakfast-Agenturen suchen. Besonders empfehlenswert sind die Übernachtungsangebote in den alten Bergarbeitersiedlungen, die allerdings rar sind.

● **Zimmervermittlung Landich,** An der Kommende 9, 46238 Bottrop, Tel. 02041-41569, Internet: www.landich.de. Preise auf Anfrage.

● **Zollverein Touristik,** Kokerei Zollverein, Arendahls Wiese, 45141 Essen, Tel. 0201-8605940, Internet: www.zollverein-touristik.de. Preise auf Anfrage. Hier kann man auch Gästezimmer in Original-Bergmannshäusern buchen!

● **Zimmer im Revier,** An der Linde 36, 44627 Herne, Tel. 02323-13353, Internet: www.zimmerimrevier.de. Preis pro Person ab 18,50 €.

Camping und Caravaning

Mit dem Zelt oder dem Caravan das Revier erobern? Kein Problem. Das Ruhrgebiet verfügt über zahlreiche Campingplätze sowie Stellplätze für Mobilcamps. Auskünfte über alle Plätze erteilt die Ruhrgebiet Tourismus GmbH (⌕ „Reisetipps A–Z, Informationsstellen"), über die man einen kostenlosen Prospekt mit ausgewählten Wohnmobilstellplätzen und vielen nützlichen Tipps beziehen kann. Zudem sind ausgewählte Zelt- und Caravanplätze unter den jeweiligen Ortsbeschreibungen („Praktische Tipps") aufgelistet.

Unterwegs im Ruhrgebiet

Zu Fuß

Die jeweiligen Innenstädte sind in der Regel bequem zu Fuß kennen zu lernen, da **Sehenswürdigkeiten oft nah beieinander** liegen und die Innenstädte meist über ausgedehnte Fußgängerzonen verfügen, in denen keine Pkws fahren dürfen. Wer allerdings die Innenstadt verlässt oder sich eine der vielen Sehenswürdigkeiten anschauen will, die in einem anderen Stadtteil oder gar in einer anderen Revierstadt liegen, der sollte ein Auto oder die öffentlichen Verkehrsmittel benutzen.

Mit dem Auto

Das Auto ist im Ruhrgebiet wohl die **beste Wahl,** wenn es darum geht, sich außerhalb der Innenstädte fortzubewegen oder von einer Stadt in die nächste zu kommen. Denn manche Städte und Sehenswürdigkeiten sind mit dem Auto leichter und vor allem schneller zu erreichen als mit öffentlichen Verkehrsmitteln. Dies trifft insbesondere auf die Orte zu, die nicht in direkter Nähe zu den Großstädten Essen, Dortmund und Bochum, also eher am Rand des Ruhrgebiets liegen.

Außerdem ist das Ruhrgebiet eine insgesamt **autofahrerfreundliche Gegend:** Die Region ist zum einen durch Straßen und Autobahnen sehr gut erschlossen und mit einer guten Ausschilderung versehen. Zum anderen

verfügen die einzelnen Städte über ein großes Angebot an Parkplätzen und Parkhäusern, die durch ein gut funktionierendes Leitsystem leicht zu finden sind, so dass nicht stundenlang nach einem Stellplatz gesucht werden muss. Die Parkplätze sind jedoch in der Regel kostenpflichtig, und man sollte sich auch tunlichst daran halten, die Gebühren zu zahlen. Die Städte sind inzwischen mit dem Verteilen von **Strafzetteln** rigoros – und das rund um die Uhr! Wir haben Politessen noch weit nach Mitternacht beim „Knöllchenverteilen" beobachtet!

Das dichte Straßennetz führt natürlich zwangsläufig auch zu einem hohen Verkehrsaufkommen und damit auch zu vielen **Staus** und schleppendem Verkehr, was letztendlich so gut wie alle Autobahnen im Revier betrifft. Geradezu legendär ist in dieser Hinsicht die **A 40,** die von Duisburg bis nach Dortmund den westlichen und den östlichen Teil des Reviers miteinander verbindet. Die auch unter der Bezeichnung „Ruhrschnellweg" bekannte Autobahn wird ihrem Namen daher nicht immer gerecht: Da der „Schleichweg", wie die Strecke auch genannt wird, eine zentrale Verbindungsachse der Revierstädte ist, hat er sich vor allem im morgendlichen und abendlichen Berufsverkehr zu einem Synonym für Entschleunigung entwickelt. Wenn möglich, sollte die A 40 (wie die anderen Autobahnen auch) außerhalb des Berufsverkehrs genutzt werden, wenn man sich nicht in einer plötzlich „verkehrsberuhigten Zone" wiederfinden will.

Staumeldungen können übrigens im Internet unter **www.autobahn.nrw.de** abgefragt werden. Im Radio gibt der WDR kontinuierlich alle Verkehrsmeldungen auf den Mittelwelle-Frequenzen 720 und 774 KHz wieder.

Dennoch: Die A 40 durchkreuzt in westlicher Richtung nahe Duisburg eine einmalige Kulisse aus gigantischen **Industrieruinen** und intakten **Fabriken** samt ihrer riesigen Schlote. Im Winter ist diese Sicht nicht mehr durch das Grün am Autobahnrand versperrt: Ein kleiner Ausflug lohnt sich.

Mit öffentlichen Verkehrsmitteln (VRR)

Das Ruhrgebiet verfügt über ein recht gut angelegtes Netz von öffentlichen Verkehrsmitteln, in das in den letzten Jahren viel Geld und Zeit für die Modernisierung geflossen ist. Betreut wird das öffentliche Verkehrsnetz vom Verkehrsverbund Rhein-Ruhr (VRR), dem einwohnerstärksten Verkehrsverbund in ganz Europa. Zwar deckt der VRR nicht das gesamte Gebiet des Regionalverbandes Ruhrgebiet ab, aber er erstreckt sich mit über 11.000 Bahnhöfen und Haltestellen über den weitaus größten Teil der Region.

Der Verkehrsverbund Rhein Ruhr (VRR) betreibt mehrere Verkehrsmittel: U-Bahnen, S-Bahnen, Regional-Expresse (RE), Regional-Bahnen (RB) sowie **Busse und Straßenbahnen**.

Fahrplanauskunft

Wer sich schnell und/oder mehrsprachig über den VRR-Fahrplan informieren will, der sollte im Internet die Seite www.vrr.de ansteuern: Hier spuckt die elektronische Fahrplanauskunft Infos zur Reiseroute und den Ankunfts- und Abfahrtszeiten in Deutsch, Englisch, Französisch und Türkisch aus.

Tarifsystem

Angesichts der vielen Städte im Ruhrgebiet und der Größe der Region ist das Tarifsystem des VRR relativ **komplex.** Grundsätzlich gilt aber für alle Verkehrsmittel ein einheitliches Tarifsystem, das heißt, **alle Tickets gelten für alle öffentlichen Verkehrsmittel.**

Unterteilt ist das Tarifsystem des VRR in unterschiedliche **Tarifgebiete,** die ihrerseits wiederum in so genannte **Waben** aufgeteilt sind. Die einzelnen Tarifgebiete entsprechen meist einer Stadt, nur Duisburg, Dortmund und Essen sind in zwei Tarifgebiete aufgeteilt. Die einzelnen Waben in den Tarifsystemen entsprechen wiederum einzelnen Stadtteilen. Grob zusammengefasst könnte man also sagen: Tarifgebiet = Stadt, Waben = Stadtteil.

Je nachdem, welcher Zielort angestrebt wird, gelten unterschiedliche **Preissysteme:**

● **Kurzstrecke** (abgekürzt: **K**): Sie ist auf Fahrten innerhalb einer Stadt angelegt und gilt in den meisten Orten für drei oder vier Haltestellen.
● **Preisstufe A:** Sie gilt in der Regel für Fahrten innerhalb eines Tarifgebiets – also innerhalb einer Stadt. Duisburg, Dortmund und Essen sind zwar in zwei Tarifgebiete eingeteilt, dennoch gilt für innerstädtische Fahrten auch hier stets die Preisstufe A.
● **Preisstufe B:** Sie gilt grundsätzlich für alle Fahrten innerhalb einer Stadt und für Fahrten

Reisetipps A–Z

in Nachbarstädte (teilweise auch darüber hinaus).

● **Preisstufe C:** Sie deckt die mittlere Reiseweite ab und gilt in zwei benachbarten Zentraltarifgebieten und in der Regel in allen angrenzenden Tarifgebieten (teilweise sogar darüber hinaus).

● **Preisstufe D:** Sie gilt für den gesamten VRR-Bereich.

Tickets

Tickets erhält man an den offiziellen VRR-Kunden-Centern, an VRR-Automaten, an den Nahverkehrsautomaten der Deutschen Bahn in den Bahnhöfen sowie im Tabak- und Zeitschriftenhandel und an manchen Kiosken.

In Bussen und manchen Straßenbahnen können Fahrkarten auch **direkt beim Fahrer** gelöst oder an den Automaten gezogen werden, die sich in den öffentlichen Verkehrsmitteln befinden. Ansonsten, und das gilt insbesondere für U-Bahnen und Züge, muss man **vor Einstieg** eine Fahrkarte lösen und diese in der Regel auch am Bahnsteig **abstempeln** lassen, weil nicht alle öffentlichen Verkehrsmittel mit einem Stempelautomaten ausgestattet sind!

Neben den VRR Verkaufs-Centern stehen zahlreiche **Fahrkartenautomaten** zur Verfügung. An ihnen ist eine alphabetische Übersicht der Zielbahnhöfe angebracht, hinter denen der Buchstabe der jeweils gültigen Preisstufe steht (K, A, B , C oder D).

Wichtig: **Kinder** unter sechs Jahren dürfen umsonst fahren!

● **EinzelTicket:** Kostet für die jeweilige Preisstufe: K: 1,30 €, A: 2,30 €, B: 4,50 €, C: 9,20 €, D: 10,90 €. Kinder (6 bis 14 Jahre) zahlen in allen Preisstufen 1,30 €.

Tipp

Zum Kulturhauptstadtjahr gibt es das passende **„RUHR.2010 Ticket":** Das Ticket zur Kulturhauptstadt gilt 48 Stunden und ist in zwei Varianten erhältlich. Für alle, die sich in einer bestimmten Region bewegen wollen, ist das „RUHR.2010 Ticket lokal" ideal. Es kostet 19 Euro und bietet 48 Stunden freie Fahrt für eine Person und Kinder bis 6 Jahre in allen Bussen und Bahnen innerhalb eines Areals und beinhaltet zahlreiche Rabatte für Veranstaltungen und Sehenswürdigkeiten der Metropole Ruhr.

Wer sich nicht nur in einem Areal, sondern in ganz NRW bewegen möchte, für den bietet sich das „RUHR.2010 Ticket NRW" an. Es kostet 48 Euro, bietet ebenfalls 48 Stunden freie Fahrt für zwei Personen und Kinder bis 6 Jahre sowie zahlreiche Rabatte für Veranstaltungen und Sehenswürdigkeiten an, allerdings kann man sich mit diesem Ticket im gesamten Regionalverkehr in NRW bewegen.

Erhältlich sind die RUHR.2010-Tickets in den KundenCentern und an den Ticketautomaten der Verkehrsunternehmen, an den Verkaufsstellen und Automaten der DB sowie in den städtischen Touristinformationen und den RUHR.2010-Besucherzentren oder im Internet.

Wer mehrere Fahrten mit dem VRR plant, sollte sich ein 4erTicket oder ein TagesTicket kaufen. Für bis zu fünf Personen, die einen ganzen Tag durch das Revier reisen wollen, lohnt sich der Kauf eines Gruppentickets.

● **4erTicket:** Kostet für die jeweilige Preisstufe: K: 4,70 €, A: 8 €, B: 15,70 €, C: 31,80 €, D: 37,10 €. Kinder zahlen in allen Preisstufen 4,70 €. Das Ticket gilt für vier Fahrten oder für eine gemeinsame Fahrt für bis zu vier Personen.

● **TagesTicket:** Kostet für die jeweilige Preisstufe: A: 5,30 €, B: 10,50 €, C: 21,40 €, D: 24,20 €. Einmal abstempeln – den ganzen Tag fahren sowie hin- und herfahren, so oft man will: frei und flexibel im gewählten Geltungsbereich.

● **GruppenTicket:** Kostet für die jeweilige Preisstufe: A: 11,70 €, B: 17,30 €, C: 28,40 €, D: 33,40 €. Mit dem Ticket sind bis zu fünf Personen einen ganzen Tag lang mit Bussen und Bahnen im VRR-Gebiet mobil.

KulturLinie 107

Eine bequeme Variante, einige der attraktivsten Sehenswürdigkeiten und bedeutendsten Gebäude des Ruhrgebiets kennen zu lernen, ist eine Fahrt mit der **Straßenbahn 107, die zwischen Essen und Gelsenkirchen verkehrt.** Als KulturLinie 107 wurde die Straßenbahn anlässlich der Bewerbung Essens und des Ruhrgebiets zur Kulturhauptstadt Europas 2010 von der Essener Verkehrs-AG (EVAG) im Jahr 2005 eingeweiht. Entlang der 17 Kilometer langen Straßenbahnlinie erstrecken sich rund 60 kulturelle Sehenswürdigkeiten, von der Villa Hügel in Essen über die Zeche Zollverein bis zum Musiktheater in Gelsenkirchen.

Ein **kostenloser Kulturfahrplan,** der über die einzelnen Haltestellen inklusive der dort aufzufindenden Sehenswürdigkeiten informiert, liegt in allen EVAG-KundenCentern aus. Detaillierte Infos erhält man auch im Internet unter: www.kulturlinie107.de.

Die RuhrTOPCard

Ideal für alle, die viel im Ruhrgebiet unternehmen und dabei auch noch sparen wollen, ist die RuhrTOPCard. Diese **städteübergreifende Karte** bietet ihrem Besitzer eine Fülle von Möglichkeiten: Das ganze Jahr über hat der TOPCard-Besitzer einmalig freien Eintritt bei über 90 Freizeitattraktionen, Museen, Erlebnisstationen der Industriekultur, in Spaßbädern und Wellness-Oasen sowie bei der Fahrgastschifffahrt auf Rhein und Ruhr. Zusätzlich gibt es Rabatte in Restaurants und auf Tickets für Theater, Comedy und Varieté – zum halben Preis oder sogar kostenfrei. Zu den Freizeit- und Kulturattraktionen der Karte gehören u.a. das Sea Life Center in Oberhausen, der Zoo Duisburg, der Archäologische Park in Xanten oder das Aquarius Wassermuseum in Mülheim an der Ruhr.

● **Info:** Die RuhrTOPCard ist bequem unter der Servicenummer 01805-1816180 oder im Internet (www.ruhrtopcard.de) zu bestellen. Auf der Website findet man auch alle Freizeit- und Kulturattraktionen der Karte sowie viele andere Infos. Erhältlich ist die Karte auch bei den Touristeninformationen der einzelnen Städte, einigen Kundencentern des VRR und in vielen DB-Reisezentren, in den WAZ-Ticketshops, beim ADAC und bei fast allen Akzeptanzstellen der RuhrTOPCard.

● **Preis:** Erwachsene (ab 15 Jahren) zahlen für die RuhrTOPCard 44,90 €, Kinder zwischen 6 und 14 Jahren 29,90 €. Bis zum Alter von 5 Jahren haben Kinder freien Eintritt in Begleitung eines erwachsenen RuhrTOPCard-Besitzers.

> **Tipp**
>
> Weitere Rabatte kann man bei vielen Veranstaltungsorten, Museen etc. bekommen, wenn man im Besitz eines **internationalen Studentenausweises** (ISIC) ist. Diesen muss man allerdings schon zu Hause erworben haben. Zum Kauf (10 € bzw. 20 SFr) geht man zum AStA, in ein Reisebüro oder zum Studentenwerk; dort muss man Immatrikulationsbescheinigung, Personalausweis und Passbild vorlegen. Weitere Infos unter www.isic.de.

Varietés und Musicals

Für Kurzweil und beste Unterhaltung sorgen im Revier neben den Theatern und Konzerthäusern auch die Varietés und Musicals. Ein besonders spektakulärer und beliebter Aufführungsort für Musicals ist das Colosseum Theater in Essen. Hier erlebt man nicht nur erstklassige Musicalaufführungen, sondern auch die beeindruckende Industriekulisse der ehemaligen und mittlerweile denkmalgeschützten Fabrikhalle.

Bochum

● **Starlight Express,** Stadionring 24, 44791 Bochum, Tickets/Infos Tel. 0180-5152530, www.starlight-express.de.

Seit 1988 drehen die Rollschuhläufer ihre Runden in der eigens für das Webber-Musical errichteten Halle. Die Akteure rasen mit 60 km/h durch die Hightech-Arena. Millionen von Zuschauern aus dem In- und Ausland haben sich bereits verzaubern lassen.

● **Varieté et cetera,** Herner Straße 299, 44809 Bochum, Tel. 0234-13003, www.variete-et-cetera.de.

Das wechselnde Spitzenprogramm des Varietés, das in einer besonderen Zelt-Atmosphäre dargeboten wird, hat von Akrobatik über Zauberei bis hin zu Comedy alles zu bieten.

Essen

● **Colosseum Theater,** Altendorfer Straße 1, 45127 Essen, Tel. 0201-24020, www.colosseumtheater.de.

Schon allein die denkmalgeschützte Fabrikhalle aus der Gründerzeit ist eine Anreise wert. Das Colosseum besitzt ein wechselndes Musicalprogramm, das immer wieder Zuschauer aus ganz Deutschland anzieht.

● **GOP-Varieté,** Rottstraße 30, 45127 Essen, Tel. 0201-2479393, www.gop-variete.de.

Im prächtigen Theatersaal finden monatlich wechselnde und aufwendig inszenierte Varieté-Abende mit Akrobatik, Jonglage, Magie, Körperakrobatik und vielem mehr statt.

Oberhausen

● **Metronom Theater,** Musikweg 1, 46047 Oberhausen, Tickethotline: 01805-4444.

Im Metronom Theater werden vor allem familienfreundliche Musicals aufgeführt.

Zoos und Wildparks

Das Ruhrgebiet beherbergt zahlreiche zoologische Gärten und Wildparks, von denen jeder auf seine ihm eigene Art und Weise eine kleine Attraktion darstellt. Hervorzuheben sind aber sicherlich der weit über die Grenzen NRWs bekannte Duisburger Zoo und das Sea Life in Oberhausen, Deutschlands größtes Süß- und Meerwasseraquarium.

Bochum

● **Tierpark Bochum,** Klinikstraße 49, 44791 Bochum, Tel. 0234-950290, www.tierpark-bochum.de. Geöffnet: März und Oktober 9–18 Uhr, April bis September 9–19 Uhr, November bis Februar 9–16.30 Uhr. Eintritt: 5 €, Kinder 2 €.

Das Herz des Bochumer Tierparks ist ein 170.000 Liter fassendes Korallenriff-Becken mit Schwarzspitzenriffhaien, zahlreichen tropischen Fischen und anderen Meeresbewohnern. In speziellen Steinkorallenbecken kann man die Pracht von mehr als 40 Korallenarten bewundern.

Dortmund

● **Tierpark Dortmund,** Mergelteichstraße 80, 44225 Dortmund, Tel. 0231-5028581, www.dortmund.de/zoo. Geöffnet: 16. März bis 15. Okt. 9–18.30 Uhr, 1. Nov. bis 15. Feb. 9–16.30 Uhr, 16. Feb. bis 15. März sowie 16. bis 31. Oktober 9–17.30 Uhr. Eintritt: 6 €, ermäßigt 3 €, Kinder unter 6 Jahren frei.

Lohnend ist der Besuch des Amazonashauses, in dem ein Regenwald durchwandert und die südamerikanische Tier- und Pflanzenwelt bestaunt werden kann. Nicht verpassen sollte man auch das Regenwaldhaus, in dem Menschenaffen und Tapire gemeinsam gehalten werden.

Duisburg

● **Zoo Duisburg,** Mülheimer Straße 273, 47058 Duisburg, Tel. 0203-305590, www. zoo-duisburg.de. Geöffnet: März bis Oktober 9–17.30 Uhr, November bis Februar 9–16 Uhr. Eintritt: 11 €, ermäßigt 5,50 €, Kinder unter 6 Jahren frei.

Der Duisburger Zoo zählt zu den meistbesuchten zoologischen Gärten und bietet auf seinem 15 Hektar großen Gelände eine immense Artenvielfalt. Das Delfinarium ist eine besondere Attraktion, und das Affenhaus gilt als eine der größten Menschenaffenanlagen Europas.

Gelsenkirchen

● **Zoom-Erlebniswelt,** Bleckstraße 47, 45889 Gelsenkirchen, Tel. 0209-95450, www. zoom-erlebniswelt.de. Geöffnet: März, Oktober tgl. 9–18 Uhr, April bis September 9–18.30 Uhr, November bis Februar 9–17 Uhr. Eintritt: 13,50 €, Kinder (4–12 Jahre) 9 €.

Hier sind die Tiere nach den Gegenden angesiedelt, in denen sie in der Natur zusammen vorkommen. So präsentiert sich auf einer Gesamtfläche von sechs Hektar bspw. die Tierwelt Alaskas, in der Besucher auf einem etwa einen Kilometer langen Gehweg Seelöwen und Eisbären aus nächster Nähe beim Tauchgang oder Kodiakbären beim Du-

Guck mal, ein Homo Sapiens!
Auch unter Wasser gibt es im
Revier Interessantes zu entdecken

schen unter einem Wasserfall beobachten können. Vorbildlich ist auch die Gestaltung der Tiergehege: Die natürlichen Lebensräume wurden bis ins Detail originalgetreu nachgebildet: Die Struktur der Felswand in der Löwen-Anlage existiert tatsächlich so in Namibia – und zwar von der Farbe bis zur Oberflächenstruktur! Ein faszinierendes Erlebnis für Groß und Klein.

Haltern

●**Naturwildpark Granat,** Granatstraße 626, 45721 Haltern am See, Tel. 05975-93537, www.naturwildpark.de. Geöffnet: tgl. 10–18 Uhr. Eintritt: 3,50 €, Kinder 2,50 €.

Eingezäunt sind nur die Wildschweine, ansonsten wandert der Besucher auf Wander- und Radwanderwegen frei zwischen Hirschen, Mufflons und Murmeltieren.

Hamm

●**Tierpark Hamm,** Grünstraße, 59063 Hamm, Tel. 02381-53132, www.tierpark-hamm.de. Geöffnet: März bis Oktober 9–18.30 Uhr, November bis Februar 9–16.30 Uhr. Eintritt: 6 €, Kinder 4 €.

Highlight des Zoos ist das Reptilienhaus und für Kinder sicherlich der große Streichelzoo mit einer Menge Zwergziegen. Im integrierten Naturkundemuseum können zusätzlich viele einheimische und exotische Tiere bestaunt werden.

Oberhausen

●**Tiergehege im Kaisergarten,** Am Kaisergarten 31, 46045 Oberhausen, Tel. 0208-7824570, www.kaisergarten.de. Geöffnet: während Sommerzeit tgl. 9–19 Uhr, während Winterzeit tgl. 9–17 Uhr. Eintritt frei.

Ein kleiner und heimeliger Zoo, in dem Adler und Eulen, Wildschweine, Wölfe und Hirsche sowie Waschbären und Biber ihr Zuhause haben.

●**Sea Life Oberhausen,** Zum Aquarium 1 (Eingabe im Navi: „Amsterdamer Straße"), 46047 Oberhausen, Tel. 0208-44488444, www.sealifeeurope.com. Geöffnet: tgl. außer Heiligabend 10–18.30 Uhr (17 Uhr letzter Einlass). Eintritt 15,50 €, ermäßigt 9,95 €.

Mit 3300 Quadratmetern Ausstellungsfläche und zwei Millionen Litern Wasser gehört das Sea Life zu Deutschlands größten Süß- und Meerwasseraquarien. Knapp 20.000 Tiere, von Haien und Muränen über Rochen und Dorsche bis hin zu Seepferdchen und Quallen, tummeln sich hier in über 40 Becken.

Recklinghausen

●**Tiergarten Recklinghausen,** Am Stadtgarten 2, 45663 Recklinghausen, Tel. 02361-59182. Geöffnet: Sommer 9–18 Uhr, Winter 9–16.30 Uhr. Eintritt frei.

Ein kleiner und übersichtlicher Zoo, der aber gerade deswegen sehr liebenswert ist.

1235g Foto: sdo

Das Ruhrgebiet und seine Bewohner

126rg Foto: cm

011rg Foto: tk

Im CentrO Freizeitpark kann man sogar in die Luft gehen

Für einen Plausch ist immer Zeit

Städte bis zum Horizont, hier Dortmund

Geografie

Der Begriff „Ruhrgebiet" hat sich erst im Zusammenhang mit der Industrialisierung eingebürgert, wobei man im Ruhrgebiet inzwischen häufig von der „Metropole Ruhr" spricht. In den Jahrhunderten zuvor hatte diese Region, die bis dahin weder kulturell, noch wirtschaftlich oder politisch, geschweige denn verkehrstechnisch geeint war, keinen Namen. Nur der uralte Hellweg, eine Straßenachse von West nach Ost, verband die Orte und Siedlungen zwischen Duisburg und Unna.

Verstand man um 1850 unter „Ruhrgebiet" nur die Gegend an der unteren und mittleren Ruhr, und sprach eher vom „Ruhrland", so wird heute auch das Einzugsgebiet der Emscher, das Gebiet an der unteren und mittleren Lippe, sowie das des Niederrheins zum Ruhrgebiet gezählt. Insofern stellt die Region auch **keinen einheitlichen Naturraum** dar, sondern liegt teilweise im Rheinischen Schiefergebirge, in der Westfälischen Tieflandebene und der Niederrheinischen Ebene.

Im Süden erstreckt sich das Ruhrgebiet bis ins Bergische und Märkische Land. Nördlich der Ruhr schließen sich die Lössebenen der Hellwegzone und die Emscherniederung an. Im Norden des Lippetals geht das Ruhrgebiet in die Münsterländische Bucht über. Die städtischen **Eckpunkte** sind im Nordosten Hamm, im Nordwesten Wesel, und im Südosten Hagen sowie im Südwesten Duisburg.

Damit dehnt sich der riesige Ballungsraum über **4434 Quadratkilometer** aus und bedeckt rund zehn Prozent der Gesamtfläche Nordrhein-Westfalens. Die **Einwohnerzahl** des Ruhrgebiets liegt bei rund 5 Millionen, und die **Besiedlungsdichte** beträgt im Schnitt 1117 Einwohner pro Quadratkilometer.

Landschaftlich wird das Ruhrgebiet von den **Rheinnebenflüssen** Ruhr, Emscher und Lippe gegliedert, die die Wasserversorgung und Entwässerung der Region gewährleisten. Die **Ruhr,** Namensgeber der Gegend und in der Mitte des 19. Jahrhunderts der meistbefahrene Fluss Deutschlands, begrenzt das Gebiet im Süden. Hier nahm die so bedeutende Geschichte des Bergbaus ihren Anfang. Sie entspringt in 674 Metern Höhe unterhalb des Ruhrkopfs bei Winterberg im Sauerland und mündet nach 217 Kilometern in 17 Metern Höhe bei Duisburg-Ruhrort in den Rhein.

Die nördliche Begrenzung der Region ist die **Lippe,** die im Teutoburger Wald entspringt und nach 237 Kilometern bei Wesel in den Rhein mündet. Zwischen Lippe und Ruhr und wie diese von Osten nach Westen fließt die Emscher. Dieser Fluss mit extrem niedrigem Gefälle trat in früheren Jahrhunderten bei starkem Regen und nach der Schneeschmelze regelmäßig über die Ufer und wurde bis 1913 zwischen Dortmund und Duisburg begradigt und eingedeicht.

Entsprechend der Erkenntnis vieler Ruhrgebiets-Besucher, dass es hier ja viel grüner sei, als man bislang dachte, besitzt das Ruhrgebiet tatsächlich einen verhältnismäßig hohen **Waldan-**

teil. Die Waldfläche ist im Vergleich zu anderen europäischen Industrieregionen sehr groß; sie liegt bei 17,5 Prozent bzw. 78.038 Hektar.

Klima

Klimatisch wird das Ruhrgebiet dem atlantischen Einflussbereich zugeordnet. Charakteristisch hierfür sind Südwest- bis Nordwest-Winde und eine hohe Luftfeuchtigkeit. Die **Sommer** im Revier sind nicht übermäßig heiß und mit Tagesdurchschnittstemperaturen von 22 bis 24 Grad Celsius in den Monaten Juni bis August durchaus gemäßigt. In diesen beiden Sommermonaten liegt auch das **Niederschlagsminimum**. So gemäßigt der Sommer, so mild ist üblicherweise auch der **Winter** an Rhein und Ruhr. Es gibt meist nur wenige Schnee- und Frosttage, und die durchschnittlichen Tagestemperaturen in der Winterzeit von November bis Februar variieren zwischen 5 und 9 Grad Celsius.

Allerdings wirkt sich in den größeren Städten des Reviers der Ballungsraum auf das Klima aus, was zu höheren Temperaturen im Sommer und zu milderen im Winter führt.

Da das Wetter im Ruhrgebiet also zu allen Jahreszeiten relativ moderat ist, bietet sich grundsätzlich das ganze Jahr als **Reisezeit** an. Optimal sind dennoch die Monate April bis Anfang Oktober, weil dann die Temperaturen am höchsten sind und man auch die zahlreichen Outdoor-Sehenswürdigkeiten des Reviers (Industriedenkmäler, Haldenkunstwerke etc.) genießen kann.

Geschichte

Die Geschichte des Ruhrgebiets hält einige Überraschungen bereit. Denn anders als vielfach vermutet, gibt es nicht nur Kohle- und Stahlgeschichten zu erzählen. Die Geschichte des Ruhrgebiets beginnt nicht erst mit der Kohleförderung und der Industrialisierung. Die Gegend, die der Volksmund auch „Ruhrpott", „Kohlenpott", „Revier" oder schlicht „Pott" nennt und die heute immer häufiger als „Metropole Ruhr" bezeichnet wird, war zuvor zwar über Jahrhunderte Provinz, aber doch zugleich auch Kulturlandschaft.

Römerzeit

Die Kultur der Römer hat vor allem an den Rändern des heutigen Ruhrgebiets ihre Spuren hinterlassen. Unter dem Feldherrn *Tiberius* stießen die Römer dem Flusslauf der Lippe entlang gegen die rechtsrheinischen Germanenstämme vor und gründeten um 8 v. Chr. bei **Haltern** ein Militärlager. Dieses Lager hatte allerdings nicht lange Bestand, da sich die Römer nach ihrer legendären Niederlage in der Schlacht am Teutoburger Wald im Jahr 9 n. Chr. aus den Regionen rechts des Rheins zurückzogen.

Links des großen Flusses, unweit des Lagers Castra Vetera, ließ der römische Kaiser *Trajan* um 100 n. Chr. die zivile Siedlung **Colonia Ulpia Traiana** anlegen, das heutige **Xanten**. Die Stadt verfügte über einen großen Thermenkomplex, ein Amphitheater und ein

Aquädukt; sie gibt noch heute einen lebendigen Eindruck vom römischen Alltag am Niederrhein. Am Beginn des 5. Jahrhunderts standen der Abzug der römischen Truppen und die Preisgabe der Rheingrenze.

Mittelalter

Im Zuge der **Völkerwanderung** wurde das Ruhrgebiet vom 5. bis 8. Jahrhundert zum Grenzland zwischen den Franken im Westen und den Sachsen im Osten. Infolge der Feldzüge *Karls des Großen* gelang der Durchbruch des **Christentums** an Emscher und Ruhr. Südlich von Dortmund eroberte der Frankenkönig im Jahre 775 die „Sigiburg" (Syburg), eine sächsische Wallburg, und errichtete in der Vorburg der Festung die St.-Peters-Kirche. Im 8. und 9. Jahrhundert wurden am **Hellweg** (einer wichtigen Heer- und Handelsstraße, die von der Ruhrmündung bis zur Weser und Elbe führte) so genannte Karlshöfe errichtet, die Keimzellen späterer Städte. Zu den bedeutendsten Königshöfen zählten der strategisch günstig gelegene Hof Recklinghausen und Dortmund als Mittelpunkt der Reichsgutverwaltung.

Essen kam in jener Zeit vor allem in kirchlicher Hinsicht eine besondere Bedeutung zu, von der verschiedene Sakralbauten und der berühmte Domschatz noch heute Zeugnis ablegen. Im 8. Jahrhundert gründete der friesische Missionar *Liudger*, der spätere Bischof von Münster, das Kloster Werden. Daneben gab es den Staat der Äbtissinnen des Essener Stifts. Unter der Äbtissin *Theophanu*, die von 1039 bis 1056 im Amt war, wurde der Schatz des Stifts um Kostbarkeiten wie das „Theophanukreuz" und das „Jüngere Mathildenkreuz", benannt nach Äbtissin *Mathilde*, erweitert.

Ab dem 12. Jahrhundert kam es zur Gründung einer Reihe von **Zisterzienserklöstern** im Ruhrgebiet. Auf das Kloster Kamp bei Kamp-Lintfort folgten u.a. die Klöster Saarn bei Mülheim/Ruhr, Fröndenberg (Unna), Sterkrade (Oberhausen), Düssern (Duisburg) und Gevelsberg (bei Hagen).

Im Zuge der schwindenden kaiserlichen Macht gewannen seit dem Spätmittelalter verschiedene Territorialfürsten zunehmend an Souveränität. Es kam zu Fehden und Kriegen, die die Herrschaftsbereiche immer wieder veränderten. So konnten die Kölner Erzbischöfe ihre Vormachtstellung an Ruhr und Lippe nicht halten bzw. ausbauen. Ein tragischer Höhepunkt dieser Kämpfe war 1225 die Ermordung des Erzbischofs *Engelbert von Berg* durch seinen Neffen *Friedrich von Isenberg*, der zur Strafe im folgenden Jahr in Köln aufs Rad geflochten wurde.

Im Jahre 1275 wurde in Essen-Werden der neue Bau der Abteikirche von dem berühmten Theologen **Albertus Magnus** geweiht. Zwei Brände hatten die ehemalige Klosterkirche so schwer beschädigt, dass sie neu errichtet werden musste.

An der Wende vom 13. zum 14. Jahrhundert sind die ersten Steinkohlegrabungen im Ruhrgebiet bezeugt. Vor allem im südlichen Ruhrgebiet, wie im **Muttental** bei Witten, traten

Gebiet und Bewohner

die Kohleflöze unmittelbar zutage und konnten im Tagebau gefördert werden bzw. in flachen Gruben, den so genannten „Pingen". Der Sage nach soll allerdings ein Hirtenknabe die Entdeckung der „brennenden Steine" gemacht haben. Er habe, so heißt es, das abendliche Holzfeuer mit Steinen umlegt und am anderen Morgen erstaunt festgestellt, dass neben den Holzresten auch die „Steine" feuerrot glühten und ihre Hitze abgaben.

Ab Mitte des 15. Jahrhundert wurde die Kohle auch mithilfe senkrechter Schächte, den **Pütts** (von lat. *puteus*, Brunnen) geborgen. Im darauf folgenden Jahrhundert schließlich trieb man waagerechte oder leicht geneigte Stollen in die Berghänge.

Um diese Zeit bestanden im Ruhrgebiet entlang des alten Hellwegs bereits zahlreiche **Städte:** Duisburg, Essen, Wattenscheid, Bochum, Dortmund und Unna. Nördlich dieser Linie, im Einzugsbereich des Lippe-Laufes, wurden Wesel, Dorsten, Haltern, Lünen, Werne und Hamm gegründet. Zwischen diesen beiden Achsen gab es bis auf Recklinghausen und Kamen über Jahrhunderte keine bedeutenden Städte. Die Zone bis zum Emscherbruch, einem Überschwemmungsgebiet, war nur sehr schwach besiedelt,

Von Rittern und Edelfräuleins erzählen die mächtigen Burgen des Reviers. Auch Burg Vondern bei Oberhausen lädt ein zur Zeitreise und bis zu Beginn der Industrialisierung weideten hier sogar noch Wildpferde.

Das Netz der mittelalterlichen Verkehrswege mit den an ihnen gegründeten Klöstern, Burgen und Städten prägt noch heute weitgehend die Siedlungs- und Verkehrsstruktur des Ruhrgebiets. In der Zeit zwischen dem 12. und 15. Jahrhundert erhielten die heutigen Städte ihre kommunale Grundstruktur.

Reformation

Die Lehren *Luthers* und *Calvins* wurden im heutigen Ruhrgebiet unterschiedlich aufgenommen. Manche Gegenden wurden reformiert, andere durch die Gegenreformation wieder rekatholisiert, so dass die Region schließlich das Bild eines „konfessionellen Flickenteppichs" bot.

So dominierte die neue Lehre u.a. in Duisburg, Mülheim und Dortmund, der Katholizismus hingegen weiter in Bochum, Wattenscheid sowie im Vest Recklinghausen. In Werden und Essen, wo nach wie vor Abt bzw. Äbtissin herrschte, hatten sich gleichwohl zahlreiche Bürger dem Protestantismus angeschlossen.

Anders als z.B. Bayern war das Ruhrgebiet eine Region mit engen konfessionellen Verflechtungen. In Gelsenkirchen hielten katholische und evangelische Christen sogar über mehrere Jahrhunderte ihre Gottesdienste in der gleichen Dorfkirche ab.

Aber ob katholisch oder protestantisch: Im Ganzen gesehen war das Gebiet nördlich der Ruhr über die tausend Jahre seiner kulturellen Geschichte **tiefste Provinz,** ehe die Industrialisierung losbrach. Auch im Ruhrgebiet lebte man vor der Industrialisierung überwiegend auf und von dem Land, handelte in kleinen Marktorten und Städtchen und leistete den adligen und kirchlichen Grundherren Abgaben.

17. Jahrhundert

Ab 1620 überzog der **Dreißigjährige Krieg** auch die Region an der Ruhr. Plünderungen, Brände und marodierende Soldaten setzen der Bevölkerung zu und hinterließen ausgelaugte Ortschaften. Das Elend jener Zeit wurde noch verstärkt, als sich in den 30er Jahren des 17. Jahrhunderts die **Pest** an Rhein und Ruhr ausbreitete.

Zu den wenigen kulturellen Höhepunkten zählt die **Gründung der Universität Duisburg** im Jahre 1655. In Konkurrenz zu den niederländischen Universitäten Groningen, Utrecht und Leiden hatte es Duisburg aber von Anfang an schwer, sich zu behaupten; die Universität wurde durch eine Kabinettsorder von *Friedrich Wilhelm III.* im Jahre 1818 wieder geschlossen.

18. Jahrhundert

Im 18. Jahrhundert vollzog sich die Kohleförderung allmählich in immer größeren und geregelteren Dimensionen. Im Jahre 1738 wurde das **Bergamt Bochum** eröffnet, und der Kohleabbau kam unter staatliche Aufsicht.

Man erschloss überregionale Absatzmärkte und lieferte die Kohle bereits bis in die Niederlande und die Schweiz. Gegen Ende des Jahrhunderts wurde die Ruhr durch Inbetriebnahme von Schleusen schiffbar gemacht, wodurch sich der Transport von Waren erheblich erleichterte. Eigens für den Kohlentransport auf der Ruhr und abgestimmt auf die Maße der 14 Schleusen vor Ort entwickelte man ein spezielles Schiff, die so genannte „Ruhraak" mit 86 Zentimetern Tiefgang und einer Ladekapazität von 175 Tonnen. Bis 1870 diente die **Ruhrschifffahrt** dem Kohlentransport, ehe man sich endgültig der preiswerteren und schnelleren Konkurrenz der Eisenbahn beugen musste.

In die Phase des Siebenjährigen Krieges (1756–1763), der auch das Ruhrgebiet in Mitleidenschaft zog, fiel die Inbetriebnahme der ersten **Eisenhütte** im Revier. Im heutigen Oberhausen-Osterfeld wurde die Eisenhütte St. Antony gegründet. Sie bestand aus Schmelzofen, Formhaus, Kohlenschuppen, Wasserwerk und zwei Wohnhäusern. Man produzierte Gefäße, Gewichte, Metallplatten und Ambosse. Durch die schnelle technologische Entwicklung der nächsten Jahrzehnte veraltete die Anlage St. Antony aber bald und wurde wegen mangelnder Rentabilität 1877 endgültig stillgelegt.

An der Wende vom 18. zum 19. Jahrhundert war die Ruhrregion noch immer wesentlich **landwirtschaftlich** und vom Dorfleben geprägt. Die damals größte Stadt im Ruhrgebiet, Duisburg, hatte erst rund 5300 Einwohner.

19. Jahrhundert

Das Ende des Heiligen Römischen Reiches und die Säkularisation der geistlichen Fürstentümer ordneten in den Anfangsjahren des 19. Jahrhunderts die Landkarte des späteren Ruhrreviers neu. Nach dem Zwischenspiel der napoleonischen Ära sprach der **Wiener Kongress** das gesamte Gebiet dem Königreich Preußen zu. Die Region gehörte nun teils zur preußischen Rheinprovinz, teils zur Provinz Westfalen. Daraus ergab sich die bis heute noch bekannte Teilung nach preußischer Ordnung zwischen der Provinz Westfalen (mit den Regierungsbezirken Arnsberg und Münster) und der 1816 aus den Provinzen Jülich-Kleve-Berg und Niederrhein neu entstandenen Rheinprovinz (mit dem Regierungsbezirk Düsseldorf).

Ab dem 19. Jahrhundert ist die Geschichte des Ruhrgebiets im Wesentlichen Industriegeschichte. Drastischer und schneller als alle anderen Regionen Deutschlands veränderte die **Industrialisierung** die Gegend an Rhein und Ruhr.

Neben dem **Steinkohlebergbau** bildete die **Eisen- und Stahlproduktion** das zweite schwerindustrielle Standbein des Ruhrgebietes. Seit den 1840er Jahren waren es auch diese beiden Bereiche, die gemeinsam mit dem Eisenbahnbau den Industrialisierungsprozess in Deutschland forcierten. In den folgenden Jahrzehnten kam es zur Gründung zahlreicher Metall verarbeitender Unternehmen wie Eisenhütten, Drahtseil- und Gussstahlfabriken. Durch technische Innovationen wie die Erfindung des Stahlformgusses und neuere Methoden der Verkokung wuchs die Stahlindustrie im Revier beträchtlich und trug langfristig sowohl zur wirtschaftlichen wie politischen Vormachtstellung Preußens im Deutschen Reich bei. Der Umstand, dass vor Ort sowohl Eisenerz wie Kohle vorkamen, ermöglichte die effiziente Zusammenlegung von Zechen und Hochöfen zu riesigen Industriearealen, die das Erscheinungsbild der Gegend so lange prägen sollten.

In der ersten Hälfte des 19. Jahrhunderts veränderte sich neben dem Güter- auch der **Personenverkehr** in der Rhein-Ruhr-Region. So wurde 1829/30 auf der Werft von *Jacobi, Haniel* und *Huyssen* in Ruhrort (heute Duisburg) das erste deutsche Passagier-Dampfschiff, die „Stadt Mainz", gebaut. In den folgenden Jahren nahm die Personenschifffahrt einen mächtigen Aufschwung, bis sie später von der schnelleren und leistungsfähigeren Eisenbahn abgelöst wurde.

Waren es in anderen deutschen Regionen eher Adlige oder Staatsmänner, die die Geschichte prägten, so kam im Ruhrgebiet vor allem **Industriepatriarchen** wie *Krupp, Thyssen, Stinnes, Haniel* oder *Hoesch* zentrale Bedeutung für die Entwicklung ihres „Herrschaftsbereichs" zu.

Um 1840 war im gesamten Essener Handelskammerbezirk der größte Steuerzahler zwar noch eine Tuchfabrik in Werden, gefolgt von Mühlen, Brauereien, Apotheken und der Buchdruckerei und -handlung *Baedeker*,

ehe auf Platz 15 die Gussstahl-Fabrik eines gewissen *Alfred Krupp* auftauchte. Doch das änderte sich in den folgenden Jahrzehnten.

Das Unternehmen, welches einst 1811 von **Friedrich Krupp** gegründet wurde, wuchs erst während des Siegeszuges der Eisenbahn zu seiner schier märchenhaften Größe heran. Nachdem *Krupp* die Konstruktion eines nahtlosen Radreifens gelungen war, hatte man in jenen Bahn-Blütezeiten quasi eine „Lizenz zum Gelddrucken".

Während die Ruhrschifffahrt in den 1850er und 1860er Jahren ihren Höhepunkt erreichte, als man jährlich mehr als 800.000 Tonnen Steinkohle transportierte und die Reederei *Stinnes* aus Mülheim die größte deutsche Handelsflotte betrieb, folgte bald die Übergabe des Transportszepters an die Bahn. Die Ruhr, 1850 noch die meistbefahrene Wasserstraße Europas, verlor an Bedeutung, da gerade im Ruhrgebiet das **Eisenbahnnetz** in kurzer Zeit zu sehr großer Dichte ausgebaut wurde.

Die progressive preußische **Wirtschaftspolitik** im 19. Jahrhundert bildete für die dynamische Industrialisierung des Ruhrgebiets eine wichtige Rahmenbedingung. Im Unterschied zu anderen deutschen Gebieten konnte sich die Industrialisierung hier radikal und weitgehend kompromisslos durchsetzen, weil eine gewachsene Infrastruktur noch nicht vorlag. Vielfach wurden ja die mächtigen Industriekomplexe dorthin platziert, wo vorher buchstäblich nichts war außer ein paar grasenden Wildpferden. Der einzige

Faktor, den es zu berücksichtigt galt, waren die Kirchen und Klöster.

Innerhalb weniger Jahrzehnte war die zuvor ländliche Region zwischen Ruhr und Lippe zum **Inbegriff europäischer Industrialisierung** geworden. Dieser Prozess von ungeheurer Wucht führte auch dazu, dass bis in unsere Zeit vielfach gar nichts anderes mit dem Ruhrgebiet assoziiert wird als Schlote, Stahl und Kohle. Es ist, als hätte es vorher nichts gegeben. Und in der Tat ist die kulturelle Überlieferung des vorindustriellen Zeitalters, sind architektonische und künstlerische Zeugnisse aus jenen Epochen hier dürftiger als in Gegenden, die nicht von der industriellen Revolution mit vergleichbarer Macht überrollt und geprägt wurden.

Hierin gründet der Umstand, dass viele Innenstädte im Ruhrgebiet nicht auf den ersten Blick als „schön" empfunden werden. Es fehlt die **Bausubstanz** vergangener Jahrhunderte, und wo doch etwas war, ist es drastischer noch als anderswo dem letzten Weltkrieg zum Opfer gefallen. Gerade das Ruhrgebiet mit seiner mächtigen Rüstungsindustrie galt den Alliierten als vorrangiges Angriffsziel. Homogene Ortsbilder aus vorindustrieller Zeit fehlen somit fast völlig.

So gibt es heute in den Stadtkernen von Duisburg, Bochum und Gelsenkirchen jeweils noch ein Wohnhaus aus der Zeit vor der Industrialisierung, in den Stadtzentren von Essen und Dortmund kein einziges mehr. Von den Großstädten am Hellweg besitzt nur Mülheim noch eine beachtliche Zahl von Fachwerkhäusern im Innenstadtbereich.

Durch die Expansion des Bergbaus und der Stahlindustrie wuchs im Ruhrgebiet im 19. Jahrhundert der Bedarf an **Arbeitskräften.** Die Einwohnerzahl schnellte von rund 375.000 Menschen im Jahre 1852 auf fast 3,8 Millionen im Jahre 1925. Die ersten zugewanderten Arbeiter stammten aus den umliegenden Regionen wie dem Münsterland, aus Ostwestfalen und Hessen. Dabei handelte es sich vor allem um Handwerker und Kleinbauern, deren Existenz durch den Wandel in der Region bedroht war. Ab den 1870er Jahren kamen auch immer mehr Arbeitskräfte aus den preußischen Ostprovinzen wie Schlesien, Posen oder Ost- und Westpreußen ins Industrierevier an der Ruhr. Diese Zuwanderer waren häufig polnischer Nationalität.

Ruhrstahl wurde im Laufe des 19. Jh. zum qualitativ hochwertigen Massenprodukt, das beim Bau von Lokomotiven, Schienen, Brücken, Industriehallen, Waffen etc. weltweit Verwendung fand. Das Wachstum des Reviers hielt an, und am Ende des 19. Jahrhunderts wurde durch die Inbetriebnahme einer **Kanalverbindung zur Nordsee** die Verkehrslage des Ruhrgebiets weiter optimiert. *Kaiser Wilhelm II.* weihte 1899 den Dortmund-Ems-Kanal und den Dortmunder Hafen ein, womit das östliche Revier gegenüber dem Duisburger Raum gleichzog. Diese Region, wo bereits mehrere Hochofenwerke errichtet worden waren, hatte bis dahin durch seine Rheinlage erhebliche Vorteile.

Gebiet und Bewohner

20. Jahrhundert

Bis ins vergangene Jahrhundert hinein war das Ruhrrevier regelmäßig wegen seiner prekären ökologischen Situation in den Schlagzeilen. Die beispiellose industrielle Entwicklung der Region führte parallel zu den wirtschaftlichen Erfolgen auch zu drastischen **Umweltbelastungen** mit Schädigungen für ihre Bewohner. Die Hütten und Stahlwerke belasteten Luft und Böden mit immer höheren Emissionen, die Industrieabwässer vergifteten die Flüsse. Der intensive Kohleabbau unter Tage verursachte in manchen Fällen sogar einen derart ausgehöhlten Boden, dass die Erde absackte; es kam zu

Mauerrissen in den Hauswänden, und Kirchtürme gerieten aus dem Lot.

Das 20. Jahrhundert brachte dem Ruhrgebiet beispiellose Höhen, aber auch den Tiefpunkt seiner Geschichte. Die über Jahrzehnte anhaltende Phase wirtschaftlichen Aufschwungs und steigenden Wohlstands endete 1914 mit dem **Ersten Weltkrieg.** Während dieses Krieges avancierte das Ruhrgebiet zur so genannten „Waffenschmiede" des Deutschen Reichs, einen Ruf, den die Region über Jahrzehnte nicht mehr loswerden sollte. Die schwerindustrielle Waffenproduktion im Revier

Ein Bild vergangener Zeiten: Als das Ruhrgebiet noch Wirtschaftslokomotive war

wurde im Rahmen der Kriegsrüstung propagandistisch ausgeschlachtet.

Im Anschluss an den verlorenen Krieg kam es gerade im Ruhrgebiet zu großen Unruhen und Separatismusbewegungen. Die ersten Jahre der Weimarer Republik waren außerdem überschattet von der so genannten **Ruhrbesetzung.** Nachdem bereits 1921 Düsseldorf, Duisburg und Ruhrort (heute Duisburg) besetzt worden waren, kam es 1923 zur Okkupation des gesamten Ruhrgebiets durch französische und belgische Truppen. Nach Maßgabe der französischen Regierung sollte die Ruhrbesetzung den Siegermächten des Ersten Weltkriegs ein Pfand liefern, um deren Reparationsforderungen gegenüber Deutschland Nachdruck zu verleihen. Die Reichsregierung unter *Wilhelm Cuno* beantwortete das französisch-belgische Vorgehen mit einem Aufruf zum passiven Widerstand. Der „Ruhrkampf", von der Mehrheit der Bevölkerung getragen, musste jedoch von der Regierung des Reichskanzlers *Gustav Stresemann* vor allem aus wirtschaftlichen und finanzpolitischen Gründen (Inflation) am 26.9.1923 abgebrochen werden. Im Anschluss an den Dawesplan, der die deutschen Reparationsleistungen vertraglich regelte, wurde das Ruhrgebiet bis zum August 1925 geräumt.

Insgesamt litt die Wirtschaft an Rhein und Ruhr noch stärker als im übrigen Deutschland unter politischer Instabilität und **ökonomischer Depression.**

In die Weimarer Zeit fiel die Konstitution des Ruhrgebiets als bedeutendem **Kulturstandort.** Essen, bis dahin einzig als Krupp-Heimat ein Begriff, setzte im Museumsbereich ein Zeichen, das bis heute eine hohe Anziehungskraft ausübt. Die Stadt erwarb 1922 die bedeutende Kunstsammlung des Hagener Mäzens *Karl Ernst Osthaus,* der schon 1902 in seiner Heimatstadt ein Museum für zeitgenössische Kunst gegründet hatte. Mit dem Museum Folkwang etablierte sich Essen als Stadt der Kunst. Gleichzeitig machte sich das Musiktheater Essen einen Namen mit unkonventionellen Inszenierungen unter Operndirektor *Rudolf Schulz-Dornburg*. In Bochum begann die Ära des legendären Intendanten *Saladin Schmitt* am Schauspielhaus. Von 1919–1949 leitete *Schmitt* das Theater und entwickelte das Haus zu einer der führenden deutschen Bühnen, zu denen es bis heute zählt.

Die Bedeutung des Ruhrgebiets und den Nachweis seiner technologischen Leistungsfähigkeit in jener Zeit belegt ein Ereignis im fernen Amerika: Bei der Einweihung des weltberühmten Chrysler Buildings in New York 1930, für kurze Zeit das höchste Gebäude der Welt, schimmerte den Zeitzeugen die silberne Spitze des Wolkenkratzers in Kruppscher Wertarbeit entgegen. Das glänzende Wahrzeichen besteht aus einem Spezialstahl namens „Nirosta" und schillert auch für heutige Besucher Manhattans – rostfrei.

Die Nazizeit

Wie überall in Deutschland, waren auch im Ruhrgebiet die Schreckensjahre des „Dritten Reichs" von brutalem Terror und Verfolgung geprägt:

Gebiet und Bewohner

Man zerschlug die Opposition, unterdrückte die Kirchen, schikanierte die jüdischen Mitbürger und deportierte sie schließlich in Konzentrations- und Vernichtungslager. Im Zweiten Weltkrieg wurden hunderttausende ausländischer **„Fremdarbeiter"** ins Ruhrrevier verschleppt, wo sie in Zechen und Hüttenwerken – oft unter unmenschlichen Bedingungen – Zwangsarbeit zu leisten hatten.

Die große Masse der Arbeiter ging weder in den Widerstand, noch folgte sie begeistert der NS-Propaganda – man zog sich ins **Private** zurück.

Aufgrund seiner Bedeutung für die Kriegswirtschaft war das Ruhrgebiet im Verlauf des Zweiten Weltkriegs bevorzugtes Ziel alliierter Luftangriffe.

Nachkriegszeit

Nach dem Krieg 1945 wurde das Ruhrgebiet Teil der britischen Besatzungszone. Ein Jahr später wurde es Bestandteil des neu gegründeten Landes Nordrhein-Westfalen. Die ersten Jahre der Nachkriegszeit waren geprägt von der **Demontage** durch die Alliierten, wobei gleichzeitig der Wiederaufbau der Region vonstatten ging, der die vorerst letzte wirtschaftliche Blütezeit im Ruhrgebiet einleitete. Bis in die 1960er Jahre war Steinkohle sehr gefragt, die Förderung wurde gesteigert und die Industrie modernisiert. Die Zentren der zerstörten Städte wurden bald wieder aufgebaut, wobei vielfach zeitgemäße Innenstädte mit neuen Straßenführungen entstanden.

Entgegen den Ideen einiger Planer der 1960er Jahre gibt es heute zwischen Ruhr und Lippe, Hamm und Duisburg nicht bloß eine einzige große Stadt mit dem Namen **„Metropolis Ruhr"**, sondern nach wie vor Dutzende Orte unterschiedlichster Größe. Abgesehen von einigen Gebietsreformen setzte sich das Beharren auf Selbstständigkeit der Kommunalpolitiker durch, so dass das bewohnte Gebiet schier grenzenlos scheint, aber doch immer wieder seinen (Stadt-)Namen wechselt.

Kohle- und Stahlkrise

Um 1960 setzte die große Absatzkrise für die Ruhrkohle ein, die im Vergleich zur Importkohle aus Amerika und Südafrika (die im Tagebau gewonnen werden konnte) inzwischen zu teuer geworden war. Auch neue Energiequellen wie Erdöl und Atomkraft setzten nun die Steinkohlewirtschaft zunehmend unter Druck. Mit der 1968 gegründeten **Ruhrkohle AG**, in die mit wenigen Ausnahmen alle Zechen eingebracht wurden, sollten neue Konzepte zur Überwindung der Bergbaukrise zentral gesteuert und durchgesetzt werden. Doch die Abwärtsentwicklung der typischen Revier-Branchen konnte nicht aufgehalten werden. Seit Mitte der 1970er Jahre baute die Stahlindustrie des Ruhrgebiets Arbeitsplätze ab. Die Zahl der fördernden Zechen ging drastisch zurück und verringerte sich bis 1976 von 148 auf 35; wo einst mehr als 400.000 Menschen beschäftigt waren, arbeiteten nun lediglich noch 150.000.

Der Dezimierung der Arbeitsplätze folgte der Abriss zahlloser Industriebauten: Fördertürme, Schachthallen, Maschinenhäuser, Kokereien und Kühltürme wurden gesprengt. Dieser **Kahlschlag** geschah jahrelang ohne nennenswerte publizistische Reaktion. Erst ab den 1970er Jahren kam es zu spektakulären Demonstrationen, die in den Aktionen gegen die Hüttenwerksstilllegungen in Gelsenkirchen (1982), Hattingen (1987) und Duisburg-Rheinhausen (1987/88) gipfelten.

Hohe Arbeitslosigkeit und die Finanznot der Kommunen sind die beiden Faktoren, die seither viele Regionen im Ruhrgebiet prägen.

Der Wandel

Innerhalb von etwa 20 Jahren hat sich im Ruhrgebiet fast alles geändert. So schnell die Region einst von der Industrialisierung überrollt wurde, so schnell hat sich die Schwerindustrie vielerorts wieder zurückgezogen und dem **Dienstleistungssektor** Platz gemacht. Bergbau und Stahlindustrie, einst Sinnbilder des Reviers, spielen nun untergeordnete Rollen.

In die Phase des wirtschaftlichen Wandels fällt auch das wachsende Bemühen um die Erhaltung und **Neunutzung von Industriedenkmälern.** Entscheidend für deren Aufstieg zum neuen Wahrzeichen und touristischen Anziehungspunkt war die „Internationale Bauausstellung Emscher Park" zwischen 1989 und 1999. Ziel der IBA war es, die geschundene Revierlandschaft zwischen Duisburg und Bergkamen nach ökologischen und ästhetischen Kriterien neu zu gestalten. Der wesentliche Schwerpunkt lag dabei auf der Entwicklung einer breiten Palette von Parks auf frei werdenden Brachflächen, unter Einbeziehung funktionslos gewordener Industriearchitektur. Weiterhin sanierte man Kolonien und Arbeitersiedlungen sowie innerstädtische Problemzonen. Dieser Prozess der Veränderung wird noch viele Jahre andauern, denn immer noch gibt es riesige Flächen, die einer Neunutzung zuzuführen sind. Außerdem verändert sich das Gesicht vieler Gemeinden der Region durch anhaltenden Bevölkerungsschwund. Mit der Auszeichnung zur **Kulturhauptstadt 2010** und den damit verbundenen Initiativen und Projekten erhofft man sich an der Ruhr den Beginn eines neuen Zeitalters.

Gebiet und Bewohner

Wirtschaft

Das Ruhrgebiet war lange Zeit der Inbegriff einer **Industrieregion,** und bis heute wird das Rhein-Ruhr-Areal mit Kohle und Stahl in Verbindung gebracht, obwohl aus dem rußigen Revier mit Wäldern von Fabrikschornsteinen längst ein **ausdifferenzierter Wirtschaftsstandort** geworden ist. Freilich, begonnen hat alles mit der Kohle. Von größerer wirtschaftlicher Bedeutung war der Bergbau ab dem 18. Jahrhundert; um 1790 gab es an der Ruhr etwa 900 Kleinzechen, in denen Kohle abgebaut wurde. Bis ins 20. Jahrhundert entwickelte sich diese Branche zur alles dominierenden Kraft im Ruhrgebiet und veränderte die Region von Grund auf.

Entscheidend für den ersten großen Schub der industriellen Entwicklung war der Einsatz von **Dampfmaschinen.** An der Wende vom 18. zum 19. Jahrhundert benutzte *Franz Dinnendahl* auf den Zechen Vollmond bei Langendreer (Bochum) und Wohlgemuth bei Kupferdreh (Essen) die ersten Dampfmaschinen im Ruhrbergbau. Mit ihrer Hilfe konnte das Problem des einströmenden Grundwassers bewältigt werden, eine der großen technischen Herausforderungen im frühen Bergbau.

Im Jahre 1826 erzeugte man im Ruhrgebiet erstmals auf Steinkohlenbasis **Stahl** und begründete eine Tradition, die bis in die Gegenwart reicht: An keinem Ort auf der Welt wurde 2004 mehr Rohstahl produziert als in Duisburg.

Mit dem Bau der **Köln-Mindener Eisenbahn** begann 1847 die flächendeckende Verkehrserschließung des Ruhrgebiets, die industrielle Entwicklung wurde dadurch extrem beschleunigt. Arbeitsprozesse wurden dynamisiert, Städte wuchsen durch immensen Zuzug; zahllose Zechen, Stahlwerke, Kokereien und Fabriken entstanden.

Die hundert Jahre zwischen 1850 und 1950 brachten die Höhepunkte, aber mit zwei Kriegen auch Zerstörung und wirtschaftliche Not für das Land der *Krupps* und *Thyssens.* Nach dem Zweiten Weltkrieg erlebte die Region der Rheinisch-Westfälischen Schwerindustrie ihre vorerst letzte große Boom-Phase.

Der Rekord der Kohlenförderung wurde im Jahr 1956 mit 124.600 Tonnen erreicht; damals waren im Bergbau 494.000 Menschen beschäftigt. Das Beschäftigungswachstum im Ruhrgebiet wurde durch die Ende der 1950er Jahre einsetzende Bergbaukrise beendet. Ausgelöst durch den Verdrängungswettbewerb mit Erdöl, Erdgas und billiger Importkohle, erlitt die Montanindustrie drastische Umsatzeinbrüche. Es folgten die ersten Zechenschließungen und bis Mitte der 1970er Jahre der Rückgang des Belegschaft auf 150.000 Bergleute. Nach dem Bergbau geriet auch die Stahlindustrie in eine Strukturkrise, die Arbeitslosigkeit nahm dramatische Ausmaße an, und Menschen, die das Ruhrgebiet mangels Arbeit verließen, waren keine Einzelfälle mehr. Die Bevölkerungszahl im Revier ging deutlich zurück.

Vom homogenen Kohlerevier ist mittlerweile nicht mehr viel übrig. Stattdessen hat sich das Ruhrgebiet zu einer Wirtschaftsregion mit mehreren Schwerpunkten entwickelt. Zwei Drittel der Jobs im Revier gehören zum **Dienstleistungssektor,** der sich nach anfänglichen Schwierigkeiten zumindest in einigen Teilen des Reviers gut entwickelt. Duisburg schuf zwischen 1998 und 2002 über 50.000 neue Stellen in der Logistikbranche, in Oberhausen wuchs die Bauwirtschaft, und Hagen investierte in das verarbeitende Gewerbe.

Das Schwergewicht im Revier ist heute die **Gesundheitswirtschaft,** in der sich die Region zunehmend profiliert. In Spitzenmedizin, Patientenversorgung und medizinischer Ausbildung arbeiten heute mehr Menschen als in der Montanindustrie. Allein die Stadt Essen besitzt vier Krankenhäuser mit großen kardiologischen Abteilungen – darunter das Herzzentrum der Universitätsklinik, eines der größten Herzoperationszentren Europas. Auch auf anderen Gebieten setzen Mediziner aus dem Ruhrgebiet weltweit Standards, dazu gehört etwa die vom Bochumer Arzt *Dietrich Grönemeyer* entwickelte Mikrotherapie.

Ehemaliges Industriegelände wurde im Ruhrgebiet vielfach einer erfolgreichen Neunutzung zugeführt. Wo früher mit der **Gutehoffnungshütte** einer der größten Montankonzerne Europas stand, befindet sich heute das **CentrO Oberhausen.** Dieses Einkaufszentrum zieht Kunden weit über die Reviergrenzen hinaus an. Seit 1994 hat der ehemalige Gaszwischenspeicher der Gutehoffnungshütte als „Gasometer" in Oberhausen Berühmtheit erlangt und wird regelmäßig für Ausstellungen und Veranstaltungen genutzt.

Mittlerweile wird das Ruhrgebiet, wie andere deutsche Regionen auch, von einem **Branchenmix** geprägt. Es kam seit den 1960er Jahren zur Gründung von Hochschulen und Fachhochschulen, neue Wirtschaftszweige wie Chemie, Energieerzeugung und Automobilindustrie siedelten sich an. Auch Maschinenbau, Umwelttechnologien und die IT-Branche gesellten sich hinzu.

Von wirtschaftlicher Bedeutung sind im Ruhrgebiet auch die über 200 Museen und Galerien, die Theater, Musical- und Opernspielstätten. Attraktionen wie der „Starlight Express" in Bochum oder die Sonderausstellungen des Museums Folkwang in Essen üben eine bundesweite Anziehungskraft aus. Dass das **Freizeitverhalten** eine erhebliche ökonomische Größe ist, zeigt sich im Revier auch am Phänomen **Fußball.** Für die Region spielt der Profi-Fußball vor allem in Gelsenkirchen und Dortmund, aber auch in Bochum, Oberhausen, Duisburg und Essen eine wichtige wirtschaftliche Rolle. An Spieltagen strömen tausende Fans aus dem Umland in die Fußballzentren und lassen dort ihr Geld. Durch die Medienpräsenz der Klubs entstehen indirekt auch Arbeitsplätze.

Gebiet und Bewohner

Städtebau und Architektur

Bauen für die Industrie

Das Ruhrgebiet ist eine der interessantesten Architekturlandschaften in ganz Deutschland und bietet städtebauliche Besonderheiten und Superlative in großer Menge. Obwohl über lange Zeit in seiner baugeschichtlichen Bedeutung verkannt, ist die Region gerade wegen seiner Gebäude aus den vergangenen 150 Jahren ein sehr lohnendes Reiseziel. Sieht man von den Sakralbauten der größeren Städte und den Klöstern ab, dann beginnt die Epoche der originären Ruhrgebiets-Bebauung in der Mitte des 19. Jahrhunderts. In dieser Zeit wurden die ersten industriellen Großanlagen, für die die Region später bekannt wurde, errichtet. Hervorstechendes Merkmal dieser Komplexe sind die so genannten **Malakowtürme,** mächtige gemauerte Fördertürme, deren Name dem im Krimkrieg (1853–1855) belagerten Fort Malakow entlehnt wurde.

Gleichzeitig entstanden die frühesten Arbeitersiedlungen für die Belegschaften der Zechen und Hütten. Im Jahre 1844 nahm die Tradition der **Werkssiedlungen** in Oberhausen-Eisenheim ihren Anfang. Die Hüttengewerkschaft *Jacobi, Haniel & Huyssen* ließ damals auf einem Acker in Oberhausen-Osterfeld 39 Häuser für Meister und Arbeiter der Hütte errichten. Die Miete lag 20 Prozent unter dem örtlichen Durchschnitt. Im Jahr 1847 genehmigte man den Namen „Eisenheim" für die Siedlung. In den folgenden Jahrzehnten wurden im Ruhrgebiet sagenhafte 2400 Arbeiter- bzw. Werkssiedlungen angelegt (⊘ „Reisetipps A–Z, Arbeitersiedlungen").

Oft bestanden die Siedlungen aus niedrigen Ziegelsteinhäusern für zwei bis vier Familien. Die langen Reihen, in denen sie an der Straße lagen, brachten ihnen die volkstümliche Bezeichnung „D-Zug" ein. Anfangs lagen hinter den Häusern Ställe oder Gärten, in denen sich die Bergleute, die meist aus ländlichen Regionen stammten, ihre Ziege, die „Kuh des Bergmanns", hielten und Gemüse zogen. Auch die Brieftaube, das „Rennpferd des kleinen Mannes", hatte hier ihr Zuhause. Die Tradition des Gartens spiegelt sich bis in unsere Zeit in hunderten von **Kleingartenanlagen,** die sich über das Revier verteilen.

Krupp, Thyssen, Hoesch, Haniel, Stinnes, Klöckner, zahllose Hütten und Zechen – die mit der Montanindustrie verbundene **Zersiedlung** der Landschaft bildete von jeher ein großes Problem für die Planung und Stadtentwicklung im Ruhrgebiet. Nicht selten entstanden wie in Oberhausen zuerst große Industrieansiedlungen, in deren Einzugsbereich dann durch explodierenden Zuzug Großstädte wuchsen. Ohne die Gutehoffnungshütte mit

Stattliche Malakowtürme prägten einst das Erscheinungsbild der Industrieregion

128kg Foto: hh

ihrem Anschluss ans Eisenbahnnetz wäre aus dem verträumten Dörfchen Osterfeld wohl niemals die Großstadt Oberhausen geworden.

Im Laufe des 19. Jahrhunderts wurden die Arbeitersiedlungen im Ruhrgebiet komfortabler. Wegweisend und konsequent im Bereich Wohnungsbau war *Krupp* in Essen. So ließ **Alfred Krupp** 1871 in der Nähe seiner Gussstahl-Fabrik Hunderte von Wohnungen für seine Arbeiter bauen und die Areale bald auch mit Sportanlagen, Versammlungsräumen und Wochenmärkten bestücken. Über viele Jahre hin entstand vor *Krupps* Fabrik praktisch eine eigenständige Stadt; die Welt von *Krupp* übertraf das alte Essen an Fläche bei weitem. In den Siedlungen Kronenberg, Nordhof und Westend lebten bald zehntausende **„Kruppianer",** wie die Werksangehörigen genannt wurden. *Krupp* kontrollierte die Wohnungen, die Lebensmittelversorgung, Ausbildung, Erziehung und Altersversorgung „seiner" Arbeiterfamilien.

Einer der imposantesten Bauten der Region am Ende des 19. Jahrhunderts war das 1899 von *Kaiser Wilhelm II.* eröffnete **Schiffshebewerk** bei Henrichenburg am Dortmund-Ems-Kanal. Diese gewaltige Konstruktion, die bis 1970 in Betrieb war, kann auch heute noch besichtigt werden (↗ Waltrop).

Bezogen auf die Zechenkultur stellte in jener Zeit die Dortmunder Zeche **Zollern II/IV** ein Musterbeispiel dar. Ihre Tagesanlagen erregten Aufsehen und Bewunderung, da sie dem architektonischen Zeitgeist des Jugendstils

huldigten, ohne aber traditionelle neugotische Elemente vermissen zu lassen (↗ Dortmund).

Bauen für die Massen

Entscheidend für die Entwicklung des Wohnungsbaus im 19. Jahrhundert war die **explodierende Bevölkerungszahl** in den Revierstädten. So hielt der Essener Oberbürgermeister *Erich Zweigert* (1849–1906) das 19. Jahrhundert für „die weitaus wichtigste Periode in der städtischen Entwicklung. Mit 3000 Einwohnern trat die Stadt in das 19. Jahrhundert ein, mit 185.000 hat sie es verlassen". Dementsprechend dringlich war die Notwendigkeit, den **Massenwohnungsbau** voranzutreiben. Da im Ruhrgebiet, mangels eines kapitalkräftigen Bürgertums, der private Mietwohnungsbau jedoch nie die Bedeutung erreichte, die er in anderen deutschen Gegenden hatte, sahen sich die Unternehmer gefordert, das Wohnungsproblem auf eigene Faust anzugehen – die so genannten „Kolonien" wuchsen in großem Ausmaß an allen Ecken des Reviers.

Daneben wurden innerhalb weniger Jahre ganze Stadtteile neu gegründet. Es entstanden neue Ortskerne mit Geschäften, Schulen, Kirchen und anderen öffentlichen Bauten in der Nähe von Zechen oder Hochofenwerken. Die typische uferlose **Stadtlandschaft** des Ruhrgebiets breitete sich aus. Die rasende Einwohnerzunahme brachte überdies größere kommunale Aufgaben für die Städte mit sich; Behörden und Verwaltungen wuchsen, was sich in der Errichtung mächtiger Rathäuser (Essen, Recklinghausen und Bochum) niederschlug.

Typisch für den Fortschritt im Städtebau ist die **Alte Kolonie Eving** in Dortmund, die 1898 von den Zechen Minister Stein und Fürst Hardenberg fertig gestellt wird. Durch verschiedene Haustypen und einen lebendigen Wechsel von Straßen und Plätzen gelingt in Eving die Gestaltung eines individuellen und abwechslungsreichen Straßenbildes, das ohne die tristen, monotonen Häuserreihen der früheren Arbeitersiedlungen auskommt.

Die Jahre von der Jahrhundertwende bis zum Ersten Weltkrieg waren vom industriellen Aufschwung geprägt. Massenwohnungsbau tat Not und ließ nur wenig Raum für fortschrittliche städteplanerische und architektonische Erwägungen. Trotzdem vermied man im Ruhrgebiet weitgehend den Bau riesiger vielstöckiger Mietskasernen, wie sie in Berlin entstanden. Den Großteil des städtischen Bodens besaßen die Zechengesellschaften; sie ließen nur niedrige Koloniehäuser bauen, um Bergschäden und daraus resultierende Schadenersatzforderungen zu vermeiden.

Gartenstädte

Seit Anfang des 20. Jahrhunderts belebten die so genannten Gartenstädte die Großstädte des Ruhrgebiets. Die Idee, Siedlungen mit Grünzonen, „krummen" Straßen und dörflichem Charakter anzulegen, ging auf Vorstellungen aus England zurück. Beispielhaft für eine solche Gartenstadt ist die 1906 von *Robert Schmohl* angelegte Siedlung **Dahlhauser Heide** in Bochum-Hordel. Gestaltungsideal war hier das „Malerische". Diese Wohnweise löste die schlichten Arbeiterkolonien der Vergangenheit mehr und mehr ab.

1911 wurden die ersten Wohnungen der berühmten Siedlung **Margarethenhöhe** in Essen fertiggestellt und bezogen. Diese Wohnungen waren minderbemittelten Familien vorbehalten, die sich ein eigenes Haus nicht leisten konnten. Auf der Margarethenhöhe konnte man sich auch um eine Wohnung bewerben, wenn man nicht bei *Krupp* arbeitete, obwohl die 50 Hektar große Siedlung aus Mitteln der Margarethe-Krupp-Stiftung finanziert worden war. Die gestaltende Figur dieser Siedlung war der Darmstädter Architekt **Georg Metzendorf** (1874–1934), der 1909 in den Dienst der Stadt Essen trat, um die Margarethenhöhe zu entwerfen. *Robert Schmohl,* Direktor der Kruppschen Bauabteilung, hatte *Metzendorf* als Baumeister vorgeschlagen. Das Credo des jungen Architekten brach mit den Konventionen seiner Kollegen, deren Entwürfe um die Jahrhundertwende triste Mietskasernen und graue Vorstädte in Deutschland entstehen ließen. *Metzendorf* schrieb 1913 über die Margarethenhöhe: „Dagegen soll jeder Bewohner in dieser Siedlung seinen individuellen Bedürfnissen gemäß leben können. Ich vermeide alles (...), was als eine Nummerierung der Bewohner oder ein Einzwängen in ein Schema

Gebiet und Bewohner

gedeutet werden könnte". Das gesamte Projekt Margarethenhöhe war erst 1931 abgeschlossen; es bot damals rund 5000 Menschen Lebensraum mit Wohnungen, Geschäften und Lokalen. Heute leben in der Gartenstadt Margarethenhöhe rund 8700 Menschen (↗ Essen).

Zu den größten Gartenstädten im nördlichen Ruhrgebiet zählt mit 580 Gebäuden **Welheim** in Bottrop. Dieser Komplex entstand zwischen 1914 und 1923 und wurde in den letzten

Die Margarethenhöhe in Essen ist das Paradebeispiel einer intakten Gartenstadt

Jahren hervorragend saniert (↗ Bottrop).

Superlative der Architektur

Die Dimensionen der Industriearchitektur sprengten im Ruhrgebiet vor dem Ersten Weltkrieg alles bisher Dagewesene. So befand sich auf dem Gelände der Kruppschen Gussstahl-Fabrik einst die **größte zusammenhängende Werkshalle der Welt,** die IX. Mechanische Werkstatt, in der Geschütztürme für größte Kaliber hergestellt wurden. 31.300 Quadratmeter, 23 Laufkräne, 486 Werkzeugmaschinen sind die ungeheuren Rahmendaten für die Montage der Panzertürme. Allein die Waschräume für diese eine Halle des Werksgeländes hatten Kapazität für 1600 Personen. Das Krupp-Gelände übertraf in jenen Zeiten die Essener Altstadt bei weitem an Fläche.

Um den Ballungsraum mit seinen mächtigen Industriebetrieben in den Griff zu bekommen, wurde 1920 der „Siedlungsverband Ruhrkohlenbezirk" gegründet. Diese Institution war die erste Organisation für Raumplanung und regionale Erschließung Deutschlands und ging 1979 im „Kommunalverband Ruhrgebiet" auf.

Zu den bemerkenswerten Großbauten, die zwischen den Weltkriegen im Ruhrgebiet errichtet wurden, gehört die Dortmunder **Westfalenhalle.** Sie galt bei ihrer Einweihung 1925 als Europas größter frei tragender Hallenbau und wurde vor allem für gigantische Sportveranstaltungen wie das Sechstagerennen genutzt.

129rg Foto: sh

Der Zweite Weltkrieg und die Zeit danach

Alle größeren Städte im Ruhrgebiet waren aufgrund ihrer industriellen Bedeutung während des Zweiten Weltkriegs Ziel intensiver **Bombenangriffe** durch die Alliierten. Von der ursprünglichen Bebauung der Revierstädte hat der Krieg so gut wie nichts übrig gelassen. Was danach zügig aufgebaut wurde, um Wohnraum zu schaffen, ist im Wesentlichen zweckdienlich und

Musicals und Events
in stählernem Ambiente
bietet das Essener Colosseum Theater

nüchtern und in der Ästhetik der 1950er Jahre gestaltet. Klar und ohne Zierrat kommen auch die neu eingeweihten **Kulturstätten** daher, wie das Schauspielhaus in Bochum, das 1953 unter Verwendung der Bausubstanz des alten Theaters an gleicher Stelle errichtet wurde. Licht und gläsern ist die Erscheinung der Städtischen Bühnen in Gelsenkirchen, die 1959 eröffnet wurden.

Durch den jahrzehntelangen intensiven Bergbau senkte sich im Ruhrgebiet an zahllosen Stellen der Erdboden ab. **Häuser- und Straßenschäden** waren die Folge, und oft mussten die Gebäude schließlich abgerissen werden, da der Aufenthalt in ihnen zu gefährlich geworden war.

Zunächst in ihrem kulturellen Wert gering geschätzt, wird die Industriearchitektur seit den 80er Jahren des 20. Jahrhunderts vielfach geschützt und einer Neunutzung zugeführt. Die Bemühungen des Landes Nordrhein-Westfalen und der Denkmalpflege haben hier große Erfolge mit sich gebracht. Mit der Essener Zeche Zollverein wurde sogar eine komplette Bergbau-Großanlage unter Schutz gestellt. Sie ist seit 2002 ein UNESCO-Weltkulturerbe der Menschheit (↗ Essen).

Bevölkerung

Statistisches

Im Ruhrgebiet leben heute rund 5 Millionen Menschen, darunter ungefähr 600.000 ausländische Mitbürger aus 140 Nationen. Die **Bevölkerungszahl** ist in den Zeiten der Industrialisierung im Ruhrgebiet nahezu explosionsartig gestiegen; sie wuchs von 274.000 Menschen im Jahr 1820 auf 1,3 Millionen im Jahr 1885 und erreichte mit 5,6 Millionen Menschen im Jahr 1961 ihren bisherigen Höhepunkt. In den letzten Jahren ist allerdings ein drastischer Bevölkerungsrückgang zu beobachten, der auf die schlechten Bedingungen am Arbeitsmarkt zurückzuführen ist. Prognosen, wonach die Region im Jahre 2015 nur noch von fünf Millionen Menschen bewohnt sein würde, sind bereits heute Wirklichkeit geworden.

Trotz der hohen Einwohnerzahl ist das Revier ein vergleichsweise sicherer Ballungsraum: In der bundesweiten **Kriminalitätsstatistik** liegt das Ruhrgebiet auf dem Niveau von Ulm und Freiburg.

Die **Altersstruktur** im Revier gleicht in etwa derjenigen Gesamt-Nordrhein-Westfalens: Nahezu ein Drittel der Bevölkerung ist zwischen 18 und 64 Jahren alt. Allerdings vergreist das Revier schneller als der Rest der Republik: Der Anteil an älteren Menschen nimmt stetig zu, während der Anteil der Jüngeren sukzessive abnimmt. Schon heute liegt der Anteil der über Sechzigjährigen im Ruhrgebiet höher als in den übrigen Landesteilen NRWs.

Auch die **Familien- und Haushaltsgrößen** sind im Revier ähnlich wie in anderen Regionen. Der Trend zum Single- und Einpersonen-Haushalt wächst: Mit etwa einem Drittel der Haushalte prägen sie das Revier ebenso wie das andere Drittel der Familienhaushalte mit einem oder zwei Kindern. Großfamilien, wie sie früher typisch für die Region waren, sind heute in der Minderheit.

Durch den Rückgang der Montanindustrie hat sich auch die **Beschäftigungsstruktur** im Ruhrgebiet geändert. War in den 1960er Jahren der Großteil der Bevölkerung im produzierenden Sektor tätig, arbeitet heute mehr als die Hälfte der Beschäftigten im Dienstleistungssektor, der auch mehr Arbeitsplätze schafft. Obwohl der Strukturwandel und die Bemühungen, Menschen, die ihre Arbeit im Montansektor verloren haben, in neue Beschäftigungsverhältnisse zu bringen, teilweise erfolgreich verliefen,

Hömma, watt willze da machen? Ruhrdeutsch für Anfänger

051rg Foto: tk

Auch wenn es *den* Ruhrgebietsbewohner gar nicht gibt und sich in den langen Phasen der Zuwanderung im 19. und 20. Jahrhundert eine sehr heterogene Gesellschaft gebildet hat, gibt es doch den typischen **Ruhrgebietsdialekt.** Spätestens seit *Jürgen von Manger* als Adolf Tegtmeier und *Elke Heidenreich* als Metzgersgattin Else Stratmann weiß man im ganzen Land um den speziellen Charme der lokalen Mundart. Die Menschen des Ruhrgebiets sind ein redseliges Völkchen, das ein gepflegtes Schwätzchen schätzt. Diese Freude am Gespräch schlägt sich nieder in ausgesprochenem Sprachwitz, in Schlagfertigkeit und der Kreation anschaulicher Formulierungen.

Der besondere Klang des Ruhrgebietsdeutsch mit seinen vielfältigen Ursachen ist von der neueren Sprachwissenschaft längst mit Hingabe untersucht worden. So existiert an Ruhr und Emscher der zweite Fall, der **Genitiv,** nicht. In der Konsequenz wird aus „Vaters Haus" „mein Vatta sein Haus" oder „dat Haus von mein Vatta". „Vatta" verzichtet am Ende auf das -r, da im Ruhrgebiet das -r nur zu Beginn einer Silbe, nicht aber innerhalb der Silbe oder am Schluss gesprochen wird. Eine wichtige Regel, hilft sie doch dem Besucher, bedeutende Ortsnamen des Ruhrgebiets richtig auszusprechen, etwa „Dooatmunt", „Düüsbuach" oder „Gellsenkiiachen". Diese Eigenart der **eingeschränkten r-Sprechung** geht zurück auf das Niederdeutsche, das bereits vor der ersten Einwandererwelle im Ruhrgebiet gesprochen wurde. Hier wurzelt auch die Geringschätzung, um nicht zu sagen das Fehlen des Dativs. Vor Ort bekennt man selbstironisch: „Man gewöhnt sich an allem, auch am Dativ":

Neben dem eigenwilligen Umgang mit Fällen ist für das Ruhrgebietsdeutsch eine starke **Verkürzung von Formulierungen** charakteristisch. So werden bestimmte und unbestimmte Artikel an vorausgehende Verhältniswörter (Präpositionen) und Bindewörter (Konjunktionen) angehängt: Heraus kommt dann etwa „anne Füße", „inne Bude" oder „ummen Hals" und ein vielfach über die Maßen schnelles Sprechtempo, bei dem ein Wort ins andere übergeht.

Zum besonderen Kommunikationsklima im Ruhrgebiet gehört auch die **Anschaulichkeit** vieler Begriffe und Ausdrücke. So wird aus dem VW Käfer der „Kugelporsche", das Fitness-Studio ist die „Mucki-Bude", und wer zum Ausdruck bringen will, dass etwas Unglaubliches vorgefallen ist, der bekennt, dass „meine Omma inne Eigernordwand hängt".

Aber auch, wenn es vielleicht manchmal schwer fällt, den Ruhrgebietswortschatz restlos zu durchdringen, wichtig ist für den Revier-Reisenden eigentlich nur, dass er sich nicht durch imitiertes Ruhrdeutsch anzubiedern versucht. Das durchschaut ein Revierbewohner sofort. Und im Übrigen weiß er sehr wohl, wie seine Sprache im Hochdeutschen eigentlich klingen müsste, aber es ist ihm herzlich egal. „Watt willze da machen?"

●**Buchtipp:** Wer sich dennoch näher (theoretisch) mit dem sympathischen Idiom befassen will, greife zu **„Ruhrdeutsch",** erschienen in der Kauderwelsch-Reihe des REISE KNOW-HOW Verlags.

liegt die **Arbeitslosenquote** im Revier bei knapp 11 Prozent.

Die Hochschullandschaft hat sich im Ruhrgebiet zwar relativ spät entwickelt, mit sechs Universitäten und neun Fachhochschulen gehört die Region aber mittlerweile zu einer der **führenden Forschungslandschaften.** Zudem gibt es keine Disziplin, die im Revier nicht vertreten wäre. Verteilt auf das ganze Ruhrgebiet, sind inzwischen etwa 170.000 Studenten an den Unis und FHs immatrikuliert (selbst die Hochschulen in Berlin, München oder Hamburg kommen nicht auf eine so hohe Studentenzahl).

Mit der „Bergmannskuh" auf fröhlicher Fahrt. Idylle aus einer Zeit vor unserer Hektik

Mentalität

„Die Menschen im Ruhrgebiet sind offen und tolerant. Im Innersten eigentlich bescheiden und scheu, gehen sie frank und frei auf ihre Mitmenschen zu. Sie heißen Gäste herzlich willkommen und zeigen untereinander eine Solidarität, die noch an die Zeiten des Bergbaus erinnert. Außerdem können die Bewohner des Ruhrgebiets ihre Hemdsärmel aufrollen, in die Hände spucken und richtig zupacken. Das haben sie aus den Krisenzeiten gelernt – diesen zuversichtlichen Pragmatismus. Der lässt sie in die Zukunft blicken, ohne ihre Wurzeln zu vergessen. Es ist diese Mischung aus Charakterzügen, aus Mythos und Klischees, die die Menschen im Ruhrgebiet so authentisch macht und sich nur schwer beschreiben lässt. Man muss sie erleben – nicht nur bei Pils und Currywurst!"

Dieses Zitat aus dem Jahr 2009 von *Fritz Pleitgen,* dem ehemaligen WDR-Intendanten, erklärt, warum viele Leute im Ruhrgebiet auf die Frage, was das **Besondere der Region** darstellt, meist nur eine Antwort geben: **die Menschen.** Auch wenn es auf den ersten Blick etwas seltsam anmuten mag, seine Heimatverbundenheit mit einem speziellen Menschenschlag zu begründen, leuchtet eine derartige Argumentation doch ein, wenn man sich die Mentalität und Kommunikationskultur der Ruhrgebietsbewohner näher betrachtet. **Freundlich, aufgeschlossen und tolerant** sind die Menschen im Pott, die darüber hinaus eine besondere **Kommunikationsfreude** an den Tag legen. Die Bewohner lieben das kleine Pläuschchen, und so sollte es niemanden wundern, wenn die Bäckersfrau oder der Kassierer an der Supermarktkasse den Kunden in ein gepflegtes Schwätzchen verwickelt. Dieses spezielle Gesprächsklima ist ein Charakteristikum des Reviers und sorgt dafür, dass es meist nicht schwer ist, mit den Menschen in Kontakt zu kommen.

Begründet wird diese besondere Atmosphäre der Toleranz und Offenheit im Revier mit dem Bergbau und den dort bestehenden engen Arbeitsverhältnissen: Weil die Industrialisierung unzählige Menschen aus unterschiedlichen Regionen und Ländern anlockte, war man vor Ort immer wieder mit Fremden konfrontiert. Unter Tage oder am Hochofen mussten sich die Arbeiter zudem aufeinander verlassen können – egal, woher sie stammten. Hierdurch, so die These, sei eine Tradition der Toleranz, Solidarität und Aufgeschlossenheit entstanden, welche die Region noch heute auszeichnet.

Bemerkbar macht sich diese besondere Mentalität im Revier nicht zuletzt durch die **kaum vorhandene Fremdenfeindlichkeit.** Die Zahl der Straftaten in diesem Bereich liegt am Rande der Messbarkeit.

182/tg Foto: cm

Der Westen

019rg Foto: nw

033rg Foto: nw

Das filigrane Wahrzeichen
von Bottrop ist der Tetraeder

Auf den Spuren der Römer:
der Archäologische Park in Xanten

Ein besonderer Publikums-
magnet: das CentrO Oberhausen

Bottrop   ⚐ XII/B1

Überblick

An die beiden Nachbarstädte Oberhausen und Gelsenkirchen grenzend, liegt im westlichen Teil des Reviers mit rund 117.000 Einwohnern die Stadt Bottrop. Im Jahr 1150 erstmals unter dem Namen „Bothorpe" erwähnt, gilt die Stadt heute wegen ihres grob klingenden Namens als eines der Klischee-Synonyme des Kohlenpotts.

Wie so viele Städte des Reviers, wurde Bottrop maßgeblich durch den **Bergbau** geprägt: Als in der Stadt im Jahr 1856 zum ersten Mal Kohle abgebaut wurde, lag die Einwohnerzahl bei 4000. Um 1900 hatte sich diese Zahl auf rund 25.000 Menschen erhöht. Die industrielle Geschichte der Stadt spiegelt sich auch heute noch in der Vielzahl an **Koloniehäusern** aus den Jahrzehnten zwischen 1880 und 1914 wider.

Durch die Eingemeindungen des stark ländlich geprägten Kirchhellen in den 1970er Jahren vergrößerte Bottrop nicht nur seine Einwohnerzahl, sondern wurde mit einem Schlag auch zur **waldreichsten Stadt** der Region. Die seither zum Bottroper Stadtgebiet zählende **Kirchheller Heide** mit ihrem ausgedehnten Wanderwegenetz stellt eines der attraktivsten Erholungsgebiete der Stadt dar.

Die Krise der Montanindustrie brachte zumindest in touristischer Hinsicht einige herausragende Attraktionen hervor: Drei Halden (Emscherblick, Prosperstraße und Prosper Haniel) wurden im Zuge des Strukturwandels begrünt und mit Wanderwegen ausgestattet; sie bieten nun als **Aussichtsplattformen** einen schönen Rundblick über die Stadt und die Umgebung. Auf der Halde Emscherblick steht mit dem **Tetraeder** sicherlich die spektakulärste Landmarke im Revier.

Die touristischen Höhepunkte Bottrops verteilen sich allerdings über das ganze Stadtgebiet und erschließen sich deshalb nicht allesamt zu Fuß.

Innenstadt

Die Bottroper Innenstadt ist im Vergleich zu den Vororten relativ arm an Sehenswürdigkeiten – vom Museum Quadrat einmal abgesehen. Dennoch sei an dieser Stelle auf architektonische Kleinode der Innenstadt hingewiesen, die sich durchaus für einen Zwischenstopp anbieten. Das **Rathaus** am Ernst-Wilcszok-Platz ist beispielsweise solch ein Gebäude: Es wurde nach einem Entwurf des Architekten *Ludwig Becker* in den Jahren 1914–1916 im Stil der Neorenaissance errichtet und bildet mit den umliegenden Bauten ein repräsentatives Behördenviertel. Während von außen der 51 Meter hohe Rathausturm ins Auge fällt, stechen im Inneren vor allem die Stuckarbeiten und die Jugendstil-Glasmalereien hervor.

In unmittelbarer Schlagdistanz zum Rathaus liegt die **Vietormühle,** die 1821 ihren Mahlbetrieb aufnahm und 1908 den Dienst wegen der zunehmenden angrenzenden Bebauung einstellen musste, weil die hohen Häuser ihr den Wind nahmen. Heute befindet sich in der Mühle ein kleiner Gastronomiebetrieb (↗ „Praktische Tipps").

Vorbei an der Hochstraße, an der vereinzelt alte Bürgerhäuser erhalten geblieben sind, hin zum Kirchplatz, findet sich die **Alte Apotheke.** Dieses Bürgerhaus stammt aus der Gründerzeit und bietet im Inneren noch die beinahe originale Apotheken-Ausstattung aus dem Jahr 1900. Kunstvoll kommen an der Außenfassade auch Stuckreliefs daher, die liebevoll restauriert wurden.

Der Innenstadt in nordwestlicher Richtung folgend, spaziert man in relativ kurzer Zeit mitten hinein in den **Stadtpark,** der im Stil eines englischen Landschaftsgartens angelegt wurde. Neben den Wiesen- bzw. Liegeflächen beherbergt der Park auch einen Abenteuerspielplatz.

Nahe der Innenstadt kann man in den **Restaurants** Brauhaus Bottich und Bahnhof Nord einkehren (↗ „Praktische Tipps").

Museum Quadrat

Etwa zehn Gehminuten vom Stadtkern entfernt, integriert in den schönen Stadtpark, liegt das 1983 eröffnete **Josef-Albers-Museum.** Mit dem Museum hat Bottrop einen würdigen Rahmen für die Präsentation der Werke ihres wohl berühmtesten Sohnes gefunden. Josef Albers wurde 1888 in Bottrop geboren und arbeitete vor seinem Kunststudium in der Stadt als Lehrer. Als er nach mehr als 40 Jahren künstlerischer Schaffenszeit in den USA, wohin er 1933 emigriert war,

verstarb, hinterließ er ein umfangreiches Œuvre. Seine Witwe Anni Albers schenkte der Stadt Bottrop daraus über 80 Ölgemälde und fast das gesamte grafische Werk. Im Mittelpunkt der Arbeiten von Albers steht seine umfangreiche Serie „Huldigung an das Quadrat": Bilder, in denen er auf der Basis der Quadratform die Wirkung von Farben erprobte.

Bereits das Museumsgebäude greift den zentralen Stellenwert des Quadrats im Lebenswerk von Josef Albers architektonisch auf: Der Museumskomplex besteht aus vier großen Galerien auf jeweils quadratischem Grundriss. So bezieht sich der Museumsname „Quadrat" sowohl auf das Werk des Künstlers als auch auf die geometrische Architektur des Gebäudes.

Westen

Huldigung des Quadrates
im Josef-Albers-Museum

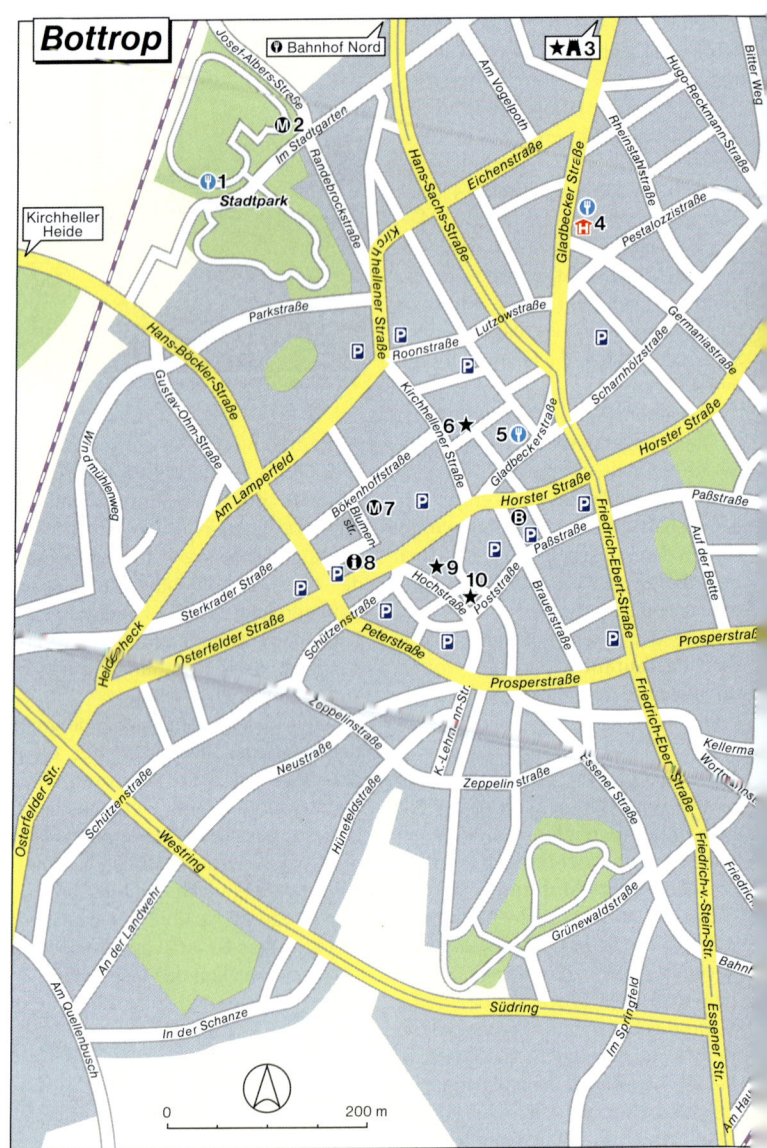

Bottrop

🚻	**1**	Overbeckshof
Ⓜ	**2**	Museum Quadrat
★	**3**	Movie Park Germany
🏛		Schloß Beck
🏨	**4**	Bottroper Brauhaus Hotel,
🍺		Brauhaus Bottich
🍺	**5**	Vietormühle
★	**6**	Rathaus
Ⓜ	**7**	junges museum
❶	**8**	Touristen-Information
★	**9**	Alte Bürgerhäuser
★	**10**	Alte Apotheke
★	**11**	Tetraeder/alpincenter/ Gartenstadt Welheim/ Industriedenkmal Malakowturm
🚲	**12**	RevierRad Station

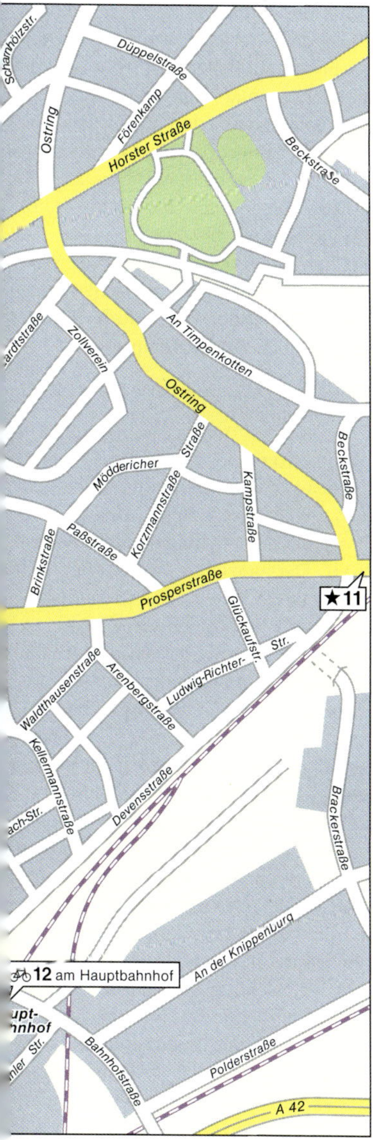

Westen

Neben dem Museum mit der größten Albers-Sammlung außerhalb der USA beherbergt das Museum Quadrat zusätzlich auch die **Moderne Galerie,** welche zeitgenössische Kunst zeigt, sowie das **Studio Galerie,** in dem historische und zeitgenössische Fotografie den Schwerpunkt bilden. Zusätzlich findet sich in dem Komplex das **Museum für Ur- und Ortsgeschichte,** das sein Augenmerk auf Tierfunde der Eiszeit legt.

Im umliegenden Stadtpark befinden sich zudem noch viele Skulpturen. Für die Stärkung nach der Besichtigung sorgt das *Parkrestaurant Overbeckshof* (⌂ „Praktische Tipps").

● **Museum Quadrat,** Im Stadtgarten 20, 46236 Bottrop, Tel. 02041-29716, www.quadrat-bottrop.de. Geöffnet: Di–Sa 11–17 Uhr, So, Fei 10–17 Uhr. Eintritt: frei (Dauerausstellungen).

Der Bottroper Osten

Der Bottroper Osten ist noch immer stark von der Bergbau-Ära geprägt. Neben der Gartenstadt Welheim, die in industriegeschichtlicher Hinsicht einen Besuch wert ist, finden sich hier auch zwei umstrukturierte Halden, die einen eindrucksvollen Panoramablick über Stadt und Umgebung bieten. Während auf der Halde Prosperstraße das Alpincenter seinen Sitz hat, kann auf der gegenüberliegenden Halde der atemberaubende Tetraeder bestiegen werden.

Tetraeder

Der absolute Höhepunkt eines Bottrop-Besuchs und mittlerweile ein Wahrzeichen der Stadt ist der weithin sichtbare Tetraeder auf der Halde Emscherblick. Das Steinplateau der Halde wirkt wie eine **surreale Mondlandschaft,** über der die filigrane Stahlkonstruktion zu schweben scheint.

Die in Form einer **Pyramide** daherkommende Dreieckskonstruktion entstand nach einem Entwurf des Architekten *Wolfgang Christ*. Innerhalb der fragilen Konstruktion installierte er drei Aussichtsplattformen, die über eine an Stahlseilen aufgehängte Treppe miteinander verbunden sind. Der Aufstieg zum obersten Podest in 38 Meter Höhe sollte nur von schwindelfreien Personen unternommen werden. Auf der **Plattform** wirbelt der Wind einem nicht nur durch die Haare, sondern bringt auch bisweilen die Podeste ins Schwingen. Beim Anblick der Stahlseile fragt sich dabei mitunter auch der Mutigste, ob diese dünnen Seilchen derartigen Windkräften tatsächlich standhalten können. Aber keine Angst, sie können. Man sollte hier oben einfach nur den prächtigen Ausblick über Bottrop, Gelsenkirchen und Oberhausen genießen.

Der Aufstieg auf die Halde lohnt übrigens auch bei Nacht, wenn die Spitzen des Tetraeders illuminiert werden. Für die faszinierende Lichtinstallation zeichnet der Düsseldorfer Künstler *Jürgen LIT Fischer* verantwortlich.

●**Tetraeder,** Beckstraße, Halde Emscherblick, 46238 Bottrop.

alpincenter

Vis-à-vis vom Tetraeder schlängelt sich von der ehemaligen Abraumhalde Prosperstraße die **längste Skihalle der Welt.** Die ganzjährig betriebene, 640 Meter lange Piste mit Echtschneeverhältnissen ist das reinste Vergnügen für Ski- und Snowboardfahrer und für Rodler. Erfahrene Skifahrer können die Piste mit einem Gefälle bis zu 24 Prozent herabrasen, während für Anfänger ein großes Übungsareal zur Verfügung steht. Nach der Schussfahrt geht's zum Après-Ski in die verschiedenen Gastronomiebereiche. Wer weder Ski noch Snowboard besitzt, kann vor Ort die jeweilige Ausrüstung auch leihen. Neben der Skihalle bietet das alpincenter noch andere Attraktionen: in Europas höchstem **Indoor-Windtunnel** wird der Traum vom Fliegen wahr, die einzige **Sommerrodelbahn** im Revier schlängelt sich die Halde runter und für Kletterfreaks steht ein **Hochseilgarten** zur Verfügung.

Westen

018rg Foto: mv

●**alpincenter,** Prosperstraße 299–301, 46238 Bottrop, Tel. 02041-70950, www.alpincenter.com. Geöffnet: Mo–So 9.30–24 Uhr. Eintritt: Mo–Fr 35 €, ermäßigt 25 €, Sa, So, 46 €, ermäßigt 30 €.

Gartenstadt Welheim

Die bezaubernde Gartenstadt Welheim vermittelt einen Einblick in das ehemalige Bergarbeiterleben in Bottrop. Die Kolonie, die zwischen 1913 und 1923 für die Bergleute der Zeche Vereinigte Welheim errichtet wurde, gehört heute zu den größten und auch schönsten Gartenstadtsiedlungen im Revier. In den 1990er Jahren wurde die Siedlung im Rahmen der Internationalen Bauausstellung (IBA) renoviert, ohne dabei ihr historisches Erscheinungsbild einzubüßen. Geschwungene Wege und Alleen und die unterschiedlichen Häusertypen mit ihrer einheitlichen weißen Außenfassade zeichnen die Siedlung aus. Von der Größe der Häuser sollte man sich allerdings nicht täuschen lassen: Auch wenn es sich heute anders darstellt, wiesen die Wohnungen früher meist nicht mehr als 35 Quadratmeter auf.

●**Gartenstadt Welheim,** Matthias-Stinnes-Platz, 46238 Bottrop.

Wie auf einem anderen Planeten fühlt man sich auf der Halde Emscherblick mit dem berühmten Tetraeder

Der Bottroper Norden

Charakteristisch für den Norden Bottrops sind seine ausgedehnten Wald- und Wiesengebiete. Für Reisende ist sicherlich die **Kirchheller Heide** mit ihrem weit verzweigten Netz aus Rad-, Wander- und Reitwegen, Lehrpfaden und Trimm-dich-Strecken ein attraktives Ausflugsziel. Es bildet den südlichsten Zipfel des **Naturparks Hohe Mark** und zählt zu den wichtigsten Naherholungsgebieten des Ruhrgebiets. Ein Teil der Kirchheller Heide, das so genannte „Kletterboth", steht wegen der immer seltener werdenden Heide- und Moorlandschaft sogar seit 1996 unter Naturschutz. In diesem Naturschutzgebiet befindet sich auch der schöne Heidehofsee, an dem sich seltene Pflanzen- und Tierarten angesiedelt haben und der durch einen Rundwanderweg erschlossen ist. Am Südufer des Sees bieten Grillplätze und ausgedehnte Spiel- und Liegewiesen Platz für Entspannung. Dort befindet sich das **Waldinformationszentrum Heidhof** (Zum Heidhof 25, 46244 Bottrop, Tel. 02045-40560), das über den Landschaftswandel in der Kirchheller Heide informiert und nach Voranmeldung Grillhütten vermietet. Der Besuch des Zentrums ist nach vorheriger Absprache möglich.

An die Kirchheller Heide grenzt auch die Halde Prosper Haniel, von der man eine schöne Aussicht über die Umgebung hat. Ein beliebtes Ausflugsziel für Familien sind zudem der Erlebnispark Movie Park Germany und der Freizeitpark Schloß Beck.

Halde Haniel

An den südlichsten Zipfel der Kirchheller Heide grenzt die Halde Haniel, die im Zuge des Strukturwandels künstlerisch neu gestaltet wurde. In Serpentinen führt ein so genannter **Kreuzweg** an 15 Stationen vorbei hinauf bis zum zehn Meter hohen **Gipfelkreuz**. Es wurde anlässlich des Besuches von *Papst Johannes Paul II.* 1987 gefertigt und 1992 auf den Haldengipfel gestellt. Neben dem Kreuz befindet sich auf dem Haldengipfel auch ein **Amphitheater** mit 800 Plätzen. Hier werden in den Sommermonaten Theateraufführungen geboten.

Seit 2002 ist die Halde Haniel um eine Attraktion des spanischen Künstlers *Agustín Ibarrola* reicher: Aus über 100 bearbeiteten Eisenbahnschwellen, die senkrecht in den Haldenboden gerammt sind, hat er seine archaische Installation **„Totems"** geschaffen.

● **Halde Haniel,** Fernewaldstraße, Parkplatz am Bergwerk Prosper Haniel, 46244 Bottrop.

Movie Park Germany ⤢ IV/B2

In diesem Film- und Erlebnispark wandeln Besucher auf den Spuren großer Kinofilme und Fernsehserien: Die Wasserbahn „Ice Age Adventure" und das „Marienhof-Karussell" sind nur zwei Attraktionen von über 40 Shows und tollen Fahrgeschäften. Unterschiedliche Achterbahntypen, ein „4-D-Kino", in dem selbst die Sitzplätze mit Effekten ausgestattet sind; hinzu kommen Filmkulissen, Restaurants und Theater – auf dem riesigen Gelände des Freizeitparks kann man gut und gerne einen ganzen Tag verbringen.

günstiger Witterung kann der Park geschlossen sein. Eintritt: 9 €, ermäßigt 8 €.

Praktische Tipps

Information

● **Stadtinfobüro:** Osterfelder Straße 13, 46236 Bottrop, Tel. 02041-766950, www. bottrop.de. Geöffnet: Mo–Fr 9.30–18 Uhr, Sa 9.30–14 Uhr.

Öffentliche Verkehrsmittel

● **Hauptbahnhof:** Am Hauptbahnhof, 46244 Bottrop.
● **Zentraler Omnibusbahnhof** (ZOB): Berliner Platz, 46236 Bottrop.
● **Taxi:** Taxistände liegen unmittelbar am Hauptbahnhof und am ZOB. Taxiruf 02041-19410.

● **Movie Park Germany,** Warner Allee 1, 46244 Bottrop-Kirchhellen, Tel. 02045-8990, www.moviepark.de. Geöffnet: April bis Anfang Juli 10–18 Uhr, Mitte Juli bis Mitte August 10–20 Uhr, Ende August bis Oktober 10–18, im Oktober Do, Fr, Sa auch bis 22 Uhr. Eintritt: 31 €, Kinder (4–11 Jahre) 27 €.

Freizeitpark Schloß Beck ⬈IV/B2

Das Wasserschloss Beck gehört zu den schönsten Spätbarockbauten Westfalens und dient heute als beliebter Freizeitpark für die ganze Familie. Die herrschaftliche Schlossanlage in Kirchhellen-Feldhausen bietet eine Fülle von Attraktionen, die von Achterbahn und Wasserrutsche über Kletterparadies und Riesenrad bis hin zum Ponyreiten und zum Streichelzoo reichen. Den See kann man darüber hinaus auch mit Tret- und Ruderbooten umrunden.

Das barocke Wasserschloss selbst entstand in der Zeit zwischen 1766 und 1777 und wurde von **Johann Conrad Schlaun,** einem der bedeutendsten deutschen Barockbaumeister, entworfen.

● **Freizeitpark Schloß Beck,** Am Dornbusch 39, 46244 Bottrop-Kirchhellen, Tel. 02045-5134, www.schloss-beck.de. Geöffnet: Mitte März bis Ende Oktober tgl. 9–18 Uhr. Bei un-

Unterkunft

● **Bottroper Brauhaus Hotel,** Gladbecker Straße 78, 46236 Bottrop, Tel. 02041-774460, Fax 774 4639, www.brauhaus-bottrop.de. Preise: EZ ab 56 €, DZ ab 79 €.

Das Hotel verfügt über 23 Zimmer mit Dusche/WC.
● **Mitten im Pott,** Gungstraße 198, 46238 Bottrop, Tel. 02041-45935, Fax 763137, www.mitten-im-pott.de. Preise: EZ ab 50 €, DZ ab 65 €.

Der kleine Pensionsbetrieb mit den behaglich ausgestatteten Gästezimmern befindet sich auf einem urigen, vierhundert Jahre alten Bauernhof, auf dem Fußball-Legende Willi „Ente" Lippens einen Gastronomiebetrieb führt. Er liegt rund zehn Minuten vomalpincenter entfernt und lockt im Sommer mit tollem Biergarten.

Essen und Trinken

● **Brauhaus Bottich,** Gladbecker Straße 78, 46236 Bottrop, Tel. 02041-262335, www.

Ein Paradies für Kino- und Action-Fans ist der Movie Park Germany

Westen

brauhaus-bottrop.de. Geöffnet: Mo–Sa 17–1 Uhr, So 11–24 Uhr.

In einem ehemaligen Straßenbahn-Depot ist dieses Brauhaus entstanden, in dem man selbstgebraute Bottroper Bierspezialitäten und deftiges Essen genießen kann. Großer Biergarten.

● **Vietormühle,** Droste-Hülshoff-Platz 7, 46236 Bottrop, Tel. 02041-684433, www. muehle-bottrop.de. Geöffnet: Mo–Fr ab 17 Uhr, Sa, So ab 11 Uhr.

Die urige historische Mühle hat sich zu einem gemütlichen und modernen Restaurant entwickelt, das auch über einen schönen Biergarten verfügt. Die Speisekarte lockt mit deutschen Gerichten.

● **Bahnhof Nord,** Brünerstraße 35, 46240 Bottrop, Tel. 02041-988944, www.bahnhof nord.de. Geöffnet: tgl. ab 18 Uhr.

Gute 15 Gehminuten von der Innenstadt entfernt findet sich diese mehrfach ausgezeichnete Gastronomie in besonderem Ambiente: In dem ehemaligen, hinreißend renovierten Bahnhofsgebäude wird mediterrane und deutsche Küche serviert. Im Sommer ist der herrliche Biergarten ein absolutes Muss.

● **Parkrestaurant Overbeckshof,** Im Stadtgarten 26, 46236 Bottrop,Tel. 02041-7756915. Geöffnet: Di ab 15 Uhr, Mi–So ab 12 Uhr.

Das ehemalige bäuerliche Anwesen, unweit vom Museum Quadrat im Bottroper Stadtgarten gelegen, beherbergt heute ein schönes Restaurant. Serviert wird deutsche und französische Küche. Im Sommer ist vor allem die Außenterrasse beliebt.

● **The Cottage,** Herzogstraße 58, 46240 Bottrop, Tel. 02041-706312, www.cottage-pub.com. Geöffnet: Do–Sa ab 18 Uhr, So ab 10 Uhr Frühstück, ab 15 Uhr Kaffee & Kuchen, ab 18 Uhr warme Küche.

Café und Kultkneipe am Rande des Bottroper Stadtteils Eigen. Hier gibt's Salate, Schnitzel und Steaks für das gemischte Publikum.

Weitere Sehenswürdigkeiten

● **Malakowturm Prosper II,** Knappenstraße, 46236 Bottrop, Tel. 02041-102430, www. bottrop.de. Geöffnet: Di–So 10–18 Uhr. Eintritt frei.

Der wohl außergewöhnlichste noch erhaltene Förderturm seiner Art im Ruhrgebiet. Im Inneren wird die Geschichte und Gegenwart des Bergbaus thematisiert.

Feste und Festivals

● **Orgel PLUS,** Festivalwoche im Januar mit außergewöhnlichen Veranstaltungsorten. In verschiedenen Bottroper Kirchen ertönen die Orgeln in Kombination mit anderen Instrumenten oder Stimmen und werden dabei nicht selten zu Jazz- oder Gospelkonzerten. Infos: Tel. 02041-703308.

Sport und Freizeit

● **Fahrradverleih:** Hauptbahnhof, 46242 Bottrop, Tel. 02041-7659958. Geöffnet: Mo–Fr 6–22 Uhr, Sa, So 8–20 Uhr.
● **Skifahren:** alpincenter, ↗ dort.
● **Freizeitpark Schloß Beck,** ↗ dort.

Kinder

● **junges museum,** Kulturzentrum August Everding, Blumenstraße 12–14, 46236 Bottrop, Tel. 02041-703721, www.bottrop.de. Geöffnet Di–Fr, So 14–17 Uhr. Eintritt frei.

Weil es von Kindern als Kunst- und Spielraum begriffen werden soll, setzt das 1997 eröffnete Kinder- und Jugendmuseum in der Ausstellungskonzeption auf Erleben und Erfahren: Die Kunstobjekte dürfen in die Hand genommen, angefasst und betastet werden.
● **Movie Park Germany,** ↗ dort.
● **Freizeitpark Schloß Beck,** ↗ dort.

Duisburg   ⌕ XI/C3, XIX/CD1

Überblick

Die früheste Erwähnung Duisburgs stammt aus dem Jahr 883, als die Normannen den Ort „Diusburch" eroberten und hier überwinterten. Im 10. Jahrhundert wurde der Königshof Duisburg zur **Königspfalz** ausgebaut; die Stadtbefestigung wurde um 1120 angelegt. Als der Rhein im 11. Jahrhundert nach einer Hochwasserkatastrophe sein Flussbett nach Westen verlagerte, verlor die Stadt allmählich an wirtschaftlicher Bedeutung, da der Schiffsverkehr mehr und mehr über den Konkurrenten Ruhrort abgewickelt wurde.

Den frühen hohen Stellenwert der Wissenschaft in Duisburg bezeugen sowohl die Arbeit des Kartografen **Gerhard Mercator** als auch die Gründung der ersten **Universität** im Jahre 1655, welche 1818 geschlossen und 1972 neu gegründet wurde.

Mit Beginn der industriellen Revolution stieg die Wirtschaftskraft der Stadt, zu deren Unternehmersynonym der Name **Thyssen** werden sollte. 1867 begann *August Thyssen* (1842–1926) mit dem Aufbau seines Stahlimperiums durch Gründung eines Eisenwalzwerks. Noch heute wird, nach heftigen Turbulenzen während der Kohle- und Stahlkrise, im Norden Duisburgs Stahl produziert. Im Stadtteil Hamborn betreibt die *Thyssen-Krupp-Stahl AG* den größten Hochofen der Welt und macht Duisburg damit zum Stahlstandort Nummer eins in

Europa. (Führungen durch das Werk vermittelt die Duisburg-Information, ⌕ „Praktische Tipps"). Ab dem 20. Jahrhundert wuchs Duisburg auch durch zahlreiche Eingemeindungen (Ruhrort, Meiderich, Hamborn, Walsum, Homberg, Rheinhausen) und überschritt kurzfristig die 600.000-Einwohner-Marke. Heute wohnen in Duisburg knapp 490.000 Menschen auf einer Stadtfläche von 232 Quadratkilometern.

1987 geriet die Stadt in die Schlagzeilen, als sich die Belegschaft des Kruppschen Hüttenwerks in Rheinhausen gegen die drohende Schließung zur Wehr setzte. Mittlerweile ist das Hochofenwerk längst stillgelegt und weitgehend abgerissen. Für Reisende bietet Duisburg jedoch gerade in industriegeschichtlicher Hinsicht viele Sehenswürdigkeiten, dazu einige bemerkenswerte Museen und an vielen Orten den besonderen Charme einer großen Hafenstadt. Attraktionen wie der Innenhafen, der Zoo, botanische Gärten und der Landschaftspark Duisburg-Nord machen die Stadt zu einem spannenden Ausflugs- oder Kurzreiseziel.

Altstadt

Der Kern der Duisburger Innenstadt liegt am Burgplatz und präsentiert bereits eine Reihe der wichtigsten Sehenswürdigkeiten. Hier, wo einst der wöchentliche Markt abgehalten wurde, steht die mächtige spätgotische **Salvatorkirche,** die 1316–1415 auf den Fundamenten einer romanischen

Westen

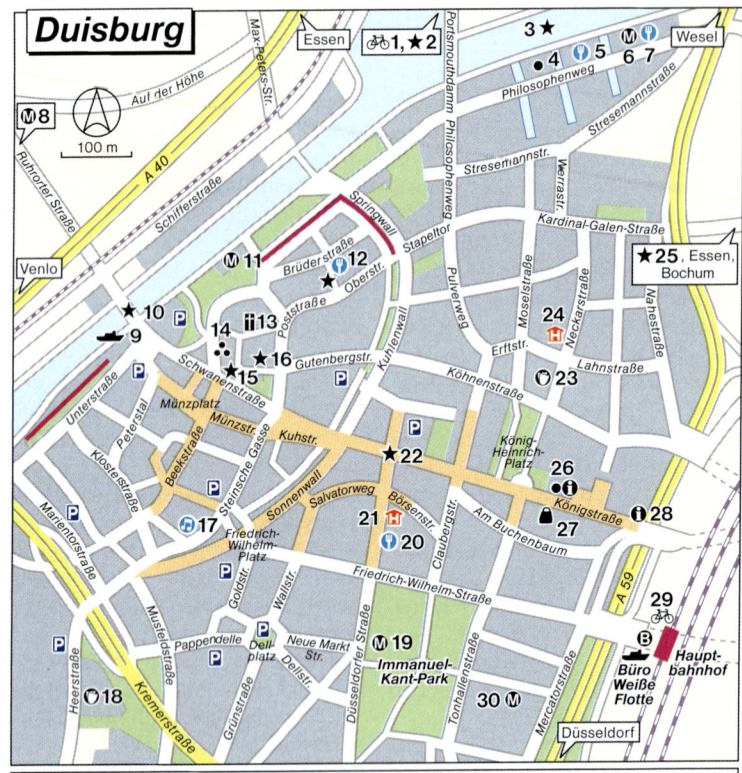

Duisburg

1 Fahrradverleih Duisburg-Nord
★ 2 Landschaftspark Duisburg-Nord
★ 3 Innenhafen
● 4 Legoland Discovery Center
🎵 5 Diebels im Hafen
Ⓜ 6 Museum Küppersmühle für moderne Kunst
🎵 7 Restaurant Küppersmühle
Ⓜ 8 Museum der dt. Binnenschifffahrt
⛴ 9 Schwanentor/Hafenrundfahrtschiffe
★ 10 Schwanentorbrücke
Ⓜ 11 Kultur- und Stadthistorisches Museum
🎵★ 12 Dreigiebelhaus
ⅱ 13 Salvatorkirche
∴ 14 Archäologische Zone Alter Markt
★ 15 Rathaus
★ 16 Mercator-Denkmal
🎵 17 Kultkeller
🎭 18 Theater am Marientor
Ⓜ 19 Museum Stiftung Wilhelm Lehmbruck
🎵 20 Brauhaus Schacht 4/8
🏨 21 Plaza
★ 22 Skulptur Lifesaver
🎭 23 Theater Duisburg/ Deutsche Oper am Rhein
🏨 24 Mark Hotel Duisburger Hof
★ 25 ElectronicPark Neudorf, Zoo Duisburg
● 26 CityPalais /
🛈 Besucherzentrum Ruhr.2010
🛡 27 Forum Duisburg
🛈 28 Touristen-Information
29 Fahrradverleih Hauptbahnhof
Ⓜ 30 Museum DKM

Basilika errichtet wurde. Die einstige Innenausstattung der Salvatorkirche ist während der Reformationszeit verloren gegangen. In dieser dreischiffigen Basilika, wo im 17. Jahrhundert die Gründungsfeierlichkeiten für die neue Universität stattfanden, kann man u.a. die Grabtafel des Universalgelehrten *Gerhard Mercator* besichtigen (sein Denkmal findet man übrigens in der Mitte des Burgplatzes). Die Turmspitze und der Vierlingsturm wurden nach der Zerstörung im Zweiten Weltkrieg nicht wieder errichtet.

Ebenfalls am Burgplatz befindet sich das 1902 eingeweihte, im Stil des Historismus errichtete **Rathaus** der Stadt. Im Zuge der fortgeschrittenen Industrialisierung hatte sich die Bevölkerung Duisburgs zwischen 1871 und 1895 verdoppelt, wodurch ein größeres Rathaus für die Verwaltungsaufgaben nötig geworden war. Aber auch der neue Bau von *Friedrich Ratzel* genügte seinen Anforderungen nur rund zwanzig Jahre lang; die Stadt wuchs weiter, und heute sind die Behörden der Stadt auf verschiedene Gebäude verteilt.

Hinter dem eindrucksvollen Rathaus erstreckt sich die **Archäologische Zone Alter Markt,** mit den nach Ausgrabungen rekonstruierten Grundmauern der Markthalle aus dem 16. Jahrhundert. Schautafeln, Profile und Ausgrabungsfunde geben hier eine Übersicht über die Entwicklung der Stadt. Nur ein paar Schritte weiter, direkt am Ufer des Innenhafens, trifft der Duisburg-Besucher auf eines der sehenswertesten Museen der Stadt, das Kultur- und Stadthistorische Museum.

Westen

Kultur- und Stadthistorisches Museum

Dieses Museum, dessen Höhepunkte die Mercator-Schatzkammer sowie die Münz- und Antikensammlung Köhler-Osbahr bilden, ist in einer ehemaligen Getreidemühle der Speicherzeile am Innenhafen untergebracht. Ein Schwerpunkt der Sammlung ist die Geschichte und Archäologie Duisburgs und der Niederrheinregion. Sonderausstellungen zu kultur- und stadthistorischen Themen ergänzen die Präsentation. In der **Mercator-Schatzkammer** werden u.a. die berühmten Karten und der Erdglobus (1541) sowie der Himmelsglobus

Das Mercator-Denkmal im historischen Zentrum Duisburgs

(1551) von *Gerhard Mercator* gezeigt. Damit verfügt das Museum über eine Attraktion von europäischem Rang. Es war *Mercator,* der vor über vierhundert Jahren einen Weg fand, die Kugelform der Erde auf eine zweidimensionale Karte zu übertragen. Auf ihn geht auch die Bezeichnung „Atlas" für ein Kartenwerk der ganzen Welt zurück. Ein solches hatte der große Geograf selbst erstellt; ein Jahr nach seinem Tode wurde es veröffentlicht. *Mercator* war als Vierzigjähriger im Jahre 1552 nach Duisburg gekommen und hatte hier bedeutende Teile seines Lebenswerks geschaffen.

Im gleichen Gebäude befindet sich das **Museum Stadt Königsberg,** welches Einblicke in Geschichte, Wissenschaft und Kultur des heutigen Kaliningrad, der Partnerstadt Duisburgs, gibt.

● **Kultur- und Stadthistorisches Museum, Museum Stadt Königsberg,** Johannes-Corputius-Platz 1, 47051 Duisburg, Tel. 0203-2832640, www.stadtmuseum-duisburg.de. Geöffnet: Di–Do, Sa 10–17 Uhr, Fr 10–14 Uhr, Sa 10–17 Uhr, So 10–18 Uhr. Eintritt: 3 €, ermäßigt 2 €.

Dreigiebelhaus

Unweit des Kultur- und Stadthistorischen Museums trifft man in der Nonnengasse 8 auf das **älteste noch erhaltene Wohnhaus** Duisburgs, das so genannte Dreigiebelhaus, dessen Geschichte sich urkundlich bis 1525 zurückverfolgen lässt. Dabei handelt es sich um das einzige mittelalterliche Wohnhaus der Stadt. Im Laufe seiner bewegten Historie beherbergte das Gebäude ab 1608 ein Nonnenkloster, ab 1832 eine Schule für höhere Töch-

ter. Nach Jahrzehnten des Privatbesitzes gehört das Dreigiebelhaus seit 1961 der Stadt und wird heute von jungen Künstlern mit einem Wilhelm-Lehmbruck-Stipendium als Atelierhaus genutzt. Außerdem befindet sich im Dreigiebelhaus ein **Restaurant** mit Biergarten (⤢ „Praktische Tipps").

Innenhafen   ⤢XI/C3

Der Duisburger Innenhafen war im 19. und zu Beginn des 20. Jahrhunderts das Herz der europäischen Getreideindustrie. Die imposanten Speichergebäude entlang des Hafenbeckens sind Zeugnis dieses geschichtsträchtigen Gebiets und ein Grund dafür, dass der Innenhafen einen **Ankerpunkt der Route Industriekultur** darstellt. Außerdem ist der Innenhafen ein Projekt, das das Gesicht der Duisburger Innenstadt in den letzten Jahren sehr verändert hat. Das 89 Hektar große Areal entwickelte sich seit 1989 zu einem neuen Stadtviertel mit innovativen Gebäude-Komplexen für alle Lebensbereiche und mit hohem Freizeitwert. Der maritimen Stimmung an der Promenade zwischen Schwanentorbrücke und Speicherzeile kann man sich vor allem an Sommerabenden kaum entziehen. Sehen und sich sehen lassen, in Cafés und Biergärten (z.B. *Diebels im Hafen,* ⤢ „Praktische Tipps") einkehren, die Pötte der Freizeitkapitäne in der Marina bestaunen – hier geht es einem besonders bei schönem Wetter so richtig gut. Wer den Innenhafen „abspazieren" möchte, sollte dafür etwa eine Stunde einkalkulieren.

Bei gründlicher „Inspizierung" mit den notwendigen Foto-Stopps kann sich das natürlich leicht verdoppeln.

Museum Küppersmühle für Moderne Kunst (MKM)

Wer statt auf Bier eher Lust auf Kultur hat, der muss auch nicht weit gehen, denn direkt am Innenhafen lädt das Museum Küppersmühle zur Besichtigung ein. Es ist in einem Backsteinbau untergebracht, der zwischen 1908 und 1916 errichtet wurde und unter dem Namen „Küppersmühle" bis in die 1970er Jahre als Getreidespeicher diente. Durch die Umwandlung soll sinnfällig werden, dass Kunst auch ein Lebensmittel ist. Das schöne Gebäude ist mittlerweile denkmalgeschützt. Für die musealen Zwecke wurde das Haus nach Plänen des berühmten Schweizer Architektenbüros *Herzog & de Meuron* umgestaltet. Wer sich für deutsche Nachkriegskunst begeistert, der ist in der Sammlung des MKM gut aufgehoben: *Georg Baselitz, Jörg Immendorf, Markus Lüpertz, Gotthard Graubner, Joseph Beuys* und *Anselm Kiefer* sind nur einige Künstler, deren Werke hier zu bewundern sind. Neben der beeindruckenden festen Sammlung lockt die Küppersmühle auch regelmäßig mit Wechselausstellungen.

Für das Kulturhauptstadtjahr ist ein **spektakulärer Erweiterungsbau** geplant: Die Schweizer Architekten *Herzog & de Meuron* setzen auf das Dach des Silogebäudes in 36 Metern Höhe einen riesigen, transparent wirkenden **Kubus,** der durch seine rechts und links freischwebenden Enden das Gebäude wie ein „T" wirken lässt. Durch den so hinzugewonnenen Raum stehen dem Museum 22 neue Räume mit rund 2.000 m² Ausstellungsfläche zur Verfügung.

Wer sich vor oder nach dem Museumsbesuch stärken will, geht ins Restaurant *Küppersmühle* (↗ „Praktische Tipps").

● **Museum Küppersmühle für Moderne Kunst,** Philosophenweg 55, 47051 Duisburg, Tel. 0203-30194811, www.museum-kueppers muehle.de. Geöffnet: Mi 14–18 Uhr, Do, Sa, So, Fei 11–18 Uhr, Fr auf Anfrage. Eintritt: 6 €, ermäßigt 4 €.

Legoland Discovery Center

Dieses Center, das den berühmten kleinen Steckbausteinen gewidmet ist, zählt zu den beliebtesten, aber nicht ganz billigen Spaßorten für Kinder in der Ruhrregion. Hier locken eine Dschungel Expedition, eine Geisterbahn und ein lustiges 4D-Kino, bei dem es sogar nass und windig im Kinosaal wird. Dass die Jüngsten auch selbst Hand anlegen können, versteht sich von selbst. Besonders eindrucksvoll auch für die Älteren sind die **Nachbauten von Sehenswürdigkeiten der Metropole Ruhr** wie etwa der Duisburger Innenhafen oder die Essener Villa Hügel mit zigtausenden von Legosteinen.

● **Legoland Discovery Center,** Philosophenweg 23–25, 47051 Duisburg, Tel. 0203-57 08880, www.LEGOLANDDiscoveryCentre. de. Geöffnet: Mo–So 10–18 Uhr, an den Wochenenden und in den Ferien bis 19 Uhr. Der letzte Einlass ist täglich um 17 Uhr. Eintritt: 14,95 €, Kinder (3–11 Jahre) 10,95 €, Familienkarte: 39,90 €.

Westen

Duisburger Innenstadt. Auf 57.000 qm sind hier 80 Geschäfte versammelt von Saturn, H&M und Karstadt bis zu Apple, New Yorker und der Mayerschen Buchhandlung. Weithin sichtbares Wahrzeichen der eindrucksvollen Anlage ist die 65 Meter hohe goldene Leiter der Künstler Johannes Brunner und Raimund Ritz.

● **Forum Duisburg,** Königstr. 48, 47051 Duisburg, www.forumduisburg.de. Geöffnet Läden: Mo–Sa 9.30–20 Uhr, begehbar auch sonntags 11–18 Uhr.

Fußgängerzone

Zwischen der viertürmigen **Schwanentorbrücke** am Innenhafen und dem Hauptbahnhof erstreckt sich die verkehrsberuhigte Einkaufszone, deren Hauptachse die Linie Königstraße – Kuhstraße – Münzstraße ist. Hier kann man flanieren, shoppen und sich amüsieren. Wenn Duisburg in dieser Hinsicht Dortmund und Essen vielleicht auch etwas nachsteht, so hat die drittgrößte Stadt des Ruhrgebiets doch einiges für City-Fans zu bieten. Über weite Strecken als Allee angelegt und vor den Geschäften transparent überdacht, ist man auf der Königstraße beim Einkaufsbummel weitgehend wetterunabhängig. Bis 1850 lief man hier übrigens auf der Schwedenallee; zur Erinnerung an einen Besuch des preußischen Königs *Friedrich Wilhelm IV.* wurde die Straße dann umbenannt.

Auf der Königsstraße findet sich auch das **Forum Duisburg.** Dieses 2009 eingeweihte Einkaufszentrum ist das neue Shopping-Paradies in der

Schräg gegenüber vom Forum stößt man auf das CityPalais, das Besucherzentrun der Kulturhauptstadt 2010. Als Kombination von Philharmonie, Tagungs- und Kongresszentrum ist das **CityPalais** einer der wichtigsten Veranstaltungsorte Duisburg. Daneben erwarten den Besucher in diesem Komplex, der 2007 seine Pforten öffnete, zahlreiche Läden und verschiedene gastronomische Einrichtungen.

● **CityPalais,** Königstr. 39, 47051, Läden: Mo–Sa 10–20 Uhr, Gastronomie: Mo–So 10–23 Uhr, www.citypalais.de.

Nicht weit vom König-Heinrich-Platz entfernt befindet sich einer der wenigen erhaltenen Prachtbauten aus der Gründerzeit, das Amts- und Landgericht von 1876. Geht man die Königsstraße weiter in Richtung Rathaus, gelangt man zur berühmtesten Brunnenskulptur der Stadt, dem kunterbunten **Lifesaver** von *Niki de Saint Phalle*. Diese zugleich ernst und fröhlich wirkende, sieben Meter hohe Vogelfigur hat sich fast zu einem Wahrzeichen Duisburgs entwickelt. Die Figur wurde

Kathedrale in Stahl –
der Landschaftspark Duisburg Nord

1991 von der Künstlerin geschaffen, wobei der Sockel ein Werk ihres langjährigen Lebensgefährten *Jean Tinguely* ist.

Für das leibliche Wohl nach dem Shoppen sorgt das *Brauhaus Schacht 4/8* (⤢ „Praktische Tipps").

Museum Stiftung Wilhelm Lehmbruck

Wendet man sich an der Lifesaver-Skulptur nach Süden und läuft die Düsseldorfer Straße entlang, kommt man nach kurzer Zeit zum **Immanuel-Kant-Park,** in dem auch die Anlage des berühmten Wilhelm-Lehmbruck-Museums liegt. Duisburger Bürger hatten 1902 einen Museumsverein gegründet, aus dem sich später die heutige Sammlung entwickeln sollte. Der Ankauf der „Großen weiblichen Figur" (1910) von *Wilhelm Lehmbruck* im Jahre 1912 markiert den Beginn der heutigen Sammlung. Nachdem die Werke jahrzehntelang nur behelfsmäßig untergebracht waren, beschloss die Stadt 1956 die Errichtung eines Museumsgebäudes. Das Ensemble, eine pavillonartige Gebäudegruppe, in der Natur und Kunst miteinander verbunden sind, hat *Manfred Lehmbruck,* ein Sohn *Wilhelm Lehmbrucks,* geschaffen.

Wilhelm Lehmbruck (1881–1919) wurde als Sohn eines Bergmanns in Meiderich geboren und studierte an der Kunstakademie in Düsseldorf. Er reiste nach Italien, lebte in Paris, Berlin und Zürich.

Neben einem Überblick über alle Schaffensperioden des Duisburger

Bildhauers zeigt das Museum eine einzigartige Sammlung internationaler Plastik der klassischen Moderne nach 1945 mit über 300 Skulpturen und Ob-jekten. Dabei entdeckt der Besucher Werke von Künstlern wie *Rudolf Belling* und *Constantin Brancusi, Naum Gabo* und *Max Ernst. Eduardo Chillida, Salvador Dalí* und *René Magritte* sind ebenso vertreten wie *Henry Moore, Richard Serra* und *Duan Hanson.* Weitere Sammlungen widmen sich der deutschen Malerei von 1900 bis 1960 sowie internationalen grafischen Arbeiten.

● **Museum Stiftung Wilhelm Lehmbruck,** Friedrich-Wilhelm-Straße 40, 47051 Duisburg, Tel. 0203-2832630, www.lehmbruck-

Das pralle Leben: die Lifesaver-Skulptur von Niki de Saint Phalle

Westen

museum.de. Geöffnet: Di–Sa 11–17 Uhr, So 10–18 Uhr. Eintritt: 6 €, ermäßigt 3 €, Familien 12 €, Gruppen an 15 Pers. 4 €.

Theater Duisburg/ Deutsche Oper am Rhein

Seit 1887 finden am König-Heinrich-Platz Theateraufführungen statt, damals noch unter dem Veranstaltungsortsnamen „Duisburger Tonhalle". Die Aufführungen wurden vom Düsseldorfer Stadttheater übernommen. 1921 wurde die Duisburger Oper gegründet, die man in einer Kooperation mit dem Schauspielhaus in Bochum betrieb; Generalintendant beider Häuser war der legendäre *Saladin Schmitt*. Nach einer wechselvollen Geschichte mit dem Tiefpunkt der Kriegszerstörungen finden im Theater Duisburg seit den 1950er Jahren wieder anspruchsvolle Schauspielinszenierungen statt. Außerdem besteht seit 1956 eine fruchtbare Theatergemeinschaft der Städte Duisburg und Düsseldorf, die sich in der Arbeit der **Deutschen Oper am Rhein** widerspiegelt. Liebhabern der ernsten Musik seien die Konzerte der Duisburger Philharmoniker und die Reihe „Meisterkonzerte" empfohlen. Seit 1977 finden darüber hinaus jährlich die so genannten **„Duisburger Akzente"** statt, die sich bis heute zu einem der meistbeachteten Kulturfestivals in Deutschland entwickelt haben. Gastspiele bedeutender deutschsprachiger Bühnen markieren dabei Höhepunkte im Sprechtheaterbereich.

● **Theater Duisburg,** Neckarstraße 1, 47051 Duisburg, Tel. 0203-3009100, Fax 3009210, Theaterkartenbestellung online: www.theater-duisburg.de. Geöffnet: Servicebüro: Mo–Fr 10–18.30 Uhr, Sa 10–13 Uhr.
● **Opernshop Duisburg,** Düsseldorfer Straße 5–7, 47051 Duisburg, Tickethotline: 0203-9407777, www.deutsche-oper-am-rhein.de. Geöffnet: Mo–Fr 10–19 Uhr, Sa 10–18 Uhr.

Museum DKM

Eine weitere, aktuelle Attraktion findet sich in der Duisburger Innenstadt nur 200 Meter vom Hauptbahnhof entfernt. Anfang 2009 machten *Dirk Krämer* und *Klaus Maas* ihre **Kunstsammlung,** die sie in über 30 Jahren zusammengetragen haben, der Öffentlichkeit zugänglich. Auf rund 2700 Quadratmeter Ausstellungsfläche, in genau 51 Räumen vereint die Sammlung ein unglaubliches Kunstspektrum: neben zeitgenössischer Kunst seit den 60er Jahren des 20. Jahrhunderts werden auch über 2000 Jahre alte sowie aktuelle Kunst aus Südostasien, Kunst aus Alt-Ägypten und Gefäße aus 5000 Jahren Kulturgeschichte bis in die Gegenwart sowie klassische und zeitgenössische Fotografie präsentiert.

● **Museum DKM,** Güntherstr. 13–15, 47051 Duisburg, Tel. 0203-93555470, www.stiftung-dkm.de. Mo, Fr–So, Fei 12–18 Uhr, Di–Do nach Vereinbarung. Eintritt: 10 €, erm. 5 €.

Hafenstadtteil Ruhrort   ⊿XI/C3

Spätestens nachdem man das historische Stadtzentrum, den modernen Innenhafen mit den Mercatorschätzen und das Wilhelm-Lehmbruck-Museum besichtigt hat, dürfte klar werden, dass

Duisburg keine Stadt für einen Tag ist. Der nächste interessante Sightseeing-Stopp ist der Hafenstadtteil Ruhrort, das Herz der Schifffahrtsgeschichte in Duisburg. Dieser Stadtteil, der über Jahrhunderte selbstständig war, liegt an der Mündung der Ruhr in den Rhein und ist ganz durch seinen riesigen **Binnenhafen** geprägt. Bis ins frühe 18. Jahrhundert reicht die Geschichte des Ruhrorter Hafens zurück, dessen Keimzelle um 1720 ein Becken von 20 Metern Breite und 250 Metern Länge war. Durch zahlreiche ausgedehnte Erweiterungen im 19. und 20. Jahrhundert entwickelte sich schließlich das **größte Binnenhafensystem der Welt.** Der historische Kern Ruhrorts ist vom Rhein und mehreren Hafenbecken umgeben, das nasse Element ist schier allgegenwärtig. Aus der Luft sieht der Stadtteil wie eine Insel aus, und ursprünglich war das heutige Stadtgebiet tatsächlich eine Rheininsel. Duisburg-Ruhrort ist nur etwa fünf Quadratkilometer groß und hat rund 6000 Einwohner.

Sein malerisches Flair hat dem kleinen Stadtteil eine Reihe von unvergessenen TV-Auftritten verschafft. So war Ruhrort die Kulisse der Serie über das alte Binnenschiff „MS Franziska" mit *Paul Dahlke* und diente auch als Drehort für den ersten **„Schimanski"-Tatort,** der 1981 den Titel „Duisburg-Ruhrort" trug. Schimanski, gespielt von *Götz George,* wurde Kult und ermittelte bis 1991 insgesamt in 29 Folgen, wobei den charakteristischen Industriebrachen, Hafenanlagen und sozialen Brennpunkten der Stadt die

zweite Hauptrolle des Krimis zukam. *Klaus Löwitsch* räumte als „Hafendetektiv" von 1985–1989 im Ruhrorter Hafen auf.

Von der einst malerischen Altstadt haben Weltkrieg und moderne Neubauten nicht viel übrig gelassen, aber einige Straßenzüge mit Atmosphäre findet man noch in Ruhrort. Eines der herausragenden Bauwerke ist das so genannte **Tausendfensterhaus** bzw. Haus Ruhrort an der Ruhrorter Straße. Dieses Gebäude entstand zwischen 1922 und 1924 als Verwaltungsgebäude der Rheinischen Stahlwerke und könnte in seiner monumentalen Anonymität gut die Kulisse für eine Kafka-Verfilmung abgeben.

Im historischen Kern von Ruhrort sind alle Wege kurz, so dass man den interessanten Hafenstadtteil gut zu Fuß entdecken kann. Die maritime Stimmung fängt man am besten entlang des so genannten „Hafenmunds" ein. Hier, am Zusammenfluss verschiedener Kanäle und der Ruhr in den Rhein, liegt auch die Schifferbörse (heute ein Restaurant, ⚲„Praktische Tipps"), in der viele Jahrzehnte lang Schiffsfracht- und Schleppgeschäfte zwischen Schiffseignern und Spediteuren abgeschlossen wurden. Am Leinpfad vor der Schifferbörse kann man den alten Radschleppdampfer „Oscar Huber" besichtigen, der einzige seiner Art auf dem Rhein, der der Verschrottung entging. Maschinenraum sowie Mannschafts- und Wohnräume des Schiffs, das dem Museum der Deutschen Binnenschifffahrt gehört, sind zugänglich.

Westen

Ein eindrucksvolles Rhein-Panorama mit Blick auf Ruhrort und Duisburg-Homberg bietet die **Friedrich-Ebert-Brücke,** die auch über sehenswerte Brückentürme verfügt.

Museum der Deutschen Binnenschifffahrt ⟋XI/C3

Überquert oder umrundet man den Eisenbahnhafen, gelangt man nach wenigen hundert Metern zum spannenden Museum der Deutschen Binnenschifffahrt, das im ehemaligen Ruhrorter Jugendstil-Hallenbad untergebracht ist. Hier wird überaus anschaulich und informativ die historische, wirtschaftliche und soziale Entwicklung der Binnenschifffahrt in Deutschland präsentiert. Gezeigt wird die technische Evolution vom Einbaum über den Lastensegler bis hin zum Schubverband, ohne dabei das Leben der Binnenschiffer und Hafenarbeiter außer Acht zu lassen. Das Museum der Deutschen Binnenschifffahrt ist die **größte Sammlung zur Schiffahrt auf Flüssen, Kanälen und Seen** in Deutschland und beeindruckt mit vielen detailgetreuen Modellen, historischen Exponaten sowie Hör- und Videostationen. Hauptblickfang in der ehemaligen Herrenschwimmhalle ist ein Original-Lastensegler aus dem Jahre 1913 – unter vollen Segeln.

Ob als Wassersportler oder Spaziergänger: am Duisburger Innenhafen kann man sich herrlich treiben lassen

Technik-Begeisterte sind hier ebenso gut aufgehoben wie Familien mit Kindern jeden Alters. Der Rundgang durch die vielfältige Ausstellung, die übrigens auch einen **Ankerpunkt der Route Industriekultur** darstellt, ist zugleich eine abwechslungsreiche Tour durch die historische Bausubstanz des alten Bades. Im Kassenbereich verdient auch der gut sortierte Buchverkauf mit seinen vielen außergewöhnlichen Titeln zum Thema „Ruhrgebiet" Beachtung.

● **Museum der Deutschen Binnenschifffahrt,** Apostelstraße 84, 47119 Duisburg, Tel. 0203-8088940, www.binnenschifffahrtsmuseum.de. Geöffnet: Di–So 10–17 Uhr. Die Museumsschiffe „Oscar Huber" und „Minden" sind von Mai bis September geöffnet. Eintritt: 3 €, ermäßigt 2 €. Am ersten Freitag im Monat 50 % Ermäßigung auf alle Eintrittspreise.

> **Tipp**
> Wer sich noch näher über Duisburg-Ruhrort informieren möchte, dem sei die schöne und umfangreiche **Website** des Stadtteils empfohlen: **www.ruhrort.com.**

Duisport, der Duisburger Hafen ⤢XI/C3

Neben dem attraktiven Innenhafen im Stadtzentrum und den Gewässern am alten Ruhrort-Kern gibt es natürlich noch den „richtigen" Duisburger Hafen, den Duisport, das wirtschaftliche Herz der Stadt. Der Hafen ist optimal an die Verkehrswege auf der Schiene, der Straße und in der Luft angebun-

den, von der Bedeutung der Nähe zum Rhein ganz zu schweigen. Wegen seiner Dimensionen ist der Duisburger Hafen auch ein touristisches Erlebnis.

Auf rund 1000 Hektar werden hier Logistikgeschäfte abgewickelt, in 22 Hafenbecken mit 40 Kilometern Ufer Güter aus aller Welt umgeschlagen. Wer sich ein Bild vom Hafen machen will, sollte eine **Rundfahrt** mit den Schiffen der „Weißen Flotte" unternehmen (⤢„Reisetipps A–Z, Schiffstouren"). Eine solche Tour gehört zu den unvergesslichen Erlebnissen eines Trips in die Rhein-Ruhr-Region.

● **DHG Weiße Flotte Duisburg GmbH,** Münzstraße 56, 47051 Duisburg, Tel. 0203-7139667, www.wf-duisburg.de.

Der Duisburger Norden

Schon seit der Jahrhundertwende ist Duisburgs Norden vor allem von der Eisen- und Stahlproduktion bestimmt. Im Stadtteil Hamborn steht der größte Hochofen der Welt, und im Landschaftspark Duisburg-Nord können Touristen Industriegeschichte und -architektur hautnah erleben. So bietet diese Gegend einen willkommenen Kontrast zur hohen Museumskultur der Innenstadt.

Landschaftspark Duisburg-Nord ⤢XI/CD2-3

Im nördlichen Stadtteil Meiderich, unweit der Stadtgrenze zu Oberhausen, liegt der Landschaftspark Duisburg-Nord, ein weiterer **Ankerpunkt der Route Industriekultur.** Dabei han-

Westen

delt es sich um ein ehemaliges Industriegelände gigantischen Ausmaßes, das Hüttenwerk Duisburg-Meiderich der *Thyssen AG.* Gerade für den Raum Duisburg/Mülheim hatte das Stahlimperium von **August Thyssen** (1842–1926) große Bedeutung. Die Fabrikanlagen und die Arbeitersiedlungen *Thyssens* prägten die Region wie sonst nur noch die Krupp-Dynastie. *Krupp Stahl* und *Thyssen Stahl* fusionierten 1997 zum größten europäischen Stahlkonzern, der *Thyssen Krupp Stahl AG.*

In Duisburg-Meiderich brannten von 1903 bis 1985 die Hochöfen, nicht zufällig in unmittelbarer Nähe zu den Kohlefeldern *Thyssens.* Bis zu seiner Stilllegung produzierte man in diesem Hochofenwerk Roheisen, das dann in den Thyssenschen Stahlwerken weiterverarbeitet wurde. Aber auf die letzte Schicht folgte hier nicht, wie an zahllosen anderen Stellen im Ruhrgebiet, der Abriss, sondern ein Neuanfang. Bürger und Vereine setzten alles daran, das Hochofenwerk zu erhalten. Die Bemühungen waren von Erfolg gekrönt, und 1994 konnte eine **industriegeschichtliche Ausstellung** eröffnet und ein historischer Pfad eingeweiht werden. Im Laufe der Jahre verwandelte sich das 200 Hektar große Areal in eine unvergleichliche Parklandschaft und ein absolutes Eldorado für Fans und Fotografen von Industriearchitektur. In ganz Deutschland kann wohl nur die Völklinger Hütte im Saarland mit dieser faszinierenden Szenerie verglichen werden.

Zwischen den Industrieruinen aus Ziegel, Stahl, Beton und Glas kann man sich jetzt die Zeit vertreiben. Besonders spannend ist dabei, auf welch bizarre Weise sich die alte Bausubstanz mit der überall sprießenden Natur verbindet. Kein Wunder, dass neben den industriegeschichtlichen auch naturkundliche Führungen in diesem eigenwilligen Biotop angeboten werden. Ebenso erlebenswert ist die Anlage in der Dunkelheit, besonders, wenn an den Wochenenden bis etwa 2 Uhr nachts das Hochofenwerk in einer **Lichtinszenierung** des Londoner Lichtkünstlers **Jonathan Park** erstrahlt. Kinder-, Jugend- und Nachtlichtführungen schließlich sorgen dafür, dass tatsächlich alle Facetten dieses Industriedenkmals angemessen ausgeleuchtet werden. Der Höhepunkt einer Führung ist für die meisten im wahrsten Sinne des Wortes die Besteigung der Aussichtsplattform des „Hochofen 5". Von hier kann man den Blick über ein Panorama schweifen lassen, wie man es selbst im Ruhrgebiet kaum ein zweites Mal findet. Zum Wandern und Radfahren lädt das Areal selbstverständlich auch ein; wie gut, dass der Park rund um die Uhr geöffnet ist.

● **Landschaftspark Duisburg-Nord,** Emscherstraße 71, 47137 Duisburg, Tel. 0203-4291942, www.landschaftspark.de. Geöffnet: Tag und Nacht. Eintritt: frei. Führungen auf dem Gelände der *Thyssen Krupp Stahl AG* vermittelt die Duisburg-Information: www.duisburg-information.de.

Landschaftspark Duisburg-Nord: Geschichte und Gegenwart des Reviers auf grandiose Weise vereinigt

können am Tauchgasometer Schnupperkurse belegen (⏶„Reisetipps A–Z, Sport").

●**TauchRevier Gasometer,** Emscherstr. 71, 47137 Duisburg, Tel. 0203-4105353, www.tauchrevier-gasometer.de. Geöffnet: Mo, Mi–Fr 12–20 Uhr, Sa, So, Feiertage 9–18 Uhr. Telefonische Voranmeldung erforderlich! Eintritt: 26 € Tagesticket. Leihgebühr für Komplettausrüstung: 38 €.

Alsumer Berg ⏶XI/C2

Nicht weit vom Landschaftspark Duisburg-Nord an der Alsumer Straße (Bundesautobahn A 42, Abfahrt DU-Beeck) eröffnet sich ein weiteres Ruhrgebietspanorama, der Alsumer Berg. Von einer ehemaligen Schuttdeponie aus, direkt am Rhein, hat man einen eindrucksvollen Blick auf die imposanteste Industriekulisse des heutigen Reviers. Das Werk Bruckhausen mit seinen sechs gewaltigen Hochöfen dehnt sich in drei Richtungen kilometerweit aus. Es wurde bereits 1889 vom Großindustriellen *August Thyssen* angelegt und ist heute Bestandteil der *Thyssen Krupp Stahl AG.*

König-Brauerei ⏶XI/C2-3

Im 19. Jahrhundert wurden im Ruhrgebiet zahlreiche Brauereien gegründet, die gut an den herbeiströmenden Arbeiterscharen verdienten. Der Siegeszug von Kohle und Stahl bedeutete auch ein stetig wachsendes Heer staubiger, d.h. durstiger Kehlen. Brauereien und Trinkhallen schossen wie Pilze aus der Erde, und zu den noch heute bedeutendsten Bierbrauern der Region zählt *König* in Duisburg. Im Jahre

TauchRevier Gasometer ⏶XI/D2

Eine besondere Attraktion des Landschaftsparks Duisburg-Nord ist die Neunutzung eines alten Nassgasometers als größtes Tauchtrainings- und Ausbildungszentrum Europas. Sagenhafte 21.000 Kubikmeter Wasser machen den Gasometer zum **größten künstlichen Tauchgewässer des Kontinents.** Hier wird das Tauchen zum – sicheren – Abenteuer, denn in der Anlage gibt es ein elf Meter langes Schiffswrack zu entdecken und ein künstliches Riff zu durchstreifen. Der Tauchgasometer misst 45 Meter im Durchmesser und ist mit zwei Millionen Litern Trinkwasser gefüllt.

Auf dem Weg hinunter in 13 Meter Tiefe passiert man einige Ausbildungsplattformen; Neugierige und Anfänger

Westen

„Staus und Behinderungen auf folgenden Strecken" – Autobahnromantik im Ruhrpott

Das Ruhrgebiet ist der mit Abstand **größte Ballungsraum Deutschlands,** sei es in Bezug auf die Bevölkerungszahl oder die Fläche. Im Gegensatz zu den Metropolen Berlin, Hamburg oder München ist im Revier das **wichtigste Verkehrsmittel** nach wie vor das **Auto,** die bedeutendsten Verkehrsadern sind dementsprechend die Autobahnen. Kaum irgendwo anders in den alten Bundesländern ist das Auto so sehr Kultsymbol wie hier, in keiner anderen Region spielten mehr Roadmovies als im Pott. Und auch, wenn viele Straßen zwischen Duisburg und Dortmund in erbärmlichem Zustand sind, die Rolle von Auto und Autobahn ist zentraler als anderswo.

Wer auf der „40" Essen passiert, der merkt, dass Bundesautobahnen im Revier bisweilen nichts anderes als **Stadtautobahnen** sind, die gegebenenfalls Innenstädte einfach „untertunneln". Hier enden Autobahnen nicht vor den Städten, wie im Rhein-Main- oder Rhein-Neckar-Raum, sie führen praktisch in die Städte hinein bis an die Wohngebiete. Legendär ist der so genannte **Ruhrschnellweg,** die A 40, der allerdings außerhalb der Nachtstunden seinem Namen nicht gerecht wird; zu groß ist meist das Verkehrsaufkommen auf der zentralen West-Ost-Achse durchs Revier.

An besonders neuralgischen Punkten wie in Bochum-Stahlhausen wird der Auto-Strom durch **Ampelzuflussregelungen** dirigiert, Maßnahmen, die man eher von den autofetischistischen Amerikanern kennt.

Dass eine Stadt in die andere übergeht und man gleichsam durch die eine große „Ruhrstadt" treibt, das spürt man auch auf den Autobahnen, deren **Auf- und Abfahrten** innerhalb weniger hundert Meter aufeinander folgen. Gerade bei einem „Ritt" über die A 40 und die A 43 wird das deutlich: Hier hat man z.B. 14 verschiedene Möglichkeiten, nach Bochum abzufahren.

Ein außergewöhnliches Ruhrgebiets-Feeling mit fotogenen Industriesilhouetten und mächtigen Hafenanlagen kann man weiter westlich „erfahren", im **Großraum Duisburg.** Vielleicht an bzw. in keinem anderen „Tatort" spielte das Auto und das Fahren eine so große Rolle wie bei den Verfolgungsjagden von Horst Schimanski in seinem alten Citroen. Hier konnte mal einer so richtig cool sein, wider alle Verkehrsregeln rumheizen und es genießen, so gar nicht *politically correct* zu sein.

Dass sie sehr stark befahren sind, hat den großen Verkehrsachsen im Pott natürlich arg zugesetzt. Vielfach sind die Straßen in **schlechtem Zustand,** und die Autobahnschilder sind mangels Geld in den Stadtkassen oft alt, verschmutzt und bloß mit gutem Willen lesbar. Oder wenn man langsam fährt, was glücklicherweise oft – wenngleich manchmal nicht ganz freiwillig – der Fall ist.

Denn wenn im Radiosender „Eins live" die Staus und Verkehrsbehinderungen verlesen werden, dann kann man sich erst einmal zurücklehnen, das hört so schnell nicht auf; und wenn die Lage gar zu prekär ist, werden auch schon mal erst die Autoschlangen ab vier oder fünf Kilometern Länge für erwähnenswert gehalten.

1858 hatte *Theodor König* (1825–1891) in Beeck nahe den damaligen Industrie-„Boomtowns" Meiderich, Ruhrort und Hamborn seine Brauerei gegründet. Mit seinem Bier nach Pilsener Brauart hatte *König* schon früh Erfolg. Wer sich für Geschichte (und Geschmack) seiner Erzeugnisse interessiert, kann in der Brauerei nach Voranmeldung an einer Führung teilnehmen. Wegen des starken Interesses kann es allerdings zu Wartezeiten von bis zu einem Jahr (!) kommen.

● **König-Brauerei,** Friedrich-Ebert-Str. 255–263, 47139 Duisburg, Tel. 0203-93330, www.koenig.de. Führungen Mo–Do 10–13 und 14–17 Uhr. Alle Teilnehmer müssen volljährig sein. Eintritt: 5 €.

Botanischer Garten Hamborn ⚐XI/C2

Man könnte ihn als Gegengewicht zu all der Industrie im Norden Duisburgs verstehen, den über hundertjährigen Botanischen Garten Hamborn. Im Jahre 1905 gegründet, umfasst der 260 Hektar große Garten heute neben einem **Alpinum** mehrere **Großaquarien** und temperierte **Schauhäuser.** Pflanzen-Liebhaber können hier an tropischen Seerosenbecken Kräfte sammeln für die nächsten Stationen ihres Duisburg-Besuchs.

● **Botanischer Garten Hamborn,** Fürst-Pückler-Straße 18, 47166 Duisburg-Hamborn, Führungen Tel. 0203-2835216. Geöffnet: März bis Oktober Mo–Fr 7–18 Uhr, Sa, So 10–18 Uhr, November bis Februar Mo–Fr 7.30–16 Uhr, Sa, So 10–16 Uhr. Eintritt: frei.

Marxloh ⚐XI/C2

Im Norden von Duisburg liegt ein Stadtteil mit besonders hohem Ausländeranteil: Marxloh. Von den rund 17.000 Einwohnern sind etwa ein Drittel Menschen mit **Migrationshintergrund,** die diesem Viertel eine besondere Buntheit verleihen. Fernab der bekannten Sehenswürdigkeiten der Stadt fühlt sich der Besucher hier ein bisschen wie in Berlin-Neukölln oder gar in die Türkei versetzt. Die hohe Arbeitslosenquote in Marxloh zeugt von den großen sozialen Herausforderungen, vor denen dieser Stadtteil steht. In den letzten Jahren wurde Marxloh vielen Menschen durch das so genannte **„Wunder von Marxloh"** ein Begriff, womit die nahezu reibungslose Realisierung eines imposanten **Moschee-Baues** gemeint ist.

DITIB-Merkez-Moschee ⚐XI/C2

Im Duisburger Stadtteil Marxloh liegt einer der jüngsten und außergewöhnlichsten Sakralbauten Deutschlands – die **DITIB-Merkez-Moschee.** Diese islamische Gebetsstätte wurde 2008 eröffnet und hat beeindruckende Dimensionen. 34 Meter hoch ragt das Minarett in den Duisburger Himmel und in mehr als 20 Metern Höhe spannt sich das gewaltige silberne Kuppeldach über den Gebetssaal, der rund 800 Gläubige aufnehmen kann. Die DITIB-Merkez-Moschee, die damit zu den größten Moscheen Deutschlands zählt, ist auch für jeden Nicht-Muslim einen Besuch wert. Sowohl architektonisch wie künstlerisch aber auch durch die be-

Westen

sondere **spirituelle Atmosphäre** beeindruckt dieses Bauwerk seine Gäste. Das Gebäude ist im osmanischen Stil errichtet und weist in seinem Inneren **prächtige Malereien** auf. Neben dem Gebetssaal und einer großen Empore befinden sich eine Bibliothek samt Archiv sowie ein Bistro und einige Seminarräume in der Moschee. Letztere werden u.a. für Deutsch- und Integrationskurse genutzt.

● **DITIB-Merkez-Moschee,** Warbruckstr. 51, 47169 Duisburg, Tel. 0203-5789840, www.ditib-du.de. Führungen für Privatpersonen Mo 13.30, Mi und Sa 11 Uhr, ca. 1 Stunde, kostenlos, Infos und Anmeldung unter Tel. 0203-5789840.

ElectronicPark Neudorf ⌁XIX/D1

Wer vom Duisburger Hauptbahnhof nicht stadteinwärts, sondern die Mülheimer Straße Richtung Universität fährt bzw. läuft, gelangt schon bald zum ElectronicPark Neudorf. Die Anlage, 1987 gegründet, ist ein Beweis dafür, dass sich der Stadtteil Neudorf zu einem wichtigen Standort für neue Technologien (Mikrotechnologie, IT-Branche, Kommunikationstechnologie, Multimedia-Branche) entwickelt hat. Gerade Architekturfans sollten dem ElectronicPark eine Stippvisite abstatten, denn die Gebäude des Komplexes wurden vom weltbekannten britischen Architekten **Sir Norman Foster** entworfen und bringen ungewohnte futuristische Akzente ins Duisburger Stadtbild (Infos im Internet: www.impulsduisburg.de).

Um all die Eindrücke (und vielleicht das eine oder andere Bier) zu verdau-

en, kehrt man am besten im *Finkenkrug* ein (⌁ *„Praktische Tipps"*).

Zoo Duisburg ⌁XI/D3

Fährt man vom Duisburger Zentrum auf der Mülheimer Straße Richtung Osten, kommt man kurz vor dem Mülheimer Ortsschild zum Zoo, der inmitten des Waldgebiets am Kaiserberg liegt. Eine herausragende Attraktion ist das große **Affenhaus** namens „Äquatorium". Daneben begeistern vor der Kulisse eines karibischen Palmenstrandes die Vorführungen der **Delfine** im Delfinarium. Eine asiatische Atmosphäre verströmt der Chinesische Garten mit Wasserpavillon und Bogenbrücke, und besonders stolz ist man auch auf die in Europa einzigartige **Koala-Zucht.** Da sich der Zoo über ein großes Areal erstreckt und sehr viel zu bieten hat, sollte man sich für einen Besuch mindestens einen halben Tag Zeit nehmen. (⌁ *„Reisetipps A–Z, Zoos"*)

● **Zoo Duisburg,** Mülheimer Straße 273, 47058 Duisburg, Tel. 0203-305590, www.zoo-duisburg.de. Geöffnet: März bis Oktober 9–17.30 Uhr, November bis Februar 9–16 Uhr. Eintritt: 11 €, ermäßigt 8 €, Kinder 5,50 €.

Rheinhausen ⌁XIX/C1-3

Der größte linksrheinische Stadtteil Duisburgs ist Rheinhausen. Dieser Name wurde einst zum Inbegriff des wirtschaftlichen Niedergangs im Zuge der Kohle- und Stahlkrise. Angefangen hatte die industrielle Erschließung Rhein-

Westen

hausens schon Ende des 19. Jahrhunderts. Damals ließ *Friedrich Krupp* auf freiem Feld ein Hüttenwerk mit Hochofenanlage, Kokerei, Stahlwerk und Walzstraßen errichten. 1914 war das Werk Rheinhausen das größte Hüttenwerk in Europa und beschäftigte rund 8400 Arbeiter. Um 1960 hatte *Krupp* in Rheinhausen 15.600 Beschäftigte, doch danach ging es bergab. Arbeitsplätze waren in Gefahr. Als sich dann die Pläne zum Stellenabbau auf weit mehr als 5000 Arbeitsplätze erhöhten, legten aus Solidarität am 10. Dezember 1987 etwa 100.000 Stahlarbeiter und Bergleute im ganzen Ruhrgebiet ihre Arbeit nieder und mit Brücken- und Straßensperren den Verkehr im westlichen Ruhrgebiet lahm.

Doch auch Gottesdienste, Mahnwachen und Menschenketten konnten das Ende nicht abwenden. 1989/1990 wurden die Hochöfen stillgelegt, und 1993 kam es zur Schließung des Stahlwerks Duisburg-Rheinhausen. Seit 1998 hat das einstige Hüttengelände als Logistik-Center (Logport) der Duisburg-Ruhrorter Häfen wieder eine wirtschaftliche Bedeutung.

An das Jahrhundert des Stahls erinnern hier heute nur noch Straßennamen wie Kruppstraße etc.

Von der Duisburger Innenstadt aus erreicht man Rheinhausen am besten über die große Brücke der Solidarität.

Wie Filmkulissen wirken die verlassenen Villen der Beamtensiedlung Bliersheim

Auf der linken Rheinseite breitet sich nach einem kurzen Waldstück die alte **Margarethen-Siedlung** (⌗**XIX/C1**) (benannt nach *Margarethe Krupp)* aus, in der einst hunderte von „Kruppianern" lebten. Wenngleich kein Schmuckkästchen wie die restaurierte Essener Margarethenhöhe, bietet auch diese Arbeitersiedlung einen interessanten Einblick in die Sozialgeschichte des Ruhrgebiets, aber auch in die sorgenvolle Gegenwart (⌗„Reisetipps A–Z, Arbeitersiedlungen").

Eine skurrile Szenerie trifft man auf dem ehemaligen Hüttengelände in Bliersheim an. In der Villenstraße hat sich eine so genannte **Beamtensiedlung** (⌗**XIX/C2**) erhalten. Neben den Arbeitern waren auf der Hütte auch rund 1000 Angestellte beschäftigt, von denen die leitenden gemäß der „Residenzpflicht" einst in unmittelbarer Werksnähe wohnen mussten. Zurückgeblieben sind eine Reihe verlassener Villen, die sich inmitten des Logistik-Gewerbegebiets recht bizarr ausmachen.

Praktische Tipps

Information

- **Duisburg-Information,** Königstraße 86, 47051 Duisburg, Tel. 0203-2854412, Fax 285 4444, www.duisburg-information.de. Geöffnet: Mo–Fr 9.30–18 Uhr, Sa 10–13 Uhr.
- **Besucherzentrum RUHR.2010:** CityPalais, Landfermannstr./Königstr., 47051 Duisburg. Info-Hotline RUHR.2010: 01805-452010, www.ruhr2010.de.

Öffentliche Verkehrsmittel

- **Hauptbahnhof** und **zentraler Busbahnhof:** Harry-Epstein-Platz, 47051 Duisburg.

- **Taxi:** Taxistände liegen unmittelbar am Hauptbahnhof; Taxiruf: 0203-19410.

Unterkunft

- **Gasthof zur Linde** (⌗**XVIII/B1**), Sedanstraße 1, 47229 Duisburg, Tel. 02065-22079, Fax 29639, www.gasthof-zur-linde-duisburg. de. Preise: EZ ab 52 €, DZ ab 82 €.

  Ein gemütliches kleines Hotel (sieben Zimmer) auf der linken Rheinseite Duisburgs in Rheinhausen.

- **Ferrotel** (⌗**XIX/C1**), Düsseldorfer Straße 122–124, 47051 Duisburg, Tel. 0203-287085, Fax 287754, www.sorat-hotels.com. Preise: EZ ab 101 €, DZ ab 123 €.

  Hier wird selbst das Übernachten durch geschmackvolles Industriedesign zu einem stilvollen Ruhrgebietserlebnis.

- **Plaza-Hotel,** Düsseldorfer Straße 54, 47051 Duisburg, Tel. 0203-28220, Fax 282 2300, www.hotel-plaza.de. Preise: EZ ab 89 €, DZ ab 125 €.

  Ein gediegenes Komfort-Hotel in unmittelbarer Nähe zum berühmten Wilhelm-Lehmbruck-Museum mit hauseigenem Swimmingpool und Sauna.

- **Mark Hotel Duisburger Hof,** Neckarstraße 2, 47051 Duisburg, Tel. 0203-30070, www.markhotel.de. Preise: EZ ab 109 €, DZ ab 109 €.

  Das vier Sterne Haus direkt gegenüber der Deutschen Oper am Rhein ist das erste Haus am Platze; es geht auf das Jahr 1927 zurück.

Jugendherbergen

- **Jugendherberge Duisburg-Nord** (⌗**XI/D3**), Lösorterstraße 133, 47137 Duisburg, Tel. 0203-417 900, www.duisburg-meiderich. jugendherberge.de. Preis pro Person und Nacht ab 23,70 €.

  Die im Jahr 2001 eröffnete Jugendherberge liegt direkt im Landschaftspark Duisburg-Nord und ist in dem ehemaligen Verwaltungsgebäude des Thyssen-Hüttenwerkes untergebracht. Das Haus bietet viel Komfort und durch das historische Gebäude auch ein außergewöhnliches Ambiente.

- **Jugendherberge Duisburg-Wedau** (⌗**XIX/D1**), Kalkweg 148, 47279 Duisburg, Tel. 0203-724164, www.duisburg-wedau.jugend

herberge.de. Preis pro Person/Nacht ab 17,90 €.

Die Herberge liegt am südöstlichen Stadtrand und in unmittelbarer Schlagdistanz zum Landschaftspark Nord sowie zum Duisburger Zoo.

Essen und Trinken

● **Restaurant Dreigiebelhaus,** Nonnengasse 8, 47051 Duisburg, Tel. 0203-26859, www.dreigiebelhaus.com. Geöffnet: Di–Fr 12–14.30 Uhr und ab 18 Uhr. Sa ab 17.30 Uhr, So 12–15 Uhr und ab 17.30 Uhr.

Innerhalb der einstigen Klostermauern isst man herzhaft und traditionell.

● **Restaurant Küppersmühle,** Philosophenweg 49 d, 47051 Duisburg, Tel. 0203-2986363, www.kueppersmuehle.de. Mo–Do 11–24, Fr 11–1, Sa 9–1, So 10–22 Uhr.

Ein schönes Restaurant, das zugleich Café, Bistro und Cocktailbar ist und mit einer breit gefächerten Speisekarte aufwartet. Zu den leckeren Schnitzel- und Steakgerichten schmeckt z.B. ein Duisburger König-Bier. Die Lage direkt am Wasser begeistert vor allem bei Besuchen im Sommer auf der Restaurant-Terrasse.

● **Diebels im Hafen,** Philosophenweg 31–33, 47051 Duisburg, Tel. 0203-3466811, www.diebels-im-hafen.de. Geöffnet: Mo–Sa ab 12 Uhr, So ab 10 Uhr, Fr, Sa, vor Feiertagen bis mind. 3 Uhr geöffnet.

Dieses Brauerei-Restaurant befindet sich im historischen Werhahn-Komplex am Innenhafen und verfügt über einen schönen Ponton-Biergarten.

● **Brauhaus Schacht 4/8,** Düsseldorfer Straße 21, 47051 Duisburg, Tel. 0203-281 000, www.brauhaus-schacht-4-8.de. Geöffnet: Mo–Do 11–0.30 Uhr, Fr, Sa 11–2 Uhr, So 10–22 Uhr.

Der originelle Höhepunkt für Fassbier-Fans in Duisburg. In rustikaler Umgebung lässt man sich das hausgebraute Grubengoldbier und Bergmannskost schmecken. Abgefüllt werden „Fässken" und „Püllken".

● **Don Camillo,** Fuldastraße 20, 47051 Duisburg, Tel. 0203-330330. Geöffnet: Mo–Sa ab 18 Uhr.

Gemütlich eingerichtetes spanisches Restaurant, in dem der Koch seit über 17 Jahren sehr großzügig mit Knoblauch experimentiert.

● **Schifferbörse** (⌗**XI/C3**), Gustav-Sander-Platz 1, 47119 Duisburg, Tel. 0203-808570. Geöffnet: Mo–Sa 12–22.30 Uhr, So, Fei 11–15 Uhr.

Schon die Aussicht und die Innenausstattung machen dieses Restaurant zu einem Erlebnis. Die moderne, internationale Küche vollendet das Vergnügen.

● **Finkenkrug** (⌗**XIX/D1**), Sternbuschweg 71–73, 47057 Duisburg, Tel. 0203-373200, www.finkenkrug.de. Geöffnet: Mo–Do 12–1 Uhr, Fr 12–3 Uhr, Sa 17–3 Uhr, So 11–1 Uhr.

Eine typische Studentenkneipe in Schlagdistanz zur Uni. Seit mehr als dreißig Jahren am Start und einundzwanzig Fassbiere sowie 175 Flaschenbiere zur Auswahl.

Im traditionsreichen „Bier-Revier" muss keine Besucherkehle trocken bleiben

Westen

Weitere Sehenswürdigkeiten

●**Siedlung Rheinpreußen** (⤢**X/B3**), Rheinpreußenstraße, 47198 Duisburg-Homberg.

Wunderschöne alte Arbeitersiedlung, die ab 1903 für die Arbeiter der Gewerkschaft Rheinpreußen angelegt wurde. Alter Ziegelstein und urige Fensterläden versetzen die Besucher in vergangene Zeiten.

●**Rheinhauser Bergbausammlung** (⤢**XIX/C1**), Hochstraße 114, 47228 Duisburg, Tel. 02065-21052, www.bergbausammlung.de. Geöffnet: Do 9–16 Uhr, So 14–16 Uhr Eintritt frei.

Die lange Bergbautradition des Stadtteils Rheinhausen wird hier gewürdigt und ihre Geschichte anhand von 800 Exponaten nachgezeichnet.

Weitere Theater

●**Theater am Marientor,** Plessingstraße 20, 47051 Duisburg, Tel. 0203-28250, www.theater-am-marientor.de.

Das Theater am Marientor kann als Gastspielhaus bezeichnet werden. Unterschiedlichste Veranstaltungen von der Oper und Operette über Konzerte und Schauspiel bis hin zu Kabarett und Comedy stehen auf dem Programm. Auch die Konzertreihen der Duisburger Philharmoniker werden hier aufgeführt.

Nachtleben

●**Kultkeller,** Steinsche Gasse 48, 47051 Duisburg, Tel. 0177-6529345, www.kultkeller.com. Geöffnet: Do, Fr, Sa ab 22 Uhr.

Das ehemalige *Old Daddy* heißt nun Kultkeller, aber getanzt wird immer noch in den kultigen Katakomben. Das Programm und die Musik ist vielseitig: donnerstags tanzt man im Kultkeller zu Elektro, Gothic, Rock und Alternative, jeden 1. Freitag im Monat zu Charts und Rock, jeden 2., 3. und 4. Freitag im Monat zu Alternative, Wave, Hardrock und Metal und jeden Samstag zu Gothic, Electro, EBM, Noise, Wave, Industrial.

●**Pulp** (⤢**XIX/C1**), Wanheimer Straße 231a, 47053 Duisburg, Tel. 0203-3637900, www.pulp-duisburg.de. Geöffnet: Do 21–5 Uhr, Fr, Sa 22–5 Uhr.

Das *Pulp* kann man nicht beschreiben, man muss es gesehen haben: Den ehemaligen Bahnhof hat der Besitzer in Eigenarbeit in eine Art Schloss verwandelt, in dem das Skurrile und Morbide Programm ist. Alternative, Gitarrenrock und 1980er-Jahre-Musik werden gespielt, die beiden Tanzflächen sind oft ziemlich voll.

Kino

●**UCI Kinowelt,** Neudorfer Straße 36–40, 47057 Duisburg, Programmauskunft und Kartenreservierung: 0203-3019191.

Großes Multiplex-Kino beim Hauptbahnhof.

●**Stadtwerke Sommerkino** (⤢**XI/D2**): Im Landschaftspark Duisburg-Nord, Emscherstraße 71, 47137 Duisburg-Meiderich, www.stadtwerke-sommerkino.de. Beginn der Vorstellung ca. 21.15 Uhr.

Deutschlands erstes Open-Air-Kino mit schließbarem Dach. Und das ist längst nicht alles, vor der gigantischen Kulisse im Landschaftspark gibt's neben Kino auch Live-Musik und einen Biergarten.

Feste und Festivals

●**Traumzeitfestival:** Gejazzt wird auf diesem mehrtägigen internationalen Musikfestival im Juli vor den imposanten Hochöfen im Landschaftspark Duisburg-Nord. Infos: www.traumzeit-festival.de.

●**Filmwoche:** Das kleine Festival, das im November stattfindet, ist auf den deutschsprachigen Dokumentarfilm spezialisiert. Infos: www.duisburg.de.

●**Weihnachtsmarkt:** Infos im Internet unter www.duisburger-weihnachtsmarkt.de.

Einkaufen

●**Forum Duisburg,** Königstr. 48, 47051 Duisburg, www.forumduisburg.de. Läden: Mo–Sa 9.30–20 Uhr, begehbar auch sonntags 11–18 Uhr.

Dieses 2009 eingeweihte Einkaufszentrum ist das neue Shopping-Paradies in der Duisburger Innenstadt. Auf 57.000 qm sind hier 80 Geschäfte versammelt, von Saturn, H&M

und Karstadt bis zu Apple, New Yorker und der Mayerschen Buchhandlung. Parkgelegenheite befinden sich direkt unter dem Forum.

● **Mayersche Buchhandlung,** Duisburg Forum, Königstr. 48, 47051 Duisburg, Tel. 0203-709004-00, Geöffnet: Mo–Sa 9.30–20 Uhr.

Die traditionsreiche Buchhandlung bietet ein riesiges Sortiment, darüber hinaus gibt's eine Medienstation für Hörbücher, einen Tummelplatz für Kinder und natürlich ein Café für die Caféhausliteratur, und wer dort nicht sitzen will, der lümmelt sich in eine der vielen Lese-Ecken.

● **Flohmarkt an der Rhein-Ruhr-Halle** (↗**XI/C2**)**:** Walter-Rathenau-Straße 1, 47116 Duisburg. Di 6–14 Uhr.

Sport und Freizeit

● **Fahrradverleih Landschaftspark Duisburg-Nord:** Emscherstraße 71, 45137 Duisburg, Tel. 0203-4291942. Geöffnet: Mo–Do 10–17 Uhr, Fr–So 10–21 Uhr.

● **Fahrradverleih Hauptbahnhof:** Ostausgang, Kammerstraße 3, 47057 Duisburg. Geöffnet: Mo–Do 5.30–22.30 Uhr, Fr 5.30–24 Uhr, Sa 8–24 Uhr, So 8.30–18.30 Uhr.

● **Revierpark Mattlerbusch** (↗**XI/C2**)**,** Wehofer Straße, 47169 Duisburg, www.duisburg.de.

In dem großzügigen Park finden sich eine imposante Salinenanlage, ein großer Wasserfall und Feuchtbiotope sowie mehrere Spielplätze. Außerdem gibt es einen Reiterhof mit zwei Reitplätzen, der Planwagenfahrten und Ponyreiten anbietet. Eingebettet in den Park ist die Niederrhein-Therme, eine großzügige Sole- und Saunalandschaft mit insgesamt 14 Saunen, in der man die Seele so richtig baumeln lassen kann.

● **Strandbad Wedau** (↗**XIX/D1**)**,** Bertaallee 10, 47055 Duisburg, Tel. 0203-726457, www.strandbad-wedau.de. Geöffnet: Hauptsaison 11. Mai bis 6. Sept. tgl. ab 13 Uhr.

Wer keine Lust hat zu schwimmen, kann sich auf den zwei Beachvolleyballplätzen austoben.

● **Tauchen:** *Aquarius Dive Center* (↗**XIX/D1**)**,** Hansastraße 40, 47058 Duisburg, Tel. 0203-338935, www.aquarius-duisburg.de. Geöffnet: Mo–Fr 10–13 und 15–18.30 Uhr, Sa 10–14 Uhr.

Ob Schnuppertauchen, Anfängerkurse, Scuba- oder Open-Water-Diver-Kurs – hier kommt jeder auf seine Kosten.

● **Tauchen:** im Tauchgasometer, ↗ dort.

● **Klettern:** Landschaftspark Duisburg-Nord, ↗ dort.

Kinder

● **Legoland Discovery Center,** ↗ dort.

● **Museum der deutschen Binnenschifffahrt,** ↗ dort.

● **Kinderführungen** im Landschaftspark Duisburg-Nord, ↗ dort.

● **Zoo Duisburg,** ↗ dort.

● **Revierpark Mattlerbusch,** ↗ oben.

Schiffstouren

● **Hafenrundfahrt mit der „Weißen Flotte",** **DHG Weiße Flotte Duisburg GmbH,** Münzstraße 56, 47051 Duisburg, Tel. 0203-7139667, www.wf-duisburg.de (↗ auch „Reisetipps A–Z, Schiffstouren").

Auf Du und Du mit
den Duisburger Delfinen

Westen

Mülheim
an der Ruhr ⌂ XII/AB 3, XX/B1

Überblick

Wie der Name schon sagt, liegt Mülheim an dem Fluss, der dem Revier seinen Namen gab, ja, die Ruhr fließt sogar mitten durch das Stadtzentrum. Nicht zuletzt dies macht Mülheim zu einem attraktiven touristischen Ausflugsziel: Vom Wasserbahnhof aus können Schiffstouren entlang des grünen Ruhrufers unternommen werden. Spaziergängern und Radfahrern bietet die Ruhr-Stadt mit ihren 250 Kilometer weiten Wanderwegen entlang der idyllischen Flussläufe und Auen sowie in den großflächigen Wald- und Wiesengebieten reizvolle Freizeit- und Erholungsmöglichkeiten. Hinzu kommen bemerkenswerte Museen, schöne Schloss- und Klosteranlagen und eine historische Altstadt mit schnuckeligen Fachwerkhäusern.

Die günstige Lage am Ruhrufer sorgte in Mülheim schon früh für reges wirtschaftliches Treiben. Die Ufer und Bachtäler des Flusses waren gesäumt von Mühlen, die der Stadt ihren Namen gaben; sie wurde im Jahr 1093 erstmals urkundlich als „Mulenheim" erwähnt. Im 16. und 17. Jahrhundert war die Ruhr bereits der meistbefahrene Fluss Europas: Bestimmend war die **Frachtschifffahrt,** die von unterschiedlichen Industriezweigen, wie der Textil- und Lederindustrie, genutzt wurde. Besondere Bedeutung kam in Mülheim auch früh der **Kohleförde-**

rung zu: Bereits seit dem 16. Jahrhundert wurde in der Stadt Kohlenhandel betrieben. Rund 46 Bergwerke sollen angeblich im gleichen Jahrhundert in Förderung gestanden haben. 1850 war die Kohlenflotte Mülheims mit 350 Schiffen sogar die größte in Preußen. 1871 prägte schließlich der deutsche Industriegigant *August Thyssen* die Ruhr-Stadt mit der Errichtung eines riesigen Stahl- und Walzwerks.

Wie so viele Städte im Revier, wurde auch Mülheim im Zweiten Weltkrieg Ziel alliierter **Bomben:** 1943 wurden bei einem englischen Luftangriff 70 Prozent der Innenstadt zerstört.

Die **Krise der Montanindustrie** setzte in Mülheim vergleichsweise früh ein. Die Stadt, die so zeitig wie nur wenige im Revier mit der Kohleförderung begann, beendete 1966 mit der Schließung der letzten Zeche als erste Stadt im Ruhrgebiet den traditionsreichen Bergbau. Inzwischen dominieren in Mülheim Dienstleistungsbetriebe und Großfirmen des Maschinenbaus die Wirtschaft.

Heute erinnert in der rund 168.000 Einwohner zählenden Stadt nicht mehr viel an die industriegeschichtliche Vergangenheit. Nur vereinzelt sind noch Relikte der Kohlen-Ära erhalten. Die Stadt zieht ihre Reize vielmehr aus den großflächigen **Wald- und Parklandschaften** und dem breit gefächerten **kulturellen Angebot.**

Innenstadt

Die Innenstadt Mülheims lässt sich begrenzen durch das Kunstmuseum Alte

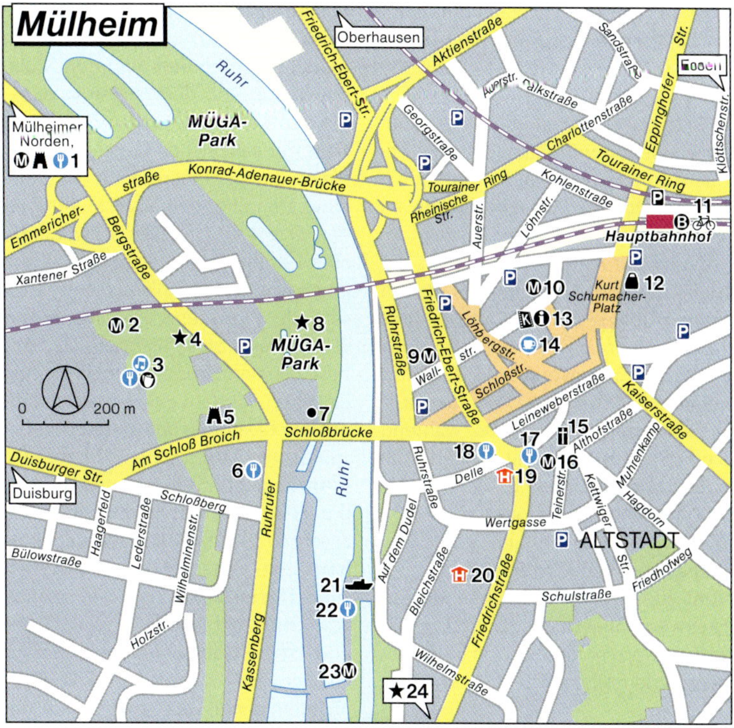

Mülheim

Westen

Ⓜ	**1**	Aquarius Wassermuseum,	Ⓒ	**14**	Café Mocca-Nova
Ⓐ❶		Schloß Styrum	❗❗	**15**	Petrikirche
Ⓜ	**2**	Camera Obscura	Ⓜ	**16**	Heimatmuseum Tersteegenhaus
Ⓡ❶❸	**3**	Ringlokschuppen, poet23	❶	**17**	Mausefalle
★	**4**	Matsch-Spielplatz	❶	**18**	Dalaman
♠	**5**	Schloß Broich	♨	**19**	Handelshof
❶	**6**	Fata Morgana	♨	**20**	Friederike
•	**7**	Stadthalle	⚓	**21**	Wasserbahnhof/Weiße Flotte
★	**8**	Wasserspielplatz	❶	**22**	Franky's im
Ⓜ	**9**	Rathaus und Büromuseum			Wasserbahnhof
Ⓜ	**10**	Kunstmuseum Alte Post	Ⓜ	**23**	Haus Ruhrnatur
♿	**11**	RevierRad-Zentrale	★	**24**	Bismarckturm,
♦	**12**	Forum City Mülheim			Dorf und Kloster Saarn
❶	**13**	Touristen-Information/			
Ⓡ		Filmkunsttheater Rio			

Post im Norden, das Haus Ruhrnatur im Süden und den Ringlokschuppen im Westen sowie die historische Altstadt im Osten. Diese attraktiven Fixpunkte und die weiteren innerstädtischen Sehenswürdigkeiten sind bequem zu Fuß zu erkunden und durch die **vorbildliche Ausschilderung** im Zentrum leicht zu finden.

Durch die malerische Lage an der Ruhr liegen im Mülheimer Stadtkern grüne Erholungsflächen und ruheloses Treiben einer Einkaufsmeile dicht beieinander. Am unverbauten **Ruhrufer** inmitten der idyllischen Ruhrauen lässt es sich angenehm flanieren, während die **Fußgängerzone** mit kleinen Boutiquen und Lokalen (z.B. *Mocca-Nova* ⤢ „Praktische Tipps") lockt.

Anders als die übrigen Städte des Ruhrgebiets kann Mülheim im Zentrum zudem mit zahlreichen kleinen **Fachwerkhäusern** aus vorindustrieller Zeit aufwarten; diese liegen in der sehenswerten **Altstadt.**

Fußgängerzone

Zentrum der ausgedehnten Fußgängerzone ist die Schloßstraße, die Anfang der 1970er Jahre als erste autofreie Einkaufszone in Deutschland gestaltet wurde. Die Straße reicht vom Kurt-Schumacher-Platz bis zu den Ruhranlagen und beherbergt eine Vielzahl von Geschäften. Lohnend ist ein Blick in die kleinen urigen Gassen, die von der Schloßstraße wegführen. Hier findet man kleine nette Cafés und eine Menge idyllischer Fotomotive.

Verbindungsglied zwischen Fußgängerzone und Hauptbahnhof ist das **Einkaufszentrum Forum City Mülheim** (⤢ „Praktische Tipps") mit seinen rund 120 Geschäften und den Multiplex-Kinos, von dem aus man direkt auf den Kurt-Schumacher-Platz stößt. Trotz der zahlreichen Geschäfte sollte die Mülheimer Innenstadt nicht unbedingt zum Shoppen angesteuert werden. Das Warenangebot ist zwar groß, aber keineswegs so vielseitig und originell wie in den Einkaufszentren Essen oder Dortmund. Deshalb wollen wir an dieser Stelle nicht auf die eher beschränkten Shoppingmöglichkeiten eingehen, sondern uns den architektonischen Kleinoden und kulturellen Reizen der Fußgängerzone widmen.

An ihrem nördlichen Rand, direkt an der Friedrich-Ebert-Straße, liegt das zwischen 1912 bis 1915 errichtete **Rathaus** mit seinem 60 Meter hohen Turm. Das im Stil der Neo-Renaissance von dem Architekten *Arthur Pfeifer* entworfene Gebäude kommt zwar im Großen und Ganzen zweckdienlich-nüchtern daher, weist aber eine in Teilen nette stuckverzierte Fassade auf. Der Turm beherbergt in der zehnten Etage zudem ein **Büromuseum,** das sich der technischen Entwicklung des Büroalltags widmet. Alte, ausrangierte Schreib- und Rechenmaschinen, Karteikästen und andere Büroarbeitsgeräte zeugen auf drei Stockwerken von den frühen Errungenschaften in den Schreibstuben. Vom Museum aus kommt man übrigens auch auf die Turmbalustrade, die einen schönen Rundblick über die Stadt bietet.

Weitere Highlights der Fußgängerzone sind sicherlich das Kunstmuseum

031rg Foto: rw

Westen

zur Alten Post, in dessen Nachbarschaft sich die Touristen-Information befindet, und die historische Altstadt in südlicher Richtung (s.u.).

● **Büromuseum:** Friedrich-Ebert-Straße 43, 45468 Mülheim an der Ruhr, Tel. 0208-455 4137. Geöffnet: Di, Do 14–16 Uhr. Eintritt: 1 €, ermäßigt 0,50 €.

Kunstmuseum Alte Post

Im nordöstlichen Teil der Fußgängerzone, in einer Nebenstraße der Schloßstraße, liegt das Kunstmuseum Alte Post. Sein Name weist bereits auf die ehemalige Nutzung des Gebäudes hin; es beherbergte früher das Mülheimer Hauptpostamt. Seit 1994 befindet sich allerdings das Kunstmuseum in dem schmucken historischen Bau aus dem Jahr 1898. Schwerpunkt der Kollektion, die sich über drei großflächige Etagen erstreckt, ist die **Kunst des 20. Jahrhunderts.** Überregionale Bedeutung besitzt dabei die Kunstsammlung der Eheleute *Karl* und *Maria Ziegler,* die dem Museum 1981 im Zuge einer Schenkung wertvolle Arbeiten deutscher **Expressionisten** überließen. Darunter sind Werke so bedeutender Künstler wie *Käthe Kollwitz, Max Beckmann, Lyonel Feininger, Paul Klee, August Macke* oder *Emil Nolde.*

Mit seinen verwinkelten Altstadtgassen zählt Mülheim zu den beschaulichsten Städten im Ruhrgebiet

Ebenfalls aus einer Schenkung ist ein weiterer Höhepunkt der Kollektion hervorgegangen: Der Mülheimer Arzt *Karl Themel* vermachte dem Museum seine umfangreiche Sammlung mit Werken des deutschen Malers, Zeichners und Fotografen **Heinrich Zille.** Mit über 400 Exponaten des Berliner Künstlers beheimatet das Museum eine der größten Zille-Sammlungen Deutschlands außerhalb Berlins, die sämtliche Facetten seines Werkes umfasst.

● **Kunstmuseum Alte Post,** Viktoriaplatz 1, 45468 Mülheim an der Ruhr, Tel. 0208-455 4138, www.kunstmuseum-mh.de. Geöffnet: Di, Mi, Fr 11–17 Uhr, Do 11–21 Uhr, Sa, So, Fei 10–17 Uhr. Eintritt: 3 €, ermäßigt 1,50 €.

Altstadt

Südlich der Leineweberstraße und in unmittelbarer Nähe zur Fußgängerzone liegt die historische Altstadt mit ihren zahlreichen bergischen **Fachwerkhäusern,** den verwinkelten Gassen, kleinen Geschäften, Kneipen und Restaurants (etwa die *Mausefalle* oder das türkische Lokal *Dalaman,* ♫ „Praktische Tipps"). Hier sollte man sich einfach treiben lassen und die stimmungsvolle Atmosphäre genießen.

Mittelpunkt der Altstadt ist die um 1200 entstandene **Petrikirche** auf dem so genannten Kirchenhügel, wo die weitere Stadtentwicklung Mülheims ihren Ausgang nahm. Im direkten Umfeld der Kirche trifft man daher bereits auf die schönen und zum Teil verschieferten Fachwerkhäuser. Direkt gegenüber der Petrikirche findet sich das **Heimatmuseum Tersteegenhaus,** das eine volkskundliche Sammlung vom 16. bis 18. Jahrhundert und eine stadtgeschichtliche Kollektion ab dem 18. Jahrhundert präsentiert. Seinen Namen verdankt das Museum dem pietistischen Prediger und Dichter *Gerhard Tersteegen,* der von 1746 bis 1769 in dem malerischen Haus wirkte und auch hier starb. An ihn erinnern in den Gedenkräumen des Museums seine hinterlassenen Schriften, Gebrauchsgegenstände und das zeitgenössische Mobiliar.

● **Heimatmuseum Tersteegenhaus,** Teinerstraße 1, 45468 Mülheim an der Ruhr, Tel. 0208-380430. Geöffnet: Di 15–17 Uhr, So 10–12 Uhr. Eintritt: frei.

MÜGA-Park

Die sehenswerte Grünanlage, die 1992 im Rahmen der **Mülheimer Landesgartenschau** (kurz: MÜGA) entstand, ist eine weitläufige Parklandschaft, die sich nahezu durch das ganze Stadtgebiet entlang der Ruhr erstreckt. Vom nördlichen Styrum über die Innenstadt bis ins südliche Saarn erlebt man auf rund sieben Kilometern eine abwechslungsreiche Naturanlage, in der sich neben ruhigen Wiesenflecken auch unterschiedlich gestaltete Themengärten und einige der attraktivsten Sehenswürdigkeiten der Stadt befinden.

Begeisterung löst bei Kindern sicherlich der **Matsch- und Wasserspielplatz** an der Bergstraße unweit der Innenstadt aus. Während auf dem Wasserspielplatz das nasse Element gestaut, gepumpt oder umgelenkt werden kann, fließt es auf dem Matschspielplatz direkt in den Sand.

Der MÜGA-Park ist von der Innenstadt aus am besten über die Schloßbrücke zu erreichen, zu der die Leineweberstraße hinführt. Am östlichen Ruhrufer ist die imposante **Stadthalle** nicht zu übersehen, die für wichtige Kulturveranstaltungen und Tagungen gleichermaßen genutzt wird. Das in den Jahren 1923–1925 errichtete Haus ist Spielstätte der Mülheimer Theatertage und des Klavier-Festivals Ruhr.

Mit dem **Ringlokschuppen** findet sich ein weiterer facettenreicher Veranstaltungsort auf dem MÜGA-Gelände. Das ehemalige Bahndepot, das einst der Unterstellung von Dampflokomotiven diente, ist heute eine ideale Location für Theater, Tanztheater, Kabarett, Lesungen und Konzerte. Im *poet23* kann man darüber hinaus gut essen, und im Sommer lockt der schöne Biergarten.

● **Ringlokschuppen,** Am Schloß Broich 38, 45479 Mülheim an der Ruhr, Tel. 0208-9931 60, www.ringlokschuppen.de.

Unweit der Schloßbrücke und der Stadthalle beeindruckt die alte Burganlage **Schloß Broich.** Die Burg aus dem 9. Jahrhundert gilt als eine der bedeutendsten mittelalterlichen **Befestigungsanlagen** im nördlichen Rheinland. Wahrscheinlich 883/884 als Festung gegen die Normannen errichtet, wurde Schloß Broich im Laufe der Zeit mehrfach um- und ausgebaut. Nach umfangreichen archäologischen Grabungen und Restaurierungsarbeiten in den 1960er und -70er Jahren wird das Schloss heute für diverse **kulturelle Veranstaltungen** genutzt, die ihren

besonderen Reiz aus der historischen Kulisse ziehen. In den warmen Monaten von Mai bis Oktober kann man zudem im schönen Biergarten im Schlosshof Platz nehmen, in dessen mittelalterlichem Ambiente die Getränke doppelt so gut schmecken. Kulturgeschichtlich Interessierten sei die **Dauerausstellung** empfohlen, die über die Geschichte des Schlosses informiert. Samstags und sonntags zwischen 11 und 17 Uhr können Ausgrabungsstücke, Stammbäume früherer Burgherren und vieles mehr bestaunt werden.

● **Schloß Broich,** Am Schloß Broich 28, 45479 Mülheim an der Ruhr, Tel. 0208-940 9623.

Außen die prächtige Architektur eines ehemaligen Wasserspeichers, innen der **weltgrößte begehbare Fotoapparat:** Mit der Mülheimer Camera Obscura findet sich eine wirklich außergewöhnliche Sehenswürdigkeit im MÜGA-Park. Als man im Rahmen der Mülheimer Landesgartenschau 1992 nach einem neuen Nutzungskonzept für den herrlichen Wasserturm suchte, der in früheren Zeiten als Wasserreservoir für Dampflokomotiven diente, entschied man sich für das Konzept des Medienkünstlers *Werner Nekes* und baute den Turm zu einer riesigen Camera Obscura um. Entstanden ist eine verblüffende begehbare Skulptur, in der die Urform der fotografischen Kamera in bizarrer Architektur bestaunt werden kann.

Von der Kuppel des Turms kann man über ein Linsen- und Spiegelsys-

Westen

tem einen 360°-Blick auf Mülheim werfen – ein verblüffendes Erlebnis auch für Kinder. Seit August 2006 befindet sich im Turm zudem eines der außergewöhnlichsten **Museen** der Region, nämlich jenes **zur Vorgeschichte des Films.** Mit Schattenspielen und Faltperspektiven, Guckkästen, Daumenkinos und Zwirbelscheiben begibt man sich auf eine Zeitreise durch die Welt des Sehens. Zahlreiche optische Phänomene werden durch anfassen, anschieben oder anklicken unmittelbar erlebbar.

● **Camera Obscura mit dem Museum zur Vorgeschichte des Films,** Am Schloß Broich 42, 45479 Mülheim an der Ruhr, Tel. 0208-3022605, www.camera-obscura-muelheim. de. Geöffnet: Mi–So 10–18 Uhr (geschlossen in den Weihnachtsferien von NRW). Eintritt: 3,50 €, ermäßigt: 2,50 €.

Wasserbahnhof und Weiße Flotte

Spaziert man die Ruhranlagen Richtung Süden entlang, gelangt man schließlich zum Wasserbahnhof. Idyllisch auf der Schleuserinsel zwischen den beiden Ruhrufern gelegen, dient der einem Schiff nachempfundene Bau den Passagierschiffen der so genannten „Weißen Flotte" als Ausgangspunkt für erlebnisreiche Fahrten durchs Ruhrtal. Die **Schiffstouren** entlang des malerischen Flussufers führen vorbei an zahlreichen Sehenswürdigkeiten und sind ein touristisches Highlight, das man nicht verpassen sollte. In der Saison von April bis Oktober verkehren die Schiffe regelmäßig zwischen Mülheim-Wasserbahnhof und Essen-Kettwig, laufen aber auch zu

Sonder- und Tagesfahrten aus (⌐„Reisetipps A–Z, Schiffstouren").

Speis und Trank in idyllischer Umgebung servieren die Lokale *Franky's* und *Fatamorgana* (⌐„Praktische Tipps").

● **Wasserbahnhof,** Alte Schleuse 1, 45468 Mülheim an der Ruhr, Tel. 0208-9609996. Fahrplan: Mo–Do 11, 13, 15 und 17 Uhr, Fr, Sa 11–19 Uhr, stündlich, So und an Feiertagen 10–17 Uhr, stündlich. Fahrpreis: einfache Fahrt 2 €, ermäßigt 0,50 €.

Haus Ruhrnatur

In unmittelbarer Nachbarschaft zum Wasserbahnhof findet sich mit dem Haus Ruhrnatur ein besonderes **ökologisches Erlebnismuseum.** Ebenfalls auf der Schleuserinsel gelegen, informiert die 1992 eröffnete Ausstellung in anschaulicher und spielerischer Art über Flora und Fauna an der Ruhr. Zeitgemäß und interaktiv lernt man hier allerlei über die Geologie und Geografie des Ruhrtals. Das ökologische Museum ist ein attraktives Ziel für alle, die experimentierend, tastend, hörend oder riechend – sprich mit allen Sinnen – mehr über ihre Umwelt lernen wollen.

● **Haus Ruhrnatur,** Alte Schleuse 3, 45468 Mülheim an der Ruhr, Tel. 0208-4433381, www.haus-ruhrnatur.de. Geöffnet: Di–So 10–18 Uhr. Eintritt: 2 €, ermäßigt 1,50 €.

Der Mülheimer Nordwesten

Am nordwestlichen Rand Mülheims liegen dicht beieinander die Stadtteile **Styrum** und **Speldorf.** Nicht weit von der Innenstadt entfernt, trifft man auch in diesen Vierteln noch auf einige Sehenswürdigkeiten.

137g Foto: uje

Westen

Bis nach Styrum hinein zieht sich das Gelände des MÜGA-Parks, auf dem sich die Burganlage **Schloß Styrum** und das benachbarte Aquarius Wassermuseum befinden. Sowohl das Schloss, das dem Stadtteil seinen Namen gab, als auch das **Wassermuseum als Ankerpunkt der Route Industriekultur** sollten bei einem Mülheim-Besuch unbedingt angesteuert werden (s.u.).

Im angrenzenden Stadtteil Speldorf, wo die Ruhr schon fast die Stadt verlässt, erwartet den Kulturinteressierten das **Theater an der Ruhr** (s.u.), Freunde des Pferdesports finden hier die **Galopprennbahn Raffelberg.** Diese ist nicht nur eine der schönsten Anlagen ihrer Art in Deutschland, sondern auch eine der ältesten und traditionsreichsten Mülheimer Sportstätten: Eingeweiht am 29. September 1910, bie-

tet die Anlage mittlerweile hoch dotierten Pferdesport.

● **Galopprennbahn Raffelberg** (⌕**XI/D3),** Akazienallee 84, 45478 Mülheim an der Ruhr.

Aquarius Wassermuseum

Das originelle Mülheimer Wassermuseum in Styrum ist in einem denkmalgeschützten 50 Meter hohen Wasserturm untergebracht. Historische Substanz und neue Architektur verbinden sich hier und lassen das Gebäude zum Gesamtkunstwerk werden. Gläserne Fahrstühle führen in diesem **Ankerpunkt der Route Industriekultur** auf die obere Ebene des Museums, von der man einen herrlichen Blick über das Ruhrtal hat.

Ankerpunkt für „Leichtmatrosen" ist der Wasserbahnhof der Stadt

136rg Foto: uje

bracht. Ein Musterbeispiel für ein Museum, das sowohl einfach „schön" ist, zugleich aber eine Menge an Informationen bereithält und sich daher auch für den Besuch mit älteren Kindern und Jugendlichen sehr gut eignet.

● **Aquarius Wassermuseum,** Burgstraße 70, 45476 Mülheim an der Ruhr, Tel. 0208-443 3390, www.aquarius-wassermuseum.de. Geöffnet: Di–So 10–18 Uhr. Eintritt: 3 €, ermäßigt 2 €.

Schloß Styrum

Direkt an das Aquarius Wassermuseum grenzt die barocke Schlossanlage Styrum. Erstmals im Jahr 1067 urkundlich erwähnt, wurde das Schloss im Laufe der Jahrhunderte mehrfach ausgebaut, ehe es Mitte des 17. Jahrhunderts zum barocken Repräsentationsschloss umgestaltet wurde.

1890 wurde das Anwesen von dem Industriegiganten *August Thyssen* erworben, der die Anlage zu einem Sitz für die Familien seiner Generaldirektoren umbauen ließ. 1960 schenkte die Firma *Thyssen* Schloß Styrum schließlich der Stadt, die das gesamte Gelände im Rahmen der Mülheimer Landesgartenschau 1992 einem neuen Nutzungskonzept unterzog: Die Teile des Schlosses sind seitdem in ein gemeinsames Umfeld einbezogen und beherbergen heute neben einer Altentagesstätte auch Ateliers für Künstler sowie ein Schloss-Restaurant (↗„Praktische Tipps").

Das Schloss ist überdies auch Veranstaltungsort für Konzerte, Lesungen und andere kulturelle Ereignisse und besitzt darüber hinaus einen schönen

Mittels einer Magnetkarte kann der Besucher 25 Multimedia-Stationen rund um das Thema Wasser in Betrieb setzen. Simulationen und Spiele vermitteln anschaulich allerhand Wissenswertes über die Welt des Wassers. Das ungewöhnliche Konzept und die Präsentation im historischen Rahmen haben dem Museum mehrere Preise und internationale Würdigungen einge-

Barockgarten, der zu den besonderen Sehenswürdigkeiten der Mülheimer Landesgartenschau zählte.

● **Schloß Styrum,** Moritzstraße 102, 45476 Mülheim an der Ruhr.

Theater an der Ruhr   ⌕XI/D3

Das Theater an der Ruhr im Stadtteil Speldorf wurde 1980 vom Regisseur *Roberto Ciulli,* dem Dramaturgen *Helmut Schäfer* und dem Bühnenbildner *Gralf-Edzard Habben* gegründet, die das Haus auch heute noch leiten. Seit der Gründung hat sich die Sprechbühne mit klassischen und modernen Aufführungen in der Theaterlandschaft fest etabliert und sich zu einem **international renommierten Schauspielhaus** entwickelt. Seit 1999 hat das mehrfach ausgezeichnete Theater mit dem Jugendstil-Gebäude des ehemaligen Solebads Raffelberg eine feste Spielstätte gefunden, es gastiert aber weiterhin regelmäßig in der Stadthalle sowie in anderen deutschen und ausländischen Städten. Mehr als 30 Länder hat das Theater an der Ruhr seit seiner Gründung bereits bereist. Durch die engen Kooperationen zu anderen Ländern weist der Spielplan darüber hinaus hochkarätige Gastauftritte ausländischer Ensembles auf. Neben diesen nationalen und internationalen Gastspielen besticht der Spielplan durch zahlreiche eigene Premieren und Repertoire-Vorstellungen so-

wie durch ausgezeichnetes Kinder- und Jugendtheater.

● **Theater an der Ruhr,** Akazienallee 61, 45478 Mülheim an der Ruhr, Tickets Tel. 0208-5990188, www.theater-an-der-ruhr.de.

Mülheim-Saarn

Südlich an die Innenstadt grenzt einer der schönsten Stadtteile Mülheims: Saarn. Mittelpunkt des Stadtteils, der durch die weitläufige Wiesenlandschaft nahezu ländlich wirkt, ist das so genannte **Dorf Saarn.** Es bildete sich einst um das gleichnamige Kloster, von dem es heute allerdings durch die vorbeiführende Bundesstraße 1 getrennt ist. Spuren der klösterlichen Vergangenheit finden sich noch heute im Zentrum des Stadtteils mit den von Saarner Äbtissinnen errichteten Gebäuden und ehemaligen Höfen des Klosters. Die zahlreichen historischen Fachwerkhäuser machen einen Bummel durch Saarn zu einem lohnenden Vergnügen.

Touristisch interessant sind natürlich auch das Kloster Saarn selbst sowie der Bismarckturm mit seiner Aussichtsplattform (s.u.).

Ein beliebtes Ausflugsziel von Wanderern und Spaziergängern ist der in Teilen unter Naturschutz stehende **Auberg,** der nördlich an das Kloster grenzt. Die schöne Wald- und Wiesenlandschaft weist einige Feuchtbiotope und Teiche auf und ist durch ein Wegenetz gut erschlossen.

Fürs leibliche Wohl sorgt die *Alte Senffabrik* (⌕ „Praktische Tipps").

Außen spannende Architektur, innen eine interessante multimediale Ausstellung: das Aquarius Wassermuseum

Westen

Kloster Saarn ⌕XX/A1

Etwas abseits vom westlichen Ruhrufer liegt die schöne ehemalige Zisterzienserinnenabtei **St. Maria Saal,** um die sich ehedem das Dorf Saarn bildete. Der Überlieferung zufolge wurde das Kloster im Jahr 1214 als Frauenkloster „Aula beatae Mariae" gegründet und zwei Jahre später in den Zisterzienserorden aufgenommen. Nahezu 600 Jahre lang lebten hier Zisterzienserinnen, bevor das Kloster 1808 von *Napoleon* aufgelöst wurde; später beherbergte es u.a. eine Gewehrfabrik. 1906 erwarb *August Thyssen* das Kloster und nutzte die Kreuzganggebäude als Bahnhof. In den Jahren 1979–1989 wurde die gesamte Klosteranlage schließlich mit großem Aufwand restauriert und einer neuen Nutzung zugeführt. Heute dient das Gelände als Begegnungsstätte und weist ein breit gefächertes Kulturprogramm auf, das von Ausstellungen und Theateraufführungen über Vorträge und Lesungen bis hin zu Klassik-, Pop- und Jazzkonzerten reicht.

Trotz einiger Erweiterungen und Umbauten im Laufe der Jahrhunderte ist der größte Teil der großflächigen Klosteranlage erhalten geblieben. Das Gebäude weist entsprechend **unterschiedliche Baustile** vom 13. bis zum 19. Jahrhundert auf: Der westliche Teil des romanischen Langhauses stammt beispielsweise noch aus der Gründerzeit des Klosters. Im Inneren findet sich zudem mittelalterlicher und spätbarocker Kirchenschmuck.

Sehenswert ist auch der angrenzende **Park,** der in manchen Abschnitten noch die ursprüngliche Gartenanlage erahnen lässt.

● **Kloster Saarn,** Klosterstraße 53, 45481 Mülheim an der Ruhr. Öffnungszeiten der Cafeteria: Di–So 8.30–18 Uhr.

Bismarckturm ⌕XX/A1

Am Kahlenberger Wald an der Bismarckstraße, die man auch gut zu Fuß von der Innenstadt erreicht, steht mit dem Bismarckturm eine schöne **Aussichtsplattform** und **Ausstellungshalle** zur Verfügung. Wie in vielen anderen deutschen Städten, errichtete man auch in Mülheim zu Beginn des vergangenen Jahrhunderts einen „Bismarckturm".

Am 1. April 1909 wurde der 27 Meter hohe Turm zu Ehren seines Namensgebers *Otto von Bismarck* eingeweiht. Als das Gebäude in den 1970er Jahren Hochhäusern weichen sollte, konnte es durch den Protest der Mülheimer Bevölkerung vor dem Abriss bewahrt werden.

Heute bietet der Turm von seiner oberen Plattform aus einen schönen **Panoramablick** über die Mülheimer Innenstadt bis zu den einstigen Industrieanlagen von Duisburg und Oberhausen. Bei klarem Wetter kann man sogar den Fernsehturm in Düsseldorf erkennen.

Der Mülheimer Bildhauer *Jochen Leyendecker* hat zudem im Untergeschoss sein Atelier eingerichtet und lässt Besucher am Gestaltungsprozess seiner Kunstwerke teilhaben.

Die Stadthalle zeugt von der historischen Bedeutung Mülheims

Westen

030\g Foto: nw

●**Bismarckturm,** Bismarckstraße 22, 45470 Mülheim an der Ruhr, Tel. 0208-3880800. Geöffnet: 1. März bis 31. Oktober Di–Fr, So 14–17 Uhr und nach Absprache.

Praktische Tipps

Information

●**Touristinfo im MedienHaus,** Synagogenplatz 3, 45468 Mülheim an der Ruhr, Tel. 0208-960960, Fax 0208-9609649, E-Mail: touristik@mst-mh.de. Internet: www.muelheimruhr.de. Geöffnet: Mo–Fr 9–18 Uhr, Sa 10–14 Uhr.

Öffentliche Verkehrsmittel

●**Hauptbahnhof:** Eppinghofer Straße, 45468 Mülheim an der Ruhr.
●**Zentrale Busbahnhöfe:** Eppinghofer Straße (in direkter Nachbarschaft zum Hauptbahnhof), 45468 Mülheim an der Ruhr; Leineweberstraße, 45468 Mülheim an der Ruhr.

●**Taxi:** Taxistände liegen unmittelbar am Hauptbahnhof; Taxiruf: 0208-19410.

Unterkunft

●**Hotel Handelshof,** Friedrichstraße 15–19, 45468 Mülheim an der Ruhr, Tel. 0208-30880, Fax 3088488, www.handelshof-muelheim.de. Preise: EZ ab 65 €, DZ ab 73 €.

Das exklusive Hotel ist schon durch seine prächtige Architektur ein Blickfang; es liegt nur wenige Schritte von der Stadtmitte entfernt.
●**Hotel Am Ruhrufer** (✆XX/A1), Dohne 74, 45468 Mülheim an der Ruhr, Tel. 0208-991850, Fax 991 8599, www.hotel-am-ruhrufer.de. Preise: EZ ab 70 €, DZ ab 80 €, Frühstück extra 15 €.

Das Hotel liegt, wie der Name schon sagt, direkt am Ruhrufer und verfügt über 45 gemütlich eingerichtete Zimmer. Schön ist auch der Biergarten direkt am Fluss.
●**Hotel Friederike** (✆XX/A1), Friedrichstr. 32, 45468 Mülheim an der Ruhr, Tel. 0208-992 150, Fax 9921545, www.hotel-friederike.

de. Preise: EZ ab 58 €, DZ ab 78 €, Apartment ab 45 €.

Die Stadtvilla bietet geschmackvoll eingerichtete Zimmer und Apartments und familiäre Atmosphäre. Das Frühstück wird im schönen Wintergarten serviert.

Jugendherberge

● **Jugendherberge Mülheim-Ruhr** (⌁XX/A1), Mendener Straße 3, 45470 Mülheim an der Ruhr, Tel. 0208-382191, Fax 382196, jugend herberge@stadt-mh.de. Preis ab 17 € p.P.

Absolut idyllisch schläft es sich in der Herberge, die direkt im Park an der Ruhr liegt, gegenüber der Ruhraue.

Essen und Trinken

● **Mocca-Nova,** Löhberg 16, 45468 Mülheim an der Ruhr, Tel. 0208-4449511. Geöffnet: Mo–Fr 9–19 Uhr, Sa 9–18 Uhr.

Gemütliches Café mit einem Hauch orientalischer Atmosphäre. Große Kaffeeauswahl. Trinkschokoladen-Fans können hier aus 23 Schokoladenträumen wählen. Köstlich ist die edelbittere Trinkschokolade mit einem Schuss Rum. Wer es lieber exotischer mag, greift zur India Masala mit Szechuan-Pfeffer, Shiitake, Kardamom. An den Wochenenden muss man allerdings früh aufstehen, denn je später der Tag, desto geringer die Auswahl.

● **Mausefalle,** Bogenstraße 8, 45468 Mülheim an der Ruhr, Tel. 0208-3059860, www. mausefalle-muelheim.de. Geöffnet: Mo–Sa ab 17 Uhr, So ab 11.30 Uhr.

Brauereigasthaus in einem der ältesten Häuser Mülheims. In dem einladenden Fachwerkhaus werden deftige Hausmannskost und eine einmalige Bierauswahl geboten.

● **Dalaman,** Bachstraße 8, 45468 Mülheim an der Ruhr, Tel. 0208-380200. Geöffnet: Mo–Fr 12–15 Uhr, 17–1 Uhr, Sa, So und an Feiertagen 12–1 Uhr.

Türkisches Restaurant mit orientalischem Ambiente. Wer will, kann an kleinen Tischen und auf Sitzkissen Platz nehmen.

● **poet23,** Am Schloss Broich 38, 4549 Mülheim an der Ruhr, Tel. 0208-9931631, www. ringlokschuppen.de. Geöffnet: Mo–Sa 18–23 Uhr, So 10–18 Uhr (10–14 Uhr Brunch).

● **Franky's im Wasserbahnhof,** Alte Schleuse 1, 45468 Mülheim an der Ruhr, Tel. 0208-3882963, www.frankys-wasserbahnhof.de. Geöffnet: tgl. 12–1 Uhr.

Eine kulinarische Insel an der Ruhr: Die Allroundgastronomie bietet im Sommer eine schöne Terrasse direkt am Wasserbahnhof.

● **Fata Morgana,** Mühlenberg 12, 45479 Mülheim an der Ruhr, Tel. 0208-4376261, www. fatamorgana-mh.de. Geöffnet: Di–Sa ab 17 Uhr, So 12–14.30 Uhr und ab 17 Uhr.

Ein ägyptisches Spezialitätenrestaurant unweit des Wasserbahnhofs. Eine kulinarische Reise in den Orient in stimmungsvoller Umgebung. Ein besonderer Leckerbissen: Freitags steht Bauchtanz auf dem Programm.

● **Schloß Styrum,** Ristorante, Trattoria, Café, Moritzstraße 102, 45476 Mülheim an der Ruhr, Tel. 0208-7402571, www.schloss-styrum. com. Geöffnet: Mo–Do 12–14.30 Uhr, 17.30–23 Uhr, Fr, Sa 12–14.30 Uhr, 17.30–24 Uhr, So durchgehend geöffnet.

Italienische Küche in edler Atmosphäre zu überraschend moderaten Preisen.

● **Asia** (⌁XX/A1), Düsseldorfer Straße 29–31, 45481 Mülheim-Saarn, Tel. 0208-668678. Geöffnet: Mo–So 12–15 Uhr, 18–23 Uhr.

Angenehm schlicht eingerichtetes asiatisches Restaurant im Saarner Stadtzentrum.

● **Alte Senffabrik** (⌁XX/A1), Quellenstraße 20, 45481 Mülheim-Saarn, Tel. 0208-3776482. Geöffnet: Mo–Fr 8–23 Uhr, Sa und an Feiertagen 10–23 Uhr.

Das Restaurant befindet sich in dem herrlichen Gebäude einer ehemaligen Senffabrik. Internationale Küche, im Sommer lockt der Biergarten.

Beachclub

● **Beachside** (⌁XI/D3), Friesenstr. 101, 45476 Mülheim an der Ruhr, www.beach side.tv. Geöffnet: Mitte Mai bis Ende September tgl. ab 10 Uhr.

1000 Tonnen feinster Karibikstrand sorgen für echtes Urlaubsfeeling. Das Beachside ist eingebettet in das Naturfreibad Mülheim Styrum und lädt dort mit Liegestühlen, Cocktails und Chill-Out-Musik zum Relaxen und Chillen ein.

Kino

● **Cinemaxx** (↗**XII/B3**), Humboldtring Parkplatz 4, 45472 Mülheim an der Ruhr, Kartenreservierung Tel. 01805-24636299, Programmansage Tel. 0208-7807780.

Großes Multiplexkino im Rhein-Ruhr-Zentrum.

● **Rio,** Synagogenplatz 3, 45468 Mülheim an der Ruhr, Tel. 0201-275555, www.essenerfilmkunsttheater.de.

Am 04. Oktober 2009 feierte das Rio seine Wiedereröffnung im neu errichteten Medien-Haus. Die Location hat sich damit geändert und mit ihr auch das Platzangebot, denn nun stehen den Cineasten rund 90 Sitzplätze zur Verfügung. Geblieben ist aber das anspruchsvolle Programm: das Rio ist und bleibt ein ausgezeichnetes Erstaufführungskino und Filmkunsttheater, mit diversen Sonderveranstaltungen: von Filmreihen über Kinderkino bis hin zu Veranstaltungen des Filmbüros NRW.

Feste und Festivals

● **Mülheimer Theatertage:** Bis zu acht Theaterdramen der Gegenwart konkurrieren alljährlich im Mai um den begehrten und mit 15.000 Euro dotierten Dramatikerpreis. Infos: www.stuecke.de.

● **Mülheimer Castle Rock:** Im Schloß Broich geht es im Juni düster-mittelalterlich zu: Musik von New Wave über Gothic bis Industrial, dazu einige Stände mit entsprechender Kleidung und den dazu passenden Accessoires. Infos: www.muelheim-ruhr.de.

Einkaufen

● **Einkaufszentrum Forum City Mülheim,** Hans-Böckler-Platz, 45468 Mülheim an der Ruhr, Tel. 0208-308360, www.forum-muelheim.de. Geöffnet: Mo–Fr 9–20 Uhr, Sa 10–18 Uhr (November und Dezember auch bis 20 Uhr).

● **Rhein-Ruhr-Zentrum Mülheim** (↗**XII/B3**), Humboldtring 13, 45472 Mülheim an der Ruhr, Tel. 0208-495020, www.rheinruhrzentrum.de. Geöffnet: Mo–Sa 10–20 Uhr.

Shoppingparadies mit rund 200 Geschäften, Cafés, Kneipen und Restaurants und 5000 kostenfreien Parkplätzen.

● **Flohmarkt am RRZ:** Rhein Ruhr Zentrum, Humboldtring 13, 45472 Mülheim. An jedem ersten Sonntag im Monat 11–18 Uhr.

Sport und Freizeit

● **Radverleih:**

RevierRad-Zentrale, Hauptbahnhof, Dieter-aus-dem-Siepen-Platz 3, 45468 Mülheim an der Ruhr, Tel. 0208-8485720, zentrale@revierrad.de. Mo–Fr 5.30–22.30 Uhr, Sa, So und an Feiertagen 8–18.30 Uhr. Infos und zentrale Buchung für alle Stationen, außerdem Näheres zum GPS-Guide.

Bahnhof Styrum, Hauskampstraße 14, 45476 Mülheim an der Ruhr, Tel. 0208-402 000. Geöffnet: Mo–Fr 5.30–22.30 Uhr, Sa, So und an Feiertagen 8–18.30 Uhr.

Aquarius Wassermuseum, Burgstraße 70 (Buchung über RevierRad-Zentrale), 45476 Mülheim an der Ruhr. Di–So 10–18 Uhr.

● **Europa Pavillon,** Im MÜGA Gelände. Am Schloß 34, 45479 Mülheim an der Ruhr. Geöffnet: Di–So 11–20 Uhr.

● **Hallenfußball** (↗**XII/A1**): Soccer-Halle, Schmitzbauerstraße 1a, 45473 Mülheim an der Ruhr, Tel. 0208-3024737, www.soccerhalle.de. Mo–Fr 13–24 Uhr, Sa, So 10–24 Uhr.

Auf fünf unterschiedlich großen Spielfeldern kann hier gepöhlt werden. Der grüne Kunstrasen aus Quarzsand und Gummigranulat sorgt für bestes Laufgefühl und ein geringes Verletzungsrisiko.

● **Galopprennbahn Raffelberg,** ↗„Der Mülheimer Nordwesten".

Kinder

● **Matsch- und Wasserspielplatz,** ↗ MÜGA-Park.

● **Aquarius Wassermuseum,** ↗ dort.

● **Kindervorstellungen** im Theater an der Ruhr, ↗ dort.

Schiffstouren

● **Weiße Flotte,** Alte Schleuse 1, 45468 Mülheim an der Ruhr, Tel. 0208-9609996. Fahrplan: Mo–Do 11, 13, 15 und 17 Uhr, Fr, Sa 11–19 Uhr, stündlich. Preise: einfache Fahrt 2 €, ermäßigt 0,50 € (↗ auch „Reisetipps A–Z, Schiffstouren").

Westen

Oberhausen ♪ XII/A2

Überblick

Die Geschichte Oberhausens ist vergleichsweise jung; sie geht auf das Jahr 1861 zurück, als der Preußenkönig *Wilhelm I.* die Zusammenführung mehrerer selbstständiger Gemeinden anordnete, die fortan unter dem Namen „Oberhausen an der Ruhr" firmieren sollten.

Bis ins 19. Jahrhundert hinein war das heutige Stadtgebiet Oberhausens ein eher spärlich besiedelter Landstrich, in dem das Dorf **Osterfeld** und das **Kloster Sterkrade** als wesentliche Siedlungskerne herausragten. Im Jahr 1929 wurden auch diese bis dahin selbstständigen Städte Sterkrade und Osterfeld der Stadt Oberhausen angegliedert, weshalb es auch heute noch drei Rathäuser gibt.

Auch die Geschichte Oberhausens wurde maßgeblich von der Ruhrindustrie geprägt. Bereits 1758 wurde mit der **Hütte St. Antony** die erste Eisenhütte im Ruhrgebiet errichtet; diese brachte Oberhausen auch den Namen „Wiege der Ruhrindustrie" ein. 1782 folgte die Hütte Gute Hoffnung, 1791 die Hütte Neu Essen. Alle drei Hütten wurden 1808 zu einer zusammengeführt, deren Name in Oberhausen heute für das Industriezeitalter der Stadt steht: die **Gutehoffnungshütte**. Sie bot als größtes Oberhausener Unternehmen in ihren zahlreichen Bergwerken, Hütten- und Maschinenbaubetrieben zu Höchstzeiten 40.300 Menschen Arbeit und entwickelte sich vom ältesten Stahlbetrieb des Reviers zu einem der wichtigsten Montankonzerne des Kontinents. Im Laufe der Montankrise wurde der einstige größte Arbeitgeber der Stadt schließlich in viele Kleinbetriebe zerschlagen.

Heute erinnern nur noch wenige Bauten an das frühere Monopol der Hütte. Als die Montankrise auch Oberhausen erreichte, entschied sich die Stadt für eine groß angelegte Umstrukturierung des Werksgeländes der Gutehoffnungshütte und wurde damit zum bekanntesten Beispiel für den **Strukturwandel** der Region. Die Stadt hat früh den Städtetourismus als neue Einnahmequelle für sich entdeckt und in dieser Hinsicht nicht nur Maßstäbe gesetzt, sondern auch überregionale Bekanntheit erreicht: Das Projekt „Neue Mitte Oberhausen", das auf der Brache der Hütte entstand, entwickelte sich in den vergangenen Jahren mit jährlich rund 24 Millionen Besuchern zu Europas beliebtestem Freizeit- und Einkaufszentrum.

Neben dieser modernen touristischen Attraktion bietet Oberhausen mit seinen derzeit rund 215.000 Einwohnern mit dem Gasometer, dem Rheinischen Industriemuseum und der Siedlung Eisenheim einige bemerkenswerte und spektakuläre Sehenswürdigkeiten.

Neue Mitte Oberhausen

Die Neue Mitte Oberhausen gilt als eines der größten Strukturwandel-Projekte im Revier und ist mit 70.000 Besuchern pro Tag zugleich eines der erfolgreichsten. Angefangen hat auch hier alles mit dem Rückzug der Stahl- und Kohleindustrie Mitte der 1980er Jahre, der in Oberhausen dazu führte, dass im Norden der Stadt plötzlich große Industrieflächen brachlagen. Da sich auf diesem riesigen Gebiet keine neuen Gewerbebetriebe niederlassen wollten, machte die Stadt aus der Not eine Tugend und entwickelte ein städtebauliches Rahmenkonzept für die ungenutzten Industriegebiete. Und so entstand auf dem Gelände des ehemaligen Hütten- und Walzwerks der Firma *Thyssen* ein neuer Stadtteil mit überregionalem Bekanntheitsgrad, die so genannte Neue Mitte Oberhausen. Innerhalb kürzester Zeit und unter Protest des innerstädtischen Einzelhandels wurde auf einer fast 100 Hektar großen Fläche ein **Einkaufs- und Freizeitzentrum** von schier gigantischem Ausmaß errichtet. Neben Europas größtem Einkaufszentrum CentrO zählen auch der CentrO-Freizeitpark, die Kneipenmeile am Wasser, das Multiplex-Kino, das Metronom Theater und natürlich der Gasometer und das Aquarium Sea Life zu den Highlights des neu geschaffenen Stadtteils. Doch der Umbau ist damit längst noch nicht abgeschlossen. Die Stadt plant weitere Projekte auf dem Gelände der ehemaligen Gutehoffnungshütte, die in den kommenden Jahren realisiert werden sollen.

Einkaufszentrum CentrO

Das CentrO in Oberhausen ist eine nach amerikanischem Vorbild entwickelte Mall, in der auf 70.000 Quadratmetern Verkaufsfläche gut 200 nationale und internationale Geschäfte ihre Waren anbieten. 10.500 kostenlose Parkplätze verteilen sich rund um das riesige Areal. Architektonisch bietet das CentrO viel Glas und Stahl, im Inneren verleihen große Palmen und Gewächse dem Shopping-Paradies ein fast mediterranes Flair.

Was die Einkaufsmöglichkeiten betrifft, haben die Betreiber auf ein **ausgewogenes Angebot** geachtet: Neben den großen bekannten Kaufhäusern wie *Galeria Kaufhof, SinnLeffers, C&A* sowie den „üblichen Verdächtigen" wie *Saturn, Esprit, H&M* oder *Benetton* findet man auch viele kleinere Boutiquen und Kioske, die Kunsthandwerk und Geschenkartikel im Angebot haben.

Wer nach einem ausgiebigen und somit kräftezehrenden Einkaufsbummel seinen Hunger oder Durst stillen will, der kann dies im riesigen Fast-Food-Bereich, der so genannten **Coca-Cola-Oase,** tun. Alternativ steht auch die **Kneipenmeile** außerhalb des Shoppingcenters zur Verfügung: An dieser Promenade am Wasser kann man im **Beachclub „The Beach"** seine Füße in den warmen Sand strecken oder in einem der 20 Gastronomiebetriebe den Einkaufsbummel ausklingen lassen oder einen Zwischenstopp einlegen (⤢„Praktische Tipps"). Tipp: Wer mit Navigationssystem anreist, gibt „Alte Walz", 46047 Oberhausen, ein.

● **CentrO,** Centroallee 1000, 46047 Oberhausen, Tel. 0208-8282055, www.centro.de. Geöffnet: Mo–Mi 10–20 Uhr, Do 10–21 Uhr, Fr, Sa 10–20 Uhr.

Westen

CentrO-Freizeitpark

Vis-à-vis dem Einkaufszentrum CentrO befindet sich der gleichnamige Freizeitpark. Die rund acht Hektar große Parkanlage hat für jeden etwas zu bieten: Erschöpfte finden in der Grünanlage ruhige Zonen zum Entspannen, während sich die anderen an den vielen **Fahrattraktionen** austoben können, die von der Achterbahn über den Wasser-Scooter und den „Shanghai-Express" bis hin zum nostalgischen Pferdekarussell reichen. Für Kinder ist vor allem der 10.000 Quadratmeter große Abenteuerspielplatz mit Hängebrücken, Rutschen und Schluchten eine besondere Attraktion. Das 44 Meter hohe Riesenrad bietet darüber hinaus einen tollen Blick über die Neue Mitte Oberhausen.

● **CentrO-Freizeitpark,** Promenade 10, 46047 Oberhausen, Tel. 0208-456780, www.centropark.de. Geöffnet: April bis Oktober tägl. 10–19 Uhr. Eintritt: Familienticket für 4 Personen 39,50 €.

Metronom Theater

Nach nur zehnmonatiger Bauzeit wurde 1999 das **Multifunktionstheater** mit dem damaligen Namen TheatrO CentrO eröffnet, das sich in unmittelbarer Nähe zum Einkaufszentrum befindet. Ende 2005 wurde das Theater nach einem ausgeschriebenen Namenswettbewerb in „Metronom Theater" umbenannt. Die **Architektur** fällt schon von weitem auf und erinnert mit dem grünen, geschwungenen Dach an den Kopf des Drachen aus dem Musical „Tabaluga & Lilli", das als Erstes hier aufgeführt wurde. Seit das Stück von *Peter Maffay* nach kurzer Spielzeit im Juni 2001 eingestellt wurde, werden im Theater mit seinen 1744 Plätzen vor allem andere familienfreundliche Musicals aufgeführt. Ab März 2010 kommt die Geschichte zweier Hexen und ihrer Liebe zum gleichen Mann auf die Bühne und zwar in Form des Musicals „Wicked – Die Hexen von Oz", das bereits mehrfach ausgezeichnet wurde.

● **Metronom Theater,** Musikweg 1, 46047 Oberhausen, Tel. 0208-8822-0. Tickets auch bei tourist-info@oberhausen.de.

Arena Oberhausen

Westlich vom CentrO liegt eine der modernsten Großveranstaltungshallen Europas: die Arena Oberhausen. Da man sich auch hier zu Unsitte hat hinreißen lassen, öffentliche Anlagen nach Unternehmen zu benennen, ist die Arena nun bekannt unter dem Namen „König-Pilsener-Arena". Das **Veranstaltungsprogramm** in der riesigen Halle und liest sich wie ein Who's who der Unterhaltungsbranche: Popgrößen wie *Sting, REM* oder *Paul McCartney* sind hier bereits aufgetreten. Nicht zu vergessen die Sportveranstaltungen und die vielen bekannten Musicals. Auch der Preis des Jugendsenders EinsLive, die EinsLive-Krone, wird hier alljährlich vergeben.

Westen

Nach einem Besuch der Arena kann man den Abend an der angrenzenden Kneipenmeile ausklingen lassen (↗ „Praktische Tipps").

● **Arena Oberhausen,** Arenastraße 1, 46047 Oberhausen, Karten- und Info-Tel. 0208-82000, www.koenig-pilsener-arena.de.

Gasometer

Der Gasometer ist einer der wenigen erhaltenen Relikte aus der Montanzeit in Oberhausen und mittlerweile **das Wahrzeichen der Stadt.** 1929 als größter Gasometer in Europa erbaut, diente er bis zu seiner Stilllegung im Jahr 1988 als Speicher für Kokereigase. Heute ist die 117 Meter hohe stählerne Tonne eine der wohl **unge-**

wöhnlichsten und spektakulärsten Ausstellungshallen Europas. Seit 1994 wird im Gasometer jährlich eine große Ausstellung mit wechselnden Schwerpunkten präsentiert. Doch auch zwischen den einzelnen Ausstellungen lohnt ein Besuch, um sich einen Einblick in die gigantischen Ausmaße dieses stählernen Zylinders zu verschaffen. Schwindelfreie sollten nicht die Fahrt in dem **gläsernen Fahrstuhl** verpassen, in dem sie bis unter die Kuppel des Gastanks schweben und die Halle aus der Vogelperspek-

Riese im Revier: der mächtige Gasometer ist Ausstellungshalle und fantastische Panorama-Plattform

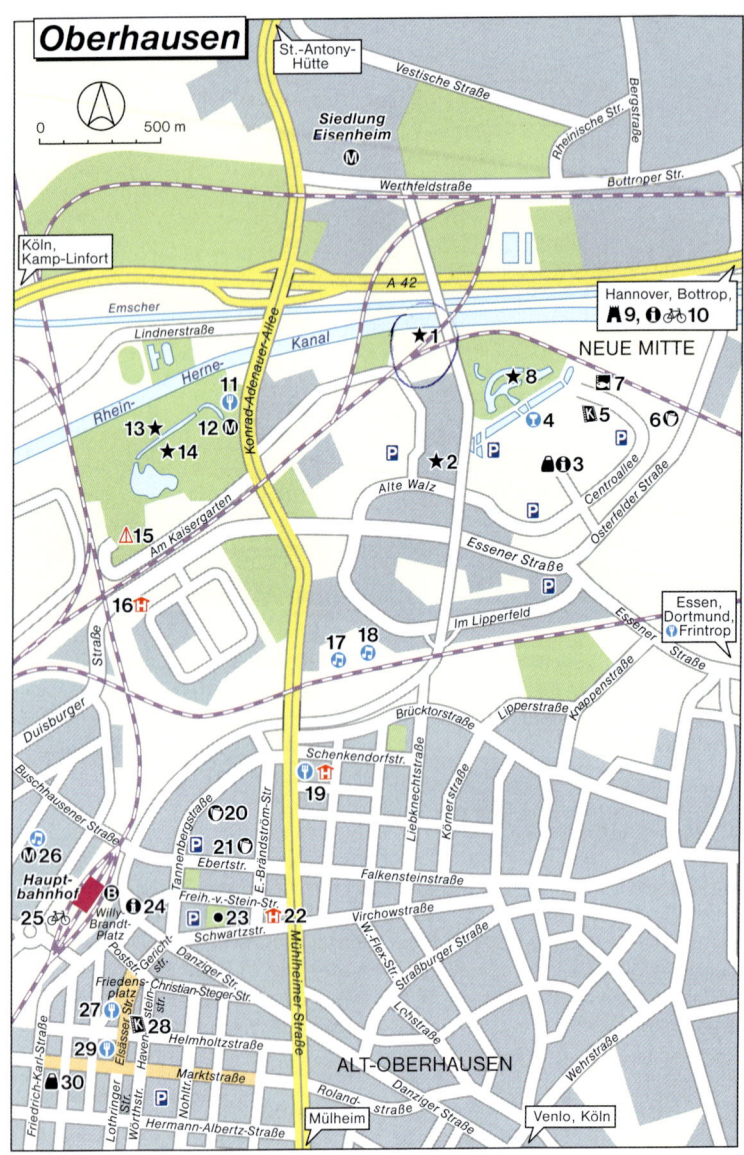

Oberhausen

0 — 500 m

St.-Antony-Hütte

Siedlung Eisenheim Ⓜ

Vestische Straße

Rheinische Str.

Bergstraße

Werthfeldstraße

Bottroper Str.

Köln, Kamp-Linfort

Emscher

A 42

Lindnerstraße

Herne-

Rhein-

Kanal

Hannover, Bottrop, ♠9, ❶♿10

NEUE MITTE

11 ❶

★1

★8

❼

12 Ⓜ

13 ★

★14

★2

❹

Ⓚ5

6 ◷

Konrad-Adenauer-Allee

Alte Walz

3

Centroallee

Osterfelder Straße

⚠15

Am Kaisergarten

Essener Straße

16 ✚

Im Lipperfeld

Essen, Dortmund, ❶Frintrop

17

18

Essener Straße

Knappenstraße

Lipperstraße

Brücktorstraße

Duisburger

Straße

Buschhausener Straße

Schenkendorfstr.

Liebknechtstraße

Körnerstraße

◷20

19 ✚

Tannenbergstraße

21 ◷

E.-Brändström-Str.

Ebertstr.

Falkensteinstraße

Ⓜ26

Hauptbahnhof

Ⓑ

❶24

25 ♿

Willy-Brandt-Platz

Freih.-v.-Stein-Str.

●23 22 ✚

Schwartzstr.

Virchowstraße

W.-Flex-Str.

Straßburger Straße

Postst. Gericht-str.

Danziger Str.

Mühlheimer Straße

Friedensplatz

27 ❶

Christian-Steger-Str.

Helmholtzstraße

Eschen Str.

28

Havenstein-str.

29 ❶

Marktstraße

◼30

Nohltr.

Friedrich-Karl-Straße

Lothringer

Wörthstr.

Hermann-Albertz-Straße

ALT-OBERHAUSEN

Lohstraße

Wehrstraße

Roland-straße

Danziger Straße

Mülheim

Venlo, Köln

★	1	Gasometer	⌂	16	Hotel Mercure am CentrO
★	2	Arena Oberhausen		17	Saint
	3	Einkaufszentrum CentrO/		18	Turbinenhalle
		Besucherzentrum Ruhr.2010		19	Haus Union
	4	Kneipenmeile (Brauhaus Zeche		20	Ebertbad (Kulturzentrum)
		Jacobi, Zum Apotheker, The Beach)		21	Theater Oberhausen
	5	Village Cinema		22	Gasthof zum Rathaus
	6	Metronom Theater	•	23	Rathaus
	7	Sea Life Oberhausen		24	Touristen-Information
★	8	CentrO-Freizeitpark		25	RevierRad-Station
	9	Burg Vondern und Revierpark		26	LVR-Industriemuseum/
	10	Infozentrum Emscher, Fahrradverleih			Zentrum Altenberg
	11	Restaurant Kaisergarten		27	Uerige Treff
	12	Ludwig Galerie Schloss Oberhausen		28	Lichtburg
★	13	Tiergehege im Kaisergarten		29	Transatlantik
★	14	Kaisergarten		30	Altmarkt
⚠	15	Wohnmobilstellplatz am			
		Kaisergarten			

Westen

tive bestaunen können. Oben angekommen, kann man dem ehemaligen Gasometer der Gutehoffnungshütte zusätzlich noch aufs Dach steigen. Denn dieses dient heute als imposante **Aussichtsplattform,** von der aus man ein atemberaubendes Panorama des gesamten westlichen Ruhrgebiets genießen kann. Der Gasometer ist vom Einkaufszentrum aus bequem zu Fuß zu erreichen, verfügt aber auch über eigene Parkplätze. Achten Sie auf die Ausschilderung.

• **Gasometer,** Arenastr. 11, Tel. 0208-8503733 und 8503730, www.gasometer.de. Geöffnet: Di–So 10–18 Uhr. In den NRW-Ferien auch montags geöffnet. Eintritt: 7 €, ermäßigt 5 € (bei Ausstellungen erhöhte Eintrittspreise). Offene Führungen: Sa, So und Fei 14 und 15 Uhr, 2 €.

Sea Life Oberhausen

In unmittelbarer Nachbarschaft zum CentrO befindet sich **eines der größten Aquarien Deutschlands:** das Sea Life Oberhausen. Auf rund 3300 Quadratmetern Ausstellungsfläche steht hier ein Süß- und Meerwasseraquarium neben dem anderen, inmitten ungewohnter Requisiten. Der Besucher bewegt sich zwischen Wrack-Attrappen, künstlichen Gebirgen und durch Höhlen. Ob mit Möwengeschrei oder klassischer Musik – das visuelle Erlebnis wird auch akustisch stimmungsvoll begleitet. Kleine Vorträge der Mitarbeiter und ein Infostand von *Greenpeace* sorgen dafür, dass neben dem Spaß auch das Wissen nicht zu kurz kommt. Höhepunkte im Sea Life sind mächtige Rochen und (kleine) Haie.

● **Sea Life Oberhausen,** Zum Aquarium 1 (Eingabe im Navi: „Amsterdamer Straße"), 46047 Oberhausen, Tel. 0208-44488444, www.sealifeeurope.com. Geöffnet: tgl. außer Heiligabend 10–18.30 Uhr (17 Uhr letzter Einlass). Eintritt 15,50 €, ermäßigt 9,95 €.

Ludwig Galerie
Schloss Oberhausen

Rund 15 Gehminuten vom Gasometer entfernt, liegt mit der Ludwig Galerie Schloss Oberhausen ein weiterer kultureller Höhepunkt der Stadt. Bereits die große Keith-Haring-Skulptur an der Frontseite des Gebäudes weist auf das erstklassige Ausstellungs- und Kulturprogramm der Galerie hin.

Die ursprünglich neoklassizistische Schlossanlage aus dem Jahr 1808 wurde durch Umbauten um zeitgenössische Elemente erweitert, was am augenfälligsten in der kubistischen, aus Glas und Stahl konstruierten Foyerhalle seinen Ausdruck findet. Nach Abschluss der aufwendigen Umbauarbeiten wurde 1998 das Schloss Oberhausen als Ludwig Galerie Schloss Oberhausen wieder eröffnet, in dessen Mittelpunkt zweifelsohne die Sammlung des Aachener Fabrikantenehepaares *Peter* und *Irene Ludwig* steht. Teile dieser erstklassigen und weltweit größten Kollektion, die **Meisterwerke alter und moderner Kunst** enthält, werden in der Galerie in thematischen Wechselausstellungen zusammengeführt und der Öffentlichkeit präsentiert. Neben diesen hochkarätigen Ausstellungen widmet sich die Galerie auch den **neuen Medien** und behandelt in Wechselausstellungen anspruchsvoll die Themen Comic, Video, Plakat und Fotografie.

● **Ludwig Galerie Schloss Oberhausen,** Konrad-Adenauer-Allee 46, 46049 Oberhausen, Tel. 0208-4124928, www.ludwiggalerie. de. Geöffnet: Di–So 11–18 Uhr. Eintritt: 6,50 €, ermäßigt: 3,50 €, Familien 10,50 €.

Im kleinen Schloss, das dem Hauptgebäude gegenüberliegt, findet man zudem das Besucherzentrum zur **Landmarken-Kunst,** in dem u.a. die Projekte der Internationalen Bauausstellung und die erstaunliche Entwicklung des Emscherparks dargestellt werden.

Im linken Seitenflügel des Schlosses hat die **Gedenkhalle Schloss Oberhausen** ihren Sitz, die sich in der Dauerausstellung „Widerstand und Verfolgung 1933–1945 in Oberhausen" mit der NS-Geschichte beschäftigt.

● **Gedenkhalle Schloss Oberhausen,** Konrad-Adenauer-Allee 46, 46047 Oberhausen, Tel. 0208-8253828, www.ludwiggalerie.de. Geöffnet: Di–So 11–18 Uhr. Eintritt: frei.

Kaisergarten

Direkt an das Schloss Oberhausen grenzt eines der schönsten **Naherholungsgebiete** der Stadt, der nach englischem Vorbild 1896 gestaltete barocke Kaisergarten. Die sehr gepflegte, 28 Hektar große Wald- und Wiesenlandschaft lädt zu ausgedehnten Spaziergängen ein; danach erholt man sich dann im Restaurant *Kaisergarten* (↗ „Praktische Tipps"). In dem malerischen Park befindet sich auch ein kleiner und heimeliger **Zoo,** in dem Adler und Eulen, Wildschweine, Wölfe und Hirsche sowie Waschbären und Biber ihr Zuhause haben.

Am Schloss Oberhausen begegnen sich neoklassizistische und moderne Baukunst

Westen

●**Tiergehege im Kaisergarten,** Am Kaisergarten 31, 46045 Oberhausen, Tel. 0208-3770612. Geöffnet: während Sommerzeit tgl. 9–19 Uhr, während Winterzeit tgl. 9–17 Uhr. Eintritt: frei.

Alt-Oberhausen

Die „alte Mitte" Oberhausens ist nur rund zwei Kilometer von der Neuen Mitte entfernt. Als Stadtteil dehnt sich Alt-Oberhausen flächenmäßig zwar recht weit aus, die Sehenswürdigkeiten liegen aber in einem kleinen und leicht zu erkundenden Teilgebiet.

Innenstadt

Der Kern der Oberhausener Innenstadt liegt zwischen dem Rheinischen Industriemuseum im Norden und dem Altmarkt im Süden. Innerhalb dieses recht überschaubaren Areals kann man die wichtigsten touristischen Höhepunkte bequem zu Fuß erkunden.

In architektonischer Hinsicht sind vor allem der Hauptbahnhof, das Rathaus und das Ebertbad einen Besuch wert, wäh-rend mit dem Rheinischen Industriemuseum ein **Ankerpunkt der Route Industriekultur** lockt. Für Kulturinteressierte sind sicherlich der Filmpalast *Lichtburg* als Austragungsort der Internationalen Kurzfilmtage Oberhausen und das bereits mehrfach prämierte Theater Oberhausen besonders spannend.

Dass sich der innerstädtische Einzelhandel trotz der übermächtigen Konkurrenz des CentrO behaupten kann,

148ng Foto: so

wird anhand der Marktstraße, der längsten Einkaufsstraße der Stadt, deutlich.

Hauptbahnhof

Zu den baulichen Höhepunkten im alten Stadtgebiet zählt der Hauptbahnhof von 1929/30, dessen charakteristischer Doppelturm einst als Wasserspeicher für Dampflokomotiven diente. Im Stil der klassischen Moderne errichtet, besticht das Gebäude durch seine funktional-sachliche und kubische Architektur. Das **Empfangsgebäude** mit seiner alten Eingangshalle, einst als großstädtischer Vorzeigebau entworfen, wurde im Rahmen der Internationalen Bauausstellung (IBA) denkmalgerecht wiederhergestellt.

Eine Besonderheit des Oberhausener Hauptbahnhofs ist der **Museumsbahnsteig,** der zum LVR-Industriemuseum gehört. Hier trifft man zwischen stählernen Kunstobjekten auf einen historischen Zug mit Schlackenpfannenwagen.

Vis-à-vis vom Hauptbahnhof, am Willy-Brandt-Platz, hat die **Touristeninformation** ihren Sitz.

Fußgängerzone

Die Fußgängerzone ist nur einen Steinwurf vom Hauptbahnhof entfernt, sie zieht sich entlang des Friedensplatzes, der Elsässer- und der Marktstraße. Letztere ist die zentrale Achse fürs Shoppen. Die mit 1400 Metern **längste Einkaufsmeile** in Oberhausen bietet zwar keine ganz großen Attraktionen, dafür aber ein recht ansehnliches Warenangebot.

Von der Marktstraße aus erreicht man die Elsässer Straße, in welcher der **Filmpalast Lichtburg** zu finden ist. Das Kino ist Austragungsort der **Internationalen Kurzfilmtage Oberhausen,** eines der weltweit wichtigsten und ältesten Festivals für Kurzfilme. *Hilmar Hoffmann* rief 1954 dieses Kurzfilmfestival ins Leben, das damals noch in der Luise-Albertz-Halle an der Düppelstraße ausgetragen wurde. Seit 1998 treffen sich jedes Jahr im April renommierte Regisseure und solche, die es werden wollen, im Filmpalast Lichtburg, und nicht selten starten von hier aus beeindruckende Karrieren (Informationen im Internet: www.kurz filmtage.de).

Vom westlichen Ende der Marktstraße aus gelangt man zum **Altmarkt,** dem Zentrum des städtischen Marktgeschehens. Täglich außer sonntags findet hier in der Zeit von 8–14 Uhr der **Frischemarkt** statt, mit einem reichhaltigen kulinarischen Angebot.

Direkt an den Altmarkt grenzt die neugotische **Hallenkirche Herz-Jesu,** die von *Hermann Wielers* 1909–11 errichtet und im Zuge des Wiederaufbaus von *Dominikus* und *Gottfried Böhm* radikal neu gestaltet wurde: Die Scheidebögen zwischen Mittelschiff und Seitenschiffen wurden vermauert, an die Stelle der Gewölbe kamen Flachdecken. Sein ästhetisches Urteil muss jeder Besucher selbst fällen.

Nach dem Bummel kann man sich z.B. in den Lokalen *Transatlantik* oder *Uerige Treff* stärken (⌀ „Praktische Tipps").

LVR-Industriemuseum

Eines der wenigen erhaltenen Gebäude der Ruhrindustrie in Oberhausen stellt die 1981 stillgelegte **Zinkfabrik Altenberg** direkt hinter dem Hauptbahnhof dar; sie gehört zu den ältesten Industriebauten Oberhausens. 1984 nahm sich der Landschaftsverband Rheinland der historischen Stätte an und richtete hier die Zentrale des LVR-Industriemuseums ein, einen der **Ankerpunkte der Route Industriekultur.** Die ehemalige Walzhalle der alten Fabrikanlage dient heute dem 1997 eröffneten Museum der Schwerindustrie als architektonischer Rahmen. Mit seiner Dauerausstellung „Schwer.Industrie" widmet sich das Museum nicht nur der höchst arbeitsteiligen Zinkproduktion, sondern vor allem der über 150-jährigen Geschichte der Eisen- und Stahlindustrie an Rhein und Ruhr. Die unterschiedlichen Facetten der Industriegeschichte werden in einem modernen und **multimedialen Ausstellungskonzept** vermittelt, das den Besucher zum Anfassen, Ausprobieren und hautnahen Miterleben animiert. Den Museumsmachern liegt es dabei fern, die Zeit der Schwerindustrie und das damit verbundene harte Arbeitsleben zu mythologisieren. Der entbehrungsreiche Alltag der Arbeiterfamilien und die erbit-

Früher war alles riesig: das LVR-Industriemuseum bietet differenzierte Einblicke in die Welt von Eisen und Stahl

terten Kämpfe der Arbeiter werden ebenso thematisiert wie die Macht der Industriebarone und die industrielle Waffenproduktion.

Beeindruckend sind die **tonnenschweren Exponate** wie der imposante Dampfhammer oder eine vom Krupp-Konzern hergestellte Dampflokomotive. Erleben kann man zudem, wie eine Prüfmaschine Stahl zerreißt, oder man misst sich mit den ehemaligen Lehrlingen der Gutehoffnungshütte, indem man die Aufgaben zu lösen versucht, die bei der damaligen Aufnahmeprüfung gestellt wurden.

Auf dem Gelände der Zinkfabrik Altenberg findet sich neben dem Rheinischen Industriemuseum auch das **Zentrum Altenberg,** das in unterschiedlichen Räumlichkeiten diverse Kulturveranstaltungen, vor allem Disconächte und Konzerte, anbietet (Informationen im Internet: www.zentrum-altenberg.de).

● **LVR-Industriemuseum,** Hansastraße 20, 46049 Oberhausen, Info-Telefon 0208-8579281, www.industriemuseum.lvr.de. Geöffnet: Di–So 10–17 Uhr. Eintritt: 4 €. Kinder und Jugendliche frei.

Rathaus

In unmittelbarer Nachbarschaft zum Hauptbahnhof steht ein weiteres architektonisches Highlight der Innenstadt, das Rathaus. Das Gebäude, 1930 nach einem Entwurf des prominenten Stadtbaumeisters *Ludwig Freitag* errichtet, stellt ein bedeutendes Beispiel **expressionistischer Baukunst** dar. Die funktionale Schlichtheit und die Kontraste von hellem Naturstein und dunklem Klinker sind typischer Ausdruck der damaligen Architektur.

● **Rathaus,** Schwartzstraße 72, 46042 Oberhausen.

Theater Oberhausen

Das von führenden Theaterkritikern bereits mehrfach zum „besten Theater der Saison" im Rheinland gekürte Theater Oberhausen gehört zweifelsohne zu den kulturellen „Schwergewichten" der Stadt, obwohl es oder gerade weil es auf eine wechselvolle Geschichte zurückblickt: bereits 1920 als Schauspieltheater eröffnet, wurde das Stadttheater ein Jahrzehnt später klassisches Drei-Sparten-Haus mit eigenen Ensembles für Schauspiel, Oper und Operette. Der Strukturwandel in den 1960er Jahren machte dem Theater arg zu schaffen und so wurden nach und nach einzelne Sparten aufgegeben, übrig blieb ein **Musiktheater.** 1992 wurde das Stadttheater unter der Intendanz von *Klaus Weise* wiedereröffnet, dem es schnell gelang, mit klassischen und modernen Theaterstücken die Sprechbühne zu etablieren und ihr auch außerhalb der Stadtgrenze Bekanntheit zu verschaffen. Seit Beginn der Spielzeit 2008/09 ist *Peter Carp* Intendant des Oberhausener Theaters. Er setzt vor allem auf neue Formen musikalischen Theaters, inszeniert von internationalen Regisseuren.

Dem Theater angeschlossen ist das **Theater im Pott,** kurz TiP genannt, das in Oberhausen bereits auf eine lange Tradition als Kinder- und Jugendbühne zurückblickt.

Neben dem Großen Haus mit 422 Plätzen nutzt das Schauspiel auch das Studio 99 mit 99 Plätzen sowie das „Falstaff"-Foyer, in dem überwiegend Lesungen oder musikalische Veranstaltungen stattfinden.

Das Theater Oberhausen zeichnet sich neben den erstklassigen Aufführungen auch durch seine Experimentierfreudigkeit im Zusammenhang mit außergewöhnlichen Spielorten aus: Orte wie der Gasometer, das Amphitheater auf der Halde der Zeche Prosper Haniel oder das Klärwerk Emschermündung dienten dem Theater bereits als kultig-theatralische Aufführungsstätten.

● **Theater Oberhausen,** Will-Quadflieg-Platz 1, 46045 Oberhausen, Theaterkasse: Tel. 0208-8578-184, Fax 800703, www.theater-oberhausen.de.

Ebertbad

Direkt neben dem Theater Oberhausen befindet sich eine weitere bedeutende Bühne der Stadt – dieses Mal allerdings für **Kabarett, Comedy und Kleinkunst:** das Ebertbad. Das Veranstaltungsprogramm kann sich durchaus sehen lassen und hat bereits Kabarettgrößen wie *Helge Schneider,* die *Missfitts, Jochen Malmsheimer* oder *Frank Goosen* auf die Bühne gebracht.

Das Ebertbad wurde ursprünglich im Jahr 1894/95 unter dem Namen „Badeanstalt am Neumarkt" als **erste öffentliche Volksbadeanstalt** des Deutschen Kaiserreiches eröffnet. Wegen steigender Unterhaltungskosten und sinkender Besucherzahlen musste es allerdings 1983 seinen Betrieb einstellen. Bei den anschließenden Renovierungs- und Umbauarbeiten, die nötig waren, um das Bad einer neuen Nutzung zuzuführen, wurde zum Glück darauf geachtet, die Jugendstil-Architektur zu erhalten. Entstanden ist ein stilvoller Veranstaltungsort, der bei Partys bis zu 550 Personen Platz bietet.

● **Ebertbad,** Ebertstraße 4, 46045 Oberhausen, Tel. 0208-2054024, www.ebertbad.de.

Der Oberhausener Norden

Der Norden der Stadt stellt sich, was seine touristischen Attraktionen betrifft, kontrastreich dar: Neben den Zeugnissen der Industriegeschichte finden sich hier auch Relikte aus vorindustrieller Zeit sowie einige schöne Freizeit- und Erholungsmöglichkeiten.

Im nördlichen Stadtteil Osterfeld, der unmittelbar an die Neue Mitte Oberhausen grenzt, sind zahlreiche Attraktionen vertreten: Von der Vorgeschichte der Industrialisierung legt die **Burg Vondern** ein schönes Zeugnis ab. Der **Revierpark Vonderort,** dem ein großzügiges Solebad angegliedert ist (↗ „Praktische Tipps"), und der **Olga-Park** an der Buttroper Straße bieten als abwechslungsreiche Parkanlagen neben zahlreichen Liegewiesen auch attraktive Freizeitangebote. Der Olga-Park wurde auf dem Gelände der ehemaligen Zeche Osterfeld im Rahmen der Landesgartenschau 1999 künstlerisch neu gestaltet. Einige Relikte der Zeche, wie etwa das Fördergerüst oder die Kohlenmischanlage, wurden dabei als Industriedenkmale stimmungsvoll in das Konzept integriert.

Westen

In direkter Nachbarschaft zum Garten Osterfeld befindet sich die älteste Arbeitersiedlung im Ruhrgebiet, **Eisenheim;** sie zählt zu den touristischen Höhepunkten der Region.

St. Antony-Hütte ⤢XII/A1

Einen wunderschönen Einblick in die Geschichte der Industrialisierung gibt das im nördlichsten Teil von Osterfeld gelegene und 1758 errichtete Wohn- und Kontorgebäude der St. Antony-Hütte, das einzige erhaltene Gebäude der ersten Eisenhütte im Ruhrgebiet, die auch als **„Wiege der Ruhrindustrie"** bezeichnet wird. Hier kann man sich durch das frühere Wohnhaus des Hüttenmeisters von der schönen Industriearchitektur überzeugen lassen, den harten Alltag der Menschen und die Entstehungsgeschichte der Ruhrindustrie verfolgen, Bestechung, Schießereien und Betrug inklusive.

Neben der Dauerausstellung gehören zur **Museumsanlage** auch die industriearchäologischen Ausgrabungen. Das Grabungsfeld mit den Überresten der Produktionsanlagen, das durch ein futuristisches Stahldach geschützt wird, soll ab Juni 2010 der Öffentlichkeit im LVR-Industriearchäologischen Park zugänglich gemacht werden.

● **St. Antony-Hütte,** Antoniestraße 32–34, 46119 Oberhausen, Tel. 02234-9921-555. Geöffnet: Di–So 10–17 Uhr, www.rim.lvr.de. Besichtigung nach telefonischer Vereinbarung. Geöffnet: Museum Di–So 10–17 Uhr, LVR-Industriearchäologischer Park St. Antony-Hütte ab Juni 2010: Di–Fr 10–17 Uhr,

Sa 11–17 Uhr, So 10–18 Uhr. Eintritt: 3 €, ermäßigt 1,50 €.

Siedlung Eisenheim

Zwischen den nördlichen Stadtteilen Osterfeld und Sterkrade liegt mit der Siedlung Eisenheim die **älteste Arbeitersiedlung im Ruhrgebiet** und zugleich eine der ältesten noch erhaltenen in ganz Deutschland. 1846 begann die Gutehoffnungshütte mit dem Bau der ersten Werkssiedlung, um, so der Hintergedanke, qualifizierte Arbeiter durch attraktiven Wohnraum an das Werk zu binden bzw. zum Werk zu locken. In mehreren Phasen errichtet, wurde die Siedlung erst nach 60 Jahren Bauzeit fertig gestellt.

Der in den 1970er Jahren geplante Abriss der Siedlung, die neuen Wohnhäusern weichen sollte, konnte durch anhaltenden Protest und die Arbeiter-Bürgerinitiative Eisenheim verhindert werden. 1988 wurde Eisenheim schließlich unter Denkmalschutz gestellt.

Von den ursprünglich 51 Wohnhäusern stehen heute immerhin noch 39. Neben diesen Doppelhäusern ist an der Antoniastraße auch noch das ehemalige Kontor- und Wohnhaus des Hüttenleiters erhalten, das nun zum LVR-Industriemuseum gehört und besichtigt werden kann. Eine kleine **Ausstellung** im ehemaligen Waschhaus in der Berliner Straße informiert zudem über die Entstehung und Entwicklung dieser Siedlung und gibt einen Einblick

in das einstige Leben und die Arbeit ihrer Bewohner.

Eisenheim ist ein Paradebeispiel für die **typische Architektur** der Bergarbeiter-Kolonien: frei stehende Häuser, die mit einem großen Garten und einem zusätzlichen kleinen Gebäude hinter dem Haus ausgestattet sind.

Die Siedlung ist so schön und heimelig, dass man am liebsten sofort in eines der urigen Backsteinhäuser ziehen möchte. Wenn man Oberhausen besucht, stellt ein Spaziergang durch die herrliche Siedlung einen absoluten **touristischen Höhepunkt** dar. Vor allem in den Sommermonaten herrscht auf den Wegen zwischen Wohnhaus und Hofgebäude immer reges Treiben. Die Bewohner sind sehr aufgeschlossen und immer für ein kleines Schwätzchen zu begeistern.

Einzelne Häuser der Siedlung sind überdies mit liebevoll gestalteten und anrührenden **Schautafeln** ausgestattet, die Auskunft geben über die Geschichte der Siedlung und ihrer (einstigen) Mieter.

● **Siedlung Eisenheim,** Werrastraße, 46117 Oberhausen.
● **Museum Eisenheim,** Berliner Straße 10a, 46117 Oberhausen, Tel. 0208-8579281. Geöffnet: April bis Oktober So und an Feiertagen 10–17 Uhr (nach telefonischer Anmeldung auch außerhalb der Öffnungszeiten). Eintritt: frei.

Burg Vondern ⤢XII/A2

Im nördlich gelegenen Stadtteil Osterfeld, unweit der Neuen Mitte Oberhausen, steht mit der Wasserburg Vondern ein bedeutender spätgotischer Profanbau. Wie lange die

Westen

Die Welt des kleinen Mannes entdeckt man in der hübschen Siedlung Eisenheim

Burg bereits existiert, ist nicht bekannt. Sicher ist, dass die heutigen Bauten aus **verschiedenen Epochen** stammen, angefangen vermutlich mit dem 13. Jahrhundert. Während das spätgotische Torgebäude, an das sich zwei Rundtürme anschließen, und die südliche Wehrmauer mit ihren Schießscharten spätestens im 16. Jahrhundert entstanden, wurde das barocke Haupthaus im späten 17. Jahrhundert errichtet. Im Laufe der Jahrzehnte verfiel die Anlage zusehends. Zum Glück konnten die historischen Teile in den 1990er Jahren gerettet und die Anlage als Veranstaltungsort genutzt werden.

Auch wenn über Jahreszahlen spekuliert werden kann, steht doch fest, dass die Burg Vondern eine wirklich schöne Anlage ist, die vor allem für Spaziergänger und Radwanderer ein lohnendes Ausflugsziel darstellt.

● **Burg Vondern,** Arminstraße 65, 46117 Oberhausen, Infoband/Tel. 0208-896297 (persönlicher telefonischer Kontakt nur Do 18–19 Uhr), www.burgvondern.de. Geöffnet: Burgführungen können telefonisch vereinbart werden.

Praktische Tipps

Information

● **Tourist Information Oberhausen,** Willy-Brandt-Platz 2, 46045 Oberhausen, Tel. 0208-824570, Fax 8245711, www.oberhausen-tourismus.de. Geöffnet: Mo–Fr 9.30–19 Uhr, Sa 10–14 Uhr.
● **Besucherzentrum RUHR.2010,** Oberhausen, CentrO/Neue Mitte.

Öffentliche Verkehrsmittel

● **Hauptbahnhof** und **zentraler Busbahnhof:** Willy-Brandt-Platz, 46045 Oberhausen.

● **Busbahnhof Neue Mitte:** Centroallee, 46047 Oberhausen.
● **Taxi:** Taxistände liegen unmittelbar am Hauptbahnhof; Taxiruf: 0208-19410.

Unterkunft

● **Hotel Mercure am CentrO,** Max-Planck-Ring 6, 46049 Oberhausen, Tel. 0208-444 10, Fax 4441110, www.mercure-oberhausen.de. Preise: EZ ab 70 €, DZ ab 95 €.

Das Hotel liegt in direkter Nachbarschaft zum CentrO und grenzt an den Kaisergarten. 64 Zimmer stehen in drei Kategorien (Economy, Business, First Class) zur Verfügung.
● **Hotel Restaurant Haus Union,** Schenkendorfstraße 13, 46047 Oberhausen, Tel. 0208-8808088, Fax 8808089, www.haus-union.de. Preise: EZ ab 40 €, DZ ab 60 €.

Rund fünf Gehminuten von der Innenstadt entfernt, stehen hier 48 Zimmer in familiärer Umgebung zur Verfügung.
● **Gasthof Zum Rathaus,** Freiherr-vom-Stein-Straße 41, 46045 Oberhausen, Tel. 0208-858370, Fax 8583737, www.hotel-zum-rathaus.de. Preise EZ ab 48 €, DZ ab 59 €.

In direkter Nachbarschaft zum im expressionistischen Stil errichteten Rathaus gelegen, bietet das Hotel rustikales Ambiente in zentraler und ruhiger Lage.
● **Wohnmobilstellplatz am Kaisergarten,** Am Kaisergarten, 46049 Oberhausen, Tel. 0208-824570. Preis pro Wohnmobil und Nacht: 7,50 €.

Sehr gute Lage: Die 60 Stellplätze befinden sich in direkter Nachbarschaft zur Neuen Mitte Oberhausen.

Essen und Trinken

● **Brauhaus Zeche Jacobi,** Promenade 30, 46047 Oberhausen, Tel. 0208-802200, www.brauhaus-zeche-jacobi.de. Geöffnet: tgl. 10–0.30, Fr, Sa und vor Feiertagen 10–2 Uhr.

Im Brauhaus wird die Bergarbeiterromantik zelebriert: neben deftiger Bergmannskost gibt's auch die hausgebrauten Pilsbiere *Grubengold* und *Ruhrpott*.
● **Zum Apotheker,** Promenade 73, 46047 Oberhausen, Tel. 0208-204653, www.zumapotheker.de. Geöffnet: tgl. 11.30–24 Uhr, Fr, Sa 11.30–1.30 Uhr.

Westen

Die gemütliche und urige Gaststätte, deren Inneneinrichtung aus einer alten Oberhausener Apotheke stammt, hat insgesamt 15 verschiedene Biersorten zur Auswahl und wartet mit internationaler Küche auf.

● **Kaisergarten,** Konrad-Adenauer-Allee 48, 46049 Oberhausen, Tel. 0208-290220, www.kaisergarten.de. Geöffnet: Mo–So 8.30–22 Uhr.

In der schönen Schlossgastronomie besticht die internationale Küche, die Preise sind zum Teil recht hoch. Bei schönem Wetter ist der urige Biergarten für Frühaufsteher schon ab 8 Uhr geöffnet.

● **Transatlantik,** Elsässerstraße 25, 46045 Oberhausen, Tel. 0208-28094. Geöffnet: Mo–Sa ab 9 Uhr, So, Fei ab 10 Uhr.

In dieser amerikanischen Bar gibt's auch kleine, leckere Snacks. Abends trifft man im *Transatlantik* überwiegend auf jüngeres Publikum.

● **Uerige Treff,** Friedensplatz 13, 46045 Oberhausen, Tel. 0208-808143, www.uerige-ob.de. Geöffnet: Mo–Do 11–24 Uhr, Fr, Sa 11–2 Uhr, So 17–24 Uhr.

In dieser urigen altdeutschen Kneipe wird das Altbier der Düsseldorfer Hausbrauerei *Uerige* ausgeschenkt. Die Küche ist deftig und gutbürgerlich.

● **Baumeister-Mühle** (↗**XI/D2),** Homberger Straße 11, 46149 Oberhausen, Tel. 0208-6589733, www.baumeister-muehle.de. Geöffnet Mo, Mi–Sa 17.30–22.30 Uhr, So 11.30–14 Uhr.

Im edel-rustikalen Ambiente genießt man feine internationale Küche.

Auch abends ist man auf dem CentrO-Gelände nicht allein

●**Frintrop** (⚡**XI/A3**), Mühlenstraße 116, 46047 Oberhausen, Tel. 0208-870975, www.restaurant-frintrop.de. Geöffnet: tgl. außer Di 12–14 Uhr und 18–23 Uhr.

Das Lokal im Oberhausener Norden bietet internationale Küche und eine beeindruckende Weinkarte für Genießer.

Beachclub

●**The Beach @ centro,** auf dem Gelände des CentrO Oberhausen, www.beach-centro.de. Geöffnet: Mo–Do ab 12 Uhr, Fr–So ab 11 Uhr (im Winter geschlossen).

Nach dem Shoppen im CentrO geht's zum chillen an den Beach, wo dem Shopping-Victim 270 Tonnen Sand, Sonnenstuhl-Areas mit 200 Stühlen, Chill-out-Zonen mit Hängematten und ein Party-House zur Verfügung stehen, in dem DJs für die entsprechende musikalische Untermalung sorgen.

Nachtleben

●**Turbinenhalle,** Im Lipperfeld, 46047 Oberhausen, Tel. 0208-25050, www.turbinenhalle.de. Geöffnet: Do 22–5 Uhr, Fr, Sa und vor Feiertagen 21–6 Uhr.

Das ehemalige Kraftwerk wurde Anfang der 1990er Jahre zu einer der größten Discotheken im Revier umfunktioniert. Bis zu 10.000 Besucher tanzen hier an den Wochenenden zu House, EBM, Alternative oder Crossover. Außerdem wird die spektakuläre Halle für Konzerte, Techno-Events oder Theater-Veranstaltungen genutzt.

●**Saint,** Mülheimer Straße 24, 46047 Oberhausen, Tel. 0208-6202847, www.saint-oberhausen.de. Geöffnet: Fr, Sa ab 22 Uhr, So 19–1 Uhr.

Inmitten sakralen Interieurs wird zu Rock, Hardcore, Indie, Ska oder EBM getanzt.

●**Zentrum Altenberg,** Hansastraße 20, 46049 Oberhausen, Tel. 0208-859780, www.zentrumaltenberg.de. Geöffnet: Di ab 20 Uhr, Do–Sa ab 21 Uhr.

In den Hallen der ehemaligen Zinkfabrik trifft sich die alternative Kulturszene. Theater, Konzerte und diverse Veranstaltungen wie Ü25-Partys finden hier statt.

Kino

●**Lichtburg-Filmpalast,** Elsässer Straße 26, 46045 Oberhausen, Ticket-Hotline: 0208-82429-0 bis -15, Film-Info: Tel. 0208-824 2920, www.lichtburg-ob.de.

Die Lichtburg ist einmal im Jahr für eine Woche lang das Festivalkino der Internationalen Kurzfilmtage in Oberhausen. Aber auch an den anderen Wochen bietet das Kino hervorragendes Programm.

●**Village Cinema,** Luise-Albertz-Platz 1 (Neue Mitte), 46047 Oberhausen, Kartentelefon: 0208-823200.

Direkt neben dem CentrO: Multiplexkino mit neun Sälen.

Feste und Festivals

●**Internationale Kurzfilmtage Oberhausen:** Das älteste Kurzfilmfestival der Welt ist jährlich im April Treffpunkt für renommierte Regisseure und solche, die es werden wollen. Infos: www.kurzfilmtage.de.

●**Weihnachtsmarkt:** Infos im Internet unter www.centro-weihnachtsmarkt.de.

Einkaufen

●**CentrO,** ⚡ dort.

Sport und Freizeit

●**Fahrradverleih:**
Hauptbahnhof, Tel. 0208-855174. Geöffnet: Mo–Fr 7–21 Uhr, Sa 9–17 Uhr.

Haus Ripshorst (Infozentrum Emscher Landschaftspark), Ripshorster Straße 306, 46117 Oberhausen, Tel. 0208-8833483. Geöffnet: 1. März bis 31. Oktober Di–So 10–18 Uhr, 1. November bis 28. Februar Di–So 10–17 Uhr.

●**Revierpark Vonderort** (⚡**XII/A2**), Bottroper Straße 322, 46117 Oberhausen, Tel. 0208-999680, www.revierpark.com.

Der Revierpark bietet ein vielfältiges Spiel-, Sport- und Erholungsangebot: Spiel- und Wasserspielplätze, Minigolf, Tennis, Tischtennis, Spielfelder für Fußball, Handball, Volleyball und Basketball, und auf den Teichen des

Parks kann man mit Ruder- und Tretbooten fahren. Wie in den anderen Revierparks auch, ist in den Park das **Solebad** Vonderort integriert, das mit einer außergewöhnlichen Sole- und Saunalandschaft lockt.

Auf rund 1800 Quadratmetern Eisfläche wird dem Schlittschuh-Fan vom Discodancing bis zur Eisparty einiges geboten.

Kinder

- **Theater im Pott im Theater Oberhausen,** ↗ dort.
- **CentrO-Freizeitpark,** ↗ dort.
- **Tiergehege im Kaisergarten,** ↗ dort.
- **Sea Life Oberhausen,** ↗ dort.

Xanten   ↗ I/A1

Überblick

Xanten liegt ganz am nordwestlichen Rand des Ruhrgebiets. Mit seiner 2000-jährigen Geschichte ist es die älteste Stadt im Revier: Bis hierhin waren die **Römer** bereits 200 v. Chr. vorgedrungen und hatten eine der bedeutendsten Siedlungen in Niedergermanien, die Colonia Ulpia Traiana, gegründet.

Im Jahre 1228 wurden Xanten die **Stadtrechte** verliehen. Durch ihre günstige Lage am linken Rheinufer entwickelte sich die Stadt rasch zu einem Marktort und wurde wichtig für den Fernhandel.

Als **staatlich anerkannter Erholungsort** hat Xanten für Reisende einiges zu bieten: Der von der alten Stadtbefestigung umrahmte historische Stadtkern ist mit dem **Archäologischen Park** und dem imposanten **LVR-**

RömerMuseum sicherlich das touristische Highlight des Ortes. Durch die Nähe zum Rhein und mit dem Freizeitzentrum Xanten besitzt die Stadt zudem ein breit gefächertes Angebot an Freizeit- und Erholungsmöglichkeiten. Radfahrbegeisterte können auf der so genannten **Römerroute,** einer weitgehend flachen, rund 280 Kilometer langen Radstrecke der Marschroute der Römer von Xanten bis nach Detmold folgen (↗„Reisetipps A–Z, Fahrrad").

Innenstadt

Die Innenstadt Xantens ist wie gemacht für einen beschaulichen Spaziergang; die Dimensionen sind überschaubar und alles, was man gesehen haben sollte, reiht sich praktisch aneinander – auch die **Touristeninformation** hat hier ihren Sitz. Mittel- und Orientierungspunkt im Ort ist die wuchtige, romanisch-gotische **Dom St. Viktor,** in dem sich einige kostbare Sehenswürdigkeiten wie Wandteppiche, Altäre oder Glasbilder befinden. Der Dom wird eingerahmt von einer Reihe stimmungsvoller Sträßchen und Plätze inmitten der Stadtmauer. Wir empfehlen, sofern man nicht mit öffentlichen Verkehrsmitteln anreist, das Auto außerhalb der Stadtmauer abzustellen und z.B. durchs 1393 erbaute **Klever Tor** über die Klever Straße das Städtchen zu „erobern". Sofort zeigt sich eine Eigenart Xantens: das Vielerlei an **kleinen Geschäften,** die Antiquitäten, alte Bücher oder Accessoires anbieten. Hier lässt sich gemütlich wühlen

Westen

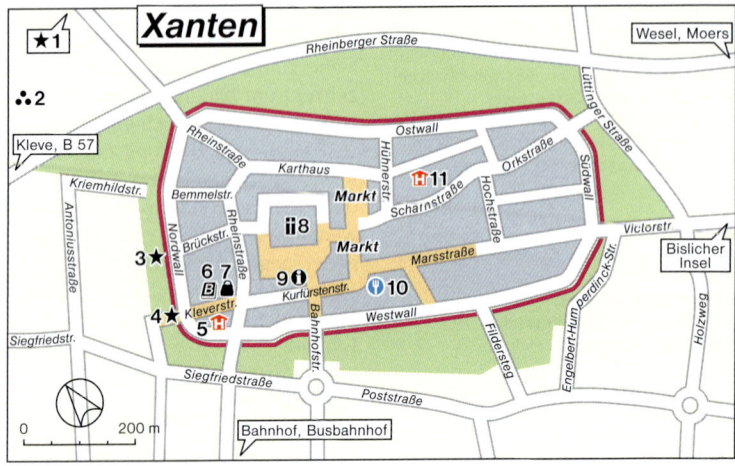

★ 1 Freizeitzentrum Xanten
∴ 2 Archäologischer Park/
RömerMuseum
★ 3 Kriemhildmühle
★ 4 Klever Tor
⌂ 5 Ferienwohnungen am Klever Tor

🅑 6 Antiquariat am Mitteltor
♟ 7 Hut Werkstatt
ⅱ 8 Dom St. Viktor
❶ 9 Touristen-Information
❶ 10 Gotisches Haus
⌂ 11 Hotel Nibelungen Hof

und schmökern, ehe man am weitläufigen Marktplatz zu Kaffee oder Bierchen einkehrt, um sich für den bevorstehenden Museums- oder Archäologieparkbesuch zu stärken (Restaurantempfehlung: *Gotisches Haus*, ⬀ „Praktische Tipps"). Vorbeischauen sollte man auch bei der alten **Kriemhild-Mühle,** die auf der Stadtmauer errichtet ist und die noch immer von einem Müller betrieben wird. Sie kann besichtigt werden und verkauft auch köstliche Produkte aus eigener Herstellung.

●**Kriemhild-Mühle,** Nordwall 5, 46509 Xanten, Tel. 02801-6556, www.xanten.de/

muehle. Geöffnet: Di–Fr 8.30–18.30 Uhr, Sa 8.30–18 Uhr, So je nach Witterung von 11–17 Uhr. Preise auf Anfrage.

Archäologischer Park ⬀I/A1

Auf den römischen Kaiser Trajan geht der Name jener Siedlung zurück, die den unumstrittenen Höhepunkt einer Xanten-Visite darstellt: **Colonia Ulpia Traiana.** Hier lebten in der Blütezeit im 2. Jahrhundert n. Chr. etwa 10.000 Menschen, die die Annehmlichkeiten einer römischen Stadt nutzen konnten. Vom ältesten Amphitheater im Rheinland und den Überresten der prächtigen Thermenanlage kann sich der Be-

sucher auch heute noch beeindrucken lassen. Römische Originale und „lebensgroße" Rekonstruktionen von Gebäuden, wie z.B. eine als stilechte antike Gaststätte gestaltete Herberge, versetzen den Besucher zurück ins alte Rom. Um auch abgelegene Punkte wie den Hafentempel nicht zu versäumen, sollte man sich in jedem Fall am Eingang mit einem **Übersichtsplan** des weitläufigen Areals versorgen. Eine interessante Aussicht über die historischen Wehrgräben hinüber zu Stadt und Dom bietet der Wehrgang zwischen den Türmen der Anlage.

Um 350 n. Chr. wurde Colonia Ulpia Traiana im Zuge der Völkerwanderungen zerstört und verlassen. Uns Heutigen präsentiert sich die Stadt nicht als fertige Ausstellung; die Ausgrabungen gehen weiter und lassen das Erscheinungsbild der römischen Siedlung immer geschlossener erkennen.

● **Archäologischer Park,** Wardter Straße, 46509 Xanten, Tel. 02801-7120, www.apx.de. Geöffnet: März bis Oktober tgl. 9–18 Uhr, November 9–17 Uhr, Dezember bis Februar 10–16 Uhr. Eintritt: 9 €, ermäßigt 6 €, Kinder und Jugendliche unter 18 Jahre frei.

LVR-RömerMuseum   ⬈I/A1

Der imposante Neubau des LVR-RömerMuseums gibt dem Besucher einen Eindruck von den Ausmaßen der einstigen römischen **Basilika Thermarum.** Diesem Gebäude, das zu Römerzeiten die Eingangshalle des Stadtbads darstellte, ist das Museum in seinen Maßen nachempfunden. Der größte Raum der ganzen Thermenanlage erstreckt sich auf einer Fläche von

Westen

mehr als 70 x 20 Meter. Auch im Inneren setzt sich **Authentizität** fort: Das Museumsgebäude hat wie seine römischen Vorgänger keine durchgehenden Geschosse, sondern präsentiert seine mächtige **Höhe in voller Pracht.** Vom Boden bis unters Dach wird der Besucher über ein **System aus verschiedenen Ebenen und Rampen** an den Ausstellungsobjekten vorbei geführt. Ein außergewöhnliches Raum- und Museumserlebnis mit dem kleinen Nachteil, dass es auf dem ansteigenden Parcours zu Besucherstoßzeiten etwas eng werden kann. Gemäß einem modernen Museum zeigt man in Xanten nicht nur kostbare historische Fundstücke, sondern bietet Expo-

Das Klever Tor: Eingang zur malerischen Altstadt

nate zum Anfassen und Ausprobieren, Medienstationen, Zitattafeln, Hörspiele und viele andere Elemente. Dabei widmet sich die Ausstellung der **römischen Geschichte Xantens** vom Einmarsch der Besatzer bis zum Untergang während der Spätantike. Parallel zur Weltgeschichte verhandelt die Schau auch den Alltag während der Antike. Wie sah das häusliche Leben aus, wie kleidete man sich und was tat man in seiner Freizeit? Spannende Fragen, die das RömerMuseum auch für junge Besucher attraktiv machen.

●**LVR-RömerMuseum,** Siegfriedstr. 39, 46509 Xanten, Tel. Besucherservice 02801-9889213, www.apx.lvr.de/roemermuseum. Geöffnet: März–Oktober tgl. 9–18 Uhr, November tgl. 9–17 Uhr, Dezember–Februar tgl. 10–16 Uhr, Eintritt: Archäologischer Park & LVR-RömerMuseum 9 €, ermäßigt: 6 €.

Freizeitzentrum Xanten 🖉 I/A1

An der Stadtgrenze findet sich mit dem Freizeitzentrum Xanten ein überregional bekanntes Naherholungsgebiet und ein Paradies für **Wasserfreunde.** Das Freizeitareal teilt sich auf in die „Xantener Südsee" und „Xantener Nordsee". An der **„Südsee"** erwarten den Besucher 1000 Meter feinster Sandstrand, Strandkörbe, Badeinseln sowie vielseitige Sportflächen und großzügige Liegewiesen. An der **„Nordsee"** kommen Wassersportler voll auf ihre Kosten. Vom Surfen und Segeln über Kanu- und Tretbootfahren bis hin zum Angeln und Tauchen: Hier gibt's nichts, was es nicht gibt. Besondere Attraktionen des Freizeitzentrums sind **Wasserski** und **Wakeboar-**

ding. Mit 30 bis 60 km/h zieht der Schlepplift Wagemutige übers Wasser. Bei schlechtem Wetter lockt zudem das **Nibelungenbad** mit seiner überdachten Bade- und Saunalandschaft.

●**Freizeitzentrum Xanten,** Strohweg 2, 46509 Xanten, Tel. 02801-715656, www.f-z-x. de. Öffnungszeiten und Preise sind stark gestaffelt, am besten auf der Website nachschauen.

Bislicher Insel 🖉 I/B2

Die Bislicher Insel ist ein idyllisches, unter Naturschutz stehendes Feuchtbiotop, in dem sich zahlreiche – auch vom Aussterben bedrohte – **Vogelarten** niedergelassen haben. Haubentaucher, Eisvogel oder Steinkauz sind hier beheimatet, ja sogar die größte Kormorankolonie NRWs. Das fragile Ökosystem gehört mittlerweile zu den bedeutendsten Rast- und Brutplätzen der Region und bedarf somit eines verantwortungsvollen Umgangs. Man sollte den Tieren zuliebe den strengen Vorschriften unbedingt Folge leisten. Das Informationszentrum bietet naturkundliche Führungen durch das Naturschutzgebiet.

●**NaturForum,** Bislicher Insel 11, 46509 Xanten, Tel. 02801-90492. Geöffnet: April–Okt Di–So 10–18 Uhr, Nov.–März Di–So 10–17 Uhr. Eintritt: Dauerausstellung 3 €.

Praktische Tipps

Information

●**Tourist-Info,** Kurfürstenstraße 9, 46509 Xanten, Tel. 02801-98300, Fax 71664, www.xanten.de. Geöffnet: April bis Oktober

Mo–Fr 9–13 Uhr, 14–18 Uhr, Sa 10–16 Uhr, So, Fei 12–16 Uhr. November bis März Mo–Fr 10–13 Uhr, 14–17 Uhr, Sa 10–13 Uhr, So, Fei geschlossen.

Öffentliche Verkehrsmittel

● **Hauptbahnhof** und **zentraler Busbahnhof:** Bahnhofstraße, 46509 Xanten.
● **Taxi:** Taxistände liegen unmittelbar am Hauptbahnhof; Taxiruf: 02801-19410.

Unterkunft

● **Hotel Nibelungen Hof,** Niederstraße 1, 46509 Xanten, Tel. 02801-780, Fax 78400, www.hotel-nibelungenhof.de. Preise: EZ ab 66 €, DZ ab 99,50 €.
    Das Hotel liegt im schönen historischen Stadtkern und bietet 40 freundliche Zimmer.
● **Ferienwohnungen am Klever Tor,** Klever Straße 45, 46509 Xanten, Tel. 0171-1791840, Fax 02801-4615. Preise: bis zwei Personen 60 € pro Tag, jede weitere Person 5 € (max. vier Personen und ein Kleinkind). Von November bis März Sonderpreise.
    Komfortable Ferienwohnungen in zentraler Lage mit Blick auf den Stadtpark und die Kriemhildmühle.

Jugendherberge

● **Jugendherberge Xanten (I/A1),** Bankscher Weg 4, 46509 Xanten, Tel. 02801-98500, www.xanten.jugendherberge.de. Preis pro Person/Nacht ab 20,90 €.
    Herberge mit See-Panorama: Das 2004 eröffnete Haus liegt direkt an der Xantener

Südsee und ist daher vor allem für Wassersportbegeisterte zu empfehlen.

Essen und Trinken

● **Gotisches Haus,** Markt 6, 46509 Xanten, Tel. 02801-706400, www.gotisches-haus-xanten.de. Geöffnet: Di–So durchgehend warme Küche von 11.30–22 Uhr.
    Gemütliche Atmosphäre in historischem Ambiente, mehrere Säle, Terrasse und Biergarten.

Einkaufen

● **Hut Werkstatt,** Klever Straße 2, 46509 Xanten, Tel. 02801-986001, www.hutwerkstatt-xanten.de. Geöffnet: Di–Fr 10–13 Uhr, 14–18 Uhr, Sa 10–14 Uhr.
    Außergewöhnliche Hüte und Accessoires in bezaubernd dekoriertem kleinem Lädchen.
● **Antiquariat am Mitteltor,** Klever Straße 4, 46509 Xanten, Tel. 02801-1704. Geöffnet Mo–Fr 9–12 Uhr, 14–18 Uhr, Sa 9–13 Uhr.
    Beeindruckende Auswahl an seltenen Büchern des 16. bis 20. Jahrhunderts.

Sport und Freizeit, Kinder

● **Wassersport:** Freizeitzentrum Xanten, dort.

Eine Bleibe im Grünen mit hohem Freizeitwert: die Jugendherberge Xanten

Westen

Die Mitte

067rg Foto: tk

161rg Foto: sg

Auch das ist das Revier:
Schatzkästchen Hattingen

Eine Fahrt auf stillem
Wasser am Rhein-Herne-Kanal

Die imposante Zeche Hannover
ist ein begehrtes Fotomotiv

Bochum ♫ XIV/B3

Überblick

Bochum ist eines der Zentren des Ruhrgebiets und mit rund 378.000 Einwohnern die **viertgrößte Stadt im Revier.** Bereits seit 1321 mit den Rechten einer Stadt versehen, hat Bochum erst durch den Boom des Bergbaus und der Stahlindustrie im 19. Jahrhundert überregionale Bedeutung gewonnen. Von der Jahrhundertmitte bis etwa 1890 verzehnfachte sich die Einwohnerzahl durch Zuzug arbeitssuchender Menschen aus anderen Regionen Deutschlands und aus Osteuropa.

Heute, mehr als dreißig Jahre, nachdem die letzte Zeche der Stadt stillgelegt wurde, sucht man Spuren dieser rußschwarzen Vergangenheit fast vergeblich. Keine Stahlwerke, keine Schornsteine und Bergmänner. Der Strukturwandel hat ganze Arbeit geleistet. Wie alle größeren Städte im Ruhrgebiet, war auch Bochum aufgrund seiner industriellen Bedeutung während des Zweiten Weltkriegs Ziel intensiver **Bombenangriffe** durch die Alliierten. Von der ursprünglichen Bebauung in der Innenstadt hat der Krieg praktisch nichts übrig gelassen. Über 90 Prozent aller Gebäude lagen in Trümmern. Was danach zügig aufgebaut wurde, um Wohnraum zu schaffen, ist im Wesentlichen zweckdienlich und nüchtern, weswegen nicht zuletzt *Herbert Grönemeyer* in seiner Bochum-Hymne zu der Erkenntnis kommt, dass die Stadt „keine Schönheit" ist.

Wer aber auf äußerliche Reize verzichten kann, für den hat die Fußball-, Theater- und Kneipenstadt sehr viel zu bieten.

Innenstadt

Die Innenstadt der einstigen Stahlmetropole lässt sich begrenzen durch das Deutsche Bergbau-Museum im Norden, das renommierte Schauspielhaus im Süden, den Westring im Westen und den markanten Komplex des Hauptbahnhofs im Osten.

Dabei sind die nördlichen und südlichen Fixpunkte zugleich Höhepunkte eines Bochumbesuchs. Mit dem 1930 gegründeten **Deutschen Bergbau-Museum** besitzt die Stadt das größte Fachmuseum dieser Art in der Welt, und das im Süden der City gelegene **Schauspielhaus** zählt seit Jahrzehnten zu den bedeutendsten deutschsprachigen Sprechbühnen.

Kulturinteressierte sollten sich der zeitgenössischen ost- und mitteleuropäischen Kunst des Museums Bochum und den zahlreichen Sakralbauten der Innenstadt widmen. Sowohl die Paulskirche und die Klosterkirche als auch die spätgotische Propsteikirche an der Unteren Marktstraße sind einen Besuch wert.

Legendär ist das Kneipen- und Restaurantviertel **„Bermudadreieck"** entlang der Kortum-, Viktoria- und Brüderstraße. Aus dem ganzen Ruhrgebiet strömt man allabendlich hierher, um in zahllosen Kneipen und Bars, Kinos, Bistros, Cafés und Restaurants das Revier-Flair zu genießen.

Dass Bochum mittlerweile mindestens ebenso sehr eine Dienstleistungsstadt wie ein Industriezentrum ist, erfährt der Besucher u.a. auf der Kortumstraße, der längsten und umsatzstärksten **Einkaufsstraße** der Stadt.

Hauptbahnhof

Kunstvoll geht es bereits auf dem Vorplatz des Bahnhofs zu: Hier steht seit 1979 die Stahlskulptur „Terminal" von *Richard Serra,* die auf der Kasseler „documenta" von 1977 von der Stadt Bochum gekauft worden war.

Der 1957 eingeweihte Bochumer Hauptbahnhof galt lange Zeit als einer der modernsten Bahnhöfe Deutschlands und ist mittlerweile einer der prominentesten Vertreter bundesdeutscher Bahnhofsarchitektur der Nachkriegszeit. Die Renovierung im Jahr 2005 hat dazu geführt, dass heute Alt und Modern aufeinander treffen: Während die Architekturästhetik der 1950er Jahre vor allem in der geschwungenen Betondecke der Bahnhofsvorhalle ihren Ausdruck findet, prägen moderne Glas- und Stahlfassaden den Innenraum des Bahnhofs.

Doch auch im Inneren versprüht der Bahnhof an manchen Stellen immer noch einen Charme mit Patina und bietet besondere Schmuckstücke aus längst vergessenen Zeiten: Im linken Seitenflügel, gegenüber der Buchhandlung im Foyer, findet man das **Filmkunsttheater Metropolis.** Das kultige Programmkino ist ein Relikt der Vergangenheit, woran auch noch die Ausstattung und das Ambiente im Eingangsbereich erinnern. Allerdings lässt die Klimaanlage in mancher Hinsicht zu wünschen übrig, denn im Winter kann es etwas frisch werden. Wer schnell friert, sollte sich in der kalten Jahreszeit vorsichtshalber einen dicken Pullover einpacken.

● **Filmkunsttheater Metropolis,** Kurt-Schumacher-Platz (im Hbf.), 44787 Bochum, Tel. 0234-12263, Programmansage (24 Stunden) 0234-15919, Internet: www.metropolis.de.

Fußgängerzone

Die ausgedehnte Fußgängerzone der Bochumer Innenstadt lässt sich grob durch den Hauptbahnhof im Osten, das Schauspielhaus im Süden und das Rathaus im Norden eingrenzen. Wer vom Vorplatz des Hauptbahnhofs die dort vorbeiführende vierspurige Straße (Südring) überquert, steht schon direkt in der Fußgängerzone, zu der auch die **Huestraße** zählt. Hier finden sich neben der **Touristeninformationsstelle** vor allem kleinere Boutiquen und Designerläden, die für Liebhaber ausgefallener und individueller Stücke eine kleine Fundgrube darstellen. Die Huestraße führt vorbei am Dr.-Ruer-Platz und stößt schließlich an die **Kortumstraße,** die wichtigste Einkaufsstraße der Stadt. Hier reihen sich große und kleine Läden bekannter Marken aneinander. Bekannt und beliebt ist die Kortumstraße aber nicht nur wegen ihrer zahlreichen Geschäfte, sondern vor allem als Teil eines ausgedehnten **Café-, Kneipen- und Restaurantviertels,** das sich im Süden der Fußgängerzone befindet. Wer der Kortumstraße Richtung Norden folgt, stößt auf zwei klei-

Mitte

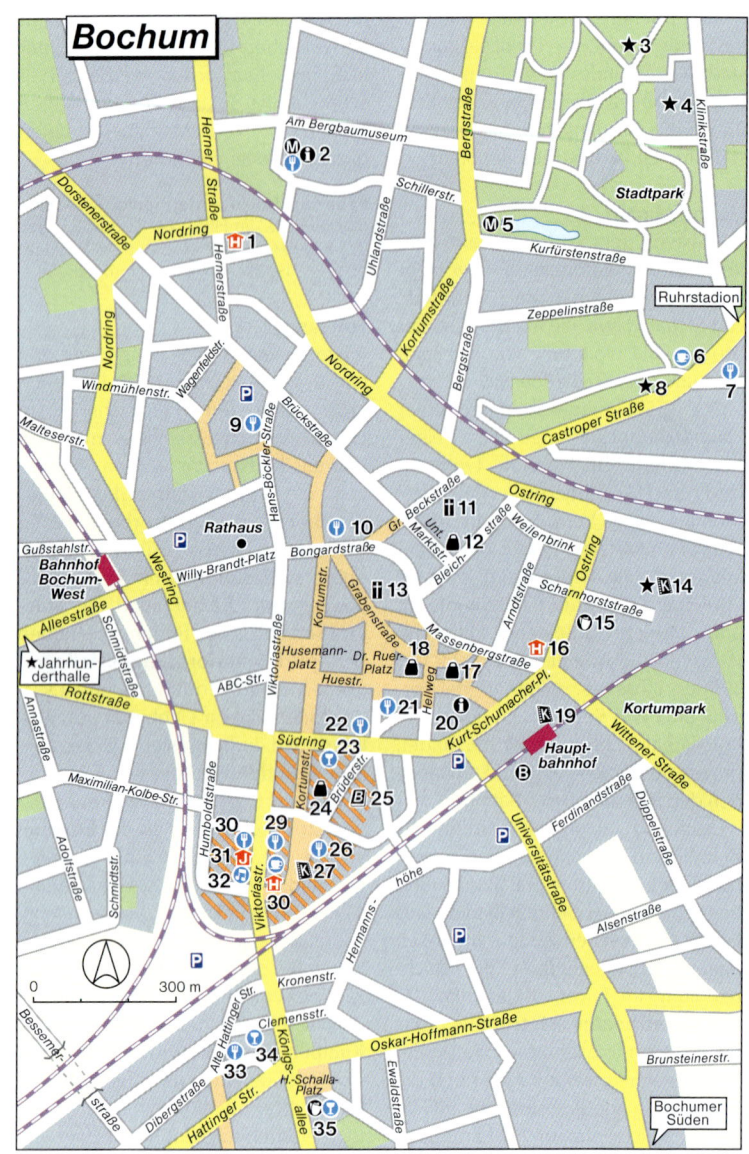

Bochum

Am Bergbaumuseum
Bergstraße
Klinikstraße
★ 3
★ 4
Herner Straße
Dorstenerstraße
Nordring
Hernerstraße
Uhlandstraße
Schillerstr.
Stadtpark
Ⓜ 🛈 2
Nordring
Ⓜ 5
Kurfürstenstraße
Kortumstraße
Bergstraße
Zeppelinstraße
Ruhrstadion
Nordring
🅿
9 🛈
Hans-Böckler-Straße
Bruckstraße
Windmühlenstr.
Wagenfeldstr.
Malteserstr.
Castroper Straße
🅿
🛈 6
★ 8
🛈 7
Beckstraße
straße
Wellenbrink
Ostring
🛈 11
Gußstahlstr.
🅿
Rathaus ●
Westring
Willy-Brandt-Platz
🛈 10
Bongardstraße
Gr. Beckstr.
Unt.
Marktstr.
🔒 12
Bleich...
Arndtstraße
Scharnhorststraße
Ostring
★ 🏰 14
Bahnhof
Bochum-
West
Alleestraße
Schmidtstraße
🏰 13
Kortumstr.
Grabenstraße
Massenbergstraße
🕐 15
★ Jahrhun-
derthalle
Rottstraße
Viktoriastraße
ABC-Str.
Husemann-
platz
Huestr.
Dr. Ruer-
Platz
18 🏰
🏰 17
Heilweg
🏥 16
Kortumpark
Annastraße
Maximilian-Kolbe-Str.
Humboldtstraße
22 🛈
Südring
Kortumstr.
🛈 21
20
🛈
Kurt-Schumacher-Pl.
🏰 19
Wittener Straße
Haupt-
bahnhof
Ⓑ
Adolfstraße
Schmidtstr.
23
Brüderstr.
24 🔒
𝐵 25
🅿
Universitätstraße
Ferdinandstraße
Düppelstraße
Alsenstraße
Bessemer
30
29
31 🛈
32 🎵
🛈 26
🏰 27
30 🏥
Viktoriastr.
...höhe
Hermanns-
🅿
0   300 m
🅿
Kronenstraße
Hermanns-
🅿
Clemensstr.
Königs...
Dibergstraße
33
🛈 34
Alte Hattinger Str.
Hattinger Str.
H.-Schalla-
Platz
🅲 🛈
allee
35
Oskar-Hoffmann-Straße
Ewaldstraße
Brunsteinerstr.
straße
Bochumer
Süden

1	Aleppo		19	Filmkunsttheater Metropolis
2	Bergbau-Museum/		20	Touristen-Information
	Besucherzentrum Ruhr.2010/		21	Livingroom
	Restaurant Förderturm		22	Avli
3	Bismarckturm		23	Café Zacher
4	Tierpark		24	Jungle
5	Museum Bochum		25	Janssen
6	Café Treibsand		26	Dönninghaus-Imbiss
7	Raffaello		27	Union Kino Center
8	Zeiss-Planetarium		28	Sticks
9	Coco Loco		29	Café und Art Hotel Tucholsky
10	Mutter Wittig		30	Pasta – viva la mamma!
11	Propsteikirche St. Peter und Paul		31	Jugendherberge
12	Discover		32	Riff - Die Bermudahalle
13	Pauluskirche		33	Orlando
14	Privatbrauerei Moritz Fiege/		34	Freibad
	Fiege Kino Open Air		35	Schauspielhaus Bochum,
15	Comödie Bochum			Eve Bar
16	Park Inn Bochum			
17	Jack Wolfskin Store			Kneipenviertel
18	Cinderella			Bermudadreieck

Mitte

ne, dreigeschossige Einkaufszentren, die so genannte **Drehscheibe** und die **Citypassage,** die zwar durch die Kortumstraße optisch voneinander getrennt erscheinen, aber durch eine überdachte Brücke in der zweiten Etage miteinander verbunden sind. In den beiden Zentren finden sich hauptsächlich kleinere Geschäfte und Boutiquen mit Bekleidung und Schmuck, während im Untergeschoss vorwiegend kulinarische Leckereien angeboten werden.

Shopping-Empfehlungen finden sich am Ende des Kapitels unter „Praktische Tipps".

Parallel zur Kortumstraße und neben dem Einkaufszentrum Drehscheibe befindet sich der Rathausplatz mit dem mächtigen Bochumer **Rathaus.** Das Gebäude, das fast wie eine moderne Burg wirkt, entstand zwischen 1926 und 1931, nachdem zwei umfangreiche Eingemeindungswellen den kommunalen Verwaltungsbedarf erheblich vergrößert hatten. Ins Auge fällt hier vor allem die riesige Glocke, die sich auf dem Vorplatz des wuchtigen Zweckbaus befindet: Das Denkmal, das an den Weltruhm Bochumer Gussstahlglocken erinnern soll, ist vom Bochumer Verein 1867 auf der Pariser Weltausstellung als größte von vier Glocken präsentiert worden. Unter ihrem Geläut wurde die Ausstellung eröffnet.

In bzw. nahe der Fußgängerzone befinden sich zwei bedeutende Bochumer Sakralbauten: Wer der Kortumstraße bis zur Brückstraße folgt und dort links einbiegt, findet nach kurzer Zeit auf der linken Straßenseite die älteste Kirche Bochums, die **Propsteikirche St. Peter und Paul.** Die Hauptkirche geht vermutlich auf eine Missionskapelle zurück, die *Kaiser Karl der Große* zwischen 785 bis 800 auf dem Gelände des Reichshofs errichten ließ. 1517 bei einem großen Stadtbrand zerstört, wurde die Kirche bis 1547 als spätgotische Hallenkirche wieder aufgebaut. Seither gilt der 68 Meter hohe Glockenturm als ein **Wahrzeichen** Bochums. Im Inneren des Gotteshauses finden sich wertvolle Kunstwerke aus mehreren Epochen: Hervorzuheben ist sicherlich der romanische Taufstein aus der Zeit um 1175 und der Reliquienschrein der heiligen Perpetua und ihrer Sklavin Felicitas, der vermutlich aus der Zeit um 1100 stammt.

Der zweite bedeutende Sakralbau liegt in direkter Nachbarschaft der Propsteikirche: In der Grabenstraße, die parallel zur Kortumstraße verläuft, steht die älteste protestantische Kirche der Innenstadt, die **Pauluskirche.** Sie wurde zwischen 1655 und 1659 als schlichtes Renaissancegebäude errichtet und erhielt ihren heutigen Namen erst im Jahr 1879. Die intensiven Bombenangriffe des Zweiten Weltkriegs ließen die Kirche allerdings bis auf ihre Grundmauern niederbrennen. Den Wiederaufbau des Gotteshauses nutzte man, um den Außenputz der Fassade zu entfernen, so dass der Bau heute mit seiner schönen Steinfassade den urigen Charme einer alten Dorfkirche versprüht. An den schweren Bombenangriff vom November 1944 erinnert heute das von *Gerhard Marcks* entworfene Mahnmal vor der Kirche, das eine trauernde Frau darstellt.

„Bermudadreieck"

Allabendlicher Treffpunkt für Leute aus dem ganzen Ruhrgebiet ist das berühmt-berüchtigte **Kneipen- und Restaurantviertel** „Bermudadreieck", das sich im Süden der Fußgängerzone entlang der Kortum-, Viktoria- und Brüderstraße befindet und in dem wohl schon so mancher (zumindest bis zum nächsten Morgen) verschollen ist. Rund **62 Kneipen, Bars und Cafés** knubbeln sich hier aneinander, hinzu kommen noch einige Discos und Kinos. Jeder Geschmack, jede Szene und jede Musikrichtung ist hier vertreten. Vor allem in den Sommermonaten, wenn die Kneipen ihre Tische und Stühle auf den Gehweg stellen, wird es hier richtig voll, und der Szenetreffpunkt verwandelt sich in einen großen Biergarten mit zusätzlichen 3000 Plätzen.

Besonders kultig und deswegen einen kleinen Zwischenstopp wert ist die **Imbissbude Dönninghaus,** die seit über 35 Jahren direkt am Engelbertbrunnen die wohl beste **Currywurst** im Revier verkauft. Natürlich ist das oft Geschmackssache, aber hier ist es eben die Wahrheit ... An der Bude und im Internet unter www.bratwursthaus.com kann man lustigerweise Gutscheine erwerben und Freunden so eine Cur-

145fg Foto: sbo

Mitte

rywurst, wahlweise plus Getränk, schenken (↗ auch Exkurs „Einmal Pommes rot-weiß mit Currywurst").

Jedes Jahr im Juli findet im „Bermudadreieck" das mittlerweile zweitgrößte Open-Air-Event in NRW statt, genannt **„Bochum Total".** Auf mehreren Bühnen, die rund um das Kneipenviertel aufgestellt sind, bieten an vier Tagen diverse Bands und Kleinkünstler ein buntes Programm: und das, man glaubt es kaum, vollkommen umsonst!

Wer mit der **U-Bahn** anreist, steigt am besten an der Haltestelle „Engelbert-Brunnen" aus.

Eine kleine Auswahl an Kneipen, Bars und Cafés in diesem Gebiet haben wir hier zusammengestellt.

● **Café Zacher,** Brüderstraße 6, 44787 Bochum, www.zacher-bochum.de. Geöffnet: Mo–Fr ab 14 Uhr, Sa, So ab 10 Uhr.

Kleines gemütliches Café mit einmaligem selbstgebackenem Kuchen, riesiger Teeauswahl und köstlichen Milchshakes.

● **Café Konkret,** Kortumstraße 19–21, 44787 Bochum, Tel. 0234-67070. Geöffnet: Mo–Fr 9.30–1 Uhr, Sa, So 9.30–3 Uhr.

Studentisches Szenecafé, das im Sommer viel Platz zum Draußensitzen und Leutegucken bietet. Die Preise sind allerdings alles andere als studentisch.

„Power-Drinking" und Musik rund um die Uhr im Bochumer Bermudadreieck

www.fotolia.de © Lena Scholz

Einmal Pommes rot-weiß mit Currywurst

Das Ruhrgebiet zählt in kulinarischer Hinsicht vielleicht nicht zu den exklusivsten Landstrichen in Deutschland. Eine Region, die früher der Inbegriff des Industriegebiets war und heute von überdurchschnittlich hoher Arbeitslosigkeit betroffen ist, ist nicht die Gegend, in der es Feinschmecker-Restaurants leicht hätten. Stattdessen hat sich eine bundesweit einmalige **Imbissbuden-Dichte** entwickelt. Hier können Pommes- und Currywurst-Fans ihrer Leidenschaft frönen, und das meist noch wesentlich preisgünstiger als in Frankfurt oder Berlin.

Ungezwungen und schnell geht es zu an den zahllosen kleinen Stationen, wo es „Futter auffe Faust" gibt und „Tunke auffe Wurst." Jede Bude hat ihr Soßen-Spezialrezept, jeder dürfte also fündig und glücklich werden, vorausgesetzt, er ist prinzipiell offen für die gehaltvolle Blitzkost. Wer häufig im Ruhrgebiet ist (und isst) oder hier gelebt hat, der vermisst andernorts bald jene unschlagbare Anzahl an Pommesbuden mit ihren kalorienreichen Köstlichkeiten.

Aber es ist wohl nicht nur der Genuss der heißen Fritten aus frischem Fett mit einer hochwertigen Wurst und einer hausgemachten Soße, der Buden-Freaks schwach werden lässt. Auch die menschelnde **Atmosphäre,** die Alltagsgespräche der Umstehenden, Geräusche und Gerüche machen diese „Futterstellen" zu etwas Besonderem. Dann werden einem die kleinen tapferen Bruzzelorte zu einer Heimat inmitten des kühlen Stadtwinds und der allgegenwärtigen Hektik. Außerdem kann man hier genussvoll anfressen gegen die Gemüse- und Obst-Hysterie der Postmoderne und innerlich laut „Ja!" zu Fett und Fleisch sagen. So werden die kleinen Wurststände einem fast zu Horten des Verbotenen.

Ob als „PommesSchranke", „Pommesrot-weiß", „PommesSauceMayo" – an der Imbissbude wird nicht nur schnell gegessen, es wird auch schnell gesprochen, für Wortpausen scheint keine Zeit, und bis auf die Details ist ja eh klar, was man will: **Pommes frites** mit Ketchup bzw. Mayonnaise. Das ist und bleibt der Renner am Imbiss und wird höchstens noch mit einer **Currywurst** abgerundet, obwohl das Angebot bisweilen stattlich ist. Da wird von Schnitzel-Variationen über die verschiedensten Frikadellen bis zu Hähnchen und Salaten alles gereicht, was sich der Revier-Bewohner und der Reisende so wünschen. Und weil Holland vor der Tür liegt, gibt es oft auch leckere Alternativen aus dem Nachbarland, wie die zwiebeligen Pommes Spezial oder die würzige Wurst namens Frikandel.

Berühmt im ganzen Revier für seine gute Wurst ist das Bratwursthäuschen „Dönninghaus" in der Bochumer Kortumstraße mitten im so genannten Bermudadreieck. Von einem kleinen Windschutz umgeben, lässt sich hier auch bei Schmuddelwetter genüsslich eine Currywurst mampfen. Oder zwei ... Und dann geht es weiter, geht man weiter, denn wie auf Bahnhöfen und in Hotels weht an vielen Imbiss-Buden eine kleine Sehnsucht nach dem „Fort-von-hier".

So ist es „anne Bude" im Revier, irgendwie kultig und in der Mischung aus Lust und Tristesse letztlich wie das Leben selbst.

Das Objekt der kulinarischen Begierde

●**Intershop,** Viktoriastraße 53a, 44787 Bochum, Tel. 0234-65292, www.intershop-bochum.de. Geöffnet: tgl. 19–5 Uhr.

Der absolute Absacker im Bermudadreieck: Wenn woanders schon die Stühle hochgestellt werden, geht die Party hier erst richtig los. Zusätzlich gibt's coole Musik.

●**Café Sachs,** Viktoriastraße 55, 44787 Bochum, Tel. 0234-15391, Geöffnet: Mo, Mi, Do, Fr ab 17 Uhr, Sa, So ab 14 Uhr.

Kühles Ambiente, in dem bis 18 Uhr Frühstück serviert wird. Jeden Mittwoch, Freitag und Samstag legen ab 21 Uhr DJs auf, und an den Wochenenden steht auch das Cafébereich der „Sachs-Club" inklusive Tanzfläche.

●**Three Sixty,** Kortumstraße 2–14, 44787 Bochum, Tel. 0234-9160360, www.three-sixty.de. Geöffnet: Mo–Do 17–1 Uhr, Fr 17–3 Uhr, Sa 13–3 Uhr, So 13–1 Uhr.

Sportsbar im amerikanischen Stil: Auf der Großleinwand werden Sportereignisse zum Besten gegeben, und dazu gibt's US-Küche wie Burger mit Pommes oder Spare Ribs.

●**Mandragora,** Konrad-Adenauer-Platz 1, 44787 Bochum, Tel. 0234-64218. Geöffnet: Mo–Fr 10–3 Uhr, Sa, So 10–5 Uhr.

Das *Mandragora* versprüht studentisches Flair und ist bekannt für seine köstlichen süßen Crêpes und herzhaften Galettes. Im Sommer bietet der riesige Biergarten mehr als 1000 Leuten Platz.

●**Café Tucholsky,** Viktoriastraße 73, 44787 Bochum, Tel. 0234-964360, www.art-hotel-tucholsky.de. Geöffnet: Mo–Do 7–1 Uhr, Fr 7–3 Uhr, Sa 8–3 Uhr, So 9–1 Uhr.

Das *Tucholsky* ist eine Institution im Bermudadreieck. Dunkle Edelholztische inmitten klassischem Art-déco-Ambiente. Frühstück gibt's bis 18 Uhr – wohl auch ein Grund, warum das Café vor allem Studenten und Künstler anlockt. Zum Publikum gehören auch die Akteure des nahe gelegenen Schauspielhauses – so wird z.B. *Otto Sander* hier des Öfteren gesichtet.

●**Riff – Die Bermudahalle,** Konrad-Adenauer-Platz 3, 44787 Bochum, Tel. 0234-64218, www.riff-club.de. Geöffnet: Mi ab 20 Uhr, Fr, Sa ab 22 Uhr.

Disco mit wechselndem Musikprogramm an den unterschiedlichen Abenden: von aktuellen und vergangenen Charts über lateinamerikanische Fiesta-Latina-Nächte bis hin zu Livemusik mit *Pamela Falcon*.

●**Caffè Zentral,** Luisenstraße 15–17, 44787 Bochum, Tel. 0234-686564. Geöffnet: Mo–Do 9–1 Uhr, Fr, Sa 9–2 Uhr, So 10–1 Uhr.

Das *Zentral* wirkt wie eine kultige historische Bahnhofskneipe. Große Auswahl an italienischen Kaffeespezialitäten.

●**Livingroom,** Luisenstraße 9–13, 44787 Bochum, Tel. 0234-9535685, www.livingroom-bochum.de. Geöffnet: Mo–Do 11–1 Uhr, Fr–So 11–3 Uhr.

Schlichte und elegant-moderne Einrichtung auf gut 450 Quadratmetern. Neben den internationalen Gerichten bietet das Restaurant auch exzellente Weine und Cocktails.

Schauspielhaus

In unmittelbarer Nähe zum Bermudadreieck befindet sich das Schauspielhaus Bochum, das 2003 sein 50-jähriges Jubiläum feierte. Das Theater ist ein Mythos und gehört zu den **bedeutendsten deutschen Sprechtheatern.** Persönlichkeiten wie *Peter Zadek, Claus Peymann* oder *Matthias Hartmann* machten hier als Intendanten Station und schrieben durch spektakuläre und unkonventionelle Inszenierungen Theatergeschichte. Besucherrekorde und großes Aufsehen verzeichnete etwa *Samuel Becketts* „Warten auf Godot" in der Inszenierung

---

Tipp

Eine aktuelle Liste und Kurzbeschreibung der Cafés, Kneipen und Restaurants findet sich im Internet unter **www.bermuda3eck.de.** Dazu gibt es viele weitere Infos und Veranstaltungstipps rund um das legendäre Kneipenviertel.

147/g Foto: sbo

von *Matthias Hartmann* mit *Michael Maertens* und *Harald Schmidt*.

In der Regel ist es kein Problem, an Eintrittskarten zu kommen, es sei denn, es handelt sich um Aufführungen mit namhaften Schauspielern. Wer keine Karten mehr über den regulären Verkauf beziehen konnte, sollte den Gang zum Theater trotzdem nicht scheuen: Fünf Minuten vor Vorstellungsbeginn werden die nicht abgeholten reservierten Karten günstiger verkauft. So saßen manche Zuschauer schon für wenig Geld auf den besten Plätzen.

Wer keine Karten bekommen konnte oder aus anderen Gründen keine Vorstellung sehen will, der sollte sich das **Gebäude** dennoch nicht entgehen lassen. 1953 von *Gerhard Graubner* entworfen, strahlt es außen wie innen in der Ästhetik der 1950er Jahre. Bis ins kleinste Detail ist die Inneneinrichtung, vom Wandleuchter über die Garderoben-Haken bis zu den Türknäufen, im Design dieser Zeit erhalten geblieben.

Ein Theaterbesuch in dem traditionsreichen Haus wird abgerundet durch

Das Flaggschiff unter den Theatern im Westen: Schauspielhaus Bochum

die gelungene Gastronomie in der *Speisekammer,* dem Theaterrestaurant im Foyer der Kammerspiele, oder durch einen Besuch der umliegenden Kneipen, z.B. *Eve Bar, Orlando* oder *Freibad* (⤢„Praktische Tipps").

● **Schauspielhaus,** Königsallee 15, 44789 Bochum, Tel. 0234-3333-0, Theaterkasse: 0234-3333-5555, www.schauspielhausbochum.de.

Deutsches Bergbau-Museum

Im nördlichen Teil der Innenstadt, in Sichtweite der Herner Straße, liegt das Deutsche Bergbau-Museum, das als weltweit größtes und bedeutendstes Fachmuseum für Bergbau gilt und jährlich rund 400.000 Besucher anlockt. Markanter Blickfang und ein Wahrzeichen Bochums ist der rund 71 Meter hohe **Förderturm** des Museums. Der Turm selbst stammt aus der stillgelegten Dortmunder Zeche Germania und wurde eigens für das Museum 1975 in Bochum aufgebaut, um fortan als Industriedenkmal zu fungieren. Mit einem Aufzug im Fördergerüst gelangt man auf die Aussichtsplattform des Turms, die einen sensationellen Panoramablick über Bochum bietet. Der gleiche Aufzug führt zu einem weiteren Höhepunkt des Museums, der eigentlich eher ein „Tiefpunkt" ist: Das **Anschauungsbergwerk,** 17 bis 22 Meter unter dem Museum gelegen, hat ein Streckennetz von ca. 2,5 Kilometern Länge. Unter Tage kann man hier verfolgen, wie Kohle und Erz abgebaut und mit welchen Maschinen gearbeitet wurde.

Zwischen Aussichtsplattform und Anschauungsbergwerk befindet sich

148g Foto: sbo

Mitte

die eigentliche **Ausstellung** des Museums: Auf mehreren Etagen zeigen viele kulturgeschichtliche Sammelstücke und Modelle all das, was mit der Technik des Bergbaus und den kulturellen und sozialen Gegebenheiten der Bergleute in Zusammenhang steht – vom Mittelalter bis zur Gegenwart. Besonders anschaulich sind die Originalmaschinen und -geräte, die der Besucher selbst bedienen und in

Den buchstäblich tiefsten Einblick ins Ruhrgebiet gibt das Bergbau-Museum

Gang setzen kann. Unbedingt gesehen haben sollte man auch die informativen Filme, die in einem kleinen Vorführraum gezeigt werden: Die unterschiedlichen Themen zur Bergbaugeschichte, wie z.B. die Entstehung von Kohle, werden hier fesselnd und verständlich erläutert.

Künftige Sonderausstellungen des Bergbaumuseums haben seit kurzem im so genannten „Schwarzen Diamanten", benannt nach einem speziellen Außenputz, einen Platz. Dieser Erweiterungsbau von fast 900 qm Ausstellungsfläche wurde von dem niederländischen Architekturbüro Benthem & Crouwel entworfen und im Winter 2009/2010 eingeweiht.

Den Hungrigen stehen im Museum eine **Cafeteria** und ein **Restaurant** zur Verfügung. Die Cafeteria hat zu denselben Zeiten geöffnet wie das Museum und bietet kleinere Imbissgerichte. Das Restaurant Förderturm (⤢„Praktische Tipps") erreicht man vom Museum aus, es besitzt aber wegen der längeren Öffnungszeiten auch einen separaten Eingang: Hier kann man inmitten von Bergarbeiter-Utensilien seinen Hunger stillen. Das Bergbaumuseum fungiert als Besucherzentrum im Kulturhauptstadtjahr 2010.

●**Deutsches Bergbau-Museum,** Am Bergbaumuseum 28, 44791 Bochum, Info-Tel. 0180-5877234, Tel. 0234-58770, www.bergbaumuseum.de. Geöffnet: Di–Fr 8.30–17 Uhr, Sa, So und an Feiertagen 10–17 Uhr. Eintritt: (inkl. Turmfahrt) 6,50 €, ermäßigt 3 €.

Museum Bochum/Kunstsammlung

Folgt man der Kortumstraße über den Bereich der Fußgängerzone hinaus, gelangt man zum Museum Bochum, das sich in unmittelbarer Nachbarschaft zum Deutschen Bergbau-Museum und dem angrenzenden Stadtpark befindet.

Die Sammlung des Museums ist der Malerei und Plastik des 20. Jahrhunderts gewidmet, wobei **ost- und mitteleuropäische Kunstwerke** Schwerpunkte darstellen. Das Spektrum der internationalen Kunst reicht von so bedeutenden Künstlern wie Picasso und Joan Miró über Wassily Kandinsky, Ernst Ludwig Kirchner und Käthe Kollwitz bis hin zu Joseph Beuys und Wolf Vostell. Außerdem finden sich Einzelwerke von Francis Bacon, Frantisek Kubka und Jean (Hans) Arp in der Sammlung, die sich zunehmend auch den neuen Medien Fotografie und Video hinwendet, so mit einem Video-Cello von Nam June Paik.

Das dreigeschossige Museumsgebäude selbst wurde erst Mitte der 1980er Jahre von den dänischen Architekten Jörgen Bo und Vilhelm Wohlert realisiert, nachdem der vorherige Standort der Sammlung, die direkt neben dem Museumsneubau liegende **Villa Marckhoff-Rosenstein,** zu eng geworden war. Die beiden Architekten verbanden den Neubau harmonisch mit der angrenzenden Villa und schufen mit der großzügigen Fensterfront und den Außenterrassen ein wohltuendes Blickfeld in den umliegenden Stadtpark.

●**Museum Bochum,** Kortumstraße 147, 44777 Bochum, Tel. 0234-9104230, www.bochum.de/museum. Geöffnet: Di, Do, Fr, Sa, So 10–17 Uhr. Eintritt: 3 €, ermäßigt 1,50 €.

Zeiss-Planetarium

Ebenfalls am Rande des Stadtparks liegt das Zeiss-Planetarium, dessen markantes Kuppeldach zu einem der Wahrzeichen Bochums geworden ist. Die **Sternwarte** zählt zu einer der führenden Einrichtungen dieser Art in ganz Deutschland. Im Kuppelraum, der Platz für knapp 300 Sterngucker bietet, erstrahlt im Rahmen einer Multimediashow das künstliche Firmament. Über den Köpfen der Besucher leuchten rund **9000 Sterne,** und man kann den Gang der Gestirne verfolgen. Beeindruckende Computersimulationen projizieren eindrucksvolle Bilder und Bewegungsabläufe von Sonne, Mond, Planeten, Sternen und Erdsatelliten auf die 600 Quadratmeter große Kuppel.

Wer das Astronomische mit dem Gastronomischen verbinden möchte, findet in der Nähe das *Café Treibsand* (⌁„Praktische Tipps").

● **Zeiss-Planetarium,** Castroper Straße 67, 44791 Bochum, Tel. 0234-516060, www.planetarium-bochum.de. Eintritt: 5,50 €, ermäßigt 3 €.

Stadtpark

In direkter Nähe zur Innenstadt, am nördlichen Ende der Kortumstraße, erstreckt sich auf über 300.000 Quadratmetern eines der schönsten Erholungsgebiete Bochums: der Stadtpark. 1876 im Stil eines englischen Gartens eröffnet, zählt die Gartenlandschaft mittlerweile zu den **ältesten städtischen Parkanlagen Deutschlands.** Umgeben von einem stadtgeschichtlich bedeutenden und schönen Villenviertel, steht der Park zusammen mit einzelnen Villen heute unter **Denkmalschutz.**

Die Schönheit der von einem weitläufigen Wegenetz durchzogenen Parkanlage beruht vor allem auf dem sorgsam angelegten **Rosengarten,** dem reichen und außergewöhnlichen **Baumbestand** sowie auf dem alten **Stadtparkteich.** An **Freizeitmöglichkeiten** finden sich auf dem Gelände ein Minigolfplatz, ein Abenteuerspielplatz und im Sommer ein toller Wasserspielplatz für Kinder.

Kulturinteressierte Spaziergänger werden sich sicherlich an den im Park stehenden modernen **Plastiken** von *Ales Vesely* und *Richard Serra* oder an dem vom Breslauer Architekten *Albrecht Friebe* entworfenen **Bismarckturm** erfreuen. Der 1910 eröffnete Turm gilt mit seinen 33 Metern Höhe als das größte Exemplar seiner Art. Seit 2001 kann der Turm, in dem eine umfangreiche **Ausstellung** zu *Otto von Bismarck* gezeigt wird, von April bis einschließlich Dezember wieder besichtigt werden.

In den Park integriert ist auch der **Bochumer Tierpark** an der Klinikstraße. Das Herz des Zoos ist ein 170.000 Liter Wasser fassendes Korallenriff-Becken mit Schwarzspitzenriffhaien, zahlreichen tropischen Fischen und anderen Meeresbewohnern. In anderen Becken kann man die Pracht von mehr als 40 Steinkorallenarten bewundern (⌁„Praktische Tipps").

● **Stadtpark,** Bergstraße/Klinikstraße, 44791 Bochum.

Mitte

Jahrhunderthalle Bochum   XIV/A2-3

Unweit des westlichen Teils der Innenstadt steht eines der imposantesten Industriedenkmäler des Ruhrgebiets, die Jahrhunderthalle Bochum, die auch zu den **Ankerpunkten der Route Industriekultur** gehört. Die inzwischen denkmalgeschützte Halle steht auf dem historischen Werksgelände des Bochumer Vereins für Bergbau und Gussstahlfabrikation, der durch seinen **Glockenguss** zu weltweiter Berühmtheit gelangte.

Ursprünglich als repräsentative Ausstellungshalle des Bochumer Vereins für die Gewerbeausstellung 1902 in Düsseldorf gebaut, wurde die Halle 1903 auf dem Bochumer Werksgelände wiedererrichtet und diente dort als Gaskraftzentrale. Im Laufe mehrerer Erweiterungen wuchs die Halle schließlich auf ihre heutige Größe von rund **8900 Quadratmetern,** diente von 1968 bis 1991 aber nur noch als Lager.

Der außergewöhnliche Industriebau wurde ursprünglich in Anlehnung an den Kirchenbau entworfen, weshalb die Halle, die von außen relativ unspektakulär erscheint, innen wie ein gotisches Sakralgebäude wirkt. Wohl auch deshalb wird die Jahrhunderthalle oft als „Industrie-Kathedrale" bezeichnet, die durch ihre filigrane, geschwungene Stahlkonstruktion im Innenraum einen wirklichen Blickfang darstellt. Seit ihrer ersten Sanierung 1993 dient die Halle als **kultureller Veranstaltungsort** und ist gleichzeitig auch zentrales Festspielhaus des Musik- und Theaterfestivals „RuhrTriennale". Einen besonderen Hörgenuss bieten auch die Konzerte der Bochumer Symphoniker.

Die Jahrhunderthalle Bochum hat keine geregelten Öffnungszeiten und kann deshalb nur im Rahmen von Veranstaltungen oder auf Nachfrage besichtigt werden. Die Außenanlage ist aber jederzeit zugänglich.

● **Jahrhunderthalle Bochum,** An der Jahrhunderthalle 1, 44793 Bochum, Tel. 0234-36930, Tickethotline: 01805-234400, www.jahrhunderthalle-bochum.de. Geöffnet: Bei Veranstaltungen und auf Nachfrage. Außenbesichtigung ist jederzeit möglich.

Der Bochumer Süden

Die südlich gelegenen Vororte Bochums gehören wegen ihrer Grünflächen und Erholungsgebiete zu den attraktivsten Wohngegenden der Stadt. Besonders hervorzuheben ist hier vor allem das **Ruhrtal** mit seinen vielen Spazier- und Radwegen und dem breitgefächerten Freizeitangebot am **Kemnader See.** Die Sehenswürdigkeiten und touristischen Attraktionen im Bochumer Süden verteilen sich im Großen und Ganzen auf die Stadtteile Querenburg, Dahlhausen und Stiepel: In Querenburg sind die **kunst- und medizinhistorischen Sammlungen** der Ruhr-Universität und der angegliederte, kunstvoll angelegte **Botanische Garten** eine Anreise wert. Während sich darüber hinaus in Dahlhausen mit dem **Eisenbahnmuseum** ein weiterer **Ankerpunkt der Route Industriekultur** befindet, kann in Stiepel die rund

1000 Jahre alte **Dorfkirche** bestaunt werden.

Ruhr-Universität Bochum   XIV/B3

1962 wurde im Stadtteil Querenburg der Grundstein zum schier unendlichen Komplex der Ruhr-Universität gelegt. Im Wintersemester 1965/66 wurde mit 1200 Studierenden der Lehrbetrieb aufgenommen; inzwischen ist die Zahl auf über **35.000 Studenten** gestiegen. Kein Wunder, bietet die Ruhr-Uni doch als „Volluniversität" von den Natur- und Ingenieurs- über die Geisteswissenschaften bis hin zur Medizin nahezu alle gängigen Studiengebiete.

Die vielen Gebäude, Terrassen, Wege und Brücken des Uni-Geländes machen sie zu einer klassischen **Campus-Uni:** alles auf einem Fleck und innerhalb kürzester Zeit zu erreichen. Die Architektur wirkt auf den ersten Blick zweckdienlich nüchtern und ist so angelegt, dass man auch mit dem Auto bequem und gut vorankommt. Wer genauer hinsieht, dem erschließen sich auf den zweiten Blick die **architektonischen Qualitäten:** Die langgestreckten Baublöcke wirken durch ihre riesigen Schornsteine wie Dampfschiffe, und das mittig postierte Auditorium erscheint mit seinem sternförmig gefaltetem Dach wie ein eben gelandetes UFO.

Neben den vielfältigen Studienangeboten hat die Ruhr-Uni noch einiges mehr zu bieten: Kulturell sind vor allem die überregional bedeutende Kunstsammlung und die medizinhistorische Sammlung zu erwähnen, während der Botanische Garten mit seinem Chinesischen Garten ein absolutes Highlight für Pflanzen- und Asienfans ist.

Nahe der Uni kann man sich im *Blauen Engel* stärken (⬀„Praktische Tipps").

● **Ruhr-Universität Bochum** (Pressestelle), Universitätsstraße 150, 44801 Bochum, Tel. 0234-3222830, www.ruhr-uni-bochum.de.
● **Tipp:** Für Gruppen bis 20 Personen bietet die Pressestelle der Ruhr-Universität nach Vereinbarung Universitäts-Führungen an.

Kunstsammlung der Ruhr-Universität   XIV/B3

Die seit 1975 geöffnete Kunstsammlung der Ruhr-Universität befindet sich – fast ein wenig versteckt – im Untergeschoss der Universitätsbibliothek. Die Ausstellung vereint die **Kunst der klassischen Antike** und die des **20. Jahrhunderts** und befindet sich auf einem insgesamt sehr hohen Niveau. Neben der bedeutenden Sammlung antiker Vasen und griechisch-römischer Porträtplastiken umfasst das Spektrum an moderner und zeitgenössischer Kunst Gemälde und Zeichnungen sowie Skulpturen und Plastiken. Werke von so bekannten Künstlern wie *Josef Albers* und *Alberto Giacometti, Joseph Beuys, Gotthard Graubner* und *François Morellet* sowie *Richard Serra, James Turell* und *Günther Uecker* sind Teile der Ausstellung. Neben dieser recht beeindruckenden Vielfalt an unterschiedlichsten Werken besitzt die Kunstsammlung der Ruhr-Uni auch eine große **Münzsammlung,** die rund 3000 Stücke umfasst.

Mitte

●**Kunstsammlung der Ruhr-Universität,** Universitätsstraße 150, 44780 Bochum, Tel. 0234-3224738, www.kgi.ruhr-uni-bochum. de/institut/kusa. Geöffnet: Di–Fr 11–17 Uhr, Sa, So 11–18 Uhr. Eintritt: frei.

Botanischer Garten   XIV/B3

Der Botanische Garten, der sich in unmittelbarer Nähe der Ruhr-Uni befindet, bietet auf einer Fläche von 13 Hektar einen absolut faszinierenden Einblick in die Welt der Pflanzen. Vor allem im Frühling und Sommer erstrahlt der Garten in seiner ganzen Pracht. In den vielen **Gewächshäusern** grünt und blüht es aber auch im Herbst und Winter. In ihnen kann man zu jeder Zeit die Vegetation des Mittelmeerraumes, der Kanarischen Inseln und der Trockengebiete Afrikas und Amerikas in ihrer ganzen Herrlichkeit bestaunen.

Ein Highlight des Botanischen Gartens ist sein 713 Quadratmeter großes und 17 Meter hohes **Tropenhaus** mit der Fauna und Flora tropischer Regenwälder: Hier fliegen und laufen verschiedene Vogelarten wie Kolibris, Tarracos und Tukane durch Mangroven, Sumpf- und Wasserpflanzen.

Wer es lieber heiß und trocken mag, der ist im **Wüstenhaus** gut aufgehoben, in dem Pflanzen der subtropischen Zonen ausgestellt sind. Das Haus ist in drei Regionen aufgeteilt und zeigt die Flora Südamerikas, Südafrikas und Australiens.

Auch den malerisch angelegten **Chinesischen Garten,** der seine Besucher auf rund 1000 Quadratmetern in die ferne Welt Asiens entführt, sollte man sich auf keinen Fall entgehen lassen.

Auf gewundenen kleinen Wegen und holprigen Bergpfaden, über Brücken und Steinstufen gelangt man zu kleinen Pavillons, altertümlichen Brunnen und künstlichen Teichen. Der Garten ist, ganz im Sinne des südchinesischen Stils, sehr schlicht angelegt, mit dezenten Materialien wie Naturstein, Holz und Ziegeln und unaufdringlichen weißen, schwarzen, grauen und dunkelroten Farbtönen. Die typischen Materialien wurden dabei eigens in China hergestellt und vor Ort unter Anleitung chinesischer Fachleute zusammengebaut. Der „Qui Yuan – Garten der Dichter und Denker" ist damit der einzige Hausgarten im original südchinesischen Stil in Deutschland; Architektur soll sich hier harmonisch in die sie umgebende Natur einfügen.

●**Botanischer Garten,** Universitätsstraße 150, 44780 Bochum, Tel. 0234-3223098, www.boga.ruhr-uni-bochum.de. Geöffnet: April bis September 9–18 Uhr, Oktober bis März 9–16 Uhr. Eintritt: frei.
●**Tipp:** Für Schulklassen, Gruppen etc. bietet der Botanische Garten nach vorheriger Vereinbarung Führungen an.

Medizinhistorisches Museum   XIV/B3

Mitten in einem Wohngebiet und in direkter Nachbarschaft zum Universitätsgelände ragt einer der schönsten Fördertürme des Ruhrgebiets empor, der **Malakowturm Julius Philipp.** Das an einen mittelalterlichen Turm erinnernde und 32 Meter hohe Backsteingebäude wurde 1875 erbaut und zählt heute zu den wenigen erhalten gebliebenen Exemplaren seiner Art. Seit sei-

Mitte

ner Renovierung 1990 ist im Turm das Medizinhistorische Institut der Ruhr-Universität mit seiner Sammlung untergebracht, die einen Einblick in die **Geschichte der Medizin** bietet. Um den gläsernen Aufzug herum, der an die Stelle der alten Seilschaften installiert wurde, präsentiert sich die überschaubare Dauerausstellung auf neun Ebenen. Diverse medizinische Instrumente und Schautafeln, darunter auch Reproduktionen der anatomischen Zeichnungen *Leonardo Da Vincis,* vermitteln die Entwicklung der Medizin von der Antike bis zur Gegenwart. Interessant sind auch die Ausführungen zu den **medizinhistorischen Aspekten des Bergbaus** im Ruhrgebiet.

Neben der Ausstellung ist aber vor allem der Turm selbst besuchenswert, auch für diejenigen, die einer medizinhistorischen Sammlung nicht viel abgewinnen können. Im Inneren des Förderturms dient heute die ehemalige Waschkaue als Garderobe: Wie ehedem die Bergleute, zieht man seine Jacke an kleinen Eisenketten zur Decke hinauf.

● **Medizinhistorisches Museum,** Markstraße 258a, 44799 Bochum, Tel. 0234-322 3394. Geöffnet: Mi 9–12 Uhr und nach Vereinbarung. Bei Sonderveranstaltungen auch Mi, Sa 14–18 Uhr, So 11–18 Uhr. Eintritt: 2 €, ermäßigt 1 €.

Ein Hauch von Zen: im Chinesischen Garten kommt man zur Ruhe

Freizeitzentrum Kemnade ⤢XXII/B1

Ganz im Süden Bochums, im mittleren Ruhrtal gelegen, befindet sich das idyllische Freizeitzentrum Kemnade. Kernpunkt dieser riesigen Freizeitanlage ist der 125 Hektar große **Kemnader See,** der seinen Namen dem Wasserschloss verdankt, das sich in unmittelbarer Nachbarschaft – allerdings auf Hattinger Boden – befindet.

Auf dem See und um ihn herum gibt es ein vielseitiges Angebot an **Freizeit- und Sportmöglichkeiten.** Schon allein der Weg, der sich um den See schlängelt, wird von vielen auf unterschiedliche Art und Weise benutzt: Ob Jogger, Radfahrer, Inlineskater oder Fußgänger – der See hat für jeden etwas zu bieten. Am Wochenende und vor allem bei Sonnenschein ist der Besucheransturm deshalb groß. Wer einfach nur in der Sonne liegen oder seine Wurst grillen will, der findet am Kemnader See auf den vielen Liegewiesen und Grillplätzen aber mit Sicherheit ein freies Plätzchen.

Und diejenigen, die sich die Kemnade lieber vom Wasser aus anschauen möchten, können von dem reichhaltigen **Wassersportangebot** Gebrauch machen. Eine Fahrt mit dem Ausflugsschiff der MS Kemnade führt einmal rund um den See oder zu verschiedenen Anlegestellen (⤢„Reisetipps A–Z, Schiffstouren").

Die Eisenbahn beförderte Kohle durch ganz Europa und machte Männer wie Krupp zu Milliardären

Eisenbahnmuseum Bochum-Dahlhausen ⤢XXII/A1

Mit über 180 historischen Eisenbahnzügen zählt das Museum im südöstlichen Stadtteil Dahlhausen zu den größten seiner Art in Deutschland und stellt zugleich einen **Ankerpunkt der Route Industriekultur** dar. Die alten Diesel- und Dampflokomotiven und die urigen historischen Personenwagen und Eisenbahnwaggons, die in einem ehemaligen Bahnbetriebswerk untergebracht sind, lassen sicherlich das Herz aller Eisenbahn-Fans höher schlagen. Wem das bloße Schauen dabei zu wenig ist, der kann auf einer Handhebeldraisine selbst Hand anlegen und mit eigener Muskelkraft die Schienen entlangfahren.

Einen absoluten Höhepunkt der Besichtigung stellt die Fahrt mit dem **Museumszug** dar: Von April bis November kann man an jedem ersten Sonntag im Monat mit einer nostalgischen Dampflok durch das idyllische Ruhrtal reisen. Der kleine Ausflug in den historischen Waggons führt vorbei an etlichen Sehenswürdigkeiten: Neben der Burg Blankenstein liegen auf der Strecke u.a. die Burgruine Hardenstein die Zeche Nachtigall oder das alte Bethaus der Bergarbeiter im Muttental. Zusätzlich bietet das Museum Interessierten Mitfahrgelegenheiten auf dem Führerstand einer kohlegefeuerten Dampflok: An jedem dritten Sonntag in den Monaten von April bis Oktober darf man neben dem Heizer und Lokführer Platz nehmen und zuschauen, wie eine solche Lok in Fahrt kommt. Ein tolles Erlebnis!

040rg Foto: rw

Mitte

03Bxg, Foto: nw

dem 17. Jahrhundert. Das Besondere an dieser kleinen Kirche sind aber die einmaligen **Wand- und Gewölbemalereien** des 12. bis 16. Jahrhunderts, die erst 1963 unter insgesamt 13 verschiedenen Farbschichten entdeckt und freigelegt wurden. Mit den romanischen und gotischen Malereien, die u.a. den Drachenkampf des heiligen Georg, den bethlehemitischen Kindermord oder die Flucht nach Ägypten schildern, gehört die Dorfkirche zu den wenigen Kirchen in Westfalen, die dem Besucher noch eine Gesamtvorstellung ihrer ursprünglichen Ausmalung geben.

Inmitten von Wäldern und kleinen Bauernhöfen gelegen, versprühen die Dorfkirche und ihre Umgebung fast mittelalterlichen Charme. Wer sich beispielsweise auf dem Weg zum Kemnader See befindet, sollte hier unbedingt einen kleinen Zwischenstopp einplanen. Direkt neben der Kirche liegt das kleine Restaurant *Zum Wilhelmstein* mit angegliedertem urigen Biergarten und einer gutbürgerlichen Küche (⌕„Praktische Tipps").

● **Eisenbahnmuseum Bochum-Dahlhausen,** Dr.-C.-Otto-Straße 191, 44879 Bochum, Tel. 0234-492516, www.eisenbahnmuseum-bochum.de. Geöffnet: 1. März bis 18. Nov. Di–Fr 10–17 Uhr, So, Fei 10–17 Uhr. Eintritt: 6 €, ermäßigt 3 €.

● **Stiepeler Dorfkirche,** Brockhauser Straße 72a, 44797 Bochum.

Stiepeler Dorfkirche   XX/B1

Die fast 1000 Jahre alte Stiepeler Dorfkirche liegt, wie der Name schon sagt, im Bochumer Stadtteil Stiepel, etwas abseits vom Kemnader See. Der Überlieferung nach im Jahr 1008 von der Gräfin *Imma von Stiepel* errichtet, wurde die ehemalige Saalkirche bis 1400 mehrmals um- und ausgebaut. Von einer alten Bruchsteinmauer umgeben, finden sich auf dem Kirchhof noch viele alte **Grabsteinplatten,** u.a. mit barocken Schmuckformen aus

Auch das ist Ruhrpott: die Dorfkirche in Bochum-Stiepel

Der Bochumer Norden

Der nördlich gelegene Stadtteil Hordel bietet einen guten Einblick in die früher so typische Symbiose aus Bergwerk und Arbeiterkolonie. Neben der Zeche Hannover, die wegen ihrer festungsartigen Architektur und dem Kinderbergwerk eine Anreise wert ist, lohnt auch ein Blick in die **Arbeitersiedlung Dahlhauser Heide,** die sich in unmittelbarer Nachbarschaft der Zeche befindet (⇗ „Praktische Tipps").

Zeche Hannover   XIV/A2

Im Bochumer Stadtteil Hordel liegt mit der Zeche Hannover eine der ältesten Zechenanlagen des Reviers, deren Geschichte bis ins Jahr 1847 zurückreicht. Als letzte Zeche auf Bochumer Stadtgebiet wurde sie im Jahr 1973 schließlich stillgelegt und 1979 teilweise abgerissen. Zum Glück blieben die ältesten Gebäude als **Industriedenkmal** erhalten, so dass die Zeche nach ihrer Renovierung seit 1995 wieder für Interessierte zugänglich ist. Als Standort und **Teil des LWL-Industriemuseums** informiert die Zeche heute über die Entwicklung der Lebens- und Arbeitsverhältnisse der Menschen, insbesondere der Zuwanderer im Ruhrgebiet, zwischen 1890 und 1960.

Das Besondere an der Anlage ist die erhaltene **monumentale Architektur;** sie hat festungsartigen Charakter. Die symmetrische Doppelförderanlage mit zwei mächtigen Fördertürmen, so genannte Malakowtürme, ist der Rest des großen Förderbetriebs. Der **Förderturm,** der Mitte 1858 fertig gestellt wurde, gehört zu den drei ältesten erhaltenen Malakowtürmen im Ruhrgebiet. Im Maschinenhaus steht mit einer **Dampffördermaschine** von 1893 zudem die älteste Anlage dieser Art an einem Originalstandort im Ruhrgebiet.

Eine wirklich gelungene Attraktion für Kinder ist das **Kinderbergwerk Zeche Knirps,** das sich direkt neben dem Malakowturm der Zeche befindet: In der authentischen Nachbildung eines Bergwerks „erarbeiten" sich die kleinen Bergarbeiter, was ein Bergmann genau unter Tage alles zu tun hatte. Mit hölzernem Malakowturm, Schacht, Stollen, einer Lorehängebahn und Fördermaschinen können die Kleinen mit Helm und typischer Bergmannskluft wie anno 1877 Sand und Kies anstelle von Kohle abbauen.

● **Zeche Hannover,** Günnigfelder Straße 251, 44793 Bochum, Tel. 0231-6100874, www.zeche-hannover.de, www.zeche-knirps.de. Geöffnet: April–Okt. Mi–Sa 14–18 Uhr, So, Fei 11–18 Uhr, Zeche Knirps April–Okt. Sa 14–18 Uhr, So 11–18 Uhr. Führungen sind nach vorheriger Anmeldung jederzeit möglich. Eintritt: frei.

Praktische Tipps

Information

● **Tourist Information,** Huestraße 9, 44787 Bochum, Tel. 01805-260234, Fax 9630255, www.bochum-tourismus.de. Geöffnet: Mo–Fr 9–18 Uhr, Sa 10–16 Uhr.
● **Besucherzentrum RUHR.2010:** Deutsches Bergbau-Museum, Am Bergbaumuseum 28, 44791 Bochum.

Mitte

Öffentliche Verkehrsmittel

●**Hauptbahnhof** und **zentraler Busbahnhof:** Kurt-Schumacher-Platz, 44787 Bochum.
●**Taxi:** Taxistände liegen unmittelbar am Hauptbahnhof; Taxiruf: 0234-333000.

Jugendherberge

●**Jugendherberge Bochum,** Humboldt-straße 59–63, 44787 Bochum, Tel. 0234-41757990, www.djh-wl.de/bochum. Preis pro Person ab 26,20 €.

Zentraler kann man in Bochum nicht wohnen: nur einen Steinwurf vom Bermuda-Dreieck entfernt liegt die Herberge, die erst im Januar 2009 eröffnet wurde. Wer nicht in Mehrbettzimmern übernachten möchte, dem stehen auch Komfortzimmern zur Verfügung.

Unterkunft

●**Aleppo Hotel und Hostel,** Nordring 30, 44787 Bochum, Tel. 0234-588380, Fax 684 861, www.hotel-aleppo.de. Preise: Hotel EZ ab 59 €, DZ ab 69 €, Hostel EZ 36 €, DZ 22 € pro Person.

Zwei in Eins: Das *Aleppo* ist Drei-Sterne-Designhotel und Hostel. Nur wenige Schritte vom Bergbau-Museum entfernt, bietet das Hotel акт individuell eingerichtete, komfortable Zimmer. Das Hostel ist eine preiswerte Schlummerstätte mit Stil, ideal auch für Rucksackreisende.

●**Hotel Antoni (↗XIV/B2),** Flurstraße 1, 44791 Bochum, Tel. 0234-581588, Fax 580558, www.hotel-antoni.de. Preise: EZ 45 €, DZ 70 €.

Das familiär geführte Hotel verfügt über 19 Betten; es liegt gut zehn Gehminuten von der Innenstadt entfernt.

●**Art Hotel Tucholsky,** Viktoriastraße 73, Tel. 0234-964360 Fax 96436436, www.art-hotel-tucholsky.de. Preise: EZ ab 59 €, DZ ab 95 €.

Jedes der 32 Zimmer dieses kleinen Hotels im „Bermudadreieck" ist in einem anderen Stil eingerichtet. Von *Werner Schneyder* über *Martin Walser* bis hin zu *Joachim Król* und *Sandra Maischberger* liest sich das Gästebuch des Hotels wie ein Who's who deutscher Kultur- und TV-Prominenz.

●**Wald- und Golfhotel Lottental (↗XXII/ B1),** Grimbergstraße 52a, 44797 Bochum, Tel. 0234-97960, Fax 9796293, www.wugh.de. Preise: EZ ab 70 €, DZ ab 90 €.

Gediegenes Hotel mit zeitloser Ausstattung inklusive Schwimmbad und Wellnessbereich. In direkter Nähe zur Ruhr-Universität Bochum.

●**Park Inn Bochum,** Massenbergstraße 19–21, 44787 Bochum, Tel. 0234-9690, Fax 969 2222, www.park-inn-bochum.de. Preise: EZ ab 82 €, DZ ab 164 €.

Modernes und komfortables Vier-Sterne-Hotel mit Sauna und Fitnessbereich direkt gegenüber vom Hauptbahnhof.

Essen und Trinken

Eine Auswahl von Lokalen im **„Bermudadreieck"** findet sich im entsprechenden Abschnitt der Ortsbeschreibung.

●**Eve Bar,** Königsallee 15, 44789 Bochum, Tel. 0234-3333205, www.evebar.de. Geöffnet: Do–Sa 21–3 Uhr sowie vor Feiertagen.

Die Bar befindet sich im Keller des Schauspielhauses. Entsprechend fehlen die Fenster, aber die Aussicht im Inneren ist völlig ausreichend. Zu Loungemusik gibt's köstliche Cocktails.

●**Orlando,** Alte Hattinger Straße 31, 44789 Bochum, Tel. 0234-34242, www.orlando-bochum.net. Geöffnet: Mo–So ab 10 Uhr.

Kneipe für Schwule und Lesben, die aber bei Heteros genauso beliebt ist. Kühles Ambiente, mit wechselnden Kunstausstellungen. In den Ecken kann man auf einigen Sofas gemütlich abhängen. Es gibt eine reichhaltige Speiseauswahl.

●**Freibad,** Clemensstraße 2, 44789 Bochum, Tel. 0234-312135. Geöffnet: So–Do 19–1 Uhr, Fr, Sa 19–3 Uhr.

In plüschigen Kinosesseln und 1950er-Jahre-Ambiente gepflegt eine aromatisierte Wasserpfeife rauchen und der Loungemusik lauschen. Die Küche bietet eine breit gefächerte Speiseauswahl zu moderaten Preisen. Außerdem gibt es eine super Cocktailkarte! In einem separaten Raum wird Billard gespielt.

●**Restaurant Förderturm,** Schillerstraße 20, 44777 Bochum, Tel. 0234-9580289, www.

restaurant-foerderturm.de. Geöffnet: Di–So 11–23 Uhr.

●**Café Treibsand,** Castroper Straße 79, 44777 Bochum, Tel. 0234-593410. Geöffnet: Mo–Sa 9–24 Uhr, So 10–24 Uhr.

Kleines Café mit Studentenflair in direkter Nachbarschaft zum Planetarium. Im Sommer können die kleinen Snacks auch draußen genossen werden.

●**Blauer Engel** (↗**XIV/B3**), Höfestraße 86, 44803 Bochum, Tel. 0234-383084. Geöffnet: tgl. 11–1 Uhr.

Hier ist Bochum ganz Dorf. Umgeben von Wiesen und Feldern schmecken Fassbiere und ausgefallene, vielfach vegetarische Speisen besonders gut. Schöner Biergarten.

●**Zum Wilhelmstein** (↗**XXII/B1**), Gräfin-Imma-Straße 212, 44797 Bochum, Tel. 0234-791434.

Das direkt neben der Stiepeler Dorfkirche gelegene Lokal serviert gutbürgerliche Küche; mit Biergarten.

●**Mutter Wittig,** Bongardstraße 35, 44787 Bochum, Tel. 0234-12141. Geöffnet: Mo–Sa 11–23 Uhr, So, Fei 11–22 Uhr.

Seit vier Generationen wird hier Gutbürgerliches serviert. Nicht nur Essen, auch Ausstattung erinnern an Muttis Wohnzimmer.

●**Avli,** Luisenstraße 14, 44787 Bochum, Tel. 0234-6404778. Geöffnet: Mo–So 12–14.30 Uhr und 17–24 Uhr.

Der Grieche, gelegen in einem urigen Hinterhof, versprüht südländisches Flair. Die Gerichte sind großartig, die Preise moderat.

●**Thaj Mahal,** Kortumstraße 9, 44787 Bochum, Tel. 0234-683714. Geöffnet: tgl. 11.30–15 Uhr und 17–24 Uhr.

Mitten im Bermudadreieck genießt man köstliche indische Spezialitäten.

●**Raffaello** (↗**XIV/B2**), Max-Greve-Straße 32–34, 44791 Bochum, Tel. 0234-9507567. Tgl. 12–14.30 Uhr und 17.30–24 Uhr.

Exzellentes italienisches Edel-Restaurant mit Toskana-Flair. Für viele eines der schönsten Restaurants in der Region.

●**Sticks,** Viktoriastraße 59, 44787 Bochum, Tel. 0234-684406. Geöffnet: Di–So 12–15 Uhr, 18–23 Uhr.

Japanisches Ambiente mit Blick auf eine viel befahrene Straße. Egal: das Sushi ist super!

●**Coco Loco,** Hans-Böckler-Straße 21, 44787 Bochum, Tel. 0234-3389200. Geöffnet: Di–Sa 12–15 Uhr und ab 18 Uhr.

In Rathausnähe gibt es eine reichhaltige Auswahl an Tapas.

●**Pasta – viva la mamma!** Victoriastr. 66–70, 44787 Bochum, Tel. 0234-60491171, www.pasta-bochum.de. Geöffnet: Di–Do 17–23 Uhr, Fr, Sa 17–24 Uhr, So 17–23 Uhr.

Mitten im „Bermudadreieck" gibt's Pasta in allen Variationen und Formen.

●**Profi-Grill** (↗**XIV/A2-3**), Bochumer Straße 96, 44866 Bochum, Tel. 02327-82361, www.profi-grill.de. Geöffnet: Mo–So 11–22 Uhr.

Die vielleicht einzige Sterne-Pommesbude der Welt: Hier adelt der ehemalige Drei-Sterne-Koch *Raimund Ostendorp* seine Pommes und Currywurst mit selbst kreierter Sauce. Ansonsten gibt's die üblichen Magenfüller: Schnitzel, Spaghetti & Co.

●**Dönninghaus,** Kortumstraße 18, 44787 Bochum, www.bratwursthaus.com. Geöffnet: So–Do 10–24 Uhr, Fr, Sa und vor Feiertagen 10–3 Uhr.

Seit über 35 Jahren versorgt *Dönninghaus* mitten im Bermudadreieck die Hungrigen mit der wohl besten Currywurst im Ruhrgebiet. Mittlerweile kann man auch Gutscheine erwerben und Freunden so eine Wurst schenken. Darüber hinaus kann man jetzt – nach vielen Anfragen – an der Bude die leckere Currysauce auch im Glas für zu Hause kaufen.

Weitere Museen und Sehenswürdigkeiten

●**Arbeitersiedlung Dahlhauser Heide** (↗ **XIV/A2**), Hordeler Heide, 44793 Bochum.

Die von *Robert Schmohl* in den Jahren 1906 bis 1915 als Gartenstadt konzipierte Arbeitersiedlung wurde von der Firma *Krupp* für die Bergleute ihrer Zechen Hannover und Hannibal gebaut. Die Bauweise der Häuser erinnert stark an westfälische Bauernhäuser, weshalb die Siedlung dörflichen Charme versprüht. Weil in den Gemüsegärten hinter den Gebäuden bevorzugt Kohl (= Kappes) angebaut wurde, wird die Siedlung bis heute noch „Kapp(e)skolonie" genannt.

Mitte

Weitere Theater und Veranstaltungsorte

●**Prinz-Regent-Theater** (⤢**XIV/B3**), Prinz-Regent-Straße 50–60, 44795 Bochum, Tel. 0234-771117, www.prinzregenttheater.de.

Bühne für freies und experimentelles Theater, von der Stadt Bochum und dem Land NRW gefördert. Das Theater gilt als Treffpunkt der alternativen Kulturszene Bochums.

●**Kulturhaus Thealozzi** (⤢**XIV/A3**), Pestalozzistraße 21, 44793 Bochum, Tel. 0234-17590, www.thealozzi.de.

Das Kulturhaus ist Treffpunkt der alternativen Kulturszene. Auf der Bühne werden selbstgeschriebene Stücke ebenso aufgeführt wie Kinder- und Improvisationstheater.

●**Theater Thespis** (⤢**XXII/A1**), Baaker Mulde 3, 44879 Bochum, Tel. 0234-473173.

Von der Komödie über Kabarett bis hin zu sozialkritischen und avantgardistischen Inszenierungen bietet der Spielplan ein reichhaltiges und abwechslungsreiches Angebot.

●**Comödie Bochum**, Ostring 25, 44787 Bochum, Tickethotline: Tel. 0234-961000, www.comoedie-bochum.de.

Die Theaterinstitution im Revier bietet erstklassiges Komödien- und Boulevardtheater.

●**Starlight Express** (⤢**XIV/B2**), Stadionring 24, 44791 Bochum, Tickets/Infos Tel. 0180-5152530, www.starlight-express.de.

Seit 1988 drehen die galaktischen Rollschuhläufer ihre Runden in der eigens für das Webber-Musical errichteten Halle. Die Akteure rasen mit 60 Stundenkilometern durch die Hightech-Arena. Millionen von Zuschauern haben sich vom „Starlight Express" bereits verzaubern lassen.

●**Varieté et cetera** (⤢**XIV/B2**), Herner Straße 299, 44809 Bochum, Tel. 0234-13003, www.variete-et-cetera.de.

Das wechselnde Spitzenprogramm des Varietés, das in einer besonderen Zelt-Atmosphäre dargeboten wird, hat von Akrobatik über Zauberei bis hin zu Comedy alles zu bieten.

Beachclub

●**StrandDeck Kemnade** (**XXII/B1**), Blumenau 7a (Hafen Heveney), 44801 Bochum,

www.stranddeck.de. Geöffnet: Mo–Do 11–23 Uhr, Fr–Sa 11–1 Uhr, So 10–23 Uhr (im Winter geschlossen).

Auf rund 1000 Quadratmeter Sandstrand lässt man es sich im StrandDeck gut gehen. An den Wochenenden sorgen DJs für die akustische Stimmung. Und wer den Tag nicht einfach im Liegestuhl mit einem Cocktail in der Hand verbringen will, kann sich beim Beachvolleyball oder Beachsoccer austoben.

Nachtleben

●Eine Auswahl an Lokalen in Bochums legendärem „**Bermudadreieck**" findet sich im entsprechenden Abschnitt der Ortsbeschreibung.

●**Bahnhof Langendreer** (⤢**XV/C3**), Wallbaumweg 108, 44894 Bochum, Tel. 0234-6871610, www. bahnhof-langendreer.de. Geöffnet: Fr 23–4 Uhr, Sa ab 22 Uhr.

Alternatives Kulturzentrum im ehemaligen Bahnhof, das neben der Disco auch ein multikulturelles Programm aus Musik, Kabarett, Theater und anspruchsvollem Kinoprogramm bietet. Disco ist jeden Freitag und Samstag mit unterschiedlichem Programm.

●**Matrix** (⤢**XV/C2-3**), Hauptstraße 200, 44892 Bochum, Tel. 0234-61068-00, www. matrix-bochum.de. Geöffnet: Do ab 21 Uhr, Fr, Sa ab 22 Uhr.

In vier unterschiedlichen Bereichen wird von Crossover über EBM und Industrial bis hin zu Pop und Wave fast alles gespielt.

●**Zeche** (⤢**XIV/B3**), Prinz-Regent-Straße 50–60, 44795 Bochum, Tel. 0234-29879572, www.zeche.com. Geöffnet: Do–Sa ab 22 Uhr.

Ob Alternative, Crossover, Charts oder Pop und Wave – in der Zeche wird auf zwei Ebenen alles gespielt. Wer eine Auszeit braucht, kann das angrenzende Restaurant besuchen.

●**Zwischenfall** (⤢**XV/C3**), Alte Bahnhofstraße 214, 44892 Bochum, Tel. 0234-287650, www.zfall.de. Geöffnet: Fr, Sa ab 22 Uhr.

Eine Institution für Gothic, Wave und Musik der 1980er Jahre, die die schwarze Szene auch von außerhalb anlockt.

●**Riff – Die Bermudahalle,** ⤢ Beschreibung „Bermudadreieck".

Kino

●**UCI Kinowelt (⤢XV/C2),** Ruhr-Park, Am Einkaufszentrum 22, 44791 Bochum, Programmauskunft Tel. 0234-2390222, www. uci-kinowelt.de.

Multiplex-Kino im Einkaufszentrum.

●**Union Kino Center,** Kortumstraße 16, 44787 Bochum, Tel. 0234-3389103.

Mitten im Bermudadreieck: Mainstreamkino mit mehreren Sälen.

●**endstation.kino (⤢XV/C3),** Wallbaumweg 108, 44894 Bochum, Tel. 0234-6871620, www. endstation-kino.de.

Das kleine Programmkino mit 89 Sitzen wird regelmäßig mit Filmprogrammpreisen auf Landes- und Bundesebene geadelt. Ausgezeichnet ist auch das außergewöhnliche Dokumentarfilm- und Kinderprogramm.

●**Fiege Kino Open Air,** Scharnhorststraße 21–25 (im Innenhof der Privatbrauerei *Fiege),* 44787 Bochum, www.fiegekino.de. Beginn der Vorstellung nach Einbruch der Dunkelheit.

Auf dem Gelände der Brauerei wird in den Sommermonaten tolles Open-Air-Kino geboten.

●**Filmkunsttheater Metropolis,** ⤢ Abschnitt „Hauptbahnhof".

Feste und Festivals

●**Bochum Total:** Legendäres und mittlerweile zweitgrößtes Open-Air-Event in NRW, zu dem selbst Leute von außerhalb des Reviers anreisen. Vier Tage im Juli volles Programm auf mehreren Bühnen rund um das „Bermudadreieck". Infos: www.bochumtotal.de.

●**Blicke:** Filmfestival im November, das aus schließlich Filme oder Videos aufführt, die das Revier thematisieren. Bahnhof Langendreer, Infos: Tel. 0234-26616.

●**Weihnachtsmarkt:** Infos im Internet unter www.bochumer-weihnacht.de.

Einkaufen

●**Ruhr-Park Bochum (⤢XV/C2),** Am Einkaufszentrum, 44791 Bochum, Tel. 0234-6870880, www. ruhrpark.de. Geöffnet: Mo–Sa 10–20 Uhr.

Auf einer Größe, die nahezu 60 Fußballfeldern entspricht, befinden sich 119 Geschäfte und 7500 kostenlose Parkplätze.

In der Innenstadt

●**Del Sol,** Universitätsstr. 91, 44798 Bochum, www.70ershop.de. Geöffnet: Di–Fr 14–20 Uhr, Sa 12–18 Uhr.

Secondhand, Party-Mode, 1970er Jahre und jede Menge kultiger Accessoires.

●**Carpe Diem,** Mode und mehr, Kortumstr. 31, 44787 Bochum, Tel. 0234-3387347, www. carpe-diem-bochum.de. Mo–Sa 11–19 Uhr.

Originelle Mode in barockem Ambiente für Sie und Ihn.

●**Cinderella,** Grabenstraße 38, 44787 Bochum, Tel. 0234-6408990. Geöffnet: Mo–Fr 10–19 Uhr, Sa 10–17 Uhr.

Kleines, feines Schuhgeschäft, das auch außergewöhnliche, verträumte Mode, u.a. von Noa Noa, bietet.

●**galerie silberschön,** Hellweg 20, 4478 Bochum, Tel. 0234-8901646, Geöffnet: Mo–Fr 11–14 Uhr, 15–19 Uhr, Sa 10–16 Uhr.

In der liebevoll eingerichteten Galerie werden die Schmuckstücke und Accessoires in gläsernen Kuben präsentiert, die an den Wänden hängen. In jedem Kubus wird ein anderer Designer präsentiert, so dass sich für jeden Geschmack der passende gläserne Würfel findet.

●**Jack Wolfskin Store,** Hellweg 5–7, 44787 Bochum, Tel. 0234-2399147. Geöffnet: Mo–Fr 10–19 Uhr, Sa 10–18 Uhr.

Outdoor-Kleidung und -Equipment gibt es hier auf zwei Etagen.

●**Jungle,** Brüderstraße 6, 44787 Bochum, Tel. 0234-6406146. Geöffnet: Mo–Fr 12–20 Uhr, Sa 12–16 Uhr.

Klein, aber fein: Auch wenn der Laden nicht der größte ist, hat er doch einiges zu bieten. Mode aus den 1950er, -60er und -70er Jahren hängt hier neben Future-, Fashion- und Mass-Design. Und das alles zu moderaten Preisen.

●**Misfits,** Brückstraße 12–14, 44787 Bochum, Tel. 0234-15413. Geöffnet: Mo–Fr 11–14 und 15–18 Uhr, Sa 11–15 Uhr.

Von altem Schmuck über Secondhand-Mode längst vergessener Zeiten bis zu Ballettartikeln ist hier alles auf kleinstem Raum zu haben.

Mitte

14tg Foto: sbo

●**hansen raumkonzepte,** Luisenstr. 12, 44787 Bochum, Tel. 0234-680703, www. hansen-raumkonzepte.de. Geöffnet: Mo–Fr 10–19 Uhr, Sa 10–16 Uhr.

Wohnaccessoires für jede Jahreszeit und tolle Geschenkideen. Vom Eierbecher bis zur Edelstahlgießkanne.

●**Discover,** Untere Markstraße 1, 44787 Bochum, Tel. 0234-65533. Geöffnet: Mo–Fr 11–19 Uhr, Sa 11–18 Uhr.

Das Musikgeschäft ist eine Institution in Sachen Rock, Dance, Hip-Hop und Rare Groove.

●**Janssen Bücher,** Brüderstraße 3, 44787 Bochum, Tel. 0234-13001, www.janssen-bue cher.de. Geöffnet: Mo–Fr 10–19 Uhr, Sa 10–18 Uhr.

Gut sortierte Buchhandlung mit einfallsreicher Außenfassade. Hier kann man Lesestoff noch in aller Ruhe und mit Beratung kaufen.

●**Mayersche Buchhandlung,** Kortumstraße 69–71, 44787 Bochum, Tel. 0234-687610, www.mayersche.de. Mo–Sa 9.30–20 Uhr.

Traditionsreiches Haus mit einem großen Sortiment.

Flohmärkte:
●**Ruhr-Uni-Flohmarkt:** Universitätsstraße 150, 44801 Bochum. Sa 6–14 Uhr und jeden ersten Sonntag im Monat 11–18 Uhr.

●**Flohmarkt am Rathausplatz:** Willy-Brandt-Platz, 44787 Bochum. Jeden dritten Samstag im Monat (April bis September) 8-15 Uhr.

Sport und Freizeit

●**Fahrradverleih:** Bochum Zentrum im Haus TRI-MOBIL GbR, RevierRad-Schwerpunktstation Handicap-Bikes, Herner Straße 86, 44791 Bochum (Nähe Deutsches Bergbau-Museum). Geöffnet: Mo–Fr 10–13 Uhr, 14–17 Uhr, Sa 10–13 Uhr, So auf Anfrage.

Das Revier ist tatsächlich so grün, wie es die Einheimischen behaupten

●**Fahrradtouren:** *Berg Rad Touren,* Am Bleckmannshof 38, 44799 Bochum, Tel. 0234-76724, www.tourenrad-erlebnisreisen.de.

Ob Mountainbike oder Tourenrad, Anfänger oder Fortgeschrittener: Hier findet sich für jeden die passende Fahrradtour durchs Revier. Die Agentur bietet dabei Allround-Service – von der Planung über die Organisation bis hin zur Durchführung.

●**Fußball:** Ruhrstadion (⬈**XIV/B2**), Castroper Straße 145, 44791 Bochum, Tel. 0234-951848 oder 951848 (Ticket-Service), www. vfl-bochum.de.

●**Freizeitzentrum Kemnade,** ⬈ dort.

●**Medi-Therme** (⬈**XV/C2**), Am Ruhrpark, Kohlleppelsweg 45, 44791 Bochum, Tel. 0234-516570, www.meditherme-bochum. de. Geöffnet: Mo–Sa 11–23 Uhr, So und an Feiertagen 11– 21 Uhr.

Eine einzigartige Saunalandschaft, eingebettet in mediterranes Ambiente, bietet Erholung und Entspannung pur. Allerdings haben Kinder erst ab 14 Jahren, und auch dann nur in Begleitung Erwachsener, Zutritt.

150 dg Foto: hh

Kinder

●**Spielfabrik** (⬈**XIV/A3**), Bessemerstraße 85, 44793 Bochum, Tel. 0234-9128834, www.spielfabrik-bochum.de.   Geöffnet: Mo–So 10–20 Uhr. Schulferien und Feiertage ab 11 Uhr. Eintritt: Kinder 1–3 Jahre 4,50 €, ab 4 Jahre 6,50 €, Erwachsene 1,90 €.

Gigantischer Indoor- und Outdoor-Spielplatz. Die Halle bietet auf 3000 Quadratmetern alles, was das Kinderherz begehrt: Von Kletternetzen über Rutschen bis zu Bälle-Bädern, Bullenreiten und Bungee-Trampolin.

●**Wasser- und Abenteuerspielplatz** im Stadtpark, ⬈ dort.

●**Zeche Knirps** in der Zeche Hannover, ⬈ dort.

Schiffstouren

●**MS Kemnade,** Kemnader See, Navi-Eingabe: Querenburger Str., 58455 Witten, Tel. 02330-802047, www.personenschifffahrt-meyer.de, www.kemnader-see.de, Preise: einfache Fahrt 2,50 €, ermäßigt 1,50 € (weitere Informationen ⬈„Reisetipps A–Z, Schiffstouren“).

Zoo

●**Tierpark Bochum,** Klinikstraße 49, 44791 Bochum, Tel. 0234-950290, www.tierparkbochum.de. Geöffnet: März und Oktober 9– 18 Uhr, April bis September 9–19 Uhr, November bis Februar 9–16.30 Uhr. Eintritt: 5 €, Kinder 2 €.

Das Herz des Bochumer Tierparks ist ein 170.000 Liter fassendes Korallenriff-Becken mit Schwarzspitzenritthaien, zahlreichen tropischen Fischen und anderen Meeresbewohnern. In speziellen Steinkorallenbecken kann man die Pracht von mehr als 40 Korallenarten bewundern.

Industriegeschichte, die spannende Alternative zu Computerspielen

Mitte

Essen ⟋ XIII/C3

Überblick

Essen war lange Zeit die größte Stadt der Ruhrregion, musste diesen Rang aber zuletzt an Dortmund abgeben. Mittlerweile ist die Einwohnerzahl unter 580.000 gesunken. Die attraktive Universitätsstadt bietet Reisenden aufgrund ihrer Geschichte ein weites Spektrum an Sehenswürdigkeiten und ein großes Freizeitangebot, vom Domschatz bis zum Grugapark.

Bereits 1000 Jahre, bevor *Alfred Krupp* 1852 mit der Erfindung des nahtlosen Radreifens Essen weltweit zum Begriff machte, hatte der erste namentlich bekannte „Essener", *Bischof Altfrid*, auf heimatlichem Grund und Boden ein hochadeliges **Damenstift** gegründet. Aus dem Namen seines Landgutes, „Asnidhi", entwickelte sich im Laufe der Zeit der heutige Name „Essen". Mit den Gründungen des Klosters Werden durch *Liudger* im Jahre 799 und des Damenstifts Essen durch *Altfrid* in der Mitte des 9. Jahrhunderts wird der Essener Raum historisch fassbar.

Über Jahrhunderte hin vergrößerte sich Essen nur unwesentlich, es hatte noch Mitte des 19. Jahrhunderts weniger als 9000 Einwohner. Der industrielle Aufschwung hing eng mit der Entwicklung der Gussstahlfirma **Krupp** zusammen, die schon 1811 von *Friedrich Krupp* gegründet worden war und ab der zweiten Hälfte des 19. Jahrhunderts explosionsartig wuchs. Aus Essen, wo bereits im Mittelalter das Schmiedehandwerk und später die Gewehrfabrikation eine große Bedeutung hatten, wurde die **größte Montanstadt Europas** und ein Synonym für Kohle und Stahl.

Nach Kriegen und Krisen im 20. Jahrhundert liegen die Schwerpunkte des Essener **Wirtschaftsgeschehens** heute im Energiebereich, der Informations- und Kommunikationswirtschaft sowie im Medizinsektor. Den Essen-Besucher erwarten mit dem Weltkulturerbe Zeche Zollverein, dem Museum Folkwang und der neuen Philharmonie **kulturelle Einrichtungen** von höchstem Rang. Wer alle touristischen Highlights der Stadt kennen lernen möchte, der hat mehrere Tage zu tun, denn auch am Rande Essens locken Schlösser, Burgen und nicht zuletzt die berühmte Villa Hügel der Krupp-Dynastie.

Innenstadt

Die Innenstadt Essens erstreckt sich vom Hauptbahnhof aus in nördlicher Richtung und wird von den Achsen Hindenburgstraße, Friedrich-Ebert-Straße und Schützenbahn begrenzt. Die während des Zweiten Weltkriegs völlig zerstörte Stadt wartet heute mit der einzigen echten Skyline unter den Ruhrmetropolen auf. Eine Reihe mächtiger Hochhäuser wie dem **RWE-Turm** aus dem Jahre 1997 kündet von der wirtschaftlichen Bedeutung Essens. Ebenfalls nicht zu übersehen und ein Wahrzeichen der Stadt ist das **Rathaus,** bei dem es sich um das höchste in ganz Deutschland handelt. Auf engem Raum befinden sich einige der wichtigsten Essener **Sakralbauten** wie das Münster, die Marktkirche, die Kreuzeskirche und die besonders eindrucksvolle Alte Synagoge, die heute als Gedenkstätte dient. Die Gegensätze zwischen jahrhundertealten Kirchen und modernen Gebäuden machen den besonderen Reiz der Essener Innenstadt aus.

Fußgängerzone

Die „Einkaufsstadt" Essen mit ihren vielfältigen Shopping-Möglichkeiten beginnt direkt am Hauptbahnhof mit der Kettwiger Straße, die zugleich die wichtigste Einkaufsstraße der Stadt ist. Über 600 Einzelhandelsgeschäfte mit mehr als 300.000 Quadratmetern Verkaufsfläche stehen dem Besucher in der Essener Innenstadt zur Verfügung. Darunter finden sich architekturhistorische Kleinode wie das **Baedekerhaus** in der Kettwiger Straße – schließlich war es hier in Essen, wo *Karl Baedeker* 1835 den ersten seiner heute weltberühmten Reiseführer herausbrachte. Die Haupteinkaufszeilen neben der Kettwiger Straße sind die Viehofer und die Limbecker Straße. Die neueste Attraktion in Essen ist sicherlich das **Einkaufszentrum Limbecker Platz,** das im Oktober 2009 eröffnete und zu den größten Einkaufszentren in Deutschland zählt.

Eine Reihe interessanter Geschäfte befindet sich am Ende des Ortskapitels unter „Praktische Tipps".

Grillo-Theater

Direkt am Theaterplatz, trifft man auf das Grillo-Theater, eines der ältesten Theater im Ruhrgebiet. Sein Name geht auf den Essener Großindustriellen und Stifter **Friedrich Grillo** zurück. *Grillo* trug, wie viele andere Gründerfiguren im 19. Jahrhundert, zur rasanten wirtschaftlichen Entwicklung des Ruhrgebiets bei. So gründete er in Gelsenkirchen Zechen, Eisenhütten und andere Industrieanlagen.

Grillo bzw. seine Witwe *Wilhelmine* stifteten das Theater der Stadt Essen, und im Jahre 1892 wurde das Gebäude des Theaterarchitekten *Heinrich Seeling* im neoklassizistischen Stil ein-

151rg Foto: rwe

Mitte

Der schlanke RWE-Turm dominiert die Skyline von Essen

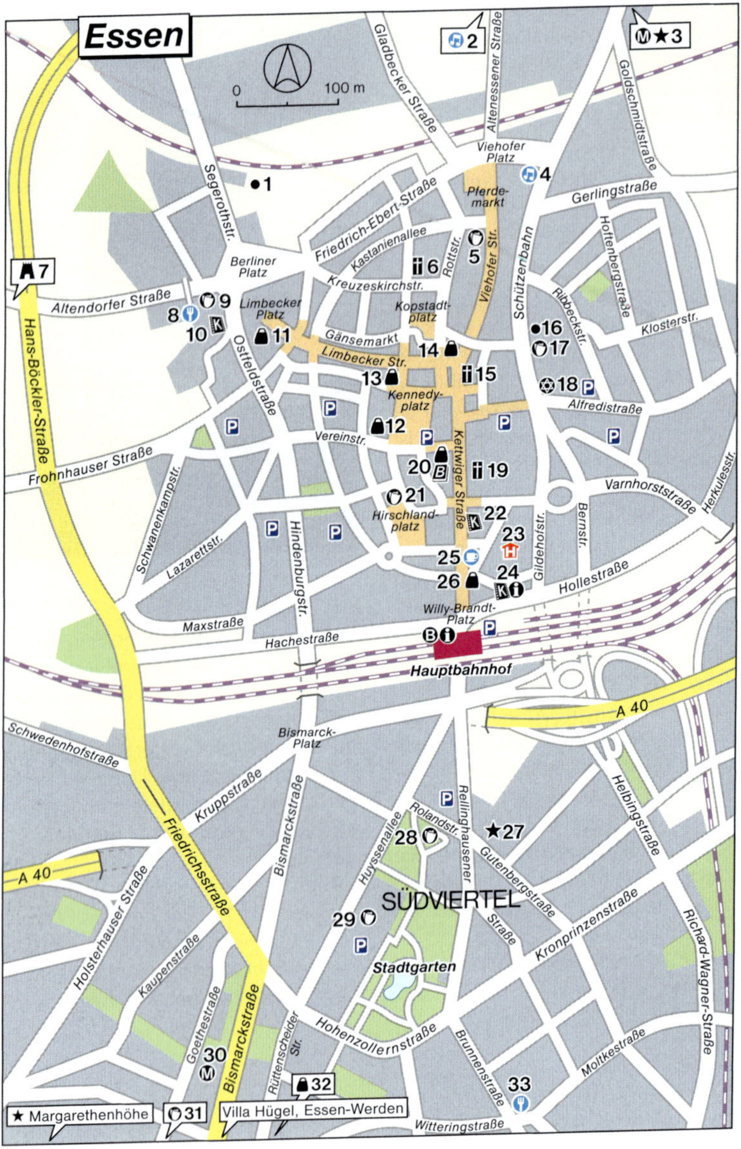

Essen

0 ___ 100 m

Gladbecker Straße
Altenessener Straße
Goldschmidtstraße

♦ 2

M ★ 3

Viehofer Platz
♦ 4

Pferdemarkt

Gerlingstraße

Hoftenbergstraße

• 1

Segerothstr.

Friedrich-Ebert-Straße
Kastanienallee

Berliner Platz

Kreuzeskirchstr.

ii 6

Rottstr.
5

Schützenbahn
Viehofer Str.

Klosterstr.

Rübeckstr.

Altendorfer Straße

▲ 7

Hans-Böckler-Straße

8 ♥ 9
10 K

Limbecker Platz
♥ 11

Kopstadtplatz

Gänsemarkt
14
Limbecker Str.
13 ▲
15 ii

• 16
♥ 17

⚽ 18 P

Ostfeldstraße

Frohnhauser Straße

P

Vereinstr.

▲ 12

Kennedyplatz

Alfredistraße
P

Varnhorststraße
Herkulesstr.

Schwanenkampstr.

Lazarettstr.

Hindenburgstr.

P

P

20 B
21
Hirschlandplatz

ii 19

Ketwigerstraße

22
K

23 🏠
25 🚲
26 ▲

24 K ♦

Bernestr.
Gildehofstr.

Hollestraße

Maxstraße

Hachestraße

Willy-Brandt-Platz
B ♦

P

Hauptbahnhof

A 40

Schwedenhofstraße

Bismarck-Platz

Kruppstraße

Bismarckstraße

Hyssenallee
Rolandstr.
Rellinghauser Straße

P

28 ♥

★ 27

Gutenbergstraße

Helbingstraße

A 40

Friedrichstraße

Holsterhauser Straße

Kaupenstraße

SÜDVIERTEL

29 ♥

P

Stadtgarten

Kronprinzenstraße

Richard-Wagner-Straße

Goethestraße

Bismarckstraße

Rüttenscheider Str.

Hohenzollernstraße

Brunnenstraße

Moltkestraße

30 M

▲ 32

33 ♦

★ Margarethenhöhe

♥ 31

Villa Hügel, Essen-Werden

Witteringstraße

•	1	Uni Essen	
⊕	2	Kulturzentrum Zeche Carl	
★	3	Zeche Zollverein,	
Ⓜ		Ruhr Museum	
		(siehe Lageplan Seite 222)	
⊕	4	turock	
☉	5	GOP-Varieté	
ⅱ	6	Ev. Kreuzeskirche	
⚑	7	Schloß Borbeck	
◑	8	Mongo's	
☉	9	Colosseum	
▨	10	Cinemaxx	
⬛	11	Einkaufszentrum Limbecker Platz	
⬛	12	McTrek	
⬛	13	Mango	
⬛	14	Mayersche Buchhandlung	
ⅱ	15	Ev. Marktkirche	
•	16	Rathaus	
☉	17	Theater im Rathaus	

✿	18	Alte Synagoge
ⅱ	19	Münster
🅱	20	Thalia (im Baedekerhaus),
⬛		Woman Secret
☉	21	Grillo-Theater
▨	22	Lichtburg
🏨	23	Hotel Essener Hof
❶	24	Touristen-Information,
▨		Astra
☉	25	Café Solo
⬛	26	Lunatic
★	27	RWE-Turm
☉	28	Aalto-Theater
☉	29	Philharmonie Essen
Ⓜ	30	Museum Folkwang,
		Deutsches Plakatmuseum
☉	31	Theater Courage
⬛	32	Lucy de Luxe
◑	33	Baguette & Vin

Mitte

geweiht. Zu diesem Anlass gab man *Lessings* „Minna von Barnhelm". Nach seiner Glanzzeit in den 1920er und frühen 30er Jahren wurde das Grillo-Theater durch Nazi-Terror und Weltkrieg in arge Mitleidenschaft gezogen.

Durch Inszenierungen von *Erwin Piscator* und *Jean-Louis Barrault* machte das Theater nach seinem Wiederaufbau überregional von sich reden. In der jüngeren Vergangenheit konnte man eine Schließung verhindern und das Theater nach Plänen von *Werner Ruhnau* aufwendig umbauen. In seiner aktuellen Gestalt wurde das Theater im September 1990 mit *Shakespeares* „Sommernachtstraum" wiedereröffnet. Heute umfasst das Repertoire des Grillo-Theaters klassische Dramentexte ebenso wie Werke moderner Klassiker und Gegenwartsautoren.

● **Grillo-Theater,** Theaterplatz 11, 45127 Essen, Tel. 0201-8122200, www.theater-essen.de.

Lichtburg Essen

Wer mehr auf Kino als auf Theateraufführungen steht, der ist in der Essener Innenstadt richtig. Denn außer all den üblichen Lichtspielhäusern gibt es hier **Deutschlands größtes Kino,** und eines seiner geschichtsträchtigsten: die legendäre *Lichtburg.* 1250 Plätze bietet dieses Denkmal der Kino- und Architekturgeschichte aus dem Jahre 1928. Damals galt der Filmpalast als das modernste Filmtheater in ganz Deutschland. Zwar brannte der Zuschauerraum 1943 aus, doch der Wiederaufbau gelang perfekt. So war und ist die *Lichtburg* seit Jahrzehnten die Bühne für glamouröse Premieren und Galas. Seit *Gary Coopers* und *Romy Schneiders* Zeiten geben sich die größten Filmstars hier in der Kettwiger Straße die Klinke in die Hand.

In jüngster Zeit wurde die *Lichtburg* restauriert und steht als *das* Kino in Deutschland unter **Denkmalschutz.**

● **Lichtburg Essen,** Kettwiger Straße 36, 45127 Essen, Tickethotline: 0201-231023 (tgl. ab 14 Uhr), www.lichtburg-essen.de.

Münster

Das Essener Münster zählt zu den kunst- und religionsgeschichtlich bedeutendsten Sakralbauten in Nordrhein-Westfalen und ist die Kathedrale des erst 1958 gegründeten **Ruhrbistums.** Die Geschichte dieses Kirchenbaus reicht jedoch viele Jahrhunderte zurück. Den Grundstein der ersten Essener Stiftskirche hatte um 850 *Bischof Altfrid von Hildesheim* gelegt. Auf den Bauresten einer romanischen Taufkapelle aus dem 9. Jahrhundert wurde zunächst eine **ottonische Basilika** errichtet. Nach einem verheerenden Großbrand im 13. Jahrhundert baute man die Kirche neu auf, wobei man dem damals zeitgemäßen **gotischen Stil** Rechnung trug. Noch heute enthält die dreischiffige gotische Hallenkirche Teile der uralten ottonischen Basilika, wie Reste der Ostkrypta unter dem Hochchor; hier befindet sich der reich verzierte steinerne **Sarkophag** des Gründerbischofs *Altfrid*.

Unzerstört hat der achteckige Turm der Fürstäbtissin *Theophanu* aus dem 11. Jahrhundert den Krieg überstanden. Nach der Behebung der Bombenschäden des Weltkriegs zeigt die Domkirche heute die gleiche Gestalt wie zu Beginn des 14. Jahrhunderts.

Der Höhepunkt eines Münsterbesuchs ist zweifellos die weltberühmte **Domschatzkammer,** die einen der wertvollsten Kirchenschätze des Christentums beherbergt. Den Mittelpunkt des Schatzes stellt die **Goldene Madonna** in einer Kapelle an der nördlichen Chorseite dar, die als älteste vollplastische Marienfigur des Abendlandes gilt. Sie soll um 980 gefertigt worden sein. Neben der Figur enthält der Essener Domschatz noch zahlreiche weitere Kunstwerke von Weltrang. Durch ein romanisches Atrium gelangt man zu der dem Münster vorgelagerten **Kirche St. Johann Baptist,** in der Altartafeln von *Bartholomäus Bruyn d.Ä.* hängen.

● **Essener Münster,** Burgplatz 2, 45127 Essen, Informationen/Führungen: Tel. 0201-2204206, www.dom-essen.de. Geöffnet: Mo–Fr 6.30–18.30, Sa 9–19.30 Uhr, So 9–20 Uhr (wegen Reinigungarbeiten ist der Dom montags und freitags von 8–10 Uhr geschlossen). Führungen durch Dom und Schatzkammer jeden Sonntag um 15.30 Uhr. Eintritt: frei, Führungen: 6 €.

Alte Synagoge

Unweit des Essener Münsters entdeckt man in der Steeler Straße schon den nächsten wichtigen Sakralbau der Stadt. Er gehörte zu den **größten jüdischen Gebetshäusern** in ganz Europa. Die Alte Synagoge wurde im Jahre 1913 von der jüdischen Gemeinde der Stadt eingeweiht. Der beeindruckende

Mitte

Kuppelbau aus Muschelkalk, ist ein Werk des Architekten *Edmund Körner*. In dem Bau vermischen sich spätantike mit europäischen Stilelementen. Die Synagoge bot etwa 1400 Personen Platz. Am 9.11.1938 wurde sie, wie viele andere Synagogen, während des **Novemberpogroms** in Brand gesetzt, blieb aber in ihrer Grundsubstanz weitgehend erhalten. Im Krieg wurde das Gebäude trotz intensiver Bombardierung der Essener Innenstadt nicht in Mitleidenschaft gezogen. Später nutzte man es lange Jahre als **„Haus Industrieform"** zur Präsentation von Industriedesign.

Seit 1980 wurde die restaurierte Synagoge als **Gedenkstätte** mit Dauer- und Wechselausstellungen genutzt. Zum Kulturhauptstadtjahr 2010 findet eine **Umwandlung** der Alten Synagoge zum **„Haus jüdischer Kultur"** statt. Das Haus soll als ein Begegnungsort mit jüdischer Kultur und jüdischem Leben fungieren. Unterschiedliche Aspekte jüdischer Kultur werden durch fünf Ausstellungsbereiche erfahrbar

In Essen verschmelzen die Gegensätze

111ru Foto: tk

„Eine WAZ und zwei Fiege" – Buden im Revier

Ihr offizieller Name lautet „Trinkhalle", aber das ist eigentlich irreführend, denn weder darf man hier trinken (nur kaufen), noch handelt es sich um eine Halle. In Wahrheit sind die „Büdchen" im Ruhrgebiet oft die kleinsten Gebäude der Stadt; mit den prächtigen Trinkhallen der Heilbäder des 19. Jahrhunderts haben sie nicht viel zu tun. In solchen lang gestreckten, offenen Pavillons pflegten die wohl situierten Kurgäste einst ihr Heilwasser zu sich zu nehmen.

Die Bezeichnung „Kiosk" für die kleinen, traditionell achteckigen Holzhäuschen, hat ihren Ursprung im 13. Jahrhundert. Damals entstanden im Iran, in Indien und der Türkei die ersten kleinen, *kösk* bzw. *kušk* genannten frei stehenden Pavillons, die sich allerdings eher in den Gärten der Herrscher als an Straßenecken befanden. Und

auch ihr Zweck war mehr ästhetisch-kontemplativer als merkantiler Natur.

Als winzige Handelshäuschen kennt man die Kioske im Ruhrgebiet etwa seit 1850. Zu dieser Zeit war der Genuss von **Leitungswasser** meist mit gesundheitlichen Risiken verbunden. Vielfach tranken die Arbeiter Bier und Schnaps, deren Konsum von den Zechen- und Fabrikbesitzern durch sogenannte „Schnapsspenden" noch unterstützt wurde. Als Maßnahme gegen den um sich greifenden **Alkoholismus** förderten die Städte ab Mitte des 19. Jahrhunderts die Einrichtung von Trinkhallen: Hier wurden Mineralwasser sowie andere alkoholfreie Getränke angeboten. Zunächst in unmittelbarer Nähe der Zechen und Fabriken angesiedelt, verbreiteten sich die kleinen Verkaufsstände, die ursprünglich von arbeitsunfähigen Bergleuten oder Kriegsveteranen betrieben wurden, allmählich über die gesamte Stadtgebiete. Mit der Zeit überzeugten die Mini-Lädchen ihre Kundschaft mit einem stetig wachsenden Warenangebot. Seit dem Ende der 1920er Jahre erweiterte sich das Sortiment unaufhörlich: Zu Getränken und Zeitungen kamen Tabakwaren, Tee, Kaffee und Bonbons, d.h. „Klümpkes", was den Kiosken im Revier die Bezeichnung „Klümpkesbude" einbrachte.

Neben ihrem Verkaufszweck dienten die Buden auch dem Kommunikationsbedürfnis der Kundschaft, waren Informationsbörse und Schwätzchentreff. „Anne Bude" kaufte man nicht nur ein, man sprach auch miteinander. Heute, im Zeitalter der elektronischen Medien, hat diese soziale Funktion der Kioske nachgelassen, aber immerhin kann man am Büdchen Telefonkarten kaufen bzw. aufladen, und damit wird dann doch wieder das Schwätzchen gefördert.

Sie haben Notzeiten und Weltkriege, Inflation und Arbeitslosigkeit überstanden und gehörten zum Stadtbild wie Zechen und Hütten, die Buden und Kioske. Doch wo die Industrie unterging, verschwanden vielfach auch die kleinen Verkaufsstände. Und der Überlebenskampf dauert an, denn Ladenketten und Tankstellen mit wachsenden Angeboten und ausgedehnten Öffnungszeiten machen den Buden starke Konkurrenz. Außerdem kommt es zu häufigen Besitzerwechseln, so dass sich die einst enge Bindung vom Budenbesitzer zu seinen Kunden kaum noch aufbauen kann.

Sie müssen erhalten bleiben, die Buden und Kioske im Ruhrgebiet, nicht nur aus nostalgischen Gründen. Wer in der Nähe einer Bude wohnt, weiß, wie praktisch sie sind ... wenn man eben noch eine WAZ (Westdeutsche Allgemeine Zeitung) und zwei Fiege (Pils aus der Bochumer Privatbrauerei Fiege) kaufen möchte.

Ein eigener kleiner Konsum-Kosmos: Vielfach bis in die Nacht werden hier Kundenwünsche erfüllt

gemacht, auch in den Räumen des Hauses, die bisher der Öffentlichkeit nicht zugänglich waren. Neben jüdischen Traditionen wird den Besuchern auch die wechselvolle Geschichte des Gebäudes und die Geschichte der jüdischen Gemeinde in Essen näher gebracht.

● **Alte Synagoge,** Steeler Straße 29, 45127 Essen, Tel. 0201-8845218, www.alte-synagoge.essen.de, Führungen: erster Sonntag im Monat. Geöffnet: Di–So 10–18 Uhr. Eintritt: frei, Führungen: 2,50 € (Wegen Umbauarbeiten bis Mitte 2010 geschlossen).

Rathaus

Läuft man von der Alten Synagoge am Citycenter vorbei zum Porscheplatz, einem der zentralen Knotenpunkte des öffentlichen Personennahverkehrs, so kommt man zum erstaunlichen Bau des Essener Rathauses. Dieses Hochhaus misst 106 Meter und ist damit das **höchste Rathaus Deutschlands.** Aus der 22. Panoramaetage kann man in 100 Metern Höhe das gesamte Stadtgebiet sowie die Ruhrregion überblicken. In seinen enormen Dimensionen symbolisiert das Rathaus Essens den Wandel der einstigen Bergbaustadt zu einem Verwaltungs-, Behörden- und Bankenzentrum. Im Rathaus befinden sich überraschenderweise aber nicht nur Verwaltungsbüros, sondern auch ein Theater, das **Theater im Rathaus,** das 1978 eröffnet wurde.

● **Rathaus** und **Theater im Rathaus,** Porscheplatz 1, 45121 Essen, Tel. 0201-8815308 (Rathaus), Tel. 0201-88-0 (Theater), www.theater-im-rathaus.de.

Mitte

OSTrg Foͭͤͨ: rtw

Marktkirche

Nicht weit vom Porscheplatz steht an der Kettwiger Straße/Flachsmarkt die Marktkirche aus dem 11. Jahrhundert. In dieser Kirche, die früher den Namen Gertrudskirche trug, nahm im Jahre 1563 die **Reformation** in Essen ihren Anfang. Das Gebäude, welches im Mittelalter das Zentrum eines Marktfleckens bildete, wurde im 15. Jahrhundert zu einer gotischen Hallenkirche umgebaut. Ins Auge fällt vor allem das moderne **Bronzeportal** mit einer Darstellung der Apokalyptischen Reiter.

Die Essener Synagoge war früher eines der größten jüdischen Gotteshäuser des Kontinents

GOP-Varieté

Im Norden der Essener Innenstadt, unweit des Pferdemarkts, hat ein Varieté seine Heimat, das weit über die Stadtgrenzen hinaus bekannt ist, das GOP. Im Jahr 1996 wurde es eröffnet, in eleganter Atmosphäre mit großen Kronleuchtern und schweren Stoffen an den Wänden. Im GOP-Varieté finden aufwendig inszenierte Live-Produktionen mit Akrobaten, Sängern, Comedy-Legenden und vielen anderen Künstlern statt. Im hohen, stimmungsvollen Aufführungssaal haben 378 Personen an gemütlichen Tischen Platz, an denen auch Getränke und Speisen serviert werden. Das Ziel: Kunst- und kulinarischer Genuss sollen gleichermaßen zu ihrem Recht kommen. Im GOP begeistern jedenfalls nicht nur die Darbietungen, sondern auch das Interieur und die Gesamtatmosphäre inmitten intensiver Farben, alter Möbelstücke und dekorativer Wandmalereien. Für einen im doppelten Sinn fantastischen Abend in Essen ist das GOP-Varieté auf jeden Fall der richtige Ort.

● **GOP-Varieté Essen,** Rottstr. 3, 45127 Essen, Tel. 0201-2479393, www.gop-varieté.de.

Einkaufszentrum Limbecker Platz

Man wird lange suchen nach einem ähnlich riesigen Shopping Center in einer deutschen Innenstadt – und keines finden. Das Einkaufsareal am Limbecker Platz erstreckt sich über mehr als 70.000 qm, beherbergt über 200 Geschäfte und empfängt seine Besucher mit rund 2400 Parkplätzen. Erst im Oktober 2009 eröffnet, ist hier alles neu, modern und perfekt auf die Shopping-Bedürfnisse des heutigen Einkaufs-Bummlers zugeschnitten. Der Besuch in dem schon von außen eindrucksvollen Komplex mit seinem Komplettangebot erübrigt praktisch den Gang in die umliegende Essener Innenstadt. Genau dies ist allerdings auch die Schattenseite derartiger Einkaufscenter: Sie machen den kleineren Einzelhändlern der City starke Konkurrenz, was andernorts auch schon mal zur Verödung einer Innenstadt geführt hat.

● **Limbecker Platz,** Limbecker Platz 1a, 45127 Essen, Tel. 0201-1778960, www.Limbecker-platz.de, Läden: Mo–Sa 10–20 Uhr, Gastronomie: Mo–Sa 10–20 Uhr, So 13–18 Uhr.

Colosseum Theater

Am Rand der Innenstadt, wo die Altendorfer Straße auf den Berliner Platz stößt, findet sich das außergewöhnliche Colosseum Theater. Dieser Bau bildete unter dem nüchternen Namen „Mechanische Werkstatt VIII" ursprünglich das Eingangstor zum Krupp-Gelände. Längst aber hat sich die **denkmalgeschützte Fabrikhalle** von geradezu einschüchternden Ausmaßen zu einem der spektakulärsten und erfolgreichsten Theaterhäuser Deutschlands gemausert. Der Riesenbau aus der Gründerzeit bietet heute Platz für fast 1700 Menschen. Im Colosseum kann man neben den jeweiligen Aufführungen auch die Wandlung einer ehemaligen Industriehalle in ein modernes Musical-Theater bewundern. Die Mischung aus stählerner Konstruktion und behaglichem Theaterambiente schafft eine ganz besondere Stimmung, die man so eindrücklich im Ruhrgebiet nicht noch einmal findet. Im Colosseum kann man ein breites Unterhaltungsspektrum erleben, wobei vor allem die **Musicals** Gäste aus ganz Deutschland in die „Krupp-Stadt" locken.

● **Colosseum Theater,** Altendorter Straße 1, 45127 Essen, Tel. 0201-24020, www.colosseumtheater.de.

Südviertel

Das Essener Südviertel schließt sich südlich an die Innenstadt an und wird von vielen Reisenden nur auf dem Weg ins **Folkwang-Museum** durchquert. Dabei sind der mächtige RWE-Turm (Opernplatz), die Philharmonie,

Mitte

das imposante Bismarckdenkmal am Bismarckplatz und der Stadtgarten durchaus sehenswert. Den Höhepunkt bildet aber zweifellos das weltberühmte Aalto-Theater (s.u.).

Einkehren kann man im Südviertel im Bistro *Baguette & Vin* oder im arabischen Restaurant *Karawane* (⌂ „Praktische Tipps").

Aalto-Theater

Ob Musikinteressierte oder Architekturfans – am Essener Opernplatz wartet mit dem Aalto-Theater ein vorzüglicher optischer wie akustischer Leckerbissen. Dieses moderne Theater wurde nach Plänen des finnischen Architekten **Alvar Aalto** erbaut und 1988 eröffnet, Jahrzehnte, nachdem er es entworfen hatte. Das ästhetische Konzept *Aaltos* vereint Äußeres und Inneres. Von außen wirkt der kühle Bau wie ein Stück Arktis, und mit der in Weiß- und Blautönen gehaltenen Innenausstattung setzt sich dieser Eindruck fort. Das Gebäude ist ein Beispiel für *Aaltos* Vision einer „organischen Architektur".

Seit seiner Eröffnung mit *Richard Wagners* „Meistersingern" finden sich im Repertoire die wichtigsten Werke der europäischen **Opernliteratur** sowie **Ballett** und **Musicals**. Außerdem finden im gediegenen Foyer Klaviermatineen und Gesangsabende statt. Das Aalto-Theater bietet 1125 Besuchern Platz. Hinsichtlich Architektur, Bühnentechnik und Atmosphäre ist der Bau von *Alvar Aalto* ein Meisterwerk unter den modernen Theatergebäuden Europas.

●**Aalto-Theater,** Opernplatz 10, 45128 Essen, Programm- und Kartenbestellung Tel. 0201-8122200, www.aalto-theater.de.

Philharmonie Essen

Seit 2004 hat Essen mit seiner neuen Philharmonie eines der modernsten Konzerthäuser in Deutschland. Dabei handelt es sich nicht um ein neues Gebäude, sondern den komplett umgestalteten alten Saalbau, in dem bereits früher Konzerte gegeben wurden. Neben erfahrenen Künstlern von Weltrang kommt an der Essener Philharmonie, die bis zu 1900 Personen aufnimmt, auch der europäische Komponistennachwuchs zu seinem Recht.

●**Philharmonie Essen,** Huyssenallee 53, 45128 Essen, Tel. 0201-8122810, Tickethotline 0201-8122200, www.philharmonie-essen.de.

Museum Folkwang

Südlich der Innenstadt, zwischen Bismarck- und Goethestraße, trifft man auf das wohl wichtigste Museum der Stadt, das weltweit bekannte Kunstmuseum Folkwang. Die Wurzeln des Museums liegen in der Sammlertätigkeit des aus Hagen stammenden Bankierssohns **Karl Ernst Osthaus** (1874–1921). Im Jahre 1922 erwarb die prosperierende Industriestadt Essen die bemerkenswerte Sammlung, die *Osthaus* in Hagen zusammengetragen und in einem von *Henry van de Velde* 1901/02 gestalteten Museumsbau präsentiert hatte. Schon dieses Museum trug den Namen „Folkwang", der in der nordischen Mythologie den Sitz der Göttin Freyja bezeichnet. Anders als dieser Name vielleicht vermuten ließe, widmete sich bereits *Osthaus* von Anfang an der **modernen internationalen Kunst.** Besonders stark vertreten waren dabei französische und belgische Künstler. Im Laufe der Jahrzehnte entwickelte sich im Museum Folkwang eine erstklassige Sammlung moderner Kunst, die die wesentlichen Kunstepochen und -stile seit der Romantik präsentiert. Gemälde, Grafiken und Skulpturen aus dem 19. und 20. Jahrhundert sind ebenso vorzufinden wie eine Fotografiesammlung, antike Keramiken, fernöstliche und afrikanische Kunst. Die überregionale Anziehungskraft des Museums geht aber auf seine imposante Künstlerriege zurück: *Paul Gauguin, Claude Monet, Auguste Renoir, Emil Nolde, Wassily Kandinsky, Ernst Ludwig Kirchner, Vincent van Gogh* und viele andere locken die Kunstfreunde aus ganz Europa nach Essen.

Max Liebermann, Paul Cézanne, Oskar Kokoschka, Max Beckmann, Pablo Picasso, Salvador Dalí – die europäischen Maler des Museums Folkwang stellen ein **Who's who der modernen Kunstgeschichte** dar. Neben den Malern stehen mit *Auguste Rodin, Ernst Barlach, Wilhelm Lehmbruck* und *Aristide Maillol* auch die Größten unter den **Bildhauern** parat, und einen weiteren Schwerpunkt bildet die **amerikanische Kunst des 20. Jahrhunderts.** *Jackson Pollock, Mark Rothko, Barnett Newman, Frank Stella, Franz Kline* und *Sam Francis* sprechen hier eine eindeutige Sprache.

Darüber hinaus begeistert das Museum Folkwang regelmäßig mit sensationellen **Sonderausstellungen,** die leider auch stets zu endlosen Schlangen am Kassenbereich führen.

Pünktlich zum Kulturhauptstadtjahr wird das bedeutendste Kunstmuseum der Region mit einem **eindrucksvollen Neubau** wieder eröffnen, in dem 2010 drei große Sonderausstellungen stattfinden (siehe Kapitel „Kulturhauptstadt"). Der Londoner Stararchitekt *David Chipperfield* hat aus dem Museum, von dem einzig der denkmalgeschützte Altbau erhalten blieb, ein lichtdurchflutetes Haus mit Innenhöfen, Gärten und Wandelhallen sowie mit insgesamt **24.000 Quadratmetern Ausstellungsfläche** gemacht. Die neuen Ausstellungsräume bieten Platz für die Sammlungen Malerei und Skulptur, Grafik und Fotografie sowie für das **Deutsche Plakatmuseum,** das eine der größten Spezialsammlungen weltweit darstellt: Mehr als 340.000 Plakate aus Politik, Wirtschaft und Kultur zählt das Museum zu seinem Bestand. In der Ausstellung wird ein Querschnitt der künstlerischen Plakatgestaltung durch verschiedene Epochen und Nationen präsentiert. Dabei findet man sowohl Giganten der Kunstgeschichte wie *Henri de Toulouse-Lautrec, Jan Thorn-Prikker* und *Peter Behrens* als auch Vertreter neuester Stilrichtungen. Schwerpunkte der Sammlung, die ursprünglich als Lehrsammlung der Folkwangschule für Gestaltung konzipiert war, sind Jahrhundertwende- und Nachkriegsplakate. Objekte aus deutsch-sprachigen Län-

Mitte

dern stehen neben Plakaten aus Osteuropa und den USA im Mittelpunkt. Unter seinesgleichen ist das Deutsche Plakatmuseum eines der bedeutendsten Europas.

● **Museum Folkwang,** Bismarckstr. 60, 45128 Essen, Tel. 0201-8845444, www.museum-folkwang.de. Geöffnet: Di–So 10–20 Uhr, Fr 10–24 Uhr. Eintritt: 5 €, ermäßigt 3,50 €.

Margarethenhöhe ⬀XX/B1

Südwestlich der Essener Innenstadt liegt die von *Margarethe Krupp* gestiftete und nach ihr benannte **Arbeitersiedlung** (⬀„Reisetipps A–Z, Arbeitersiedlungen"). Man hatte den jungen Darmstädter Architekten *Georg Metzendorf* für die Realisierung verpflichtet, und dass er seine Sache gut machte, davon kann man sich noch heute überzeugen. Zwischen 1910 und 1931 entstand eine Siedlung im **Stil einer englischen Gartenstadt,** die aber im Gegensatz zu anderen Krupp-Siedlungen nicht nur „Kruppianern" offen stand. Hier lebten neben den Arbeitern auch Angestellte und Beamte; die weitläufige Siedlung war für insgesamt 16.000 Menschen angelegt.

Ein Spaziergang durch die unter **Denkmalschutz** gestellte Siedlung, deren repräsentativster Teil in der Steilen Straße zu finden ist, empfiehlt sich jedem, der tiefer in die Stadthistorie Essens eintauchen möchte. Hier werden Siedlungsgeschichte und Stadtplanung à la *Krupp* vorzüglich fassbar.

Besonders attraktiv wird die Siedlung dadurch, dass fast kein Haus dem anderen gleicht. Bebauung, Straßenverläufe, Plätze und Gärten ergeben ein **buntes und individuelles Bild,** das sich von mancher monotonen Arbeitersiedlung erheblich unterscheidet. Dass hier nicht nur gewohnt, sondern auch gelebt wird, bezeugen Bank, Friseur, Bäcker, ein Hotel (⬀„Praktische Tipps") und Lebensmittelgeschäfte, die ebenfalls in historischen Bauten untergebracht sind.

Die Wohnungen der Margarethenhöhe waren für ihre Zeit sehr **komfortabel** eingerichtet. Neben Wohn- und Spülküche verfügten sie über eine Kachelofenheizung, Badeeinrichtung und Wasserklosetts. Eine vom Ruhrlandmuseum ausgestattete **Musterwohnung** in der Stensstraße 25 kann auf Anfrage besichtigt werden.

Wie viele andere Gebiete im Ruhrgebiet, wurde auch die Margarethenhöhe im letzten Weltkrieg **stark beschädigt,** zumal sie in der Einflugschneise der Bomber auf das Krupp-Werksgelände lag. Etwa 44 Prozent der Wohnungen waren 1945 unbewohnbar geworden, doch man entschloss sich zum Wiederaufbau der Siedlung in ihrer historischen Gestalt; dieser war 1955 abgeschlossen.

Bis heute ist die Margarethensiedlung eine sehr beliebte Wohngegend; Interessenten warten jahrelang auf eine Wohnung.

Nach der Besichtigung kann man z.B. im *Hülsmannshof* einkehren (⬀„Praktische Tipps").

● **Margarethenhöhe,** Kleiner Markt (Zugang auch über Sommerburgstraße), 45149 Essen, www.essen-margarethenhoehe.de.

Mitte

Der Essener Süden

Essen kann man hinsichtlich des Charakters seiner Stadtviertel grob in drei Regionen einteilen. Dabei überwiegen im Norden die ehemaligen Industrieanlagen, in der Mitte die Einkaufszonen und im Süden das Grün von **Natur und Parkanlagen.** Die zunehmend hügelige Landschaft im Süden unterstreicht dabei noch das Gefühl, man reise bereits durch die Provinz. Die für Reisende wichtigsten Stadtviertel im Süden sind Kettwig, Kupferdreh, Werden und Bredeney. Fährt man vom Zentrum aus in diese Richtung, dann bietet sich ein Stopp in der **Rüttenscheider Straße** südlich der Innenstadt an. Die so genannte „Rü" ist eine

attraktive verkehrsberuhigte Einkaufsstraße und die Lebensader des Viertels. Zahlreiche Restaurants, Kneipen und Geschäfte locken zum fröhlichen Konsumieren (⟋„Praktische Tipps").

Mineralienmuseum ⟋XXI/D1

Das Essener Mineralienmuseum liegt im Stadtteil Kupferdreh und ist in einem ehemaligen Schulgebäude untergebracht. Hier werden **Edelsteine, Schmucksteine** und die für die Region so typischen und bedeutenden **Erze** gezeigt. Fundstellen und Objekte geben einen interessanten und vielfältigen Einblick in die Wissenschaft der

Begehrten Wohnraum bietet die schöne Siedlung Margarethenhöhe

Mineralogie. Neben den reinen Funden erschließen sich auch die Zusammenhänge zwischen Natur- und Kulturgeschichte, die in Sonderausstellungen beleuchtet werden.

●**Mineralienmuseum,** Kupferdreher Straße 141–143, 45257 Essen, Tel. 0201-8845200. Geöffnet: Di–So 10–18 Uhr. Eintritt: frei.

Grugapark   ⬀XXI/C1

Vom Stadtzentrum aus in südwestlicher Richtung, zwischen den Vierteln Rüttenscheid und Margarethenhöhe, liegt einer der größten deutschen Stadtgärten, der Grugapark. Er wurde 1929 im Rahmen der **Großen Ruhrländischen Gartenbauausstellung** angelegt und erstreckt sich über eine Fläche von 700.000 Quadratmetern. Ein Japanischer Garten, ein tropisches Pflanzenhaus und ein Alpinum erwarten den Botanikfreund.

Aber der Grugapark lockt die Besucher nicht nur mit vielfältigen Pflanzungen und Tiergehegen, sondern ist zugleich ein wahres **Freizeit-Eldorado.** Tennis- und Tischtennisplätze, Rollschuhbahn und Volleyballcourt stehen für die Aktiven bereit.

Eine Rundfahrt mit der **Grugabahn** auf einer Strecke von 3,3 Kilometern Länge gibt einen vergnüglichen Überblick über das gesamte Parkgelände. Im Sommer kann sich der Besucher im Musikgarten an den Samstag- und Sonntagnachmittagen Konzerte von Klassik über Spiritual bis Pop, von der Volksmusik bis zum Jazz anhören.

●**Grugapark,** Külshammerweg 32, 45149 Essen, Tel. 0201-8883106, www.grugapark.de. Geöffnet: tgl. 9 Uhr bis zur Dunkelheit. Eintritt: 3 €, ermäßigt: 1,50 €.

Baldeneysee   ⬀XXI/C1

Der Baldeneysee, 1931–1933 von tausenden Arbeitslosen als Wasserreservoir und zur Klärung des Ruhrwassers angelegt, ist heute ein Erholungsgebiet von überregionalem Rang. Dieser See erstreckt sich im äußersten Süden Essens in ost-westlicher Richtung, dem Lauf der Ruhr folgend. **2,7 Quadratkilometer Wasserfläche** werden hier von Anglern und Ruderclubs, Segel- und Surfschulen genutzt. Zur größten Binnenseeregatta Deutschlands treffen sich jedes Jahr die **Segler** anlässlich der „Essener Woche". Aber sportliche Essen-Besucher können das beschauliche Areal auch per Rad, mit Inlineskates oder zu Fuß erkunden. Eine Runde um den See erstreckt sich über fast 15 Kilometer. Wem soviel Aktivität suspekt ist, der kann es auch gemütlicher haben: Am **Seaside Beach** mit seinem 250 m langen Traumstrand und mehr als 100 echten Palmen, drei Südsee-Bars und einer Cocktailbar, kann man herrlich ausspannen (siehe „Praktische Tipps") oder man lernt mit **Schiffen** der „Weißen Flotte" die bewaldeten See- und Ruhrufer kennen, ohne ins Schwitzen zu geraten. Mit Kaffee und Kuchen an Bord bietet sich bei gutem Wetter eine Fahrt bis zum Wasserbahnhof in Mülheim an (⬀„Reisetipps A–Z, Schiffstouren").

●**Weiße Flotte** (⬀XXI/C1), Hardenbergufer 379, 45239 Essen, Tel. 0201-8404360, www. flotte-essen. de, www.baldeney-see.de.

Villa Hügel   ⬀XXI/C1

„Kein Straßenlärm ist vernehmbar, denn alles übertönt der Schall, der aus den Fabriken kommt und aus den Öfen: fallendes Eisen, rollendes Eisen, schlagendes Eisen. Fast stundenlang geht man durch lärmende Öde westwärts (...). Und diese ganze dunkle Stadt und ihre Bewohner und ihr Leben haben nur einen Namen: ,Friedrich Krupp, Gussstahlfabrik'." *Egon Erwin Kisch* schilderte Anfang der 1920er Jahre die stählerne Welt Essens, das Universum von **Alfred Krupp.** Doch diese Welt hatte zwei Seiten. Besucht man die Villa Hügel, die berühmteste Unternehmer-Villa Deutschlands, in ihrer lieblichen grünen Umgebung, so denkt man an nichts weniger als an die alltäglichen Qualen der Stahlarbeiter. *Krupp* selbst hatte die klassizistische, an ein Schloss erinnernde Residenz entworfen, zwischen 1868 und 1872 wurde sie erbaut.

Mit mehr als 200 Räumen auf über 8000 Quadratmetern gilt die Villa Hügel als eines der **größten privaten Wohnhäuser,** die in Deutschland je gebaut wurden. In seinen Dimensionen wirkt der prächtige Bau wie ein Symbol des Unternehmer- und Bürgerstolzes im späten 19. Jahrhunderts. Bis 1945 wohnte die Familie *Krupp* in diesem repräsentativen Domizil.

Seit 1953 ist die Villa mit ihrer eindrucksvollen Innenausstattung, den italienischen Kassettendecken und Gobelinsammlungen **für die Öffentlichkeit zugänglich.** Das Gebäude wird für Konzerte und Kunstwechselausstellungen auf höchstem Niveau genutzt; über die Firmen- und Familiengeschichte informiert eine „Historische Sammlung Krupp" und die Dauerausstellung „Krupp heute" im ehemaligen Gästehaus der Anlage.

Auch für die 75 Hektar große **Wald- und Parkanlage** scheute *Alfred Krupp* weder Kosten noch Mühen. Da der Stahlbaron nicht auf einen Wald warten konnte, ließ er ausgewachsene Bäume auf speziellen Wagen herantransportieren und anpflanzen. Später ergänzte man den Park mit weiteren, zum Teil seltenen Pflanzen, und heute steht er in seiner Pracht der Villa selbst nicht nach.

● **Villa Hügel,** Kulturstiftung Ruhr, Hügel 15, 45133 Essen, Tel. 0201-616290, www.villa huegel.de. Geöffnet: Villa Di–So 10–18 Uhr, Park tgl. 8–20 Uhr. Eintritt: 3 €.

Essen-Werden   ⌁XXI/C2

Fährt man von der Villa Hügel bzw. dem Stadtteil Bredeney auf der B 224 in Richtung Velbert, so gelangt man auf der anderen Ruhrseite nach Essen-Werden. Dieser Stadtteil ist runde 1200 Jahre alt und damit der **älteste Essener Stadtteil.** Früher war Werden ein selbstständiges Landstädtchen und, wie Essen, ein Fürstentum. Der Abt von Werden und die Äbtissin von Essen waren als Reichsfürsten nur dem König und Kaiser, geistlich dem Papst verpflichtet.

Werden liegt in waldreicher Umgebung am linken Ufer der Ruhr. Aus einer Benediktinerabtei hervorgegangen und 1317 mit den Stadtrechten versehen, wurde Werden **1929 Essen eingemeindet.** Heute bezaubert der Stadtteil durch seine urigen, kleinen Gässchen und die schönen **Fachwerkhäuser,** in denen sich kleine Läden,

Mitte

Boutiquen, Cafés und Restaurants befinden. Für Liebhaber ausgefallener und individueller Angebote ist die Fußgängerzone eine kleine Fundgrube (Einkaufs- und Restaurantempfehlungen ⌀ „Praktische Tipps").

Aber nicht nur Einkaufslustige kommen in Werden auf ihre Kosten, auch Liebhaber **sakraler Bauten** finden hier einiges zu bestaunen. In Werden gründete der Friese *Liudger* im Jahre 796 ein Benediktinerkloster. Auf den Grundmauern dieser Klosterkirche wurde im 13. Jahrhundert die **Basilika St. Ludgerus** errichtet, ein Monumentalbau der Romanik, der auch das Grab *Liudgers* in sich birgt. Nach der Zerstörung durch einen Brand erfolgte 1275 die Weihe der neu gebauten Abteikirche, wie man sie heute besichtigen kann. 1993 wurde die Kirche durch *Papst Johannes Paul II.* zur päpstlichen Basilika erhoben.

Die Kirche besticht im Innern durch ihre **Orgel** mit über 3700 Pfeifen sowie ihre sehenswerte Schatzkammer. Zu deren bedeutendsten Exponaten gehört der **Liudger-Kelch** aus dem 9. Jahrhundert.

● **Basilika St. Ludgerus** (⌀**XXI/C2**), Brückstraße 54, 45239 Essen, Tel. 0201-491801, www.bistum-essen.de. Geöffnet: Schatzkammer Di–So 10–12 Uhr und 15–17 Uhr. Eintritt Schatzkammer: 2 €, ermäßigt 1 €.

Ein weiterer wichtiger Sakralbau in Essen-Werden ist die romanische Saalkirche **St. Luzius**, die zwischen 995 und 1063 erbaut wurde. Damit gilt sie als eine der ältesten Pfarrkirchen nördlich der Alpen. Über lange Zeit diente das

Gebäude als Wohnhaus, wurde aber ab den 1950er Jahren wieder in seinen ehemaligen Zustand versetzt.

● **Kirche St. Luzius** (⌀**XXI/C1**), Luziusstraße, 45239 Essen.

Der Essener Norden

So grün der Essener Süden, so stählern ist das nördliche Stadtgebiet – zumindest die Gebiete in Altenessen und Katernberg, die für Touristen besonders reizvoll sind. Mit der seit 2001 von der UNESCO geschützten Zeche Zollverein liegt hier ein ehemaliges Industrie-Ensemble, das zu einem der Wahrzeichen des Ruhrgebiets geworden ist.

Zeche Zollverein   ⌀**XIII/C2**

Diese alte Zeche ist einer der **Ankerpunkte der Route Industriekultur,** und man ist versucht zu sagen, der spektakulärste. Über ein halbes Jahrtausend, vom 14. bis ins 20. Jahrhundert, wurde im Essener Raum Steinkohle abgebaut, doch einer der technischen und architektonischen Höhepunkte in dieser Zeit ist die Anlage **Zollverein Schacht XII.** 1932 begann hier in der größten Steinkohleförderanlage der Welt die Förderung; unter Experten galt die Anlage als technisches Meisterwerk und wurde als Musterbeispiel einer Schachtanlage oft kopiert. Tag für Tag wurden auf Zollverein Schacht XII sagenhafte

Eine fast surreale Atmosphäre geht von diesem stählernen Labyrinth aus

044eg Foto: km

Mitte

Zeche Zollverein

------ Fußweg

KOKEREI

Arendahls Wiese

SCHACHT XII

SCHACHT 1/2/8

Fuß und Radweg zum
Erfahrungsfeld zur
Entfaltung der Sinne

Gelsenkirchener Straße

ca. 100 m

- 1 Zugang Kokerei
- 2 Besucherzentrum mit
   Souvenirshop und
   Kokerei Café
- 3 Zugang Kokerei
- 4 Halle 7/red dot design museum
- ★ 5 Casino Zollverein, bistro 12
- 6 Fahrradstation
- 7 Ruhr Museum
- 8 Besucherzentrum Ruhr.2010/
- ★   Stiftung Zollverein
   und Kulturbüro

12.000 Tonnen Steinkohle gefördert, das Vierfache einer durchschnittlichen Zeche. Aus Gründen der Effizienz hatte man die Anlage so konzipiert, dass die Kohle im Wesentlichen über einen einzigen Schacht gefördert wurde.

Die im **Bauhausstil** errichtete Zeche Zollverein wurde 1986 als letzte Zeche in Essen stillgelegt. Die übersichtlichen kubischen Formen des Komplexes machen die Schachtanlage zu einem Augenschmaus und haben ihr den Ruf eingebracht, die schönste in Europa zu sein. Die Art und Weise,

wie sich Funktionalität und Ästhetik hier verbinden, ließ die Zeche Zollverein zu einem **Industriedenkmal** von internationalem Rang werden. Die Anlage, erdacht von den vom Bauhaus inspirierten Architekten *Fritz Schupp* und *Martin Kremmer,* ist ein repräsentatives Beispiel für die Entwicklung der Schwerindustrie in Europa und hat als solches ihre Würdigung durch die UNESCO erfahren. Besonders beeindruckend sind das **Doppelbockgerüst** der Anlage und die Konzeption der Gebäude als **Stahlfachwerk.**

Heute ist die Zeche Zollverein eine blühende industrielle Kulturlandschaft. Der bergbaugeschichtlich spannendste Bereich, Fördereinrichtungen, Wipperhalle, Kohlenwäsche und Kesselhaus, sind zu besichtigen. Im Zuge der **Internationalen Bauausstellung Emscher Park** gelang es mit der Zeche Zollverein vorbildlich, eine Industriebrache umzustrukturieren und dem Gelände neue soziale und kulturelle Impulse zu geben. Der Masterplan für das gewaltige Unternehmen wurde vom renommierten Rotterdamer Architekten *Rem Koolhaas* erstellt.

Das **Freizeit- und Informationsangebot** vor Ort kennt schier keine Grenzen, wobei die Zeche Zollverein auch für jeden ein Erlebnis darstellt, der ohne Führung oder besondere Aktivitäten „nur" die riesigen Bauten auf sich wirken lässt. **Touren** über das ehemalige Industriegelände werden zu unterschiedlichen Themen und Tageszeiten angeboten: seien es nun industriegeschichtliche Führungen, Führungen mit ehemaligen Steigern, die von ihrem Arbeitsleben erzählen, oder Nachtlichttouren, die durch die illuminierten Anlagen der Koksproduktion führen und in denen man die preisgekrönte **Lichtkunst** bestaunen kann.

Mit dem **red dot design museum,** dem Erfahrungsfeld zur Entfaltung der Sinne und dem erstklassigen Restaurant *Casino Zollverein* (↗„Praktische Tipps") bietet die Anlage weitere Attraktionen. Wer sich gründlich umsieht und alle Möglichkeiten ausschöpft, der kann allein am Zollverein fast einen ganzen Tag verbringen.

● **Zeche Zollverein,** Gelsenkirchener Straße 181, 45309 Essen. Informationen, Beratung und Buchungen zu allen Führungen unter Tel. 0201-246810, www.zollverein.de.

Kokerei Zollverein ↗XIII/C3

Die Kokerei Zollverein, ebenfalls ein Entwurf des Architekten *Fritz Schupp,* wurde 1957–61 in Anbindung an die Zeche Zollverein Schacht XII errichtet. Diese Anlage war damals eine der weltweit größten Kokereien mit etwa 1000 Beschäftigten. In den zehn Koksofenbatterien mit insgesamt 304 Öfen konnten täglich aus 10.000 Tonnen Kohle 8600 Tonnen Koks produziert werden. Aufgrund sinkender Koksnachfrage während der Stahlkrise wurde das Werk **1993 geschlossen.**

Heute kann die Kokerei besichtigt werden; große Bereiche sind ganzjährig offen, der Kernbereich aber nur im Rahmen von Führungen zugänglich. Ein außergewöhnliches Erlebnis bietet die Kokerei im Winter, wenn sich unterhalb der Öfen, in denen man einst Kohle bei 1000°C zu Koks garte, Schlittschuhläufer auf einer 150 Meter langen Kunsteisbahn vergnügen.

Restaurantempfehlungen finden sich in den „Praktischen Tipps" am Ende des Kapitels. Im Shop am Infopunkt in der Kokerei kann man typische **Ruhrpott-Souvenirs** erstehen.

● **Kokerei Zollverein,** Arendahls Wiese, 45141 Essen, Tel. 0201-8301275, www.zollverein.de, www.industriedenkmal-stiftung.de. Geöffnet: April bis Oktober Di–Fr 10–18 Uhr, Sa, So 10–18 Uhr; November bis März Di–So 12–16 Uhr. Führungen: April bis Oktober Fr 21 Uhr, Sa 14 und 16 Uhr, So 11, 14 und 16 Uhr; November bis März Fr 20 Uhr, Sa 14

Mitte

schine bis hin zum Multifunktionssofa oder Sportwagen haben einen Platz in der „Internationalen Designausstellung" (IDA), der weltweit größten ständigen Ausstellung zeitgenössischen Designs. Wechselausstellungen zeigen, welch großen Einfluss die kleinen Dinge des Alltags haben, seien es Gebrauchsanweisungen, „Tupperware" oder Schmuckstücke.

Benutzen Sie im Museum unbedingt den **Fahrstuhl.** Das Museum erstreckt sich über insgesamt fünf Stockwerke, wobei man die beiden oberen Ausstellungsflächen ohne Fahrstuhl leicht übersieht.

● **red dot design museum,** Gelsenkirchener Straße 181, 45309 Essen, Tel. 0201-301040, www.red-dot.de. Geöffnet: Di–Do 11–18 Uhr, Fr–So und an Feiertagen 11–20 Uhr. Eintritt: 5 €, ermäßigt 3 €.

Uhr, So 14 und 16 Uhr (keine Voranmeldung). Eintritt: Führung 6 €, Ermäßigungsberechtigte frei.

red dot design museum

Ein von *Sir Norman Foster* umgebautes ehemaliges Kesselhaus auf dem Gelände der Zeche Zollverein beherbergt das **Design Zentrum NRW** mit dem red dot design museum. Die mit einem Preis für hohe und höchste Designqualität ausgezeichneten **Alltagsgegenstände** kommen in dieser Kulisse einzigartig zur Geltung. Gut gestaltete Produkte vom Küchenbesteck über das Notebook und die Sägema-

Ein Koloss in stimmungsvoller Umgebung: Die Bramme für das Ruhrgebiet

Ruhr Museum

Einer der Höhepunkte des grandiosen Zollverein-Areals ist das neue Ruhr Museum, das seine Pforten pünktlich zum Kulturhauptstadtjahr geöffnet hat. Untergebracht in der einstigen mächtigen Kohlenwäsche begeistert der Ort schon architektonisch. Schier endlose Raumfluchten, gewaltige Maschinen und fensterlose Bunker sorgen für **spektakuläre Raumerlebnisse** und das Gefühl wirklich hinein versetzt zu sein in die Malochezeiten einer vergangenen Epoche. Aber neben der Industriegeschichte lernt der Besucher das Ruhrgebiet hier auch von allen anderen Seiten kennen: Da wird die Region in Zeiten von Mammut und Faustkeil präsentiert, während Mittelalter und Reformation beleuchtet und im Wandel der letzten Jahrzehnte gezeigt werden. Dabei begegnen dem Museumsgast sowohl Objekte, Fotos, Bilder und Karten als auch interaktive Medien. Selbstverständlich ist ein solches Pres-tigeobjekt flankiert von zahlreichen Veranstaltungen, Führungsprogrammen, Filmabende und anderen Events. Über diese Sonderausstellungen informiert die Website des Ruhr Museums.

● **Ruhr Museum,** Zollverein A14, Schacht XII, Kohlenwäsche, Gelsenkirchener Straße 181, 45309 Essen, Tel. 0201-8845200, www.ruhr museum.de. Geöffnet: Mo–So 10–19 Uhr, Eintritt: 6 €, ermäßigt: 4 €.

Zeche Carl ⟋XIII/C2

Die Zeche Carl im Stadtteil Altenessen mit ihrer Schachtanlage und den angrenzenden Gebäuden geht auf das Jahr 1856 zurück. 1970 wurde sie stillgelegt, heute steht sie unter Denkmalschutz. Längst ist sie ein Mittelpunkt der **alternativen Kulturszene** in Essen und wartet mit Konzerten sowie Kabarett- und Comedy-Vorführungen auf.

● **Zeche Carl,** Wilhelm-Nieswandt-Allee 100, 45326 Essen, Tel. 0201-8344412, www. zechecarl.de.

Schurenbachhalde ⟋XIII/C2

Ebenfalls im Stadtteil Altenessen befindet sich eine bizarre Landmarke der **Route Industriekultur,** die Bramme des amerikanischen Künstlers **Richard Serra** auf der Schurenbachhalde. Wie die anderen großen Halden des Ruhrgebiets, entstand die Schurenbachhalde durch das anfallende Bergematerial der Kohleförderung. Auf dem Halden-

gipfel errichtete *Serra* die weithin sichtbare „Bramme für das Ruhrgebiet", ein stählernes Monument von 70 Tonnen Gewicht und fast 15 Metern Höhe, das an die Epoche der Montanindustrie erinnern soll. Laut *Serra* ist die Bramme eine Gedenkstätte für all diejenigen, die „100 Jahre lang ihr Leben für das Rückgrat der Industrie dieses Landes geopfert haben". Zur fast skurrilen Atmosphäre auf dem an eine Mondlandschaft erinnernden Gipfelplateau gesellt sich ein eindrucksvolles Panorama des Ruhrgebiets.

● **Schurenbachhalde,** Emscherstraße/Nordsternstraße, 45329 Essen.

Schloß Borbeck ⟋XII/B3

Nach all den Industriegebäuden kann man sich im Stadtteil Borbeck das gleichnamige Schloss ansehen, das ab 1227 den Äbtissinnen des Damenstifts Essen als Sommerresidenz gedient hat. 1744–64 erfolgte durch die Fürstäbtissin *Franziska-Christine zu Pfalz-Sulzbach* ein weitgehender Umbau der Anlage im Stil des Spätbarock. Mehrere bauliche Veränderungen haben zur heutigen Gestalt des Schlosses geführt. Im Gebäude, das seit einiger Zeit abschnittsweise renoviert wird, kann in unterschiedlichem Rahmen auch gediegen getafelt werden. Wahlweise stehen die „Münze", das „FürstÄbtissinnenzimmer" und der „Schloss-Saal" zur Verfügung. Nach der kulinarischen Stärkung bietet sich ein Spaziergang durch den großen Schlosspark an.

● **Schloß Borbeck,** Schloßstraße 101, 45355 Essen, www.schloss-borbeck.essen.de.

Mitte

Praktische Tipps

Information

● **Touristikzentrale Essen,** Am Hauptbahnhof 2, 45127 Essen, Tel. 0201-19433 oder 8872048, Fax 8872044, www.essen.de. Geöffnet: Mo–Fr 9–17.30 Uhr, Sa 10–13 Uhr.

● **Zollverein Touristik,** Kokerei Zollverein, Arendahls Wiese, Tor 3, 45414 Essen, Tel. 0201-8605940, Fax 8605944, www.zollverein-touristik.de.

Veranstaltungsplanung, Stadtteilführungen und Gästezimmervermittlung rund um die Stadt Essen.

● **Besucherzentrum RUHR.2010:** Zeche Zollverein, Kohlenwäsche, Gelsenkirchener Str. 181, 45309 Essen.

Öffentliche Verkehrsmittel

● **Hauptbahnhof und zentraler Busbahnhof:** Am Hauptbahnhof, 45127 Essen.

● **Taxi:** Taxistände liegen unmittelbar am Hauptbahnhof, an der Ecke Ruhrallee/Moltkestraße oder am Viehhofer Platz; Taxiruf: 0201-19410, Internet: www.taxiessen.de.

Unterkunft

● **Hotel Essener Hof,** Teichstraße 2, 45127 Essen, Tel. 0201-24250, Fax 24255751, www.essener-hof.com. Preise: EZ ab 89 €, DZ ab 128 €.

Ein charmantes Hotel mit persönlichem Flair, das sich seit mehr als hundert Jahren in Familienbesitz befindet.

● **Hotel Savoy** (⬀XXI/C1), Florastraße 15b, 45131 Essen, Tel. 0201-424840, Fax 420221, www.savoy-essen.de. Preise: DZ 48–95 €.

Gut wohnen und deftig essen, 500 Meter von der Messe entfernt.

● **Schloss Hugenpoet** (⬀XX/B2), August-Thyssen-Straße 51, 45219 Essen, Tel. 02054-12040, Fax 120450, www.hugenpoet.de. Preise: EZ ab 200 €, DZ ab 270 €.

Ein bezauberndes Wasserschloss aus dem 17. Jahrhundert, in dem man sich die Übernachtung erst einmal leisten können muss.

● **Mintrops Stadthotel Margarethenhöhe,** Steile Straße 46, 45149 Essen, Tel. 0201-

43860, Fax 4386100, www.margarethenhoehe.com, Preise: EZ ab 141 €, DZ ab 172 €.

Sowohl zur Innenstadt wie zur Messe ist es nicht weit von diesem kulturgeschichtlichen Schmuckstück. In stilvollen Details hält man die Erinnerung ans stählerne Zeitalter wach.

Jugendherberge

● **Jugendherberge Essen-Werden** (⬀XXI/C2), Pastoratsberg 2, 45239 Essen, Tel. 0201-491163, www.essen.jugendherberge.de. Preis: pro Person/Nacht ab 23,70 €.

Die Herberge liegt idyllisch auf den Ruhrhöhen in Essens ältestem Stadtteil.

Essen und Trinken

● **Café Solo,** Kettwiger Straße 36, 45127 Essen, Tel. 0201-7476666, www.solocation.de. Geöffnet: Mo–Do 8–1 Uhr, Fr, Sa 8–2 Uhr, So 10–1 Uhr.

Direkt in der Essener Fußgängerzone, mit reichhaltigem Angebot an Snacks und Getränken.

● **Baguette & Vin,** Moltkestraße 1, 45128 Essen, Tel. 0201-8228842. Geöffnet: Mo–Fr 12–22 Uhr, Sa u. So geschlossen.

Hier kann man es sich, ob mit Crêpe oder Baguette, süß oder salzig, gut gehen lassen wie in einem französischen Bistro.

● **Karawane** (⬀XIII/C3), Rellinghauser Straße 157, 45128 Essen, Tel. 0201-235497. Geöffnet: Mo–Do 18–1 Uhr, Fr, Sa 17–1, So 12–1 Uhr.

Ein arabisches Restaurant, wie man es sich wünscht: märchenhafte Dekorationen, exotische Gerichte, und das alles zu moderaten Preisen.

● **Hülsmannshof** (⬀XXI/C1), Lehnsgrund 14a, 45149 Essen, Tel. 0201-871250, www.huelsmannshof.de. Geöffnet: tgl. 11–24 Uhr.

Ein gemütliches Ausflugslokal mit Biergarten und bürgerlicher Küche in historischem Fachwerk-Ambiente.

● **Curry,** Girardetstr. 2–38, im Girardethaus, 45131 Essen, Tel. 0201-3166035, Geöffnet: Mo–Do, So 11–22 Uhr, Fr, Sa 11–23 Uhr.

Schicker Edel-Imbiss an der Rüttenscheider Straße im Essener Südviertel. Die Wurst, die aus artgerechter Tierhaltung stammt, liefert ein Essener Metzger.

●**Raum.Eins,** Rüttenscheider Straße 154, 45131 Essen, Tel. 0201-4553747, www.raum eins.de. Geöffnet: Di-Do 12-14.30 Uhr, 18-22.30 Uhr, Fr 12-14.30 Uhr, 18-23 Uhr, Sa, Fei 18-23 Uhr.

Aufwendige Innenarchitektur mit interessantem Materialmix und warme Farben machen das Raum.Eins zum Erlebnis. Das Szene-Restaurant im Essener Südviertel bietet ausgezeichnete Qualität vom Snack über die Mittagskarte bis zum feinen Dinner.

●**Drago Imbisserie,** Rüttenscheider Straße 130, 45131 Essen, Tel. 0201-95979999. Geöffnet: Mo-Do 12-22.30 Uhr, Fr, Sa 12-24 Uhr, So 12-21 Uhr.

Eine Pommesbude im Essener Südviertel, die „in" ist. Neben Currywurst und Pommes locken allerlei kleine Gerichte, wahlweise auch mit einem Prosecco.

●**Mondrian,** Rüttenscheider Straße 113, 45130 Essen, Tel. 0201-780178, www.mondri an-essen.de. Geöffnet: Mo-Fr 9-23 Uhr, Sa 10-1, So Ruhetag.

Ein elegantes und trotzdem gemütliches Bistro in Essen-Rüttenscheid.

●**Zodiac** (↗XIII/C3), Witteringstraße 41, 45130 Essen, Tel. 0201-770012. Geöffnet: Mo-Sa 12-22 Uhr, So 17-22 Uhr

Ein Klassiker unter den vegetarischen Restaurants, bei dem es astrologisch zugeht – jeder Tisch steht unter einem anderen Tierkreiszeichen. Das Essen selbst steht im Zeichen der Pflanzen: Alle Zutaten sind aus Bio-Anbau.

●**Mongo's,** Altendorfer Straße 3, 45144 Essen, Tel. 0201-1095986. Geöffnet: Mo-Do ab 17 Uhr, Fr, Sa ab 16 Uhr, So ab 12 Uhr.

Asiatische Küche, fast schon mit Event-Charakter. Unbedingt reservieren!

●**Arche Noah** (↗XXI/C1-2), Klemensborn 68, 45239 Essen-Werden, Tel. 0201-491121. Geöffnet: tgl. 18-1 Uhr.

In ungezwungener Atmosphäre werden klassische Gerichte zu erdnahen Preisen gereicht.

●**Casino Zollverein,** Gelsenkirchener Straße 181, 45309 Essen, Tel. 0201-830240, www. casino-zollverein.de. Geöffnet: Di-So 11.30-24 Uhr.

Die spektakulärste Restaurant-Location im Ruhrgebiet; Edel-Restaurant im Industrieambiente.

●**bistro 12,** Zeche Zollverein, Schacht XII, Halle 12, Gelsenkirchener Str. 181, 45309 Essen, Geöffnet: Di-Fr 12-18 Uhr, Sa, So, Fei 12-18 Uhr.

Das kleine *bistro 12* eignet sich perfekt für eine Stärkung zwischendurch beim Durchstreifen des riesigen Zollverein-Areals. Neben Kaffee, Süßem und kleinen Speisen gibt's Literatur und Souvenirs, die dem „Pott" gewidmet sind.

●**Zur Alten Post** (↗XIII/C2-3), Ernestinenstraße 31, 45141 Essen-Stoppenberg, Tel. 0201-213266. Geöffnet: Mo, Di, Mi-Fr 11.30-14 Uhr und 17-23 Uhr, Sa 17-24 Uhr, So 11-14.30 Uhr und 17-23 Uhr.

Rustikales Restaurant mit täglich wechselndem Mittagstisch. Ca. 5 Autominuten vom Zollverein entfernt.

●**Han-Guk Gwan,** Dilldorfer Straße 9, 45257 Essen, Tel. 0201-481998. Geöffnet: Di-So 12-15 Uhr und 18-23.30 Uhr.

Köstliche koreanische Spezialitäten zu erschwinglichen Preisen.

●**Kölner Hof,** Duisburger Straße 20, 45145 Essen (Frohnhausen), Tel. 0201-763430. Geöffnet: Mi-So 12-15 Uhr und 18-24 Uhr.

In gehobenem rustikalem Rahmen kann man sich hier Köstlichkeiten der neuen deutschen Küche servieren lassen.

Weitere Museen und Sehenswürdigkeiten

●**Burg Altendorf** (↗XXI/D1), Burgstraße 2, 45289 Essen.

Der noch erhaltene Wohnturm der Burg Altendorf, die schätzungsweise aus dem 12. Jh. stammt, ist einer der größten romanischen Wohntürme zwischen Rhein und Weser; er kann heute bestiegen werden. Der Rest der Burg ist leider zerstört worden bzw. zerfallen; der Umriss der alten Burg ist aber an den Ruinen und Mauerresten noch gut zu erkennen.

●**Erfahrungsfeld zur Entfaltung der Sinne** (↗XIII/C2), Am Handwerkerpark 8-10, 45309 Essen, Tel. 0201-301030, www.erfah rungsfeld.de. Geöffnet Mo-Fr 9-18 Uhr, Sa,

So, Fei 10–18 Uhr. Eintritt: 7 €, ermäßigt 3–6 €.

In diesem Museum werden alle Sinne angesprochen. Mitmachen und ausprobieren ist an den rund 60 Versuchsstationen ausdrücklich erlaubt, um die Phänomene des Klangs, Lichts oder der Bewegung zu erzeugen und zu beobachten.

Weitere Theater

● **Theater Courage,** Goethestraße 67, 45130 Essen, Tel. 0201-791466, www.theatercourage.de.

Das Theater spielt neben komödiantischen Eigenproduktionen auch ernste und kritische Stücke.

Beachclub

● **Seaside Beach** (↗XXI/C1), Freiherr-vom-Stein-Str. 384, 45133 Essen, www.seaside-beach-baldeney.de. Geöffnet: tgl. ab 10 Uhr (im Winter geschlossen). Eintritt: 3 €.

Die Fakten sprechen für sich: 250 m langer und 35 m breiter Traumstrand mit mehr als 100 echten Palmen, drei Südsee-Bars sowie eine Cocktailbar, die in ein gestrandetes Segelboot integriert ist. Für die Passiven stehen Loungebetten und Hängematten bereit, die Aktiven können sich zwischen Beachvolleyball, Surfen oder Klettern entscheiden.

Nachtleben

● **Zeche Carl**, Wilhelm-Nieswandt-Allee 100, 45326 Essen-Altenessen, Tel. 0201-8344410, www.zechecarl.de. Geöffnet: Fr, Sa ab 22 Uhr.

Die 1970 stillgelegte denkmalgeschützte *Zeche Carl* ist heute ein Mittelpunkt der alternativen Kulturszene in Essen. Sie gehört zu Deutschlands ältesten und größten soziokulturellen Zentren. Das Veranstaltungsangebot reicht von Rock-, Blues-, Pop- und Punkkonzerten über Satire- und Comedyvorstellungen bis zu Kunstausstellungen und Sportkursen.

● **turock,** Viehofer Platz 3, 45127 Essen, Tel. 0201-4903780, www.turock.de. Geöffnet: Fr,

Sa 22–6 Uhr, zu Konzerten oder Sonderveranstaltungen auch an anderen Tagen.

Das *turock* ist offiziell ein Raucherclub, will heißen: im Club darf weiterhin gepafft werden. Ansonsten wird natürlich vorrangig getanzt: freitags legt der DJ Alternativ, Rock, Cross-over, New Rock, New Metal und Indie Rock auf, am Samstag kommt Death, Trash, Metalcore, Hardcore, Hardrock und Heavy Metal auf den Plattenteller.

Kino

● **Cinemaxx,** Berliner Platz 4/5, 45127 Essen, Kartenreservierung: 01805-24636299, Programmansage: 0201-8203040, www.cinemaxx.de.

Deutschlands größte Multiplex-Anlage: In 16 Kinosälen finden 5300 Besucher Platz.

● **Eulenspiegel** (↗XIII/C3), Steeler Straße 208–212, 45138 Essen, Tel. 0201-275555, www.essener-filmkunsttheater.de.

Das unter Denkmalschutz stehende Filmkunsttheater verfügt über 400 Plätze und ein außergewöhnliches Programm. Neben Erstaufführungen gibt es auch ein tolles Kinderprogramm und Stummfilmvorführungen. Kultig ist die Stummfilmorgel Marke *Wurlitzer*. Das Haus wurde mehrfach ausgezeichnet für ein herausragendes Jahresfilmprogramm.

● **Galerie Cinema** (↗XIII/C3), Julienstraße 73, 45130 Essen, Tel. 0201-778494, www.essener-filmkunsttheater.de. Mo Kinotag: 6 €.

Kleines Programmkino mit garantierter Wohnzimmeratmosphäre und absolutem Kultprogramm: Seit 1976 wird hier jeden Sonntag um 17 Uhr „Harold and Maude" in der Originalfassung gespielt.

● **Astra Theater,** Teichstraße 2, 45127 Essen, Tel. 0201-275555.

Das mit 432 Plätzen ausgestattete Lichtspielhaus ist ein original erhaltenes 1950er-Jahre-Kino, das 1996 für sein herausragendes Jahresprogramm ausgezeichnet wurde.

● **Lichtburg,** ↗ dort.

Feste und Festivals

● **Essen on Ice:** Der Kennedyplatz verwandelt sich von Januar bis Februar in eine Open-Air-Eisbahn. Schlittschuhfahrer kommen hier täglich von 10 bis 22 Uhr auf ihre Kosten. Infos: www.essen-on-ice.de.

● **Open-Air Werden:** Pfingsten ist in Essen-Werden reserviert für das Musikfestival im Löwental. Auf mehreren Bühnen wird von Punk über Rock bis Reggae so gut wie alles gespielt – und das bei freiem Eintritt! Infos: www.openair-werden.de.

● **Essen Original:** Im September säumen drei Tage lang vier Bühnen die Kettwiger Straße bis zum Bahnhof und weiter bis zum Kennedyplatz. Das größte Open-Air-Festival des Ruhrgebietes hat von Rock und Pop über Hip-Hop und Jazz bis hin zu Klassik und Chanson für jeden Musikbegeisterten etwas zu bieten. Infos: www.essen-original.de.

● **Weihnachtsmarkt:** Einer der schönsten Märkte mit rund 260 Ständen aus aller Welt, der sich über die ganze Innenstadt erstreckt. Infos im Internet unter www.weihnachtsmarkt.essen.de.

Einkaufen

● **Lucy de Luxe,** Rüttenscheider Straße 179, 45131 Essen, Tel. 0201-95979525, www.lucydeluxe.de, Geöffnet: Mo–Fr 9.30–18.30 Uhr, Sa 10–15 Uhr.

Funshopping at its best im Essener Südviertel: In kunterbuntem Allerlei surfen auf einer orangenen Welle der 1970er.

● **Exklusiv Secondhand,** Hufergasse 5, 45239 Essen-Werden, Tel. 0201-4901588. Geöffnet: Mo, Di, Do, Fr 10–13 Uhr und 15–17.30 Uhr, Sa 10–14 Uhr.

In dem kleinen Lädchen findet sich gebrauchte Designer-Garderobe – gut erhalten und trotzdem günstig.

● **Schmitz junior,** Heckstraße 60, 45239 Essen-Werden, Tel. 0201-8496164, www.schmitzjunior.de. Geöffnet: Mo–Fr 9–18.30 Uhr, Sa 9–14 Uhr.

Eine liebevoll und herrlich kindgerecht eingerichtete Buchhandlung für Kinder- und Jugendliteratur.

● **Schmitz,** Grafenstraße 44, 45239 Essen-Werden, Tel. 0201-494640. Geöffnet: Mo–Fr 9–18.30 Uhr, Sa 9–14 Uhr.

Die Buchhandlung verfügt auch über ein kleines Lädchen mit allerlei Geschenkartikeln.

In der Innenstadt

● **Women Secret,** Kettwiger Straße 43, 45127 Essen, Tel. 0201-5208080. Geöffnet: Mo–Fr 10–20 Uhr, Sa 10–18 Uhr.

Bunte 1970er-Jahre-Muster; ob Flip-Flops, Kosmetiktaschen, Unterwäsche, Pyjamas oder Bikinis: Alles bleibt dem Jahrzehnt treu.

● **Lunatic,** Willy-Brandt-Platz 8, 45127 Essen, Tel. 0201-227765. Geöffnet: Mo–Fr 10–19 Uhr, Sa 10–18 Uhr.

Eine der ersten Adressen im Ruhrgebiet, wenn es um edle Kleidung von z.B. *Dolce & Gabbana, Jil Sander* und *Prada* geht.

● **Mango,** Limbecker Straße 30, 45127 Essen, Tel. 0201-2485222. Geöffnet: Mo–Fr 10–20 Uhr, Sa 10–18 Uhr.

Geradlinige Schnitte und perfekt aufeinander abgestimmte Farben vom spanischen Label *Mango.*

● **McTrek,** Kaufpark, Bamlerstr. 92, 45141 Essen, Tel. 0201-1059080, Geöffnet: Mo–Fr 10–19 Uhr, Sa 9–18 Uhr.

Die Filiale ist ein wahrer Riese mit einer gigantischen Auswahl an Outdoorkleidung, Rucksäcken etc.

● **Thalia,** Kettwiger Straße 35, 45127 Essen, Tel. 0201-20680, www.thalia.de. Geöffnet: Mo–Sa 10–20 Uhr.

Die Thalia-Buchhandlung in Essen befindet sich in einem geschichtsträchtigen Haus, in dem über 200 Jahre lang die Großbuchhandlung Baedeker beheimatet war. Lesehungrige finden hier auf mehreren Etagen nicht nur 100.000 Buchtitel für den Kopf, sondern auch ein Literaturcafé mit Snacks und Getränken für den Magen.

● **Mayersche Buchhandlung,** Markt 5–6, 45127 Essen, Tel. 0201-365670, www.mayersche.de. Geöffnet: Mo–Sa 9.30–20 Uhr.

Die traditionsreiche Buchhandlung bietet ein großes Sortiment.

● **Autokino-Flohmarkt:** (⊿XII/B2) Sulterkamp 70, 45356 Essen. Do 8–14 Uhr.

● **Flohmarkt an den Titanhallen:** Pferdebahnstraße 51, 45141 Essen. Sa 7–15 Uhr.

● **Flohmarkt an der Uni:** Parkplatz, Reckhammerweg, 45141 Essen. Sa 7–14 Uhr.

Mitte

Sport und Freizeit

●**Fahrradverleih: Zeche Zollverein XII,** Gelsenkirchener Str. 181, 45309 Essen. Geöffnet: 1. April bis 31. Oktober und nach Vereinbarung Mo–So 10–18 Uhr. **Alte Lohnhalle Zeche Bonifacius,** Rotthauser Str. 40, 45309 Essen. Geöffnet: Mo–So 8–21 Uhr und nach Vereinbarung.

●**Kanu:** Essener Kanuschule, Fleherweg 87, 45279 Essen, Tel. 0201-89060102, www.kanuschule.de.

Die Kanuschule bietet ein breit gefächertes Programm, das neben geführten Kanutouren auf der Ruhr auch Kajakkurse und Wildwasserreisen beinhaltet.

●**Klettern:** Zeche Helene (⌘**XIII/C2**), Twendmannstraße 125, 45326 Essen, Tel. 0201-381562, www.dav-essen.de/Kletterpuett. Geöffnet: tgl. 10–23 Uhr.

Das ehemalige Zechengelände ist für Profis wie Anfänger das reinste Klettervergnügen: Indoor-Kletterwand und Freeclimbing mit den Schwierigkeitsgraden 2 bis 9.

●**Segeln und Motorbootfahren:** Yachtschule *Nautico*, Forsthausstr. 8, 45134 Essen, Tel. 0201-4555365, www.nautico.de.

Essens erste Segel- und Motorbootschule liegt direkt am Baldeneysee und vermittelt alle erforderlichen Kenntnisse übers Segeln und Motorbootfahren, Führerscheinprüfungen inklusive.

●**Inline-Skaten, Skateboarden, BMX:** Funbox Amalie (⌘**XII/B2**), Helenenstraße 110, 45143 Essen, Tel. 0201-8609198, www.funbox-amalie.de. Geöffnet: So, Mo, Mi 15–20 Uhr, Do, Fr, Sa 15–22 Uhr. In der ehemaligen Zechenanlage tummeln sich nun Inline-Skater, Skateboarder und BMX-Fahrer, die ihre Runden auf Miniramps, Banks, Curbs und einem großen Street-Parcours drehen. Ein großer Outdoorbereich bietet zusätzlichen Platz zum grinden und jumpen. Inliner und Schutzausrüstung können in der Halle auch ausgeliehen werden, es ist aber ratsam, sich vorab zu erkundigen, ob die gewünschte Größe vorrätig ist.

●**Eislaufen:** Eisbahn Kokerei Zollverein, Arendahls Wiese, 45141 Essen, Tel. 0201-8301272, www.eisbahnzollverein.de. Geöffnet: Dezember bis Januar tgl. 12–20 Uhr.

Die wohl spektakulärste Eiskunstbahn der Welt: 150 Meter kurvt man unter freiem Himmel und unter den denkmalgeschützten Koksöfen der Kokerei Zollverein. Ein Schlittschuhverleih steht ebenfalls zur Verfügung.

●**Grugapark,** ⌘ dort.

Schiffstouren

●**Weiße Flotte Baldeney** (⌘**XXI/C1**), Hardenbergufer 379, 45239 Essen, Tel. 0201-8404360, www.flotte-essen.de (⌘„Reisetipps A–Z, Schiffstouren").

Augenweide, Weltkulturerbe und Wahrzeichen des Ruhrgebiets: Zeche Zollverein

Mitte

Gelsenkirchen ♫ XIII/CD1

Überblick

Obwohl bereits im Jahr 1150 als Dorf „Gelstenkerken" erwähnt, ist die Stadt Gelsenkirchen ein Produkt der Industrialisierung des 19. Jahrhunderts. Nachdem man 1840 zum ersten Mal auf Kohle gestoßen war, entwickelte sich der zu diesem Zeitpunkt nur 6000 Einwohner zählende Ort innerhalb kürzester Zeit zu einem **Zentrum der Schwerindustrie** und wurde neben Bochum zur größten Kohlestadt Europas. Durch die Vielzahl an glühenden Hochöfen, Stahlwerken und Kokereien nannte man Gelsenkirchen auch „**Stadt der tausend Feuer".**

Zwischenzeitlich wuchs die Stadt zur drittgrößten der Region heran und erreichte eine Einwohnerzahl von 400.000. Nicht ganz unbeteiligt waren daran allerdings auch die zahlreichen **Eingemeindungen** zwischen 1900 und 1928, die das Stadtgebiet erheblich ausdehnten. Aufgrund seiner industriellen Bedeutung war Gelsenkirchen, wie andere Ruhrzentren, im Zweiten Weltkrieg bevorzugtes Ziel alliierter **Luftangriffe,** die etwa drei Viertel aller Wohnungen und öffentlichen Gebäude zerstörten.

Heute, nachdem der Bergbau mit der Schließung der letzten Zeche im Jahr 2000 längst seine Bedeutung verloren hat, zählt Gelsenkirchen „nur" noch rund 262.000 Einwohner.

International bekannt ist die Stadt Gelsenkirchen wegen ihres nach einem der Stadtteile benannten Fußballclubs: **Schalke.** Der Besuch eines Heimspiels von *Schalke 04* zählt zweifellos zu den absoluten Höhepunkten eines Aufenthalts im Ruhrgebiet – vorausgesetzt, man kommt an Karten.

Wer vergeblich nach Eintrittskarten suchte, braucht sich nicht zu grämen. Die Stadt bietet noch **andere Sehenswürdigkeiten,** zu denen Schlösser aus der Zeit vor der Industrialisierung ebenso zählen wie die alten Zechensiedlungen und Industriedenkmäler. Neben zahlreichen Theatern und Museen finden sich in der Stadt auch viele Grünflächen und Parks, die Gelegenheit zum Ausspannen und eine Menge Freizeitmöglichkeiten bieten.

Südlich der Bundesautobahn A 42 ist Gelsenkirchen besonders interessant. Die meisten Sehenswürdigkeiten befinden sich im Stadtzentrum und den daran angrenzenden Stadtteilen. Die touristischen Attraktionen im Stadtteil Ückerdorf wie der Skulpturen- und der Wissenschaftspark Rheinelbe sind dabei derart weitläufig, dass man gut und gerne **einen ganzen Tag** allein mit der Erkundung dieser Angebote verbringen kann.

Im Stadtteil Feldmark, der westlich an das Stadtzentrum grenzt, bietet der **Revierpark Nienhausen** mit seinen Grünflächen und dem vielseitigen Spiel- und Sportangebot tolle Freizeit- und Erholungsmöglichkeiten für die ganze Familie (♫ „Praktische Tipps").

Freunden des Pferdesports sei die **Trabrennbahn Gelsentrab-Park** in direkter Nachbarschaft zum Revierpark ans Herz gelegt: Die größte und umsatzstärkste Rennbahn Deutschlands versprüht an Renntagen ein faszinierendes und mondänes Flair. Bei Regen oder Kälte können die Rennen auch auf einem der 180 Monitore im vollklimatisierten und rund 9600 Plätze fassenden Tribünenhaus weiterverfolgt werden.

●**Trabrennbahn Gelsentrab-Park** (⤢**XIII/ C2**): Nienhausenstraße 42, 45883 Gelsenkirchen, Tel. 0209-40920, www.gelsentrab-park.de.

Für Reisende bietet auch der Norden Gelsenkirchens eine Vielzahl an Sehenswürdigkeiten, die sich im Wesentlichen auf die Stadtteile **Buer** und **Erle** beschränken.

Einen kleinen „Ausreißer" stellt die **Wasserburg Lüttinghof** dar, die sich am allernördlichsten Rand Gelsenkirchens im Stadtteil Hassel an der Stadtgrenze zu Marl befindet. Das Schloss wurde erstmals 1308 urkundlich erwähnt und ist damit das älteste Baudenkmal Gelsenkirchens. Die schöne Burg, die ihre wehrhafte Silhouette bis heute bewahren konnte, wird mittlerweile für kulturelle Veranstaltungen wie Kammerkonzerte genutzt.

●**Wasserburg Lüttinghof** (⤢**V/C2**), Lüttinghofallee 3–5, 45896 Gelsenkirchen, Tel. 0209-6001106, www.wasserburg-luettinghof.de.

Stadtzentrum

Das Stadtzentrum lässt sich in touristischer Hinsicht durch das Musiktheater im Norden und den Hauptbahnhof im Süden eingrenzen.

Vom Hauptbahnhof aus gelangt man direkt in die Fußgängerzone, die in nördlicher Richtung über die ineinander übergehenden Straßen Bahnhofstraße, Neumarkt und Ebertstraße direkt bis zum Musiktheater führt. An der Ebertstraße liegt auch das **Hans-Sachs-Haus,** das in den Jahren 1924 bis 1927 nach einem Entwurf des Essener Architekten *Alfred Fischer* errichtet wurde. Der konsequent gestaltete Klinkerbau war ursprünglich als Mehrzweckgebäude mit Büros, Läden und Cafés angelegt. Heute dient das Gebäude als Rathaus.

Gastronomische Empfehlungen für das Stadtzentrum ⤢„Praktische Tipps".

●**Hans-Sachs-Haus,** Ebertstraße 15, 45875 Gelsenkirchen.

Musiktheater im Revier

Das von dem Architekten *Werner Ruhnau* 1959 entworfene Gebäude zählt zu den herausragenden Theaterbauten deutscher Nachkriegsarchitektur und fällt vor allem wegen seiner hohen und breiten Fensterfront ins Auge. Was außen eindrucksvoll beginnt, zieht sich bis in den künstlerisch gestalteten Innenraum des Theaters, wo im großzügigen Foyer „Blue", das weltgrößte Yves-Klein-Gemälde, bewundert werden kann.

Der Spielplan weist neben Opern- und Schauspielaufführungen auch hochkarätige **Ballettinszenierungen** auf, deren sich meist der Chefchoreograf *Bernd Schindowski* annimmt.

●**Musiktheater im Revier,** Kennedyplatz, 45881 Gelsenkirchen, Tel. 0209-4097200, Fax 4097260 (Kasse), www.musiktheater-im-revier.de.

Mitte

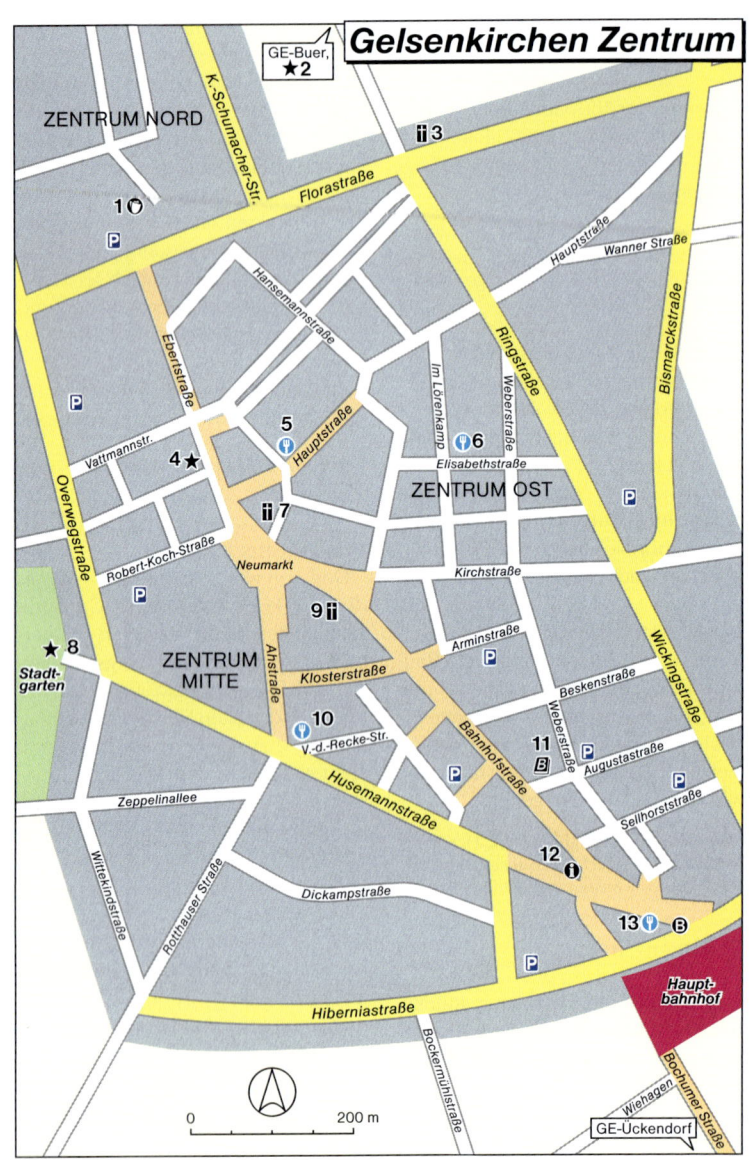

Gelsenkirchen Zentrum

GE-Buer, ★2

ZENTRUM NORD

ZENTRUM OST

ZENTRUM MITTE

ZENTRUM
MITTE

Stadt-
garten

Haupt-
bahnhof

K.-Schumacher-Str.

Florastraße

Hansemannstraße

Eberstraße

Vattmannstr.

Overwegstraße

Robert-Koch-Straße

Neumarkt

Ahlstraße

Zeppelinallee

Wittekindstraße

Rotthauser Straße

Dickampstraße

Husemannstraße

V.-d.-Recke-Str.

Klosterstraße

Hauptstraße

Im Lörenkamp

Weberstraße

Ringstraße

Elisabethstraße

Kirchstraße

Arminstraße

Beskenstraße

Weberstraße

Bahnhofstraße

Augustastraße

Sellhorststraße

Wickingstraße

Bismarckstraße

Wanner Straße

Hauptstraße

Hiberniastraße

Bockermühlstraße

Wiehagen

Bochumer Straße

GE-Ückendorf

0   200 m

★2
ii 3
1 ◯
5
6
4 ★
ii 7
9 ii
★ 8
10
11 B
12 i
13 B

○	1	Musiktheater im Revier	
★	2	Veltins-Arena	
⚕	3	St. Georgs-Kirche	
★	4	Hans-Sachs-Haus/Rathaus	
♦	5	El Patio	
♦	6	Shere Punjab	
⚕	7	Altstadtkirche	

★	8	Kinderspielplatz
⚕	9	St. Augustinuskirche
♦	10	Trulli
▣	11	Mayersche Buchhandlung
♦	12	Touristen-Information
♦	13	Brauhaus Hibernia

Kaue   ⌇XIII/D2

Nordwestlich der Altstadt liegt die ehemalige Waschkaue der Zechenanlage Wilhelmine Victoria, die mittlerweile zu einem kulturellen **Veranstaltungszentrum** umgebaut wurde. Die Kaue hat sich im Ruhrgebiet zu einer bekannten Stätte für Kleinkunst und Comedy und für Independent-Disco-Abende entwickelt. Das besondere Flair des Ortes ergibt sich auch hier durch die **stimmungsvolle Industriekulisse.** Im ehemaligen Pförtnerhaus ist heute eine Kneipe untergebracht, in der Relikte wie Spitzhacke und Arschleder an die Vergangenheit der Zechenanlage erinnern.

● **Kaue,** Wilhelminenstraße 174, 45881 Gelsenkirchen, Tel. 0209-95430, www.emscher tainment.de.

Gelsenkirchen-Úckendorf

Der Stadtteil Úckendorf grenzt südöstlich an das Stadtzentrum und ist vom Hauptbahnhof in rund 15 Gehminuten zu erreichen.

Umgeben von gründerzeitlichen Villen, lädt der **Wissenschaftspark** mit seinem idyllischen Gelände und der schönen Teichkulisse zu Spaziergängen ein. Im Mittelpunkt der weitläufigen Anlage steht ein eindrucksvoller **Glasarkadenbau,** der bereits mit diversen Architekturpreisen bedacht wurde. Die von einem Teich umrahmte, 300 Meter lange Glasfassade verwandelt sich nachts für rund zwei Stunden in ein grün-blau leuchtendes **Lichtkunstwerk** des amerikanischen Neonkünstlers *Dan Flavin.*

Der Wissenschaftspark selbst entstand im Rahmen der **Internationalen Bauausstellung** (IBA) auf dem Gelände der ehemaligen Gussstahlwerke *Thyssen.* Seit 1994/95 haben sich auf dem rund 30 Hektar großen Industriepark Forschungsinstitute und moderne technologie- und dienstleistungsorientierte Unternehmen niedergelassen.

● **Wissenschaftspark** (⌇**XIII/D2),** Munscheidstraße 14, 45886 Gelsenkirchen, Tel. 0209-1671000, www.wipage.de.

SolarExpo   ⌇XIII/D2

In den Wissenschaftspark ist mittlerweile auch das ehemalige **Photovoltaik-Informationszentrum** (PiZ) gezogen, das sich nunmehr SolarExpo nennt. Die Ausstellung der SolarExpo setzt sich auf drei Etagen mit dem Thema Solarenergie auseinander und zeigt dabei, wie elektrischer Strom aus Sonnenlicht gewonnen wird. Das mo-

Mitte

153rg Foto: sg

derne Ausstellungskonzept animiert den Besucher zum Mitmachen und Anfassen. Den Kern der Ausstellung bildet die Solarfabrik, die jeden einzelnen Produktionsschritt vom Quarzsand bis zum fertigen Solarsystem bei der Herstellung derartiger Anlagen erläutert.

● **SolarExpo,** Munscheidstraße 14, 45886 Gelsenkirchen, Tel. 0209-1671000, www.ruhrenergy.de. Geöffnet: Mo–Fr 6–19 Uhr, Sa 7–16 Uhr.

Im Wissenschaftspark findet man kühne Bauwerke in inspirierender Umgebung

Skulpturenpark Rheinelbe ⤴XIII/D2

Südlich an den Wissenschaftspark grenzt das Gelände der ehemaligen Zeche Rheinelbe, auf dem sich heute der Skulpturenwald Rheinelbe befindet. Die Zeche wurde nach ihrer Stilllegung sich selbst überlassen und verwilderte im Laufe der Jahre zu einem eindrucksvollen Industrie-Urwald mit Bäumen, Sträuchern und Lianen.

Im Rahmen der IBA gestaltete der renommierte Umweltkünstler *Hermann Prigann* die wilde Industrielandschaft zu einem interessanten **Skulpturenpark** um, in dem Spaziergänger zahlreichen spektakulären Kunstwerken aus alten Industrierelikten begegnen. Höhepunkt des Parks ist sicherlich die im Süden künstlich aufgeschüttete **Halde Rheinelbe,** die als zweithöchste Halde im Revier mit 85 Metern den Park überragt. Auf dem Haldengipfel verarbeitete *Prigann* die Betonrelikte einer Dortmunder Zeche zu einer faszinierenden Skulptur, die im Volksmund auch als **„Himmelsleiter"** bezeichnet wird und dem Gipfel eine aztekische Anmutung verleiht. Vom Plateau der Halde aus hat man zudem einen fantastischen Ausblick über den Park und das Ruhrgebiet. Umgekehrt sieht man im Winter, wenn das Laub der Bäume nicht die Sicht verdeckt, die „Himmelsleiter" schon von der Bundesautobahn A 40 aus.

Beheimatet ist im Skulpturenpark auch die **Forststation Rheinelbe,** in der sich eine Ausstellung zum Thema „Industrienatur" befindet. Ein Besuch ist allerdings nur nach vorheriger telefonischer Anmeldung möglich.

● **Forststation Rheinelbe,** Leithestraße 35, 45886 Gelsenkirchen, Tel. 0209-1474844.

Künstlersiedlung
Halfmannshof ⌁XIII/D2

1931 wurde auf dem ehemaligen Hof des Bauern *Halfmann* die gleichnamige Künstlersiedlung gegründet, die nunmehr zu den ältesten ihrer Art in Deutschland zählt. Um Konkurrenzdenken zu vermeiden, wurde von Beginn an darauf geachtet, dass sich Künstler unterschiedlicher Richtungen auf dem Hof niederlassen. Malerei und Bildhauerei sind hier deshalb ebenso vertreten wie Grafik, Textgestaltung, Architektur und Literatur.

Neben den **Ausstellungen,** die hier regelmäßig stattfinden, bieten die Künstler auch **Führungen** durch die Ateliers an. Außerdem kann man in der schnuckeligen Siedlung auch **übernachten** (⌁„Praktische Tipps").

● **Künstlersiedlung Halfmannshof,** Halfmannsweg 50, 45866 Gelsenkirchen, Tel. 0209-4024145, www.buchbinderei-klein.de.

Die „Himmelsleiter", die
zum fröhlichen Assoziieren einlädt

Mitte

Siedlung
Flöz Dickebank   ⌀XIII/D2

Die im Ückendorfer Osten gelegene Siedlung Flöz Dickebank wurde ab 1870 angelegt und zählt zu den besten Beispielen für den frühen Zechensiedlungsbau (⌀„Reisetipps A–Z, Arbeitersiedlungen"). Wie so viele Bergarbeiterkolonien, war auch Flöz Dickebank in den 1970er Jahren vom Abriss bedroht, konnte aber durch das Engagement der Bürger gerettet und schließlich auch saniert werden. Die Häuser an der Virchowstraße (Nr. 30–56 und 31–59) stellen den ältesten Häusertyp der charmanten, kleinstädtisch wirkenden Siedlung dar.

● **Flöz Dickebank,** 45866 Gelsenkirchen.

Gelsenkirchen-Buer

Der nördliche Stadtteil Buer ist mit einem recht breiten Spektrum an touristischen Reizen ausgestattet: Museen, alte Zechensiedlungen und Schlossanlagen machen den Stadtteil zum sehenswertesten in Gelsenkirchen. Die Innenstadt von Buer besitzt zudem eine ausgedehnte Fußgänger- und Einkaufszone, aus der vor allem die **Buersche Markthalle** herausragt. Das Gebäude wurde dem nostalgischen Stil alter Markthallen nachempfunden und beherbergt nun kleine Geschäfte, gemütliche Cafés und Restaurants, etwa das *Kronski* (⌀„Praktische Tipps").

● **Buersche Markthalle,** Springemarkt 2, 45894 Gelsenkirchen-Buer. Geöffnet: Läden Mo–Fr 9–19 Uhr, Sa 9–16 Uhr, Gastronomie Mo–Do, So 9–1 Uhr, Fr, Sa 9–4 Uhr.

Städtisches Museum

Im Zentrum von Buer liegt das 1984 eröffnete Städtische Museum mit seiner Kunstsammlung. Präsentiert werden hier Werke französischer **Impressionisten** und deutscher **Expressionisten** wie *Lovis Corinth, Max Liebermann, August Macke, Emil Nolde, Max Ernst* oder *René Magritte.* Damit verfügt das Haus über einige große Namen, kann aber nicht mit internationalen Spitzenmuseen, zum Beispiel dem Museum Folkwang in Essen, verglichen werden. Den außergewöhnlichen Schwerpunkt des Museums bildet die **kinetische Kunst,** die mit über 70 Objekten auch die größte Sammlung ihrer Art in Deutschland ist. Kunst, die sich bewegt und die sich bewegen lässt: Die Exponate, die sich mit der Darstellung von Bewegungsabläufen auseinandersetzen, vertreten die Kinetik in all ihren zeitlichen Ausprägungen. Manche Objekte bewegen sich dabei scheinbar von selbst, andere werden durch Motoren betrieben oder verändern sich, wenn der Betrachter sich vor ihnen bewegt. Die Düsseldorfer Künstlergruppe **Zero,** die einen besonderen Einfluss auf die kinetische Kunst hatte, ist durch Arbeiten von *Heinz Mack, Günther Uecker* und *Otto Piene* hier vertreten.

Architektonisch weist das Museum eine außergewöhnliche Verbindung von altem und neuem Gebäude auf: Die Werke sind sowohl in den Räumlichkeiten einer alten stuckverzierten Villa als auch in einem daran angrenzenden Neubau untergebracht. Dieser wurde erst im Jahr 1987 nach Plänen

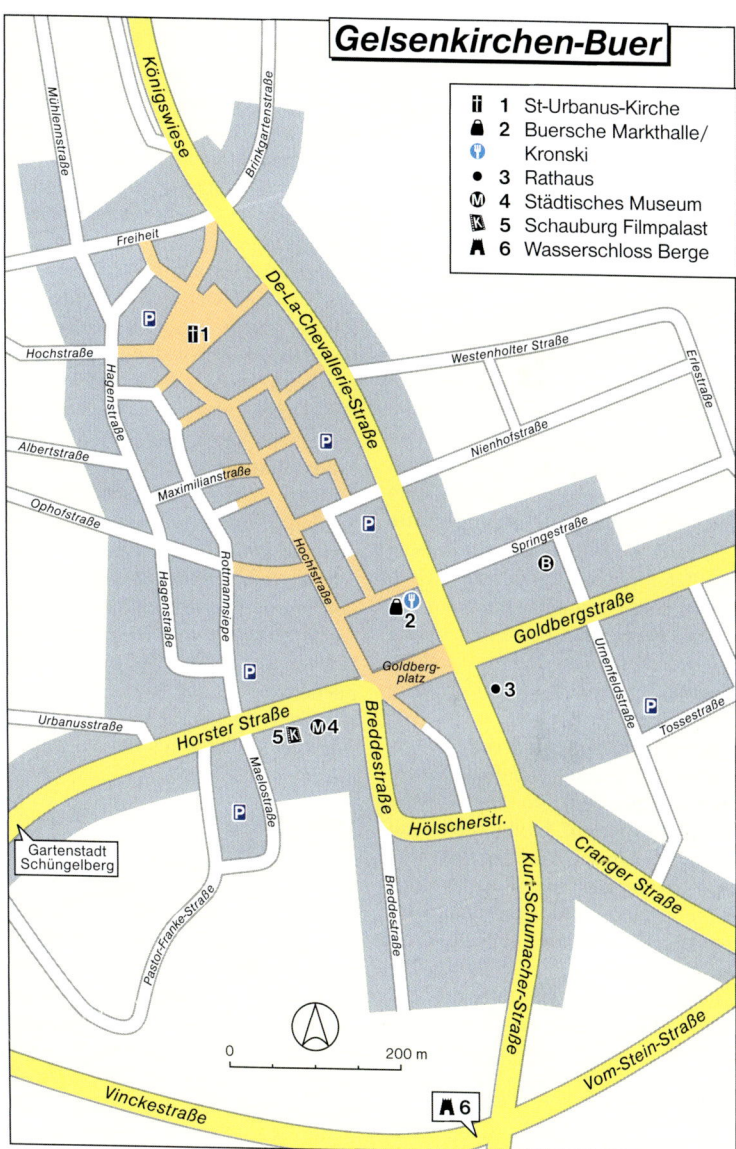

Gelsenkirchen-Buer

- **ñ 1** St-Urbanus-Kirche
- **2** Buersche Markthalle/ Kronski
- **● 3** Rathaus
- **Ⓜ 4** Städtisches Museum
- **Ⓚ 5** Schauburg Filmpalast
- **Ⓐ 6** Wasserschloss Berge

Mitte

des Architekten *Albrecht E. Wittig* errichtet, nachdem das alte Gebäude durch den Zukauf verschiedenster Werke im Laufe der Jahre zu eng geworden war.

● **Städtisches Museum,** Horster Straße 5–7, 45897 Gelsenkirchen, Tel. 0209-1694361, www.gelsenkirchen.de. Geöffnet: Di–So 11– 18 Uhr. Eintritt: frei.

Wasserschloss Berge ⤢V/D3

Das Wasserschloss Berge im Stadtteil Buer gehört mit seiner großen Gartenanlage zu den beliebtesten Ausflugszielen Gelsenkirchens. Seine spätbarocke Gestalt erhielt das 900 Jahre alte Gebäude im Zuge eines Umbaus in den Jahren 1785 bis 1788. Heute dient das Schloss als **Tagungsstätte** und wird für gastronomische Zwecke genutzt. Im Schloss findet sich neben einem Hotel und einer Bar auch das Schloss-Restaurant, dessen internationale Küche man im Sommer auch im Innenhof genießen kann (⤢„Praktische Tipps").

Im Schlosspark westlich der Adenauerallee liegt zudem der **Skulpturenpark Berger Feld,** der durch seine „Kunst am Baum" beeindruckt. Auf originelle Art und Weise haben sich hier zeitgenössische Künstler des Baumbestandes im Park angenommen und Bäume wie Baumreste künstlerisch gestaltet.

Gegenüber der Schlossanlage findet sich der **Berger See,** auf dem man eine Kahnpartie unternehmen kann.

● **Wasserschloss Berge,** Adenauerallee 103, 45894 Gelsenkirchen, Tel. 0209-17740, www.schloss-berge.net.

Gartenstadt Schüngelberg ⤢V/C3

Die Gartenstadt Schüngelberg, westlich von Buer gelegen, zählt zu den anheimelndsten denkmalgeschützten **Bergarbeitersiedlungen** des Ruhrgebiets (⤢„Reisetipps A–Z, Arbeitersiedlungen"). Errichtet wurde sie für die Arbeiter der benachbarten Zeche Hugo und deren Familien. Der Siedlungsbau wurde ab 1897 in mehreren Phasen vollzogen, so dass die Zechenkolonie durch die verschiedenen Baustile und Siedlungskonzeptionen heute einen guten Einblick in die Geschichte des Bergarbeiterwohnungsbaus gibt. Die fünf **ältesten Koloniehäuser** der Siedlung finden sich an der **Holthauser Straße.** Die Siedlung, die im Rahmen der IBA denkmalgerecht saniert und vorbildlich mit einem Neubauprojekt verbunden wurde, beherbergt zudem das Kleine Museum, welches einen tollen Einblick in die Geschichte der alten Zechenkolonie gibt. Von der angrenzenden Halde Rungeberg aus kann man die Siedlung aus der Vogelperspektive betrachten.

● **Gartenstadt Schüngelberg,** Schüngelbergstraße (Zugang über Horster Straße), 45897 Gelsenkirchen-Buer.

Kleines Museum ⤢V/C3

Im Jahr 2000 ging mit der Schließung der letzten noch verbliebenen Zeche Hugo die Bergbau-Ära in Gelsenkirchen zu Ende. Noch im gleichen Jahr eröffnete der ehemalige Bergmann und letzte Betriebsratsvorsitzende der Zeche, *Klaus Herzmanatus,* das Kleine Museum in der Siedlung

Schüngelberg. Die Ausstellung dieses beschaulichen Museums hält das Andenken an die über hundertjährige Gelsenkirchener Bergbaugeschichte und das Schicksal der hier lebenden Arbeiterfamilien wach. Zahlreiche Sammlerstücke und Kleinode von der Grubenlampe und Spitzhacke über Uniformen bis hin zu nachgestellten Szenen rund um die Zeche Hugo erinnern an diese vergangene Zeit. So wird die Welt der Kumpels und ihrer Familien in diesem liebevoll eingerichteten Museum wieder lebendig.

● **Kleines Museum,** Eschweiler Straße 47, 45897 Gelsenkirchen-Buer, Tel. 0172-2773 431, 0209-594659, www.zeche-hugo.com. Geöffnet: nach Vereinbarung. Eintritt: frei. Spenden sind willkommen.

Halde Rungenberg ⏴V/C3

Die Halde Rungenberg, die einst vom Bergwerk Hugo/Ewald aufgeschüttet wurde, stößt direkt an die Siedlung Schüngelberg und wurde im Zuge des Strukturwandels künstlerisch gestaltet. Sie kann über zahlreiche Wege, die sich in Serpentinen den Berg hinaufziehen, bestiegen werden. Von der Siedlung aus führt aber auch eine Treppe mit rund dreihundert Stufen direkt zum Gipfel. Der Haldengipfel bietet eine gute Aussicht auf die stillgelegten Schachtanlagen der Zeche Hugo und über das nördliche Ruhrgebiet. Ein wahrer Blickfang wird die Halde jedoch erst bei Nacht, wenn die **Lichtinstallation „Nachtzeichen"** die Haldenwipfel als Landmarke erstrahlen lässt. *Hermann EsRichter* und *Klaus Noculak,* die 1992 den Wettbewerb

zur künstlerischen Gestaltung gewannen, installierten auf der Doppelspitze der Halde zwei sich gegenüber liegende Spiegelscheinwerfer, deren Lichtstrahlen bei Nacht eine künstliche Pyramide in den Himmel projizieren.

● **Halde Rungenberg,** Horster Straße, 45897 Gelsenkirchen-Buer.

Gelsenkirchen-Erle ⏴XIII/CD1

Gelsenkirchen-Erle verdankt seine wesentliche touristische Attraktion dem benachbarten Stadtteil **Schalke –** weshalb die Beschäftigung mit Erle zunächst die Betrachtung der Geschichte Schalkes voraussetzt. Schon der Name „Schalke" sorgt insbesondere unter Reisenden meist für Verwirrung, da den wenigsten bekannt ist, dass es sich hierbei zunächst einmal um ein **Stadtgebiet Gelsenkirchens**

Kein Yedi-Kampf erhellt den Nachthimmel über der Halde Rungenberg, sondern die Lichtinstallation „Nachtzeichen"

Mitte

handelt. In erster Linie wird Schalke mit dem legendären **Fußballclub** in Verbindung gebracht, der in weiten Teilen Deutschlands eine größere Bekanntheit genießt als die Stadt Gelsenkirchen selbst. Den Stadtteil Schalke gab es indes schon, bevor Fußball in dieser Region überhaupt eine bedeutende Rolle spielte. Hier wohnten die Bergarbeiter, deren Söhne ihrer Straßenmannschaft den Namen ihres Stadtteils gaben. Die kleine Mannschaft sollte sich im Laufe der Jahre zu einem Fußballverein mit Weltgeltung entwickeln, der lange Zeit im Stadtteil Schalke spielte und in der dortigen „Glückauf-Kampfbahn" Erfolge erzielte. Diese einstige Spielstätte im Schalker-Norden ist allerdings längst verlassen. Als der Verein in den 1970er Jahren ein größeres Stadion beziehen wollte, war man aus Platzgründen gezwungen, nach Gelsenkirchen-Erle auszuweichen. Wer also heute die Mannschaft der „Königsblauen" anfeuern will, muss dies in Gelsenkirchen-Erle tun. Ein kleiner Trost: Fans, die vom Hauptbahnhof die Arena ansteuern, durchqueren nach wie vor den Stadtteil Schalke.

„**Auf Schalke gehen**" sagt man in Gelsenkirchen, wenn man ins Stadion zieht. Schalke – der Arbeiterstadtteil ist längst zum Inbegriff für außergewöhnlichen Fußball und große Emotionen geworden (⌕ Exkurs „Steht auf, wenn ihr Schalker seid!" und „Reisetipps A–Z, Fußball").

Dem Ausmaß der Begeisterung haben sich mit der Zeit auch die **Spielstätten** angepasst: Während die da-

maligen Mannschaften ab 1928 in der heute denkmalgeschützten Glückauf-Kampfbahn vor 35.000 Zuschauern spielten, jubelten ab 1974 im Parkstadion rund 68.000 „Blau-Weiße" ihren Spielern zu. Seit der Saison 2001/2002 wird Fußball in der modernen Arena gespielt: Obwohl man sich zunächst für den nahe liegenden und sympathischen Namen „Arena Auf-Schalke" entschied, trägt das Stadion seit Juli 2005 den drögen Namen „Veltins-Arena".

Anders als noch im Parkstadion, sitzen die Fans in der Arena ganz dicht am Spielfeldrand in der Nähe ihrer Idole und stehen bzw. sitzen angesichts des ausladenden Arena-Daches auch bei Regen noch im Trockenen. Kein Zweifel: Soviel **Komfort** gab's noch nie. Zwar bietet die Arena mit exakt 61.266 Zuschauersitzen etwas weniger Platz als das Parkstadion, sie gehört aber zweifellos zu den modernsten Fußballstadien der Welt.

Schon lange sitzen oder stehen nicht mehr nur echte Gelsenkirchener in der Arena, um ihre „Königsblauen" anzufeuern. Wer sich die Nummernschilder auf dem Parkplatz anschaut, wird staunen, aus welchen Ecken Deutschlands eingefleischte Fans anreisen. Nur jeder zehnte Fan kommt noch aus Gelsenkirchen.

Doch in der Arena wird nicht nur Fußball gespielt: Zahlreiche **Großveranstaltungen** wie Rock- und Pop-Konzerte, Messen und Kongresse finden hier statt, Weltstars wie *Robbie Williams* oder *Bruce Springsteen* sind hier bereits aufgetreten.

155rg Foto: fc

„Steht auf, wenn ihr Schalker seid!"

Einerseits ist es nur ein Stadtteil von Gelsenkirchen, andererseits eine eigene blau-weiße Welt: Schalke. Für viele Menschen ist es die einzige Assoziation zu Gelsenkirchen. „Schalke 04" steht bei Fußballfans und -experten als Synonym für **Emotion.** Über ein ganzes Jahrhundert hat der berühmte Traditionsverein den deutschen Fußball geprägt und mit sieben Deutschen Meisterschaften, vier DFB-Pokalsiegen und einem UEFA-Cup-Triumph eine Reihe großartiger Erfolge gefeiert. Aber auch Skandale, den Abstieg und die Zweit-Liga-Jahre mussten die Fans verkraften sowie das Trauma, 2001 nur „Meister der Herzen" geworden zu sein und 2007 den Titel im Endspurt knapp an den VfB Stuttgart verloren zu haben.

Vor mehr als hundert Jahren von ein paar 13- und 14-Jährigen als „Westfalia Schalke" gegründet, gehört der Verein seit Jahrzehnten zu den bedeutendsten und (außerhalb Dortmunds) beliebtesten Clubs in Europa. Mit Zechenasche wurde der erste Fußballplatz hergerichtet, 1928 wurde die legendäre Glückauf-Kampfbahn eingeweiht, es folgte das Parkstadion, und heute empfängt man die gegnerischen Mannschaften in einer modernen Arena mit herausfahrbarem Rasen und schließbarem Dach.

Von *Ernst Kuzorra* und *Stan Libuda* über *Klaus Fischer* bis zu *Olaf Thon* – die Geschichte des FC Schalke ist gespickt mit **legendären Spielern** und lieferte in Erfolgen wie in Niederlagen Identifikationsmöglichkeiten für ganze Generationen von Fans. Dass ein Fußballspiel „auf Schalke" weit mehr ist als nur ein Fußballspiel, davon kann man sich in der neuen Arena bei jedem Heimspiel überzeugen. Freilich, es ist, vorsichtig ausgedrückt, nicht ganz einfach, an Schalke-Tickets zu kommen; aber die Mühe lohnt sich, und ein Besuch mit mehr als 60.000 „Königsblauen" gehört zu den Höhepunkten eines Ruhrgebiet-Trips. Hier spürt man Seele und Leidenschaft der Einheimischen und erahnt die Bedeutung, die der Fußball bzw. der FC Schalke für die Region hat.

Auch wenn die Zechen sterben und die Arbeit rar wird, auch wenn sich alles ändert und scheinbar nichts bestehen bleibt – am Wochenende geht man auf Schalke, und alles ist gut.

Diese Philosophie findet auch in den **Fanliedern** seinen Niederschlag: „Ob ich verroste und verkalke, ich gehe immer noch auf Schalke. Ob ich erlahme und ergrau, ich liebe Königsblau". Und geliebt wird „Königsblau" auf der ganzen Welt in weit über tausend Fan-Clubs.

Das Ausmaß an **Begeisterung** beim Ritual „Heimspiel" ist für Außenstehende bisweilen befremdlich. Von „Religion" ist immer wieder die Rede, zur „Messe" werden die Begegnungen für Hardcore-Fans. Musik und Fahnen, Gesänge und Schals, das Riesenstadion ausverkauft, gleichgültig, wie der Gegner heißt. Ähnliche Dimensionen kennt die Fußball-Begeisterung in Deutschland, womöglich nicht ganz zufällig, nur noch in Dortmund, beim traditionellen Erzrivalen BVB.

Neben der früher typischen Bier-und-Wurst-Atmosphäre eines Spiels im spartanischen Parkstadion begeistern heutzutage vor allem die **Architektur** und die gewaltige Anlage der Fußball-Arena. Ein unvergessliches Erlebnis ist ein Nachmittag in der Arena allemal, auch für Nicht-Fans und egal, wie das Spiel endet.

Mitte

Die eindrucksvolle Architektur kann man sich übrigens bei der ca. 75 Minuten dauernden **Besichtigungstour** (s.u.) ansehen, die auch durch Heiligtümer wie die Spielerkabine führt.

Direkt neben der Arena findet sich zudem das **Schalke-Museum,** in dem zahlreiche Exponate aus der nunmehr über hundertjährigen Geschichte des Vereins ausgestellt sind.

● **Veltins-Arena,** Ernst-Kuzorra-Weg 1, 45891 Gelsenkirchen, Tel. 01805-150810, www.schalke04.de.

● **Arena-Touren,** Anmeldungen unter Tel. 0209-3892900, E-Mail: tour@veltins-arena.de. Di–So 10–17 Uhr. Eintritt: 9 €, ermäßigt 5 €.

● **Schalke-Museum,** Ernst-Kuzorra-Weg 1, 45891 Gelsenkirchen, Tel. 0209-3892900, www.schalke04.de. Geöffnet: Di–Fr 10–19 Uhr, Sa, So und an Feiertagen 10–17 Uhr. Eintritt: 5 €, ermäßigt 3 €.

Direkt neben der gigantischen Veltins-Arena wird die Vereinsgeschichte zelebriert. Viele hundert Exponate aus der Geschichte der „Königsblauen" wurden zusammengetragen. Nehmen Sie außerdem Platz in der Nachbildung eines Schalker Fan-Wohnzimmers.

Gelsenkirchen-Horst ⤢XIII/C1

Im Westen Gelsenkirchens, an die Bundesautobahn A 42 grenzend, die das Stadtgebiet von Osten nach Westen quer durchzieht, findet sich der Stadtteil Horst. Im Vergleich zu den nördlich und südlich gelegenen Stadtteilen ist Horst relativ arm an touristischen Reizen, weist allerdings mit dem Nordsternpark einen attraktiven Ankerpunkt der **Route Industriekultur** auf. Aus vorindustrieller Zeit kann zudem das Schloss Horst besichtigt werden, eines der bedeutendsten Wasserschlösser der Ruhrregion.

Nordsternpark ⤢XIII/C1

Mit der Bundesgartenschau 1997 entstand auf dem ehemaligen Gelände der Zeche Nordstern eine einzigartige Parklandschaft, in die die Bergbauvergangenheit des Standorts kunstvoll integriert wurde. Unter Einbeziehung der alten Zechenanlagen wuchs im Norden ein **Gewerbe- und Wohnpark** und im Süden ein **Landschaftspark,** der jederzeit frei zugänglich ist und sich mittlerweile zu einem der beliebtesten Ausflugsziele der Stadt entwickelt hat. Als Ankerpunkt der Route Industriekultur bietet der Nordsternpark ein breit gefächertes **Freizeitangebot** mit großem Wasserspielplatz und runden Bootsrübeln für Kinder sowie einem riesigen **Klettergarten,** bestehend aus 18 Meter hohen alpinen Felswänden, Bergbaustollen und gastronomischen Betrieben. Von den geschwungenen Kanalbrücken oder der über dem Wasser schwebenden Freilichtbühne kann man zudem den Schiffen auf dem Kanal nachschauen. Und im Sommer findet auf der Bühne des **Amphitheaters** ein interessantes Kulturprogramm aus Musik, Theater und Shows statt.

An die alte Zeche erinnern heute noch der Förderturm sowie einige Gebäude, etwa das Magazin, die Lohnhalle oder die Waschkaue, die vor allem Gewerbebetriebe beherbergen.

Auch im Nordsternpark hinterlässt das Kulturhauptstadtjahr Spuren: Der **denkmalgeschützte Schacht 2** wird

Mitte

054-rg Foto: ths

um vier weitere gläserne Ebenen aufgestockt, auf deren Spitze eine 25 Meter hohe Monumentalplastik steht. Nach bisherigen Überlegungen sollen in den Ebenen Videokunst aus der Münchner Sammlung *Goetz* gezeigt werden.

Den poetischen **Namen** „Nordstern" erhielt die Zechenanlage übrigens wegen der Himmelsrichtung ihres Standorts: Im Jahr 1858 war die Zeche das nördlichste Bergwerk des Reviers. Als sie im Jahr 1993 stillgelegt wurde, war sie aufgrund der Verlagerungen des Bergbaus bereits das am

weitesten südlich gelegene Bergwerk der Region.

● **Nordsternpark,** Bahnhofstraße 55–65, 45879 Gelsenkirchen, Tel. 0209-951970, www.nordsternpark.de. Geöffnet: täglich. Eintritt: frei.

Der Deutschland-Express ⌖XIII/C1

Am nördlichen Zipfel des Nordsternparks dreht die **größte Märklin-Modelleisenbahn der Welt** ihre Runden. Mehr als 200 kleine Züge, die rund 4000 Waggons hinter sich herziehen, reisen quer durch naturgetreue Landschaften Deutschlands und der Schweiz. Die mit Liebe zum Detail gefertigte Miniaturwelt führt von der Nordsee durch das Ruhrgebiet, den

Eine 25 Meter hohe Plastik soll demnächst den Nordsternpark überragen

Rhein entlang bis in die Schweiz. An den Gleisen liegen amüsante kleine Szenerien wie die Kirmes mit ihren sich drehenden Karussells oder der Zirkus *Sarasani* mit den kleinen Artisten und Tieren. Im Obergeschoss des Gebäudes können zwei Eisenbahnen von den Besuchern gesteuert werden.

● **Deutschland-Express,** Am Bugapark 1c, 45899 Gelsenkirchen, Tel. 0209-5083660, www.der-deutschlandexpress.de. Geöffnet: Do–So 10–18 Uhr. Eintritt: 6,90 €, ermäßigt 4 €.

Schloss Horst ⤢XIII/C1

Schloss Horst gilt als eines der bedeutendsten **Renaissanceschlösser**

Halb massiv, halb transparent: in Schloss Horst treffen Bauweisen verschiedener Epochen aufeinander

Nordwestdeutschlands. Die Anlage geht auf die Jahre zwischen 1555 und 1573 zurück, als *Rütger von der Horst* das Schloss über einer alten, abgebrannten Burg errichten ließ, die ihrerseits bereits 1282 urkundlich erwähnt wurde. Leider blieb das Schloss der Nachwelt nur in Teilen erhalten, die allerdings restauriert und durch moderne Neubauten ergänzt wurden. An die alte Schlossanlage erinnert heute fast nur noch der Eingangsflügel, an dem aber der wertvolle Bau- und Fassadenschmuck bewahrt werden konnte. Was die Neubauten betrifft, sticht die über dem Schlosshof errichtete Stahl- und Glaskonstruktion ins Auge, die den Ostflügel vor Zerstörungen durch Witterungseinflüsse bewahren soll.

Das Schloss dient heute als Kongress- und Veranstaltungsort, Standesamt und Bezirksverwaltung und kann werktags von 8 bis 17 Uhr besichtigt werden. Der Gewölbekeller beherbergt das Schloss-Restaurant.

● **Schloss Horst,** Turfstraße 21, 45899 Gelsenkirchen.

Praktische Tipps

Information
● **Tourist Information Gelsenkirchen,** Bahnhofsvorplatz 1, 45879 Gelsenkirchen, Tel. 0209-951970, Fax 9519710, www.gelsenkirchen.de. Geöffnet: Mo–Fr 9–17 Uhr, Sa 10–14 Uhr.

Öffentliche Verkehrsmittel
● **Hauptbahnhof:** Hiberniastraße, 45879 Gelsenkirchen.
● **Zentrale Busbahnhöfe:** Hiberniastraße (am Hauptbahnhof), 45879 Gelsenkirchen; Goldbergplatz, 45894 Gelsenkirchen-Buer.
● **Taxi:** Taxistände liegen unmittelbar am Hauptbahnhof; Taxiruf 0209-19410 und 0209-55555.

Unterkunft
● **Künstlerquartier Regina Klein,** Halfmannsweg 52, 45886 Gelsenkirchen, Tel. 0209-1488498, Fax 1488496, www.buchbinderei-klein.de. Preise: Übernachtung 21,50 €. Fragen Sie nach den Familiensonderpreisen.
   In der schnuckeligen Künstlersiedlung Halfmannshof bietet die Buchbinderfamilie *Klein* eine freundliche Unterkunft in familiärer Atmosphäre.

Essen und Trinken
● **Brauhaus Hibernia,** Bahnhofsvorplatz 2, 45879 Gelsenkirchen, Tel. 0209-208531, www.brauhaus-hibernia.de. Geöffnet: tgl. 9–24 Uhr, Sa, So und vor Feiertagen 9–1 Uhr.
   Das urige Gasthaus sieht sich der Bergbautradition verbunden und gab sich den Namen der Zeche, die einst in der Nachbarschaft lag. Wer hier einkehrt, kann neben der guten Küche auch die Hausmarke *Grubengold* kosten.
● **El Patio,** Hauptstraße 50, 45875 Gelsenkirchen, Tel. 0209-812911. Geöffnet: tgl. 17.30–24 Uhr.
   Spanisches Restaurant in der Fußgängerzone mit erstklassigen Tapas.
● **Shere Punjab,** Elisabethstraße 7, 45879 Gelsenkirchen, Tel. 0209-206763, www.sherepunjab.de. Geöffnet: Mo, Di, Do–Sa 12–15 Uhr und 17.30–23.30 Uhr.
   Ein hervorragendes indisches Restaurant, bei dem Ambiente und Küche überzeugen.
● **Restaurant im Schloss Berge** (↗V/D3), Adenauerallee 103, 45894 Gelsenkirchen-Buer, Tel. 0209-17740, www.schloss-berge.net.
● **Kronski,** Springemarkt 2, 45894 Gelsenkirchen, Tel. 0209-7022535, www.kronski.de. Geöffnet: Mo–Do 9–1 Uhr, Fr, Sa 9–4 Uhr, So 10–1 Uhr.
   In der Markthalle Buer wird internationale Küche angeboten. Einer der angesagtesten Plätze in der Fußballstadt mit prallem Veranstaltungs-, d.h. Partykalender.
● **Trulli,** Von-der-Recke-Straße 6, 45879 Gelsenkirchen, Tel. 0209-142062. Geöffnet: Di–Do 12–14.30 Uhr, 17–24 Uhr, Fr–So 12–24 Uhr.
   Familiäres italienisches Restaurant. Immer empfehlenswert; unbedingt vorbestellen!

Weitere Theater
● **Consol Theater** (↗XIII/D1), Bismarckstraße 240, 45889 Gelsenkirchen, Tel. 0209-9882282, www.consoltheater.de.
   In der ehemaligen Lüftermaschinenhalle der Zeche Consolidation steht die Verbindung von Schauspiel, Tanz und Musik im Mittelpunkt des Programms. Schwerpunkt ist zwar das Kinder- und Jugendtheater, aber auch Eigenproduktionen, Hauskonzerte oder musikalische Improvisationsabende stehen auf dem Veranstaltungskalender.

Kino
● **Schauburg Filmpalast,** Horster Straße 6, 45897 Gelsenkirchen-Buer, Tel. 0209-35976997, www.schauburg-gelsenkirchen.de.
   Das 1929 erbaute Lichtspielhaus ist einer der letzten klassischen Kinopaläste Deutsch-

Mitte

lands. Die an das klassische Theater angelehnte Architektur mit ihren geschwungenen
Wandelgängen und dem ausladenden Treppenaufgang ist zum Glück erhalten geblieben. Das teilweise unter Denkmalschutz stehende Filmtheater verfügt über drei Kinosäle.

●**Open-Air-Kino Amphitheater** (✗XIII/C1),
Im Nordsternpark, Grothusstraße 210, 45833
Gelsenkirchen, Tel. 0209-5083405, www.
amphitheater-gelsenkirchen.de. Beginn der
Vorstellung nach Einbruch der Dunkelheit.

Tolle Atmosphäre verspricht das Open-Air-
Kino im Amphitheater.

Feste und Festivals

●**Rock-Hard-Festival,** Unter dem weißen
Zeltdach der Kanalbühne im Nordsternpark
wird im Mai/Juni drei Tage lang gerockt. Infos: www.rockhard.de.

Einkaufen

●**Schalke-Fanshop,** Ernst-Kuzorra-Weg 1,
45891 Gelsenkirchen, Tel. 0209-3618120.
Geöffnet: Mo–Fr 9–18 Uhr, Sa 9–14 Uhr und
bei Heimspielen bis zum Spielanfang und
noch mal eine Stunde nach Abpfiff.

Der Fußballclub ist eine Institution mit einer riesigen Fangemeinde. Und genau die
kommt hier auf ihre Kosten.

●**Mayersche Buchhandlung,** Bahnhofstraße
55–65, 45879 Gelsenkirchen, Tel. 0209-923
923, www.mayersche.de. Geöffnet: Mo–Sa
9.30–19 Uhr.

Traditionsreiche Buchhandlung mit großem Sortiment.

●**Flohmarkt am Parkstadion** (✗XIII/D1):
Parkplatz, Schweidnitzer Straße, 45891 Gelsenkirchen. Di und Sa 7–14 Uhr.

●**Flohmarkt an der Trabrennbahn** (✗XIII/
C2): Parkplatz, Nienhausenstraße 42, 45883
Gelsenkirchen. Mo, Mi, Fr, Sa 6–14 Uhr.

●**Buersche Markthalle,** ✗ Abschnitt „Gelsenkirchen-Buer".

Sport und Freizeit, Kinder

●**Revierpark Nienhausen** (✗XIII/C2), Feldmarkstraße 201, 45883 Gelsenkirchen, Tel.
0209-941310, www.revierpark-nienhausen.de.

Zahlreiche aufwendig gestaltete Spielplätze, ein vielseitiges Sportangebot bestehend
aus Basketball, Volleyball, Tennis, Minigolf,
Boule und vielen anderen Attraktionen. Das
„Activarium", eine tolle Schwimm- und Saunalandschaft, lädt zum Entspannen ein.

●**Badeparadies** (✗XIII/D1), Adenauerallee
118, 45891 Gelsenkirchen, Tel. 0209-
9543110, www. sportparadies.de. Geöffnet:
Mo–Fr 6.30–22 Uhr, Sa, So, Fei 9–22 Uhr.

Hier ist Spaß garantiert: Im Freibad findet
sich ein zehn Meter hoher Springturm, und
im Innenbereich gibt's eine 58 Meter lange
Rutsche.

●**Trabrennbahn Gelsentrab-Park,** ✗ dort.
●**Nordsternpark,** ✗ dort.
●**Deutschland-Express,** Modelleisenbah-
nen, ✗ dort.
●**Consol Theater,** ✗ oben.

Zoo

●**Zoom-Erlebniswelt** (✗XIII/D1), Bleckstraße 47, 45889 Gelsenkirchen, Tel. 0209-
95450, www. zoom-erlebniswelt.de. Geöffnet: März, Oktober tgl. 9–18 Uhr, April bis
September 9– 18.30 Uhr, November bis Februar 9–17 Uhr. Eintritt: 13,50 €, Kinder
(4–12 Jahre) 9 €.

Hier sind die Tiere nach den Gegenden
angesiedelt, in denen sie in der Natur zusammen vorkommen. So präsentiert sich auf einer Gesamtfläche von sechs Hektar bspw.
die Tierwelt Alaskas, in der Besucher auf einem etwa einen Kilometer langen Gehweg
Seelöwen und Eisbären aus nächster Nähe
beim Tauchgang oder Kodiakbären beim Du-
schen unter einem Wasserfall beobachten
können. Vorbildlich ist auch die Gestaltung
der Tiergehege: Die natürlichen Lebensräume wurden bis ins Detail originalgetreu nachgebildet: Die Struktur der Felswand in der
Löwen-Anlage existiert tatsächlich so in Namibia – und zwar von der Farbe bis zur Oberflächenstruktur! Ein faszinierendes Erlebnis
für Groß und Klein.

Nicht so hoch wie sein amerikanischer
Namensvetter, das Flat Iron Building,
aber auch sehenswert: das Bügeleisenhaus

Hattingen ⤢ XXII/AB1

Überblick

Hattingen liegt am südlichen Rand des Ruhrgebiets zwischen Witten und Essen. Obwohl die Stadt erstmals 990 als „Hatneghen" erwähnt wurde, brachte sie es erst im 16. Jahrhundert durch ihre **Tuchmacher** zu wirtschaftlichem Aufschwung – diesem setzte jedoch der Dreißigjährige Krieg jäh ein Ende. Die zweite wirtschaftliche Blüte kam mit dem **Erzabbau** und der **Kohle- und Eisenindustrie** Ende des 19. Jahrhunderts. Die Krise der Montanindustrie traf Hattingen deshalb schwer: Die Industrialisierung der Stadt war fast ausschließlich mit der **Henrichshütte** verbunden, mit deren Schließung Tausende von Arbeitsplätzen verloren gingen – und die heute als eines der größten **Industriedenkmäler** Westfalens besichtigt werden kann.

Neben dieser gigantischen Anlage hat Hattingen für Besucher aufgrund seiner geografischen Lage zwischen Ruhrtal und Bergischem Land noch einiges mehr zu bieten: Wanderbegeisterte sollten in jedem Fall einen Tag in der Elfringhauser Schweiz einplanen: Die über 30 Kilometer langen **Wanderwege** erfordern allerdings wegen der ausgedehnten Hügellandschaft ausreichenden Atem. Wer es gern mittelalterlich mag, dem seien die **Burgen** Blankenstein, Isenberg und Haus Kemnade als attraktive Ausflugsziele ans Herz gelegt. Ein weiteres Highlight stellt in Hattingen die einzigartige historische **Altstadt** dar.

Mitte

Historische Altstadt

Der historische Charme der mittelalterlichen Gründerzeit ist Hattingen – zumindest in architektonischer Hinsicht – erhalten geblieben: Die Stadt besitzt einen der **schönsten mittelalterlichen Stadtkerne** im Revier. Wer hier durch die verwinkelten Gassen und an den mehr als 140 wunderschön restaurierten Fachwerkhäusern entlangflaniert, fühlt sich tatsächlich in längst vergangene Zeiten zurückversetzt. In vielen der historischen Gebäude finden sich inzwischen Bars, Cafés, Restaurants und kleinere Läden.

Als Ausgangspunkt für eine Besichtigung der historischen Altstadt bietet sich der **Kirchplatz** an. Von hier aus kann man über fünf schmale, zum Teil

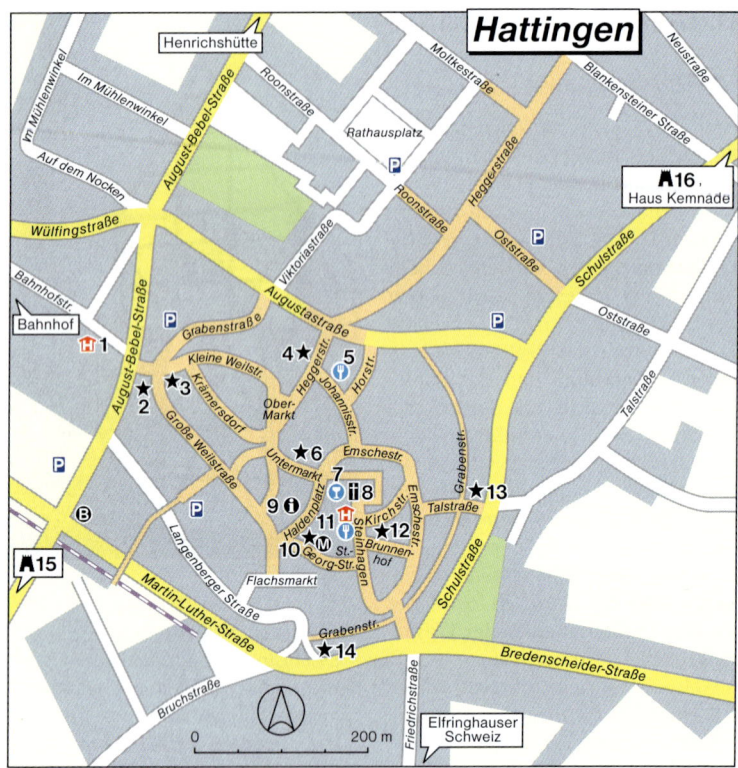

Hattingen

🏨 1 Hotel Westfälischer Hof	ⓘ 9 Touristen-Information
★ 2 Weiltor	★Ⓜ10 Bügeleisenhaus
★ 3 Kleinstes Hattinger	🏨ⓘ11 Zur alten Krone
Fachwerkgebäude: Zollhaus	★ 12 Ackerbürgerhaus
★ 4 Heggertor	★ 13 Holschentor
ⓘ 5 Pfannkuchenhaus	★ 14 Bruchtorturm
★ 6 Altes Rathaus	⛰ 15 Burg Isenberg
ⓘ 7 Opa's kleine Kneipe	⛰ 16 Burg Blankenstein
� ⅱ 8 Kirche St. Georg/Kirchplatz	

überbaute Zugänge in verschiedene Richtungen streifen. Der Kirchplatz, auf dem Fachwerkhäuser einen geschlossenen Ring rund um die **Kirche St. Georg** bilden, war bis 1813 eine Begräbnisstätte; diese wurde dann aus hygienischen Gründen vor die Stadtmauern verlegt. Zum Glück sind einige Grabsteine des alten Kirchhofs am Mauerrand der Kirche erhalten geblieben. Das Gotteshaus selbst stammt aus dem 13. Jahrhundert, wurde allerdings nach einem Brand im 15. Jahrhundert erneuert. Dabei wurde auch der augenfällige gotische Spitzhelm des Kirchturms neu konstruiert. Die Schieflage ist dabei nicht – wie oft vermutet – erst im Laufe der Zeit entstanden, sondern eine gewollte Konstruktion der Erbauer: Aus Sicherheitsgründen neigt sich der Turm in Richtung der Bürgerhäuser, da er im Falle eines Brandes nicht auf das kostbare Kirchenschiff, sondern auf die Häuser fallen sollte.

In unmittelbarer Nachbarschaft zur Kirche St. Georg befindet sich das **Wahrzeichen** und das wohl bekannteste Fachwerkhaus Hattingens: das bizarr anmutende **Bügeleisenhaus** aus dem 17. Jahrhundert (Haldenplatz 1). Das Gebäude, das seinen Namen seinem außergewöhnlichen, eben bügeleisenartigen Grundriss verdankt, beherbergt heute das **heimatkundliche Museum.** Hier erhält man im Untergeschoss einen Einblick in die Funde der mittelalterlichen Burg Isenberg (Streitäxte und Schleudersteine, aber auch Spielsteine und Knochenfunde), während die oberen Räume dem Hattin-

ger Bergmann, Arbeiterdichter und Maler *Otto Wohlgemuth* gewidmet sind. Der Schriftsteller bezog 1962 die kleine Wohnung im Bügeleisenhaus, in der er drei Jahre später auch starb. In seinem kleinen Sterbezimmer sind neben seinen Möbeln auch seine Bilder, Zeichnungen und Manuskripte ausgestellt.

● **Bügeleisenhaus,** Heimatverein Hattingen-Ruhr e.V., Haldenplatz 1, 45525 Hattingen, Tel. 0177-5674384. Geöffnet: April bis Dezember So 14–18 Uhr. Eintritt: 1,50 €, ermäßigt 0,50 €.

Direkt neben einem der Zugänge zum Kirchplatz findet sich das einzig noch vorhandene **Ackerbürgerhaus** aus dem Jahre 1729. Ackerbürger nannte man im Mittelalter Bauern, die zwar ihre Felder vor den Toren der Stadt besaßen, ihren Hof aber hinter den sicheren Stadtmauern ansiedelten. Das

Mitte

Ackerbürgerhaus am Steinhagen 6–8 ist ein solches Gehöft und zudem das einzige noch erhaltene Gebäude seiner Art. Nachdem es im Laufe seiner wechselvollen Geschichte als Kupferschmiede und Bäckerei umfunktioniert wurde, dient es mittlerweile als romantisches Hotel und Restaurant (↗„Praktische Tipps").

Eine Besichtigung wert ist auch der **Bruchtorturm** (Martin-Luther-Straße/ Langenberger Straße), einer von ehemals sieben Stadttürmen, die jeweils einen Abschnitt der Stadtmauer zu sichern hatten. Der lange vernachlässigte Turm wurde mittlerweile im Zuge der Stadtsanierung restauriert und gehört nun zu dem am besten erhaltenen Teil der Hattinger Stadtmauer.

Tipp: Wer gerne einen fachkundlichen und umfassenden Einblick in die historische Entwicklung der Stadt und ihrer Fachwerkhäuser bekommen will, sollte sich den **historischen Altstadtrundgang** nicht entgehen lassen. Treffpunkt für die regelmäßig stattfindenden Führungen ist das Alte Rathaus am Untermarkt, donnerstags um 18 Uhr und samstags um 15 Uhr. Kosten: 2,50 € pro Person.

Wer die Altstadt lieber auf eigene Faust entdecken möchte, muss auf Informationen dennoch nicht verzichten: **36 Schilder,** die quer in der Altstadt verteilt sind, vermitteln viel Wissenswertes und geben einen guten Einblick in die Stadtgeschichte.

Eisenwerk Henrichshütte/ LWL-Industriemuseum ↗XXII/A1

Die Henrichshütte wurde 1854 gegründet und zählte lange Zeit zu den traditionsreichsten Hüttenwerken des Reviers: Auf dem riesigen Gelände wurde nicht nur Erz und Kohle gefördert, sondern auch Koks, Eisen und Stahl produziert. Zeitweise arbeiteten hier **über 10.000 Menschen,** bis das Werk 1987 nach einem langen Kampf der Belegschaft und der ganzen Region geschlossen wurde. Bereits zwei Jahre nach der Schließung wurden Teile des Werks in das Westfälische Industriemuseum des Landschaftsverbandes Westfalen-Lippe integriert. Als ein Ankerpunkt der **Route Industriekultur** und als Zeuge für den Aufstieg, die Blüte und den Niedergang der Eisen- und Stahlindustrie gehört die stillgelegte Henrichshütte heute zu den größten Industriedenkmälern in Westfalen.

Besucher können nun zwischen Gebläsehalle und Hochofen unter anderem den „Weg des Eisens" verfolgen. Hier kommen auch ehemalige Arbeiter des Hüttenwerks zu Wort, die auf Schautafeln und in eingespielten Interviews einen lebendigen und berührenden Einblick in den damaligen **Alltag** der Stahl- und Eisenverarbeitung geben. Einmalig ist auch die Fahrt im gläsernen **Fahrstuhl,** die 30 Meter den Hochofen hinauf führt. Hier bekommt man eine Vorstellung von der giganti-

Ein Highlight unter den Industriedenkmälern der Region: die Henrichshütte

Mitte

06zrg Foto: nw

Ein besonderes Highlight des Hüttenwerks: In der **Schaugießerei,** der einzigen im Ruhrgebiet, kann man die Arbeit mit flüssigem Metall beobachten und das Prinzip des Metallgießens erlernen.

● **Eisenwerk Henrichshütte/LWL-Industriemuseum,** Werksstraße 31–33, 45527 Hattingen, Tel. 02324-92470 (Zentrale), 02324-924740 (Info), www.henrichshuette.de. Geöffnet: Di–So 10–18 Uhr, Fr 10–21.30 Uhr. Schaugießen nur von April bis Oktober. Eintritt: 2,40 €, ermäßigt 1,50 €.

Burg Blankenstein ↗XXII/B1

Unmittelbar am Kemnader See und direkt an der Stadtgrenze zu Bochum liegt ein weiteres touristisches Aushängeschild Hattingens: die mächtige Burganlage Blankenstein. Hier sollte man unbedingt einen Zwischenstopp einlegen, denn die Burg inmitten der historischen Ortschaft Blankenstein vermittelt einen faszinierenden Eindruck davon, wie es hier im Mittelalter ausgesehen haben muss.

schen Dimension des ältesten Hochofens im Ruhrgebiet.

Besonders gelungen ist in der Henrichshütte die **kindgerechte Führung** durch die Industriebrache. Die Kleinen können auf dem „Weg der Ratte" den Spuren der Eisenverarbeitung folgen und werden dabei in kleine Höhlen und Verliese geführt, in denen es viel zu entdecken und zu experimentieren gibt. Übrigens trifft man hier nicht selten auch auf vergnügte Erwachsene.

Ursprünglich im Jahr 1226 errichtet, wurde die Burg im 14. und 15. Jahrhundert ausgebaut, im Dreißigjährigen Krieg stark beschädigt und in den 1860er Jahren wieder restauriert. Die auf der Ruhrhöhe stehende Burg stellt eine markante Landmarke dar und ist schon von weitem gut sichtbar.

Sehenswert ist vor allem der **Torturm.** Das am besten erhaltene Gebäude der Burg stammt noch aus dem 13. Jahrhundert; es kann bestiegen werden. Die Aussichtsplattform bietet einen ausgezeichneten Panoramablick über die umliegende Landschaft. Fürs

Hoch über dem Ruhrtal
thront Burg Blankenstein

Einladende Trutzburg: Haus Kemnade

Mitte

leibliche Wohl sorgt das Restaurant im Burgkeller (⬈„Praktische Tipps").

● **Burg Blankenstein,** Burgstraße 1, 45527 Hattingen.

Direkt neben der Burganlage liegt der **historische Ortskern** Blankenstein mit seinen zahlreichen Fachwerkhäusern.

Am Marktplatz liegt auch das 2001 eröffnete **Stadtmuseum Hattingen,** in dem die Entwicklung der Stadt im Laufe der Jahrhunderte erläutert wird.

● **Stadtmuseum Hattingen** (⬈XXII/B1), Marktplatz 1–3, 45527 Hattingen, Tel. 02324-681610, www.stadtmuseum.hattingen.de. Geöffnet: Di–Mi 11–18 Uhr, Do 15–20 Uhr, Fr–So 11–18 Uhr. Eintritt: 2 €, ermäßigt 1 €.

Haus Kemnade   ⬈XXII/B1

Das wunderschöne Wasserschloss Haus Kemnade ist eine vollständig erhaltene Burganlage aus dem 16./17. Jahrhundert, die in direkter Nachbarschaft zum Kemnader See steht. Obwohl das Wasserschloss auf Hattinger Gebiet liegt, befindet es sich im Besitz der Stadt Bochum. Deswegen sollte es nicht verwundern, dass die drei in dem Haus untergebrachten Sammlungen von der Stadt Bochum betrieben werden. Im Inneren des Schlosses ist die **Instrumentensammlung Grumbt** beheimatet, die Musikinstrumente und -utensilien aus der Zeit vom 16. bis 20. Jahrhundert präsentiert, sowie die

157rg Foto: sha

Dichter, Ritter, Edelfräulein – Burgen und Schlösser im Ruhrgebiet

Zu den besonderen Attraktionen des Ruhrgebiets gehören seine zahlreichen Burgen und Schlösser, die vor allem im **Süden des Reviers** entlang der Ruhr liegen. Gerade im mittleren Ruhrtal zwischen Hagen und Essen trifft man auf eine Vielzahl eindrucksvoller Burganlagen und Ruinen aus der Blütezeit des mittelalterlichen Burgenbaus.

Bevor es zur Industrieregion wurde, war das Ruhrgebiet über weite Strecken eine Burgenlandschaft. Historischer Hintergrund und Ursprung dieses Burgenkosmos war die **politische und militärische Konkurrenz** zwischen den Erzbischöfen von Köln, die seit 1180 als Landesherren in Westfalen fungierten, und den Grafen der Mark. Durch die Jahrhunderte errichtete und zerstörte man in den zahllosen Konflikten immer wieder große Burganlagen. Was zu großem Leid unter den beteiligten Zeitgenossen führte, beschert uns heutigen Reisenden interessante Ein- und Ausblicke in kulturgeschichtliche Zusammenhänge und Ruhrlandschaften.

Zu den herausragenden geschichtlichen Ereignissen in der Welt der Ruhrburgen gehört der Mord am Kölner Erzbischof *Engelbert II.* durch *Friedrich von Isenberg,* dessen Sitz die **Isenburg** nahe Hattingen war. Diese Ruine aus dem 13. Jahrhundert beflügelt noch heute die Fantasie der Besucher, und die dramatischen Ereignisse jener Zeit schlugen sich auch literarisch nieder in den Schriften *Walthers von der Vogelweide* und später bei *Annette von Droste-Hülshoff.*

Ebenfalls bei Hattingen findet sich die eindrucksvolle **Burg Blankenstein,** ein herrliches Ausflugsziel, das Kulturgeschichte und Naturerlebnis verbindet. Bei Blankenstein handelt es sich um eine der Hauptburgen der Märker, die unter *Graf Adolf I.* zwischen 1227 und 1230 erbaut wurde. Von einem 30 Meter hohen Turm bietet sich heute ein prächtiger Ausblick. Der Hauptburg vorgelagert ist eine Reihe von Fachwerkhäusern, die ehedem als Wohnstätten für Dienstpersonal genutzt wurden.

Bewegt man sich von Hattingen ruhraufwärts, so passiert man das **Wasserschloss Haus Kemnade** und gelangt in Witten-Herbede direkt am Ufer der Ruhr zur Burgruine **Hardenstein**. Deren gewaltige Überreste können bei einem Spaziergang entlang des Bergbaulehrpfads Muttental in Augenschein genommen werden. Wenig später folgen **Schloss Steinhausen** sowie **Haus Mallinckrodt** und **Gut Schede,** traditionsreiche Anwesen, die allerdings in Privatbesitz und daher nicht frei zugänglich sind. Der romantischen Stimmung des Passanten tut dies aber keinen Abbruch.

Für all jene, denen die mystische Atmosphäre eines Ruinenensembles lieber ist als eine perfekt erhaltene Burganlage, ist die kurkölnische **Burg Volmarstein** ein heißer Tipp. Hier lässt sich wunderbar sinnieren über die Welt von Edelfräuleins, Junkertum und gefährlichen Raubrittern, doch bis auf einen großen Burgfried ist hier nichts zu sehen. Dafür entschädigt der schöne Blick aufs Ruhrtal. Gegenüber Burg Volmarstein liegen Ortschaft und Burg Wetter.

Auf **Burg Wetter,** einem der politischen und militärischen Zentren der Grafschaft

Mark, starb 1391 *Graf Engelbert III.,* einer der wichtigsten märkischen Grafen, an der Pest. Im Jahre 1818 erwarb *Friedrich Harkort* die Burg und schickte sich an, mit seinen Mechanischen Werkstätten Industriegeschichte an diesem Ort zu schreiben. Von der Eisengewinnung bis zur Endfertigung von Maschinen vereinigte *Harkort* alle Produktionsschritte an einem Platz; er gilt damit als einer der Gründerväter der rheinisch-westfälischen Industrie. Bis 1872 wurden die Produktionsstätten auf dem Burggelände ausgebaut, ehe man sie schließlich aus Platzmangel ins Tal verlegte. 1874 zog *Freiherr vom Stein* als Leiter des westfälischen Bergamtes auf Burg Wetter ein, und der heutige Besucher findet eine Burgruine und das Haus des Freiherrn auf dem Gelände vor.

Am südlichen Ufer der Ruhr, die hier zu Ehren des Industriepioniers genau genommen Harkortsee heißt, entdeckt man unweit von Wetter das einladende **Wasserschloss Werdringen.** Die Anfänge dieser idyllischen Anlage reichen bis ins Hochmittelalter zurück, doch dank eines frühgeschichtlichen Museums können Besucher hier eine noch weitaus größere Zeitreise vornehmen, als es vor den Burgmauern zunächst den Anschein hat. Obwohl weit vom modernen Stadtzentrum entfernt, gehört Schloss Werdringen bereits zu Hagen, das durch **Schloss Hohenlimburg** mit einer weiteren gewaltigen Burganlage aufwarten kann.

Abseits der großen Reviermetropolen zieht sie sich hin, die Burgenlandschaft des Ruhrgebiets, und im Südosten, am Tor zum Sauerland, endet sie.

Schloss Oberwerries bei Hamm

Ostasiatische Kunstsammlung Ehrich. Im Hauptbau fallen vor allem zwei Renaissancekamine und die bemalten und stuckierten Balkendecken ins Auge. Im Sommer sitzt es sich im Innenhof der Wasserburg im Biergarten des dort ansässigen Restaurants (⬀ „Praktische Tipps") besonders schön.

● **Wasserburg Haus Kemnade,** An der Kemnade 10, 45527 Hattingen.

Burg Isenberg ⬀ XXII/A2

Auf dem Isenberg von Hattingen wurde um 1200 die Burg Isenberg erbaut und bereits 25 Jahre später wieder zerstört. Die Ruinen der mittelalterlichen Anlage sind Ende des 20. Jahrhunderts freigelegt worden und stehen heute unter **Denkmalschutz.** Durch die Ausgrabungen ist die mächtige Anlage der Burg gut zu erkennen, die sich insgesamt auf über 240 Meter erstreckt. Die Burg ist das ganze Jahr über frei zugänglich und verströmt vor allem in der Dämmerung eine düstere und morbide Stimmung. Das **Landhaus Custodis,** das 1858 auf dem Gelände der Burgruine errichtet wurde, beherbergt heute das Museum Burg Isenberg mit einer Dauerausstellung zur Burggeschichte. Auf Wunsch können hier Führungen über das Burggelände gebucht werden.

Das bewaldete Gebiet rings um die Burg eignet sich auch für ausgedehnte Spaziergänge und gibt einen schönen Blick ins Ruhrtal frei.

● **Burg Isenberg,** Am Isenberg 2, 45529 Hattingen.
● **Museum Burg Isenberg,** Am Isenberg 2, 45529 Hattingen, Tel. 02324-24239 und

Mitte

28516, www.burg-isenberg.de. Geöffnet: November bis März So und an Feiertagen 14–16 Uhr, April bis Oktober So und an Feiertagen 15–17 Uhr. Eintritt: frei.

Praktische Tipps

Information

●**Tourist-Information,** Haldenplatz 3, 45525 Hattingen, Tel. 02324-951395, www.hattingen.de. Geöffnet: Mo–Fr 9–18 Uhr, Sa 9–13 Uhr.

Öffentliche Verkehrsmittel

●**Hauptbahnhöfe:** Martin-Luther-Straße; Bahnhofstraße, 45525 Hattingen.
●**Zentraler Busbahnhof:** Martin-Luther-Straße, 45525 Hattingen.
●**Taxi:** Taxistände liegen unmittelbar am Hauptbahnhof (Martin-Luther-Straße); Taxiruf: 02324-19410.

Unterkunft

●**Hotel Zur alten Krone,** Steinhagen 8, 45525 Hattingen (Altstadt), Tel. 02324-21824, Fax 920312, www.zuraltenkrone.de.
Im einzigen Ackerbürgerhaus Hattingens lässt es sich in acht gemütlich und modern eingerichteten Zimmern gut schlafen. Preise: EZ 65 €, DZ 85 €.
●**Hotel Westfälischer Hof,** Bahnhofstraße 7, 45525 Hattingen, Tel. 02324-23560, Fax 55653, www.hotel-westfaelischer-hof-hattingen.de. Preise: EZ 40 €, DZ 72 €.
Das Haus liegt nur drei Gehminuten von der historischen Altstadt entfernt. Im Restaurant wird chinesische und thailändische Küche serviert.

Essen und Trinken

●**Pfannkuchen-Haus,** Johannisstraße 8, 45525 Hattingen (Altstadt), Tel. 02324-28150. Geöffnet: Di–Fr 18–24 Uhr, Sa, So 12–15 Uhr und 18–24 Uhr.
Das sich über drei Etagen erstreckende Pfannkuchen-Haus ist eines der ältesten Restaurants in Hattingen. Der Name ist Programm: Pfannkuchen werden hier in den unterschiedlichsten Kreationen serviert.
●**Zur alten Krone,** Steinhagen 8, 45525 Hattingen (Altstadt), Tel. 02324-21824, www.zuraltenkrone.de. Geöffnet: tgl. 11.30–15 Uhr und 17.30–24 Uhr, Di Ruhetag.
Das Hotel und Restaurant (s.o.) befindet sich in dem liebevoll restaurierten Ackerbürgerhaus. Die Speisekarte bietet vor allem regionale und überregionale Küche zu moderaten Preisen.
●**Opa's kleine Kneipe,** Kirchplatz 1, 45525 Hattingen (Altstadt). Geöffnet: Mo–Fr ab 17 Uhr, Sa, So ab 11 Uhr.
Direkt auf dem romantischen Kirchplatz serviert „Opi" kleine Snacks wie Kartoffelsalat mit Bratwurst oder Schmalzbrot mit Gurke. Im Sommer lädt der Biergarten zum Verweilen ein.
●**Burg Blankenstein** (⌁**XXII/B1**), Burgstraße 1, 45527 Hattingen, Tel. 02324-33231. Geöffnet: tgl. Mo–Mi, Fr ab 18 Uhr, Sa ab 14 Uhr, So ab 11 Uhr.
Das Restaurant befindet sich im Burgkeller und bietet eine schöne Auswahl an gutbürgerlichen Speisen.
●**Burgstuben Haus Kemnade** (⌁**XXII/B1**), An der Kemnade 10, 45527 Hattingen, Tel. 02324-93310. Geöffnet: Di–So ab 12 Uhr.
Das Restaurant mit seinem Biergarten liegt direkt im Innenhof der Wasserburg.
●**Landgasthaus Huxel** (⌁**XXII/A2**), Felderbachstraße 9, 45529 Niederelfringhausen, Tel. 02052-6415. Geöffnet: Mi–So 12–14 und ab 18 Uhr, www.landgasthaus-huxel.de
Deutsche Küche für gehobene Ansprüche inmitten des Ausflugsparadieses Elfringhauser Schweiz.

Kinder

●**„Weg der Ratte":** Führung durch die Industriebrache Henrichshütte, ⌁ dort.

Nicht nur etwas für Freunde des Altertums: das Archäologiemuseum ist eine der ersten Museumsadressen im Revier

Herne

♐ XIV/AB 1-2

Überblick

Auf einer Stadtfläche von nur 51 Quadratkilometern leben in Herne stolze 166.000 Menschen. Damit hat Herne im ohnehin dicht besiedelten Ruhrgebiet die **höchste Einwohnerdichte** (rund 3300 Einwohner pro Quadratkilometer). Nördlich von Bochum gelegen, bildet Herne (ursprünglich *haranni, „Anhöhe"*) heute eine Einheit mit Wanne-Eickel, deren Teile Wanne und Eickel sich 1926 zu einer Stadt verbunden hatten. 1975 kam es schließlich zur (umstrittenen) Vereinigung Hernes mit Wanne-Eickel.

Im 12. Jahrhundert ließ sich im Gebiet von Herne das Rittergeschlecht derer von **Strünkede** nieder, welches über Jahrhunderte das Leben hier bestimmte.

Erst durch die Industrialisierung wuchs die Bedeutung der Stadt; 1847 erhielt sie Anschluss an die Eisenbahnstrecke Köln – Minden. 1856 wurde die erste Zeche in Betrieb genommen.

In den zwanziger Jahren des letzten Jahrhunderts galt Herne als die **„Goldene Stadt".** Der ehemalige Reichtum durch das schwarze Grubengold ist im Ansatz heute noch zu spüren beim Anblick historischer Repräsentationsbauten wie dem Rathaus und zahlreicher aufwendig restaurierter Fassaden entlang der Bahnhofstraße.

Von überregionaler Bekanntheit ist die **Cranger Kirmes,** eines der größten deutschen Volksfeste, das seit über einem halben Jahrtausend gefeiert

158rg Foto: sbr

wird. Daneben verfügt Herne mit dem **LWL-Museum für Archäologie** über Deutschlands modernstes Museum dieser Art, das sich Ruhrgebietsreisende auf keinen Fall entgehen lassen sollten.

Innenstadt

Die zentrale Achse der Herner Innenstadt ist die **Bahnhofstraße** zwischen dem Bahnhof Herne und der Kreuzkirche, die zwischen 1873 und 1875 erbaut wurde. Anders als die großen Einkaufsstraßen im übrigen Ruhrgebiet blieb die Herner Bahnhofstraße im Zweiten Weltkrieg von Bombenschäden weitgehend verschont. Deshalb trifft man noch heute auf viele gründerzeitliche Prachtbauten mit schmucken Stuckfassaden an diesem Einkaufsboulevard. Bereits in der Nachkriegszeit hatte die Bahnhofstraße eine überregionale Anziehungskraft und bot Gelegenheit für Einkäufe, Restaurantbesuche, Kino und Tanzabende in

Mitte

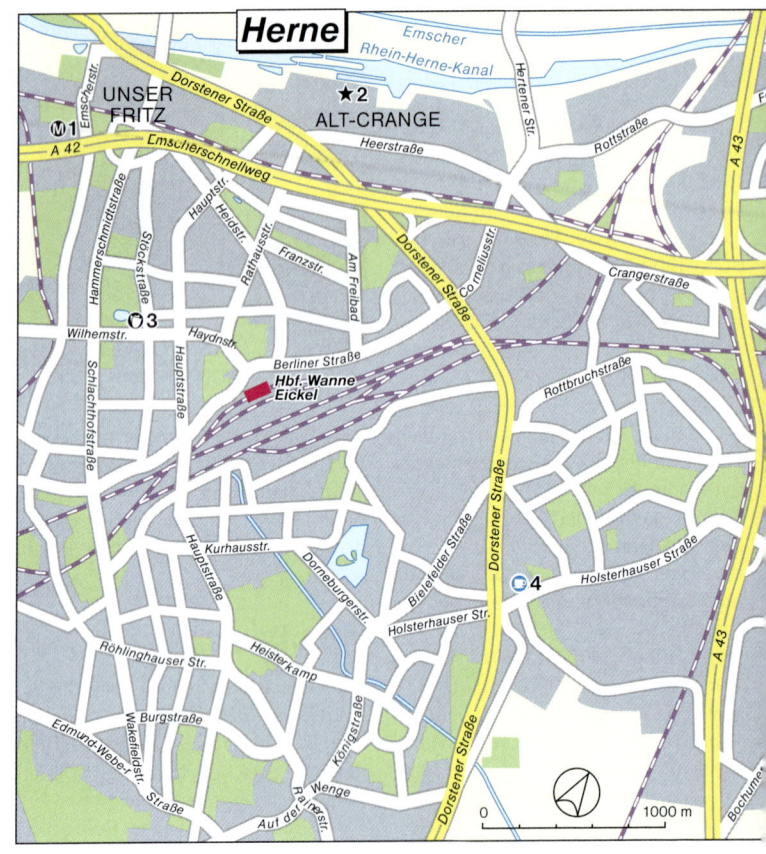

Ⓜ 1 Heimat- und Naturkundemuseum	❶ 9 Touristen-Information
★ 2 Cranger Kirmes	Ⓜ 10 LWL-Museum für Archäologie
☽ 3 Mondpalast Wanne-Eickel	🏠❶ 11 Parkrestaurant/Parkhotel
☯ 4 Café del Sol	★ 12 Stadtgarten Herne
🏠 5 Pension Sendis	★ 13 Akademie Mont-Cenis
♠ 6 Schloss und Schlosspark Strünkede	☕ 14 Lago – Die Therme
Ⓜ 7 Museum Schloss Strünkede	★ 15 Gysenberg-Park
☯ 8 Caféhaus	★ 16 Flottmannhallen

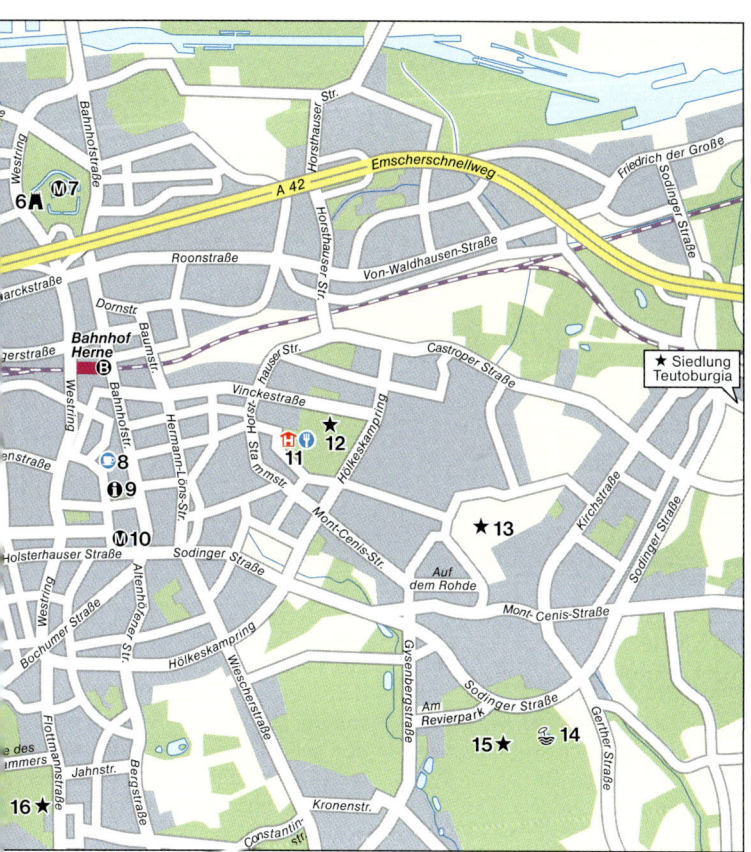

Mitte

einer ansonsten stark zerstörten Region. Zwischen 1999 und 2003 wurde die Fußgängerzone Bahnhofstraße einem „Lifting" unterzogen, das die Jugendstil- und Gründerzeitbauten zu einem harmonischen Gesamteindruck verband. Unter dem Motto „Herner Leuchten" hat man den Boulevard auch künstlerisch aufgewertet, indem temporäre **Installationen** mit Kunstlicht und dauerhafte Lichtkunstobjekte realisiert wurden.

Kulinarische Empfehlungen ⤳„Praktische Tipps".

LWL-Museum für Archäologie

Einen der absoluten Museumshöhepunkte im Ruhrgebiet stellt das Museum für Archäologie dar, das von Münster nach Herne verlegt und **2003 eröffnet** wurde. Es gilt als eines der modernsten archäologischen Museen Europas und begeistert garantiert auch jene, die sich sonst nur wenig für Ausgrabungen interessieren.

Sinnigerweise befinden sich die Ausstellungsräume unter der Erde, so dass der Besucher buchstäblich in die Spur der Archäologen gesetzt wird. Hier unten folgt er einem rund 200 Meter langen Steg, wie er in Grabungsarealen üblich ist, quer durch die Präsentation der unzähligen Exponate. Entlang des Parcours wird der Besucher zu den verschiedensten Fundstationen von der Steinzeit bis ins 20. Jahrhundert geführt. Zehn begehbare Würfel, die Grabungszelten nachempfunden sind, unterbrechen den Gang und thematisieren existenzielle Lebensbereiche wie Klima, Kommunikation, Zeit und Sexualität.

Im Zentrum des Museums steht eine Dauerausstellung, die die Geschichte der Menschen in der Region in den vergangenen 250.000 Jahren erzählt. Sinnvoll aufgelockert wird die Präsentation durch eine Vielzahl äußerst ästhetisch arrangierter Zitate aus unterschiedlichen Kulturkreisen und Epochen.

Vorbildlich ausgestattet ist das Westfälische Archäologiemuseum auch mit einer zeitgemäßen **Multimediatechnologie** und vielfältigen **museumspädagogischen Programmen.**

● **LWL-Museum für Archäologie,** Europaplatz 1, 44623 Herne, Tel. 02323-946280, www.landesmuseum-herne.de. Geöffnet: Di, Mi, Fr 9–17 Uhr, Do 9–19 Uhr, Sa, So und an Feiertagen 11–18 Uhr. Eintritt: 3,50 €, ermäßigt 2 €.

Schloss Strünkede

Bewegt man sich von der Herner Innenstadt nach Norden, so kommt man nach der Unterquerung der Bundesautobahn A 42 zum Schloss Strünkede. Diese schöne **Wasserburg,** entstanden im 15. Jahrhundert, war einst der Sitz der Ritter und Reichsfreiherren *von Strünkede.* Das Gebäude, das 1664 fertig gestellt wurde, besteht heute noch aus einem quadratischen Eckturm und zwei barocken Flügeln.

Seit 1948 befindet sich das Haus im Besitz der Stadt Herne und fungiert als Zentrale des **Emschertalmuseums.** Besucher können hier die kultur- und stadtgeschichtliche Sammlung in Augenschein nehmen, die u.a. bemerkenswerte Glas- und Keramikobjekte enthält. Die Entwicklung dieser Materialien von der Antike bis in die Gegenwart wird nachgezeichnet. Außerdem widmet sich das Museum der vorindustriellen **Regionalgeschichte** Hernes von 800 bis 1850. Neben Waffen- und Münzsammlungen werden Ur- und Frühgeschichte sowie Flora und Fauna der Region vorgestellt.

Wie es sich für ein echtes Schloss gehört, ist dem Bau ein **Park** angegliedert, der im Falle Strünkedes sogar über weitere Sehenswürdigkeiten verfügt. Hier stößt man auf die Schlosskapelle, deren Wurzeln im 13. Jahrhundert liegen, womit sie als das älteste Bauwerk in Herne gilt. Daneben wartet in einer Gründerzeitvilla die **Städtische Galerie** auf Freunde der zeitgenössischen Kunst.

● **Schloss Strünkede,** Karl-Brandt-Weg 5, 44629 Herne, Tel. 02323-162611, Galerie: 02322-162660, www.herne.de. Geöffnet: Di–Fr, So 10–13 Uhr und 14–17 Uhr, Sa 14–17 Uhr. Eintritt: 1 € (geschlossen bis voraussichtlich Mai 2010).

Flottmannhallen

Für den Laien nicht unbedingt ein Begriff, für Experten ein großer Name: *Heinrich Flottmann* (1875–1944), der mit der Erfindung des **Bohrhammers** den Bergbau modernisierte und eine weltweit renommierte Bergbaumaschinenfirma gründete. Im Jahre 1902, nach einem Brand, der die Anlagen zerstört hatte, siedelte das Unternehmen von Bochum nach Herne über. Als die Fabrikanlagen in den 1980er Jahren abgerissen wurden, bewahrte man einen Trakt, der heute als **Kultur- und Begegnungszentrum** genutzt wird. Zeitgenössischen Künstlern dient die außergewöhnliche Location als Ausstellungsplattform. Theateraufführungen, Tanzvorstellungen und Konzerte runden das alternative Kulturangebot ab.

● **Flottmannhallen,** Flottmannstraße 94, 44625 Herne, Tel. 02323-162953.

Mitte

Tipp

Auf der **Website** der Flottmannhallen findet man aktuelle Veranstaltungstermine und Hinweise zum kulturellen Leben vor Ort: **www.flottmann-hallen.de.**

Akademie Mont-Cenis

Eines der außergewöhnlichsten Gebäude im ganzen Ruhrgebiet und ein Highlight für **Architekturfans** und an Konzepten erneuerbarer Energien Interessierte ist die Akademie Mont-Cenis, benannt nach dem spektakulären Tunnelbau in den französischen Alpen. Das französische Architektenpaar *Françoise Jourda* und *Gilles Perraudin* hat dabei das visionäre Architekturkonzept der **Mikroklimahülle** aus Holz, Stahl und Glas realisiert. In das Dach des beeindruckenden Gebäudes im Stadtteil Sodingen ist **eines der weltgrößten Solarstromwerke** integriert; rund die Hälfte der verwendeten Glasscheiben auf dem Dach sind mit Solarzellen belegt. Der riesige Glaskubus ist 180 Meter lang, 75 Meter breit und 15 Meter hoch; er wird als Fortbildungsakademie des Landes NRW sowie als Stadtteilrathaus und Energiepark genutzt.

●**Akademie Mont-Cenis,** Mont-Cenis-Platz 1, 44627 Herne (Sodingen), Tel. 02323-9650 oder 162301, www.akademie-mont-cenis.de.

Das Wasserschloss
Strünkede liegt romantisch versteckt

Mondpalast Wanne-Eickel

Wer sich in Herne bühnenmäßig unterhalten möchte, dem sei der *Mondpalast* in Wanne-Eickel empfohlen. Dieses **Komödientheater** ist auf regionalen Humor geeicht, befindet sich jedoch auf theatergeschichtlich internationalem Gelände. Das Gebäude, in dem 500 Personen den Aufführungen beiwohnen können, ist bereits im Jahr 1911 unter dem Namen „Kaisersaal" im Wanner Stadtgarten gebaut worden. In einer Ära vor unserer Zeit spielten hier schon Legenden wie *Zarah Leander, Maria Schell* und *Theo Lingen.*

●**Mondpalast,** Wilhelmstraße 26, 44649 Herne, Tel. 02325-588999, www.mondpalast.com.

Stadtteil Unser Fritz

Im Nordwesten des Herner Stadtgebiets, an Gelsenkirchen und den Rhein-Herne-Kanal angrenzend, liegt der Stadtteil mit dem ungewöhnlichen Namen „Unser Fritz". Gemeint ist damit **Kaiser Friedrich III.,** der 1888 für 99 Tage deutscher Kaiser war und der im deutsch-französischen Krieg 1870/71 als Kronprinz zu militärischen Ehren gekommen war. 1872 wurde eine Zeche nach ihm benannt, aus deren Anlage sich auch der Stadtteil entwickelte.

Auf der Unser-Fritz-Straße findet man ein weiteres Ausflugsziel in Herne, das **Heimat- und Naturkunde-Museum Wanne-Eickel,** das dem Em-

Mitte

schertalmuseum angegliedert ist. Seit 1971 ist dieses Regionalmuseum in der ehemaligen Volksschule des Stadtteils Unser Fritz untergebracht. Hier widmet man sich der Natur- und Wirtschaftsgeschichte, der Sozial- und Verkehrsgeschichte des Emscherraums. Selbstverständlich kommt dabei dem Aspekt des Bergbaus eine besondere Bedeutung zu. Mineralien, Fossilien und präparierte Tiere der Region veranschaulichen die geologischen und biologischen Zusammenhänge. Doch eine Backstube aus der Zeit um 1900, eine Ofensammlung und eine Jugendstil-Apotheke aus dem Jahr 1905 lassen auch die Lebensumstände der Menschen fassbar werden.

●**Heimat- und Naturkundemuseum Wanne-Eickel,** Unser-Fritz-Straße 108, 44653 Herne, Tel. 02325-75255, www.herne.de/kultur/herne. Geöffnet: Di–Fr, So 10–13 Uhr und 14–17 Uhr, Sa 14–17 Uhr. Eintritt: frei.

Herne-Börnig

Im Osten des Herner Stadtgebiets, im Stadtteil Börnig, kann man eine der historischen Arbeitersiedlungen des Ruhrgebiets besichtigen, die **Siedlung Teutoburgia.** Dabei handelt es sich um eine Gartenstadt von hohem architektonischem Rang, die zwischen 1909 und 1923 aufgebaut wurde. Anlass war die Aufnahme der Kohlenförderung in der Zeche Teutoburgia im

Jahr 1911: Es musste Wohnraum für die beschäftigten Bergmänner geschaffen werden. Unterschiedliche Haustypen, grüne Wohnstraßen und liebevolle Restaurierungsarbeiten machen die Zechensiedlung Teutoburgia sehenswert (↗ auch „Reisetipps A–Z, Arbeitersiedlungen").

● **Siedlung Teutoburgia (↗XIV/B1),** Teutoburgiastraße, 44628 Herne-Börnig.

Praktische Tipps

Information

● **Stadtmarketing Herne GmbH,** Kirchhofstraße 5, 44623 Herne, Tel. 02323-919050, www.stadtmarketing-herne.de.

Öffentliche Verkehrsmittel

● **Hauptbahnhof** und **zentraler Busbahnhof:** Konrad-Adenauer-Platz (Bahnhofstraße), 44623 Herne.
● **Taxi:** Taxistände liegen unmittelbar am Hauptbahnhof; Taxiruf: 02323-19410.

Unterkunft

● **Zimmer im Revier (↗XIV/B1),** An der Linde 36, 44627 Herne, Tel. 02323-13353, Fax 13354, www.zimmer-im-revier.de. Preise: ab 18,50 €.
● **Pension Sendis,** Grenzweg 63–65, 44623 Herne, Tel. 02323-951996, Fax 951997, www.pension-sendis.com. Preise: EZ ab 40 €, DZ ab 55 €.
 Am Rand von Herne-Mitte gelegen, bietet diese renovierte altdeutsche Villa auch Drei- und Vierbett- sowie Familienzimmer.
● **Parkhotel Herne,** Schäferstraße 111, 44623 Herne, Tel. 02323-9550, Fax 955222, www.

parkhotel-herne.de. Preise: EZ ab 56 €, DZ ab 98 €.

Das Hotel liegt zugleich zentral und ruhig im Stadtgarten von Herne. Mit einem hervorragenden Restaurant samt Biergarten und komfortablen Zimmern ist das Haus eine ideale Ausgangsbasis für einen Kurzurlaub im Raum Herne.

Essen und Trinken

● **Parkrestaurant,** Schäferstraße 111, 44623 Herne, Tel. 02323-955333, www.parkhotelherne.de. Geöffnet: tgl. 11–1 Uhr.

Hochklassiges Restaurant im grünen Ambiente des Herner Stadtgartens, dem *Parkhotel* (s.o.) angegliedert. Sowohl die idyllische Lage wie die internationale Küche machen das Restaurant zum schönen Erlebnis.

● **Caféhaus,** Behrensstraße 4, 44623 Herne, Tel. 02323-917765, www.cafehaus-herne.de. Geöffnet: tgl. 8.30–1 Uhr, So 10–1 Uhr.

In einem Gebäude aus dem späten 19. Jahrhundert kann man essen wie in der guten alten Zeit.

● **Café del Sol,** Holsterhauser Straße 190, 44625 Herne, Tel. 02325-586192, www.cafe delsol.de. Geöffnet: Mo–Do, So 9–1 Uhr, Fr, Sa 9–3 Uhr.

Wie ein Kurztrip in die Karibik ist ein Besuch im *Café del Sol:* bunte Farben, starke Drinks, Musik und eine sehr erfreuliche Speisekarte.

Feste und Festivals

● **Cranger Kirmes:** Das Highlight des Jahres findet im August statt. Seit über 560 Jahren verwandelt sich der Stadtteil Herne-Crange zu einem riesigen Rummelplatz. Über 500 Aussteller bieten u.a. die neuesten und tollkühnsten Fahrattraktionen. Infos im Internet unter www.cranger-kirmes.de.

Sport und Freizeit

● **Fahrradverleih:** RevierRadstation Hotel MARITIM, Am Stadtgarten 1, 45879 Gelsenkirchen, Mo–So 8–21 Uhr.
● **Gysenberg-Park,** Am Revierpark 40, 44627 Herne, Tel. 02323-9690, www.gysen berg.de.

Neben den weitläufigen Liegewiesen und der großen Parklandschaft bietet der Revierpark vielseitige Freizeitmöglichkeiten für die ganze Familie, vom Squash über Eislaufen bis hin zu kulturellen und gastronomischen Angeboten. Zentrum der Anlage ist das *Lago*, ein Freizeitbad mit 112 Meter langer Riesenrutsche, Wellenbad und einer Saunalandschaft mit riesigem Garten. Aufguss-, Block-, Erd- und römische Dampfsaunen lassen keinen Wellnesswunsch offen.

Kinder

● **Museumspädagogische Angebote** im LWL-Museum für Archäologie, ↗ dort.
● **Heimat- und Naturkundemuseum Wanne-Eickel,** ↗ Stadtteil „Unser Fritz".

Mitte

Der Osten

178rg Foto: sha

179rg Foto: sdo

Der Hindutempel in Hamm

Wunderschöne Backsteingebäude
der Zeche Zollern in Dortmund

Fachwerk in Vollendung:
das Hagener Freilichtmuseum

Dortmund ♫ XVI/AB1-3

Überblick

Das in der östlichen Hälfte des Reviers zwischen Castrop-Rauxel, Bochum und Witten gelegene Dortmund stellt mit rund 584.000 Einwohnern die **größte Stadt Westfalens** und seit kurzem auch die **größte Stadt des Ruhrgebiets** dar.

Erstmals urkundlich erwähnt wurde die Stadt um 880 als „Throtmani". Schon 1220 wurde Dortmund freie Reichsstadt und trat später auch der Hanse bei. Begünstigt durch die Lage am Hellweg, dem bedeutendsten mittelalterlichen Handelsweg, machten Dortmunder Kaufleute Geschäfte an der norddeutschen Küste, in England und Russland und förderten damit den Reichtum und die Bedeutung der Stadt. Der Dreißigjährige Krieg läutete den wirtschaftlichen Niedergang ein.

Erst durch die Industrialisierung errang Dortmund seine Bedeutung zurück und wurde als **Stadt der Kohle, des Stahls und des Bieres** zu einem der wichtigsten Industriestandorte im Westen des Deutschen Reichs. Allein die Produktion des Eisen- und Stahlwerks der Familie *Hoesch* hätte mit ihrem Erlös den kompletten Roggenimport Deutschlands decken können. Durch den Anstieg der Bierproduktion von 140.000 auf 1,7 Millionen Hektoliter zwischen 1870 und 1913 zählte Dortmund sogar zu den größten Bierproduzenten der Welt und zu den Keimzellen der Brauereikunst im Revier (♫ auch Exkurs „Bier im Pott").

Aufgrund ihrer industriellen Bedeutung wurde die Stadt im Zweiten Weltkrieg Ziel mehrerer großer Bombenangriffe durch die Alliierten, die den Stadtkern zu 95 Prozent zerstörten. Der Wiederaufbau nach dem Krieg wurde zügig vorangetrieben, weshalb trotz Rettung einiger gründerzeitlicher Gebäude die **Architektur** meist recht nüchtern daherkommt.

Längst hat auch der Strukturwandel in Dortmund deutliche Spuren hinterlassen: Die 20 Zechen der Stadt sind stillgelegt, und die einst so wichtige Trias Stahl, Kohle und Bier hat ihre Bedeutung eingebüßt. Die **wirtschaftlichen Schwerpunkte** der einstigen Arbeiterstadt liegen heutzutage vor allem in der Informationstechnologie und Elektrotechnik sowie der Maschinen- und Leichtmetallverarbeitung.

Für Touristen hat das „neue Dortmund" trotzdem oder gerade deshalb einiges zu bieten: Die vielseitige Theater- und Museenlandschaft, die **Philharmonie für Westfalen** und nicht zuletzt die spektakuläre **Industriekultur** laden zum Entdecken und Erleben ein. Durch die vielen **Park- und Grünanlagen** besitzt die Stadt ein breit gefächertes Angebot an Freizeit- und Erholungsmöglichkeiten, und mit dem **Casino Hohensyburg** findet sich hier zudem eines der modernsten und umsatzstärksten Casinos in Europa.

Innenstadt

Die Dortmunder Innenstadt wird umschlossen von einer mehrspurigen Hauptstraße, dem so genannten Wall,

Osten

der die ineinander übergehenden Straßen Königswall, Burgwall, Schwanenwall, Ostwall, Südwall, Hiltropwall und Hoher Wall umfasst. Durch die Zerstörungen, die der Zweite Weltkrieg verursachte, finden sich in der Innenstadt nur noch vereinzelt architektonische Relikte aus der Gründerzeit. Allerdings wurde beim Wiederaufbau des Stadtkerns der mittelalterliche Verlauf der bedeutenden Handelsstraße, des Hellwegs, beibehalten, so dass dieser wie ehedem die Innenstadt von Ost nach West durchzieht.

Das Dortmunder Zentrum ist bequem zu Fuß zu erkunden und wartet

mit einigen touristischen Highlights auf: Neben dem „Dortmunder U" mit dem integrierten **Kunstmuseum** am Ostwall sei Kulturinteressierten auch das **Museum für Kunst und Kulturgeschichte** am Königswall ans Herz gelegt. Aber auch die zahlreichen **Sakralbauten,** die seit Jahrhunderten das Bild der Stadt prägen und von ihrer 1100-jährigen Geschichte zeugen, lohnen einen Besuch: Sowohl die Reinoldikirche und die romanische Marienkirche am Westenhellweg als auch die **Petrikirche** sind einen Zwischenstopp wert. Höhepunkt eines Dortmundbesuchs ist sicherlich das 2002 eröffnete **Konzerthaus** im Brückviertel mit seinem hochkarätigen Musikprogramm.

Die Dortmunder
Innenstadt ist fast immer belebt

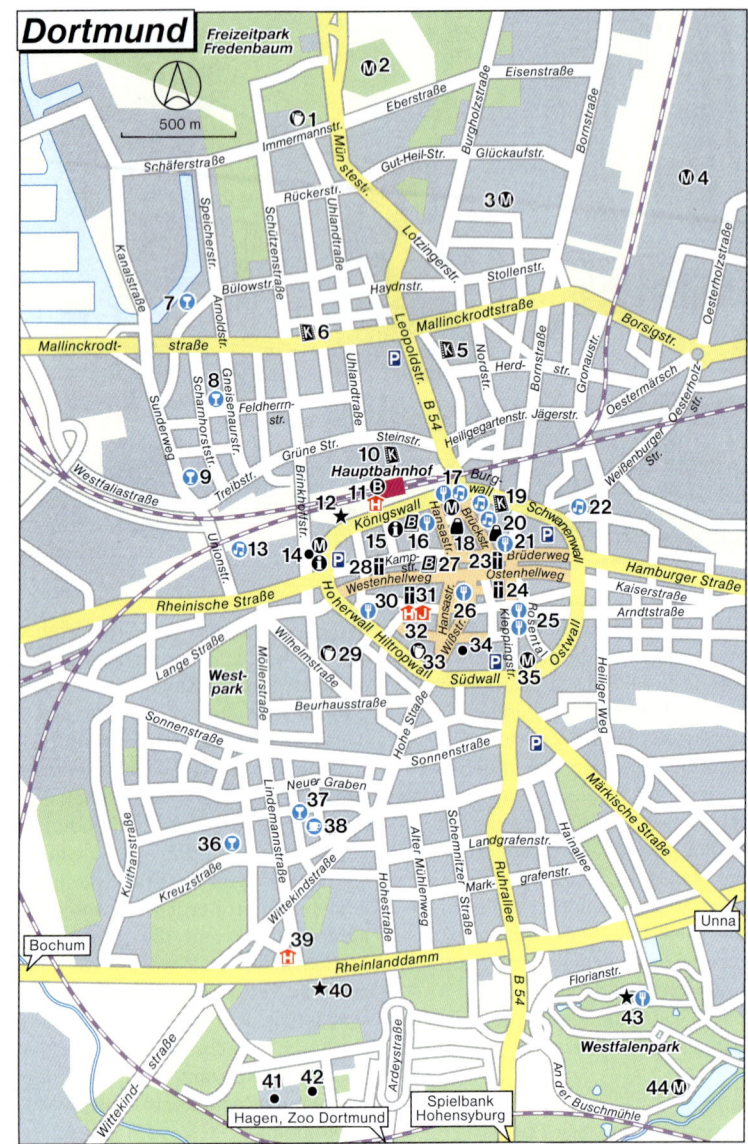

Osten

Direkt neben dem Hauptbahnhof, am Königswall 21, fällt das größte „Tortenstück" Dortmunds, das **Harenberg City-Center,** ins Auge. Der spitzwinklige Bau wird nicht nur als Geschäftshaus, sondern auch als Aufführungsort diverser **Kulturveranstaltungen** genutzt (Informationen unter Tel. 0231-90560 und auf der Website www.harenberg-city-center.de).

Dortmunder U

Unweit des City-Centers findet sich eines der geschichtsträchtigsten **Wahrzeichen** Dortmunds: Das 1927 fertig gestellte Kellereihochhaus der ehemaligen *Union-Brauerei,* auf dessen Dach das weithin sichtbare und markante „Dortmunder U" prangt. Von diesem neun Meter hohen und in Goldrändern gefassten Buchstaben U, dem Firmenzeichen der einstigen Brauerei „Dortmunder Union", hat das Gebäude seinen kurzen Namen.

Während das umliegende Werksgelände längst abgerissen wurde, entschloss sich die Stadt im Januar 2008 zu einem groß angelegten Umbau des Gebäudes, das im Rahmen der Kulturhauptstadt als Leuchtturmprojekt und eines von insgesamt fünf Besucherzentren fungieren soll. Nach dem Entwurf des Dortmunder Architekturprofessors *Eckhard Gerber* wird der ehemalige Brauereiturm nun saniert und zum **Zentrum für Kunst und Kreativität** umgenutzt. Die gigantischen Dimensionen des Gebäudes sollen nach

Bier im Pott

Ob in der Halbzeitpause eines Bundesliga-spiels, vor einer der tausend Kneipen im Bochumer „Bermudadreieck" oder wie einst *Schimmi „anne Bude"* – ein kühles Bierchen, vorzugsweise eines direkt aus der Region, gehört im Ruhrgebiet einfach dazu. Immerhin liegt die Städtelandschaft an der Ruhr in einem der bierseligsten Bundesländer Deutschlands. Ob *Diebels* aus Issum, *Krombacher* aus Kreuztal, *Veltins* aus Grevenstein oder *Warsteiner* aus dem gleichnamigen Städtchen: Der ach so bayrische Gerstensaft ist auch hier im Westen allgegenwärtig. Und auf Bier und Brauereien stößt der durstige Reisende nicht nur im Umland, sondern traditionell auch mitten im Herzen des „Potts".

Es wird nicht verwundern: auch die Geschichte des Bieres hängt, wie fast alles andere in der Region, eng mit der **Industriegeschichte** des Ruhrgebiets zusammen. Werbeslogans wie „Bochums Dreiklang, merk ihn dir: Kohle, Eisen, Schlegelbier" bringen die wirtschaftlichen Wechselwirkungen auf den Punkt. Der Höhepunkt der Brauwirtschaft fiel in die Zeit, als Kohle- und Stahlproduktion im Zenit standen.

Ursprünglich hatte man im Ruhrgebiet, wie auch andernorts, so genanntes **Grutbier,** ein Gebräu aus allerlei Kräutern, das mit unserem modernen Bier geschmacklich wenig zu tun hatte. Erst ab dem 15. Jahrhundert begann man hier damit, Hopfen beim Brauprozess einzusetzen.

Als *die* Bierstadt im Revier profilierte sich von frühester Zeit an **Dortmund.** Namen wie *Dortmunder Union* und *Dortmunder Actien* stehen für einen Spitzenplatz unter den Bierstädten der Welt. Bereits im Jahre 1293 erhielt man hier als freie Reichsstadt das begehrte kaiserliche Braurecht, mit dem sich prächtig Geschäfte machen ließ. In der Umgebung wuchsen Neid und Missgunst, so dass es im späten Mittelalter zu regelrechten Kriegen um den Transport des Dortmunder Bieres kam. Zu einer wahren Spezialität Dortmunds wurde das Exportbier, im Ausland einfach „Dortmunder" genannt, das über einen höheren Stammwürzegehalt als das berühmte Pilsener verfügte.

Ab dem 19. Jahrhundert setzte sich im Ruhrgebiet untergäriges Bier bayrischer Brauart durch. Bis dahin wurde obergäriges Bier, ähnlich dem Alt, gebraut.

Mit dem Boom von Kohle- und Stahlindustrie im Laufe des 19. Jahrhunderts setzte die „Völkerwanderung" von Brauern aus anderen Gegenden Deutschlands ins Ruhrgebiet ein. So schuf der aus Franken stammende *Johann Joachim Schlegel* in Bochum die nach ihm benannte Kultbrauerei. 1854, als an Rhein und Ruhr noch Landwirtschaft und kleine Handwerksbetriebe vorherrschten, begann er, bayerisches Bier zu brauen. In Duisburg schuf *Theodor Henricus König* die Grundlagen für eine Bier-Dynastie, die bis heute erfolgreich braut.

Brinkhoff und *Kronen* in Dortmund, *Stauder* in Essen, *Fiege* in Bochum: Das Biergeschäft lohnte sich. Bergmänner und Stahlwerker strömten zu Zehntausenden ins Revier; unter dem Begriff „Staubbekämpfung" genossen die Kumpel nach getaner Schwerstarbeite ein paar frisch gezapfte Bierchen. Clever und geschäftstüchtig, hatten die Brauherren sowohl ihre Brauereien als auch viele Verkaufsstände in unmittelbarer Nähe zu den Arbeitsplätzen, ja direkt vor den Fabriktoren errichtet.

Im Laufe von Kohle- und Stahlkrise verschwanden viele der Hochöfen, Hütten und Zechen und mit ihnen zahlreiche Brauereien, Kneipen und Verkaufsstände. Trotzdem ist Bier noch immer *das* Getränk der Region, und auf der Themenroute „Brot, Korn und Bier" der **Route Industriekultur** kann man sich davon überzeugen.

Eine angenehme Überraschung bei „Bierverkostungen" im Ruhrgebiet ist übrigens der **Preis,** denn das kühle Gerstennass ist in der Regel um einiges günstiger als in Süddeutschland oder dem benachbarten Ausland. Na denn: Prost!

den Plänen *Gerbers* auch im Inneren erlebbar werden. Dazu wurden die bestehenden Decken zwischen den Etagen im vorderen Bereich entfernt und mit Rolltreppen verbunden, die künftig vom Foyer im Erdgeschoss bis hinauf in den sogenannten **„Kathedralenraum"** direkt unter dem leuchtenden U führen sollen. Von diesem „Kathedralenraum" gelangen die Besucher über terrassenartig ansteigende Stufen nach draußen, von wo aus sich ein **spektakulärer Ausblick** über die Stadt bietet.

Der 180.000 qm große Standort soll Raum bieten für Kunst, Wissenschaft, Kreativität und Wirtschaft: Neben der neuen **Dachterrasse** entstehen gastronomische Betriebe wie eine Café-Lounge, Künstler und Unternehmer aus Musik-, Mode-, und Medienbranchen werden sich ebenso niederlassen wie wissenschaftliche Institute. Auch das **Museum am Ostwall** erhält in der vierten und fünften Etage eine neue Heimat und präsentiert dort seine hochkarätige Kunst mit dem Schwerpunkt 20. Jahrhundert bzw. klassische Moderne. Die Sammlung des Museums ist mit Künstlern wie *Wilhelm Lehmbruck, Joseph Beuys, Ernst Ludwig Kirchner* oder *Marcel Duchamp* hochkarätig besetzt und reicht von Gemälden und Zeichnungen über Skulpturen bis hin zu Grafiken und Fotos.

Das „Dortmunder U", das neben Kunst- und Kulturinteressierten sicherlich auch Architekturfans anziehen wird, soll im **Mai 2010 eröffnen.** Bei Nacht wird das „Dortmunder U" übrigens immer noch illuminiert.

Fußgängerzone

Die Dortmunder Innenstadt verfügt über eine ausgedehnte Fußgängerzone; sie liegt in unmittelbarer Nähe des Hauptbahnhofs. Wer den Vorplatz des Bahnhofs und die dort vorbeiführende vierspurige Straße (Königswall) überquert, steht schon mittendrin in der Fußgängerzone.

Vis-à-vis vom Hauptbahnhof stößt man auch sofort auf eine Sehenswürdigkeit der Stadt: die außergewöhnliche **Stadt- und Landesbibliothek.** Das vom Schweizer Stararchitekten *Mario Botta* entworfene Gebäude soll von außen einem aufgeschlagenen Buch ähneln und besticht im Inneren durch die formschön-kühle Einrichtung. Freunden moderner Baukunst seien die speziellen Architektur-Führungen empfohlen, die die Bibliothek anbietet! Direkt neben der Bücherei findet sich übrigens die Dortmunder **Touristeninformation.**

● **Stadt- und Landesbibliothek,** Königswall 18, 44137 Dortmund, Tel. 0231-5023209, www.stlb-dortmund.de. Geöffnet: Di–Fr 10–19 Uhr, Sa 10–15 Uhr.

Wer den Königswall vor dem Hauptbahnhof überquert hat und der Straße weiter geradeaus folgt, läuft direkt auf die umsatzstärkste **Haupteinkaufszone** zu, den Westen- und Ostenhellweg. Zahlreiche Geschäfte, von *H&M* über *Saturn* bis hin zur *Mayerschen Buchhandlung,* machen die Straße zu einer attraktiven Shoppingmeile.

Am Hellweg ist auch eine der ältesten und schönsten Passagen der Stadt erhalten geblieben: die **Krügerpassa-**

Osten

ge, die 1912 von *Hugo Steinbach* und *Paul Lutter* im Stil der Neorenaissance errichtet wurde.

Im Zentrum der Fußgängerzone, links und rechts des Hellwegs, machen zwei weithin sichtbare Wahrzeichen der Stadt auf sich aufmerksam: die Reinoldi- und die Marienkirche mit ihren markanten Glockentürmen.

Die **Reinoldikirche,** nach dem Schutzpatron der Stadt benannt, ist die älteste der mittelalterlichen Kirchen in Dortmund. Vermutlich im 10. Jahrhundert errichtet, wurde das Gotteshaus im Lauf der Zeit mehrmals um- und ausgebaut: Im 13. Jahrhundert wurde die Kirche zur dreischiffigen Pfeilerbasilika frühgotischen Stils erweitert, was sie wie eine beeindruckende Hallenkirche erscheinen lässt. Der heute als Meisterwerk spätgotischer Baukunst gefeierte Hochchor wurde erst im 15. Jahrhundert errichtet. Was die zahlreichen Ausstellungsstücke im Innenraum des Sakralbaus betrifft, sind vor allem die zwei Meter hohe geschnitzte Holzfigur des Schutzpatrons und Namensgebers, des heiligen Reinold, aus dem 14. Jahrhundert, der geschnitzte Flügelaltar und eine Plastik *Karls des Großen* aus dem 15. Jahrhundert erwähnenswert.

Vis-à-vis der Reinoldikirche steht einer der ältesten Gewölbebauten Westfalens: die **Marienkirche.** Der Kirchensaal stammt überwiegend aus der romanischen Epoche (12. Jahrhundert), während der gotische Chor Ende des 14. Jahrhunderts fertiggestellt wurde. Die spätromanische, dreischiffige Basilika beeindruckt vor allem durch

ihren vom Dortmunder Künstler *Conrad von Soest* gefertigten Hauptaltar: Der um 1420 entstandene Marienaltar gilt als ein berühmtes Meisterwerk altdeutscher Tafelmalerei und wird zu den bedeutendsten Kunstschätzen Deutschlands gezählt.

Südlich vom Westenhellweg, nur einen Steinwurf von den beiden Sakralbauten entfernt, liegt der **Alte Markt** mit seinen zahlreichen Gastronomiebetrieben und dem bunten **Hauptwochenmarkt,** der mittwochs, freitags und samstags zum Leben erwacht.

Unweit vom Alten Markt liegt der **Friedensplatz** mit seiner Friedenssäule, an dem das Rathaus und das Stadthaus liegen; auch der Stadtgarten grenzt an den Platz. Architektonisch ist sicherlich das alte Stadthaus einige Zeilen wert: Das Gebäude wurde 1899 nach den Entwürfen von *Friedrich Kullrich* im Stil der Neorenaissance errichtet. Allerdings wurde es nach den Beschädigungen im Zweiten Weltkrieg nur in vereinfachter Form wieder hergestellt, so dass heute die Architekturästhetik der Neorenaissance und die des Industriezeitalters aufeinander treffen. In der Giebelspitze kann man den Adler des Stadtwappens erspähen.

Wenn man vom Friedensplatz die Kleppingstraße Richtung Wall hochläuft, trifft man auf ein – allerdings rekonstruiertes – Stück der alten Stadtbefestigung, den **Adlerturm,** welcher nach einer Vorlage aus dem Jahr 1610 im Jahr 1990 neu errichtet wurde. Der Turm kann besichtigt werden, er beherbergt im Inneren ein Museum, das sich dem Wiederaufbau des Adlerturms, der Dortmunder Stadtgeschichte und der mittelalterlichen Bautechnik widmet.

● **Museum Adlerturm,** Ostwall 51a, 44137 Dortmund, Tel. 0231-5026028, www.museen dortmund.de/adlerturm. Geöffnet: Di, Mi, Fr 10–13 Uhr, Sa 12–17 Uhr, Do, So 10–17 Uhr. Eintritt: 1,50 €, ermäßigt 0,75 €.

In entgegengesetzter Richtung, keine fünf Minuten vom Hauptbahnhof und knapp hundert Meter vom Westenhellweg entfernt, liegt eine der ältesten und bekanntesten Straßen der Stadt: die **Brückstraße,** die noch Teil der Fußgängerzone ist. Schon im 13. Jahrhundert wurde die Straße, die eine immense Bedeutung für die Entwicklung des Dortmunder Stadtkerns hatte, erwähnt. Lange Zeit gehörte sie durch prestigeträchtige Geschäfte und das berühmte Hotel *Römischer Kaiser* zu den ersten Adressen der Stadt ... bis sich um 1890 die Brückstraße zur Vergnügungsmeile entwickelte. Die vorher betuchte und friedliche Gegend avancierte zum Viertel mit dem höchsten Fußgängeraufkommen und ging mit Begriffen wie „sündiges Dortmund" oder „St. Pauli im Kleinen" in die Stadtgeschichte ein. Ein ewiger Strom von Trinkfesten und Musikbegeisterten trieb unentwegt durch die Straße, die Kleinkriminalität nahm im Laufe der Zeit stark zu.

Seit 1993 hat die Stadt Dortmund eine neue Ära des Brückviertels eingeläutet und unterzieht es erneut einem groß angelegten Wandel: Schmutz und Kleinkriminalität sollen Kunst und Kultur weichen und so die gut betuchten Bürger zurück in die Straße locken. Fast 50 Millionen Euro sind deshalb bis jetzt in das Brückviertel geflossen.

Mit dem 2002 eröffneten ultramodernen Konzerthaus, der **Philharmonie für Westfalen,** wurde der Grundstein für den Wandel der Brückstraße gelegt – der noch längst nicht vollzogen ist. Denn was nur einen Fußbreit voneinander entfernt liegt, könnte gegensätzlicher nicht sein: Eingepfercht zwischen Döner-Imbissen, Stehpizzerien und Pommes-Buden, wirkt das Konzerthaus wie ein Fremdkörper, und immer noch haben kunst- und kulturinteressierte Bürger Probleme, den Weg an der benachbarten Erotik-Bar und den Fetischutensilien des Lack- und Ledershops vorbei in das Konzerthaus zu finden. Doch genau das macht den Charme der Brückstraße aus: Hier erlebt man ein friedvolles Nebeneinander von Normalbürgern und hip gekleideten Jugendlichen. Die einzelnen Shops der Brückstraße sind zudem für Liebhaber ausgefallener und individueller Stücke eine wahre Fundgrube.

Shopping- und Restauranthinweise finden sich am Ende des Kapitels unter „Praktische Tipps".

Konzerthaus Dortmund/ Philharmonie für Westfalen

Das 2002 eröffnete Konzerthaus Dortmund stellt ein Highlight für Liebhaber klassischer und ernster Musik dar. Schon der Name „Philharmonie für Westfalen" soll auf das hochrangige Konzertangebot hinweisen, das im ganzen Bundesland NRW seinesgleichen sucht. Das breit gefächerte Pro-

Osten

162/g Foto: dasu

gramm brilliert mit vielfältigen Eigen-
veranstaltungen und Meisterkonzerten. International bedeutende Künstler
wie die Dirigenten *Kent Nagano* und
Peter Eötvös oder der überragende
Geiger *Gidon Kremer* haben hier bereits das Publikum die akustische Qualität des Hauses spüren lassen. Seit ihrer Eröffnung ist die Philharmonie Konzerthaus für das Philharmonische Orchester Dortmund und zentrales Festspielhaus für die Mozart-Gesellschaft
oder das „Klavier-Festival Ruhr".

Im Innenraum des Musikhauses stehen Besuchern, auch denen, die sich

Bekannt für seine hochwertigen kulturellen Veranstaltungen im Ruhrgebiet:
das Konzerthaus Dortmund

kein Konzert anhören, ein Restaurant
und ein Café zur Verfügung.

● **Konzerthaus Dortmund,** Brückstr. 21,
44135 Dortmund, Ticket-Tel. 0231-22696
200, www.konzerthaus-dortmund.de.

Museum für Kunst
und Kulturgeschichte

Das Museum für Kunst und Kulturgeschichte liegt zwischen Hauptbahnhof und Brückviertel und ist von beiden Standorten aus in etwa fünf Gehminuten zu erreichen. Mit dem Grün-
dungsjahr 1883 ist das mittlerweile in
einem eindrucksvollen Art-déco-Bau
aus dem Jahr 1924 untergebrachte
Museum das älteste des Ruhrgebiets.
Die Sammlung zeichnet sich durch ihre vielfältigen **kunst- und stadtge-**

schichtlichen Exponate aus, sie bietet allerlei Kostbares, Seltenes und Alltägliches von der Ur- und Frühgeschichte bis ins 20. Jahrhundert. Vorbei an Gemälden und Skulpturen, an Möbeln, Kunsthandwerk und modernem Design durchschreitet man hier ein kunst- und kulturgeschichtliches Kaleidoskop aus mehreren Jahrhunderten. Aus der reichhaltigen Kollektion hervorzuheben ist sicherlich die Kunstsammlung vom Mittelalter bis zur Zeit um 1900, die mit eindrucksvollen Einzelwerken von *Caspar David Friedrich, Carl Spitzweg, Max Liebermann* und *Lovis Corinth* aufwartet. Nicht zu vergessen auch die Sammlung zum Design des 20. Jahrhunderts, in der so bemerkenswerte Entwürfe wie die von *Verner Panton* ausgestellt sind.

Nach dem Kunstgenuss lockt vielleicht ein kulinarischer im *Sultan Grill* (⌕„Praktische Tipps")

● **Museum für Kunst und Kulturgeschichte,** Hansastr. 3, 44137 Dortmund, Tel. 0231-502 5522, www.museendortmund.de. Geöffnet: Di, Mi, Fr, So 10–17 Uhr, Do 10–20 Uhr, Sa geschlossen. Eintritt: 3 €, ermäßigt 1,50 €.

Theater und Opernhaus Dortmund

Das Theater und Opernhaus Dortmund, das seine Residenz direkt am Wallring errichtet hat, feierte 2004 sein hundertjähriges Jubiläum. In architektonischer Hinsicht ist das Opernhaus nicht zu übersehen: Der von den Architekten *Heinrich Rosskotten* und *Edgar Tritthart* 1954 entworfene Bau besticht durch sein prägnantes Kuppeldach, das sich in Dreiecksform über das Gebäude wölbt. Unter seinesgleichen gehört das Theater zu den größten Vier-Sparten-Theatern Deutschlands und bietet von Schauspiel über Oper und Operette bis hin zu Ballett und Philharmonie ein breit gefächertes, exzellentes Programm. Leider fristet das Theater wegen des überragenden Bochumer Schauspielhauses eher ein Schattendasein und hat trotz zum Teil hervorragender Aufführungen alle Mühe, sich aus diesem zu befreien. Der Vorteil, der sich daraus für den Zuschauer ergibt, liegt sicherlich in den leichter zu erhaltenden Eintrittskarten!

● **Theater und Opernhaus Dortmund,** Kuhstr. 12, 44137 Dortmund, Tel. 0231-5027222, www.theaterdo.de.

Der Dortmunder Norden

Die nördlich gelegenen Stadtteile gehören zwar nicht unbedingt zu den attraktivsten Wohngegenden Dortmunds, in kultureller Hinsicht haben sie aber dennoch einiges zu bieten. Als ein **Ankerpunkt der Route Industriekultur** ist die **Kokerei Hansa** in Huckarde hervorzuheben. Über das Stahlzeitalter Dortmunds informiert das **Hoesch-Museum** und unweit der Innenstadt ist auch das 2006 eröffnete **Brauerei-Museum** eine Anreise wert, das über die Industriegeschichte des Bieres informiert und Lust macht auf den kühlen, frischgezapften Gerstensaft. Für einen Familienausflug ist sicherlich das **Museum für Naturkunde** zu empfehlen, das mit zwei lebensgroßen Dinosauriernachbildungen vor allem Kinder begeistert. Bei schönem Wetter sollte

Osten

man den Museumsbesuch mit einem Spaziergang durch den angrenzenden **Fredenbaumpark** abschließen.

Direkt hinter dem Hauptbahnhof beginnt zudem das berühmt-berüchtigte **Nordviertel,** dem ein eher ambivalenter Ruf vorauseilt: Durch den hohen Arbeitslosen-, Sozialhilfeempfänger- und Ausländeranteil ist das Viertel als **sozialer Brennpunkt** verschrien, die Kleinkriminalität ist hier wesentlich ausgeprägter als in anderen Stadtteilen. Frauen sollten deshalb abends nicht unbedingt allein durch das Viertel ziehen. Trotz der durchaus problematischen Situation besticht das Nordviertel durch seine multikulturelle Vielfalt und sein **alternatives Flair,** weshalb sich auch viele Studenten hier niedergelassen haben. **Kultige Kneipen** und Clubs, Programmkinos und natürlich viele Dönerbuden, die bis spätabends geöffnet haben, machen das Viertel zu einem beliebten Treffpunkt der alternativen Szene (Ausgehempfehlungen ✄ „Praktische Tipps").

Hoesch-Museum

Das Hoesch-Museum ist im einstigen Portierhaus I des Firmengeländes untergebracht und bewahrt die Erinnerung an das erfolgreiche Stahlzeitalter in Dortmund. Die umfangreiche Dauerausstellung widmet sich dabei nicht nur dem ehemaligen Hoesch-Konzern, sondern der Rolle von Erz und Stahl für die Region im Allgemeinen. Darüber hinaus kann der Besucher die rasante Wandlung des Landstrichs an der Ruhr nachvollziehen, die die Bevölkerungszahlen explodieren ließ,

welche seit längerem nun wieder rückläufig sind. Kein Wunder, dass die Ausstellungsmacher das Heraklit-Wort „Es gibt nichts dauerhaftes außer der Veränderung" an den Anfang der Schau setzten. Industriegeschichtlicher Wandel ist im Hoesch-Museum mit Händen zu greifen. Das schier grenzenlose Werksgelände hinter dem Museum harrt bis heute einer Neunutzung und ist seit Jahren fest in der Hand einer wild wuchernden Vegetation.

● **Hoesch-Museum,** Eberhardtstr. 12, 44145 Dortmund, Tel. 0231/8445856, www.hoesch museum.dortmund.de. Geöffnet: Di, Mi 13–17 Uhr, Do 9–17 Uhr, So 10–17 Uhr. Eintritt: 1,50 €, ermäßigt 0,75 €. Führungen jeden Sonntag um 14.30 Uhr.

Brauerei-Museum Dortmund

Bereits seit 1981 hat es in Dortmund ein Museum zum Thema „Bier" gegeben, das als Lehrmuseum konzipiert war und sich auf dem Gelände der Kronen-Brauerei befand. Die Übernahme durch die Dortmunder Actien-Brauerei und die Aufgabe der Produktionsstätte führte zunächst im Jahr 2000 zur Schließung des Museums. Zum Tag des Bieres wurde das neue Brauerei-Museum dann im April 2006 an neuem Standort mit neuem Konzept wieder eröffnet.

Neben Berlin und München war Dortmund im 20. Jahrhundert die größte deutsche Bierstadt und das „Dortmunder Export" sogar weltweit ein Begriff. Die **Geschichte der Dortmunder Brauereien** im Wechsel der Zeiten wird im Brauerei-Museum anschaulich dargestellt und hat im historischen Maschinenhaus von 1912 einen würdigen Platz gefunden. Bei der Gestaltung des Museums achtete man erfolgreich darauf, die authentische Atmosphäre dieser Industriestätte zu erhalten. Zugleich bietet sich dem Besucher die Möglichkeit, zu erfahren, wie heutzutage Bier gebraut wird, denn man befindet sich hier auf dem Gelände der **Dortmunder Actien-Brauerei.** Für Bierfans, und nicht nur für die, eine interessante und liebevoll angelegte Ausstellung, die Durst macht ...

● **Brauerei-Museum Dortmund,** Steigerstraße 16, 44145 Dortmund, Tel. 0231-8400 200, www.museendortmund.de. Geöffnet: Di–So 10–17 Uhr, Do 10–20 Uhr, Sa 12–17 Uhr. Eintritt: 1,50 €, ermäßigt: 0,75 €. Sa Eintritt frei (Ausnahme: Sonderveranstaltungen). Öffentl. Führungen: So 11 Uhr. Eintritt: 4 €.

Museum für Naturkunde

Das am nördlichen Rand der Nordstadt beheimatete Museum weist einen vielfältigen botanischen, zoologischen und erdgeschichtlichen Sammlungsbestand auf: Neben der umfangreichen **Mineralien- und Gesteinssammlung** mit rund 30.000 Exponaten sind vor allem die rund 150.000 Aufsehen erregenden **Insekten** erwähnenswert. Neben den präparierten Tieren können in großen Vitrinen auch die noch lebenden Verwandten beobachtet werden: **Vogelspinnen, Bienen, Geckos oder Frösche** kriechen, krabbeln oder fliegen in der biologischen Sammlung des Museums durch ihre Terrarien. Das **Süßwasseraquarium** mit seinen rund 200 südamerikanischen Flussfischen zählt zu

den größten tropischen Aquarien Deutschlands, wirkt durch seinen Standort mitten in der Cafeteria allerdings etwas trostlos. Vor allem für Kinder immer wieder sehr spannend ist die Saurierhalle mit ihren **lebensgroßen Nachbildungen von Dinosauriern** und ihren Fußspuren.

● **Museum für Naturkunde,** Münsterstr. 271, 44145 Dortmund, Tel. 0231-5024856, www.museendortmund.de/naturkundemuseum. Geöffnet: Di–So 10–17 Uhr. Eintritt: 3 €, ermäßigt 1,50 €.

Freizeitpark Fredenbaum

In direkter Schlagdistanz zum Museum für Naturkunde und rund drei Kilometer von der Innenstadt entfernt, befindet sich der älteste und zweitgrößte Stadtpark Dortmunds, der botanisch vielfältige Fredenbaumpark. Seine Anfänge reichen bis in das Jahr 1862 zurück, als der damalige Stadtwald Westerholz in einen Park umgewandelt wurde. Bis heute hat sich in der Anlage ein alter und **wertvoller Baumbestand** gehalten, der zu den Besonderheiten der Parklandschaft zählt.

Weitläufige **naturbelassene Grün- und Liegewiesen,** ausgedehnte Wasserflächen und ein reichhaltiges Angebot zur Freizeitgestaltung machen den Fredenbaumpark zu einem attraktiven **Naherholungsgebiet.** Das Angebot ist sehr **familientauglich:** Von Abenteuer- und Bauspielplätzen über einen Bootsverleih und einen Minigolfplatz bis hin zu Beachvolleyball und Tischtennisplatten – hier bleibt kein (kleiner) Besucher gelangweilt zurück. Im Sommer kann man an diversen Grillplätzen seine Wurst braten und es sich gut gehen lassen. Im Fredenbaumpark findet sich mit dem **Big Tipi** auch das **größte Indianerzelt der Welt,** das eine in Dortmund erdachte Attraktion der EXPO 2000 in Hannover war. Das Big Tipi ist mit fast 35 m Höhe, einem Durchmesser von ca. 25 m und einer Grundfläche von über 360 qm überspanntem Raum eine Erlebniswelt für Kinder und Jugendliche. Im Inneren findet sich ein **Kletterseilgarten** in sechs und 18 Metern Höhe. Hinzu kommen Angebote wie ein Tierbereich, ein Waldareal, ein kleines Tipi-Dorf, und, und, und.

●**Freizeitpark Fredenbaum,** Lindenhorster Straße/Schützenstraße, 44147 Dortmund, **Big Tipi,** www.bigtipi.dortmund.de. Geöffnet: Mo–So 10–18 Uhr.

Kokerei Hansa ⤢XV/D1

Die 1992 stillgelegte Kokerei Hansa ist heute ein attraktiver Ankerpunkt der **Route Industriekultur.** Zum größten Teil unter Denkmalschutz stehend, bietet die faszinierende Anlage einen Einblick in die Montanindustrie des vergangenen Jahrhunderts.

Als Zentralkokerei 1928 in Betrieb genommen, bot Hansa ehedem rund 1000 Menschen Arbeit. Produziert wurde aus der von den benachbarten Zechen gelieferten Steinkohle überwiegend Koks und das Kokereigas für die Dortmunder Hüttenwerke. Nach der Schließung blieb das Werk samt seiner festungsartigen Architektur als letzte von ehemals 17 Kokereien weitestgehend erhalten, so dass die eindrucksvollen Hallen, Türme, Brücken

und Rohrleitungen heute besichtigt werden können. Unbedingt vorbeischauen sollte man in der Maschinenhalle mit ihren fünf Gaskompressoren, die einen Einblick in die Ausmaße der Technik bietet. Hier kann man auch an den Ofenbatterien vorbei laufen, in denen einst Steinkohle bei über 1000°C zu Koks verarbeitet wurde. Einen beeindruckenden **Panoramablick** über einen Teil des Geländes bietet der Kohlenturm.

Lohnend sind auch die unterschiedlichen **Sonderführungen,** die von Kinder- bis hin zu Fotoführungen reichen: Jeden ersten Freitag im Monat um 21 Uhr (bzw. 20 Uhr von November bis März) findet die Nachtlichtführung statt, während der man den illuminierten Erlebnispfad entlang wandert und einen nächtlichen Blick auf Dortmund wirft (Preis: 4,50 €). Jeden ersten Sonntag im Monat um 12 Uhr stehen Klangkonzerte im Mittelpunkt der Klangführung (Preis: 10 €).

●**Kokerei Hansa,** Emscherallee 11, 44369 Dortmund, www.industriedenkmal-stiftung. de. Geöffnet: April bis Oktober Di–So 10–18 Uhr, November bis März Di–Fr 10–16 Uhr. Gesamtbesichtigung nur im Rahmen einer Führung möglich, Info-Tel. 0231-93112233.

Der Dortmunder Süden

Der Dortmunder Süden gehört wegen seiner ausgedehnten Grünflächen zu den bevorzugten Wohngegenden der

Was hier klein wirkt, ist in Wahrheit monumental: die Heimstatt des BVB

Stadt, weshalb sich auch einige Fußballgrößen des BVB Dortmund hier niedergelassen haben.

Zu den touristischen Höhepunkten des Südens zählt vor allem die im Stadtteil Syburg liegende geschichtsträchtige Ruine **Hohensyburg,** die auf einer Bergkuppe 220 Meter über dem Ruhrtal thront und einige Sehenswürdigkeiten der Stadt beherbergt. Von hier aus hat man auch einen herrlichen Ausblick über die Täler von Ruhr und Lenne bis weit ins grüne Sauerland hinein.

Südlich der Innenstadt sind zwei herausragende Parkanlagen erwähnenswert: der **Westfalenpark** und der **Rombergpark.** Letzterer besticht durch seine seit 1820 gewachsene Parklandschaft im englischen Stil und durch den 1927 integrierten Botanischen Garten. Höhepunkte der **romantischen Parkanlage** sind die vielen botanischen Besonderheiten und die Pflanzenschauhäuser, in denen Exotisches aus zahlreichen Ländern bewundert werden kann. Ein großer Kinderspielplatz, herrliche Liegewiesen und mehrere Cafés runden das Freizeitangebot im Stadtsüden ab.

●**Rombergpark** (⌕**XVI/A3),** Am Rombergpark 49b, 44225 Dortmund.

Von der Innenstadt bequem zu Fuß zu erreichen ist das südlich gelegene **Kreuzviertel,** durch das sich die Hohe Straße zieht. Das Viertel blieb von den Zerstörungen des Zweiten Weltkriegs weitestgehend verschont und besticht heute durch die liebevoll restaurierten gründerzeitlichen Wohn- bzw. Bürgerhäuser. In der äußerst beliebten Wohngegend findet man ein großes Angebot an kleinen Geschäften, Restaurants, Cafés und Kneipen. Ein Bummel durch die vielen kleinen beschaulichen Gassen sollte unbedingt Teil eines Dortmund-Besuches sein!

Wo man im Dortmunder Süden einkehren kann, ist unter „Praktische Tipps" aufgeführt.

Signal Iduna Park ⌕XVI/A2

Rund zehn Gehminuten vom Kreuzviertel entfernt hat sich der Fußballverein **Borussia Dortmund** (BVB) mit dem Signal Iduna Park ein Denkmal der Superlative gesetzt: Ursprünglich 1974 zur Weltmeisterschaft errichtet, wurde der Fußballtempel, der früher Westfalenstadion hieß, in mehreren Ausbaustufen auf insgesamt 83.000 Plätze erweitert. Seit 2003 ist er nun Deutschlands größtes Stadion und nach den Stadien in Madrid, Barcelona und Mailand sogar die **viertgrößte Arena in Europa.** Die Südtribüne mit ihren 25.000 Plätzen ist die größte frei stehende Stehtribüne Europas. Kein Wunder also, dass die englische *Times* im Jahr 2009 das Stadion zum besten und schönsten Fußballstadion der Welt kürte. Zur Begründung hieß es auf der Homepage der angesehenen Zeitschrift u.a.: „Borussia Dortmunds Stadion ist der Klassiker. Gewaltige Ränge, die die Geräusche mit einer ohrenbetäubenden Intensität auf den Rasen zurückwerfen. Dieser Platz wurde für den Fußball und für die Fans erbaut. Jedes Endspiel des *European Cup* sollte in Dortmund veranstaltet werden. Die beste Atmosphäre auf dem Kontinent."

Die Dimensionen des Stadions werden nur noch von der Fußballbegeisterung der Stadt übertroffen: Dortmund ist eine der großen und traditionsreichen Fußball-Städte in Europa. Noch vor der Jahrhundertwende wurden mit dem *Dortmunder SC 95* oder der *VfB Alemannia 97* die ersten Vereine gegründet. Mittlerweile existieren hier rund 140 Fußballvereine, von denen der Erstligist *Borussia* aus dem Jahr 1909 der berühmteste ist. Die Erfolgsstory des BVB begann mit den Deutschen Meisterschaften 1956, 1957 und 1963, bei denen die Mannschaft den Sieg davontrug. Der internationale Durchbruch gelang den Borussen 1966, als sie den Europapokal der Pokalsieger errangen. 1997 trug sich der Verein in die Siegerliste der Champions League ein und wurde im gleichen Jahr Weltpokal-Sieger.

● **Signal Iduna Park,** Strobelallee 50, 44139 Dortmund, Tel. 0231-90200, Ticket-Hotline: 01805-309000, www.borussia-dortmund.de.

In die Nordost-Ecke des Signal Iduna Parks integriert ist auch ein **BVB-Mu-**seum, das sich der Geschichte des Vereins widmet. Unter anderem können hier aus Wachs modellierte Spieler bewundert werden. Das Museum ist allerdings nur in Verbindung mit einer Stadionbesichtigung zugänglich, die vorher schriftlich angemeldet werden muss. In sechs **Ausstellungsinseln,** einem **Kino** und einer **multimedialen Station** kann sich der Borussen-Fan über jede Epoche der Vereinsgeschichte informieren. Dazu widmet sich die **„Gelbe Wand"** mit 13 beleuchteten Fanstationen der besonderen Fankultur des BVB. Ein Muss für alle Fans.

● **Borusseum,** Strobelallee 50, 44139 Dortmund, Tel. 0231-90200, Eintritt: 6 €, ermäßigt 4 € (Eintrittskarten an der Kasse im Fan-Shop August-Lenz-Haus am Stadion sowie an BVB-Heimspieltagen an einer separaten Verkaufsstelle in der Stadionecke Nord-Ost).

Geöffnet: Mo–So 10–18 Uhr. An BVB-Heimspieltagen ist das Borusseum bis 20 Uhr geöffnet.

Westfalenhallen ⚓XVI/A2

Schon die alte Westfalenhalle, die 1925 aus Holz errichtet wurde, galt mit einem Durchmesser von 75 Metern als eine Art architektonisches Wunder. 1944 von Fliegerbomben zerstört, war sie lange Zeit ein Begriff als Stätte großer, vor allem sportlicher, aber auch politischer Veranstaltungen. An ihre Stelle trat 1952 die neue große Westfalenhalle, die nach einem Entwurf des damals erst 28-jährigen Diplom-Ingenieurs *Walter Höltje* entstand. Sie steht ihrer Vorgängerin, was die Architektur des Gebäudes und die

Größe der Veranstaltungen betrifft, in nichts nach: Bei ihrer Einweihung wurde die inzwischen unter Denkmalschutz stehende, 25.000 Zuschauer fassende Halle als technische und bauliche Innovation bewundert und angesichts der hier ausgetragenen hochkarätigen Sportereignisse schnell als **„Arena der Weltmeister"** gefeiert: Seit 1952 wurden hier 30 Welt- und mehr als doppelt so viele Europameisterschaften ausgetragen. Neben den sportlichen Spitzenveranstaltungen finden in diesem Wahrzeichen Dortmunds auch vielfältige Musik- und Showprogramme statt. Eine der bekanntesten Veranstaltungen ist sicherlich das mittlerweile regelmäßig am 30. April stattfindende „Mayday", eines der – laut Veranstalter – größten Technoindoor-Festivals der Welt, auf dem Freunde elektronischer Musik in den 1. Mai tanzen. Neben der großen Westfalenhalle 1 existieren noch sieben kleinere Messehallen.

● **Westfalenhallen,** Strobelallee 45, 44139 Dortmund, Tel. 0231-12040, www.westfalenhallen.de.

Westfalenpark

In direkter Nachbarschaft zur Westfalenhalle erstreckt sich auf einer Fläche von rund 75 Hektar die schönste und vielgestaltigste Parkanlage Dortmunds: der Westfalenpark, der sich auch im gesamtdeutschen Parkvergleich nicht verstecken muss. Das Gelände der Bundesgartenschauen 1959, 1969 und 1991 ist ein **Erlebnis- und Freizeitpark** für die ganze Familie, in dem jährlich vielfältige **Kulturveranstaltungen** von Festivals über Konzerte bis hin zu Märchenaufführungen und Spielaktionen stattfinden.

Mit dem 209 Meter hohen Dortmunder Funk- und Fernsehturm, dem so genannten **Florian,** beherbergt der Park zugleich ein weithin sichtbares **Wahrzeichen der Stadt.** Der Turm besitzt ein drehbares Turmrestaurant sowie eine Aussichtsplattform, die einen großartigen **Rundblick** bieten.

● **Turmrestaurant:** Reservierungen unter Tel. 0231-1384975. Geöffnet: Di–Fr 18–23 Uhr, Sa, So 15–23 Uhr.

Neben den Kinderspielplätzen, den großen Wiesenbereichen und dem 1,5 Kilometer langen Spielbogen, der mit seinen unterschiedlichen Spielmöglichkeiten die Motorik und Sinneswahrnehmung fördern soll, ist sicherlich auch das **Deutsche Rosarium** mit seinen mehr als 3000 Rosensorten einen Besuch wert: Ende Mai blühen hier die prächtigen Wildrosen, und ab Juni erstrahlt die Blütenfülle der Kletterrosen an den unzähligen Rosenbögen, -säulen und -pergolen.

In den Sommermonaten kann man von der parkeigenen **Seilbahn** die wunderschöne Landschaft aus der Vogelperspektive bestaunen.

Seit 1988 beherbergt der Westfalenpark sogar eine Außenstelle des Museums für Kunst und Kulturgeschichte, das hier das **Deutsche Kochbuchmuseum** betreibt. Die Sammlung ist in der urigen Buschmühle untergebracht und beschäftigt sich mit dem Frauenbild und der Küchentechnik im 19. und 20. Jahrhundert.

Osten

● **Deutsches Kochbuchmuseum,** An der Buschmühle, 44139 Dortmund, Tel. 0231-5025741. Geöffnet: 1. November bis 31. März Mi 10–14 Uhr, So 10–17 Uhr, 1. April bis 31. Oktober Di–So 10–17 Uhr. Eintritt: frei.

Aber auch diejenigen, die es lieber beschaulich mögen und Erholung fernab vom täglichen Trubel suchen, werden in der grünen Oase Dortmunds nicht enttäuscht. Der weitläufige Park hat für jeden das passende Fleckchen parat und bietet neben dem immensen Freizeitangebot auch zahlreiche Ruhezonen und Liegewiesen.

● **Westfalenpark,** An der Buschmühle 3, 44139 Dortmund, Tel. 0231-5026100, www.westfalenpark.de. Der Park verfügt über mehrere Eingangsbereiche! Geöffnet: Eingang Florianstraße tgl. 9–23 Uhr, Eingang Ruhrallee tgl. 9–20 Uhr, Eingang Blütengärten tgl. 9–21 Uhr, Eingang Baurat-Marx-Allee tgl. 9–21 Uhr, Eingang Buschmühle tgl. 9–21 Uhr, Eingang Hörde tgl. 9–21 Uhr, Florianturm Mo 10–20. Eintritt: 2 €.

Hohensyburg ⤢XXIV/A1

Im äußersten Süden Dortmunds, im Stadtteil Syburg, liegt eines der beliebtesten Ausflugsziele der Stadt: die Hohensyburg. Der Name bezieht sich auf den Bergrücken (Syberg), der sich über dem Ruhrtal erhebt und auf dem sich eine alte Burgruine sowie weitere touristische Sehenswürdigkeiten der Region befinden.

Auf dem Westhang des Syberges, inmitten einer Wallbefestigung, ist noch die Ruine der mittelalterlichen **Steinburg** zu sehen, die wahrscheinlich zu Beginn des 12. Jahrhunderts erbaut wurde. Auf dem Burggelände fallen vor allem der 20 Meter hohe Vincke-Turm und das Kaiser-Wilhelm-Denkmal ins Auge.

Bereits 1857 ließ die Gemeinde Syburg auf dem höchsten Punkt des Berges den achteckigen Aussichtsturm zu Ehren des ersten Oberpräsidenten der preußischen Provinz Westfalen, *Ludwig Freiherr von Vincke,* errichten. Vom herausragenden Standort des **Vincke-Turms** hat man einen wunderschönen Blick in die Täler von Ruhr und Lenne.

Im Jahr 1902 wurde zur Erinnerung an die Deutsche Reichsgründung das imposante **Kaiser-Wilhelm-Denkmal** enthüllt, welches auch heute noch die Burgruine dominiert. Das Denkmal zeigt den Kaiser, zu Pferde sitzend, vor einem 34 Meter hohen Turm, flankiert von Standbildern *Bismarcks* und *Moltkes.*

Wer die Burgruine besichtigt, sollte unbedingt auch einen Zwischenstopp an der evangelischen **Peterskirche** einplanen, die zu den ältesten Sakralbauten in Westfalen zählt. Auf dem Kirchhof befinden sich noch 190 Grabsteine aus elf Jahrhunderten, darunter auch die ältesten Grabplatten Westfalens aus dem 9. Jahrhundert.

Zwischen Kirche und Kaiserdenkmal liegt außerdem das 1985 eröffnete **Casino Hohensyburg** mit angeschlossenem Restaurant (⤢ „Praktische Tipps").

● **Ruine Hohensyburg,** Hohensyburgstr. 200, 44265 Dortmund. Jederzeit zugänglich.

Der Dortmunder Westen

In den westlich gelegenen Stadtteilen Bövinghausen und Dorstfeld finden sich zwei weitere touristische Höhepunkte, die auch zu den **Ankerpunkten der Route Industriekultur** zählen: Die **Zeche Zollern II/IV** gewährt einen einmaligen Einblick in die faszinierende Industriearchitektur, während sich die **Deutsche Arbeitsschutzausstellung** (DASA) in beispielhafter Weise der Vergangenheit, Gegenwart und Zukunft des Arbeitsschutzes widmet.

Im westlichen Stadtteil Eichlinghofen kann zudem der Campus der 1968 gegründeten Dortmunder **Universität** besichtigt werden, an der inzwischen rund 24.000 Studenten eingeschrieben sind. Die Universität zeichnet sich vor allem durch ihre naturwissenschaftliche und technische Ausrichtung aus und besitzt mit der Fakultät für Informatik einen der größten Fachbereiche seiner Art in Deutschland. Eines der Markenzeichen der Dortmunder Universität ist die 1984 in Betrieb genommene Hängebahn (kurz **H-Bahn**), die mit ihren roten Kabinen den südlichen mit dem nördlichen Campus verbindet.

Osten

Deutsche Arbeits-
schutzausstellung (DASA) ↗XV/D2

Von dem eher drögen Namen des Museums sollte man sich auf keinen Fall abschrecken lassen, denn die Ausstellung ist alles andere als langweilig. Unter dem Motto **„Mensch, Arbeit, Technik"** widmet sich die DASA in spektakulärer Weise den vielfältigen Eigenschaften der Arbeits- und Lebenswelt von gestern, heute und morgen. Die unterschiedlichen Inhalte des Arbeitsschutzes und der Arbeitsmedizin werden dabei in einem modernen Ausstellungskonzept vermittelt, das den Besucher zum Anfassen, Ausprobieren und hautnahen Miterleben animiert. Verschiedene Fahrsimulatoren lassen den Besucher Probleme der Arbeit bei Transport und Verkehr nachvollziehen, und die Zeitdisco „Time Move" lädt ein, sich mit unterschiedlichen Dimensionen von Zeit auseinanderzusetzen. Mechanisierte Webstühle aus der Zeit um 1900, der Mittelteil eines Walzwerks und ein riesiger Stahlofen sind imposante Zeugen körperlicher Schwerstarbeit.

Mit etwa 13.000 Quadratmetern Ausstellungsfläche gehört die DASA neben dem Bochumer Bergbau-Muse-

Die Zeche Zollern: auch in architektonischer Hinsicht ein Glanzstück

um zu den **größten Museen im Ruhrgebiet.** Um die verschiedenen Ausstellungsbereiche zu erkunden, benötigt man mindestens einen Tag!

● **Deutsche Arbeitsschutzausstellung,** Friedrich-Henkel-Weg 1–25, 44149 Dortmund, Tel. 0231-90712479, www.dasa-dortmund. de. Geöffnet: Di–Sa 9–17 Uhr, So 10–17 Uhr, an Feiertagen Sonderregelungen. Eintritt: 3 €, ermäßigt 2 €.

Zeche Zollern II/IV ⤢ XV/C2

Schon als die Zeche 1898 ihren Betrieb aufnahm, wurde sie als technische und architektonische Meisterleistung bewundert und als repräsentative **Musterzeche** von der Betreibergesellschaft, der Gelsenkirchener Bergwerk

AG, vorgezeigt. Auch heute, über 100 Jahre nach ihrer Einweihung, hat diese wunderschöne Zechenanlage mit ihrer aristokratisch anmutenden Architektur nichts von ihrer einstigen Strahlkraft verloren. Als Ankerpunkt der **Route Industriekultur** ziehen die massiven Backsteinbauten mit ihren neugotischen Elementen und den Jugendstil-Einflüssen die Besucher nach wie vor in ihren Bann. Wer die Anlage durch den Zecheneingang betritt und sich auf dem imposanten Zechenplatz wiederfindet, kann erahnen, warum der Platz schon ehedem mit einem feudalen Schlosshof verglichen wurde. Als regelrechter Prunksaal wurde damals auch die **Maschinenhalle** mit ihrem beeindruckenden Jugendstil-Portal und ihrer filigranen Stahlkonstruktion bezeichnet, in der heute noch die original erhaltene Technik samt Marmorschalttafel und Fördermaschinen bestaunt werden kann. Hier hinein sollte man unbedingt einen Blick werfen und dabei auf kleine Details achten, wie die mit typischem Jugendstil-Dekor verzierte Werksuhr. Lohnend ist auch ein Besuch des **Hauptverwaltungsgebäudes,** in dem der Treppenaufgang mit seinem kunstvoll geschmiedeten Geländer einen Blickfang darstellt. An der schönen Backsteingotik und den Zwiebeltürmen erkennt man die **Lohnhalle.**

Die Zechenanlage, die 1966 ihren Betrieb einstellte und seit 1969 unter Denkmalschutz steht, ist heute **Teil der LWL-Industriemuseen.** Sie dokumentiert in ihrer musealen Funktion die Sozial- und Kulturgeschichte des Ruhr-

Fast wie aus dem Wunderland und doch „nur" eine alte Lohnhalle

bergbaus im 20. Jahrhundert und vermittelt in ihrer Dauerausstellung einen Einblick in den harten Arbeitsalltag der Bergleute. Jeden Sonntag um 11.30 Uhr und 12 Uhr können Besucher an den kostenlosen Führungen über das Gelände teilnehmen. Das Museum bietet darüber hinaus diverse **Themenführungen** an, etwa zur Architektur oder Ökologie.

Vor den Zechentoren erhält man einen Einblick in das Leben der Bergarbeiter außerhalb des Betriebs: In der Gartenstadt und **Kolonie Landwehr** sind einige Werkswohnhäuser und nett verzierte Beamtenhäuser in ihrem ursprünglichen Charakter erhalten geblieben (Rhaderweg, Grubenweg).

● **Zeche Zollern II/IV,** Grubenweg 5, 44388 Dortmund, Tel. 0231-6961111, www.zeche-zollern.de. Geöffnet: Di–So 10–18 Uhr. Eintritt: 3,50 €, ermäßigt 2 €.

Praktische Tipps

Information

● **Dortmundtourismus,** Königswall 18a, 44137 Dortmund (gegenüber dem Hauptbahnhof), Tel. 0231-18999222, Fax 1899 9333, www.dortmund-tourismus.de.
● **Besucherzentrum RUHR.2010:** Dortmunder U, Brinkhoffstr. 4, 44137 Dortmund.

Öffentliche Verkehrsmittel

● **Hauptbahnhof** und **zentraler Busbahnhof:** Königswall, 44137 Dortmund.
● **Taxi:** Taxistände liegen unmittelbar am Hauptbahnhof; Taxiruf 0231-19410.

Unterkunft

● **Cityhotel Dortmund,** Silberstraße 37–43, 44137 Dortmund, Tel. 0231-4779660, Fax 47796669, www.cityhoteldortmund.de. Preise: EZ ab 81 €, DZ ab 103 €.

Das zentral gelegene Hotel verfügt über 50 gemütliche Zimmer.
● **Pullmann Dortmund,** Lindemannstraße 88, 44137 Dortmund, Tel. 0231-91130, Fax 9113999, www.accorhotels.com. Preise: EZ ab 89 €, DZ ab 124 €.

Das Hotel grenzt an das schöne Kreuzviertel und ist nur einen Steinwurf von den Westfalenhallen entfernt. Mit klimatisierten Zimmern, Fitness- und Wellnessbereich sowie Solarium und Whirlpool.
● **NH Dortmund,** Königswall, 44137 Dortmund, Tel. 0231-90550, Fax 9055900, www.nh-hotels.com. Preise: Zimmer ab 99 €.

Modern ausgestattete Suiten mit zeitgemäßem Komfort plus Sauna, Dampfbad und Solarium erwarten den Gast.

Camping

● **Camping Hohensyburg** (↗**XXIV/B1**), Dorfstraße 69, 44265 Dortmund, Tel. 0231-774374, Fax 774 9554, www.camping-hohensyburg.de. Preise: 9 € pro Erw., Kind bis 10 Jahre 5 €.

Der Campingplatz befindet sich zwar nicht in Innenstadtnähe, dafür liegt er im schönen Stadtteil Syburg in direkter Nachbarschaft zum Hengstey-See.

Jugendherberge

● **Jugendherberge Dortmund,** Silberstr. 24–26, 44137 Dortmund, Tel. 0231-140074, www.djh-wl.de/jh/dortmund. Preis pro Person/Nacht ab 23 €.

Optimaler Ausgangspunkt für die Erkundung Dortmunds: Die Herberge liegt direkt im Zentrum der City.

Essen und Trinken

● **Hövels,** Hoher Wall 5–7, 44137 Dortmund, Tel. 0231-9145470, www.hoevels-hausbrauerei.de. Geöffnet: So–Do 11–24 Uhr, Fr, Sa 11–1 Uhr.

In der westfälischen Gaststätte in der Innenstadt wird das köstliche Hövels-Bier frisch gezapft. Im Sommer kann man das Bitterbier am besten im schönen Biergarten genießen.

Osten

●**Daily Italia,** Westenhellweg 67, 44137 Dortmund, Tel. 0231-146297. Geöffnet: Mo–Fr 7.30–21 Uhr, Sa 7.30–19 Uhr.

Hier sitzt man im Schatten der eindrucksvollen Botta-Bibliothek, in sachlichem Ambiente. Ideale Verpflegungsstation vor einem Start in die Einkaufszone der Innenstadt.

●**Der Thüringer,** Markt 13, 44137 Dortmund, Tel. 0231-5330568, www.der-thueringer.de. Geöffnet: tgl. ab 10 Uhr.

Der Name ist Programm: denn hier werden die guten alten Thüringer „Rostbratwürscht" nach den Original-Rezepten gegrillt. Ansonsten werden regionale Küche und Pfannengerichte serviert. Im Sommer kann man sich im teilweise überdachten Biergarten niederlassen.

●**Bam-Boomerang,** Kuckelke 20, 44135 Dortmund, Tel. 0231-2888734, www.bamboomerang.de. Geöffnet: Mo–Do 16–1 Uhr, Fr–Sa 15–2 Uhr, So 16–1 Uhr.

Eine australische Sportsbar mit exotischer Einrichtung und großem Biergarten. Wer auf Kängurusteaks und Pommes-Variationen steht, sollte hier einen Stopp einlegen.

●**Café Max,** Kuckelke 14, 44135 Dortmund, Tel. 0231-523538. Geöffnet: Mo–Fr 9–1, Sa, So und an Feiertagen 10–2 Uhr.

Einen Steinwurf von der Reinoldikirche entfernt, besticht das *Café Max* durch studentisches Flair. Die Küche serviert köstliche internationale Gerichte zu moderaten Preisen.

●**Collins,** Kuckelke 10, 44135 Dortmund, Tel. 0231-5330119, www.collinsclub.de/dortmund. Geöffnet: tgl. ab 10 Uhr.

Für Cocktails bietet sich diese exquisit gestylte Kolonialstilbar an. Über 150 Cocktails stehen zur Auswahl, wer möglichst viele davon möglichst günstig probieren möchte: von Mittwoch bis Samstag und vor Feiertagen gibt es ab 18 Uhr alle Cocktails für 4,50 €. Na dann, Prost.

●**Incontro,** Kleppingstraße 22, 44137 Dortmund, Tel. 0231-5330200. Geöffnet: Mo–So 11–2 Uhr.

Einer der besten „Italiener" im Ruhrgebiet, der sich durch erstklassige Küche und ein elegantes Ambiente auszeichnet.

●**Kyoto,** Rosental 9, 44135 Dortmund, Tel. 0231-5898400, www.kyoto-dortmund.de.

Geöffnet: Mo–Do 12–15 und 17.30–23 Uhr, Fr 12–15, 17.30–24 Uhr, Sa 12–24 Uhr.

In puristischem fernöstlichem Design lässt man sich hier köstliches Sushi und andere japanische Spezialitäten schmecken.

●**BAN-DO,** Bissenkamp 1b, 44135 Dortmund, Tel. 0231-9508881. Geöffnet Mo–Sa 11–23 Uhr.

Der Japaner liegt nur einen Steinwurf vom Konzerthaus entfernt und bietet erstklassiges Sushi. Außerdem gibt's auch was für's Auge: Das Essen segelt in kleinen Schiffen an der Bar vorbei.

●**Chill'R,** Brückstraße 32, 44137 Dortmund, Tel. 0231-9509443. www.chill-r.de. Geöffnet: Mo–Do, So 10–1 Uhr, Fr, Sa 10–2 Uhr.

Ob Frühstück, Mittag- oder Abendessen, die Küche des *Chill'R* (nahe Konzerthaus) bietet für jede Tageszeit das passende Menü. Stilvolles Ambiente, donnerstags ist außerdem noch DJ-Abend, und jeden ersten Mittwoch im Monat gibt's Live-Jazz!

●**Sultan Grill,** Hansastraße 6–12, 44135 Dortmund, Tel. 0231-5581957. Geöffnet: tgl. 10.30–24 Uhr.

Hier gibt es köstliche Speisen aus dem Nahen Osten, sei es auf die Hand oder im gediegenen Restaurant.

●**Esquina Central,** Kreuzstraße 69, 44139 Dortmund, Tel. 0231-134058, www.esquina.de. Geöffnet: Mo–Sa 9–24 Uhr, So und an Feiertagen 10–24 Uhr.

Schnuckeliges Café im Kreuzviertel mit kleinem Biergarten im Sommer. Große Auswahl an köstlichen Speisen, das Frühstück wird studentenfreundlich bis 14 Uhr serviert.

●**Spanish Blue,** Essener Straße 12, 44139 Dortmund, Tel. 0231-121112. Geöffnet: Mo–Fr, So ab 10 Uhr, Sa ab 9 Uhr.

Ein süßes Café im Kreuzviertel, im Sommer auch mit Sitzmöglichkeiten im Freien; bietet leckere Kuchen und Mittagstisch und ab 16 Uhr gibt's leckere Tapas.

●**Barrock,** Kreuzstraße 87, 44137 Dortmund, Tel. 0231-2063221, www.barrock-dortmund.de. Geöffnet: Mo–Do 17–1 Uhr, Fr 17–3 Uhr, Sa 13–3 Uhr, So 10–1 Uhr.

Eine Drehtür führt in die dunkel möblierte In-Kneipe im Süden der Stadt, die überwiegend mit Chill-Out-Musik beschallt wird. Eher gediegenes Publikum.

●**L'Artista** (↗**XVI/AB2**), Märkische Straße 220, 44141 Dortmund, Tel. 0231-411752. Geöffnet: Mo–So 16.30–23 Uhr.

Ein gemütlicher, stilvoller Italiener; ein echter Tipp in Dortmund.

Weitere Sehenswürdigkeiten

●**Alte Kolonie Eving** (↗**XVI/A1**), Nollendorfplatz, 44339 Dortmund.

Zwischen 1898 und 1900 entstand für die Bergleute der Zeche Minister Stein die Alte Kolonie Eving. Wie bei so vielen anderen Siedlungen dieser Art, konnte der in den 1970er Jahren drohende Abriss durch eine Bürgerinitiative verhindert werden. Die Zechensiedlung, die nach dem Ersten Weltkrieg durch einfachere Häuser erweitert wurde, besteht aus sehr individuell gestalteten Gebäuden, umgeben von zahlreichen Gärten. Mittelpunkt der Siedlung ist das prächtige Wohlfahrtsgebäude am Nollendorfplatz: Hier befanden sich früher diverse Einrichtungen der betrieblichen Sozialpolitik, die für die Belange der Bergarbeiter und ihrer Familien zuständig waren. Heute wird das Gebäude für kulturelle Veranstaltungen genutzt.

●**Schloss Bodelschwingh** (↗**XV/D1**), Schloßstraße 75, 44357 Dortmund.

Das Schloss zählt zu den besterhaltenen Wasserburgen im Revier und gilt als die größte Anlage seiner Art in Dortmund. Das Haus wurde ca. 1300 errichtet und im 16./17. Jahrhundert im Stil der Renaissance umgebaut. Da es in Privatbesitz ist, kann es nicht besichtigt werden. Trotzdem: ein herrlicher Anblick.

Weitere Theater

●**Theater im Depot,** Immermannstraße 39, 44147 Dortmund, Tel. 0231-982120. www.depotdortmund.de.

In einer ehemaligen Straßenbahnhauptwerkstatt gelegen, stellt das *Depot* ein Zentrum für Kunst, Handwerk und Medien dar und gehört mittlerweile zu den größten und schönsten freien Theaterhäusern in NRW. Auf der Bühne werden vor allem Eigenproduktionen und Koproduktionen im Bereich Schauspiel gespielt.

●**Theater Fletch Bizzel,** Humboldtstraße 45, 44137 Dortmund, Tel. 0231-142525, www.fletch-bizzel.de.

Im *Fletch Bizzel,* einem der ältesten freien Theaterhäuser, wird neben vielen Eigenproduktionen u.a. auch Kinder-Musik-Theater, Kinder-Puppentheater oder Improvisationstheater angeboten.

Beachclub

●**New Solendo** (**XVI/A1**), Speicherstr. 12, 44147 Dortmund, www.new-solendo.de.

Den Blick auf die kultige Kulisse des Dortmunder Hafens gerichtet, im Strandkorb sitzend und die Füße in den feinen Sand gegraben – so lässt es sich aushalten. Die Strandbar versorgt die Gäste mit einem reichhaltigen Speisen- und Getränkeangebot und Fußballfans können alle BVB Spiele in Live-Übertragung mitverfolgen. Im Winter genießt man den Strand nicht mehr unter freiem Himmel, sondern unterm Zeltdach. Dafür ist die Location ganzjährig geöffnet.

Nachtleben

●**FZW,** Ritterstr. 20, 44137 Dortmund, Tel. 0231-177820, www.fzw.de. Geöffnet: Do ab 23 Uhr, Fr, Sa ab 22 Uhr (unterschiedliche Öffnungszeiten je nach Anlass).

Im **Freizeitzentrum West,** kurz FZW, finden regelmäßig Konzerte und Clubnächte statt. Die Musik variiert von Charts bis zum Hardcore-, Grind- und Thrashmetal. Jeden Donnerstag ist Studentenparty angesagt und dann gibt's das FZW Flaschenbier für 1,50 €.

●**Subrosa,** Gneisenaustraße 56, Dortmund, Tel. 0231-820807. Geöffnet: Mo–Do 19–2 Uhr, Fr, Sa 19–3 Uhr.

Kultige, alternative Studentenkneipe im Nordviertel; schummerige Atmosphäre und röhrender Hirsch an der Wand.

●**SissiKingKong,** Landwehrstraße 17, 44147 Dortmund, Tel. 0231-7282578. Geöffnet: Di–So ab 18 Uhr.

Coole Bar im Nordviertel; 1970er-Jahre-Design mit reduzierter Deko und gemütlichen Sesseln. An den Wochenenden wird die Tanzfläche im Keller geöffnet, dann wird zu Funk, Soul, Pop, Gitarrenrock oder Elektroclash getanzt.

Osten

●**Im Keller,** Geschwister-Scholl-Straße 24, 44135 Dortmund, Tel. 0231-8280233, www.im-keller.com. Geöffnet: Do–Sa ab 22 Uhr.

„Wer nicht lieb ist, kommt in' Keller" ist der Slogan des kleinen unterirdischen Clubs. Für Kellerkinder wird donnerstags Disco-Dancefloor, freitags Alternative und samstags Gitarrenmusik gespielt.

●**Jazzclub domicil,** Hansastr. 7–11, 44137 Dortmund, Tel. 0231-8629030, www.domicil-dortmund.de. Geöffnet (Bar): Mo–Do 18–1 Uhr, Fr 18–3 Uhr, Sa 11–3 Uhr, So 11–1 Uhr.

Das *domicil* ist eine Institution in Dortmund und weit darüber hinaus. Schon 1969 gegründet, wuchs das domicil schnell zu DER Jazz-Location in NRW heran. Seither wurden im *domicil* Tausende von Veranstaltungen und Konzerten gefeiert, mit internationalen Stars wie *Chet Baker, Joyce* oder *John Scofield.* 2005 ist der Club in die ehemaligen Räume des Kinos an der Hansastraße gezogen, wo der kleine Club und der große Konzertsaal für Konzerte und Tanz zur Verfügung stehen. Im Eingangsbereich wurde die *caffelounge* eingerichtet, die neben ausgewählten Kaffeespezialitäten, köstlichen Cocktails und Longdrinks auch noch gute Musik zu bieten hat.

●**Spirit,** Helle 9, 44135 Dortmund, Tel. 0231-527225. Geöffnet: Mo–Do ab 21 Uhr, Fr, Sa ab 20 Uhr

Der Kult-Absackerclub in Dortmund. Wenn die anderen schon feucht durchgewischt haben, fängt hier die Party erst richtig an. Montags ist Biertag, dann kostet das 0,2-Liter-Glas nur 50 Cent!

●**Casino Hohensyburg** (⊿**XXIV/B2**), Hohensyburgstraße 200, 44265 Dortmund, Tel. 0231-77400. Geöffnet: Automaten tgl. 11–2 Uhr, Roulette, Baccara etc. 15–3 Uhr.

Kino

●**CineStar,** Steinstraße 44, 44147 Dortmund, Tel. 0231-8405401, Tickethotline: 01805-118811, www.cinestar.de.

Das Kino direkt hinter dem Hauptbahnhof gehört mit 14 Kinosälen zu den größten Multiplex-Kinos im Revier. Das Besondere sind aber die tollen Schnubbelsitze, in denen sich Paare aneinanderkuscheln können.

●**Roxy,** Münsterstraße 95, 44145 Dortmund, Tel. 0231-816379, Programmansage: 0231-8822787, www.roxykino-do.de.

Die Kultadresse für Programmkino.

●**Camera,** Mallinckrodtstraße 209, 44147 Dortmund, Tel. 0231-822738.

Die *Camera* kooperiert mit dem *Roxy* und gilt in Dortmund ebenfalls als eine der ersten Adressen für bestes Programmkino.

●**Lichtspiel- und Kunsttheater Schauburg,** Brückstraße 66, 44135 Dortmund, Tel. 0231-9565606, www.schauburg-kino.com.

Seit 1912 ist das *Kunsttheater* bereits in der Innenstadt ansässig. Ausgestattet mit zeitgemäßer Technik und Dekor, hat es sich heute auf Programm- und Mainstreamkino spezialisiert, hinzu kommen Sonderveranstaltungen wie Varieté, Musiktheater, Kammerkonzerte, Lehr- und Kinderfilmtheater.

Feste und Festivals

●**Internationales Filmfestival Dortmund:** Seit 1987 findet das Festival alle zwei Jahre im April statt. Vor dem Hintergrund einer thematischen Ausrichtung zeigt das Festival anspruchsvolle Regiearbeiten von Frauen. Infos: www.femmetotale.de.

●**Juicy Beats:** Laut Veranstalter das größte Festival für elektronische und artverwandte Musik im Westen. Auf mehreren Bühnen spielen im Juli im Dortmunder Westfalenpark Live-Acts, DJs, VJs bis spät in die Nacht. Infos: www.westfalenpark.de, www.juicybeats.net.

●**Weihnachtsmarkt:** Auf dem Dortmunder Markt steht jedes Jahr der mit satten 45 Metern Höhe weltgrößte Weihnachtsbaum, an dem rund 13.000 Lichter funkeln. www.weihnachtsmarkt-dortmund.de.

Einkaufen

In der Fußgängerzone

●**Macao,** Brückstraße 11, 44135 Dortmund, Tel. 0231-9508888. Geöffnet: Mo, Di, Mi, Sa 10–19 Uhr, Do, Fr 10–20 Uhr.

Kleine, edle Boutique, individuelle Mode.

●**Aktivissimo,** Brückstraße 21, 44135 Dortmund, Tel. 0231-9508687. Geöffnet: Mo–Fr 10–18.30 Uhr, Sa 11–15 Uhr, an Konzertabenden bis 20 Uhr.

Erlesene Auswahl an klassischer Musik.

●**Mayersche Buchhandlung,** Westenhellweg 37–41, 44137 Dortmund, Tel. 0231-809 050, www.mayersche.de. Geöffnet: Sa 9.30–20 Uhr.

Auf mehreren Etagen bietet die Buchhandlung ein reichhaltiges Sortiment und ein kleines Café im Obergeschoss.

In anderen Stadtteilen

●**Amsterdam Record Shop,** Sternstr. 11, 44137 Dortmund, Tel. 0231-161691, www. amsterdam-record-shop.de. Geöffnet: Mo–Fr 12–18.30 Uhr, Sa 11–14 Uhr.

Dortmunds größter An- und Verkauf von Schallplatten und CDs ist bereits seit 20 Jahren im Geschäft und bietet auf 2. Etagen über 80.000 Platten und über 20.000 CDs an. Der sympathische Laden ist außerdem ein kleiner Waschsalon: verschmutzten LPs verhilft eine VPI-Plattenwaschmaschine wieder zu neuem Glanz. Also: lieb gewordene, aber verstaubte Platten einfach vorbeibringen und gewienert wieder abholen.

●**Trödelmarkt an der Universität** (⤢**XV/ D2**): Parkplatz an der Emil-Figge-Straße, 44227 Dortmund. Sa 6–14 Uhr.

Sport und Freizeit

●**Fahrradverleih** (⤢**XV/D1**): Kokerei Hansa, Emscherallee 11, 44369 Dortmund-Huckarde, Tel. 0231-93112233. Geöffnet: 1. April bis 31. Oktober Di–So 10–18 Uhr, 1. November bis 31. März Di–Fr 10–16 Uhr, Sa 13–16 Uhr, So und Feiertage 10.30–13.30 Uhr und nach Vereinbarung.

●**Klettern:** *Kletter-Max* (⤢**XVI/B2**), Hermannstraße 75, 44263 Dortmund, Tel. 0231-4270257, www. kletter-max.de. Geöffnet: Mo 10–18 Uhr, Di 10–16 Uhr nur auf Voranmeldung, Di 16–22 Uhr normal geöffnet, Mi–Fr 10–22 Uhr, Sa, So, Fei 10–19 Uhr.

Außergewöhnliche Indoor- und Outdoor-Anlage mit insgesamt 82 Kletterrouten, die in Höhen von bis zu 21 Metern reichen. Der Outdoor-Bereich bietet zwei große Klettertürme, eine Klettersäule und Riesenleiter, einen Hochseilgarten mit drei Seilbrücken und natürlich einen Biergarten.

●**Eislaufen:** Eislaufhalle Revierpark, Höfkerstraße 12, 44149 Dortmund, Tel. 0231-9170 7170, www.revierpark.de.

Hier wird das Eislaufen mit Lichtanlagen, Nebel und Schwarzlicht als Partyvergnügen zelebriert. Für die Wagemutigen gibt es Auf- und Abfahrtsrampen.

●**Revierpark Wischlingen** (⤢**XV/D2**), Höfkerstraße 12, 44149 Dortmund, Tel. 0231-9179710, www.wischlingen.de.

Der riesige Revierpark mit seinen weiten Wald- und Wiesenflächen und einem Natur-See liegt mitten in Dortmund. Das Freizeitangebot reicht von Tennis und Minigolf über Bootfahren bis hin zum Eislaufen. Das angegliederte **Solebad** Wischlingen bietet eine hervorragende Saunalandschaft mit großem Außenbereich. Toll: eine Salzstollensauna, die wie ein kleiner Bergwerkstollen angelegt ist; hier steht sogar ein Kohleförderwagen.

●**Fredenbaumpark,** ⤢ dort.
●**Rombergpark,** ⤢ dort.
●**Westfalenpark,** ⤢ dort.

Kinder

●**Kinderführungen in der Kokerei Hansa,** ⤢ dort.
●**Theater Fletch Bizzel,** ⤢ oben.
●**Revierpark Wischlingen,** ⤢ oben.
●**Museum für Naturkunde,** ⤢ dort.
●**Fredenbaumpark,** ⤢ dort.
●**Rombergpark,** ⤢ dort.
●**Westfalenpark,** ⤢ dort.
●**KidzzWorld,** ⤢ „Reisetipps A–Z, Kinder".

Zoo

●**Tierpark Dortmund** (⤢**XVI/A3**), Mergelteichstraße 80, 44225 Dortmund, Tel. 0231-5028581, www.dortmund.de/zoo. Geöffnet: 16. März bis 15. Okt. 9–18.30 Uhr, 1. Nov. bis 15. Feb. 9–16.30 Uhr, 16. Feb. bis 15. März sowie 16. bis 31. Oktober 9–17.30 Uhr. Eintritt: 6 €, ermäßigt 3 €, Kinder unter 6 Jahren frei.

Lohnend ist der Besuch des Amazonashauses, in dem ein Regenwald durchwandert und die südamerikanische Tier- und Pflanzenwelt bestaunt werden kann. Nicht verpassen sollte man auch das Regenwaldhaus, in dem gemeinsam Menschenaffen und Tapire gehalten werden.

Osten

Hagen

♫ XXIV/AB2

Überblick

Im Südosten des Ruhrgebiets liegt die Vierflüsse-Stadt Hagen. Dort, wo Ennepe, Lenne und Volme in die Ruhr fließen, wirkt sie wie hineingegossen in eine grüne Hügellandschaft. Je nach Blickwinkel ist die Heimat von *Nena* und *Extrabreit* mit ihren 192.000 Einwohnern das Tor zum Sauerland oder zum südlichen Ruhrgebiet.

Bereits in der Bronze- und Eisenzeit gab es im Hagener Raum erste Ansiedlungen, und auch in der römischen Epoche lebten hier schon Menschen. Ein imposantes Zeugnis des späten Mittelalters erwartet den Besucher auf **Hohenlimburg,** dem 1242 erbauten Stammsitz der Grafen *von Isenberg-Limburg*. Nach dem Aussterben dieses Geschlechts fiel der Raum Hagen im Jahre 1666 an Brandenburg-Preußen.

Obwohl an einer Handelsstraße gelegen, hatte Hagen über Jahrhunderte keine große Bedeutung, es zählte Mitte des 18. Jahrhunderts nur 1200 Einwohner. Die wichtigsten handwerklichen **Erwerbszweige** waren zunächst die Klingenschmieden, Tuchfabriken und Webereien. Klingenschmiede sowohl aus Solingen als auch aus dem Bergischen Land arbeiteten in Hagen. Die Bedeutung der Stadt wuchs, als 1845 in Haspe ein **Hüttenwerk** gegründet und die Eisen verarbeitende Industrie hier heimisch wurde.

Für Touristen ist in Hagen **das Westfälische Freilichtmuseum** ein absolutes Muss, welches einen einzigartigen Einblick in die handwerklichen Techniken des vorindustriellen Zeitalters gibt. Außerdem ist die Stadt eines der wichtigsten Jugendstilzentren in ganz Europa. In den ersten beiden Jahrzehnten des 20. Jahrhunderts entwickelte sich hier unter dem Einfluss von *Karl Ernst Osthaus* und Henry van de Velde der so genannte **„Hagener Impuls"**, dessen Spuren noch heute in der Stadt zu finden sind.

Innenstadt

Die Innenstadt Hagens wird dominiert vom attraktiven, neu gestalteten Friedrich-Ebert-Platz, an dem es sich in vielen Restaurants, Cafés und Eisdielen herrlich verweilen lässt (z.B. im *Ratskeller* oder in der *Bar Celona*, ♫ „Praktische Tipps"). Wenn hier die Sonne scheint, kommt unter dem campanileartigen schlanken Rathausturm fast **mediterrane Atmosphäre** auf. Neben dem gastronomischen Angebot und reichhaltigen Einkaufsmöglichkeiten (♫ „Praktische Tipps") befindet sich in der Innenstadt Hagens auch das neue Kunstquartier.

Kunstquartier Hagen

Das neue Kunstquartier Hagen, das am 28. August 2009 seine Pforten öffnete, vereint zwei Museen unter einem Dach: Das Emil Schumacher Museum und das Osthaus Museum. Letzteres wurde durch einen Neubau erweitert, der vom Mannheimer Architekturbüro *Lindemann Architekten* entworfen wurde. Die inhaltliche Verbundenheit beider Häuser wird durch ei-

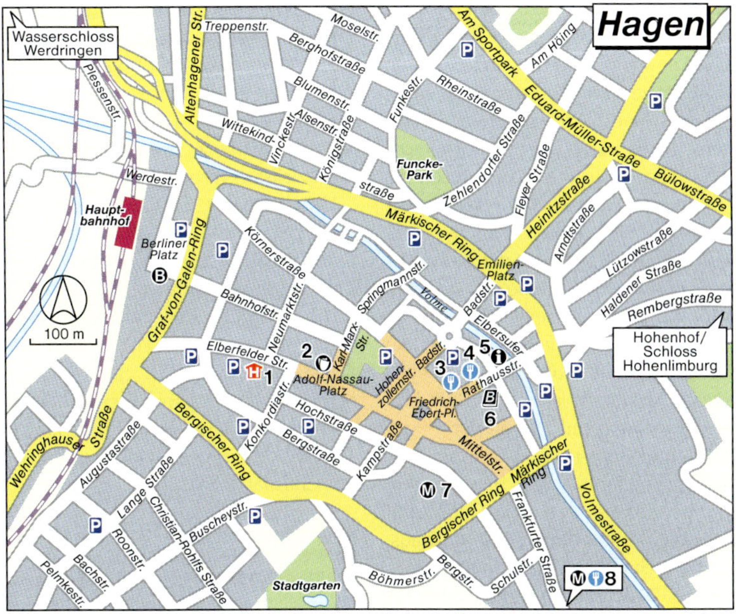

Hagen

(Stadtplan Hagen mit Straßennamen und Standortmarkierungen)

Osten

⛪ **1** Hotel Lex	Ⓜ **7** Kunstquartier Hagen mit
♻ **2** Theater Hagen	Emil Schumacher Museum und
⚲ **3** Café & Bar Celona	Osthaus Museum
⚲ **4** Rathaus/Ratskeller	Ⓜ **8** LWL-Freilichtmuseum Hagen
⚲ **5** Touristen-Information	⚲ Haus Letmathe
▣ **6** Buchhandlung am Rathaus	

nen beeindruckenden Glasbau visualisiert, der beide Gebäude zusammenfasst.

Das **Emil Schumacher Museum** widmet sich dem Lebenswerk des Hagener Künstlers, der zu den bedeutendsten Vertretern **expressiver Malerei** zählt. Auf drei Stockwerken werden über **500 Werke** aus allen Schaffensphasen *Schumachers* gezeigt: Gemälde, Arbeiten auf Papier, Keramik und Porzellane.

Das 1902 eröffnete **Osthaus Museum,** das im Rahmen der Museumserweiterung grundlegend saniert wurde, geht auf den Hagener *Karl Ernst Osthaus* (1874–1921) zurück, der mit seinem immensen Erbe ursprünglich ein Museum der Naturwissenschaften einrichten wollte. Doch es kam anders. Der Bankierssohn verließ den angetretenen Kaufmannsberuf, studierte ein wenig wahllos Kunst, Philosophie und Naturwissenschaften in Berlin, Straßburg, Wien, Bonn und München und wusste lange nicht so recht, wohin sein Lebensweg ihn eigentlich führen sollte. Nach dem Tod der Großeltern, als Erbe eines beträchtlichen Vermögens, versuchte er seine Reformideen und Visionen in die Tat umzusetzen; Kunst und Leben sollten – seiner Forderung nach – eine Einheit werden, wollte Deutschland nicht den Anschluss ans europäische Kulturleben verlieren und als Kulturvolk bestehen. Der Name *Karl Ernst Osthaus* ist durch die Gründung des Folkwang-Museums, aber auch durch die Gartenstadt Hohenhagen eng mit Hagen verknüpft. 1898, im Alter von gerade einmal 24 Jahren, begann *Osthaus* bzw. der von ihm beauftragte Architekt *Gérard* mit der Realisierung eines Museumsbaus. Doch nach der Begegnung mit *Henry van de Velde* änderte *Osthaus* den Stil und die gesamte Konzeption seines Museums. Unter der Hand *van de Veldes*, von dessen modernen Ansichten der junge Mäzen begeistert war, entstand schließlich ein **Kunstmuseum**, dessen Besuch eine Reise in den Jugendstil darstellt. 1902 wurde das Haus als **„Museum Folkwang"** eröffnet. *Osthaus* sammelte vor allem die damals zeitgenössische Kunst, Werke von *Paul Cézanne, Vincent van Gogh, Edouard Manet, Ferdinand Hodler, Henri Matisse, Auguste Renoir, Auguste Rodin* und *Georges Seurat. Osthaus* wünschte sich, den Menschen in einer Region, in der die Industrie allmächtig und allgegenwärtig war, die Möglichkeit der Auseinandersetzung mit zeitgenössischer Kunst zu geben.

Nach seinem Tod verkauften seine Erben die Sammlung an die Stadt Essen, wo das Folkwangmuseum eine neue Heimat fand (siehe dort). Ein Großteil der von *Osthaus* gesammelten Kunstwerke wurde von den Nationalsozialisten vernichtet.

Heute ist das Gebäude nach Hagens größtem Kulturmäzen benannt. Das Osthaus Museum im Kunstquartier Hagen empfängt seine Besucher mit beeindruckenden Einblicken in das Werk *Henry van de Veldes* und die Kunst aus dem 20. Jahrhundert. Schwerpunkte hierbei bilden der deutsche Expressionismus, die frühe klassische Moderne sowie Bilder des Künstlers *Christian Rohlfs*.

●**Kunstquartier Hagen**, Museumsplatz 1 (Navi-Eingabe: Hochstr.) 58095 Hagen, Tel. 02331-2073138, www.kunstquartier-hagen.de. Geöffnet: Di–Fr 10–17 Uhr, Sa, So 11–18 Uhr. Eintritt: 6 € (für beide Museen).

Hohenhof – Museum des „Hagener Impulses" ♺XXIV/B2

Nur zwei Kilometer östlich der Hagener Innenstadt liegt ein weiterer **Jugendstil-Höhepunkt** der Stadt: der Hohenhof, eine umwerfende Villa, die *Henry van de Velde* zwischen 1906 und 1908 als Wohnhaus für die Familie *Osthaus* baute.

Mit der konsequenten Umsetzung seiner Formensprache hat *van de Velde* hier ein Baudenkmal von europäischem Rang geschaffen, welches als Hauptwerk des „Hagener Impulses" betrachtet werden kann. *Van de Velde* gestaltete auch die Möbel, Wandde-

Osten

korationen, Bodenbeläge, Lampen, Stoffe, Geschirr und Besteck für den Hohenhof. Das Gebäude gilt als eines der wenigen erhaltenen Gesamtkunstwerke des Jugendstils. Ursprünglich sollte der Hohenhof das Zentrum der **Künstlerkolonie Hohenhagen** sein, doch diese Gartenstadt am Stirnband wurde nur in Teilen realisiert. Vorbild für das Projekt war die Darmstädter Mathildenhöhe. In die Gesamtgestaltung des Hauses wurden große europäische Künstler eingebunden, wie etwa der Schweizer Maler *Ferdinand Hodler*. Auch *Edouard Vuillard* und *Henri Matisse,* der das Fliesentriptychon für den Wintergarten der Villa fertigte, waren beteiligt. Nach dem Tod von *Karl Ernst Osthaus* im Jahre 1921 stand das Haus bis 1933 leer. Zwischen 1933 und 1945 wurde es von den Nationalsozialisten als „Ausbildungsstätte" genutzt. Später fungierte das Gebäude als Frauenklinik bzw. pädagogische Hochschule. Anfang der 1980er Jahre wurden die Räume schließlich rekonstruiert und die Jugendstileinrichtung wieder zusammengetragen.

Für Freunde des Jugendstils wird ein Besuch dieses außergewöhnlichen Hauses mit seiner wechselvollen Ge-

Im Hohenhof vereinigen sich zahllose Jugendstilfacetten zu einem harmonischen Gesamtkunstwerk

schichte zu einem unvergesslichen Erlebnis.

●**Hohenhof,** Stirnband 10, 58093 Hagen, Tel. 02331-55990, www.keom.de. Geöffnet: Sa, So 11–18 Uhr. Eintritt: 3 €, ermäßigt 2 €.

Schloss Hohenlimburg

Östlich der Bundesautobahn A 45, an der Lenne gelegen, trifft man auf den Hagener Stadtteil Hohenlimburg, in dem man die gleichnamige Burg besuchen sollte. Diese war einst das Zentrum der kleinen **Grafschaft Limburg,** die sich im jahrhundertelangen Kampf mit der umliegenden größeren Grafschaft Mark ihre Selbstständigkeit erhalten konnte, ehe sie Ende des 16. Jahrhunderts an die Fürsten *von Bentheim-Tecklenburg* fiel.

Bereits um 1230 wurde die Burg von *Graf Dietrich von Isenburg* erbaut. Im Dreißigjährigen Krieg wurde sie 1633 durch *Lothar Dietrich von Bönninghausen* belagert und besetzt. Ein Brand zerstörte die Vorburg bis auf die Grundmauern. Im 18. Jahrhundert wurde die Hohenlimburg nach Beilegung von Erbstreitigkeiten mit dem Haus Preußen zum Residenzschloss ausgebaut, welches nach wie vor von der fürstlichen Familie genutzt wird.

Die alte Burg ist in vielen Teilen erhalten und in ihrem ursprünglichen Grundriss erkennbar geblieben, obwohl sie bis ins 18./19. Jahrhundert mehrfach umgebaut wurde. Die Vorburg der Anlage stammt aus dem 18. Jahrhundert. Beachtenswert sind die schönen **Fachwerk-Erker** und das schmiedeeiserne **Brunnenhaus.**

Das **Burgmuseum** präsentiert Möbel und andere Utensilien aus der Empirezeit und führt den Besucher in die Welt des Adels im 18./19. Jahrhundert.

●**Schloss Hohenlimburg,** Alter Schlossweg 30, 58119 Hagen, Tel. 02334-2771, www.schloss-hohenlimburg.de. Geöffnet: Okt. bis März Sa 11–17 Uhr, So, Fei 11–17 Uhr, April bis Sept. Di–So 11–18 Uhr. Eintritt: 4 €, ermäßigt 2 €.

LWL-Freilichtmuseum Hagen   ⤢XXIV/A3

Im Süden des Hagener Stadtteils Eilpe im engen Mäckingerbachtal findet man das einzige Freilichtmuseum in Westeuropa, in dem die technikgeschichtliche Entwicklung des selbstständigen **Handwerks** sowie die des vor- und frühindustriellen **Gewerbes** dargestellt wird. Im Laufe von 25 Jahren entstand dieses bemerkenswerte Museum, das zu Hagen-Selbecke gehört und seine Gebäude und Objekte auf einer Strecke von etwa 2,5 Kilometern präsentiert.

Ein Besuch im Freilichtmuseum Hagen wird durch die erholsame Natur des Sauerlands zu einem unvergleichlichen Kulturausflug. Auf dem 42 Hektar großen Areal wird in liebevoll restaurierten Fachwerkhäusern der Fertigungsprozess der unterschiedlichsten Produkte demonstriert. In zahlreichen **Vorführbetrieben** wird auf der Grundlage historischer Handwerkstechniken geschmiedet, gebacken, gedruckt und gebraut – und je nach Wunsch danach

Osten

gekauft, gegessen und getrunken. Vor den Augen der Besucher entstehen Nägel, Seile, Papier, Zigarren, Bier, Brot und Kaffee.

Da der Hagener Raum zu den ältesten Eisenfundorten und den frühen Eisen verarbeitenden Regionen in Deutschland zählt, ist es nur folgerichtig, dass dem **Schmiedehandwerk** im Freilichtmuseum besondere Aufmerksamkeit geschenkt wird. Neben Feilenschmiede, Messingstampfe, Bohrer-,

In jedem Haus ein anderes Handwerk, dazu frisches Brot und Bier: das Freilichtmuseum Hagen schafft glückliche Ausflügler

Beil-, und Kupferschmiede lädt auch das Deutsche Schmiedemuseum zur Besichtigung ein. Hier, im prächtigsten Gebäude des Museumsareals, ist eine höchst sehenswerte Spezialsammlung zur **Kulturgeschichte des Schmiedens** zu sehen. Aufgrund der Fülle an Vorführungen und Informationen sollte man mindestens einen halben Tag für die Besichtigung des Geländes einplanen, das übrigens auch für Kinder ein aufregender „Lernplatz" ist. Die Demonstration der historischen Produktionstechniken wird von eigens geschulten Mitarbeitern durchgeführt, die auch den jeweiligen geschichtlichen Hintergrund erklären können.

In der angeschlossenen Museumsgaststätte *Haus Letmathe* kann auf

Wunsch auch historisch getafelt werden (↗„Praktische Tipps").

● **LWL-Freilichtmuseum Hagen,** Mäckingerbach, 58091 Hagen, Tel. 02331-78070, www.freilichtmuseum-hagen.de. Geöffnet: April bis Oktober Di–So und an Feiertagen 9–18 Uhr (Einlass bis 17 Uhr). Eintritt: 5 €, ermäßigt 2 €.

Wasserschloss Werdringen ↗XXIII/D2

Im Hagener Norden, nicht weit vom Harkortsee entfernt, steht das schöne Wasserschloss Werdringen. Dieses einstige Lehen der Herren *von Volmarstein* weist eine fast **800-jährige Geschichte** auf; es wurde als Rittergut erbaut, brannte im 14. Jahrhundert nieder, und schließlich gestaltete man das Haus im 19. Jahrhundert im neugotischen Stil zum Schloss um. Das vor dem Verfall gerettete Anwesen wurde durch die Stadt Hagen und das Land Nordrhein-Westfalen komplett restauriert und ist heute auf jeden Fall einen Besuch wert. Seit kurzem kann man hier auch **ur- und frühgeschichtliche Sammlung der Stadt Hagen** besichtigen. Dabei werden z.T. Funde präsentiert, die 450 Millionen Jahre alt sind, aber auch Waffen und Werkzeuge der Neandertalerzeit. Römische Münzen und Keramiken schließlich dokumentieren die Besiedlung der Gegend als ein Randgebiet der römischen Kultur.

● **Wasserschloss Werdringen,** Werdringen 1, 58089 Hagen, Tel. 02331-3067266, www.historisches-centrum.de. Geöffnet: Museum Mi–So 10–17 Uhr. Eintritt: 3,20 €, ermäßigt 1,80 €.

Praktische Tipps

Information

● **Hagen Touristik,** Rathausstraße 13, 58095 Hagen, Tel. 02331-2075894, Fax 2072088, Internet: www.hagen.de. Geöffnet: Mo–Do 9–17 Uhr, Fr 9–12.30 Uhr.

Öffentliche Verkehrsmittel

● **Hauptbahnhof:** Am Hauptbahnhof, 58089 Hagen.
● **Zentraler Busbahnhof:** Berliner Platz, 58089 Hagen.
● **Taxi:** Taxistände liegen unmittelbar am Hauptbahnhof; Taxiruf: 02331-19410.

Unterkunft

● **Hotel Lex,** Elberfelder Straße 71, 58095 Hagen, Tel. 02331-32030, Fax 27793, www.hotellex.de. Preise: EZ ab 63 €, DZ ab 98 €.
Ein Familienbetrieb in dritter Generation mit zeitgemäßem Komfort.
● **Gästehaus Waldlust** (↗XXIV/A3), Pelmkestr. 111, 58089 Hagen, Tel. 02331-339911, www.hotel-restaurant-waldlust.de. Preise: EZ ab 49 €, DZ ab 82 €.
Das Haus liegt mitten in der Natur und eignet sich ideal für Wanderausflüge ins Sauerland.

Jugendherberge

● **Jugendherberge Hagen** (↗XXIV/B2), Eppenhauser Straße 65 a, 58093 Hagen, Tel. 02331-50254, www.djh-wl.de/hagen. Preise: Mehr- und Doppelbettzimmer ab 18 €.
Herberge mit urigem Charme; auf Wunsch gibt's vegetarische Kost.

Essen und Trinken

● **Ratskeller Hagen,** Rathausstraße 1, 58095 Hagen, Tel. 02331-2045371. Geöffnet: tgl. ab 11 Uhr.
Hier gibt's Bierspezialitäten und bodenständige Kost in historischem Ambiente.
● **Café & Bar Celona,** Volme-Galerie, Friedrich-Ebert-Platz 3, 58095 Hagen, Tel. 02331-3483743, www.cafe-bar-celona.de. Geöffnet: So–Do 9–1 Uhr, Fr 9–2 Uhr.

Junge Küche und coole Atmosphäre mitten in der City; mit schöner Terrasse.

● **Haus Letmathe** (↗**XXIV/A3**), Gaststätte im Westfälischen Freilichtmuseum Hagen, Tel. 02331-70100. Di–So 11–17.30 Uhr.

Westfälischer Mittagstisch und Kaffeetafel; nach Voranmeldung kann auch historisch geschlemmt werden, den „Schmiede-Schmaus" gibt es für Gruppen ab 20 Personen.

Einkaufen

● **Buchhandlung am Rathaus,** Rathausstraße 12, 58095 Hagen, Tel. 02331-32689, www.rathaus-buchhandlung.com. Geöffnet: Mo–Fr 9–19 Uhr, Sa 9–16 Uhr.

Ein kleiner Schmökerladen, in dem man u.a. Literatur über Hagen findet.

Sport und Freizeit

● **Wassersport:** Yachtschule Harkortsee (↗ **XXIII/D2**), Büroadresse: Feithstraße 55, 58095 Hagen, Tel. 02331-590059, www.yachtschule-harkortsee.de.

Ob Schnupper-Segeln oder Prüfungen für alle Arten von Wasserfahrzeugen: Hier kann man seine Seetauglichkeit testen.

Kinder

● **Museumspädagogische Angebote** im LWL-Freilichtmuseum Hagen, ↗ dort.

Theater

● ↗ Kapitel „Reisetipps A–Z, Theater und Konzerthäuser".

Hamm

Überblick

Im äußersten Nordosten des Ruhrgebiets erstreckt sich das Stadtgebiet von Hamm. Graf Adolf von der Mark hatte die Stadt **1226 gegründet,** und bald schon ging ein wirtschaftlicher Aufschwung hier vonstatten. Für 1290 ist eine Stadtbefestigung nachgewiesen,

Tipp

Hamm ist eine sehr **fahrradfreundliche Stadt.** Wer Lust hat, leiht sich an der Radstation am Bahnhof (Willy-Brandt-Platz, Mo–Fr 5.30–21 Uhr, Sa 8–17 Uhr, 5 € pro Tag) einen Drahtesel und geht abgasfrei auf Entdeckungstour (↗ auch „Reisetipps A–Z, Fahrrad").

und 1297 fand Hamm Anschluss an das Fernstraßennetz. Durch verschiedene Gewerbe wie die Tuchweberei, Brauereien und Branntweinherstellung kam die Stadt zu relativem Wohlstand. Der Landesherr Graf Adolf von der Mark verlieh sowohl Münz- als auch Marktrechte, was den Marktplatz schon früh zum festen öffentlichen Treffpunkt der Hammer Bürger machte und so entscheidend dazu beitrug, dass die Stadt gute Handelsbeziehungen pflegen und im 15. Jahrhundert **Mitglied der Hanse** werden konnte.

Ab dem 19. Jahrhundert wurde Hamm zu einem höchst bedeutenden Verkehrsknotenpunkt, da es **Umschlagplatz für die Lippeschifffahrt** war und seit 1847 auch über einen wichtigen Bahnhof verfügte. Der Bergbau spielte dagegen nur mittelbar eine Rolle für den Aufstieg Hamms. Man verschiffte, verlud und transportierte, was vorwiegend andernorts gefördert worden war.

Durch **großflächige Eingemeindungen** im Jahre 1975 wuchs die Stadt Hamm zu ihrer heutigen erstaunlichen Größe von über 220 Quadratkilometern heran. 1984 war sie Austragungsort der ersten nordrhein-westfälischen Landesgartenschau auf

Osten

1	RevierRad-Station	10	Kirche St. Agnes
2	Touristen-Information	11	Wasserschloss Oberwerries,
3	Helios Theater		Schloss Heessen
4	Gustav-Lübcke-Museum	12	Haus Vorschulze
5	Lutherkirche	13	Hotel Stadt Hamm
6	Das Wohnhaus	14	Rathaus
7	Gaststätte Alt Hamm	15	Maximilianpark,
8	Alte Stadtmauer		Tempel Sri Kamadchi Ampal
9	Pauluskirche / Marktplatz		

dem Gelände des heutigen Maximilianparks.

Für Besucher bietet die **„Stadt im Grünen",** in der gegenwärtig rund 182.000 Menschen wohnen, eine Reihe von Sehenswürdigkeiten. Den Höhepunkt bilden dabei das **Gustav-Lübcke-Museum** und der riesige **„Glaselefant"** im Maximilianpark, dessen kleinere Verwandte in allen Materialien und Farben überall in der Innenstadt auftauchen. Sehenswert in der Stadt, die sich als das östliche Tor zum Ruhrgebiet versteht, sind aber auch verschiedene historische Bürgerhäuser und die Hammer Kirchen.

Innenstadt

Katastrophale Stadtbrände vor allem im 18. Jahrhundert und die Bombenschäden des letzten Weltkriegs haben das einst homogene **Stadtbild** von Hamm stark beeinträchtigt. Die in früheren Jahrhunderten erbauten Bürgerhäuser, die noch zu Beginn des 20. Jahrhunderts den Marktplatz zierten, fielen fast vollständig der Zerstörung der Hammer Innenstadt im Zweiten Weltkrieg zum Opfer. Da man in den vergangenen Jahrzehnten aber einige Altstadthäuser wieder liebevoll restauriert hat, bietet die Innenstadt dem modernen Betrachter heute eine Reihe geschichtsträchtiger Bauten. Die Orientierungsgrenzen dieser City sind im Norden die Lippe, im Süden die Hohe Straße, im Westen der Hauptbahnhof und im Osten der Ostring.

Ein Spaziergang durch den Stadtkern könnte am **Hauptbahnhof** bzw. dem Willy-Brandt-Platz beginnen. Dieser 2001 neu gestaltete Platz ist architektonisch originell und beherbergt auch den Busbahnhof der Stadt. Das Bahnhofsgebäude wurde erst vor kurzem in hervorragender und preisgekrönter Weise restauriert und zählt zu den schönsten historischen Bahnhofsbauten Deutschlands. Die Uhr auf dem Dach wird flankiert von einer Drahtzieher- und einer Bergmann-Figur, die symbolisch für die Leistungskraft der heimischen Metallindustrie und des Zechenwesens stehen. Neben dem schönen Hauptbahnhof hat die Stadt auch einen der wichtigsten Rangierbahnhöfe des Landes, dessen

große strategische Bedeutung ihn allerdings im Zweiten Weltkrieg zu einem vorrangigen Ziel von Luftangriffen werden ließ.

Einkaufs- und Restaurantempfehlungen für die Innenstadt ⤴„Praktische Tipps".

Gustav-Lübcke-Museum

Nur ein paar Schritte vom Hauptbahnhof entfernt liegt das moderne Gebäude des Gustav-Lübcke-Museums, dessen architektonische Gestalt mit der ausgeklügelten Lichtkonzeption selbst schon ein Erlebnis ist. Seit 1993 sind in diesem Komplex, der von den dänischen Architekten *Jorgen Bo* und *Vilhelm Wohlert* konzipiert wurde, die verschiedenen Sammlungen des

Der Skulpturenschmuck am Hammer Bahnhof kündet von einer stolzen Vergangenheit

082/rg Foto: nw

Osten

Hauses untergebracht. Der Grundstock des Museums entstand, als die Sammlungen des 1886 gegründeten Hammer Museumsvereins mit denen *Gustav Lübckes* 1917 zusammengelegt wurden. Die Schenkung des Privatsammlers bescherte der Stadt ein Museum von überregionaler Bedeutung, das auch heute Gäste von weit her nach Hamm zieht. Auf mehr als 4000 Quadratmetern bietet der Bau mit seiner Vielzahl altägyptischer Grabfunde die wertvollste **Ägyptensammlung** in Nordrhein-Westfalen, daneben aber auch Objekte aus der Vor- und Frühgeschichte sowie griechische und römische Kunst. Hinzu kommen eine große **Kunstgewerbe-Abteilung** (Porzellan, Glas, Keramik, Möbel), ein Münzkabinett, eine grafische Sammlung und schließlich moderne Malerei unter besonderer Berücksichtigung von Künstlern aus Westfalen. Ein **Kinder- und Jugendmuseum** rundet das umfassende Besichtigungsangebot ab. In einer gesonderten Abteilung widmet man sich der Stadtgeschichte Hamms, der Bedeutung von Drahtindustrie, Bergbau und Eisenbahn in den vergangenen 200 Jahren.

Neben den festen Abteilungen zeigt das Haus auch regelmäßig Sonderausstellungen zu unterschiedlichsten Themenbereichen wie Skulpturen, Malerei, Grafik, Kunsthandwerk, Stadtgeschichte und vieles mehr.

● **Gustav-Lübcke-Museum,** Neue Bahnhofstraße 9, 59065 Hamm, Tel. 02381-175701, www.hamm.de/gustav-luebcke-museum. Geöffnet: Di–Sa 11–18 Uhr, So 10–18 Uhr. Eintritt: 2,50 €, ermäßigt: 1,30 €.

Rathaus

Läuft man vom Gustav-Lübcke-Museum in Richtung der Grünfläche Ostring, gelangt man am Theodor-Heuss-Platz zum historischen Rathaus. Das Gebäude wurde 1894 im Stil der Neorenaissance als Justizgebäude für das seit 1820 ansässige Oberlandesgericht, das Amtsgericht und die Generalstaatsanwaltschaft errichtet.

● **Rathaus,** Theodor-Heuss-Platz 16, 59065 Hamm.

Haus Vorschulze

Eines der wohl schönsten historischen Gebäude in Hamm ist das leuchtend rot-gelbe spätbarocke Bürgerhaus Vorschulze in der Südstraße 8. Dieses Haus wurde im 18. Jahrhundert vom damaligen Bürgermeister *Rademacher* erbaut und ist nach seiner letzten Besitzerfamilie benannt. Haus Vorschulze ist nicht nur von außen, sondern auch im Innern ein Kleinod, weshalb es heute von der Stadtverwaltung u.a. für Trauungen genutzt wird. Abgesehen von Haus Vorschulze findet man in der Südstraße in nahezu jedem Haus eine Möglichkeit, sich zu stärken: vom griechischen und italienischen Restaurant bis hin zum „Mexikaner" (⌨ „Praktische Tipps").

Pauluskirche

Auf dem Marktplatz von Hamm stößt man auf die Pauluskirche, die ursprünglich katholisch und den Heiligen Georg und Laurentius geweiht war. **Graf Adolf von der Mark** ließ sie im 13. Jahrhundert errichten, und im Jahre 1553 wurde sie im Zuge der Reformation zur evangelischen „Paulus-kirche". Diese dreischiffige westfäli-sche Hallenkirche hat man im Laufe der Jahrhunderte mehrfach restauriert und erneuert; zu einer umfassenden Restaurierung kam es 1893–95. Mit ihrem fast **80 Meter hohen Turm** gilt die Pauluskirche als historisches Wahr-zeichen von Hamm. Ihre Lage am zen-tralen Marktplatz weist sie aus als jahr-hundertealten religiösen Mittelpunkt des städtischen Lebens in Hamm.

●**Pauluskirche,** Marktplatz, 59065 Hamm.

Fußgängerzone Weststraße

Unmittelbar am Marktplatz findet man auch die „Einkaufsmeile" der Stadt, die Weststraße mit ihrem vielfäl-tigen Einzelhandelsangebot. Die Fuß-gängerzone wurde 1999 teilweise neu gestaltet und präsentiert sich als das Herz der Einkaufsstadt Hamm, die auch viele Kunden aus dem Umland zum Shoppen anzieht.

Kirche St. Agnes

Der zweite bedeutende mittelalterli-che Sakralbau in der Innenstadt ist die katholische Kirche St. Agnes, die man in der Brüderstraße findet. Schon im Jahre 1515 wurde die Kirche der heili-gen Agnes geweiht; im Laufe ihres Be-stehens wurde sie mehrfach baulich verändert. Ursprünglich bestand die Kirche aus zwei Langschiffen und wur-de später im 17. Jahrhundert wie die Pauluskirche zu einer dreischiffigen Hallenkirche ausgebaut. Bis 1824 diente St. Agnes als Klosterkirche des Franziskanerordens. Schwere Kriegs-schäden machten von 1947–1953 ei-

nen Wiederaufbau, der im Prinzip ein Neubau war, nötig.

●**Kirche St. Agnes,** Franziskanerstraße 4, 59065 Hamm.

Stadtmauer

Im Norden des Innenstadtbereichs, am Nordenwall, stoßen Hamm-Besu-cher auf Überreste der alten Stadt-mauer. Schon 1288 hatte *Graf Eber-hard von der Mark* Hamm das Befesti-gungsrecht verliehen. Der mittelalterli-che Mauerrest, den man besichtigen kann, stammt aus dem 13./14. Jahr-hundert und wurde erst 1985 ent-deckt, freigelegt und restauriert.

Maximilianpark

Östlich von Hamm-Mitte im Stadtteil Werries liegt mit dem Maximilianpark die größte und bekannteste Attraktion Hamms und ein wahres Kinderpara-dies. Diese Einrichtung ist einer der **Ankerpunkte der Route Industriekul-tur** und sollte bei einem Hamm-Be-such keinesfalls ausgelassen werden.

Wie viele andere Sehenswürdigkei-ten im Ruhrgebiet, wurde auch der Maximilianpark auf einem ehemaligen Zechengelände angelegt, in diesem Fall auf dem Areal der Steinkohlenze-che Maximilian. Diese Zeche galt als Katastrophenzeche, da hier nur ledig-lich zwei Jahre lang Kohle gefördert wurde. Starke Wassereinbrüche, tech-nische Störungen und ein Gasunglück verhinderten eine kontinuierliche Koh-leförderung. Bereits 1914 wurde die Zeche stillgelegt. Danach lag das Ge-lände über fast siebzig Jahre brach,

Osten

wald- und ein Wasserspielplatz locken die Winzlinge.

Das unangefochtene Highlight der Anlage ist aber der berühmte **Hammer „Glaselefant"**, das Wahrzeichen der Stadt, welches vom einheimischen Künstler *Horst Rellecke* geschaffen wurde. Der architektonische Superstar Hamms ist eine Konstruktion aus Stahl und Glas, die wegen ihrer Ausmaße bereits den Weg ins Guinness-Buch der Rekorde gefunden hat: Die Elefantenplastik ist mit 35 Metern Höhe, 63 Metern Länge und 18 Metern Breite das weltweit größte Gebäude in Tiergestalt. Nach der Vorstellung des Künstlers soll die begehbare Skulptur als ein „Anti-Monument" verstanden werden gegen die allgemeine Eintönigkeit, als ein „Spielzeug für alle". Mit dem dünnwandigen, zerbrechlichen Material soll auf die bedrohte Natur und die in ihrer Existenz gefährdete Spezies Elefant hingewiesen werden. Im Kopf des riesigen Elefanten findet sich ein Palmengarten, in dem als Dauerausstellung auch zehn kinetische Objekte von *Horst Rellecke* zu besichtigen sind. Der Weg zum Palmengarten und zu einer Aussichtsplattform in 29 Metern Höhe führt über einen Aufzug im gläsernen Elefantenrüssel.

Im und am Maximilianpark kann man sich z.B. im Restaurant *Werkstatt* oder im *Brauhof Wilshaus* stärken (↗„Praktische Tipps").

ehe es einer Neunutzung zugeführt wurde. Heute ist die langjährige Industriebrache ein außergewöhnlicher **Natur- und Freizeitpark** mit Ruheplätzen, Liegewiesen, Wald- und Wasserlandschaften sowie Spiel- und Sportstätten und einem unbedingt sehenswerten Schmetterlingshaus. Hier begegnet man in feuchter Luft bei 30 Grad Celsius wunderschönen Tropenpflanzen und frei umherschwirrenden Schmetterlingen. Für Kinder bietet der Park Spaß ohne Ende: Spieldünen und eine Kletternetzlandschaft, ein Urwald-

● **Maximilianpark,** Alter Grenzweg 2, 59071 Hamm, Tel. 02381-982100, www.maximilian park.de. Geöffnet: April bis September 9–21 Uhr (Kasse 9–19 Uhr), Oktober bis März

Einmalig in der Welt:
der begehbare Elefant aus Glas

10–19 Uhr (Kasse 10–17 Uhr). Eintritt: 3,50 €, ermäßigt 2 €, Familien 9 €.

● **Schmetterlingshaus** im Maximilianpark, geöffnet: März bis September tgl. 10–18 Uhr, Okt. bis Nov. tgl. 11–18 Uhr. Eintritt: 2,50 €, ermäßigt 1,50 €, Familien 5,50 €.

Tempel Sri Kamadchi Ampal

Fährt man von Hamm-Werries weiter in östlicher Richtung, gelangt man nach wenigen Kilometern in den Bezirk Uentrop. Hier befindet sich in einem Gewerbegebiet das exotischste Bauwerk der Stadt, ein **hinduistischer Tempel.** Schon von außen grüßen bunte Heiligenbilder am etwas befremdlichen Unterbau des Tempels.

Seit 1989 besteht dieser Tempel in Hamm. Seine Geschichte ist eng verbunden mit der **Flucht von zehntausenden Tamilen** aus ihrer asiatischen Heimat. Sie verließen seit 1983 Sri Lanka, als sich der Konflikt zwischen der singhalesischen Mehrheit und der tamilischen Minderheit deutlich verschärfte.

Der Tempel in Hamm-Uentrop ist streng nach **rituellen Vorgaben** konzipiert: So blickt die Göttin vom Zentralschrein in Richtung Osten, zur aufgehenden Sonne. Der 700 Quadratmeter große Innenraum enthält sieben mit mythologischen Figuren und Ornamenten reich verzierte Schreine.

Mit einer Grundfläche von 27 mal 27 Metern ist Sri Kamadchi Ampal der größte tamilische Tempel, der je in Europa erbaut wurde. Für Ruhrgebietstouristen nicht unbedingt ein Muss, hat sich der Tempel aber zu einer bedeutenden hinduistischen Pilgerstätte in Europa entwickelt.

● **Tempel Sri Kamadchi Ampal,** Siegenbeck Straße 4–5, 59071 Hamm-Uentrop, Tel. 02388-302223, www.kamadchi-ampal.de. Geöffnet: tgl. 8–14 Uhr, 17–20 Uhr.

Wasserschloss Oberwerries

An der Stadtgrenze von Hamm-Heessen, nahe dem Lippe-Ufer, liegt das Wasserschloss Oberwerries. Während Oberwerries schon 1284 erstmals als Lehen der Grafen von Limburg im Besitz des *Engelbert von Herbern* genannt wird, liegen die Wurzeln des Schlosses im 17. Jahrhundert. Das Wasserschloss zählt zu den **kulturhistorisch wertvollsten Gebäuden** in Hamm und entstand im Wesentlichen zwischen 1685 und 1692. Die Anlage aus massivem Backstein wurde von *Ambrosius von Oelde* geschaffen. Der lang gestreckte Marstall dagegen ist ein Werk von *Johann Conrad Schlaun* aus der Zeit von 1730 bis 1735. Die gesamte Schlossanlage umfasst mehrere Gebäude, die in verschiedenen Jahrhunderten errichtet wurden. Nach 160 Jahren des Verfalls gelangte die Schlossruine 1942 in den Besitz der Stadt Hamm, die die Anlage von 1952 bis 1975 mit großem Aufwand restaurierte. Heute befinden sich in Schloss Oberwerries eine Begegnungsstätte für Jung und Alt sowie Tagungs- und Veranstaltungsräume der Stadt.

● **Wasserschloss Oberwerries,** Zum Schloss Oberwerries, 59073 Hamm, Informationen: Kulturbüro der Stadt Hamm, Kurhaus Bad Hamm, Ostenallee 87, 59071 Hamm, Tel. 02381-175512.

Osten

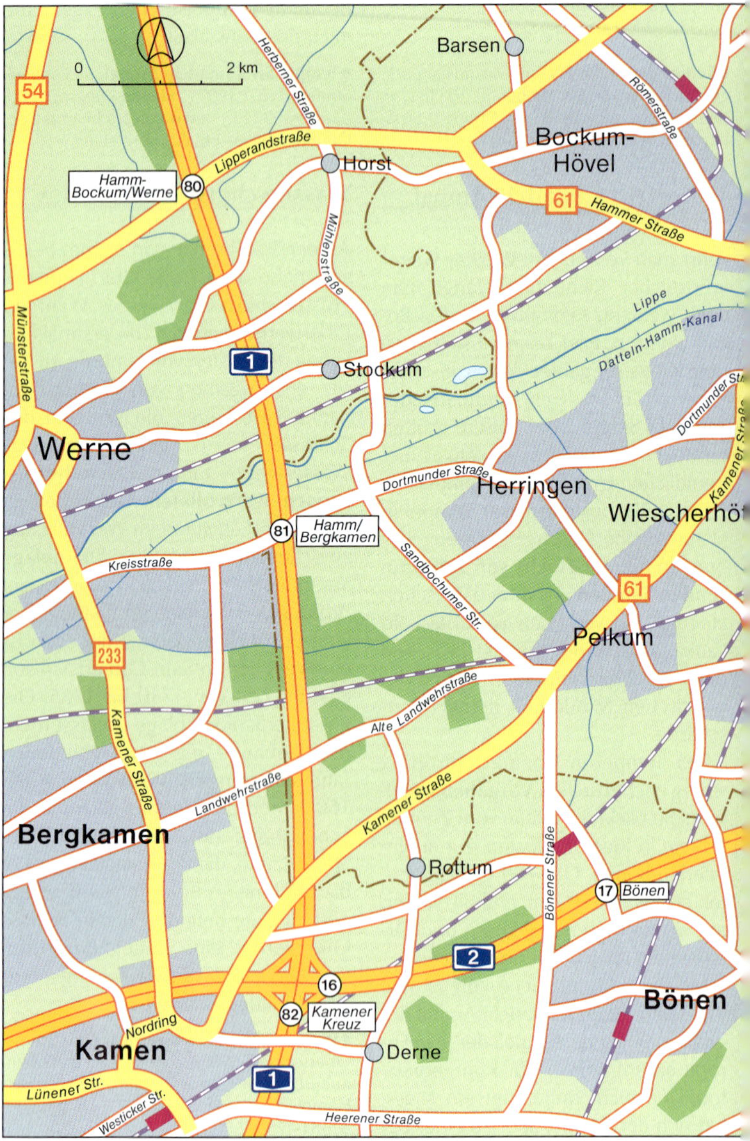

Barsen

Bockum-Hövel

Römerstraße

54

Herbener Straße

Lipperandstraße

Hamm-Bockum/Werne 80

Horst

61 Hammer Straße

Mühlenstraße

Lippe

Datteln-Hamm-Kanal

Münsterstraße

1 Stockum

Werne

Dortmunder Str.

Dortmunder Straße

Herringen

Kamener Straße

Wiescherhö

81 Hamm/Bergkamen

Sandbochumer Str.

61

Kreisstraße

Pelkum

233

Alte Landwehrstraße

Kamener Straße

Landwehrstraße

Kamener Straße

Bergkamen

Rottum

Bönener Straße

17 Bönen

2

Bönen

16

82 Kamener Kreuz

Nordring

Kamen

Derne

Lüner Str.

Westicker Str.

1

Heerener Straße

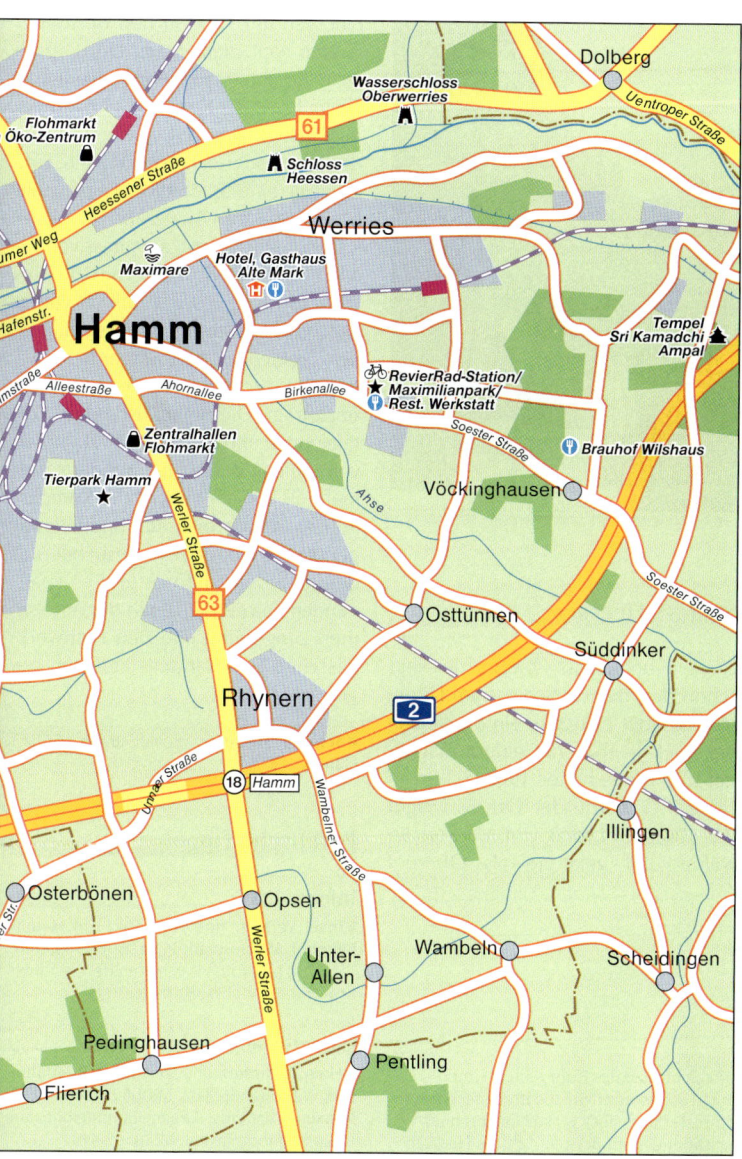

Dolberg

Uentroper Straße

Wasserschloss
Oberwerries

61

Flohmarkt
Öko-Zentrum

Heessener Straße

Schloss
Heessen

Werries

umer Weg

Maximare

Hotel, Gasthaus
Alte Mark

Hamm

Tempel
Sri Kamadchi
Ampal

Hafenstr.

mstraße

Alleestraße   Ahornallee   Birkenallee

RevierRad-Station/
Maximilianpark/
Rest. Werkstatt

Soester Straße

Zentralhallen
Flohmarkt

Ahse

Brauhof Wilshaus

Tierpark Hamm

Vöckinghausen

Werler Straße

Soester Straße

Osten

63

Osttünnen

Süddinker

Rhynern

2

Umer Straße   18   Hamm

Wambelner Straße

Illingen

Osterbönen   Opsen

er Str.

Werler Straße

Unter-
Allen

Wambeln

Scheidingen

Pedinghausen

Pentling

Flierich

167g Foto: sha

Heessen um 1200 in den Besitz der Grafen *von Altena-Mark*. Der Grundstein für das Haus wurde wohl von *Dietrich von der Recke* im 15. Jahrhundert gelegt. Das Gut wuchs im Laufe der Jahrhunderte; Forst und Land, eine Ziegelei, eine Brauerei und eine Mühle gehörten zum Anwesen.

Das Schloss ruht auf massiven Eichenpfählen und wurde von 1905 bis 1908 im neugotischen Stil so verändert, wie es sich heute darstellt. *Freiherr Dietrich von Boeselager* hatte damit den Architekten *Alfred Heessen* beauftragt. Die Innenausbauten, Vertäfelungen und Stuckdecken stammen vom Anfang des 20. Jahrhunderts. Seit mehr als 40 Jahren wird der Komplex nun als Privatgymnasium und Internat genutzt, so dass sich Besucher mit dem äußeren Eindruck und entspannenden Spaziergängen in der erholsamen Umgebung und den Fachwerkgässchen des Stadtteils Heessen begnügen müssen.

● **Schloss Heessen,** Schloßstraße, 59073 Hamm.

Schloss Heessen

Unweit von Schloss Oberwerries liegt schon das nächste Schloss am Lippeufer, Schloss Heessen, ein dreiflügeliger Backsteinbau mit einem mächtigen, 30 Meter hohen Turm. Schon im Jahre 975 wurde der Ort als Erbgut des Bischofs *Ludolf von Münster* erwähnt und gelangte als Oberhof

Praktische Tipps

Information

● **Insel Verkehr und Touristik,** Am Hauptbahnhof, Willy-Brandt-Platz, 59065 Hamm, Tel. 02381-23400, www.hamm.de. Geöffnet: Mo–Fr 8–18.45 Uhr, Sa 9–16.30 Uhr.

Öffentliche Verkehrsmittel

● **Hauptbahnhof** und **zentraler Busbahnhof:** Willy-Brandt-Platz, 59065 Hamm.
● **Taxi:** Taxistände liegen unmittelbar am Hauptbahnhof; Taxiruf: 02381-19410.

Die Schlösser des Ruhrgebiets sind nicht so bekannt wie die im benachbarten Münsterland, aber gerade darum noch spannender: zum Beispiel Schloss Heessen

Unterkunft

● **Gasthaus Alte Mark,** Alte Soester Straße 28, 59071 Hamm, Tel. 02381-980560, Fax 9805690, www.alte-mark.de. Geöffnet: Restaurant Di– Sa 17–24 Uhr, So 12–14 Uhr und 17–24 Uhr. Preise: EZ ab 60 €, DZ ab 95 €.

In einem Gebäude aus dem 19. Jahrhundert untergebrachtes modernes Mittelklassehotel mit unterschiedlichen Zimmertypen. Regionale und internationale Küche im Hotel-Restaurant.

● **Hotel Stadt Hamm,** Südstraße 9–13, 59065 Hamm, Tel. 02381-29091, Fax 15210, www.hotel-stadt-hamm.de. Preise: EZ ab 57 €, DZ ab 77 €.

Bereits seit 1769 befindet sich an diesem Ort ein Hotel. Den heutigen Gast empfängt direkt gegenüber von Haus Vorschulze ein modernes City-Hotel mit hohem Komfort.

Essen und Trinken

● **Gaststätte Alt Hamm,** Nordstraße 16, 59065 Hamm, Tel. 02381-430527. Geöffnet: Di–Sa ab 16 Uhr, So ab 17 Uhr.

Auf das Jahr 1739 geht dieses Gasthaus in der Innenstadt zurück, es ist damit eine der ältesten Gaststätten in Hamm. Liebhaber der westfälischen Küche sind hier genau richtig.

● **Restaurant Werkstatt,** links neben dem Haupteingang Nord des Maximilianparks, Tel. 02381-4939868. Geöffnet: tgl. 11–17 Uhr.

In dem alten Werkstattgebäude der Zeche bietet das gleichnamige Restaurant Snacks und Kuchen für den kleinen Hunger. Im Sommer sitzt es sich besonders schön im Biergarten oder auf der Terrasse.

● **Brauhof Wilshaus,** Baumstraße 46, 59071 Hamm, Tel. 02385-8855, www.brauhof-wilshaus.de. Geöffnet: im Sommer: Mi–Sa ab 16 Uhr, So ab 11 Uhr, im Winter (1. Nov. bis 31. März) Fr–Sa ab 17 Uhr, So ab 11 Uhr.

Mitten im Grünen südlich von Hamm-Werries liegt dieser zünftige Brauhof, die einzige Gasthausbrauerei der Stadt. Naturtrübes Landbier und regelmäßige Bierbrauseminare präsentieren den Gerstensaft als echtes Kulturgut. Dazu werden nahrhafte Speisen mit westfälischem Einschlag gereicht. Die sehr informative Website weist auf aktuelle Veranstaltungen hin.

Theater

● **Helios Theater,** Willy-Brandt-Platz 3, 59065 Hamm, Tel. 02381-926837, www.helios-theater.de.

Ein Kinder- und Jugendtheater, in dem auch Erwachsene ihre Freude haben werden: Hier wirken nicht nur Schauspieler, sondern auch Puppenspieler, Musiker und Tänzer.

Einkaufen

● **Das Wohnhaus,** Martin-Luther-Straße 35–39, 59065 Hamm, Tel. 02381-436868. Geöffnet: Mo–Fr 10–18.30 Uhr, Sa 10–16 Uhr.

Vielfältige Deko-, Möbel- und Kunsthandwerksauswahl zu sehr erfreulichen Preisen. In der Innenstadt gelegen.

● **Flohmarkt am Öko-Zentrum:** Parkdeck Öko-Zentrum NRW, Sachsenweg 8, 59073 Hamm. Sa ab 6 Uhr.

● **Zentralhallen-Flohmarkt:** Peitzmeier-Platz 2–4, 59063 Hamm. Jeden letzten Sonntag im Monat, 11–17 Uhr, Eintritt 2 €.

Sport und Freizeit

● **Fahrradverleih:**
Hauptbahnhof, Tel. 02381-927191. Geöffnet: Mo–Fr 5.30–22.30 Uhr, Sa, So und an Feiertagen 8–18.30 Uhr.
Maximilianpark Hamm, ⬈ dort.

● **Schwimmen:** *Maximare,* Jürgen-Graef-Allee 2, 59065 Hamm, Tel. 02381-8780, www.maximare.com. Geöffnet: Aquawelt: Mo–Fr 8–22 Uhr, Sa, So 9–22 Uhr, Sportbad Mo–Fr 6–22 Uhr, Sa, So, Fei 9–22 Uhr.

Die Erlebnistherme in Hamm zählt zu den größten Anlagen ihrer Art in Deutschland und bietet ein reichhaltiges Spaß-, Sport- und Wellnessangebot. Von Sole- und Wellenbecken über Reifenrutschen und Wildwasserbach bis hin zu einer einzigartigen Saunawelt ist hier für jeden etwas dabei.

Kinder

● **Maximilianpark,** ⬈ dort.
● **Helios-Theater,** ⬈ oben.

Zoo

●**Tierpark Hamm,** Grünstraße 150, 59063 Hamm, Tel. 02381-53132, www.tierpark-hamm.de. Geöffnet: März bis Oktober 9–18.30 Uhr, November bis Februar 9–16.30 Uhr. Eintritt: 6 €, Kinder 4 €.

Highlight des Zoos ist das Reptilienhaus und für Kinder sicherlich der große Streichelzoo mit einer Menge Zwergziegen. Im integrierten Naturkundemuseum können zusätzlich viele einheimische und exotische Tiere bestaunt werden.

Unna ⤢ XVII/D1

Überblick

Am östlichen Rand des Ruhrgebiets, an der Grenze zum Sauerland, liegt die Stadt Unna mit ihren rund 67.000 Einwohnern.

Die Stadt wurde im Jahr 1032 erstmals urkundlich erwähnt und erhielt bereits 1290 das Stadtrecht. Durch die Nähe zum strategisch wichtigen Fernhandelsweg Hellweg erlangte Unna schon früh wirtschaftliche Bedeutung; die drei wichtigsten Unnaer Waren, **Getreide, Bier und Salz,** verschafften den Bürgern ansehnlichen Reichtum. Die wirtschaftliche Blütezeit der Stadt endete allerdings Mitte des 16. Jahrhunderts durch den Niedergang des Hansebundes und kriegerische Auseinandersetzungen. Die Stadt verarmte und schrumpfte auf eine Einwohnerzahl von rund 2500 Bürgern.

Erst durch die Industrialisierung errang Unna seine Bedeutung zurück: 1799 wurde hier die erste **Dampfmaschine** Westfalens in Betrieb genommen, 1854 die erste **Zeche** gegründet.

Mittlerweile ist auch diese längst wieder geschlossen; der Steinkohlebergbau, der Unna einst zum wirtschaftlichen Durchbruch verhalf, verlor seine Bedeutung in den 1960er Jahren.

Im Zuge der Strukturkrise musste sich die Stadt erneut umorientieren. Heute dominieren in der ehemaligen Bergarbeiterstadt neben der Metallverarbeitung vor allem **Handel** und **Dienstleistung** das Wirtschaftsleben.

Die wechselvolle Geschichte Unnas hat ihre Spuren hinterlassen und bietet vor allem Reisenden einige sehenswürdige Attraktionen: Der ehemalige Reichtum aus vorindustrieller Zeit ist heute noch zu spüren beim Anblick der historischen **Fachwerkhäuser** aus dem 16. und 17. Jahrhundert. Zudem besitzt Unna mit dem herrlichen **Industriedenkmal Lindenbrauerei** einen der außergewöhnlichsten **Ankerpunkte der Route Industriekultur.**

Innenstadt

Die Unnaer Innenstadt ist geprägt von einem Nebeneinander alter Fachwerkhäuser und moderner Funktionsbauten. Einkaufstechnisch bietet Unna die „üblichen Verdächtigen" einer Kleinstadt; wer shoppen will, sollte deshalb lieber gleich das benachbarte Dortmund ansteuern (zwei Geschäfte sind aber dennoch am Ende dieses Kapitels erwähnt, ⤢„Praktische Tipps").

Sehenswert ist in Unna vielmehr die historische **Altstadt** mit ihren zahlreichen liebevoll restaurierten Fachwerkhäusern und der alten Stadtbefestigung. Als Startpunkt für einen Stadt-

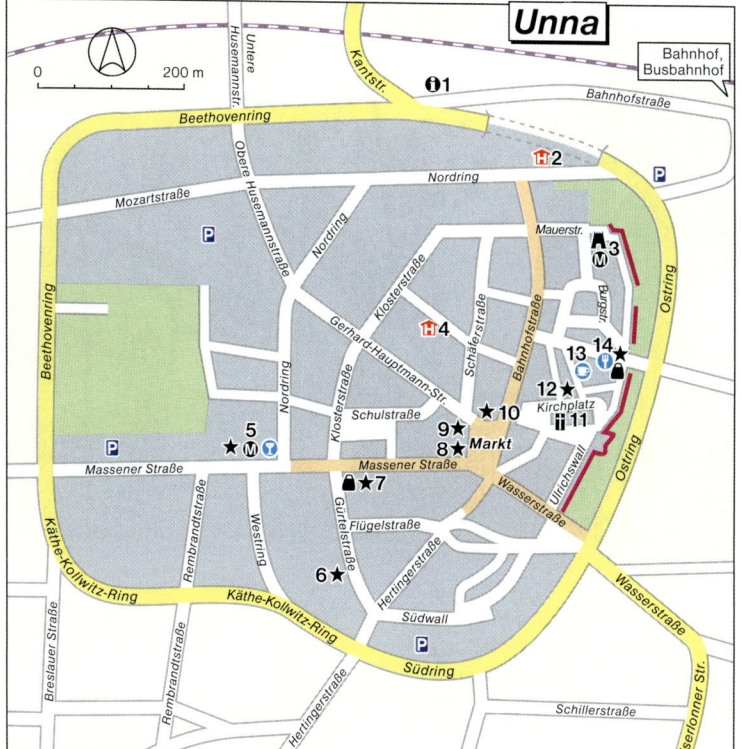

Unna

	1	Touristen-Information
🏨	2	Ringhotel Katharinen Hof
🏰	3	Burg/
Ⓜ		Hellweg-Museum
🏨	4	Hotel Kraka
★	5	Kulturzentrum Lindenbrauerei/
Ⓜ		Zentrum
		für internationale Lichtkunst/
🎧		Schalander
★	6	Ältestes Fachwerkhaus in Unna
★	7	Friederichsches Fachwerkhaus,
🔲		Der Senfladen

★	8	Fachwerkhäuser
		(Markt 10 und 11)
★	9	Zum König von Preußen
★	10	Altes Rathaus
⛪	11	Ev. Stadtkirche
★	12	Nicolaihaus
☕	13	Café Waffelstübchen
★	14	Nicolaiviertel/
🎧		Gasthof Morgentor
🔲		Galerie Buhre

rundgang bietet sich der Alte Markt an, wo sich bereits hübsche architektonische Kleinode aus vorindustrieller Zeit finden: Ins Auge fallen hier vor allem die herrlichen **Fachwerkhäuser am Markt 10** (16. Jh.) und 11 (17. Jh.), die schöne Balkenschnitzereien aufweisen. Zwei Häuser weiter, zur Rechten der beiden Prachtbauten findet sich mit dem ehemaligen Gasthof **Zum König von Preußen** (Markt 13) ein altes Gebäude, in dem 1821 und 1843 schon der Dichter *Heinrich Heine* gastierte.

Folgt man vom Alten Markt der Hertingerstraße und biegt rechts in die Gürtelstraße ein, findet sich mit dem Haus Nr. 19 das **älteste Fachwerkhaus Unnas** aus dem Jahr 1577. Obwohl eine Hälfte des Hauses im 19. Jahrhundert Flammen zum Opfer fiel, ist in den Balkenschnitzereien immer noch das Baujahr zu erkennen.

Von der Gürtelstraße in die Massener Straße abgebogen, stößt man auf das **Friederichsche Fachwerkhaus** (Nr. 24), ein hübsch verziertes Wohnhaus aus dem Jahr 1587.

Die Massener Straße führt zum Alten Markt zurück und geht schließlich in die Wasserstraße über, die direkt zur alten Stadtbefestigung führt. An der alten Stadtmauer entlang schlän-

*Steile Gässchen
im anheimelnden Kern von Unna*

gelt sich der Ulrichswall, von dem aus man die evangelische **Stadtkirche** erreicht. Das spätgotische Gotteshaus wurde zwischen 1322 und 1467 erbaut und erhielt 1863 nach einem Blitzeinschlag seinen heutigen Turm.

Vom Kirchplatz geht die Nicolaistraße ab, die als Mittelpunkt des **Nicolaiviertels** bezeichnet werden kann. In diesem schönen Viertel stehen dicht nebeneinander gut erhaltene Fachwerkhäuser und es finden sich einige schöne Läden, Galerien und Cafés. Seit den 1980er Jahren haben sich im Nicolaiviertel vor allem Künstler und Kunsthandwerker niedergelassen und damit den Ruf dieses Quartiers als **Künstlerviertel** geprägt. Den Namen erhielt der schnuckelige Stadtteil von dem Haus, das in der Nicolaistraße 3 steht und nach einem Stadtbrand 1730 auf den alten Fundamenten wieder aufgebaut wurde. Das **Nicolaihaus** soll Wohnstätte des Predigers und Choralschöpfers *D. Philipp Nicolai* gewesen sein, der sich in der Zeit von 1596–1601 in Unna aufhielt.

In Spazierdistanz zum Nicolaihaus findet sich der historische **Gasthof Morgentor,** der seinen Namen dem ehemaligen Stadttor verdankt. In dem schönen Fachwerkgebäude lässt es sich auch heute noch gut essen (↗ „Praktische Tipps").

Folgt man der Stadtmauer in nördlicher Richtung, erreicht man binnen kurzem die so genannte **Burg.** Das Gebäude wurde im 14. Jahrhundert durch *Graf Engelbert III. von der Mark* errichtet und wechselte im Laufe der Jahrhunderte einige Male den Besit-

zer. Seit 1936 beherbergt die schöne Anlage das **Hellweg-Museum,** das sich mit der Stadtgeschichte Unnas von der Ur- und Frühgeschichte bis zur Industrialisierung auseinandersetzt.

● **Hellweg-Museum,** Burgstraße 8, 59423 Unna, Tel. 02303-103388. Geöffnet: Di–Fr 10–12.30 Uhr und 15–17 Uhr, Sa 11–13 Uhr, So 11–13 Uhr und 15–17 Uhr. Eintritt: frei.

Kulturzentrum Lindenbrauerei ↗XVII/D1

Am Rande der Fußgängerzone, in der Massener Straße, liegt mit dem Kulturzentrum Lindenbrauerei der **touristische Höhepunkt** Unnas. Die Lindenbrauerei gehörte mit ihrem *Linden-Pils* einst zu den traditionsreichsten Brauereistätten im Revier, bevor sie 1979 nach über 100-jähriger Bierproduktion den Betrieb einstellte. Die geschichtsträchtigen Hallen standen nach der Stilllegung lange leer und waren zwischenzeitlich sogar vom Abriss bedroht, bevor die schöne Braustätte schließlich 1992 zum Kultur- und Kommunikationszentrum Lindenbrauerei umfunktioniert wurde. Mittlerweile hat sich das historische Gelände zu einem außergewöhnlichen kulturellen und gesellschaftlichen Treffpunkt entwickelt. Gastronomiebetriebe und Geschäfte haben sich hier ebenso angesiedelt wie das Theater *Narrenschiff*. Das Kultur- und Freizeitangebot ist entsprechend vielseitig und reicht von Kabarett und Theater über Konzerte, Ausstellungen und Lesungen bis hin zu Kinder- und Jugendkulturarbeit.

Osten

Seit 2002 wird in der kleinen Hausbrauerei von ehemaligen Mitarbeitern der Lindenbrauerei sogar das *Linden-Pils* (in überschaubaren Mengen) wieder gebraut, das in der ansässigen **Kneipe Schalander** exklusiv ausgeschenkt wird (⌐ „Praktische Tipps").

Aushängeschild und für Reisende ein absolutes Muss ist das spektakuläre **Zentrum für internationale Lichtkunst,** das sich in den Kühlgewölben der ehemaligen Brauerei befindet und einen **Ankerpunkt der Route Industriekultur** darstellt.

● **Kulturzentrum Lindenbrauerei,** Massener Straße 33–35, 59423 Unna, Tel. 02303-251 120, www.lindenbrauerei.de.

Zentrum für
internationale Lichtkunst

Als man in Unna nach einem neuen Nutzungskonzept für die alten unterirdischen Kühlgewölbe suchte, war man entschlossen, die leer stehenden Flächen in außergewöhnlicher Weise zu nutzen und den ganz eigenen Charme der Hallen und Gänge in das Konzept mit einzubeziehen.

Mit dem schließlich eingerichteten Zentrum für internationale Lichtkunst haben sich die Planer selbst übertroffen. Das Museum widmet sich als weltweit einziges ausschließlich der Lichtkunst und erhebt Beleuchtung spektakulär zum Kunstgegenstand. Noch nie wurden alte Betonverliese, Gewölbe und Kellerräume derart faszinierend und überwältigend angestrahlt, illuminiert und ausgeleuchtet. Eigens für die Verliese der ehemaligen Brauerei haben die international renommiertesten

Lichtkünstler Skulpturen geschaffen, die sie auf die architektonische Struktur des von ihnen selbst gewählten Kellerraumes zuschnitten, in denen die Werke nun präsentiert werden. Auf dem Museumsrundgang begegnet man nun Installationen so bedeutender Künstler wie *James Turell, Mischa Kuball* oder *Christina Kubisch.*

Auf das unterirdisch liegende Museum macht bereits der inzwischen unter Denkmalschutz stehende **Schornstein** aufmerksam: An dem 52 Meter hohen Turm hat *Mario Merz* ein Lichtkunstwerk installiert, welches die **Fibonacci-Zahlenreihe** darstellt. Bei Nacht erstrahlen die Ziffern des italienischen Mathematikers, in der jedes Glied gleich der Summe der beiden vorangegangenen Glieder ist, in einer blauen Lichtskulptur.

- **Zentrum für Internationale Lichtkunst,** Lindenplatz 1, 59423 Unna, Tel. 02303-103770, www.lichtkunst-unna.de. Besuche sind nur im Rahmen von Führungen möglich: Di, Mi, Fr 14, 15.30 und 17 Uhr, Do 14, 15.30, 17 und 18.30 Uhr, Sa 13, 14, 15, 16 und 17 Uhr, So, Fei 13, 14, 15, 16 und 17 Uhr. Eintritt: 6 €, ermäßigt 4 €.

Praktische Tipps

Information

- **i-Punkt Unna,** Rathausplatz 1, 59423 Unna, Tel. 02303-103777, Fax 103788, www.unna.de. Geöffnet: Di–Fr 10.30–18.30 Uhr, Sa 10.30–14.30 Uhr.

Öffentliche Verkehrsmittel

- **Hauptbahnhof** und **zentraler Busbahnhof:** Bahnhofstraße, 59423 Unna.
- **Taxi:** Taxistände liegen unmittelbar am Hauptbahnhof; Taxiruf: 02303-19410.

Unterkunft

- **Hotel Kraka,** Gesellschaftsstraße 10, 59423 Unna, Tel. 02303-22022, Fax 2410, www.hotel-kraka.de. Preise: EZ ab 55 €, DZ ab 88 €.

  Ein Haus mit 20 hellen und freundlichen Zimmern in familiärer Atmosphäre, in unmittelbarer Nachbarschaft zum Alten Markt gelegen. Sauna und Solarium stehen ebenfalls zur Verfügung.
- **Ringhotel Katharinen Hof,** Bahnhofstraße 49, 59423 Unna, Tel. 02303-9200, Fax 920 444, www.ringhotel-katharinenhof.de. Preise: EZ ab 88 €, DZ ab 114 €.

  Das Hotel grenzt direkt an die Fußgängerzone und bietet neben modern eingerichteten Zimmern auch einen Fahrradverleih.

Essen und Trinken

- **Café Waffelstübchen,** Güldener Trog 5, 59423 Unna, Tel. 02303-952698. Geöffnet: tgl. 10–19 Uhr.

  Ein gemütliches Café in einem alten, heimeligen Fachwerkhäuschen, das Waffeln in allen nur erdenklichen Formen und Variationen bietet. Neben dem Waffelklassiker mit heißen Kirschen und Sahne werden auch ungewöhnliche Kreationen wie Kartoffelwaffeln mit Kräuterquark serviert.
- **Gasthof Morgentor,** Morgenstraße 15, 59423 Unna, Tel. 02303-539886, www.morgentor.de. Geöffnet: Di–Sa ab 17 Uhr.

  In dem wunderschönen Fachwerkhaus genießt man klassische Küche, aber auch westfälische Spezialitäten oder Gerichte aus Bayern oder dem Rheinland. An der Theke gibt's außerdem Tapas und Canapés.
- **Schalander,** Massener Straße 33–35, 59423 Unna, Tel. 02303-2511290. Geöffnet: Mo–Fr ab 19 Uhr, Sa ab 14.30 Uhr.

  Die Kneipe im Kulturzentrum serviert das legendäre Pils Marke *Linden!*

Einkaufen

- **Galerie Buhre,** Nicolaistraße 4, 59423 Unna, Tel. 02303-21435. Geöffnet: Di–Fr 15.30–18 Uhr, Sa 10–13 Uhr.

  Galerie für zeitgenössische Kunst. Originale (Gemälde und Zeichnungen) in malerischem Fachwerk-Ambiente.
- **Der Senfladen,** Massener Str. 24, 59423 Unna, Tel. 02303-968121, www.senfladen-unna.de. Geöffnet: Mo–Fr 10–18.30, Sa 10–16 Uhr.

  Über 300 Sorten Senf stehen zur Auswahl, die Gläser reihen sich dicht an dicht in den dunklen Holzregalen. Vom grünen Kindersenf über scharfen Wasabi-Senf bis hin zum lokalen Unnaer Esel-Senf gibt's den Mustard in allen nur erdenklichen Farben und Geschmacksrichtungen. Wer sich nicht sicher ist, kann die unterschiedlichsten Sorten an den runden Tischen vor Kauf probieren.

Erhellender Kunstgenuss: das Zentrum für internationale Lichtkunst

Osten

180pg Foto: cm

Der Norden

094rg Foto: nw

181rg Foto: hz

Vielfach übersehen: das Örtchen Lünen

Das Schiffshebewerk Waltrop,
wie es die Vögel sehen

Der Wirtschaftsmotor im nördlichen
Ruhrgebiet: Chemiepark Marl

Haltern am See

Überblick

An der Grenze zum Münsterland und damit am nördlichsten Rand des Ruhrgebiets liegt Haltern am See. Die rund 38.000 Einwohner zählende Stadt blickt auf eine bewegte Vergangenheit zurück. Zwar wird die Stadt „erst" 948 erstmals urkundlich erwähnt, ihre Geschichte reicht indes zurück bis in die **Römerzeit:** Hier schlugen die Römer unter *Kaiser Augustus* ihre Lager auf; sie hinterließen deutliche Spuren ihrer Zivilisation, denen man heute im Westfälischen Römermuseum folgen kann.

Untypischerweise und anders als die anderen Städte im Revier, profitierte Haltern nicht von der Montanindustrie, sondern zog seine wirtschaftliche Bedeutung aus seiner **Lage am Wasser.** 1908 wurde hier eines der größten Wasserwerke Europas errichtet. Der stetige Ausbau der Wassergewinnung und die Nähe zu zwei Seen verhalfen der Stadt schließlich zu dem Beinamen „am See".

Eingebettet in ausgedehnte Heide- und Waldgebiete, verfügt Haltern über eine reizvolle und abwechslungsreiche Landschaft, weshalb die Stadt auch als „grüne Lunge" des Ruhrgebiets bezeichnet wird. Entsprechend bietet die Stadt für Reisende vielfältige Freizeit- und Erholungsmöglichkeiten: Die ausgedehnten Wälder der Haard (⟋„Ausflüge und Touren, Die Haard") und der Hohen Mark verfügen, ebenso wie das **Naturschutzgebiet Westru-**per Heide (Hullerner Straße), über ein weit verzweigtes Geflecht von Wander-, Radwander-, Reit- und Spazierwegen. Durch den Halterner und Hullerner Stausee sowie die beiden Flüsse Lippe und Stever bieten sich zudem hervorragende und mannigfaltige **Wassersportmöglichkeiten.**

LWL-Römermuseum

Das Römisch-Germanische Museum geht auf das Jahr 1907 zurück, als die seit 1899 bei Ausgrabungen im Raum Haltern gefundenen Exponate aus der Römerzeit einem breiten Publikum zugänglich gemacht werden sollten. Das 1945 bei einem Bombenangriff zerstörte und zu dem Zeitpunkt leer stehende Gebäude wurde 1993 durch das neue Westfälische Römermuseum Haltern auf dem **Gelände eines ehemaligen Römerlagers** ersetzt. Bereits das Museumsgebäude mit seinen zeltähnlichen Oberlichtern erinnert an ein römisches Feldlager. Besucher betreten das Haus sogar wie einst die römischen Soldaten durch einen rekonstruierten Spitzgraben.

Die **multimediale Dauerausstellung** beschäftigt sich mit dem Leben der römischen Legionäre an der Lippe sowie der über hundertjährigen Grabungsgeschichte. Der Besucher wird in dem Museum zum Anfassen, Ausprobieren und hautnahen Miterleben animiert: Wer will, kann sich wie einst die Römer schweres Marschgepäck auf die Schultern schnüren und sich bei der Wanderung durchs Museum fühlen wie einst die Legionäre. Weni-

ger robuste Gäste können sich auch mit einem Griffel begnügen und versuchen, mit diesem Worte in das Wachs einer Schautafel zu ritzen.

Das Museum beherbergt auch ein nettes **Museumscafé,** in dem nach Vorbestellung auch römische Gerichte serviert werden!

Übrigens liegt auch Haltern mit seinem Römermuseum – wie Xanten – an der 280 Kilometer langen **Römerroute,** einer Radstrecke, deren Ausschilderung mit einem Römerhelmsymbol Radlern den Weg weist (↗„Reisetipps A–Z, Fahrrad").

● **LWL-Römermuseum Haltern,** Weseler Straße 100, 45721 Haltern am See, Tel. 02364-93760, www.lwl-roemermuseum-haltern.de. Geöffnet: Di–Fr 9–17 Uhr, Sa, So 10–18 Uhr. Eintritt: 3 €, ermäßigt 1,50 €.

Halterner Stausee

Durch die Stauung der Stever und des Mühlenbachs 1930 künstlich angelegt, zählt der Halterner Stausee mittlerwei-

le zu den beliebten Naherholungsgebieten der Region. Der See bietet vielfältige Freizeitmöglichkeiten, u.a. können Tret-, Ruder-, Paddel- oder Segelboote ausgeliehen werden. Direkt am Stausee befindet sich auch das **Seebad Haltern,** das mit 10.000 Quadratmetern Natursandstrand und schönen Strandkörben lockt.

● **Seebad Haltern am See,** Hullerner Straße 52, 45721 Haltern am See, Tel. 02364-2539. Geöffnet: 15. Mai bis 15. September Mo–Fr 10–19 Uhr, Sa, So, Fei 9–19 Uhr. Eintritt: Tageskarte 3,50 €, ermäßigt 2,50 €.

Norden

So weit nördlich waren die Römer nur selten: das LWL-Römermuseum Haltern

Praktische Tipps

Information

● **Stadtagentur Haltern am See,** Markt 1, 45721 Haltern am See, Tel. 02364-933365, Fax 933364, www.haltern.de. Geöffnet: Mo–Fr 8–17 Uhr, von Mai–Sept. auch Sa 10–13 Uhr.

Öffentliche Verkehrsmittel

● **Hauptbahnhof** und **zentraler Busbahnhof:** Bahnhofstraße, 45721 Haltern.
● **Taxi:** Taxistände liegen unmittelbar am Hauptbahnhof; Taxiruf: 02364-19410.

Unterkunft

● **Hotel-Restaurant Am Turm,** Turmstraße 4, 45721 Haltern am See, Tel. 02364-96010, Fax 960122, www.hotel-amturm.de. Preise: EZ 65 €, DZ 94 €.

Zentral in der Innenstadt gelegen, verfügt das Hotel über 12 schöne und helle Zimmer.
● **Hotel Seehof,** Hullerner Straße 102, 45721 Haltern, Tel. 02364-9280, Fax 928100, www.hotel-seehof.de. Preise: EZ 90 €, DZ 115 €.

Mitten im Naturpark Haard bietet das Hotel neben komfortablen Zimmern auch eine schöne Wellnesslandschaft.

Jugendherberge

● **Jugendherberge Haltern am See,** Stockwieser Damm 255, 45721 Haltern am See, Tel. 02364-2258, www.djh-wl.de/haltern. Preis pro Person/Nacht ab 14,50 €.

Hier schlägt man sein Lager mitten in einem Waldgebiet auf, zwischen dem Halterner und Hullerner Stausee.

Essen und Trinken

● **Seeterrassen,** Hullerner Straße 52, 45721 Haltern am See, Tel. 02364-13493. Geöffnet: tgl. ab 11 Uhr (im Winter je nach Witterung).

Von der Terrasse des Restaurants hat man, wie der Name schon sagt, einen herrlichen Blick über den Stausee. Auch Fuß- und Radwanderer stillen hier ihren Hunger.

● **Jupp unner de Böcken,** Hullerner Straße 107, 45721 Haltern am See, Tel. 02364-5216, www.jupp-unner-de-boecken.de. Geöffnet: bei schönem Wetter, keine festen Zeiten.

1948 eröffnete Opa *Josef Geldmann* seinen Kiosk am Halterner See, deshalb der Name Jupp. Seit *Jupp* hier seine Zelte aufschlug, steht die Familie hinterm Tresen, inzwischen in der dritten Generation. Der Biergarten ist urig, bevorzugt wird die bayrische Küche. Originell ist der Fahrrad-Drive-In: ranfahren, läuten, bestellen, die Böckenbahn kommt, bezahlen und weiterfahren – so schnell kann es gehen.

Sport und Freizeit

● **Reiterhof Schwalbental,** Rekener Straße 224, 45721 Haltern am See, Tel. 02364-7099, www.reitstall-schwalbental.de. Geöffnet: Anfang März bis Ende November Mo, Di, Fr 13–18.30 Uhr, Sa, So, Fei 9–18 Uhr. In den Ferien tgl. 9–18 Uhr.

Hier darf sich jeder in den Sattel schwingen und einen Ritt durch die Hohe Mark wagen.

Kinder

● **Ketteler Hof,** Rekener Straße 234, 45721 Haltern-Lavesum, Tel. 02364-3409, www.kettelerhof.de. Geöffnet: Ende März bis Ende Oktober tgl. 9–18 Uhr. Eintritt: 10 €.

Mitten im Naherholungsgebiet Hohe Mark liegt dieser Spiel- und Mitmach-Park. In der weitläufigen Anlage können die Kleinen z.B. mit der Sommerrodelbahn den Berg herunterflitzen oder auf Ponys den Park durchqueren. Für kleine Snacks zwischendurch stehen Grill- und Picknickplätze zur Verfügung.

Zoo

● **Naturwildpark Granat,** Granatstraße 626, 45721 Haltern am See, Tel. 05975-93537, www.naturwildpark.de. Geöffnet: tgl. 10–18 Uhr. Eintritt: 3,50 €, Kinder 2,50 €.

Eingezäunt sind nur die Wildschweine, ansonsten wandert und radelt der Besucher frei zwischen Hirsch, Mufflon und Murmeltier.

Herten   V/D3, VI/A3

Überblick

Herten, das an der Grenze zum Münsterland im nördlichen Teil des Reviers liegt, entwickelte sich relativ spät. Obwohl die Stadt bereits um 1050 erstmals als „Herthene" urkundlich erwähnt wird, war das Stadtgebiet bis ins späte 19. Jahrhundert hinein ein eher spärlich besiedelter Landstrich. Noch im Jahr 1872, als der Steinkohlebergbau auch Herten erreichte, lebten hier nur 953 Menschen. Mit der wachsenden wirtschaftlichen Bedeutung des Bergbaus explodierte schließlich auch die Einwohnerzahl, die bis 1926 um das Dreißigfache anstieg.

Heute leben in Herten rund 63.000 Menschen. Mit der Schließung der letzten Zeche im Jahr 2000 befindet sich die Stadt wie so viele im Revier im ökonomischen Strukturwandel und setzt dabei insbesondere auf **Umwelttechnologie.**

In touristischer Hinsicht besticht Herten vor allem durch seine **Mischung aus vorindustrieller und industrieller Kulisse:** Im Stadtgebiet finden sich schöne Schlösser und eine malerische Fachwerkidylle ebenso wie ausgedehnte Bergarbeitersiedlungen und großflächige Haldenkomplexe. Die ehemalige Bergarbeiterstadt ist darüber hinaus erstaunlich grün, sie besteht zur Hälfte aus Wiesen-, Wald- und Parkflächen, die durch ein weit verzweigtes Geflecht aus Wander- und Radwegen miteinander verbunden sind.

Wasserschloss Herten   VI/A3

Westlich der Innenstadt liegt inmitten eines alten englischen **Landschaftsparks** das Schloss Herten. Die prächtige Anlage hat sich zu einem beliebten **Ausflugsziel** der Stadt entwickelt und gehört seit ihrer Renovierung in den 1970er Jahren zu den schönsten Baudenkmälern in Nordrhein-Westfalen.

Schloss Herten wurde erstmals im Jahr 1376 urkundlich erwähnt. Ihren heutigen Charakter erhielt die ehemals kleine Burganlage jedoch erst nach mehrmaligen Aus- und Umbauarbeiten, die am umfangreichsten im Jahr 1687 nach einem Großbrand durchgeführt wurden. Durch die architektonischen Veränderungen vereint das schöne **Wasserschloss** heute Merkmale der Spätgotik und Renaissance sowie des Barock. Von besonderer Bedeutung sind dabei die **barocken Freskenmalereien** an der Stuckdecke des großen Saales, die während der Renovierungsarbeiten in den 1970er Jahren wiederentdeckt wurden.

Das Schloss und der Schlosspark werden heute für unterschiedliche **kulturelle Veranstaltungen** genutzt, die in dem historischen Ambiente besonders zur Geltung kommen. Sehr schön ist der alljährliche **Pfingst-Kunstmarkt** auf dem Schlossgelände, auf dem Künstler unterschiedlicher Richtungen ihre Werke ausstellen und verkaufen. Der malerische Schlosspark lädt aber auch außerhalb von Veranstaltungen zum Verweilen und Spazieren ein.

● **Schloss Herten,** Im Schloßpark, 45699 Herten.

Norden

Haldenlandschaft Herten

Mit den Halden Hoheward und Hoppenbruch liegt im Hertener Süden einer der größten Haldenkomplexe des Ruhrgebiets. Diese weithin sichtbaren Überreste des Bergbaus bieten einen guten Blick über das mittlere Ruhrgebiet und die umliegende Landschaft.

Von touristischem Interesse ist primär die **Halde Hoppenbruch** (⌀**VI/A3),** die seit ihrer Rekultivierung ein beliebtes Naherholungsgebiet darstellt und eine Reihe von Freizeitmöglichkeiten bietet. Ein breit angelegter Weg führt in Serpentinen bis zum 70 Meter hohen Gipfel die Halde hinauf. Die mit Kiefern begrünte Landschaftsmarke ist damit idealer Ausflugsort für Spaziergänger, Jogger und Radfahrer.

Am Gipfel angelangt, erwartet den Besucher die 1997 errichtete **Windenergieanlage,** die schon von weitem auf die Haldenlandschaft aufmerksam macht. Um das 67 Meter große Windrad herum wurde 1998 ein kleiner **Skulpturenpark** angelegt, der sich künstlerisch mit dem Thema „Wind" auseinandersetzt. Die insgesamt acht Stahlplastiken sind spiralförmig um das Windrad installiert und symbolisieren in ihren unterschiedlichen Formen verschiedene Aspekte des Windes. Texttafeln an den Skulpturen greifen die Gestaltung auf und informieren dabei u.a. über die Entstehung des Windes oder über die Entwicklung der Windnutzung.

●**Haldenlandschaft Herten,** Im Emscherbruch, 45699 Herten.

Tipp

Die Halde Hoppenbruch ist ein Eldorado für **Mountainbiker:** Hier finden sich tolle Strecken für Anfänger wie für Fortgeschrittene.

Herten-Westerholt

Eine gute Vorstellung davon, wie es in Herten zu vorindustriellen Zeiten aussah, bekommt man im **Dorf Westerholt.** Hier reihen sich rund 50 liebevoll restaurierte, denkmalgeschützte Fachwerkhäuser wie anno dazumal aneinander. Erstmals urkundlich erwähnt wurde Westerholt bereits im Jahr 1047. Heute zählt das Dorf mit seinen urigen ein- bis zweistöckigen Fachwerkhäusern zu den **ältesten geschlossenen Siedlungen Westfalens,** die noch annähernd in ihrer Ursprungsform erhalten sind. Zahlreiche Inschriften in den Balken der alten Gebäude zeugen von der langen Vergangenheit dieses historischen Ortskerns.

Zu der idyllischen Fachwerkkulisse, in der heute rund 400 Menschen leben, gesellt sich auch das **Schloss Westerholt** (⌀**V/D3):** Das 1830 im klassizistischen Stil errichtete Gebäude befindet sich am Rand der Siedlung und beherbergt heute ein Hotel und ein Restaurant (⌀ „Praktische Tipps").

Eine Besichtigungstour des Dorfes nimmt nicht viel Zeit in Anspruch. Die Siedlung ist reines Wohngebiet und beherbergt keine Geschäfte. Zum Innehalten lädt im Sommer aber der Biergarten am Schloss ein, dessen Öffnungszeiten wetterabhängig sind.

Praktische Tipps

Information

● **Stadt Herten,** Kurt-Schumacher-Straße 2, 45699 Herten, Tel. 02366-3030, Fax 303255, www.herten.de. Geöffnet: Mo–Mi 8–16 Uhr, Do 8–17.30, Fr 8–12.30 Uhr.

Öffentliche Verkehrsmittel

● **Hauptbahnhof** und **zentraler Busbahnhof:** Herten verfügt über keinen eigenen Bahnhof und zentralen Busbahnhof. Anschlussstellen, um nach Herten zu kommen, sind die Hauptbahnhöfe von Recklinghausen und Haltern. Von dort fahren Busse regelmäßig nach Herten.
● **Taxiruf:** 02366-35000 oder 85000.

Unterkunft

● **Gasthof Altes Dorf** (⚇V/D3), Schloßstraße 15, 45701 Herten, Tel. 0209-613643, Fax 613 641, E-Mail: info@altes-dorf.de, Internet: www. altes-dorf.de. Preise: EZ ab 55 €, DZ ab 85 €.
   Moderne Zimmer in familiärer Atmosphäre mitten im schnuckeligen alten Dorf Westerholt. Mit Restaurant (s.u.).
● **Hotel Alt Fousek** (⚇V/D2), Geschwisterstraße 47, 45701 Herten, Tel. 0209-35558, Fax 35258, www.alt-fousek.de. Preise: EZ ab 30 €, DZ ab 60 €.
   Das Hotel im Stadtteil Westerholt wartet mit hell eingerichteten Zimmern sowie einem Restaurant und schönem Biergarten auf.

Essen und Trinken

● **Gasthof Altes Dorf,** Schloßstraße 15, 45701 Herten, Tel. 0209-613643, www.altes-dorf.de. Geöffnet: Mo–Mi, Fr 12–14.30 Uhr und 17–24 Uhr, Sa, So 11–14.30 Uhr und 17–24 Uhr.
   In rustikal-gemütlichem Ambiente bietet der schöne Gasthof deftige und regionale Küche.

Feste und Festivals

● **Oktober: Internationale Fototage,** Herten: Alle zwei Jahre (den ungeraden) verwan-

delt sich die Stadt in eine einzige Ausstellungshalle für die unterschiedlichsten Genres der Fotografie. Infos: Tel. 02366-303511.

Sport und Freizeit

● **Copa Ca Backum** (⚇VI/A3), Über den Knöchel/Teichstraße, 45699 Herten, Tel. 02366-307310, www.copacabackum.de. Geöffnet: Mo 10–22 Uhr, Di 8–22 Uhr, Mi–Fr 8–23 Uhr, Sa, So 8–21 Uhr.
   Etliche Saunen, diverse Becken, u.a. mit Wasserfall, Massage und Sprudeldüsen, und ein Wasserspielgarten für die Kleinen machen das Spaßbad zu einem Erlebnis für die ganze Familie.

Auch in Herten trifft man
auf ansprechende Fachwerkhäuser

Norden

0991rg Foto: rk

Lünen ⤴ VIII/B2

Überblick

Am nördlich Rand des Ruhrgebiets, in direkter Nachbarschaft zu Dortmund, liegt die Stadt Lünen mit gut 90.000 Einwohnern, die erstmals im 9. Jahrhundert unter dem Namen „Liunon" erwähnt wird. Die Industrialisierung setzte in Lünen mit der Gründung der Eisenhütte Westfalia 1826 ein, Kohlebergwerke folgten.

Große Flächen der Stadt sind noch heute von den ehemaligen Bergarbeiterkolonien geprägt. Wie die meisten anderen Städte im Revier, blickt auch Lünen auf eine große Zeit als Bergbaustadt zurück. Mit der Schließung der letzten Zeche im Jahr 1992 endete die hundertjährige Bergbauära.

In touristischer Hinsicht bietet das beschauliche Städtchen vor allem **weitläufige Erholungsgebiete** für Spaziergänger und Bike-Fans: Die unmittelbare Nähe zum Münsterland kündigt sich bereits durch große Wald- und Wiesenflächen, aber auch durch eine **ausgeprägte Fahrradkultur** an. Lünen gilt als eine der fahrradfreundlichsten Städte der Region. Die direkte Nachbarschaft zur Lippe und zum Datteln-Ems-Kanal schafft zusätzliche Freizeitmöglichkeiten an den Fluss- und Kanalufern.

Innenstadt

Die Innenstadt Lünens ist überschaubar und bequem zu Fuß zu erkunden. Als wir an einem Sonntagmittag auf Entdeckungstour gingen, war nicht wirklich der Teufel los, was aber für eine deutsche Stadt dieser Größe kaum verwundern dürfte. Wer etwas erleben will, sollte lieber ins nahe gelegene Dortmund weiterfahren.

Beschaulichkeit bietet Lünen dafür in Hülle und Fülle. Wer die Fußgängerzone Lange Straße/Münsterstraße entlangschlendert und in die angrenzenden Sträßchen späht, findet **hübsche Fachwerkhäuser,** urige Gasthäuser (⤴ „Praktische Tipps") und allerlei kleine Geschäfte. Besonders attraktive Altstadtbauten stehen z.B. in der Mauerstraße, die den Verlauf der ehemaligen **Stadtmauer** aus dem 18. Jahrhundert markiert.

Kulturgeschichtlicher Höhepunkt der Innenstadt ist die Evangelische **Stadtkirche St. Georg,** eine westfälische Hallenkirche, die zwischen 1360 und 1366 errichtet wurde.

Mitten durch die Stadt schlängelt sich idyllisch die Lippe, und dank der verkehrsberuhigten City lassen sich weder Enten noch Haubentaucher bei Futtersuche und Nestbau stören.

Auffällig sind die zahlreichen Fahrradwegweiser in Lünen, die Bike-Fans die Richtung und Entfernung zu den Ortschaften und Landschaftsmarken der Umgebung anzeigen.

Schloss Schwansbell ⤴ VIII/B3

Zwischen dem Volkspark der Stadt und dem Datteln-Hamm-Kanal liegt das Schloss Schwansbell aus dem späten 19. Jahrhundert. Besuchenswert ist hier jedoch eher das langgestreckte

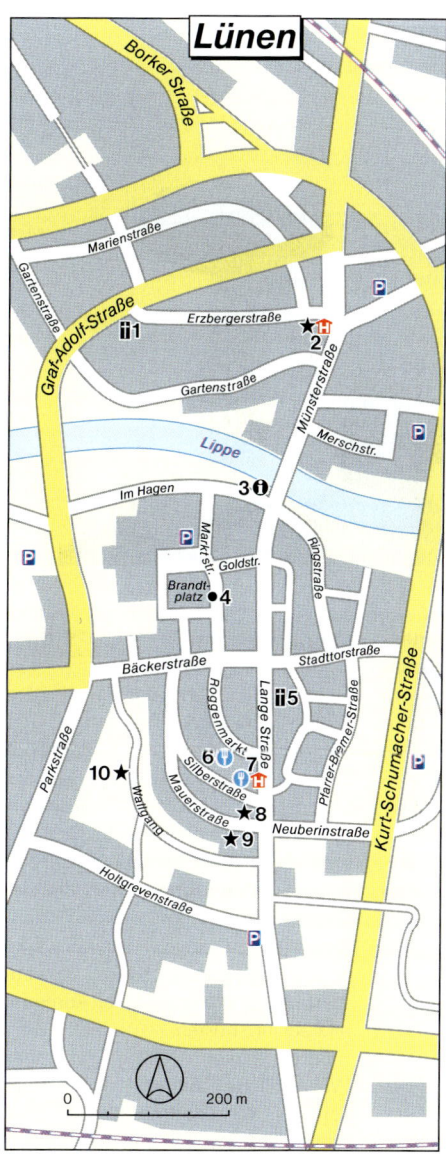

Lünen

- ⛪ 1 St.-Marien-Kirche
- ★ 2 Persiluhr mit Ochsengruppe/
- 🏨 Hotel an der Persil-Uhr
- ❶ 3 Touristen-Information
- ● 4 Marktplatz mit Rathaus
- ⛪ 5 Ev. Stadtkirche St. Georg
- 🍴 6 Pizzeria Da Rocco
- 🍴 7 Brauhaus/
- 🏨 Hotel Drei Linden
- ★ 8 Fachwerkhäuser
- ★ 9 Fachwerkhäuser/ Verlauf der 1759 gebrochenen Stadtmauer
- ★10 Teil der mittelalterlichen Stadtbefestigung

Norden

09Srg Foto: BW

Wirtschaftsgebäude bzw. **Gesinde-haus** von 1853, welches das **Museum der Stadt Lünen** beherbergt. Von geologischen Funden bis zur Wohnkultur im 19. Jahrhundert bietet das Haus einen interessanten Einblick in die Lebenskultur des Ruhrgebiets und Westfalens.

● **Schloss Schwansbell,** Schwansbeller Weg 32, 44532 Lünen, Tel. 02306-1041649. Geöffnet: Oktober bis März Di–Fr 14–17 Uhr, Sa, So 13–17 Uhr, April bis September Di–Fr 14–18 Uhr, Sa, So 13–18 Uhr. Eintritt: 1 €.

Das skurrilste Gebäude im Ruhrgebiet: das „Colani-Ei"

Seepark Lünen   ⇗VIII/B3

Ganz in der Nähe der Anlage von Schloss Schwansbell befindet sich der Seepark Lünen, ein weitläufiges **Frei-zeit- und Parkgelände.** Aus Anlass der Landesgartenschau 1996 wurde hier die Industriebrache der Zeche Preußen neu gestaltet. Mittelpunkt der Anlage ist der **Horstmarer See,** der Gelegenheit bietet, am riesigen Sandstrand und auf Liegewiesen ein wenig abzuhängen oder im See zu schwimmen. Auch Wassersportler kommen hier auf ihre Kosten.

Bergsenkungen ließen einige der Wiesenflächen mehrere Meter absinken, was die Landschaft aber ganz reizvoll gestaltet. Die mit acht Metern tiefste Senkung befindet sich am so genannten „Horstmarer Loch".

● **Seepark Lünen,** 44532 Lünen. Parkplätze stehen an der Scharnhorststraße (ca. 700 Meter vom See entfernt) und an der Preußenstraße zur Verfügung.

Technologiezentrum LünTec   ⌂VIII/A2

Als die Zechenanlage Minister Achenbach im Stadtteil Brambauer im Jahr 1990 nach über sieben Jahrzehnten Steinkohleförderung den Betrieb einstellte, wurde das ehemalige Bergbaugelände zum Technologiezentrum LünTec umfunktioniert, in dem sich bis heute 38 Unternehmen angesiedelt haben. Hier findet sich auch die wohl berühmteste Sehenswürdigkeit Lünens und das Wahrzeichen der Anlage: Es handelt sich um das alte Fördergerüst von Schacht 4, auf dem ein im Volksmund als **„Colani-Ei"** bezeichneter Ellipsoid thront. Wer schon Fotografien von diesem Turm bei optimalen Lichtverhältnissen und aus perfekten Blickwinkeln gesehen hat, wird womöglich staunen angesichts seiner überschaubaren Höhe von 44 Metern. Das von Stardesigner *Luigi Colani* entworfene Gebilde auf der Turmspitze beinhaltet ein Atelier und Büroflächen auf 300 Quadratmetern und mutet auch heute noch ziemlich „spacig" an.

Für die nötige Bodenhaftung nach der Besichtigung sorgt die Tortenauswahl im *Café Lüntec* (⌂„Prakt. Tipps").

● **Technologiezentrum LünTec,** Am Brambusch 24, 44536 Lünen, Tel. 0231-9860100, www.luentec.de.

BergarbeiterWohnmuseum   ⌂VIII/A3

Unter den zahlreichen Möglichkeiten, sich im Ruhrgebiet mit der Geschichte des Bergbaus zu beschäftigen, sticht dieses kleine Museum deutlich hervor. Im Ortsteil Brambauer, dem einstigen Standort der Zeche Minister Achenbach, ist schon die Lage des Hauses bedeutungsvoll: inmitten einer intakten **Zechenkolonie.** Das Museum wurde in einem Haus der Wohnungsbaugesellschaft *Glückauf* eingerichtet und präsentiert die **Lebensweise von Bergarbeiterfamilien** im ersten Drittel des vergangenen Jahrhunderts. Auf stil- und zeitgerechte Einrichtung wurde dabei besonderer Wert gelegt, und die Liebe zum Detail setzt sich bis in die gefüllten Schubladen der Küchenschränke hinein fort. Wer Lust auf eine kleine, auch ein bisschen sentimentale **Zeitreise** in Omas und Opas Welt hat, sollte sich dieses Zechenhaus keinesfalls entgehen lassen!

● **Bergarbeiter-Wohnmuseum,** Rudolfstraße 10, 44536 Lünen. Tel. 0231-876502, Fax 987 07755. Geöffnet: Di 15–17 Uhr, Do 17–19 Uhr, So 15–17 Uhr. Gruppen können auch außerhalb der Öffnungszeiten nach telefonischer Anmeldung das Museum besichtigen. Eintritt: 1,50 €, ermäßigt 0,50 €; Führung: 2 €.

Praktische Tipps

Information

● **Lippetouristik e.V.,** Münsterstr. 1j, 44534 Lünen, Tel. 02306-781007 oder 966852. Geöffnet: Mo–Fr 10–18 Uhr, Sa 10–13.30 Uhr.

Norden

Öffentliche Verkehrsmittel

● **Hauptbahnhof:** Münsterstraße, 44534 Lünen.
● **Zentraler Busbahnhof:** Engelswiese, 44534 Lünen.
● **Taxi:** Taxistände liegen unmittelbar am Hauptbahnhof; Taxiruf: 02306-960600.

Unterkunft

● **Hotel Drei Linden,** Lange Straße 71, 44532 Lünen, Tel. 02306-75760100, Fax 75760120, www.hotel-luenen.de. Preise: EZ 55 €, DZ 80 €.
Der Charme des historischen Gebäudes setzt sich in den schönen Zimmern fort.
● **Hotel an der Persil-Uhr,** Münsterstraße 25–27, 44534 Lünen, Tel. 02306-70090, Fax 700970, www.persiluhr.de. Preise: EZ ab 62 €, DZ ab 86 €.
Gemütliche Atmosphäre erwartet den Gast sowohl im Restaurant als auch in den Zimmern.

Essen und Trinken

● **Brauhaus Drei Linden,** Lange Straße 71, 44532 Lünen, Tel. 02306-757600, www.brauhaus-drei-linden.de. Geöffnet: Mo–Sa 11–1 Uhr.
Ein gemütliches und gutbürgerliches Gasthaus mit Biergarten. Sehr zu empfehlen für den kleinen Ausflugshunger sind z.B. die Bratkartoffeln mit Spiegelei und Salat.
● **Pizzeria Da Rocco,** Roggenmarkt 9, 44532 Lünen, Tel. 02306-18242, www.da-rocco-luenen.de. Geöffnet: Mo und Mi–So 11.30–14.30 Uhr und ab 17.30 Uhr.
Das italienische Restaurant liegt an einem verträumten Altstadtplatz unter einer mächtigen Kastanie.

Doppelt hält besser: die Rathaustürme von Marl

● **Café Lüntec (⚲VIII/A2),** Heinrichstraße 51, 44536 Lünen, Tel. 0231-9860235. Geöffnet: Mo–Fr 8–17 Uhr, So, Fei 8–17 Uhr.
Das Café befindet sich in dem liebevoll hergerichteten ehemaligen Pförtnerhaus der Zeche Minister Aschenbach. Große Tortenauswahl.

Marl ⚲ V/D1, VI/A1

Überblick

Am nord-westlichen Rand des Ruhrgebiets gelegen, wurde Marl bereits im Jahr 890 erstmals urkundlich erwähnt. Obwohl dem einstigen Bauernland erst die Steinkohle und die chemische Industrie zum wirtschaftlichen Aufschwung verhalfen, ist das weitläufige Stadtgebiet im Wesentlichen doch grün geblieben, weshalb Marl auch als **„Industriestadt im Grünen"** bezeichnet wird. Durch das flächendeckende, weit verzweigte und 140 Kilometer lange Radwegesystem lassen sich diese landschaftlichen Reize auch hervorragend auf zwei Rädern erkunden.

Die Stadt versprüht provinziellen Charme und hat dennoch kulturell einiges zu bieten. Trotz der vielerorts immensen Einsparungen im Kulturbereich leistet sich Marl ein eigenes Theater, und das Sinfonieorchester **Philharmonie Hungarica** ist weit über die Grenzen des Ruhrgebiets hinaus bekannt. Nationale Bekanntheit besitzt zudem das in Marl beheimatete **Adolf-Grimme-Institut,** das alljährlich den wohl bedeutendsten gleichnamigen Medienpreis vergibt.

Innenstadt

In einiger Entfernung zum alten Dorf-kern in Alt-Marl entstand im Zuge der florierenden Wirtschaftsjahre eine neue Stadtmitte, die so genannte City: Neben dem eigens angelegten „City-See" kennzeichnen moderne Hoch-hausanlagen sowie ein Verwaltungs-, Kultur- und Einkaufszentrum das Bild der neuen Innenstadt.

Architektonisch ragt hier vor allem das von den Rotterdamer Architekten *van den Broek* und *Bakema* in den 1960er Jahren entworfene **Rathaus** mit seinen zwei Dezernatstürmen he-raus. Direkt neben dem Rathaus befin-det sich das zweistöckige **Einkaufs-zentrum Marler Stern,** das von den Einwohnern der Einfachheit halber auch als „City" bezeichnet wird. Aus-gestattet mit Europas größtem Luftkis-sendach, beherbergt die Ladenstraße etliche kleinere und größere Shops und Lokale (Restaurants ⬈„Praktische Tipps"). In der zweiten Etage findet sich die **Touristeninformation.**

Skulpturen-museum Glaskasten ⬈V/D1

Unmittelbar neben dem Rathaus liegt das Skulpturenmuseum Glaskasten. Der Name des international bekann-ten Museums verrät dabei nicht nur die Bauweise, sondern auch das da-hinter stehende Museumskonzept: Of-fenheit und Transparenz für jeder-mann. Durch die ganz mit Glas um-bauten Räume des Museums sind die Kunstwerke im Inneren für jeden sicht-bar. Außerdem verteilen sich mehr als 70 Skulpturen in den Grünanlagen rings um das Museum, darunter Wer-ke so bedeutender Künstler wie *Max Ernst, Richard Serra, Jean (Hans) Arp* oder *Alf Lechner.* Der Ring der Skulp-turen wird dabei umso dichter, je nä-her man dem Museum kommt.

Den Kern der Sammlung in den In-nenräumen bilden Groß- und Klein-skulpturen des 20. Jahrhunderts. Ne-ben der klassischen Moderne und der zeitgenössischen Kunst werden auch dreidimensionale Arbeiten wie Objek-te und Installationen ausgestellt. Das Spektrum reicht von *Auguste Rodin* und *Constantin Meunier* über *Max Ernst* und *Alberto Giacometti* bis zu jungen heutigen Künstlern. Mittlerwei-le umfasst die Sammlung über 300 Bildwerke des 20. Jahrhunderts.

● **Skulpturenmuseum Glaskasten,** Creiler Platz, Rathaus, 45765 Marl, Tel. 02365-992 257, www.marl.de. Geöffnet: Di–So 10–18 Uhr. Eintritt: frei.

Norden

170g Foto: cm

Chemiepark Marl ↗V/D1

Obwohl Bergbau und Chemie in Marl immer noch die meisten Arbeitsplätze stellen, ist der allgemeine Strukturwandel auch an dieser Stadt nicht spurlos vorübergegangen: Der Chemiepark Marl als **Ankerpunkt der Route Industriekultur** ist hierfür ein gutes Beispiel, denn er blickt auf eine lange und wechselvolle Geschichte zurück: 1938 wurde die *Chemische Werke Hüls*

Geradezu amerikanische Dimensionen hat der Chemiepark Marl

GmbH (CWH) in Marl gegründet, die sich unter der Federführung der *VEBA AG* zu einem Unternehmen mit Weltgeltung entwickelte. Nach diversen Umstrukturierungen in den 1990er Jahren ist mittlerweile auf dem ehemaligen Werksgelände der *CWH* der Chemiepark Marl entstanden, der heute zu den größten Chemiestandorten Europas zählt und auf dem sich zahlreiche internationale Unternehmen niedergelassen haben. Das Gelände, das mit seinen 650 Hektar die Dimensionen einer Kleinstadt erreicht, ist der **einzige noch aktive Standort** der Route Industriekultur.

Das Informationszentrum vor den Toren des Chemieparks präsentiert in einer überschaubaren, alles in allem

interessanten Dauerausstellung nicht nur die industrielle Vergangenheit, sondern vermittelt auf zwei Etagen auch die Gegenwart und die Perspektiven des Standortes. Allerdings sollte man den Besuch im Informationszentrum immer mit der **Bustour und Führung** über das Werksgelände verbinden, die den eigentlichen Höhepunkt dieses Ankerpunkts darstellt. Die Tour dauert ca. 1,5 Stunden und führt vorbei an den gigantischen Anlagen der Fabrikstadt. Man staunt, was die „Stadt in der Stadt" alles zu bieten hat.

● **Chemiepark Marl,** Paul-Baumann-Straße 1, 45764 Marl, Tel. 02365-499436, www.infra cor.de. Geöffnet: Informationszentrum Di–So 10–18 Uhr, Werksführungen mit Bus April bis Oktober Di, Do 11 Uhr, Sa, So 11 und 15 Uhr, November bis März Di, Sa, So 11 Uhr. Eintritt: Dauerausstellung frei, Werksbesichtigung 2,60 € pro Person.

Praktische Tipps

Information

● **Tourist-Information,** im Einkaufszentrum Marler Stern, 45768 Marl, Tel. 02365-994310, Fax 994333, www.marl.de. Geöffnet: Mo–Fr 9.30–18 Uhr, Sa 9.30–13 Uhr.

Öffentliche Verkehrsmittel

● **Hauptbahnhof** und **zentraler Busbahnhof:** Marler Stern, 45768 Marl.
● **Taxi:** Taxistände liegen unmittelbar am Hauptbahnhof; Taxiruf: 02365-66666.

Unterkunft

● **Hotel-Restaurant Loemühle** (⊿VI/A1), Loemühlenweg 221, 45770 Marl, Tel. 02365-41450, Fax 4145199, www.loemuehle.com. Preise: EZ ab 76 €, DZ ab 96 €.

Das Hotel ist in einem schönen Fachwerkbau untergebracht und liegt an einer noch in Betrieb befindlichen Wassermühle, die zu den ältesten ihrer Art in Deutschland zählt. Es verfügt über gemütliche Zimmer und einen Wellnessbereich mit Saunen und römischem Dampfbad.

● **Golden Tulip Parkhotel** (⊿V/D1), Eduard-Weitsch-Weg 2, 45768 Marl, Tel. 02365-1020, Fax 102488, www.parkhotel-marl.de. Preise: EZ ab 83 €, DZ ab 99 €.

Das Hotel liegt direkt in der Innenstadt am Citysee und dem Einkaufszentrum Marler Stern und ist mit 91 freundlichen und komfortablen Zimmern ausgestattet.

Essen und Trinken

● **Bei Ivan** (⊿V/D1), Marler Stern 29, 45768 Marl, Tel. 02365-59142. Geöffnet: tgl. 11.30–22.30 Uhr.

Die Küche des im Marler Einkaufszentrum gelegenen Restaurants ist international, legt die Schwerpunkte aber auf Spezialitäten vom Balkan, aus Ungarn und Italien.

Theater

● **Theater der Stadt** (⊿V/D1), Am Theater 1, 45768 Marl, Tel. 02365-994310, www.marl.de.

Die Bühne bietet ein breit gefächertes Theater- und Konzertprogramm und ist Spielstätte der Ruhrfestspiele Recklinghausen. Alljährlich wird hier auch der Adolf-Grimme-Preis verliehen.

Sport und Freizeit

● **Döring Quarter Horses,** Herner Weg 46–48, 45772 Marl, Tel. 02365-106464, www.doeringqh.de.

Pferdebegeisterte werden hier in die Westernreitweise eingeführt.

Norden

Recklinghausen ↗ VI/AB2

Überblick

Recklinghausen liegt am nördlichen Rand des Ruhrgebiets zwischen Gelsenkirchen und Waltrop. Die Stadt wurde im Jahre 1017 erstmals erwähnt und geht zurück auf einen Königshof. Im Hochmittelalter entwickelte sich südlich der Petruskirche eine befestigte, rasch expandierende Marktsiedlung mit einem Gitterstraßenmuster. Über sechs Jahrhunderte, vom Ende des 12. Jahrhunderts bis 1802, gehörte die Gegend als **„Vest" Recklinghausen** politisch und rechtlich zum Kölner Erzstift. 1316 wurde der Ort, der mittlerweile über die Stadtrechte verfügte, Mitglied der Hanse und blieb dies bis 1618. Durch große Stadtbrände wurde Recklinghausen immer wieder erheblich in Mitleidenschaft gezogen.

Die Reformationszeit brachte Vest und Stadt Recklinghausen keinen Wandel im Glauben – man blieb katholisch. Nachdem man beim Wiener Kongress 1815 in den preußischen Staatsverband eingegliedert worden war, stieg jedoch allmählich der Anteil der Protestanten an der Gesamtbevölkerung. Wie viele andere heutige Großstädte des Ruhrgebiets, war auch Recklinghausen noch bis ins 19. Jahrhundert ein Ort mit nur wenigen tausend Einwohnern. Die wirtschaftliche Blüte des Bergbaus und großräumige Eingemeindungen ließen die Stadt wachsen. Heute hat sie etwa 120.000 Einwohner und bildet den kulturellen und wirtschaftlichen Mittelpunkt des bevölkerungsstarken und weitläufigen Kreises Recklinghausen. Über die Region hinaus berühmt ist Recklinghausen vor allem wegen der **„Ruhrfestspiele",** die seit 1947 jedes Jahr hier ausgetragen werden.

Altstadt

Gerade hier, im innersten Kern des Stadtgebiets, das insgesamt 66 Quadratkilometer umfasst, zeigt sich Recklinghausen als eine fürs Ruhrgebiet untypisch beschauliche Stadt. Die Recklinghäuser Altstadt wird eingekreist durch den **Wallring,** wie die ineinander übergehenden Hauptstraßen Kurfürstenwall, Herzogswall, Königswall, Kaiserwall und Grafenwall zusammenfassend bezeichnet werden. In diesem Ring befinden sich sowohl die wichtigen Sehenswürdigkeiten als auch gute Einkaufs- und Einkehrmöglichkeiten, die überdies in einer Fußgängerzone angenehm zu „erschlendern" sind.

Eine der architektonischen Attraktivitäten Recklinghausens ist das prächtige **Rathaus** am Erlbruchpark, hinter dem für eine Stadterkundung auch strategisch günstig geparkt werden kann. Das Gebäude gehört zu den vielen eindrucksvollen Rathaus-Bauten im Ruhrgebiet, die in der Blütezeit der Region zwischen 1870 und dem Ersten Weltkrieg errichtet wurden. Das Recklinghäuser Rathaus entstand zwischen 1905 und 1908, und wenn es denn nötig wäre, könnte man es mit dem Etikett „Neo-Renaissance" bekleben. Das burgartige Bauwerk zieht den Betrachter mit all seinen Türmen und Türmchen, mit Erkern, Ornamenten und der auffälligen Haube in seinen Bann und wirkt zugleich fantastisch und einladend. Sieht man genauer hin, entdeckt man viele ansprechende Details. So zeigt die Ostfassade (von links) *Hermann den Cherusker,* der die Römer vertrieb, *Bonifatius,* den besiegten Sachsenherzog *Widukind* taufend, und *Karl den Großen,* mit dem Recklinghausen die Anfänge seiner Stadtgeschichte verbindet.

Im Ratskeller kann man speisen (⌲„Praktische Tipps").

Das Zentrum der Altstadt mit ihren hübschen Gassen ist der **Markt.** Hier, an der Ostseite des Platzes, lagen die ersten drei Rathäuser der Stadt, deren ältestes bereits 1256 errichtet wurde. Am Marktplatz wurde 1840 der Gemüse-, Kram- und Viktualienmarkt als Wochenmarkt eingeführt, welcher heute auf dem Rathausvorplatz abgehalten wird. Auf dem stets lebendigen Platz finden Feste, Veranstaltungen und der Weihnachtsmarkt statt.

Nördlich des Altstadtmarkts liegt die Hauptkirche Recklinghausens, die **Propsteikirche St. Peter** oder Petruskirche. Sie ist ein Paradebeispiel der westfälischen Hallenkirchen und wurde nach einem großen Stadtbrand im Jahre 1247 auf den Überresten zweier Vorgängerbauten im Stil der Spätromanik errichtet. Anders als vor den vielen protestantischen Sakralbauten im Ruhrgebiet, freut sich der Besucher hier, dass die Propsteikirche normalerweise nicht verschlossen ist.

Cafés und Restaurants in der Altstadt ⌲„Praktische Tipps".

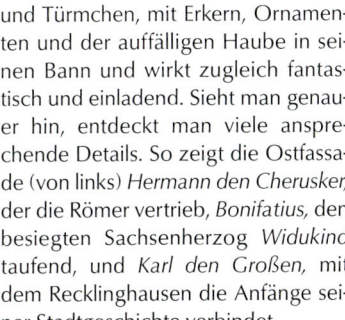

Ikonen-Museum

Vis-à-vis der Propsteikirche St. Peter liegt das unter Kennern in der ganzen Welt berühmte **Ikonen-Museum.** Es ist ein eher unscheinbarer Bau, in dem jedoch die bedeutendste Sammlung ostkirchlicher Kunst außerhalb der orthodoxen Länder beheimatet ist. Im Jahre 1956 wurde das Ikonen-Museum eröffnet. Anlass für die Gründung war eine Anfang 1955 in der Städtischen Kunsthalle gezeigte Ausstellung von 100 Ikonen aus westdeutschem Kloster- und Privatbesitz.

Mehr als 1000 Exponate aus Russland und dem Südosten Europas vermitteln dem Besucher einen faszinierenden Einblick in die Vielfalt und die stilistischen Entwicklungen der ostkirchlichen Ikonenkunst. Die koptische Abteilung des Ikonen-Museums dokumentiert den Übergang von der heidnischen Spätantike zum frühen Christentum in Ägypten. Reliefs aus Holz und Stein, Gewebe, Gläser, Bronzen und Kreuze sowie einige Mumienpor-

Norden

Das Rathaus Recklinghausen

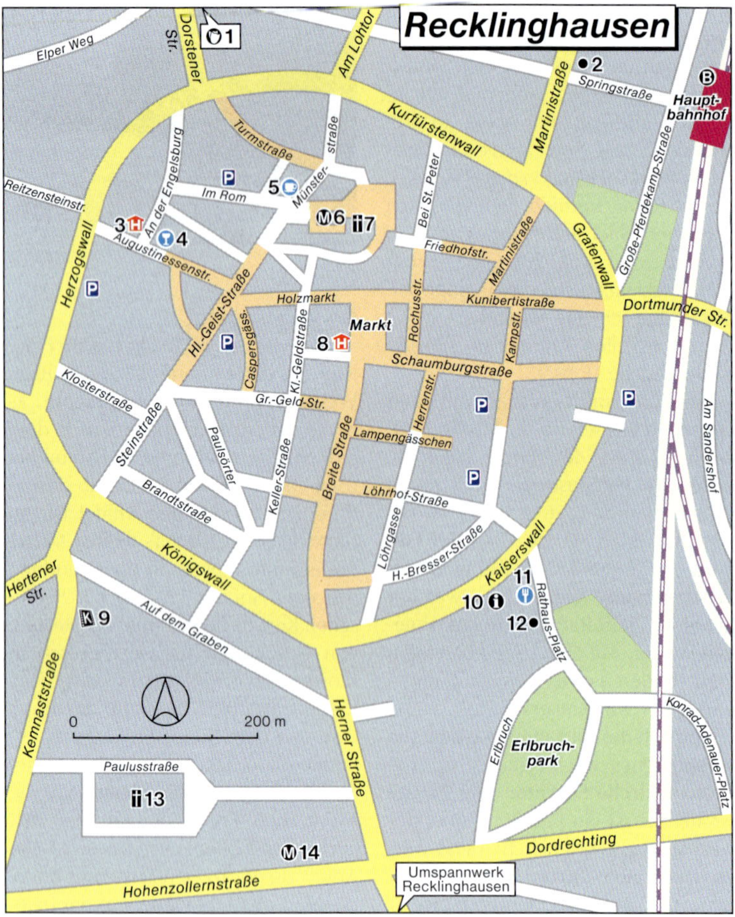

Recklinghausen

Elper Weg

Dorstener Str.

Am Lohtor

☉ 1

● 2
Springstraße

Ⓑ
Haupt-
bahnhof

Kurfürstenwall

Martinistraße

Turmstraße

An der Engelsburg

Münster- straße

Reitzensteinstr.

Im Rom

5 ☉

Ⓜ 6 ii 7

Bei St. Peter

Friedhofstr.

Große-Perdekamp-Straße

Grafenwall

Herzogswall

3 🏨
☉ 4
Augustinessenstr.

Hi.-Geist-Straße

Holzmarkt

Kunibertistraße

Martinistraße

Dortmunder Str.

Klosterstraße

Caspersgäss.

Kl.-Geldstraße

Markt

8 🏨

Rochusstr.

Kampstr.

Schaumburgstraße

Steinstraße

Paulsörter

Gr.-Geld-Str.

Breite Straße

Herrenstr.

Lampengässchen

Brandtstraße

Keller-Straße

Löhrhof-Straße

Lohgasse

Kaiserswall

Hertener Str.

Königswall

Auf dem Graben

H.-Bresser-Straße

11
Rathaus Platz
☉ 11

Ⓚ 9

10 ☉
12 ●

Konrad-Adenauer-Platz

Kemnaststraße

0   200 m

Herner Straße

Erlbruch

**Erlbruch-
park**

Paulusstraße

ii 13

Ⓜ 14

Dordrechting

Umspannwerk
Recklinghausen

Hohenzollernstraße

☉	1	Ruhrfestspielhaus	Ⓚ 9	CineWorld
●	2	Kartenstelle Ruhrfestspiele	☉ 10	Touristen-Information
🏨	3	Best Western	☉ 11	Ratskeller
		Parkhotel Engelsburg	● 12	Rathaus
☉	4	Hausbrauerei Boente	ii 13	Pauluskirche
☉	5	Tante Emma Café	Ⓜ 14	Vestisches Museum
Ⓜ	6	Ikonen-Museum		
ii	7	Petruskirche		
🏨	8	Hotel Albers		Fußgängerzone

träts zeugen von der Vielfalt künstlerischer Tätigkeit in Ägypten vom 1. Jahrhundert bis ins frühe Mittelalter.

● **Ikonen-Museum,** Kirchplatz 2a, 45657 Recklinghausen, Tel. 02361-501941, www.kunst-in-recklinghausen.de. Geöffnet: Di–So und an Feiertagen 11–18 Uhr. Eintritt: 5 €, ermäßigt 2,50 €.

Vestisches Museum

Am Rande des Altstadtkerns in der Hohenzollernstraße befindet sich das zweite interessante Museum Recklinghausens, das Vestische Museum. Die Anfänge dieser Einrichtung gehen auf die heimatkundliche Sammlung des 1890 gegründeten Orts- und Heimatvereins zurück. In seiner jetzigen Form wurde das Vestische Museum 1988 in einem ehemaligen Krankenkassengebäude wieder eröffnet. Das Haus präsentiert eine **kulturgeschichtliche Sammlung,** die von frühgeschichtlichen Funden in der Region bis zur Jugendkultur am Ende des letzten Jahrhunderts reicht. Neben Kunstwerken werden im Vestischen Museum auch geschichtliche Zeugnisse, Karten und Fotos gezeigt, die die Lokalgeschichte von Stadt und Vest Recklinghausen eindrücklich erhellen. Die Geschichte des Bergbaus ist dabei ebenso dokumentiert wie die finstere Zeit des Nationalsozialismus, die Wohnungsnot der Nachkriegszeit oder die Nierentischkultur der 1950er Jahre.

Einer der Schwerpunkte des Museums ist die **Naive Kunst,** die die Werke malender und bildhauender Kumpels der Region beinhaltet. Höhepunkt dieser Sammlung sind ohne Zweifel die bemerkenswerten Skulpturen des Bergmanns und preisgekrönten Bildhauers **Erich Bödeker.** Mit seinen liebenswerten und anrührenden Tier- und Menschenplastiken scheint er die naiven Zeichnungen moderner Cartoonisten wie *Bernd Pfarr* vorwegzunehmen. Fast wünscht man sich die betongewordenen kleinen Hunde, Bären oder Pferde in sein eigenes Wohnzimmer.

● **Vestisches Museum,** Hohenzollernstraße 12, 45659 Recklinghausen, Tel. 02361-501 946, www.kunst-in-recklinghausen.de. Geöffnet: Fr–So 11–18 Uhr. Eintritt: 1,50 €, ermäßigt 0,75 €.

Umspannwerk Recklinghausen ⟋XIV/B1

Fährt man vom Stadtzentrum in Richtung Herne nach Recklinghausen-Süd, gelangt man kurz vor dem Rhein-Herne-Kanal zum Umspannwerk Recklinghausen in der Uferstraße. Hinter dem etwas ungelenken Begriff verbirgt sich ein eindrucksvolles Gebäude mit einer spannenden Ausstellung, das auch einen der **Ankerpunkte der Route Industriekultur** darstellt. Der mächtige Bau, der 1928 errichtet und ab 1991 modernisiert wurde, dient noch heute als Umspannwerk für die örtliche Stromversorgung. In seinem Inneren verbirgt sich aber auch eine Sammlung zur **Geschichte der Elektrifizierung,** eine liebevoll eingerichtete Ausstellung über die Rolle des Stroms in unserem Leben. Auf einer Ausstellungsfläche von 2000 Quadratmetern werden gut 100 Jahre Kultur-, Sozial-

Norden

172rg Foto: str

der elektrischen Straßenbahn aus der Kaiserzeit bis zum Kino aus den 1950er Jahren.

Im behaglichen **Museumskino** begegnet man alten Filmstars wie Curd Jürgens und der jungen Romy Schneider. Peter Kraus rockt, Mutti entdeckt das Wunder der Waschmaschine, und das HB-Männchen werkelt vor sich hin. Alles hat seine Wirtschaftswunderordnung, und man will gar nicht wieder hinausgehen. Mithilfe von Häuser-Kulissen, Geschäftsauslagen und Leuchtreklame hat man eine Straßenszene der 1930er Jahre nachgestellt, deren Attraktion eine Original-„Elektrische" ist, wie die Straßenbahn früher genannt wurde. Lichtquellen aller Art unterstreichen die Bedeutung des Stroms und zeigen, wie sehr sich das Straßenbild dadurch veränderte. Alte Fernsehgeräte, Kühlschränke, Waschmaschinen und Telefonapparate erzählen von der Lebens- und Arbeitswelt früherer Generationen, und Erstaunen kommt auf, wenn man manches Objekt noch selbst kannte und sich plötzlich wie ein Zeitreisender im eigenen Leben vorkommt. Da im Umspannwerk Recklinghausen an vielen Gegenständen Anfassen und Ausprobieren ausdrücklich erwünscht ist, eignet es sich für einen Besuch mit der ganzen Familie.

und Technikgeschichte der Elektrizität in Szene gesetzt. Die Einrichtung, die sich auch **„Museum Strom und Leben"** nennt, wurde im Jahre 2000 hier eingeweiht. Historische Exponate von der Jahrhundertwende bis in die Gegenwart hinein dokumentieren die Geschichte der Stromerzeugung, -verteilung und -nutzung. Sie zeigen anschauliche Beispiele der Elektrifizierung in Industrie, Gewerbe, Landwirtschaft und Haushalt. Das Ausstellungsspektrum reicht von historischen Küchengeräten bis zur Musikbox, von

Ein Ort mit bewegter Geschichte ist das Ruhrfestspielhaus

●**Umspannwerk Recklinghausen,** Uferstraße 2–4, 45663 Recklinghausen, Tel. 02361-382216, www.umspannwerk-recklinghausen. de. Geöffnet: Di–So 10–17 Uhr (in den Sommermonaten Juni bis August ist das Museum auch montags 10–17 Uhr geöffnet). Eintritt: 3 €, ermäßigt 2 €.

Ruhrfestspielhaus ⤢VI/A2

Nordwestlich der Innenstadt, im Stadtgarten, liegt ein Wahrzeichen Recklinghausens, das Ruhrfestspielhaus. Es wurde zwar erst in den 1960er Jahren errichtet, doch die Geschichte der berühmten Ruhrfestspiele reicht weiter zurück. Es war im harten Winter 1946/47, als Bergleute der Zeche König Ludwig 4/5 drei Hamburger Theater vor einem Spielzeitabbruch retteten, indem sie auf unbürokratische Weise die dringend benötigte Steinkohle lieferten. Die Hamburger Schauspieler bedankten sich im darauf folgenden Sommer mit Sondergastspielen, damals noch im Recklinghäuser Saalbau. So entstand das Motto „Kohle für Kunst – Kunst für Kohle". Seither finden jedes Jahr im Mai, und seit 1965 im eigens dafür gebauten Festspielhaus, die Ruhrfestspiele statt. Einst vor allem um die Arbeiterbildung durch Klassiker-Aufführungen bemüht, präsentiert der Spielplan heute einen bunten Querschnitt dramatischer Produktionen.

● **Ruhrfestspielhaus,** Otto-Burrmeister-Allee 1, 45657 Recklinghausen, www.ruhrfestspiele.de. Kartenstelle Ruhrfestspiele: Martinistraße 28 (am Hauptbahnhof), 45657 Recklinghausen, Tel. 02361-92180, Online-Bestellung: kartenstelle@ruhrfestspiele.de. Geöffnet: Mo–Fr 9–19 Uhr, Sa 9–13 Uhr.

Praktische Tipps

Information

● **Tourist-Info Stadt Recklinghausen, Öffentlichkeitsarbeit,** Rathausplatz 3, 45657 Recklinghausen, Tel. 02361-500, www.recklinghausen.de. Geöffnet: Mo–Mi 8.30–12 Uhr und 13.30–15.30 Uhr, Do 8.30–12 Uhr und 13.30–18 Uhr, Fr 8.30–12 Uhr.

Öffentliche Verkehrsmittel

● **Hauptbahnhof** und **zentraler Busbahnhof:** Europaplatz, 45657 Recklinghausen.
● **Taxi:** Taxistände liegen unmittelbar am Hauptbahnhof; Taxiruf: 02364-33333.

Unterkunft

● **Hotel Restaurant Wüller** (⤢VI/B3), Hammer Straße 1, 45665 Recklinghausen, Tel. 02361-94860, Fax 948670, www.hotel-wueller.de. Preis: EZ ab 55 €, DZ ab 85 €.
  50 modern eingerichtete Zimmer mit 90 Betten stehen zur Verfügung, außerdem Konferenzräume für Geschäftsreisende und Tagungen.
● **Landhaus Scherrer** (⤢VI/A2), Bockholter Straße 385, 45659 Recklinghausen, Tel. 02361-10330, Fax 103317, www.landhausscherrer.de. Preis: EZ ab 75 €, DZ ab 95 €.
  Ruhiges, inmitten von Feldern und Wiesen gelegenes Hotel im Landhausstil. Besondere Angebote an Wochenenden und für Paare.
● **Best Western Parkhotel Engelsburg,** Augustinessenstraße 10, 45657 Recklinghausen, Tel. 02361-2010, Fax 201120, www.engelsburg.bestwestern.de. Preis: EZ ab 109 €, DZ ab 129 €.
  Ein modernes Hotel in historischem Rahmen mit Attraktionen wie Kaminzimmer und Turmsuite.
● **Hotel Albers,** Markt 3i, 45657 Recklinghausen, Tel. 02361-95160, Fax 951611, www.gasthof-albers.de. Preis: EZ 59 €, DZ 93 €.
  Der älteste Gasthof am Altstadtmarkt; zentraler kann man nicht unterkommen.

Norden

Foto: nw 099ng

Essen und Trinken

● **Ratskeller,** Rathausplatz 3, 45657 Recklinghausen, Tel. 02361-5822022. Geöffnet Mo–
Fr 12–15, So 10–15, ansonsten täglich ab
17.30 Uhr.

Das Restaurant befindet sich im sehenswerten Kellergewölbe des denkmalgeschützten Rathauses. Inmitten alter Wandgemälde
und moderner Ausstattung wird hier eine internationale Küche serviert.

● **Tante Emma Café,** Münsterstraße 12, Recklinghausen, Tel. 02361-25327. Geöffnet Mo–
Fr 9–19 Uhr, Sa 9–18 Uhr, So 10–19 Uhr.

Das urige Altstadt-Café serviert vorzüglichen Kuchen. Wem eher nach einem ausgedehnten Frühstück oder einem kleinen Snack
ist, der ist hier ebenfalls gut aufgehoben.

● **Hausbrauerei Boente,** Augustinessenstraße 4, 45657 Recklinghausen, Tel. 02361-
17609, www.hausbrauerei-boente.de. Geöffnet: Mo–Fr ab 17 Uhr, Sa ab 11 Uhr, So ab 12
Uhr.

In der einzigen Hausbrauerei Recklinghausens, in der Altstadt gelegen, kann man nicht
nur das hausgebraute *Boente* trinken, sondern im Restaurant auch gepflegt essen. Im
Sommer sitzt es sich in dem großen Biergarten (300 Plätze) besonders schön.

Bei Boente genießt man
Küche, Bier und Architektur

Kino

●**CineWorld Kino,** Kemnastraße 3, 45657 Recklinghausen, Kartenreservierung: 02361-931320, www.cineworld-recklinghausen.de. Multiplexkino mit sieben Kinosälen.

Feste und Festivals

●**Ruhrfestspiele Recklinghausen:** Seit 1946 beginnen jährlich ab dem 1. Mai die Ruhrfestspiele – die wohl größte Veranstaltung im Revier mit internationalem Spitzentheater. Dazu gibt es zahlreiche zusätzliche Veranstaltungen wie Konzerte, Ausstellungen oder Volksfeste. Infos: www.ruhrfestspiele.de.

Einkaufen

●**Flohmarkt Vestlandhalle:** Hernerstraße, 45658 Recklinghausen. Mi und Sa 6–14 Uhr.

Zoo

●**Tiergarten Recklinghausen,** Am Stadtgarten 2, 45657 Recklinghausen, Tel. 02361-59182. Geöffnet: Sommer 9–18 Uhr, Winter 9–16.30 Uhr. Eintritt frei.

Ein kleiner und übersichtlicher Tierpark, gerade deswegen aber auch sehr liebenswert.

Waltrop   ⚐ VII/D2

Überblick

Unweit der Städte Dortmund und Essen liegt mit rund 29.000 Einwohnern die kleine und wenig bekannte Stadt Waltrop. Sie blickt, ähnlich wie viele andere Städte im Revier, auf eine lange Geschichte zurück. Erstmals erwähnt wurde Waltrop im Jahr 1032 als „Walltrope", was soviel heißt wie „Dorf im Walde". Allzu viel Wald ist mittlerweile zwar nicht mehr zu sehen, aber durch seine Lage am nördlichen

Rand des Ruhrgebiets und somit in der Nähe zum Münsterland, besticht Waltrop durch eine Fülle von **Grünflächen** und **Parkanlagen.**

Überregional bekannt geworden ist die Stadt vor allem wegen ihrer Schleusen und Schiffshebewerke, weshalb sie auch den Beinamen **„Stadt der Schiffshebewerke"** trägt.

Für Reisende bietet Waltrop mit dem Alten Schiffshebewerk und der Zeche Waltrop in industriegeschichtlicher Hinsicht zwei herausragende Sehenswürdigkeiten. Hinzu kommen durch die Lage am Dortmund-Ems-Kanal und dem Datteln-Hamm-Kanal **kurzweilige Freizeitmöglichkeiten** auf und am Wasser. Die kleine Stadt ist zudem für **Fahrradbegeisterte** sehr gut erschlossen und bietet interessante Routen entlang des 32 Kilometer langen Kanalufers.

Innenstadt

Die Innenstadt von Waltrop ist wie die so vieler kleiner Städte im Revier überschaubar und bequem zu Fuß zu erkunden. Besonders sehenswert ist der **Waltroper Kirchplatz** mit seiner rund tausendjährigen Kirche St. Peter. An der Südostecke des Platzes finden sich hübsche, unter Denkmalschutz stehende **Fachwerkhäuser,** von denen das älteste, der so genannte „Tempel", aus dem Jahr 1575 stammt. Das Gebäude wurde vermutlich als gemeinschaftlicher Speicher und als Treffpunkt einer „Bauerngilde" genutzt.

In einem der Fachwerkbauten findet sich das empfehlenswerte Restaurant *Burbaum* (⚐„Praktische Tipps").

Norden

Altes Schiffshebe-
werk Henrichenburg ⤢VII/C2

Als das Schiffshebewerk am 11. August 1899 von *Kaiser Wilhelm II.* höchstpersönlich eingeweiht wurde, galt es als technische Sensation und Meisterleistung. Nicht umsonst bezeichnet auch der berühmte Ruhrgebietstourist *Egon Erwin Kisch* das „kolossale Schiffshebewerk" 1920 als ein „Weltwunder".

Über 100 Jahre nach seiner Einweihung hat das Hebewerk nichts von seiner Faszination verloren und zieht auch heute noch zahlreiche Besucher an. Mittlerweile zu einem Industriedenkmal von europäischem Rang avanciert, gilt es immer noch als das größte und **spektakulärste Bauwerk** am Dortmund-Ems-Kanal.

Noch bis 1970 wurden hier Schiffe mit bis zu 800 Tonnen in einem gigantischen Fahrstuhl 14 Meter in den nächsten Treppenabschnitt des Kanals befördert. Leider wurde das Hebewerk nach seiner Stilllegung zunächst sich selbst überlassen und verrottete dabei so stark, dass in den 1980er Jahren die Technik nicht mehr repariert werden konnte. Deswegen kann man heute im Alten Schiffshebewerk zwar nicht mehr live den Transport der Schiffe verfolgen, doch die nunmehr stillgelegte Technik und die beeindruckende Architektur mit ihrer filigranen Stahlkonstruktion sind allemal eine Anreise wert.

Im alten Maschinenhaus informiert heute das **LWL-Industriemuseum** über die hundertjährige Tradition der Binnenschifffahrt, ihrer Schleusen und Hebewerke. Im **Museumshafen** wiederum können Dampfschiffe und schwimmende Arbeitsgeräte bestaunt werden, während am unteren Vorhafen das Motorgüterschiff „Franz-Christian" bestiegen werden kann, das einen Einblick in die Lebens- und Arbeitsbedingungen der Binnenschifffahrer gibt. Erstaunlich, wie beengt der Lebensraum auf den recht großen Schiffen tatsächlich ist.

Vom Museumshafen aus sticht auch das Passagierschiff „Henrichenburg" zu Schiffstouren auf dem Dortmund-Ems-Kanal in Richtung Münsterland in See. Die Tour führt vorbei an der Alten Schleuse, dem Neuen Hebewerk, der neuen Großschleuse sowie an der Dattelner Industriekulisse (⤢„Reisetipps A–Z, Schiffstouren").

Am beeindruckendsten ist und bleibt aber das Alte Schiffshebewerk selbst: Den schönsten Blick auf das Bauwerk erhält man, wenn man rechts am alten Maschinenhaus vorbei zum Turm des Hebewerks läuft und dort die 132 Stufen hinaufklettert. Wer den Turm ganz erklimmt, erreicht schließlich eine Stahlkonstruktion: Von hier hat man einen Blick aus der Vogelperspektive über die gesamte Anlage. Auf halber Höhe kann man den Turm verlassen und das Bauwerk mit seinen zwei Türmen von vorne bestaunen. Von hier erreicht man auch den **400 Meter langen Kanalabschnitt,** auf dem eine Sammlung historischer Schiffe und schwimmender Arbeitsgeräte ausgestellt ist sowie ein Kanaldurchlass mit altem Klapptor aus dem

105i/g Foto: tk

Norden

Jahr 1914 und Hubbrücke (Baujahr 1897).

Vom alten Schiffshebewerk aus erreicht man in einem Fußmarsch von ca. fünf Minuten zwei weitere Schleusen sowie ein aktives Schiffshebewerk aus dem Jahr 1962. Zusammen bilden diese Attraktionen den **„Schleusenpark Waltrop“.** Hier kann man den Transport und das Heben und Senken der Schiffe live verfolgen

●**Altes Schiffshebewerk Henrichenburg,** Am Hebewerk 2, 45731 Waltrop, Tel. 02363-97070, www.schiffshebewerk-henrichenburg. de. Geöffnet: Di–So 10–18 Uhr. Eintritt: 3,50 €, ermäßigt 2,10 €.

„Nur" noch schön: das Schiffshebewerk

Zeche Waltrop ⌕VIII/A2

Auch die industrielle Entwicklung der Stadt Waltrop begann mit dem Bergbau, als 1903 die Zeche Waltrop südöstlich des Stadtzentrums gegründet wurde. Die ehemals großflächige Anlage, die den preußischen Staat für seine Eisenbahn und Kriegsflotte mit Kohle versorgen sollte, erreichte ihre höchste Förderung 1974 mit 1,13 Millionen Tonnen Kohle, die von insgesamt 2021 Kumpels zu Tage gefördert wurde.

Heute stellt die 1979 stillgelegte Zeche ein attraktives Ausflugsziel dar. Die hinter der schönen Zechen-Mauer noch verbliebenen, mittlerweile unter Denkmalschutz stehenden elf Gebäude sind detailversessen restauriert. Wer das Gelände von der Hiberniastraße aus betritt, dem fällt rechter Hand das hübsche **Pförtner-Haus** ins Auge, hinter dem sich das Schalterhaus und die Maschinenhalle sowie die *Lohnhalle* (mit Restaurant, ⌕„Praktische Tipps") und der Lokschuppen samt altem Verwaltungsgebäude anschließen. Die herrlichen Backsteingebäude und prächtigen Jugendstilhallen stellen einen wahren Blickfang dar.

Mittlerweile gehen hinter den beeindruckenden Fassaden wieder Menschen ihrer Arbeit nach, denn das Gelände wurde zu einem außergewöhnlichen Gewerbepark umfunktioniert, auf dem sich mehrere Unternehmen niedergelassen haben. Auf dem Gelände befindet sich auch das **Versandhaus Manufactum** (⌕„Praktische Tipps") mit seinen spektakulären Verkaufsräumen in der ehemaligen Waschkaue, in die man unbedingt einen Blick werfen sollte. Das breit gefächerte, sich auf alle Lebensbereiche erstreckende Sortiment geht mit der Architektur scheinbar eine Symbiose ein und wirkt, als hätte es sich schon immer in diesen Räumen befunden: Alle Produkte bestechen durch ihr zeitloses Design, das sich mit hoher Funktionalität verbindet. Einziger Wermutstropfen für den kleinen Geldbeutel: Auch die Preise wirken so, als würden hier historisch-wertvolle Unikate verkauft.

Nicht zu übersehen ist auf dem ehemaligen Zechengelände die Halde, auf der seit Mai 2002 der so genannte **Spurwerkturm** thront, der sich zu einem Wahrzeichen der Stadt entwickelt hat. Nach einer Idee des Künstlers *Jan Bormann* wurde aus rund 1000 Meter Spurlatten (Holzbalken, die im Bergbau verwendet wurden) ein begehbarer und ca. 20 Meter hoher Turm errichtet. Von der Plattform des Turms aus hat man einen interessanten Ausblick über das Zechengelände und die Stadt. Bei klarem Wetter kann man sogar bis hin zu den Nachbarstädten Dortmund, Castrop-Rauxel und Lünen sehen.

Praktische Tipps

Information

● **Stadtverwaltung Waltrop,** Münsterstraße 1, 45731 Waltrop, Tel. 02309-9300, www.waltrop.de. Geöffnet: Mo–Fr 9–12 Uhr, Mo, Di 14–16 Uhr, Do 14–17 Uhr.

120 Jahren in Familienbesitz. Lichte Zimmer und familiäre Atmosphäre.

Essen und Trinken

● **Burbaum** (⌁**VII/D2**)**,** Kirchplatz 4, 45731 Waltrop, Tel. 02309-2214, www.burbaums-restaurant.de. Geöffnet: Mi–So 10–15 Uhr, 17–24 Uhr.

Das 1660 erbaute Fachwerkhaus beherbergte bereits 1764 eine Schankwirtschaft. Auch heute noch lässt es sich hier gut essen: Das Restaurant bietet eine ansprechende Auswahl aus regionaler und überregionaler Küche.

● **Gasthaus Lohnhalle** (⌁**VIII/A2**)**,** Hiberniastraße 5, 45731 Waltrop, Tel. 02309-608884. Geöffnet: Di–Fr 11–19 Uhr, Sa 11–18 Uhr.

Mitten in der herrlichen Architektur der Lohnhalle gelegen, bietet das Gasthaus eine gute Auswahl an kleinen Snacks und großen Speisen.

Einkaufen

● **Manufactum** (⌁**VIII/A2**)**,** Hiberniastraße 5, 45731 Waltrop, Tel. 02309-939142, www.manufactum.de. Geöffnet: Di–Fr 11–19 Uhr, Sa 10– 18 Uhr.

Die günstigen Restposten findet man in der Fördermaschinenhalle am Ende des Zechengeländes. Die Halle ist geöffnet am Fr 11–19 Uhr und am Sa 10–18 Uhr.

Kinder

● **Museumspädagogische Angebote** im Schiffshebewerk Henrichenburg, ⌁ dort.

Schiffstouren

● **Ausflugsschiff Henrichenburg,** Am Hebewerk 2, 45731 Waltrop, Tel. 02363-970710, www.schiffshebewerk-henrichenburg.de (⌁ „Reisetipps A–Z, Schiffstouren").

Öffentliche Verkehrsmittel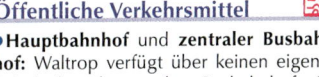

● **Hauptbahnhof** und **zentraler Busbahnhof:** Waltrop verfügt über keinen eigenen Bahnhof und zentralen Busbahnhof. Anschlussstelle, um nach Waltrop zu kommen, ist der Hauptbahnhof von Recklinghausen. Von dort fahren Busse regelmäßig nach Waltrop.

● **Taxiruf:** 02309-609036 oder 4444.

Unterkunft

● **Hotel Garni** (⌁**VII/D2**)**,** Bahnhofstraße 95, 45731 Waltrop, Tel. 02309-96090, Fax 75899, www.hausderhandweberei.de. Preise: EZ ab 45 €, DZ 80 €.

Das urige Hotel befindet sich auf dem Gelände einer Handweberei, in direkter Schlagdistanz zum Stadtzentrum.

● **Hotel-Restaurant Kranefoer** (⌁**VII/D2**)**,** Hilberstraße 12, 45731 Waltrop, Tel. 02309-95230, Fax 952330, www.hotel-kranefoer.de. Preise: EZ 52 €, DZ 80 €.

Das gemütliche Hotel, mitten im Stadtzentrum gelegen, befindet sich schon seit über

Es gibt immer was zu tun

Norden

173rg Foto: bj

Ausflüge und Touren

106rg Foto: km

053rg Foto: tk

Bizarre Impressionen inmitten der Natur

Moderne Landmarkenkunst und spektakuläre Panoramen auf den Halden

Klein, aber fein: die Zeche Nachtigall

Route Industriekultur

Obwohl die meisten Zechen und Hochöfen im Ruhrgebiet längst stillgelegt sind, prägen sie auch heute noch das Bild des Reviers. Viele dieser ehemaligen Produktionsstätten stehen mittlerweile unter Denkmalschutz und werden als attraktive Veranstaltungsorte genutzt. Die schönsten **Industriedenkmäler** finden sich auf der 1999 eingeweihten „Route Industriekultur", die einen der absoluten touristischen und kulturellen Höhepunkte des Reviers darstellt.

Auf einem rund 400 Kilometer langen Rundkurs kann man die Inszenierung technischer Denkmäler erleben. Hier erwachen alte Hütten und Zechen zu neuem Leben. Begehbare Skulpturen, stimmungsvolle Nachtführungen, Kunst unter Tage – der Originalität des zu Schauenden und den Erlebnisdimensionen sind keine Grenzen gesetzt.

Der Rundkurs der 150-jährigen Industriegeschichte besteht aus einem Kernnetz von **25 Ankerpunkten,** den Hauptattraktionen der Route. Neben den Ankerpunkten sind der Route **15 Aussichtspunkte** angegliedert, die einen Panoramablick über die Industrielandschaft bieten, sowie **13 bedeutende Zechensiedlungen,** die einen Einblick in das ehemalige Bergarbeiterleben im Revier geben.

Eigentlich sollten die Veranstaltungsorte problemlos zu finden sein, da rund 1500 Schilder an Autobahnen und innerörtlichen Straßen den Weg weisen. Leider ist diese **Ausschilde-** rung gelegentlich verwirrend: Oft steht auf den Schildern nur „Route Industriekultur", und man ist sich nicht sicher, welche Attraktion man nun eigentlich ansteuert. An manchen Straßengabelungen wiederum fehlen Schilder, und man kann nur hoffen, noch auf dem richtigen Weg zu sein. Wir haben uns bei der Suche nach bestimmten Ankerpunkten jedenfalls häufig verfahren und uns schließlich auf die sicherste und einfachste Methode verlassen: Passanten nach dem Weg fragen.

Als Startpunkt der Route sollte man einen der **drei Einstiegspunkte** wählen (die Zeche Zollverein in Essen, Zeche Zollern in Dortmund oder den Landschaftspark Duisburg-Nord), da man hier umfassende Informationen über das gesamte Streckennetz erhält.

● **Besucherzentrum Route Industriekultur,** Gelsenkirchener Str. 181, 45309 Essen, Tel. 0180-4000086, www.route-industriekultur.de.

Tipp

Eines der absoluten Highlights im Jahr ist die **„ExtraSchicht – die Nacht der Industriekultur".** An diesem Abend verwandeln sich die unterschiedlichen Standorte der Route in eine spektakuläre Kulisse für ein vielseitiges Kulturprogramm, das von Musik über Film bis hin zu Ausstellungen reicht. Die großen Industriedenkmäler sind in dieser Nacht illuminiert und erstrahlen unter den spektakulären Lichtinszenierungen.

Infos: ExtraSchicht-Tickets sowie ein detailliertes Programmheft sind bei der Ruhr Tourismus GmbH erhältlich (↗„Reisetipps A–Z, Informationsstellen"). Infos gibt es im Internet unter www.extraschicht.de.

Ankerpunkte

Die so genannten Ankerpunkte bilden das Kernnetz der Route und stellen gleichzeitig die industriekulturellen Highlights der Region dar. Insgesamt 25 Ankerpunkte befinden sich auf der Route, erkennbar an dem weithin sichtbaren **Zeichen,** einem bleistift-ähnlichen, neon-gelben Pfahl, auf dem in grauen Kleinbuchstaben „route industriekultur" geprägt ist.

Im Folgenden sind lediglich die Ankerpunkte samt ihrer Anschriften genannt. Eine **detaillierte Darstellung** der einzelnen Punkte findet sich in der jeweiligen **Ortsbeschreibung.**

Bochum

- **Jahrhunderthalle Bochum,** An der Jahrhunderthalle 1, 44793 Bochum, Tel. 0234-36930.
- **Deutsches Bergbau-Museum,** Am Bergbaumuseum 28, 44791 Bochum, Infoline: 0180-5877234, Tel. 0234-58770, www.bergbaumuseum.de. Geöffnet: Di-Fr 8.30-17 Uhr, Sa, So und an Feiertagen 10-17 Uhr.
- **Eisenbahnmuseum Bochum-Dahlhausen,** Dr.-C.-Otto-Straße 191, 44879 Bochum, Tel. 0234-492516, www.eisenbahnmuseum-bochum.de. Geöffnet: 1. März bis 18. Nov Di-Fr 10-17 Uhr, So, Fei 10-17 Uhr.

Dortmund

- **Zeche Zollern II/IV,** Grubenweg 5, 44388 Dortmund, Tel. 0231-6961111, www.zeche-zollern.de. Geöffnet: Di-So 10-18 Uhr.
- **Kokerei Hansa,** Emscherallee 11, 44369 Dortmund, www.industriedenkmal-stiftung.de. Gesamtbesichtigung nur im Rahmen einer Führung möglich, Info-Tel. 0231-9311 2233.
- **Deutsche Arbeitsschutzausstellung,** Friedrich-Henkel-Weg 1-25, 44149 Dortmund, Tel. 0231-90712479, www.dasa-dortmund.de. Geöffnet: Di-Sa 9-17 Uhr, So 10-17 Uhr, an Feiertagen Sonderregelungen.

Duisburg

- **Innenhafen Duisburg,** Philosophenweg 19, 47051 Duisburg, Tel. 0203-30550, www.innenhafen-duisburg.de.
- **Museum der Deutschen Binnenschifffahrt,** Apostelstraße 84, 47119 Duisburg, Tel. 0203-8088940, www.binnenschifffahrtsmuseum.de. Geöffnet: Di-So 10-17 Uhr.
- **Landschaftspark Duisburg-Nord,** Emscherstraße 71, 47137 Duisburg, Tel. 0203-4291942, www.landschaftspark.de.

Essen

- **Weltkulturerbe Zeche Zollverein,** Gelsenkirchener Straße 181, 45309 Essen, Tel. 0201-246810, www.zollverein.de.
- **Villa Hügel,** Hügel 15, 45133 Essen, Tel. 0201-616290, www.villahuegel.de. Geöffnet: Di-So 10-18 Uhr.
- **Ruhr Museum,** Zollverein A14, Schacht XII, Kohlenwäsche, Gelsenkirchener Straße 181, 45309 Essen, Tel. 0201-8845200, www.ruhrmuseum.de. Geöffnet: Mo-So 10-19 Uhr.

Gelsenkirchen

- **Nordsternpark,** Bahnhofstraße 55-65, 45879 Gelsenkirchen, Tel. 0209-951970.

Hagen

- **Hohenhof,** Stirnband 10, 58093 Hagen, Tel. 02331-55990, www.osthausmuseum.de. Geöffnet: Sa, So 11-18 Uhr.
- **LWL-Freilichtmuseum Hagen,** Mäckingerbach, 58091 Hagen, Tel. 02331-7070, www.freilichtmuseum-hagen.de. Geöffnet: April bis Oktober Di-So und an Feiertagen 9-18 Uhr (Einlass bis 17 Uhr).

Hamm

- **Maximilianpark,** Alter Grenzweg 2, 59071 Hamm, Tel. 02381-982100, www.maximilianpark.de. Geöffnet: April bis September tgl. 9-19 Uhr, Oktober bis März 10-17 Uhr.

Hattingen

- **Henrichshütte,** Werkstr. 31-33, 45527 Hattingen, Tel. 02324-92470, www.henrichshuette.de. Geöffnet: Di-So 10-18, Fr 10-21.30 Uhr.

Ausflüge und Touren

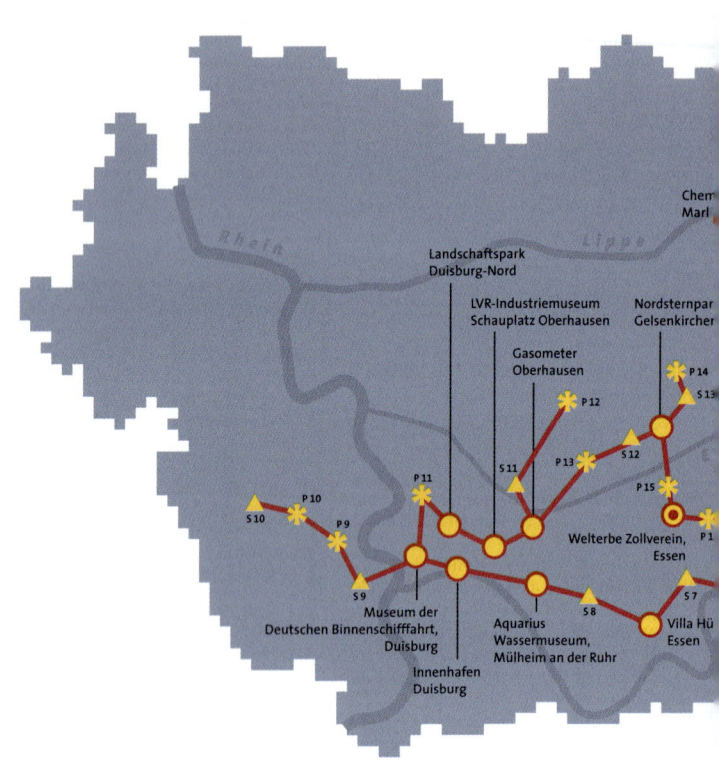

⊙ **Besucherzentrum Ruhr auf Zollverein / Portal der Industriekultur**

◯ **Ankerpunkte ▸ sind** Erlebnisorte und Knotenpunkte für Informationen

⚙ **ERIH Ankerpunkte ▸** European Route of Industrial Heritage
- ▸ Landschaftspark Duisburg-Nord
- ▸ Gasometer Oberhausen
- ▸ LWL-Industriemuseum Zeche Zollern
- ▸ Welterbe Zollverein

✳ **Panoramen der Industrielandschaft ▸** bieten Überblicke

▲ **Bedeutende Siedlungen ▸** das Ruhrgebiet zu Hause

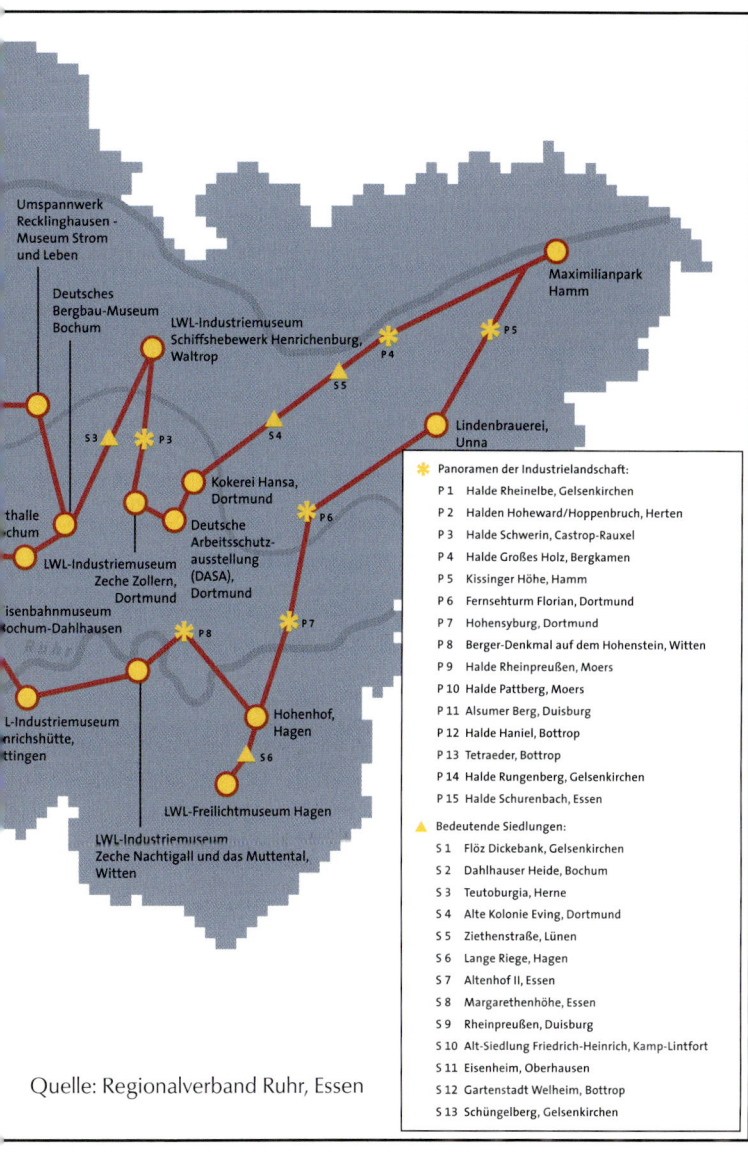

Umspannwerk
Recklinghausen -
Museum Strom
und Leben

Deutsches
Bergbau-Museum
Bochum

LWL-Industriemuseum
Schiffshebewerk Henrichenburg,
Waltrop

Maximilianpark
Hamm

P 4

P 5

S 5

S 3 **P 3**

S 4

Lindenbrauerei,
Unna

thalle
chum

Kokerei Hansa,
Dortmund

LWL-Industriemuseum
Zeche Zollern,
Dortmund

Deutsche
Arbeitsschutz-
ausstellung
(DASA),
Dortmund

P 6

isenbahnmuseum
ochum-Dahlhausen

P 8

P 7

L-Industriemuseum
nrichshütte,
ttingen

Hohenhof,
Hagen

S 6

LWL-Freilichtmuseum Hagen

LWL-Industriemuseum
Zeche Nachtigall und das Muttental,
Witten

* Panoramen der Industrielandschaft:

- P 1 Halde Rheinelbe, Gelsenkirchen
- P 2 Halden Hoheward/Hoppenbruch, Herten
- P 3 Halde Schwerin, Castrop-Rauxel
- P 4 Halde Großes Holz, Bergkamen
- P 5 Kissinger Höhe, Hamm
- P 6 Fernsehturm Florian, Dortmund
- P 7 Hohensyburg, Dortmund
- P 8 Berger-Denkmal auf dem Hohenstein, Witten
- P 9 Halde Rheinpreußen, Moers
- P 10 Halde Pattberg, Moers
- P 11 Alsumer Berg, Duisburg
- P 12 Halde Haniel, Bottrop
- P 13 Tetraeder, Bottrop
- P 14 Halde Rungenberg, Gelsenkirchen
- P 15 Halde Schurenbach, Essen

▲ Bedeutende Siedlungen:

- S 1 Flöz Dickebank, Gelsenkirchen
- S 2 Dahlhauser Heide, Bochum
- S 3 Teutoburgia, Herne
- S 4 Alte Kolonie Eving, Dortmund
- S 5 Ziethenstraße, Lünen
- S 6 Lange Riege, Hagen
- S 7 Altenhof II, Essen
- S 8 Margarethenhöhe, Essen
- S 9 Rheinpreußen, Duisburg
- S 10 Alt-Siedlung Friedrich-Heinrich, Kamp-Lintfort
- S 11 Eisenheim, Oberhausen
- S 12 Gartenstadt Welheim, Bottrop
- S 13 Schüngelberg, Gelsenkirchen

Quelle: Regionalverband Ruhr, Essen

Ausflüge und Touren

Marl

● **Chemiepark,** Paul-Baumann-Straße 1, 45764 Marl, Tel. 02365-499436, www.infra cor.de. Führungen: April bis Oktober Di, Do 11 Uhr, Sa, So 11, 15 Uhr; November bis März Di, Sa, So 11 Uhr.

Mülheim an der Ruhr

● **Aquarius Wassermuseum,** Burgstraße 70, 45476 Mülheim an der Ruhr, Tel. 0208-4433390, www.aquarius-wassermuseum.de. Geöffnet: Di–So 10–18 Uhr.

Oberhausen

● **Gasometer,** Arenastr. 11, Tel. 0208-850 3733 und 8503730, www.gasometer.de. Geöffnet: Di–So 10–18 Uhr. In den NRW-Ferien auch montags geöffnet.
● **LVR-Industriemuseum,** Hansastraße 20, 46049 Oberhausen, Info-Telefon 0208-8579281, www.industriemuseum.lvr.de. Geöffnet: Di–So 10–17 Uhr.

Recklinghausen

● **Umspannwerk,** Uferstraße 2–4, 45663 Recklinghausen, Tel. 02361-382216, www. umspannwerk-recklinghausen.de. Geöffnet: Di–So 10–17 Uhr (in den Sommermonaten Juni bis August ist das Museum auch montags 10–17 Uhr geöffnet).

Unna

● **Zentrum für internationale Lichtkunst,** Lindenplatz 1, 59423 Unna, Tel. 02303-103 770, www.lichtkunst-unna.de. Besuche sind nur im Rahmen von Führungen möglich: Di, Mi, Fr 14, 15.30 und 17 Uhr, Do 14, 15.30, 17 und 18.30 Uhr, Sa 13, 14, 15, 16 und 17 Uhr, So, Fei 13, 14, 15, 16 und 17 Uhr.

Waltrop

● **Altes Schiffshebewerk Henrichenburg,** Am Hebewerk 2, 45731 Waltrop, Tel. 02363-97070, www.schiffshebewerk-henrichenburg. de. Geöffnet: Di–So 10–18 Uhr.

Witten

● **Zeche Nachtigall und das Muttental,** Nachtigallstr. 35, 58452 Witten, Tel. 02302-936640, www.zeche-nachtigall.de. Geöffnet:

Di–So 10–18 Uhr (letzter Einlass 17.30 Uhr) (↗„Ausflüge und Touren, Muttental und Zeche Nachtigall").

Panoramen der Industrielandschaft

Die 15 Panoramen der Industriekultur sind als herausragende **Aussichtspunkte** weitere attraktive Sehenswürdigkeiten der Route. Von ihnen hat man einen Panoramablick weit über die Region. Einmalig sind insbesondere die Aussichtspunkte, die als so genannte **Landmarken-Kunst** gestaltet sind. Eine der beeindruckendsten und spektakulärsten Landmarken der Region ist der Tetraeder in Bottrop.

Bergkamen

● **Halde Großes Holz,** Erich-Ollenhauer-Straße, 59192 Bergkamen.
Das östliche Ruhrgebiet hat im Blick, wer sich auf dem 148 Meter hohen Haldengipfel befindet. Auf dem Weg zum Gipfel begegnet man neun blauen Türmen aus Stahl und Plexiglas, die in ihrer Form die Gestalt des benachbarten Förderturms der Zeche Monopol aufnehmen und des nachts bläulich schimmern.

Bottrop

● **Tetraeder,** Beckstraße, 46238 Bottrop.
Als begehbare filigrane Pyramide ist der Tetraeder auf der Halde Prosper eine weithin sichtbare Landmarke und absoluter Höhepunkt der Route Industriekultur.
● **Halde Haniel,** Fernewaldstraße, Parkplatz am Bergwerk Prosper Haniel, 46244 Bottrop.
Ein Kreuzweg führt die Halde hinauf bis zum Gipfelkreuz, das anlässlich des Papstbesuches 1987 gefertigt wurde. Aus über 100 bearbeiteten Eisenbahnschwellen, die senkrecht in den Haldenboden gerammt sind, hat 2002 der spanische Künstler *Agustín Ibarrola*

seine archaische Installation „Totems" geschaffen.

Castrop-Rauxel

●**Halde Schwerin,** Bodelschwingher Straße, 44577 Castrop-Rauxel.

Auf dem Haldengipfel hat der Künstler *Jan Bormann* eine große Sonnenuhr aus Edelstahlstelen installiert.

Dortmund

●**Fernsehturm Florian,** Florianstraße, 44139 Dortmund.

Der 209 Meter hohe Fernsehturm im Westfalenpark bietet einen einmaligen Panoramablick über Dortmund und die Umgebung.

●**Hohensyburg,** Hohensyburgstraße 200, 44265 Dortmund.

Das Bergplateau bietet vom Kaiser-Wilhelm-Denkmal aus einen einmaligen Fernblick auf das Ruhrtal.

Duisburg

●**Alsumer Berg,** Alsumer Steig, 47166 Duisburg.

Beeindruckendes Panorama der umliegenden spektakulären Industriekulisse, so überblickt man den Duisburger Norden mit dem Werksgelände von Thyssen-Krupp-Stahl. Unmittelbar zu Füßen liegt die Hamborner Ofengruppe sowie der Hochofen Schwelgern I von *Fritz Schupp,* dem Architekten der Zeche Zollverein in Essen.

Essen

●**Halde Schurenbach,** Emscherstraße/Nordsternstraße, 45329 Essen.

Auf dem Haldengipfel thront die imposante 15 Meter hohe Bramme des Künstlers *Richard Serra.*

Gelsenkirchen

●**Halde Rungenberg,** Holthauser Straße, 45897 Gelsenkirchen-Buer.

Toller Aussichtspunkt, der bei Nacht durch eine Lichtinstallation, die eine Pyramide in den Himmel wirft, erhöht wird.

●**Halde Rheinelbe,** Leithestraße, 45886 Gelsenkirchen.

Die Himmelsleiter des Künstlers *Herman Prigann* verleiht dem Haldengipfel eine aztekische Anmutung.

Hamm

●**Kissinger Höhe,** Zum Bergwerk, 59077 Hamm.

Die Halde bietet 17 Kilometer lange Wanderwege, die in Serpentinen zum Gipfel aufsteigen. Toller Aussichtspunkt!

Die Umgestaltung der Halden im Revier beeindruckt auch aus der Vogelperspektive

Ausflüge und Touren

Herten

●**Halde Hoheward/Hoppenbruch,** Im Emscherbruch, 45699 Herten.

Der Haldengipfel in 70 Meter Höhe erlaubt einen Blick auf das mittlere Ruhrgebiet. Auf dem Haldenplateau wurde 1997 eine Windkraftanlage und ein dazugehöriger „Skulpturengarten Windkraft" installiert, der über das Thema Windenergie informiert.

Moers

●**Halde Pattberg,** Pattbergstr., 47445 Moers.

Die 62 Meter hohe Halde bietet einen tollen Blick über die ebene Landschaft am Niederrhein.

●**Halde Rheinpreußen,** Gutenbergstraße, 47443 Moers.

Auf der 70 Meter hohen Halde installierte der Künstler *Otto Piene* einen 30 Meter hohen Turm in Form einer Grubenlampe. Die überdimensionale Sicherheitslampe der Bergleute leuchtet in der Nacht rot und legt damit einen roten Schleier über die Halde.

Witten

●**Berger-Denkmal auf dem Hohenstein,** Hohenstein, 58453 Witten.

Das Denkmal, das zur Erinnerung an den Industriellen *Louis Berger* errichtet wurde, ragt rund 130 Meter über der Ruhr auf und bietet einen tollen Fernblick über ihr Tal.

Bedeutende Siedlungen

Die 13 bedeutenden Zechenkolonien der Route Industriekultur versetzen den Besucher zurück in die Architekturgeschichte und das **Leben und Arbeiten der Bergarbeiterfamilien** in dieser Industrieregion. Liebevoll restauriert, sind einige von ihnen so heimelig, dass man gerne selbst in einem der Häuser wohnen möchte. Die in die Route aufgenommenen Bergarbeitersiedlungen zählen zu den schönsten im Revier (↗ auch „Reisetipps A–Z, Arbeitersiedlungen").

Bochum

●**Dahlhauser Heide,** Hordeler Heide, 44793 Bochum.

Gartenstadt aus den Jahren 1906 bis 1915.

Bottrop

●**Gartenstadt Welheim,** Welheimer Straße/Flöttestraße, 46238 Bottrop.

Zwischen 1913 und 1923 gebaute Bergarbeitersiedlung.

Dortmund

●**Alte Kolonie Eving,** Friesenstraße/Körnerstraße/Nollendorfplatz, 44339 Dortmund.

Die Siedlung entstand zwischen 1898 und 1900.

Duisburg

●**Siedlung Rheinpreußen,** Südstraße/Breite Straße, 47198 Duisburg-Homberg.

Ab 1903 angelegte Arbeitersiedlung.

Essen

●**Gartenstadtsiedlung Margarethenhöhe,** Steile Straße (Hauptzugang)/Kleiner Markt, 45149 Essen.

Die prächtigste aller Arbeitersiedlungen.

●**Altenhof II,** Von-Bodenhausen-Weg/Büttnerstraße/Eichenstraße, 45133 Essen.

Die Siedlung wurde zwischen 1907–14 für Alte, Invalide und Alleinstehende errichtet.

Gelsenkirchen

●**Siedlung Schüngelberg,** Schüngelbergstr./Holthauser Str., 45897 Gelsenkirchen.

Der Siedlungsbau wurde ab 1897 in mehreren Phasen vollzogen.

●**Flöz Dickebank,** Virchowstraße/Flöz Sonnenschein, 45886 Gelsenkirchen-Überdorf.

Um 1870 angelegte Siedlung.

Hagen

●**Lange Riege,** Riegestraße 6–18, 58091 Hagen.

Die Wohn- und Werkstätten der Eilper Klingerschmiede wurden 1665 vom Großen Kurfürsten errichtet. Die Fachwerkbauten stellen ein einmaliges historisches Bauensemble dar.

Herne

● **Siedlung Teutoburgia,** Baarestraße/Schadeburgstraße, 44627 Herne-Börnig.

Der Siedlungsbau erfolgte zwischen 1909 und 1923.

Kamp-Lintfort

● **Alt-Siedlung Friedrich Heinrich,** Marktplatz/Ebertstraße, 47475 Kamp-Lintfort.

Die größte Werkssiedlung der Region.

Lünen

● **Siedlung Ziethenstraße,** Ziethenstraße/Sedanstraße, 44532 Lünen-Süd.

Ende des 19. Jahrhunderts wurden die 52 Häuser dieser Kolonie errichtet. Die Häuser sind relativ schlicht gehalten und gerade deswegen wunderschön.

Oberhausen

● **Siedlung Eisenheim,** Werrastraße, 46117 Oberhausen.

Die älteste Arbeitersiedlung im Revier wurde ab 1846 in mehreren Bauphasen errichtet.

Themenrouten

Wer sich für spezielle Aspekte der Industriekultur begeistert, kann aus 25 Themenrouten wählen, die an zahlreichen Standorten im Revier ihr Thema detailliert und anschaulich darstellen. Allgemeine Informationen hierzu findet man auf der Internetseite des Besucherzentrums Route Industriekultur: www.route-industriekultur.de; hier kann man auch interessante Broschüren zu jeder der Routen (Stückpreis 3 €) bestellen.

Themenrouten
der Route Industriekultur

● **Duisburg: Stadt und Hafen**
● **Industrielle Kulturlandschaft Zollverein**
● **Duisburg: Industriekultur am Rhein**
● **Oberhausen: Industrie macht Stadt**
● **Krupp und die Stadt Essen**
● **Dortmund: Dreiklang Kohle, Stahl und Bier**
● **Industriekultur an der Lippe**
● **Erzbahn-Emscherbruch**
● **Industriekultur an Volme und Ennepe**
● **Kreis Unna: Sole, Dampf und Kohle**
● **Frühe Industrialisierung**
● **Geschichte und Gegenwart der Ruhr**
● **Auf dem Weg zur blauen Emscher**
● **Kanäle und Schifffahrt**
● **Bahnen im Revier**
● **Westfälische Bergbauroute**
● **Rheinische Bergbauroute**
● **Großchemie und Energie**
● **Arbeitersiedlungen**
● **Unternehmervillen**
● **Brot, Korn und Bier**
● **Mythos Ruhrgebiet**
● **Historische Parks und Gärten**
● **Industrienatur**
● **Landmarken-Kunst**

Muttental, Zeche Nachtigall   ⤢ XXIII/C1

Ein Ausflugsziel, das die reizvolle Natur des südlichen Ruhrgebiets mit der Bergbaugeschichte der Region verbindet, bietet das Muttental, das seinen Namen einem kleinen Bach verdankt. Hier bei **Witten-Bommern,** in unmittelbarer Nähe zur Ruhr, lockt ein ca. neun Kilometer langer Rundwanderweg zum Wald- und Wiesenspazier-

Ausflüge und Touren

1758g Foto: hh

gang auf den Spuren des frühen Bergbaus. Dieser Weg gehört zu den schönsten Wanderwegen im ganzen Ruhrgebiet und führt durch eine Gegend, in der sich die Natur eine einst von der Industrie geprägte Landschaft zurückerobert hat.

An kaum einem anderen Ort im Ruhrgebiet kann man sich so umfassend und anschaulich über den beginnenden Kohleabbau informieren wie auf dem **„Bergbaurundweg Muttental"** mit seinen Besichtigungsobjekten und Informationstafeln. Im Muttental grub man bereits sehr früh nach Kohle, dem „schwarzen Gold", zunächst im Stollenbau, später in Schächten.

Höhepunkt eines Ausflugs ins Muttental ist zweifellos die **Zeche Nachti-** **gall,** die 1714 erstmals urkundlich erwähnt wurde und heute als Ankerpunkt zur **Route Industriekultur** gehört. Die Zeche Nachtigall zählt zu den besonderen Denkmälern der Industriegeschichte im Ruhrgebiet und stellt heute einen Standort des LWL-Industriemuseums dar. Um 1850 gehörte „Nachtigall" mit über 500 Bergleuten zu den größten Zechen des Ruhrgebiets. Der Förderschacht Hercules (1839 abgeteuft), das **Maschinenhaus** mit seiner funktionstüchtigen Dampfmaschine und das Werkstattgebäude bezeugen noch heute die große Geschichte dieser Zeche. Bis in eine Tiefe von 450 Meter unter der Ruhr erschloss man über die Schächte Neptun und Hercules große Kohlevorkom-

Tipp

Detaillierte Informationen zu Wander- und Radwegen, Sportmöglichkeiten oder gastronomischen Betrieben im Muttental finden sich im Internet auf der Seite **www.muttental.de.**

men. Bis 1892 wurde hier Kohle gefördert. Zwischen 1897 und 1963, nach dem Ende des Bergbaus, wurden vor Ort Steine gebrochen, Ziegel gebrannt und im Ruhrgebiet für die typischen Ziegelbauten verwendet.

Ausgerüstet mit Helm und Grubenlampe kann der heutige Besucher bei einer Führung im **Besucherbergwerk Nachtigallstollen** der Arbeitswelt der Bergmänner nachspüren. Vor dem Stolleneingang erinnern ein Dreibaum-Fördergerüst und mehrere Holzbaracken an die Kleinzechen des Ruhrgebiets. Entstanden in der Not der Nachkriegsjahre, waren zwischen Dortmund und Essen über 1000 Klein- und Kleinstzechen in Betrieb.

Eine weitere Attraktion auf dem ehemaligen Zechengelände ist der Nachbau eines 160 Jahre alten **Kohlenschiffes** in Originalgröße.

Ebenfalls am Bergbaurundweg Muttental gelegen ist das **Bethaus** von 1830. Sein Untergeschoss beherbergte zunächst eine gemeinsame Werksschmiede für fünf nahe gelegene Kleinzechen. Im Obergeschoss lag der Bet- und Versammlungsraum. Im Bet-

Alle Aspekte des frühen Bergbaus von der Förderung bis zum Transport werden auf der Zeche Nachtigall erhellt

saal fanden sich die Bergleute vor Schichtbeginn zu einer kurzen Andacht ein, ein Grubenbeamter kontrollierte die Anwesenheit. Schon 1837 wurden die Schmiede und der Betsaal wieder aufgegeben. Später diente das Gebäude als Wohnhaus. Heute kann man hier die Ausstellung „Vom Bethaus zur Kohle – Bergbaugeschichte im Wittener Muttental und Ruhrtal" besuchen. Die Wege durch das Muttental sollten übrigens nicht unterschätzt werden; gutes Schuhwerk ist in jedem Fall angesagt.

● **Zeche Nachtigall,** Nachtigallstr. 35, 58452 Witten-Bommern, Tel. 02302-936640, www.zeche-nachtigall.de. Geöffnet: Di–So 10–18 Uhr (letzter Einlass 17.30 Uhr). Eintritt: 2,40 €, ermäßigt 1,60 €.

Die Haard　　　⤢ VI/AB1

An der Grenze zum Münsterland, im nördlichen Teil des Reviers, erstreckt sich auf einer Fläche von rund 5500 Hektar die Haard, das **größte zusammenhängende Waldgebiet der Region.** Das zwischen Ahlen, Oer-Erkenschwick, Datteln und Marl liegende Naherholungsgebiet zählt mit seinen vielfältigen **Freizeitmöglichkeiten** zu den beliebtesten Ausflugszielen des Reviers.

Vor über 150 Jahren verwandelten Förster und Waldarbeiter die damals aufgrund von Übernutzung entstandene öde Heidelandschaft in eine schier endlose Waldlandschaft – auch um den Bedarf der regionalen Zechen nach Grubenholz zu decken. Mittlerweile werden die Wälder der Haard,

Ausflüge und Touren

176rg Foto: kbl

Das Aufschichten des Meilers

die von der Lippe und dem Wesel-Datteln-Kanal durchzogen sind, als **„grüne Lunge des Reviers"** bezeichnet. Der Baumbestand setzt sich hauptsächlich aus Kiefern, Eichen und Birken zusammen und wird von einem attraktiven und weit verzweigten Netz aus **Wander-, Rad- und Reitwegen** durchkreuzt. Die vielen Steigungen in der Haard machen das Gelände zu einem perfekten Parcours für Mountainbiker. Spaziergänger kommen in diesem schönen Waldkomplex deshalb ebenso auf ihre Kosten wie alle Pferdenarren und Fahrradbegeisterten. Darüber hinaus führen ausgeschilderte **Lehrpfade** Interessierte durch die Wälder und weisen auf einige Sehenswürdigkeiten am Wegesrand hin. Der Forsthof Haard, der sich mitten im Herzen des Waldgebietes in der Stadt Haltern am See befindet, richtet zudem unterschiedliche Veranstaltungen in der Natur aus (s.u.).

In der Haard kann man gut und gerne einen ganzen oder sogar mehrere Tage verbringen. Ein beliebter und traditioneller Ausgangspunkt für Wanderungen und Radtouren ist die Raststätte **Mutter Wehner** in Oer-Erkenschwick, die auch über gute Parkmöglichkeiten verfügt. Von hier aus kann man dem **heimat- und naturkundlichen Lehrpfad** folgen, der auf einem exakt 8,2 Kilometer langen Rundweg

Einblick in die Geheimnisse der Natur gibt. Waldbesucher werden vorbeigeführt an 50 Baum- und Straucharten, können mit einer riesigen Lupe das Alter eines Baumes bestimmen oder sich über die Bedeutung von Käfern und Regenwürmern für den Nährstoffkreislauf informieren. Auf dem Weg liegt auch ein alter **Römerbrunnen,** der aus den Halbschalen eines um ca. 875 n. Chr. gefällten Baumes besteht und den Germanen angeblich als heilige Stätte gedient haben soll.

Direkt an die Gaststätte *Mutter Wehner* grenzt der gleichnamige **Ponyhof:** Hier können sich kleine und große Reitbegeisterte Ponys oder Pferde leihen und die Haard auf dem Rücken der Vierbeiner durchstreifen. Wem der Pferderücken zu riskant ist oder wer sich aus anderen Gründen nicht in den Sattel schwingen will, dem stehen auch Kutschen und Planwagen zur Verfügung, die der Ponyhof ebenso verleiht.

● **Ponyhof Mutter Wehner** (⤢**VI/A2**), Haardstraße 196, 45739 Oer-Erkenschwick, Tel. 0172- 2826272, www.freizeitreiten-planwagenfahrten.de. Geöffnet: März bis Okt. Di–Fr 14–18 Uhr (NRW-Ferien: 11–18 Uhr), Sa, So und an Feiertagen 10–18 Uhr, Nov. bis Feb. Sa, So (nur bei trockenem Wetter) von 11 bis ca. 16.30 Uhr. Montags Ruhetag. Preise: Kleine Ponys 9 €/ Std., große Ponys und Haflinger 11 €/Std., Großpferde 13 €/Std., Kutsche für vier Personen 40 €/Std., Planwagen für zehn Personen 50 €/Std.

Unterkunft, Essen und Trinken

● **Gaststätte/Hotel Mutter Wehner** (⤢**VI/A2**), Haardstraße 196, 45739 Oer-Erkenschwick, Tel. 02368-56148, www.mutter-wehner.de.

Tipp

Der Regionalverband Ruhr hat eine **Wander- und Radwanderkarte „TourTipp Haard"** herausgegeben. Neben der detaillierten Übersicht über die Region enthält die Freizeitkarte auch Tourenvorschläge und reichhaltige Informationen über Sehenswürdigkeiten und Freizeitstätten. Bezogen werden kann sie über den normalen Buchhandel, den Regionalverband Ruhr (⤢„Reisetipps A–Z, Informationsstellen") oder über den Onlineshop des RVR: http://shop.rvr-online.de.

Der traditionelle Treffpunkt für Wanderer und Radfahrer serviert internationale Küche und natürlich Kaffee und Kuchen. Im Sommer ist der schöne blumengeschmückte Biergarten geöffnet.
● **Landhotel Jammertal** (⤢**VI/A2**), Redder Straße 421, 45711 Datteln-Ahsen, Tel. 02363-3770, www. jammertal.de.

Das *Landhotel Jammertal* bietet sich ebenfalls als Ausgangsort für Wanderungen und Radfahrten an. Im ehemaligen Heidhof kann man sich vor oder nach der Tour mit warmen Speisen stärken. Das Hotel besitzt eine malerische Wellness-Oase mit Bade- und Saunalandschaft.

Aktivitäten

● **Forsthof Haard.** Recklinghäuser Straße 291, 45721 Haltern am See, Tel. 02364-92030. Geöffnet: tgl. 7–16 Uhr.

Der Forsthof Haard führt regelmäßig spannende Veranstaltungen rund um das Waldgebiet Haard durch. Herausragend ist dabei sicherlich die regelmäßig Ende April stattfindende Errichtung eines Holzkohlenmeilers, der von einem echten Köhler aufgeschichtet und immer am 1. Mai angezündet wird. Die fertige Holzkohle kann anschließend am Forsthof gekauft werden. Während der dreiwöchigen Brenndauer des Meilers findet ein buntes Rahmenprogramm statt, das vom Lagerfeuerabend mit Geschichten der Köhler und Förster bis hin zu Konzerten reicht.

Ausflüge und Touren

Anhang

026rg Foto: km

177rg Foto: sdo

Den Landschaftspark Duisburg
muss man einfach erlebt haben

Ein Kleinod im Osten:
Schloss Bodelschwingh bei Dortmund

Wilde Rheinauen im Westen des Reviers

Literaturtipps

●**Atlas der Industriekultur,** Regionalverband Ruhr.

Von den Ankerpunkten über Panoramen der Industriekultur bis zu den Siedlungen und Themenrouten werden alle Attraktionen der Route Industriekultur vorgestellt – in Deutsch und Englisch. Zusätzlich enthält das Ringbuch ausführliches und detailliertes Kartenmaterial.

●*Berke, Wolfgang; Hirschmann, Uwe:* **Erlebnis Motorrad.** Klartext Verlag.

Wer mit dem Motorrad das Revier bereisen will, findet in diesem handlichen Buch die wichtigsten Treffpunkte im Revier, die besten Kurven und einige schöne Tourenvorschläge.

●**Chronik des Ruhrgebiets,** Chronik Verlag Dortmund.

Wer schon immer wissen wollte, wie sich die Geschichte des Ruhrgebiets vom Jahre Null an entwickelt hat, ist mit diesem Buch bestens beraten.

●*Grütter, Heinrich Theodor* (Hg.): **Museumshandbuch Ruhrgebiet. Kunst, Kultur und Geschichte.** Pomp-Verlag.

Das Buch beschäftigt sich mit nichts Geringerem als der detaillierten Beschreibung sämtlicher öffentlich zugänglicher Museen im Ruhrgebiet.

●*Hering, Hartmut* (Hg.): **Im Land der tausend Derbys. Die Fußballgeschichte des Ruhrgebiets.** Verlag Die Werkstatt.

In diesem Buch erfährt der Sportbegeisterte wirklich alles rund um den Revier-Mythos Fußball.

●*Kisch, Egon Erwin:* **Der rasende Reporter.** Aufbau Verlag.

In den 1920er Jahren bereiste *Kisch* mehrfach die Ruhrregion und verfasste mehrere Artikel, in denen er ein rasandes Epochenbild der Metropole zeichnet.

●*Lang, Horst:* **... als der Pott noch kochte. Photographie aus dem Ruhrgebiet.** Schirmer Mosel.

Eine liebenswerte fotografische Milieustudie, die ohne viel Pathos die industrielle Blütezeit in Schwarzweiß dokumentiert.

●*Nöllenheidt, Achim:* **RuhrKompakt. Der Kulturhauptstadt-Erlebnisführer.** Klartext.

Profunde Information zur Metropole Ruhr auf über 600 Seiten.

●*Parent, Thomas:* **Das Ruhrgebiet. Vom goldenen Mittelalter zur Industriekultur.** Dumont Kunst-Reiseführer.

Umfassende Informationen für Kunst- und Kulturinteressierte.

●*Polenz, Harald:* **Von Grafen, Bischöfen und feigen Morden. Ein spannender Führer durch 22 Burgen und Herrenhäuser im Ruhrtal.** Klartext Verlag.

Der Untertitel trifft es genau.

●*Schalke 04* (Hg.): **100 Schalker Jahre.** Klartext Verlag.

Das Buch zum hundertjährigen Jubiläum des Kult-Clubs. Mit vielen historischen Fotos und einer stupenden Beschreibung der Vereinsgeschichte.

●*Rother, Thomas:* **Gründer & Erben. Die großen Familien im Ruhrgebiet.** Pomp Verlag.

Interessante Geschichten und Anekdoten zu den großen Industriedynastien des Ruhrgebiets.

●*Rothmann, Ralf:* **Wäldernacht** und **Milch und Kohle.** Beide Romane sind erschienen im Suhrkamp Verlag.

In seinen Romanen beschreibt *Rothmann* eindringlich, präzise und poetisch das Aufwachsen und Leben junger Menschen im Ruhrgebiet der Nachkriegsjahre. Der vielbeachtete Autor weiß, wovon er spricht: Er ist im Ruhrgebiet geboren und aufgewachsen.

●*Sprick, Claus:* **Hömma! Sprache im Ruhrgebiet.** Straelener Manuskripte Verlag.

Der absolute Klassiker unter den Ruhrgebiets-Sprachbüchern. Die erklärende Wörterliste ist zum Kreischen.

●*Henrich, Karl-Heinz:* **Ruhrdeutsch – die Sprache des Reviers.** Kauderwelsch Band 146, REISE KNOW-HOW Verlag, Bielefeld.

●*Wietfeld, Claudia; Wirtz, Andrea:* **Ruhrpott. Rezepte aus dem Revier.** Landwirtschaftsverlag.

Für Leute, die zu Hause gerne den Löffel schwingen: Das Buch serviert viele Gerichte aus der guten Ruhrgebiets-Küche.

Anhang

HILFE!

Dieses Reisehandbuch ist gespickt mit unzähligen Adressen, Preisen, Tipps und Infos. Nur vor Ort kann überprüft werden, was noch stimmt, was sich verändert hat, ob Preise gestiegen oder gefallen sind, ob ein Hotel, ein Restaurant immer noch empfehlenswert ist oder nicht mehr, ob ein Ziel noch oder jetzt erreichbar ist, ob es eine lohnende Alternative gibt usw.

Unsere Autoren sind zwar stetig unterwegs und versuchen, alle zwei Jahre eine komplette Aktualisierung zu erstellen, aber auf die Mithilfe von Reisenden können sie nicht verzichten.

Darum: Schreiben Sie uns, was sich geändert hat, was besser sein könnte, was gestrichen bzw. ergänzt werden soll. Nur so bleibt dieses Buch immer aktuell und zuverlässig. Wenn sich die Infos direkt auf das Buch beziehen, würde die Seitenangabe uns die Arbeit sehr erleichtern. Gut verwertbare Informationen belohnt der Verlag mit einem Sprechführer Ihrer Wahl aus der über 220 Bände umfassenden Reihe „Kauderwelsch" (siehe unten).

Bitte schreiben Sie an:

REISE KNOW-HOW Verlag Peter Rump GmbH, Postfach 140666, D-33626 Bielefeld, oder per e-mail an: info@reise-know-how.de

Danke!

Kauderwelsch-Sprechführer – sprechen und verstehen rund um den Globus

Afrikaans ● Albanisch ● Amerikanisch – *American Slang, More American Slang,* Amerikanisch oder Britisch? ● Amharisch ● Arabisch – Hocharabisch, für Ägypten, Algerien, Golfstaaten, Irak, Jemen, Marokko, ● Palästina & Syrien, Sudan, Tunesien ● Armenisch ● *Bairisch* ● Balinesisch ● Baskisch ● Bengali ● *Berlinerisch* ● Brasilianisch ● Bulgarisch ● Burmesisch ● Cebuano ● Chinesisch – Hochchinesisch, kulinarisch ● Dänisch ● Deutsch – *Allemand, Almanca, Duits, German, Nemjetzkii, Tedesco* ● *Elsässisch* ● Englisch – *British Slang, Australian Slang, Canadian Slang, Neuseeland Slang,* für Australien, für Indien ● Färöisch ● Esperanto ● Estnisch ● Finnisch ● Französisch – kulinarisch, für den Senegal, für Tunesien, *Französisch Slang, Franko-Kanadisch* ● Galicisch ● Georgisch ● Griechisch ● Guarani ● Gujarati ● Hausa ● Hebräisch ● Hieroglyphisch ● Hindi ● Indonesisch ● Irisch-Gälisch ● Isländisch ● Italienisch – *Italienisch Slang,* für Opernfans, kulinarisch ● Japanisch ● Javanisch ● Jiddisch ● Kantonesisch ● Kasachisch ● Katalanisch ● Khmer ● Kirgisisch ● Kisuaheli ● Kinyarwanda ● *Kölsch* ● Koreanisch ● Kreol für Trinidad & Tobago ● Kroatisch ● Kurdisch ● Laotisch ● Lettisch ● Lëtzebuergesch ● Lingala ● Litauisch ● Madagassisch ● Mazedonisch ● Malaiisch ● Mallorquinisch ● Maltesisch ● Mandinka ● Marathi ● Modernes Latein ● Mongolisch ● Nepali ● Niederländisch – *Niederländisch Slang,* Flämisch ● Norwegisch ● Paschto ● Patois ● Persisch ● Pidgin-English ● *Plattdüütsch* ● Polnisch ● Portugiesisch ● Punjabi ● Quechua ● *Ruhrdeutsch* ● Rumänisch ● Russisch ● *Sächsisch* ● *Schwäbisch* ● Schwedisch ● *Schwiizertüütsch* ● *Scots* ● Serbisch ● Singhalesisch ● Sizilianisch ● Slowakisch ● Slowenisch ● Spanisch – *Spanisch Slang,* für Lateinamerika, für Argentinien, Chile, Costa Rica, Cuba, Dominikanische Republik, Ecuador, Guatemala, Honduras, Mexiko, Nicaragua, Panama, Peru, Venezuela, kulinarisch ● Tadschikisch ● Tagalog ● Tamil ● Tatarisch ● Thai ● Tibetisch ● Tschechisch ● Türkisch ● Twi ● Ukrainisch ● Ungarisch ● Urdu ● Usbekisch ● Vietnamesisch ● Walisisch ● Weißrussisch ● *Wienerisch* ● Wolof ● Xhosa

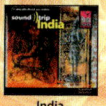

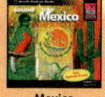

Anhang

REISE KNOW-HOW
das komplette Programm
fürs Reisen und Entdecken

**Weit über 1000 Reiseführer, Landkarten, Sprachführer und Audio-CDs
liefern unverzichtbare Reiseinformationen und faszinierende Urlaubsideen
für die ganze Welt – *professionell, aktuell und unabhängig***

Reiseführer: komplette praktische Reisehandbücher für fast alle touristisch interessanten Länder und Gebiete **CityGuides:** umfassende, informative Führer durch die schönsten Metropolen **CityTrip:** kompakte Stadtführer für den individuellen Kurztrip **world mapping project:** moderne, aktuelle Landkarten für die ganze Welt **Edition REISE KNOW-HOW:** außergewöhnliche Geschichten, Reportagen und Abenteuerberichte **Kauderwelsch:** die umfangreichste Sprachführerreihe der Welt zum stressfreien Lernen selbst exotischster Sprachen **Kauderwelsch digital:** die Sprachführer als eBook mit Sprachausgabe **KulturSchock:** fundierte Kulturführer geben Orientierungshilfen im fremden Alltag **PANORAMA:** erstklassige Bildbände über spannende Regionen und fremde Kulturen **PRAXIS:** kompakte Ratgeber zu Sachfragen rund ums Thema Reisen **Rad & Bike:** praktische Infos für Radurlauber und packende Berichte außergewöhnlicher Touren **sound)))trip:** Musik-CDs mit aktueller Musik eines Landes oder einer Region **Wanderführer:** umfassende Begleiter durch die schönsten europäischen Wanderregionen **Wohnmobil-TourGuides:** die speziellen Bordbücher für Wohnmobilisten mit allen wichtigen Infos für unterwegs

www.reise-know-how.de

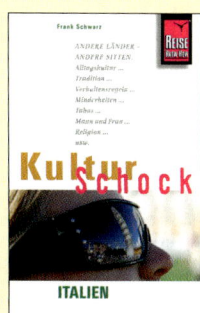
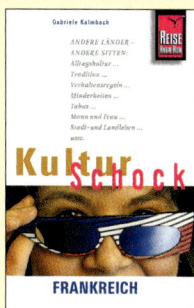
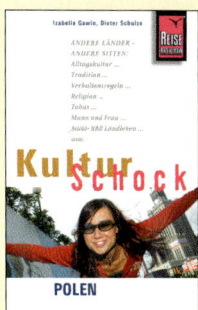
Anhang

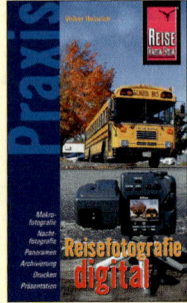

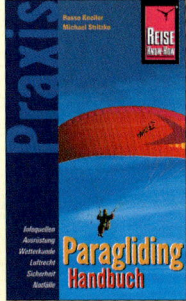

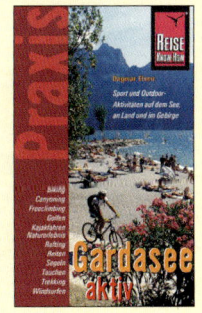
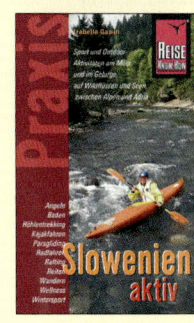
Anhang

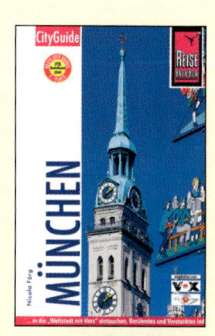
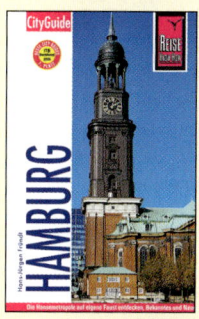

Anhang

Register

Bildnachweis

ab	Alpincenter Bottrop	rd	red dot design museum
cm	CentrO Management GmbH	rwe	RWE Imagebank
cm	Chemiepark Marl	sbo	Stadt Bochum, Presseamt
dasu	Daniel Sumesgutner	sbr	Stefan Brentführer
ev	Elisabeth Venus	sd	Presse- und Kommunikations-
fc	FC Schalke 04		amt der Stadt Duisburg
hem	Hermann Menne	sdo	Stadt Dortmund
hh	M. Holtappels/A. Hudemann	sg	Stadt Gelsenkirchen
hv	Horst Venus	sh	Stage Holding
hz	Marc Halama, Björn Zech	sha	Stadt Hamm
jh	Jens Hauer	sl	Sea Life Center
jhr	DJH Landesverband	so	Stadt Oberhausen
	Rheinland	str	Öffentlichkeitsarbeit
jjk	Jochen Knobloch		Stadt Recklinghausen
kbl	Kersten Blaschczok	sz	Stiftung Zollverein
km	Klaus Müller	ths	THS Wohnen Gmbh
mm	Marcus Müller	tj	Torsten Janfeld (WIM)
mv	Manfred Vollmer	uje	ujeskow, MST GmbH
mpg	Movie Park Germany	wjh	Werner J. Hannappel

Wir danken für die freundliche Abdruckgenehmigung.

Anhang

Die Autoren

Tanja Köhler, 1971 geboren, ist promovierte Kommunikationswissenschaftlerin. Sie arbeitet als Journalistin und Autorin u.a. für ZDF/3sat, WDR und SWR und hat als Auslandsreporterin für öffentlich-rechtliche Sendeanstalten aus der Schweiz, Großbritannien, Frankreich, Australien und Vietnam berichtet. 2008 wurde sie für ihre Berichterstattung aus der Schweiz mit dem Ostschweizer Medienpreis ausgezeichnet. 2009 erhielt sie zusammen mit Norbert Wank den Würdigungspreis der ITB für den vorliegenden Reiseführer.

Norbert Wank, 1966 geboren, studierte Philosophie, Germanistik und Kunstgeschichte. Er lebt und arbeitet in Mainz als Journalist im TV- und Printbereich und hat in den vergangenen Jahren mehrere Kultur- und Reise-Dokumentationen für 3sat realisiert.

Xantener Nordsee
Wardt
★ Nibelungen-Bad
Xantener Südsee
Jugendherberge Xanten
Bislich
Flürener Heide
Lüttingen
Marwick
Rhein
LVR-RömerMuseum M
Archäologischer Park
Xanten
Xanten
Hochbruch
Werrich
Bislicher Insel
Naturschutzgebiet Xantener Altrhein
Ginderich
Birten
57
Xantener Straße
▲ 75
Xantener Straße
Winnenthal
Hammerbruch
Veen
Rill
Venloer Straße
Borth
Haagscher-Berg 58
0   2 km
Alpen
58
Bönninghardt
Alpen
Wesel
Haltern
Hamm
Marl
Recklinghausen
Xanten
Oberhsn.
Gelsenkirchen
Essen
Dortmund
Unna
Duisburg
Bochum
Krefeld
Mülheim
Witten
Düsseldorf
Hattingen
Hagen
Remscheid
Ruhr
57
6 Alpen
Millingen

Atlas

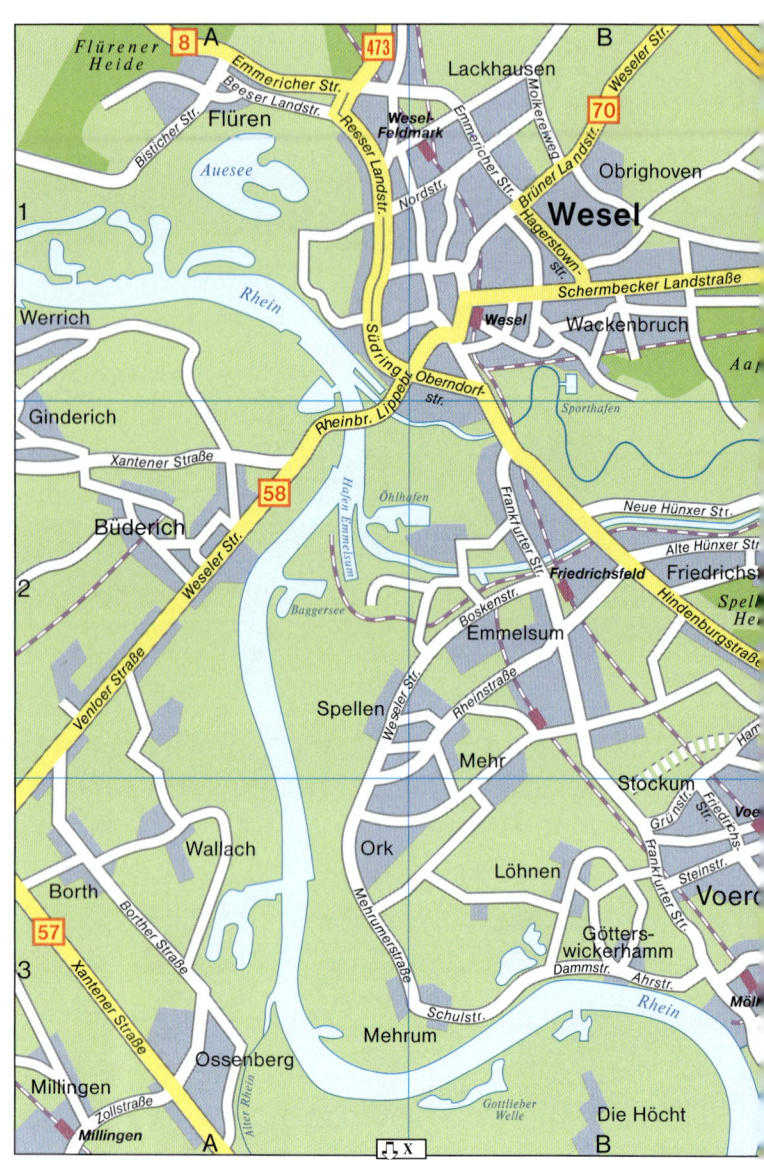

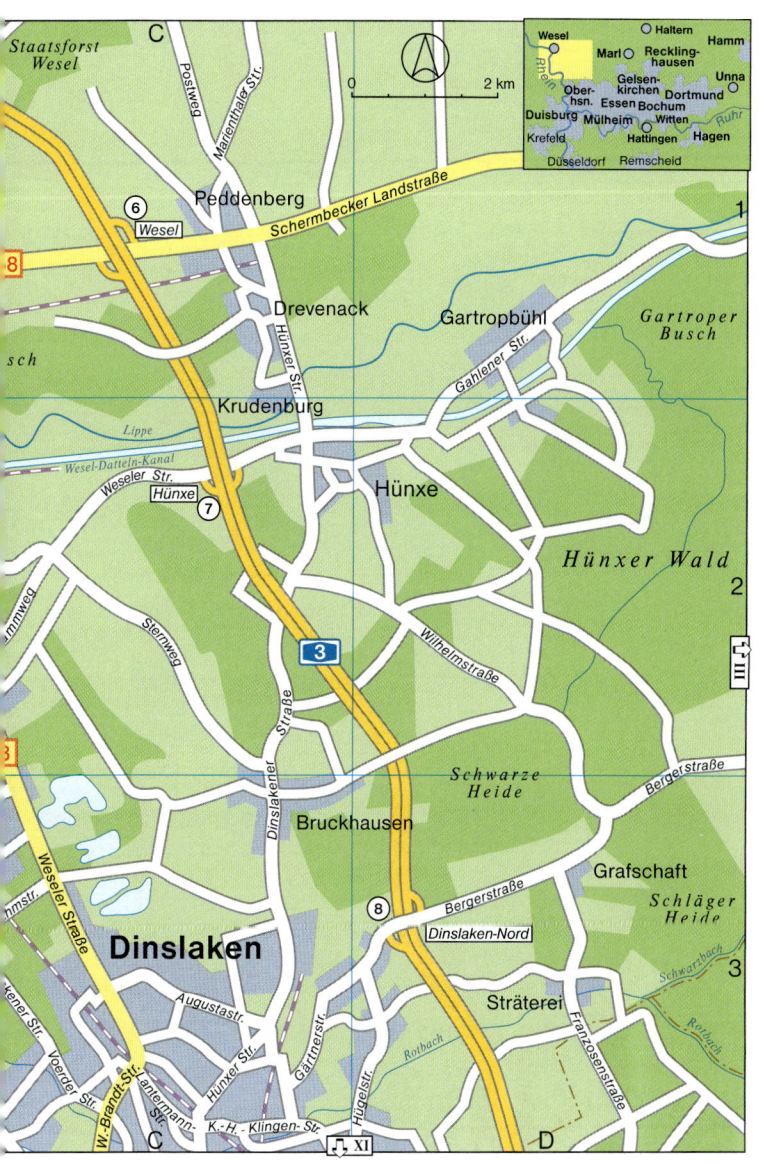

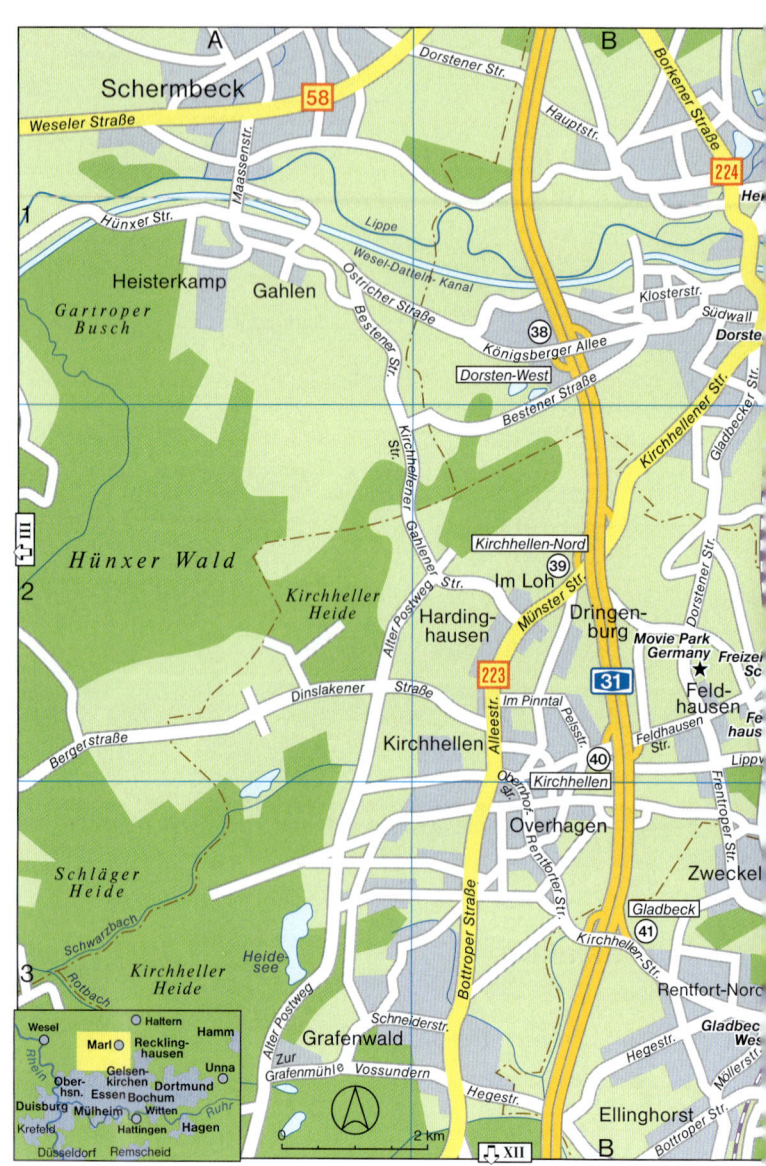

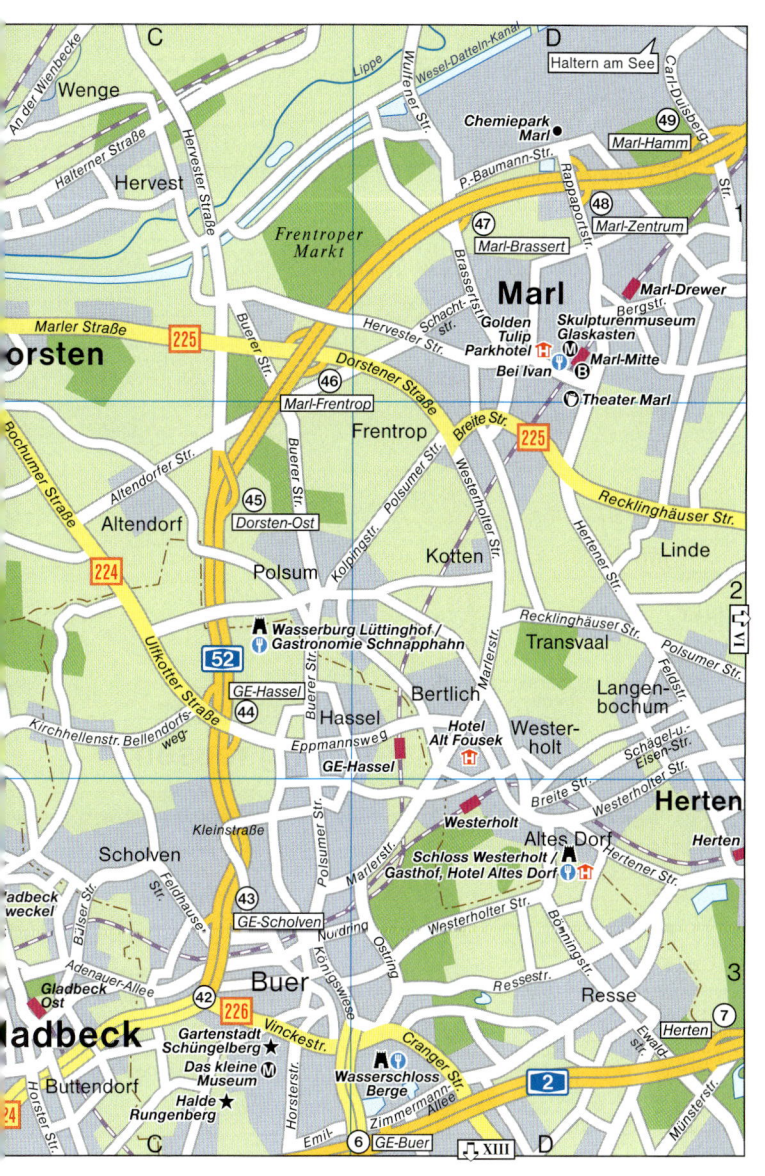

Haltern am See

Wesel
Rhein
Haltern
Marl Recklinghausen
Hamm
Ober-hsn. Gelsen-kirchen Dortmund Unna
Duisburg Essen Bochum
Mülheim Witten
Krefeld Hattingen Hagen
Düsseldorf Remscheid
Ruhr
Landhot Jammert

Carl-Duisberg Straße

49
52
Marl-Hamm
Hülsbergstraße
Halterner Straße

Die Haard

0 2 km

Marl
Victoriastr.
Bahnhofstr.
Sinsen
Marl-Sinsen
Schulstr.
Sinsener Str.
Ahsener Land

Hotel, Restaurant Loemühle
Ovelheider Weg
Hülstraße
Bockholter Str.
10
Marl-Sinsen

Ponyhof, Gaststätte, Hotel Mutter Wehner

Oer
Ra
Schwic
Stimbergstr.

43
Speck-horn
Halterner Straße
Börste
Recklingh. Str.
Alt Oer
Esseler Str.
Ew
Lud

Landhauser Scherrer
Bockholter Str.
225
Marler Str.
Drevenstraße
Oerweg
Horneburge

Linde
Ried
Elpel Str.
Polsumer Str.
Feldstr.
Scherle-beck
Teppelinstr.
F.-Bracht-Str.
Ruhrfestspielhaus/ Tiergarten
Oerweg
Esse
Suderw
Helir

Langenbachumer Str.
Westerholter Str.
Dorstener Str.
11
RE/Herten
Westring
Recklinghausen Hauptbahnhof
Recklinghausen

Westerholter
Disteln
Dordrechtring
Berg-hausen
Süderwichstr.

Herten
Copa Ca Backum
Kaiserstr.
Hochlarmark
Castroper Str.
Hotel, Restaurant Wüller
R. Ost
Henr

Herten
Unter dem Knochel
Schützenstr.
Herner Str.
Blitzkühlenstr.
RE-Süd
10
RE-O

Wasser-schloss Herten
Ihs
Herner Str.
9
Alte Grenzstr.
Rölling-hausen
Mervedistr.

Resse
Erwaldstr.
Herner Str.
Friedrich-Ebert-Straße
12
Kreuz Recklinghausen
Pöppi hause
Poppinghauser Str.

Herten
7
Gelsenkirchener Str.
8
Straße
Marlenstr.
Rhein

Münsterstr.
Ewald-See
2
Emscher Bruch
Halde Hoppenbruch
Th.-Körner-Straße
13
RE-Hochlarmark

A
XIV
A
B

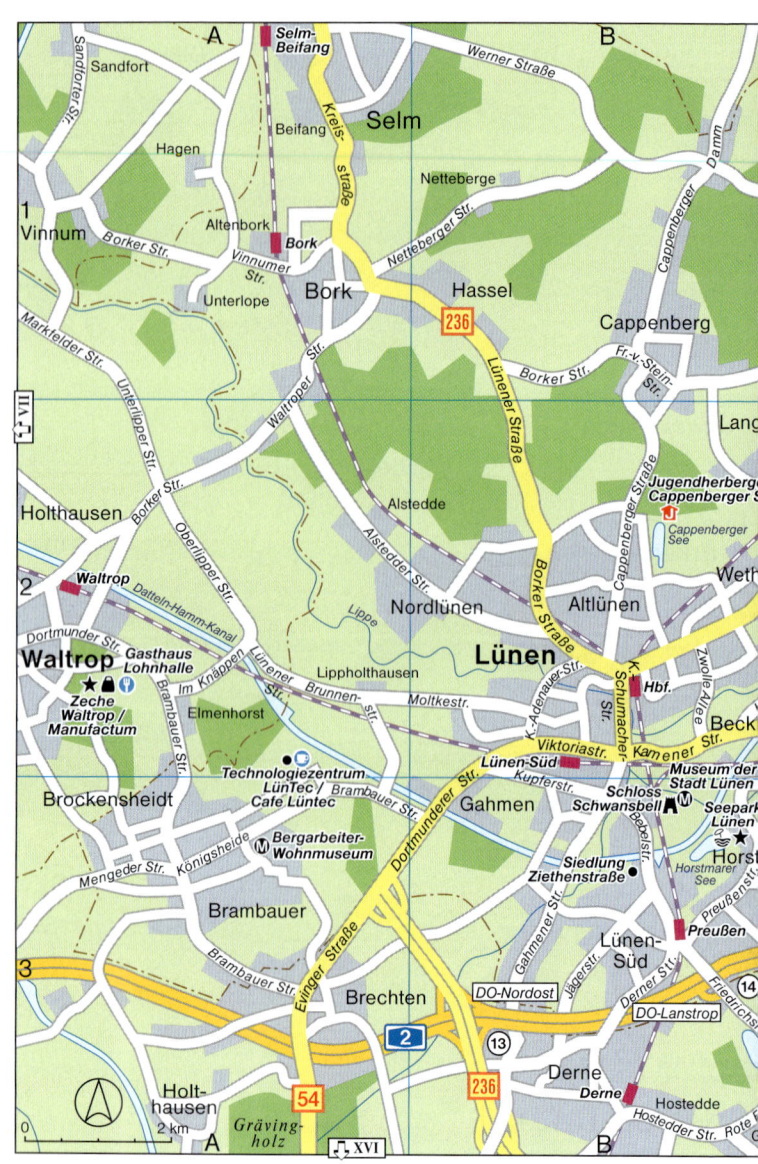

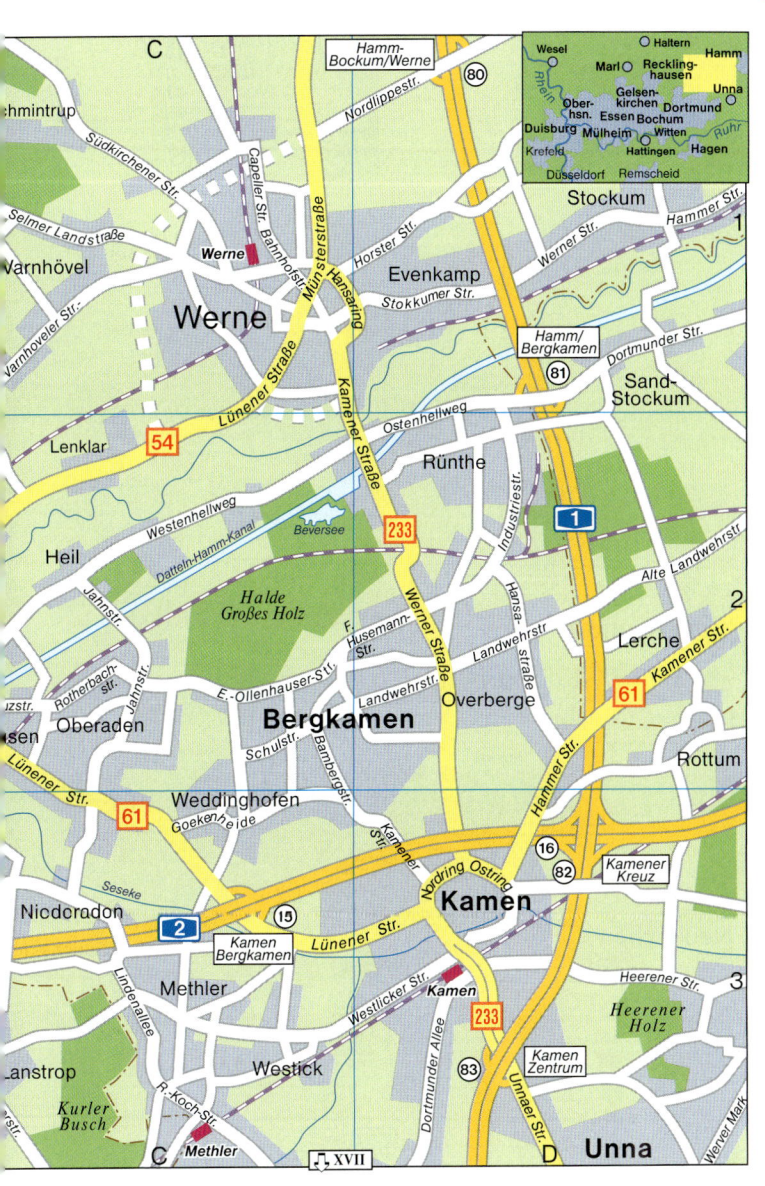

Atlas

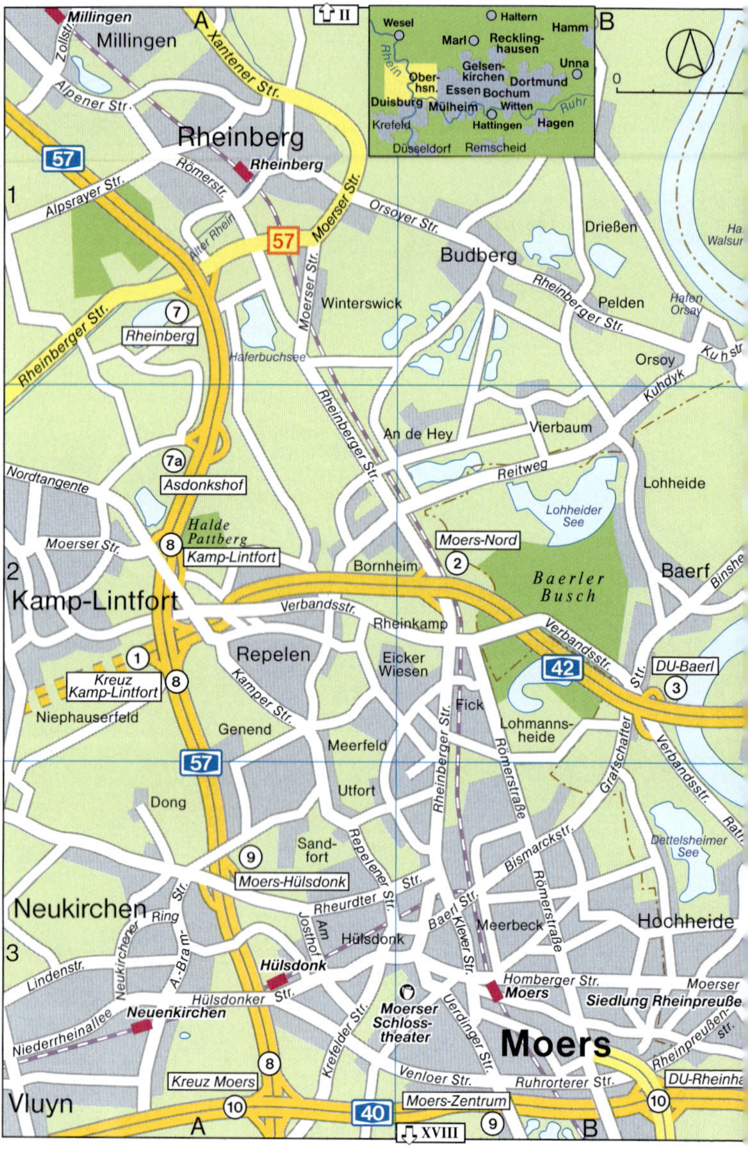

II
XVIII
A
B
1
2
3
Millingen
Rheinberg
Budberg
Winterswick
Drießen
Pelden
Orsoy
Vierbaum
An de Hey
Lohheide
Lohheider See
Baerler Busch
Baerl
Bornheim
Kamp-Lintfort
Rheinkamp
Repelen
Eicker Wiesen
Fick
Lohmanns-heide
Niephauserfeld
Genend
Meerfeld
Utfort
Dong
Sand-fort
Neukirchen
Meerbeck
Hochheide
Hülsdonk
Neuenkirchen
Vluyn
Moers
Siedlung Rheinpreuße
Moerser Schloss-theater
Halde Pattberg
Haferbuchsee
Dettelsheimer See
Hafen Orsoy
Walsum
Alter Rhein
Xantener Str.
Alpener Str.
Zollstr.
Alpsrayer Str.
Römerstr.
Moerser Str.
Orsoyer Str.
Rheinberger Str.
Kuhstr.
Kuhdyk
Reitweg
Nordtangente
Verbandsstr.
Kamper Str.
Rheinberger Str.
Römerstraße
Grafschafter Str.
Bismarckstr.
Repelener Str.
Rheurdter Str.
Baerl Str.
Klever Str.
Am Josthof
Ring
A.-Bram-Str.
Neukirchener
Lindenstr.
Hülsdonker Str.
Niederrheinallee
Krefelder Str.
Uerdinger Str.
Homberger Str.
Moerser Str.
Venloer Str.
Ruhrorterer Str.
Rheinpreußen-str.
Binsheim
57
42
40
7
7a
8
1
2
3
9
10
Rheinberg
Asdonkshof
Kamp-Lintfort
Kreuz Kamp-Lintfort
Moers-Nord
DU-Baerl
Moers-Hülsdonk
Kreuz Moers
Moers-Zentrum
DU-Rheinha
Wesel
Haltern
Hamm
Marl
Reckling-hausen
Gelsen-kirchen
Unna
Dortmund
Ober-hsn.
Essen
Bochum
Duisburg
Mülheim
Witten
Krefeld
Hattingen
Hagen
Düsseldorf
Remscheid
Rhein
Ruhr
0

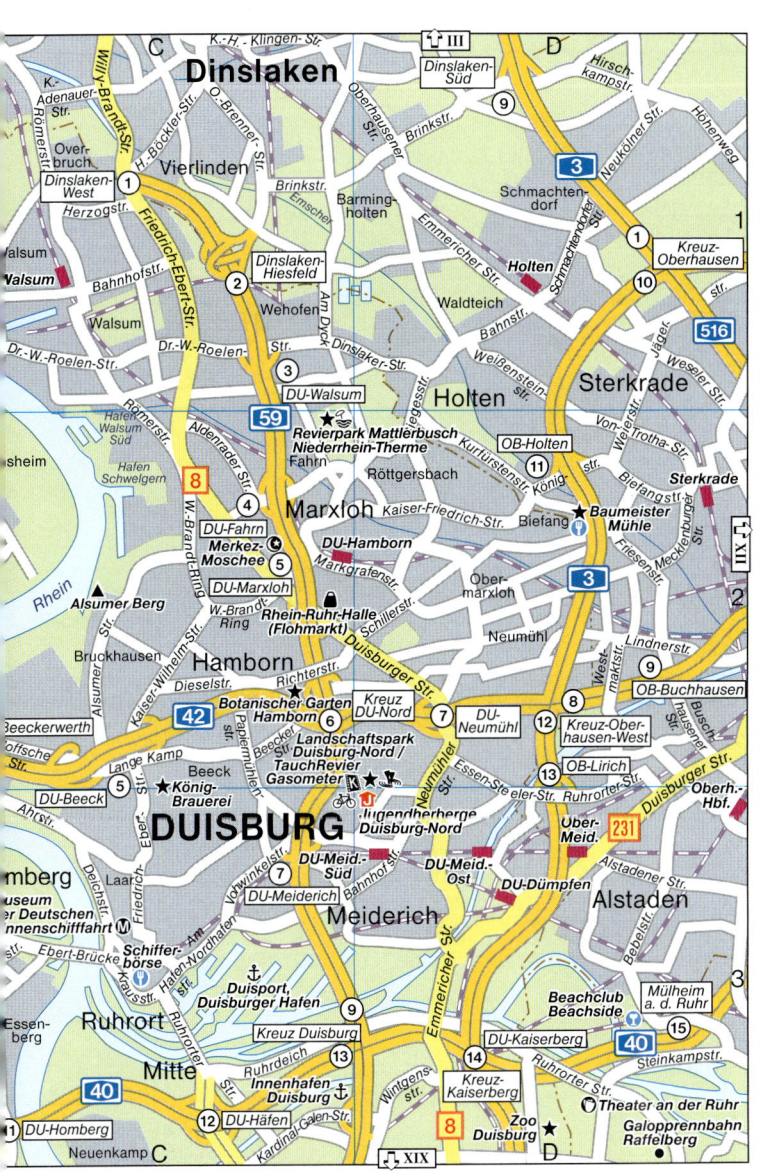

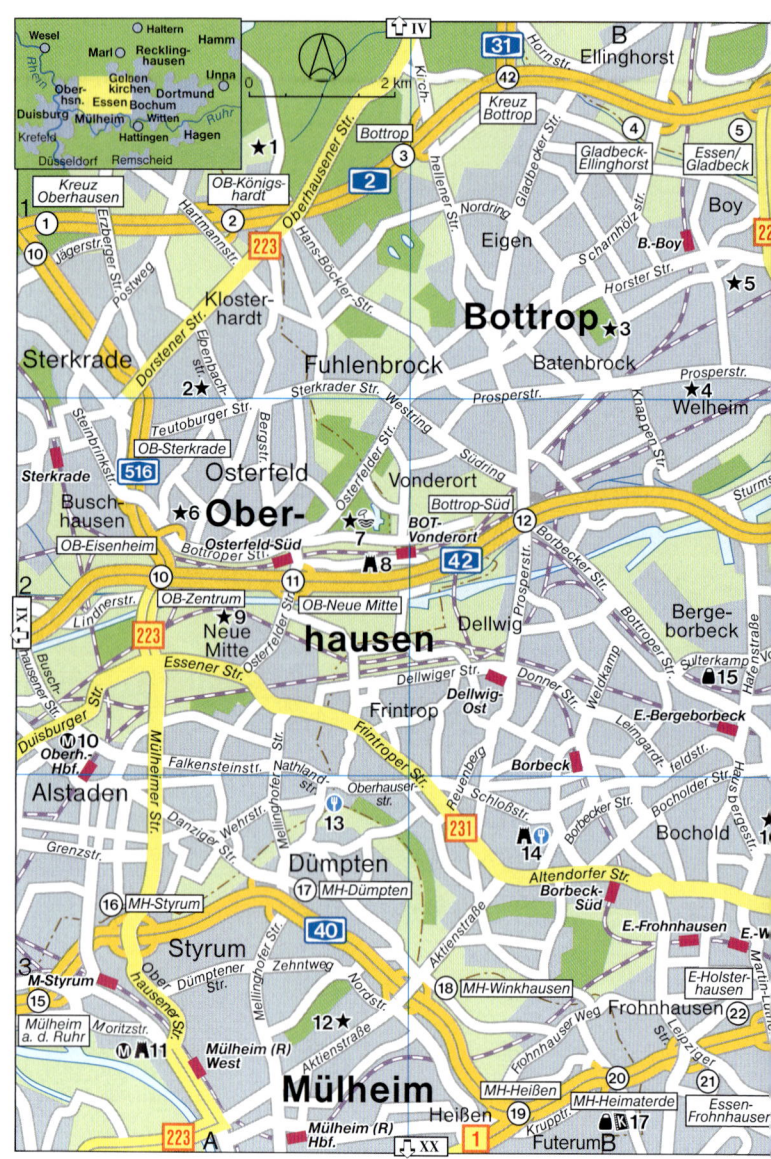

Legende in der hinteren Umschlagklappe

Atlas

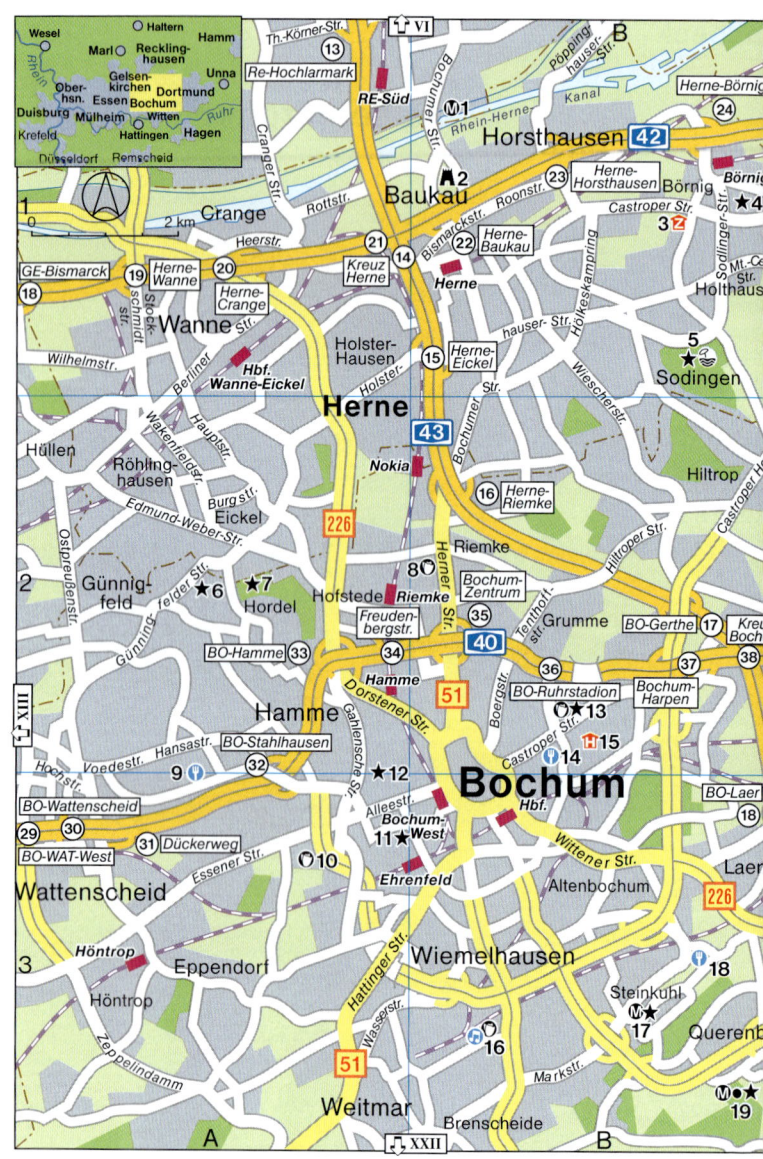

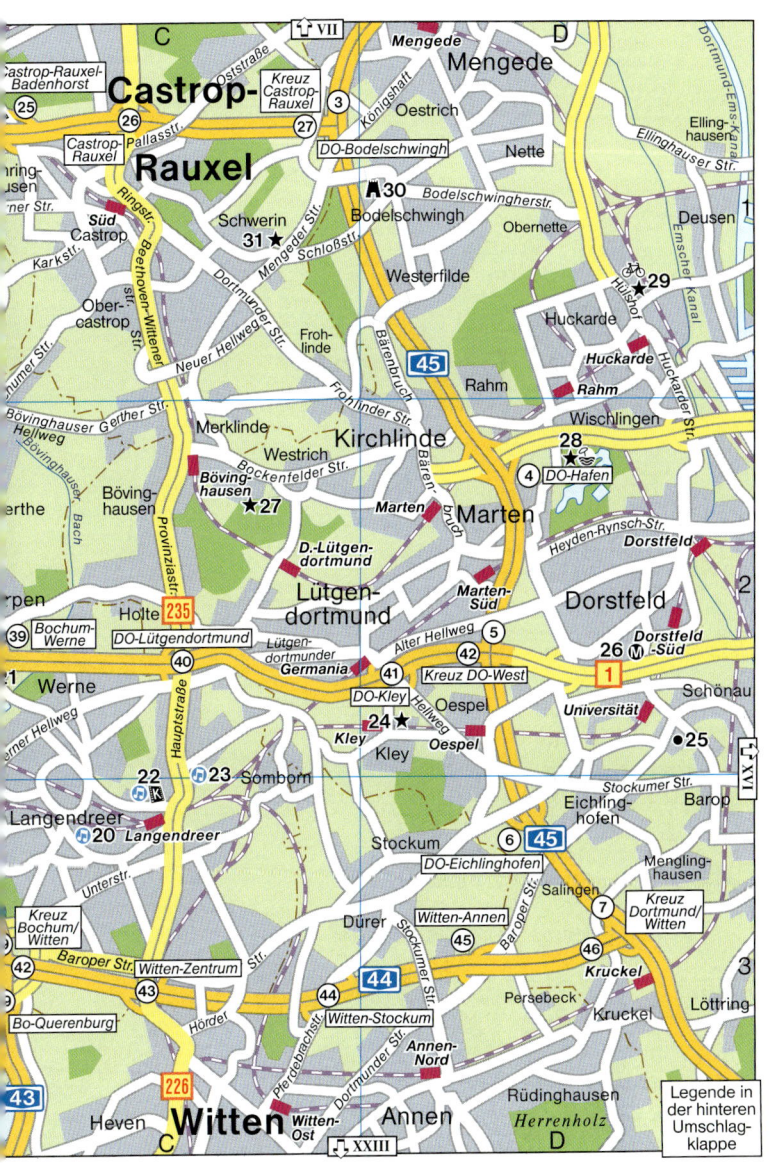

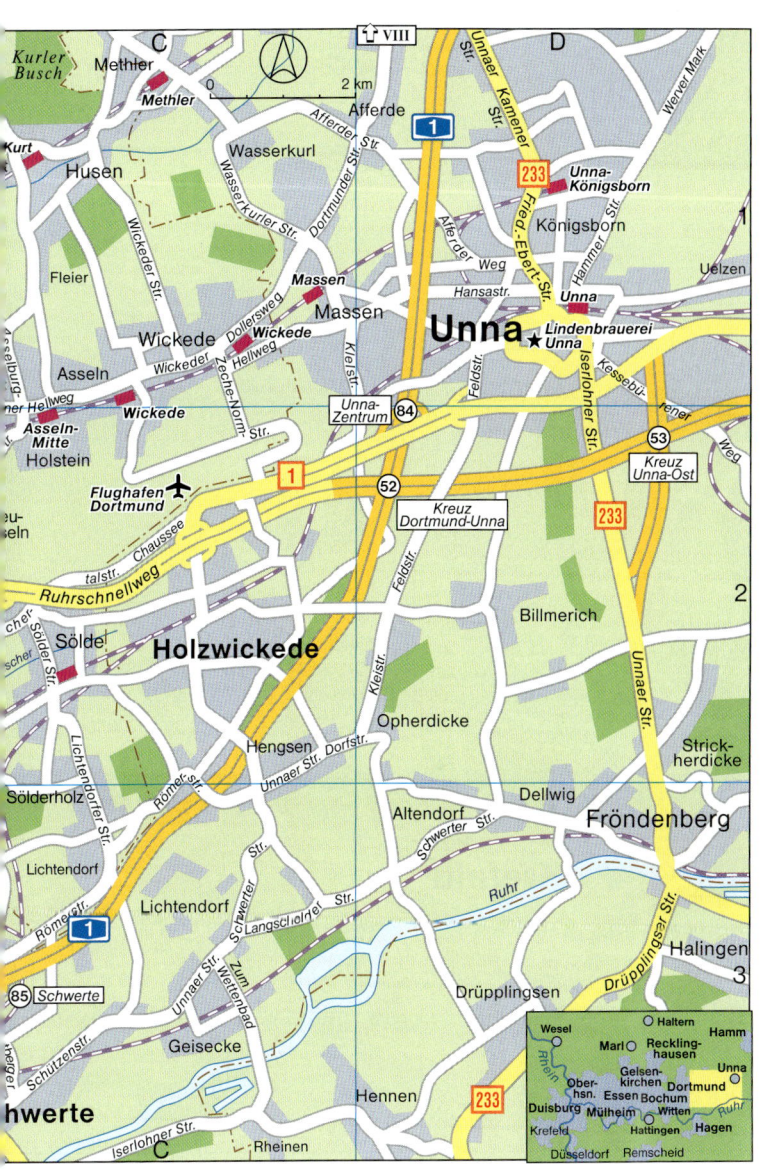

VIII

Kurler Busch
Methler
Methler
Afferde
Afferder Str.
1
Unnaer Kamener Str.
Werver Mark
C
D
0
2 km
Kurt
Husen
Wasserkurl
Wasseler Str.
Wickeder Str.
Wasser-Kurler Str.
Dortmunder Str.
233
Unna-Königsborn
Königsborn
Afferder Weg
Fried.-Ebert-Str.
Hammer Str.
Uelzen
1
Fleier
Massen
Massen
Dollersweg
Hansastr.
Unna
Unna
★ Lindenbrauerei Unna
Wickede
Wickede
Hellweg
Wickeder
Zeche-Norm. Str.
Kleistr.
Feldstr.
Iserlohner Str.
Kessebürener Weg
Asseln
ner Hellweg
Wickede
Unna-Zentrum
84
53
Kreuz Unna-Ost
Asseln-Mitte
Holstein
Flughafen Dortmund
1
52
233
Kreuz Dortmund-Unna
talstr.
Chaussee
Ruhrschnellweg
Feldstr.
Billmerich
2
Sölde
cher Solder Str.
tscher Str.
Holzwickede
Kleistr.
Opherdicke
Unnaer Str.
Strick-herdicke
Lichtendorfer Str.
Römer Str.
Hengsen
Dorfstr.
Unnaer Str.
Dellwig
Fröndenberg
Sölderholz
Altendorf
Schwerter Str.
Lichtendorf
Ruhr
Lichtendorf
Schwerter Str.
Langscheid
Str.
1
Römer Str.
Unnaer Str.
Wettenbad
Zum
Drüpplingser Str.
Halingen
3
85
Schwerte
Schützenstr.
Geisecke
Drüpplingsen
233
Atlas
hwerte
Iserlohner Str.
Hennen
Rheinen

Wesel
Haltern
Hamm
Marl
Recklinghausen
Gelsenkirchen
Ober-hsn.
Essen
Bochum
Dortmund
Unna
Duisburg
Mülheim
Witten
Hagen
Krefeld
Hattingen
Düsseldorf
Remscheid
Rhein
Ruhr

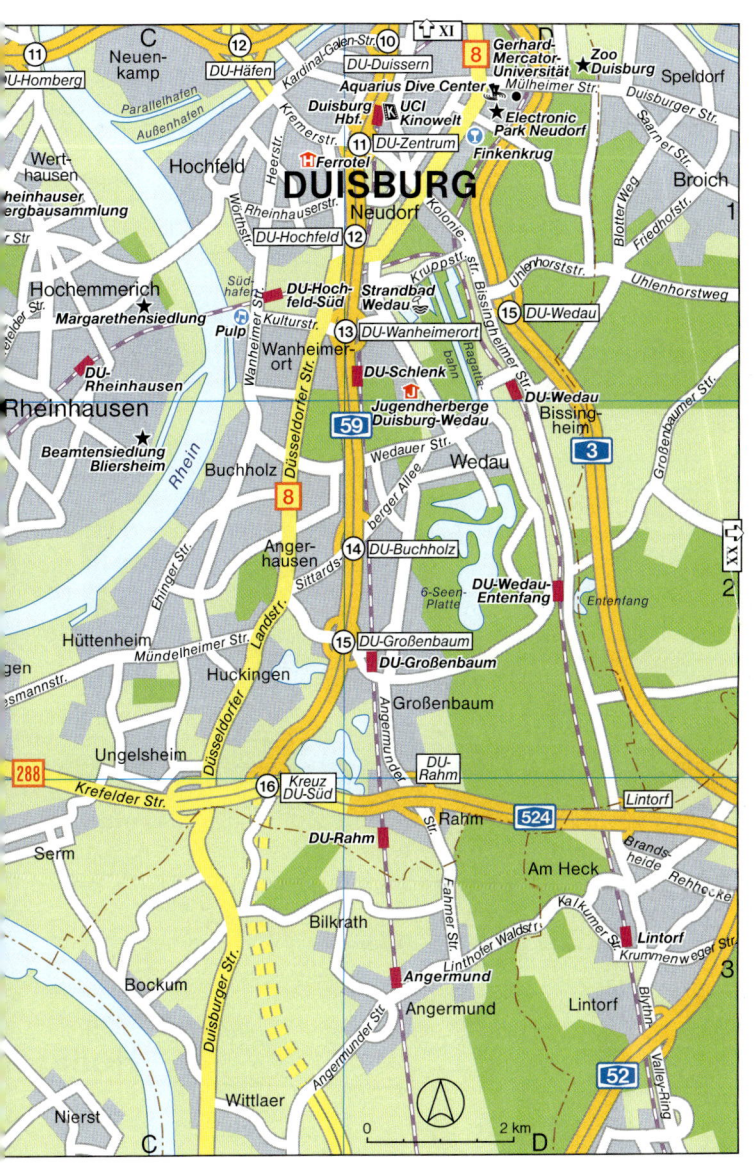

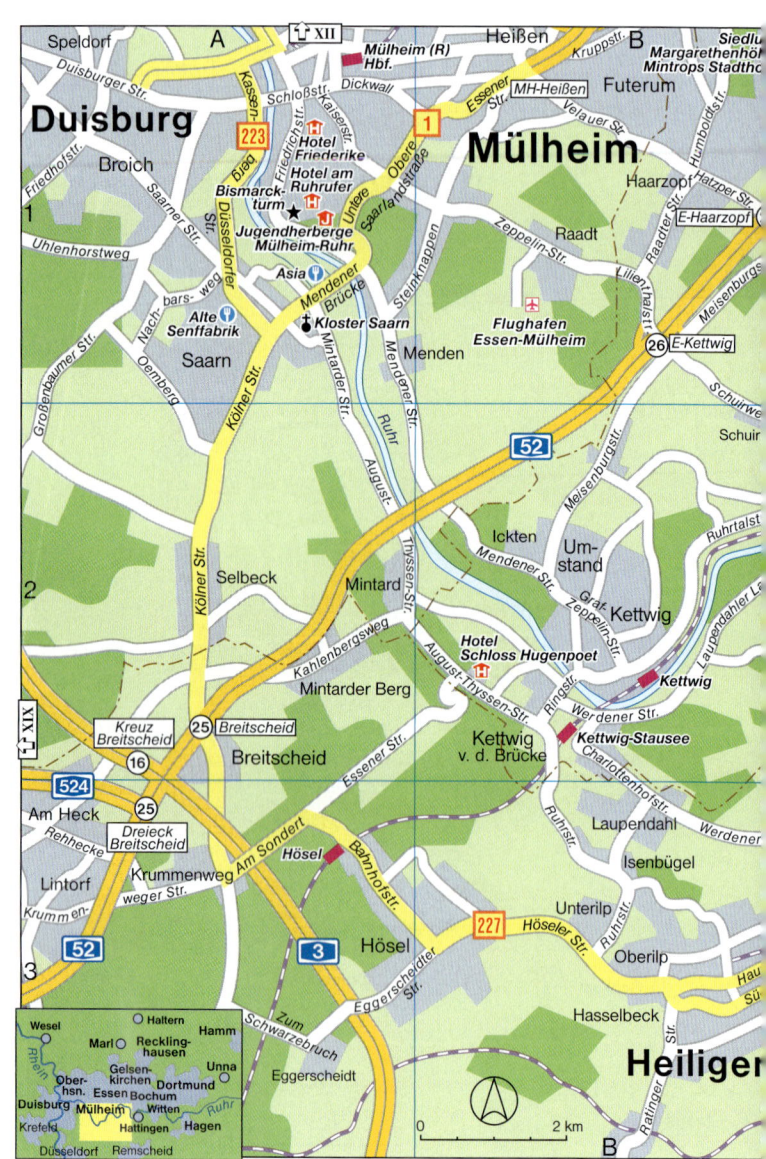

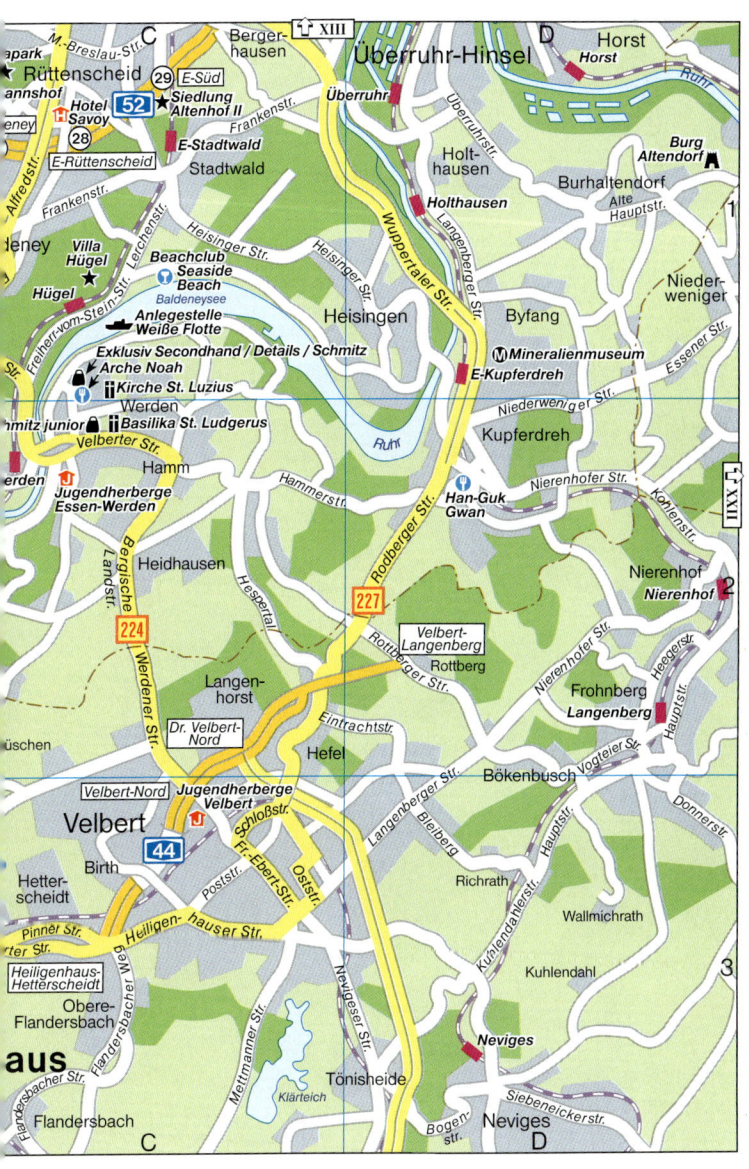

Essen-Werden, Velbert

Map labels:
M.-Breslau-Str. · C · Berger-hausen · XIII · Überruhr-Hinsel · Horst · Horst
Rüttenscheid · 29 · E-Süd · Siedlung Altenhof II · Überruhr · Ruhr · D
Hotel Savoy · 52 · Frankenstr. · Überruhrstr. · Burg Altendorf
28 · E-Rüttenscheid · E-Stadtwald · Stadtwald · Holt-hausen · Burhaltendorf
Alfredstr. · Frankenstr. · Langenberger Str. · Alte Hauptstr. · 1
Villa Hügel · Heisinger Str. · Leckenstr. · Holthausen · Niederweniger
Hügel · Beachclub Seaside Beach · Heisinger Str. · Wuppertaler Str. · Essener Str.
Baldeneysee · Byfang
Anlegestelle Weiße Flotte · Heisingen · Mineralienmuseum
Exklusiv Secondhand / Details / Schmitz · E-Kupferdreh
Arche Noah · Kirche St. Luzius · Werden · Niederweniger Str.
Schmitz junior · Basilika St. Ludgerus · Kupferdreh
Velberter Str. · Ruhr
Hamm · Hammerstr. · Han-Guk Gwan · Nierenhofer Str. · Kohlenstr.
Jugendherberge Essen-Werden · Rodberger Str. · XXII
Bergische Landstr. · Nierenhof · Nierenhof · 2
Heidhausen · 227 · Nierenhofer Str.
224 · Werdener Str. · Hespertal · Velbert-Langenberg · Heegerstr.
Rottberger Str. · Rottberg · Frohnberg · Langenberg · Hauptstr.
Langen-horst · Eintrachtstr.
Büschen · Dr. Velbert-Nord · Hefel · Bökenbusch · Vogteier Str.
Velbert-Nord · Jugendherberge Velbert · Langenberger Str. · Bleiberg · Hauptstr. · Donnerstr.
Velbert · Schloßstr. · Richrath · Wallmichrath
44 · Fr.-Ebert-Str. · Oststr.
Hetter-scheidt · Birth · Poststr. · Kuhlendahlerstr. · Kuhlendahl · 3
Pinner Str. · Heiligen-hauser Str. · Atlas
Heiligenhaus-Hetterscheidt
Obere-Flandersbach · Flandersbacher Str. · Mettmanner Str. · Neviges
aus · Neviges
Flandersbach · Klärteich · Tönisheide · Siebeneickerstr. · Bogen-str. · Neviges
C · D

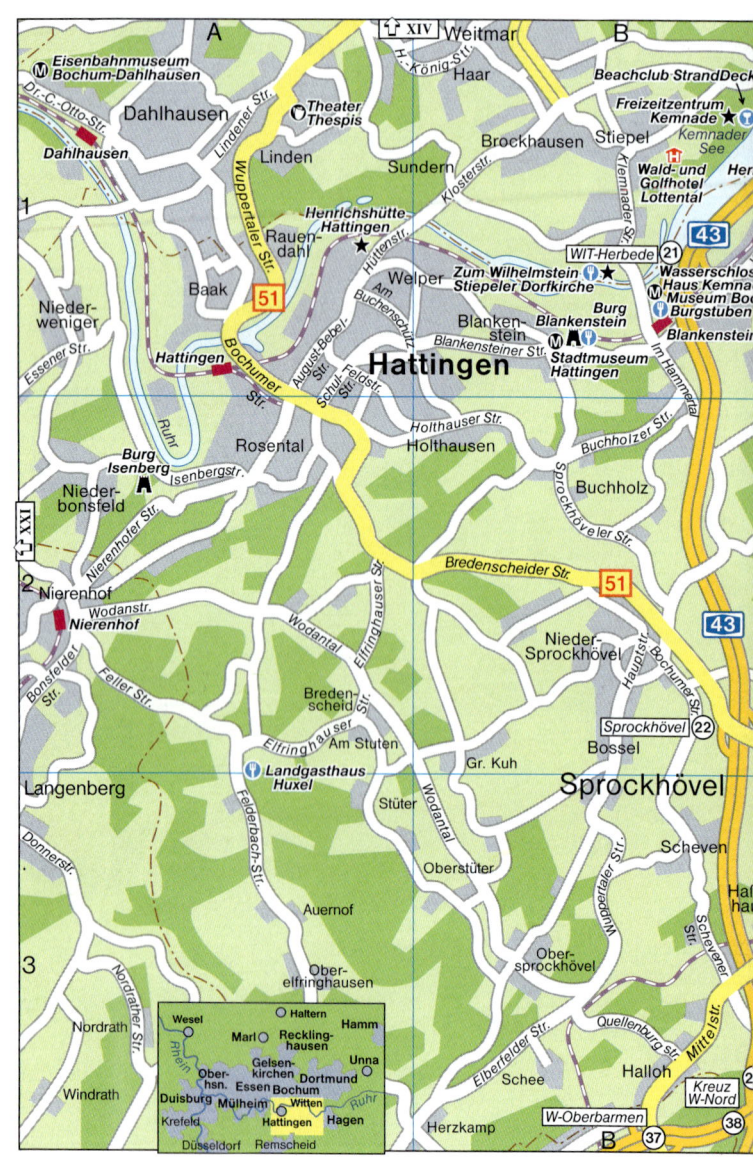